广东省优秀社会科学家文库（系列三）

李宗桂自选集

李宗桂 ◎ 著

中山大学出版社
·广州·

版权所有　翻印必究

图书在版编目（CIP）数据

李宗桂自选集 / 李宗桂著. -- 广州：中山大学出版社，2024.12.
（广东省优秀社会科学家文库）. -- ISBN 978-7-306-08244-2

Ⅰ. K203-53

中国国家版本馆 CIP 数据核字第 202472XQ54 号

LI ZONGGUI ZIXUANJI

| 出 版 人：王天琪
| 策划编辑：嵇春霞　廖丽玲
| 责任编辑：廖丽玲
| 封面设计：曾　斌
| 责任校对：周擎晴
| 责任技编：靳晓虹
| 出版发行：中山大学出版社
| 电　　话：编辑部 020-84110283，84113349，84111997，84110779，84110776
|　　　　　发行部 020-84111998，84111981，84111160
| 地　　址：广州市新港西路 135 号
| 邮　　编：510275　　传　真：020-84036565
| 网　　址：http://www.zsup.com.cn　E-mail：zdcbs@mail.sysu.edu.cn
| 印 刷 者：佛山市浩文彩色印刷有限公司
| 规　　格：787mm×1092mm　1/16　31.25 印张　544 千字
| 版次印次：2024 年 12 月第 1 版　2024 年 12 月第 1 次印刷
| 定　　价：108.00 元

如发现本书因印装质量影响阅读，请与出版社发行部联系调换

李宗桂

中山大学哲学系教授、博士生导师。曾任中山大学文化研究所所长、教育部人文社会科学重点研究基地中山大学马克思主义哲学与中国现代化研究所副所长。首届"广东省优秀中青年社会科学家"（1994）、第三届"广东省优秀社会科学家"（2019）。主要研究方向是中国古代哲学、中国传统文化与现代化、当代中国文化、现代新儒学。出版著作10余部，在海内外发表论文近200篇，主编学术文化丛书3套。主要著作有《中国文化概论》《文化批判与文化重构——中国文化出路探讨》《传统与现代之间——中国文化现代化的哲学省思》《守成创新看传统》《中华民族精神概论》《中国优秀传统文化的现代价值》等。"中华学术外译项目"获得者，主持包括国家重大项目、教育部重大课题攻关项目在内的省部级以上课题近20项。获得"中国图书奖"、"全国优秀图书奖"、国家教委"第二届普通高等学校优秀教材"中青年奖、国家教委"全国高等学校人文社会科学研究优秀成果奖"二等奖、教育部"第七届高等学校科学研究优秀成果奖（人文社会科学）"二等奖、广东省哲学社会科学优秀成果奖（一等奖2次、二等奖3次）、广东省精神文明建设委员会和广东省委宣传部优秀论文奖（一等奖2次、二等奖1次）、广东省社会科学界联合会优秀论文一等奖（1次）等省部级以上奖励近20项。

"广东省优秀社会科学家文库"（系列三）

出 版 说 明

哲学社会科学是人们认识世界、改造世界的重要工具，是推动历史发展和社会进步的重要力量。党的十八大以来，以习近平同志为核心的党中央高度重视发展哲学社会科学，习近平总书记亲自主持召开哲学社会科学工作座谈会，就哲学社会科学工作发表一系列重要讲话，作出一系列重要论述和指示批示，对构建中国特色哲学社会科学作出总体部署，有力推动哲学社会科学事业繁荣发展。党的二十届三中全会进一步明确提出"构建中国哲学社会科学自主知识体系"，这是党中央立足完成新的文化使命和哲学社会科学发展规律作出的重大部署，也是新时代我国哲学社会科学发展的战略目标。

广东省委省政府深入学习贯彻习近平文化思想，认真落实习近平总书记关于哲学社会科学的重要论述，着力加强组织领导、政策保障、人才培育，扎实推动全省哲学社会科学事业高质量发展。全省广大哲学社会科学工作者自觉立时代之潮头、通古今之变化、发思想之先声，积极为党和人民述学立论、建言献策，涌现出了一大批方向明、主义真、学问高、德行正的优秀社科名家，在推进构建中国哲学社会科学自主知识体系进程中充分展现了岭南学人担当、演绎了广东学界精彩。广东省委宣传部、省社科联组织评出的"广东省优秀社会科学家"就是其中的杰出代表，他们以深厚的学识修养、高尚的人格魅力、先进的学术思想、优秀的学术品格和严谨的治学方法，生动展现了岭南学人的使命担当和时代风采。

遵循自愿出版原则，"广东省优秀社会科学家文库"（系列三）收录了第三届广东省优秀社会科学家中9位学者的自选集，包括（以姓氏笔画为序）卢晓中（华南师范大学）、朱桂龙（华南理工大学）、李凤亮（南方科技大学）、李庆新（广东省社会科学院）、李宗桂（中山大学）、吴承学（中山大学）、何自然（广东外语外贸大学）、陶一桃（深圳大学）、程国赋（暨南大学）。自选集编选的原则是：（1）尽量收集作者最具代表性的学术论文和调研报告，专著中的章节尽量少收。（2）书前有作者的"学术自传"，叙述学术经历，分享治学经验；书末附"作者主要著述目录"。（3）为尊重历史，所收文章原则上不做修改，尽量保持原貌。

这些优秀社会科学家有的年事已高，有的工作繁忙，但对编选工作都高度重视。他们亲自编选，亲自校对，并对全书做最后的审订。他们认真严谨、精益求精的精神和学风，令人肃然起敬，我们在此表示衷心的感谢和崇高的敬意！

我们由衷地希望，本文库能够让读者比较方便地进入这些当代岭南学术名家的思想世界，领略其学术精华，了解其治学方法，感受其思想魅力。希望全省广大哲学社会科学工作者自觉以优秀社会科学家为榜样，始终胸怀"国之大者"，肩负时代使命，勇于担当作为，不断为构建中国哲学社会科学自主知识体系，为广东在推进中国式现代化建设中走在前列作出新的更大贡献！

丛书编委会
2024年11月

目录

学术自传／1

上编　传统文化

试论中国优秀传统文化的内涵／3
试论中国优秀传统文化的评价标准／12
"阐旧邦以辅新命"
　　——充分汲取中华优秀传统文化的价值观滋养／28
优秀文化传统与民族凝聚力／34
从"调均"看中国文化的优秀传统／49
儒道对立互补之比较／61
中国文化的基本精神／68
论中国传统文化的核心及其特点／83
中国传统文化的类型和特点／91
中国传统人文思想刍议／105
"三纲五常"的文化阐释／125
思想家与文化传统／134
国学与时代精神／147

中编　当代文化

文化成熟的基本要求和标志／171
简论文化的民族性、时代性与世界性／180
文化自觉与文化发展／187
"文化学"建设与文化现代化／196
论道德体系与文化价值体系
　　——兼谈新时期的道德体系建设／206

中国文化精神与中华民族精神的若干问题 / 216
文化批判与价值重构
————中国文化出路展望 / 225
中国文化的发展路向和民族精神的自我挺立
————从三个"文化宣言"看中国现代化的文化努力 / 236
现代新型文化体系的模式和特征 / 254
民族文化素质与人文精神重建 / 264
经济全球化与民族文化建设 / 274
文化全球化与当代中国文化建设 / 282
人文精神建设之若干难题 / 287
国学与中华民族精神家园 / 295
增强理论自觉自信 警惕殖民文化心理 / 311

下 编　中国哲学

对关于《周易》的两个传统观点的质疑 / 321
孔子从道思想与传统人文精神的当代价值 / 328
汉代礼治的形成及其思想特征 / 340
《淮南子》与《春秋繁露》的思想同异 / 354
相似理论、协同学与董仲舒的哲学方法 / 363
论董仲舒的政治哲学 / 372
董仲舒的思想方法 / 384
论董仲舒的天人思想及其文化史意义 / 404
新儒学的形上追求及其现代意义 / 417
冯友兰"抽象继承"理论的省思 / 426
评唐君毅的文化精神价值论和文化重构观 / 431
儒家文化促进经济发展的若干进路 / 444
关于中国思想文化史研究方法论的思考 / 450

附录　李宗桂主要论著目录 / 458
后　记 / 473

学术自传

◎ 李宗桂

我于1952年9月出生于四川省眉山县城，离三苏祠只有数百米远的一个劳动人民家庭。

在"大跃进"开始后的1959年秋季，我上小学。自力更生、发愤图强的巨幅红漆黑体字，在学校附近的县政府高大的围墙上放光，另一边围墙上写的是"鼓足干劲，力争上游，多快好省地建设社会主义"的社会主义建设总路线。上小学不久，教室里的黑板上方就出现了毛泽东主席"好好学习，天天向上"的题词。过两年，黑板上方的字变成了"为革命而学习"。再过两年，毛主席提出了"向雷锋同志学习"的号召。继而是"千万不要忘记阶级斗争"的号召，以及领袖的嘱托和期望："世界是你们的，也是我们的，但是归根结底是你们的。你们青年人，朝气蓬勃，正在兴旺时期，好像早上八九点钟的太阳，希望寄托在你们身上。"放眼世界，山连着山，海连着海，全世界无产者联合起来！我和同学一道，唱着这激情澎湃的歌曲，结束了小学的学习，进入中学，开始新的人生。

1965年9月，我考入四川省重点中学眉山中学学习。一年后，"文革"开始。我们这些初中一年级的学生，跟着高年级同学，特别是高中同学跑，响应领袖的号召，积极参加"无产阶级文化大革命"。先是"停课闹革命"，后是"复课闹革命"，然后是参加军训，在解放军"毛泽东思想宣传队"指引下，开展政治学习。1968年12月22日，《人民日报》传达了毛泽东的指示："知识青年到农村去，接受贫下中农的再教育，很有必要。"于是，全国所有在1963—1965年入读初中高中的学生，开始了轰轰烈烈的上山下乡运动。我自不例外，于1969年1月20日下乡"接受贫下中农再教育"，插队到眉山县新四人民公社新民生产大队第二生产队，此时的我，是刚满16岁零4个月的青年。

我从1969年1月下乡，到1973年10月离开农村，经历了四年多的农村生活。四年多的农村生活，锻炼了我的体力、毅力和思想，增长了日常生活知识，学会了干诸多农活的本事，感受到了农民的质朴、坚韧和善良，深刻领会了毛泽东关于知识青年到农村去接受贫下中农再教育的深刻意义，也体会到了毛泽东关于"严重的问题是教育农民"的指示的丰富内涵。总体上讲，四年多的农村生活，对于我的身心的成长，都大有裨益。

四年多的乡村锻炼，我大约有两年的日子被生产大队党支部书记点名去大队小学当代课老师。当小学代课老师的好处很明显，一是每月有15元的代课费（第二年提高到18.50元），这对于当时的我来说，是一笔巨款。当年我们生产队的农民每户每年收入也就几十元，极个别壮劳力多的家庭年收入才能上百元，可我一个十多岁的知青，每月就有十多元，令人羡慕，自己也甚为自得。我当小学代课老师的第二个好处，也是更大更吸引我的好处，是有时间自己读书，弥补过往的损失。我读三年初中，实际上真正上课学习的时间不到一半。可我接触的几乎都是高中的大哥哥大姐姐，而且很多是高中二、三年级的优秀生。相形之下，我的文化知识水平实在是太低了。于是，我利用雨天不用出工的时间和晚上生产队不开会不政治学习的时间努力读书。特别是充分利用当代课老师的机会，猛学猛赶。往往是晚上在煤油灯下熬夜看书，经常是凌晨以后才睡觉。在师友的帮助和指导下，我阅读了大量的书籍。这些书籍中，古今中外的作品都有。对我影响甚大且印象深刻的，主要有《鲁迅全集》《中国历代哲学文选》《中国文学史》《中国通史简编》《世界通史》《牛虻》《安娜·卡列尼娜》《苔丝》《红与黑》《名利场》《怎么办》等，以及苏联的关于辩证唯物主义和历史唯物主义哲学基本原理的书籍。通过阅读，我慢慢地形成了对文史哲的爱好，特别是对中国古代哲学的爱好。1973年，邓小平复出，对大中专招生提出了新的要求，要求在原来的推荐基础上，增加考试，即推荐加考试。四川省在眉山县试点，考语文、数学和政治三门课，我考得出奇的好。原本可以进大学的，但因当年那个著名的"白卷英雄"事件，导致重新洗牌，我最终被眉山师范学校录取，离开了农村。

在眉山师范学校学习的两年中，我幸运地被选拔到学校广播站。我负责广播站日常工作，从机房的看护到广播稿件的审查都要亲力亲为，自己有时也采写稿件。由于有广播站工作的身份，主要是机房需要看护，故我一个人被学校安排住在广播站。住在广播站的明显好处是作息时间没人管我，晚上不用关灯，而学生宿舍则是8个人一个房间，夏季晚上十点半，冬季晚上十点，全校学生宿舍统一关灯。于是我充分利用当时独特的优异条件，抓紧学习。在完成正常学习任务的同时，我大量阅读中外名著，进一步学习中国古代文史哲知识和理论。在师范学校学习的两年间，适逢当年的"批林批孔""评法批儒"运动，全国所有大中小学学生都被迫卷入。我在那期间接触到了更多的中国古代历史文献和经典著作，在中国哲学史史料的学习上有了进一步的收获。同时，研读了中国科学院哲学研究所中国哲学史组、北京大学哲学系中国哲学史教研室编的全套《中国哲学史资料简编》（先秦部分、两汉隋唐部分、宋元明部分、清代近代部分）。这套书实际上是我当知青在乡下劳动时就读过的《中国历代哲学文选》改名后的重印本。中华书局在"出版说明"中强调了重印该书的原因是响应毛泽东主席关于要读几本哲学史的号召，故重印该书"以满足当前工农兵和干部学习中国哲学史的参考需要"。此时读这套书，与当知青在乡下时读有所不同。一是当知青时读的《中国历代哲学文选》是向同学的父亲借的，而现在是自己花钱购买的。二是对里面的内容、观点的理解，有了跟当知青时很不相同的感受。在那个时期，我还研读了杨荣国的《中国古代思想史》，以及由杨荣国主编，李锦全、吴熙钊编著的《简明中国哲学史》。此外，还研读了任继愈主编的《中国哲学史》第一、第二、第三册（第四册是我上大学后出版的）。

1975年7月，我从眉山师范学校毕业，被分配到三苏中学教书。当年的三苏中学，教师人数不多，关系比较简单。我一个人住在跟大家相距甚远的角落后面临时加建的单身宿舍里，窗户外就是稻田，环境十分清静，有利于读书。那年头，领袖号召"认真看书学习，弄通马克思主义"，"学一点哲学史"。我认真学习了艾思奇的《大众哲学》、于光远的《政治经济学（资本主义部分）》，并重读了《中国哲学史资料简编》、杨荣国的《中国古代思想史》《简明中国哲学史》、任继愈的《中国哲学史》、周一良和吴于廑的《世界通史》、范文澜的《中国通史简编》、刘大杰的《中国文学发展史》等书籍。1975年下半年，由毛泽东关于《水浒》的谈话而引发的批《水浒》批宋江批投降主义的运动，波及全国，我们中学教师自不例外。于是，我趁机又把连同《水浒》在内的《三国演义》《红楼梦》《西游记》等四大奇书重新阅读。在三苏中学教书期间，我开始学习王力主编的《古代汉语》。慢慢地，我对中国古代的文史哲兴趣更加浓厚，特别是对中国哲学史情有所钟。1978年，我通过全国统一高考，进入四川师范学院（今四川师范大学）学习。

我在四川师范学院政教系学习了四年。前两年，主要是学习各种公共课和专业课，其中以历史课程为多，中国古代史、中国近代史、世界史、中共党史等课程开设的课时特别多。后两年，考入高校哲学师资班。高校哲学师资班是当年教育部委托若干高校为培养大学公共课教师而设立的，四川师范学院属于其中之一。高校哲学师资班按照教育部综合大学哲学专业课程要求开展教学。中国哲学史、西方哲学史、马列经典著作、西方哲学原著、自然辩证法等专业课程是主干课程。我的大学毕业论文《孔子与亚里士多德中庸之道之比较》被评为优秀论文。我从读大学之日起，便有很明确的专业学习目标，这就是毕业时报考中国哲学专业的研究生。为此，我在读书期间围绕今后从事中国哲学的教学和研究工作，努力形成日后能够适应专业需求的知识结构。我在认真学好政教专业和哲学专业课程的同时，还到中文系旁听了古代汉语、现代汉语、中国古代文学史等课程，到历史系旁听了古文字与古代社会、中国历史要籍等课程，还到四川大学旁听多门课程，有哲学系的中国哲学史、中文系的文心雕龙等。大二时，为了训练阅读古籍的能力，到学校图书馆借阅了多部古籍，其中，《临川先生文集》我看得最认真最仔细。大三时，结合《临川先生文集》的学习而做资料卡片，做札记，进而学习写作学术论文。我撰写了《试论王安石的哲学思想》一文，斗胆投到学校的学报。没想到，《四川师院学报》1981年第4期居然发表了我的习作。更没想到的是，中国人民大学的报刊复印资料《中国哲学史》专题1982年第3期全文转载了该文。这对我走上学术道路、坚定学术志向起了巨大的激励作用。大学四年期间，我阅读了大量的西方学术著作，商务印书馆出版的汉译世界学术名著，哲学类的、政治学类的，都尽可能借阅或者购买后认真阅读。1982年秋，我如愿考到中山大学哲学系中国哲学专业攻读研究生学位，师从李锦全老师。

在中山大学哲学系读研期间，我的研究方向是中国古代哲学，同时兼修古籍整理。在完成中国哲学专业研究生培养方案规定的学业的同时，还在中文系修读了潘允中教授讲授的古代汉语、赵仲邑教授讲授的古文翻译和校勘学史，并取得了研究生课程的学分。同时，我还在图书馆系修读了周连宽教授的版本学、目录学、校勘学等课程，并取得了研究生课程学分。在三年研究生学习生活中，我得到了中国哲学专业诸多老师的指导和帮助，在为学为人方面获益良多。李锦全、丁宝兰、陈玉森、吴熙钊诸位老师，都是给我传道受业解惑的真正良师。李锦全老师鼓励我与四川大学哲学系前辈老师商讨老子思想，大力支持我《也辨〈老子〉认识论——与朱森溥先生商榷》一文的发表，并支持我就中国哲学史史料学问题对吉林大学刘建国老师的《中国哲学史史料学概要》提出的批评，支持我在学术杂志《社会科学评论》上发表《评〈中国哲学史史料学概要〉》，该文被《中国出版年鉴》全文转载。我在陈玉森教授主讲的《周易研究》专题课程结束后完成的课程作业《读〈易〉札记二则》，是向冯友兰先生和张岱年先生就孔子是否与《易》有关而献疑的文章，得到李锦全、丁宝兰、陈玉森三位教授的肯定。丁宝兰老师主动直接向学校学报推荐该文，写了一篇较长的推荐信。当时的《中山大学学报》是不发表研究生论文的，无论硕士生还是博士生。但由于丁宝兰老师这样的名教授的推荐，学报破例于1985年第4期发表了我这个在读研究生的课程作业，题目是《对关于〈周易〉的两个传统观点的质疑》。读研三年，我在《学术月刊》《中山大学学报》《福建论坛》《四川师院学报》《辞书研究》《文汇报（学林版）》发表文章十余篇，有的被人大复印报刊资料全文转载。这些，都为我后来的学术成长创造了有利的条件。

1985年7月，我研究生毕业，留校任教。从助教开始起步，1988年11月晋升讲师，1991年初破格晋升副教授，1992年破格晋升教授，1993年获得国务院政府特殊津贴，1994年被遴选为中国哲学专业博士生导师。1995年担任中山大学文化研究所所长，2001年担任教育部人文社会科学重点研究基地中山大学马克思主义哲学与中国现代化研究所副所长。1991年被国务院学位委员会和国家教委联合表彰，授予"做出突出贡献的中国硕士学位获得者"称号。1994年获得"广东省优秀中青年社会科学家"称号，2019年获得"广东省优秀社会科学家"称号。

我的学术研究方向，主要是中国古代哲学、中国传统文化与现代化、当代中国文化、现代新儒学。围绕这些领域，我出版著作十余部，发表论文近200篇，主编学术丛书3套。主要的著作和论文有《中国文化概论》《文化批判与文化重构——中国文化出路探讨》《传统文化与人文精神》《传统与现代之间——中国文化现代化的哲学省思》《守成创新看传统》《当代中国文化探讨》等，主编的3套丛书分别是"中国文化与现代化丛书""大思想家与中国文化丛书""中华民族精神建设丛书"。在这些领域耕耘的成果，使我得到了始料未及的鼓励。我的论著先后获得省部级以上奖励近20项，主要有"中国图书奖"、"全国优秀图书奖"、国家教委"第二届普通高等学校优秀教材"中青年奖、国家教委"全国高等学校人文社会科学研究优秀成果奖"二等奖、教育部"第七届高等学校科学研究优秀成果奖（人文社会科学）"二等奖、广东省哲学社会科学优秀成果奖（一等奖2次、二等奖3次）、广东省精神文明委员会和广东省委宣传部优秀论文奖励（一等奖2次、二等奖1次）、广东省社科联优秀论文奖励一等奖（1次）。在科研项目方面，我主持了国家社会科学基金重大项目、重点项目、一般项目、青年项目，教育部重大课题攻关项目、重大项目、重点项目、一般项目、青年项目，广东省哲学社会科学规划重点项目、一般项目等在内的省部级以上项目20余项。

教学方面，我先是担任哲学系本科生专业课程"中国哲学史"的讲授。继后，担任了"中国哲学名著选读"课程的讲授。1986年，我开设了全校通识性课程"中国传统文化"，并于1987年将其正式改名为"中国文化概论"。1988年，我出版了新中国成立以后第一本中国文化研究领域的高校本科生教材《中国文化概论》，该书先后获得"中国图书奖""全国优秀图书奖""国家教委优秀教材奖"等奖励，2009年被国家新闻出版总署评选为"新中国60年优秀图书"，并于2019年入选中共中央宣传部主办的"新中国图书版本展"。1986年，我还是助教的时候，在当年的《哲学研究》第9期发表了《相似理论、协同学与董仲舒的哲学方法》，该文获得广东省哲学社会科学优秀成果奖青年奖。我在哲学系先后给本科生讲授的课程有中国哲学史、中国哲学名著选读、中国文化概论；给中国哲学专业的硕士生讲授中国哲学史方法论、中国哲学史史料学、中国哲学名著选读、中国文化史、现代化理论研究、文化学等课程；给博士生讲授中国哲学史方法论、中国哲学史史料学、中国文化专题研究、中国哲学专题研究、中国古代文化名著研究等课程。同时，在全校开设具有通识性课程性质的公共选修课中国文化概论。通过教学实践，与学生共同探讨学术问题，教学相长，促进学术研究的拓展和深化。

科学研究方面，我从董仲舒思想研究切入，探讨中国古代哲学。我的硕士学位论文题目是《董仲舒：秦汉思想的统一者——兼论秦汉之际的社会思潮》，论文答辩委员会由武汉大学萧萐父教授、中国社科院中国思想史研究室主任黄宣民教授，以及中山大学丁宝兰教授、李锦全教授和陈玉森教授组成，萧萐父教授任主席。该论文后来被收入《中国人文社会科学博士硕士文库》的哲学卷，由浙江教育出版社 1998 年 12 月出版。在研究董仲舒思想的同时，我追随当时的国内学术潮流，参与中国传统文化的研究。我所在的中国哲学专业，由业师李锦全教授领军，于 1986 年获得博士学位授予权。李先生招收的博士生，其研究方向都是中国传统文化与现代化。我跟随业师学术足迹，在中国传统文化与现代化研究方向上努力。我从 1992 年开始招收硕士生，1995 年开始招收博士生，其研究方向都是中国传统文化与现代化。后来，慢慢调整为中国文化与现代化，既可以研究传统文化，也可以研究当代文化，让学生有更大的选择空间和学术发展空间。再后，我还开设了博士生的新的研究方向，即当代中国文化研究。我先后招收了 52 个博士生、34 个硕士生。在高校工作的博士生，很多人成为副教授、教授、博士生导师，已有几个成为国家哲学社会科学规划重大项目的主持人。

在中国传统文化与现代化问题的研究导向下，我在坚持以董仲舒思想为重心的中国古代哲学研究的基础上，拓展研究思路和范围内容。

1988 年 10 月，我在中山大学出版社出版了我的第一部著作《中国文化概论》。这本书表达了我对整个中国文化发展历程、精神特质及其与现代化关系的初步理解，是参与当时文化讨论热潮并进行独立思考的产物。《中国文化概论》站在现代文化发展的基线上，以专题研究形式和史论结合方式，对当时文化讨论中涉及的诸多重要问题都做了比较深入全面的探讨。学界认为，信息量大是该书的显著特点，它体现了作者一以贯之的注重学术动态、追踪学科前沿的治学风格，使得该书成为我们今天回顾、反思当时文化热潮的一部必不可少的著作。① 对当时的讨论热点进行哲学的提炼与文化的观照，则是《中国文化概论》更为显著的特点。传统的理想人格、价值观念、思维方式、文化类型、基本精神是什么，换言之，如何从整体上把握传统文化的主体内容与基本特点，是当时讨论中的热门话题。书中提出，传统的理想人格是君子人格，而不是学术界多数人所说的圣贤人格；传统的价值取向主要表现为崇古、唯上、忠君、道义；传统的

---

① 引自杨海文、张倩：《传统与现代双向反思中的思想文化研究》，载唐代兴主编《哲学探索》2021 年第 2 辑（总第 3 辑），中国社会科学出版社 2021 年版，第 208－224 页。本文介绍的学界学者评论，均出自该文。

思维方式表现为事实判断、价值判断、道德判断三者相互涵摄、相互渗透、相互转换的态势，具有整体直观、类比外推、比喻象征、追求形上的显著特点；中国传统文化的核心是中国哲学，价值观念和思维方式是其最重要的方面，中国古代哲学的特点表现为着眼伦理本位、关心现实政治、高扬主体意识、富于辩证思维、强调整体观念、偏重直觉思维、流于经学态度、重视人际关系。中国传统文化的类型属于"趋善求治的伦理政治型文化"；中国文化的基本精神即中华民族精神，主要表现为自强不息、正道直行、贵和持中、民为邦本、平均平等、求是务实、豁达乐观、以道制欲。学界有人认为，这些观点以其系统综合性和理性思辨性，特别是以当时年轻学人少有的冷静客观态度和现实主义品格，在理论立场上以爱国情怀和学者良知超越情绪化、功利化的态度，用理性、客观的态度进行文化批判与文化重构。

《中国文化概论》出版之后，我继续从哲学的层面探讨中国文化的现代化问题，着手从文化批判与文化重构的角度切入，探讨中国文化出路。我承担了国家哲学社会科学"八五"规划项目"近现代中国的文化批判与价值重构——建构社会主义新文化的探讨"。经过3年多的努力，1992年6月，该项目的最终成果以《文化批判与文化重构——中国文化出路探讨》为书名，由陕西人民出版社出版。该书作为我主编的"中国文化与现代化丛书"之一出版后，《哲学研究》《光明日报》《学术月刊》《中国图书评论》《博览群书》《瞭望（海外版）》等近20家重要报刊发表了评介文章，给予高度评价。该书先后获得国家社会科学基金项目优秀成果奖、教育部全国高等学校人文社会科学研究优秀成果奖、北方15省市区哲学社会科学优秀图书奖、广东省优秀社会科学成果奖、广东高校系统人文社会科学优秀著作奖等5项奖励。书中相当部分内容在重要报刊发表，仅《新华文摘》全文转载的就有2篇。

正如学界有人所指出的，就我的文化哲学研究看，《文化批判与文化重构》可视为《中国文化概论》的姐妹篇。两书都紧扣"传统文化与现代化"这一时代课题，但侧重点又有所不同。《中国文化概论》侧重传统文化，是从传统观照现代，辨析传统文化与现代化的关系；《文化批判与文化重构》立足当代中国文化建设的现状，是从现代反思传统，探讨中国文化出路，提出建立社会主义新型文化的一得之见。由此，"从传统观照现代，从现代反思传统"，典型地体现了我在文化哲学研究中形成的学术风格。

有学者指出,《文化批判与文化重构》是国内第一部从宏观上、整体上系统探讨中国文化发展道路和当代出路的理论专著。对中国文化在近现代的发展道路所做的"史"的勾勒、"论"的提炼,以及对当代中国文化发展出路的批判性、总结性、前瞻性的理论阐释,两者相辅相成、相得益彰,使得全书气势宏大、结构严谨、经纬交织,成一家之言。

对近现代中国文化发展道路进行"史"的勾勒,是该书的重要内容。书中认为,中国近现代的文化发展虽历经坎坷,但却始终在告别古典主义、增强现代意识、追赶世界潮流、逐渐现代化的道路上前进着。从文化变迁看,近代走的是一条由器而道的渐进变革路径,现代走的是一条道器并举的激进变革道路。在这幅新旧交锋、社会嬗变的复杂图景中,从心理状态看,出现了守旧、改良、革命鼎足为三的文化态势;从学术流变和营垒归属看,存在着西化、马列、新儒家三大学术思潮;从社会变革、文化批判与价值重构的结果看,基本上是采用"以反求正"的方式,即用激进手段达到渐进改良来实现文化变迁的目的。这些观点,可谓是对近现代中国文化发展道路所做的宏观概括。在微观分析方面,该书考察了近现代以来特别是改革开放以来的诸多文化批判思潮和文化建构理论,以及港台、海外学者关于中国文化出路的种种构想,对中体西用、以夏变夷、全盘西化、西体中用、中魂西体、回归传统、复兴儒学、综合创新以及"海洋文化的新儒学"等观点都做了详尽的阐析,尤其对20世纪80年代文化讨论中的诸多主张进行了严肃认真的剖判。书中将种种主张划分为四派,即"彻底重建"派、"复兴儒学"派、"中魂西体"派、"综合创新"派,并认为,对民族文化传统的开新,对新型文化体系的创建,以张岱年先生为旗手的"综合创新"派成为激浊扬清、继往开来的主导思想。已故著名学者萧萐父教授当时指出,该书"扬榷百家,自立权衡,涵盖面广,可说是10年文化讨论的一个小结"。

对当代中国文化出路所做的"论"的提炼,是该书的重心所在。对近现代中国文化发展进行历史回顾与反省,使我确立了文化批判与文化重构的变迁史观,树立了坚持马列、综合创新的发展史论,把当代中国文化出路探讨与创建现代新型文化体系看作同一问题不可分割的两个方面,进而对创建现代新型文化体系的许多前沿性问题提出了自己的战略性看法。我在书中提出:建构现代新型文化体系必须坚持四个思想原则,即发展商品经济与更新文化传统相统一、拓展价值领域与提高国民素质相一致、文化批判与文化重构两不偏废、物质文明建设与精神文明建设并重。立足于这一思维原则,应该把现代新型文化体系看作一体三元的多维文化系统。所谓一体,指社会主义的价值系统;所谓三元,指政治、经济、文化三个虽不相同但又密切联系的特定领域;当代中国的文化批判和文化重构,说到底是要建设一个中国特色、社会主义性质、现代化的新型价值系统。为此,必须对文化成熟的基本要求和标志有着高度明确的认识,即对社会制度的创建、价值系统的奠定、文化模式的确立、文化大传统的形成等基本要求和标志有一前瞻性、战略性的把握。新型文化体系的创建又是一个漫长且坎坷的历程,因此,面对文化发展的古今、中西、内外等基本矛盾,有必要树立依托传统立足现实的古今融合论,以我为主兼取众长的中外互补论,创造转化充满活力的文化发展观;唯有如此,才能在现代化的历史条件下,真正找寻到当代中国文化的出路。在我看来,立足现代依托传统而融合古今,以我为主兼取众长而熔铸中外,是传统与现代、中国和外国的辩证统一、双向互动,是精英文化与大众文化的并行不悖、有机融合,是科学文化与人文文化的交相渗透、比翼双飞,是古典精神与现代意识的交相辉映、相辅相成,这就是现代新型文化的精神方向,就是现代新型文化体系的模式和特征。

  学界有人指出,正是因为对近现代中国文化发展历程,特别是20世纪80年代文化讨论的批判性总结,对"一体三元"的现代新型文化体系的战略性思考,决定了《文化批判与文化重构》在当代中国文化思想史中占有着承前启后的重要地位。学术界不少名家评论,该书在理论深度和现实意义方面极大地超过了《中国文化概论》,是我在文化哲学研究上步入深层次、进到新境界的重要体现。

  我是改革开放后国内比较早对董仲舒思想给出正面评价的学者之一。就学术研究的起点和思维进路而言,我是从董仲舒思想研究起步的,可以说,董仲舒思想研究是我学术研究进路中的重要步骤,也是我整个学术研究在方法探索和理论创造方面的重要实践。

  注重从社会思潮嬗变和民族文化发展来审视中国古代哲学,是我研究董仲舒思想的基本方法。例如,我在硕士学位论文中指出,董仲舒把前人探索过而未实现的王霸结合的统治术和思想统一的宏大理想具体落实到社会制度和行为规范上,完成了思想统一的历史重任,从而开创了自汉代以来的思想面貌和学术风气，中国封建社会灿烂的文化自此之后形成；但是，思想统一也统死了思想，学术文化的发展由此受到不良影响。我在《孔子研究》1991年第3期发表的《董仲舒道德论的文化剖析》一文中认为，董仲舒的道德论以"三纲五常"为核心，以天人感应为依托，以加强社会控制为目的，继孔孟道德修养论之余绪，折中荀韩治国方略，使思想境界培养方面的强制灌输与自我反省熔铸为一，从而确立了封建道德的总原则，建构了封建道德的基本体系，在理想人格、价值取向和社会心理等文化学深层结构方面，影响了中国社会两千年；在实现中国文化从传统向现代创造性转化的今天，我们对于董仲舒思想应从文化价值论的层面给予理性的阐析，从而为现代文化建设提供思想鉴戒。

我从20世纪80年代中期开始研究董仲舒，其直接动因之一是硕士学位论文写作。我在业师李锦全先生的指导下，于1985年完成了题为《董仲舒：秦汉思想的统一者——兼论秦汉之际的社会思潮》的硕士学位论文。该文后来被收入知名学者杨玉圣主编的《中国人文社会科学博士硕士文库（1981—1994）》（浙江教育出版社1998年版）。1990年，我承担了国家"七五"哲学社会科学规划项目"董仲舒与中国文化"。至今，我在海内外发表了董仲舒专论近30篇，在《哲学研究》1986年第9期、1987年第9期先后发表的《相似理论、协同学与董仲舒的哲学方法》《秦汉医学与董仲舒的天人感应论》可算代表作。近年发表的《董仲舒伦理观的现代省思》《三纲五常的文化阐释》《董仲舒政治哲学与趋善求治的传统文化》《从"调均"看中国文化的优秀传统》《董仲舒思想历史作用之我见》《董仲舒儒学的精神方向》《内圣外王之道的创造性构建——董仲舒思想的特质及其影响》等文，阐发了在弘扬优秀传统文化的时代背景下，我对董仲舒思想的新思考、新评价。在我看来，董仲舒提出的"调均"、"五常"（仁义礼智信）、"天人合一"等思想，是能够跨越时代、具有永恒价值的，属于全人类共同价值范畴的内容，值得我们在新的时代条件下认真研讨。历史上影响深远的"正其义不谋其利，明其道不计其功"的命题，正是董仲舒儒学的重要精神标识，是学问与思想相互发明、相得益彰的成果。简单说董仲舒是神学政治的创导者、专制政治的维护者，就否定了董仲舒的学问，也否定了他对儒学发展的贡献。简单说董仲舒是学问家，则又否定、湮没了他在中国思想文化史上的地位和作用，否定了他在中国哲学史上的地位和作用。我们当然不能用今天的标准去要求董仲舒，但无可否认的是，在他生活的那个时代，乃至整个西汉以降的传统社会中，董仲舒确确实实是一个有学问的思想家，同时又是一个有思想的学问家。我们应当而且能够揭示出董仲舒儒学与现代社会相适应、与现代文明相协调的现代性的一面。我为2020年在河北衡水市中国书画博物馆举行的全国书画展提供的评价董仲舒的文字是：两千年之政，汉政；两千年之学，董学。2022年我再次提供评价董仲舒的文字：融儒法糅阴阳公羊春秋纳九派，合天人一思想正谊明道启八荒。

董仲舒思想与中国文化的研究，是我对中国古代哲学从文化视角的探索，而现代新儒学研究则是我对中国近现代哲学在文化批判与价值重构方面的研究。

1986年，我有幸成为方克立、李锦全教授主持的"七五"国家重点研究课题"现代新儒学思潮研究"课题组的骨干。第二年，我参加了著名的"宣州会议"，并受课题组委托撰写了《"现代新儒学思潮研究"的由来和宣州会议的争鸣》一文，向海内外澄清了关于课题研究的实际情形。1991年，在德国慕尼黑召开的"第七届国际中国哲学大会"上，我宣读了《新儒学的形上追求及其现代意义》，该文后来发表在台湾辅仁大学主办的《哲学与文化》杂志上。我多次参加在中国台湾和香港举行的现代新儒学研讨会，还承担了国家教委"八五"人文社会科学规划博士点项目"现代新儒学与中国文化"。我的论文自选集《传统文化与人文精神》（广东人民出版社1997年版）共分三篇，其一就是"新儒学篇"，比较系统地表达了我对现代新儒家的历史把握和理性认知。2004年，我应台湾现代新儒学重镇淡江大学的邀请，在该校做了为期2个月、以"当代新儒学与中国文化的发展"为主题的访问研究。著名学者方克立、李锦全教授曾在20世纪90年代明确说，李宗桂是国内现代新儒学研究领域中颇有建树、富有影响的少数青年学者之一。

我研究现代新儒学，是从文化哲学的角度去探讨，重在解析现代新儒学的文化特质，为撰写客观持平的现代文化史、哲学史提供依据，为建设当代中国文化提供思想资源。在《人民日报》1989年3月6日发表的《现代新儒学：由来、发展及思想特征》一文中，我明确指出，民族本位的文化立场、花果飘零的文化心态、我族中心的文化观念、多维开阔的文化视野、强烈的主体意识、鲜明的独立人格、保守主义的政治立场，是现代新儒学的显著思想特征。我在《文史哲》2003年第2期发表了《当代新儒学发展的若干难题》一文，强调指出：兼容天下的开放意识与守道护统观念的纠结、复兴儒学的宏图大志与儒门淡薄的落寞现实的差距、"返本"的传统价值准则与"开新"的现代意识的矛盾、批评精神与自我反省意识的脱节、儒学现代化意图与边缘化现实的悖反、儒学价值理想载体的整体性缺失，是当代新儒学发展面临的六大难题。

在"从传统观照现代，从现代反思传统"这一基本原则和学理范式的导引下，我一直主张努力借鉴现代新儒学的可取之处，并对当今在台湾、香港和海外为中华文化复兴而努力的现代新儒家给予积极的评价。譬如，在《哲学研究》1989 年第 3 期发表的《评唐君毅的文化精神价值论和文化重构观》一文中认为："唐君毅的文化精神价值论和文化重构观反映了中国知识分子传统的忧患意识和文化参与意识，反映了对民族文化的执着之情和爱国之心，因而，其对民族文化精神价值的张扬和对中国文化重构的设想，有益于我们立足现实去培养自尊自信之心，以开放的心灵去迎接西方文化的挑战并吸纳西方文化的长处，进而建构当代中国的新型文化体系。"又如，在现代新儒学重要人物之一李杜教授主持、现代新儒学重要阵营香港新亚研究所 2001 年于香港举行的"传统儒学、现代儒学与中国现代化研讨会"，以及我担任主席之一（另一主席是台湾辅仁大学校长黎建球教授）、2004 年于澳门举行的"两岸四地中青年哲学家学术论坛"上，就曾明确指出："从当代新儒家学者的诸多学术表现来看，儒学也能适应现代化，自身也能现代化。他们对于现代民主政治、科学精神的认同是一致的，对于中国社会的现代化进程是认同的，而且是积极推动的。甚至，对于五四精神也是肯定的。即使是复兴儒学，力图实现儒学第三期发展的努力，实际上也蕴含着现代化的用心。"我在《社会科学战线》2008 年第 10 期发表的《中国文化的发展路向和民族精神的自我挺立——从三个"文化宣言"看中国现代化的文化努力》一文中，便对现代新儒学"返本开新"的学术实践和文化主张颇多肯定，认为其是中国现代化在文化方面所做努力的一个重要表现。有学者指出，正因秉持着客观理性的学术立场来进行现代新儒学的研究，又持守着"君子和而不同""道并行而不悖，万物并育而不相害""君子群而不党"的和谐共生原则，所以，尽管我对现代新儒学有若干批评意见，但却长期跟国内台湾、香港地区以及海外的现代新儒学群体保持着良好的学术友谊，从而能够更好地理解现代新儒学、认识现代新儒学，更好地研究现代新儒学。

在中国式现代化目标追求方面,需要在精神价值支撑方面探寻民族优秀传统文化的历史资源,发掘其现代价值,为此,必须在理性清理的基础上,在以爱国主义为核心的民族精神和以改革创新为核心的时代精神引领下,弘扬中华优秀传统文化。我是改革开放后中国哲学界、思想文化界最早关注民族优秀传统文化的历史发展和现代价值的学者之一。早在1992年的《哲学研究》第3期上,我就发表了《优秀文化传统与民族凝聚力》一文,对优秀文化传统的内涵、特质、主体内容、历史意义和现代价值做了富有时代精神的阐释,认为优秀文化传统表现为自强不息的奋斗精神、和谐统一的博大胸襟、崇德重义的高尚情怀、整体为上的价值取向,中华民族凝聚力的主要内容是文化中国的理想追求、历久弥坚的大一统观念、兼容天下的开阔胸襟、爱国主义的深厚情怀。我还在《学术研究》2013年第11期发表了《试论中国优秀传统文化的内涵》,提出:"中华民族在长期发展过程中形成的、在历史上产生了积极作用、在今天仍然有合理价值的传统文化,便是优秀传统文化。"在《社会科学战线》2017年第8期发表了《试论中国优秀传统文化的评价标准》,提出衡量传统文化是否优秀的八条标准:适合时代需求、推动社会发展、经受实践检验、有助文化认同、促进民族团结、建立精神支撑、助力民族复兴、有益世界文明。这两篇文章发表后,受到学术界和社会的广泛关注,引用、转载者甚多。我还在《哲学研究》2016年第8期发表了《从"调均"看中国文化的优秀传统》,从具体问题切入,揭示中国优秀传统文化的内容,阐释中国文化优秀传统的特质和价值。我应《人民日报》之约,撰写并发表了《"阐旧邦以辅新命"——充分吸收中华优秀传统文化的价值观滋养》(《人民日报》2014年5月19日第11版)。我主持了教育部哲学社会科学重大课题攻关项目"中国优秀传统文化的现代价值研究",其54万字的最终成果以《中国优秀传统文化的现代价值》为书名,由人民出版社于2019年11月出版。书中用专题形式对中国传统文化的价值凝练与体系建构,儒家、道家、墨家、法家、佛家诸学术流派思想的合理内核及其现代价值做了史论结合的阐析,并对仁爱精神、刚健自强、以民为本、家国情怀、礼法融合、贵和尚中、大同追求、近代优秀文化传统等重要内容的内核及其现代价值做了内容揭示和理论分析,最后明确阐明了"优秀传统文化的现代价值"。

与弘扬中华优秀传统文化的研究工作相呼应,我还在社会人文关怀方面做了若干研究。我主持了国家教委"七五"规划项目"当代中国人价值观与传统价值取向——建构社会主义新型价值观的研究"、国家哲学社会科学"九五"规划重点项目"坚持建设有中国特色社会主义文化的基本目标基本政策与文化建设实践研究"、教育部"十五"重大课题"当代中国文化建设研究"、教育部特别委托重大项目"新时期校园文化建设的理论和实践"等项目,发表了《优秀文化传统与民族凝聚力》(《哲学研究》1992年第3期)、《民族文化素质与人文精神重建》(《哲学研究》1994年第10期)、《经济全球化与民族文化建设》(《哲学研究》2001年第1期)、《文化全球化与当代中国文化建设》(《南开学报》哲学社会科学版2002年第5期)、《人文精神建设之若干难题》(《学术研究》2003年第2期)、《文化自觉与文化发展》(《中山大学学报》社会科学版2004年第6期)、《国学与时代精神》(《学术研究》2008年第3期)、《国学与中华民族精神家园》(《中山大学学报》社会科学版2009年第3期)等论文,主编了《儒家文化与中华民族凝聚力》《中华民族精神概论》《文化精神烛照下的广东——广东文化发展30年》《广东文化改革发展40年》(依次为广东人民出版社1998年、2007年、2008年版和中山大学出版社2018年版),策划、主编并出版了"中华民族精神建设丛书"(广东人民出版社2007年版),近40万字的专著《当代中国文化要论》已经完成并将出版。

在我看来,认识、把握优秀文化传统和思想文化,目的在于提高中华民族文化素质,增强中华民族凝聚力,重建人文精神,努力实现社会转型期的人文关怀。民族文化素质是一个民族精神风貌的显现,是该民族在思维方式、价值取向、理想人格、国民品性以及审美情趣等方面综合素质的反映;民族文化素质中的"文化",本质上就是"人化",是精神追求的探讨、提升,是对民族文化兴衰存亡的"终极关怀"和自觉奉献。民族文化素质、民族凝聚力、人文精神对现代化建设至关重要,它们不是从天上掉下来的,可以而且应该从优秀文化传统和思想文化中去探寻。中国优秀传统文化是当代文化建设的重要资源。要而言之,以上观点是站在价值系统论的理论高度来探讨当代文化建设,可谓"从传统观照现代"。

我在中国传统文化与现代化这个研究主题的框架中,引入了"中华民族精神研究"。我在《哲学研究》2001年第1期发表了《经济全球化与民族文化建设》一文,明确提出经济全球化并非一体化、同质化,更不可能导致全球文化一体化、同质化，民族文化、民族精神照样存在，甚至民族精神、民族主义可能高涨，而不是消解。我们应当坚持民族文化的主体性。我在《中国高等教育》2003年第10期发表的《中华民族精神的历史发展和时代意义》一文中认为，改革开放以来，以开拓创新为基本特征和思维旨趣的当代中华民族精神正在初步形成，它是对既往民族精神的批判性继承与创造性超越，是对当代中国现代化进程的积极推进，是对当今世界和平与发展时代主题的正确回应。应《人民日报》之约，我撰写了《重视传统文化的民族性》一文，指出，"建设社会主义先进文化，应当注意发掘中国传统文化的正面价值，从文化发展的连续性和继承性的一面对待民族传统文化"，"在经济全球化时代，我们应当注意保持并努力发展文化的民族性，尊重自己民族的传统文化，合理利用传统文化这个重要资源"，"正确解决文化的民族性问题，正确解决中国传统文化的当代价值问题，'自主'精神值得学习和弘扬"。该文和金冲及、汤一介、方立天等前辈学者的文章构成一组，被《人民日报》2005年2月4日以《特别关注：现代视野中的传统文化》为主题，作为重点文章推出，受到学术界和社会舆论的特别关注。

　　正是基于上述认识，从1995年底开始，我本人及由我领导的中山大学文化研究所就启动了对当代中华民族精神建设的学理研讨。经过多年努力，"中华民族精神研究丛书"作为广东省哲学社会科学规划课题"中华民族精神研究"的最终成果，在广东省社会科学规划基金的资助下，于2007年3月由广东人民出版社出版。这套丛书包括总论性的《中华民族精神概论》，以及分论性的《中国哲学精神》《中国法律精神》《中国教育精神》《中国伦理精神》《中国经济精神》《中国文化精神》等，旨在证明中华民族精神不愧为激励全民族不懈奋进的道义力量，不愧为规范、引导全民族进步的价值标准，不愧为建设、发展先进文化的思想原则，不愧为凝聚海内外中华儿女的心灵纽带，不愧为正确回应全球化挑战，坚持文化民族性、独立性、自主性，是中华民族自立于世界民族之林的精神支柱。我在丛书编写出版说明中说："回顾丛书编写这10年来，我们的学术追求，是和中华民族精神的建设同步的，是和改革创新的时代精神一致的，是和社会主义核心价值体系的建构过程一致的，也是和'阐旧邦以辅新命'的优秀文化传统相衔接的。"

　　从学术研究的价值指向看，我以"社会转型期的人文关怀"为主题的文化哲学研究,展现为"当代中国文化研究"和"中华民族精神研究"两个专题,重视理论思辨性、彰显时代色彩、肩负历史使命,受到知识界与一般民众的关注。弘扬优秀文化传统、增强中华民族凝聚力、提高民族文化素质、重建人文精神是近年来为推动社会转型而特别受到重视的时代性课题,对此做出积极回应和努力探索,是知识分子学术良知与历史使命感的体现。有学者认为,在此意义上,不妨说力图表达社会转型期之人文关怀的"当代中国文化研究"和"中华民族精神研究"是我在文化哲学研究领域中继《中国文化概论》《文化批判与文化重构》之后的又一新境界,也典型地代表了当代文化哲学研究较高的理论水平和应然的努力方向。① 可以说,我出版的《传统文化与人文精神》《中国传统文化探讨》《当代中国文化探讨》《广东文化的多维思考》《传统与现代之间——中国文化现代化的哲学省思》《守成创新看传统》等书,都是我在中国文化与现代化关系探讨方面的学术努力,是我在建设中国式现代化及其文化形态方面的文化努力。

我这一代人是和共和国一道成长的,是跟随共和国的现代化而前进的。我衷心拥护改革开放的时代,乐于参与中国式现代化的建设进程,用学术的方式,为中华民族现代文明的建设,为中国式现代化的文化形态的建构竭心尽力。我愿意借用2019年9月10日我在广东省第三届优秀社会科学家颁奖典礼上作为代表发言时的题目(主题),作为这个拉拉杂杂的学术自传的结束语,这就是:

感恩改革开放的伟大时代!

---

① 本文采用了杨海文《从传统观照现代 从现代反思传统》一文的材料,该文载李宗桂《传统与现代之间——中国文化现代化的哲学省思》,北京师范大学出版社2022年版,第1—18页。

李宗桂自选集

上编

传统文化

试论中国优秀传统文化的内涵

中国传统文化与现代化关系的问题，从鸦片战争以来就是中国社会转型、文化转型中的重大问题。其间，产生了多次规模甚大影响甚深的论争。早的如鸦片战争以后的中体西用之争，后来有五四时期的中西古今之争，继后有 20 世纪 30 年代前后关于全盘西化、本位文化建设、中国现代化建设等问题的论争。改革开放以后，从 80 年代中期开始直到如今，跌宕起伏、高潮不断的传统文化热、国学热，都是中国社会如何现代化、中国传统文化如何现代化在思想文化领域的表现。诸多人物表达了自己对中国传统文化现代价值的见解，思路不同、观点迥异。从文化价值观的层面看，根本问题在于各自对于中国传统文化现代价值的评价标准不同，而前提性的问题是何谓中国文化、中国传统文化，特别是如何理解中国优秀传统文化的内涵。因此，探讨中国优秀传统文化的内涵和评价标准①，对于弘扬优秀传统文化，建设优秀传统文化的传承体系，创新并促进当代中国文化的发展，显然具有重要的理论价值和实践意义。

一、中国文化与中国传统文化

中国优秀传统文化是中国传统文化的一部分，要把握其内涵，应当先把握中国传统文化的内涵，而中国传统文化又与我们习惯性略称的中国文化直接相关。

中国文化又称中华文化，指的是中华民族数千年发展过程中创造的、不断发展的、打上自身烙印的文化。这个文化，根据文化学家关于文化结构的见解，其构成包括物质文化、制度文化和思想文化等层面。换言之，中国文化是一个丰富的有机整体，源远流长、博大精深。其间，思想文化是中国文化的核心，反映着中国文化最为本质的特征，是中国文化的气象所在、精神所在。

---

① 限于篇幅和主题，关于中国优秀传统文化的评价标准问题，当另文专论。

中国文化所讲的文化，是民族意义上的文化。因此，所谓中国文化实际上就是中华民族的文化。而中国文化所讲的中国，既是地理概念，也是文化概念。地理概念是指中国的版图，文化概念是指整个中华儿女的精神家园。"中国文化"是个内涵丰富、外延广阔的概念。就性质而言，她是中华民族赖以长期发展、不断进步的精神支撑和智力支持；就结构而言，她是包括物质文化、制度文化和思想文化等层面在内的完整系统；就内容而言，她是以汉民族文化为主体并包括各个少数民族文化在内的多元（汉族、藏族、蒙古族、维吾尔族、回族、苗族、壮族、哈萨克族……）一体（中华民族）的文化；就思想学术发展的历程而言，她是包括先秦子学、两汉经学、魏晋玄学、隋唐佛学、宋明理学、清代朴学和新学等不同发展阶段的文化实体；就学术流派而言，她是包括儒家、道家、墨家、法家、佛家、阴阳家、兵家、名家、杂家等在内的诸子百家分途发展而又相互碰撞交流吸收的结果；就载体而言，她包括经史子集之类的典籍和风俗习惯生活方式等；就时代性而言，她是与时俱进、不断发展，彰显时代精神的产物；就民族性而言，她是前后相继、不断发展，体现民族智慧的重要载体；就价值取向而言，她是以中华民族精神为核心，以爱国主义为导向，蕴含团结统一、贵和尚中、守成创新、以人为本的一整套价值理念的整合；就历史发展阶段而言，她是指从古到今的中华民族的文化创造。

以上是从平实的学术界定角度而言的中国文化概念。但在最近30多年的文化研究和文化建设实践中，中国传统文化往往被略称为传统文化，也常常被略称为中国文化。由中华书局主办、在20世纪90年代颇有影响的学术杂志《传统文化与现代化》，其所谓传统文化就是中国传统文化；20世纪80年代出版、李宗桂撰写的《中国文化概论》第十五章"传统文化与现代化"[1]，其所谓传统文化正是中国传统文化；邵汉明主编的《中国文化研究二十年》第十章"传统文化与现代化关系研究"[2]，其所谓传统文化也是指中国传统文化。同时，中国传统文化也常常被略称为中国文化。前述李宗桂撰写的《中国文化概论》，其所谓中国文化就是中国传统文化；张岱年、方克立主编的《中国文化概论》[3]，其所谓中国文化也是

---

[1] 李宗桂：《中国文化概论》，中山大学出版社1988年版。
[2] 邵汉明主编：《中国文化研究二十年》，人民出版社2003年版。
[3] 张岱年、方克立主编：《中国文化概论》，北京师范大学出版社1993年版。

指中国传统文化；台湾学者韦政通撰写的《中国文化概论》①，其所谓中国文化也是指中国传统文化，而且他在"自序"中本身就是中国文化和中国传统文化并用，而且是在同等意义上使用。类似情况，在在多有，可谓学术界惯例。②

二、何谓中国优秀传统文化

鉴于上述情况，我们可知，学界所谓的"中国优秀传统文化"，自然属于"中国传统文化"的范畴，是"中国文化"的重要内容。但是，究竟何谓"中国优秀传统文化"，人们往往没有一个确切、明晰的概念界定。从20世纪80年代以来这么多年的中国传统文化研究过程中，问世的论著可谓汗牛充栋，但对于"中国优秀传统文化"的内涵却缺少充分的揭示。近年虽有若干著作专门探讨"中国优秀传统文化"，③有的洋洋洒洒数十万言，大谈方法论、价值观、范围、内容、特征等，但就是不正面谈何谓"中国优秀传统文化"。即便有的论著从内涵揭示的角度，对"中国优秀传统文化"进行探讨，但却有着颇为不同的理解和表述。

从学术界的研究实践看，从内容、范围、功能、特征等方面阐释中国优秀传统文化的论著甚多，可以为我们理解"中国优秀传统文化"的内涵并做出适当的概括提供借鉴。

张岱年先生说："中国文化的优秀传统有丰富的内容，其中最主要的是两个基本思想观点：一是人际和谐，二是天人协调。""这类优秀传统文化在今天应该得到进一步的阐扬。"④在《中国古典哲学中的优良传统》一文中，他指出："古代唯物主义与无神论传统、辩证思想、人本思想、

---

① 韦政通：《中国文化概论》，台湾水牛出版社2008年版。

② 其实，在中国传统学术研究领域，比如中国政治史、中国政治思想史、中国制度史、中国哲学史、中国文学史等，其内容和范围都是中国古代的，属于"传统"的范畴。

③ 书名冠以"优秀传统文化"字眼的著作主要有：张岂之主编《中华优秀传统文化核心理念读本》（学习出版社2012年版）、张岂之著《张岂之谈中华优秀传统文化》（太白文艺出版社2012年版）、李洪钧主编《中华优秀传统文化简论》（辽宁大学出版1994年版）、张继功等主编《中国优秀传统文化概论》（陕西师范大学出版社1998年版）、李申等著《传承的使命：中华优秀文化传统教育问题研究》（人民出版社2011年版）。

④ 张岱年：《传统文化的发展与转变》，载《光明日报》1996年5月4日。

坚持民族独立的爱国传统，都是'中国文化中的优良传统'。"① 他还认为："中国文化的优秀传统的核心是关于人生意义、人生价值、人生理想的基本观点，可以称为人本观点。"② 在《传统文化的精华》一文中，他提出："中国文化的优秀传统的核心就是关于人的自觉的思想。"此外，天人合一、知行合一、以和为贵等，也是中国文化优秀传统中的精湛思想，但最重要的是关于人们道德自觉性的思想，"这确实是传统文化的精华"③。

钱逊先生认为，传统文化中的仁爱精神、自强不息精神，富贵不淫、贫贱不移、威武不屈的独立人格精神，忧国忧民、竭诚尽忠的爱国精神，"慎独"的高度自觉的道德精神以及敬老爱幼、尊师重道、温、良、恭、俭、让等，都是"传统美德"。④

罗豪才认为，中华民族在长期发展过程中，形成了"天下一统的国家观、人伦和谐的社会观、兼容并蓄的文化观、勤俭耐劳的生活观等为主要特征的中华优秀传统文化"。中华优秀传统文化为中华民族的生存与发展提供了巨大的心灵支撑和强大的内在动力，在中华民族五千年文明史上发挥了重要作用。⑤

杨翰卿、李保林认为，中国传统文化中具有积极意义和当代价值、应当在思想内容上进行转换的，至少或主要有以下两个方面：其一，体现和表达民族精神的内容。如"天下兴亡，匹夫有责"的忧患意识和爱国主义；"兴利除弊"的改革精神；重民贵民的民本思想；"自强不息"，不畏强暴，不怕困难的独立自主、自力更生、吃苦耐劳精神；注重和谐的"和合"思想；"厚德载物"的宽容精神和关于吸收异质文化的"会通精神"；等等。其二，扬善抑恶，注重人格和道德修养的伦理精神和人生价值观念。如"己所不欲，勿施于人"的"仁爱"精神；"勿以恶小而为之，勿以善小而不为"的律己观念；"三军可夺帅，匹夫不可夺志"的人

---

① 张岱年：《中国古典哲学中的优良传统》，载《高校理论战线》1993年第1期。
② 张岱年：《中国文化优秀传统的生命力》，载《中国文化研究》1993年创刊号。
③ 张岱年：《传统文化的精华》，载《张岱年全集》第七卷，河北人民出版社1996年版，第471-474页。
④ 钱逊：《关于马克思主义与传统文化关系的几点想法》，载《学术月刊》1996年第5期。
⑤ 罗豪才：《弘扬中华优秀传统文化 增强民族认同感和凝聚力》，载《中央社会主义学院学报》2007年第4期。

格思想;"杀身成仁"、无私奉献、"以天下为己任"的重气节和大公无私的人生价值观念;"立己立人,达己达人"的重道德精神;等等。这些都是中国传统文化中"具有积极意义和当代价值"的思想内容。①

笔者曾对优秀文化传统做过探讨,认为优秀文化传统应当具备的特征是:反映中国文化健康的精神方向;能够鼓舞人们前进,无论在历史上还是在当代中国文化的建设中,都具有激发民族自信心和自豪感的作用;具有民族文化认同功能;具有历史继承性和稳定性;是中华文化的活精神,在今天仍然具有强大的生命力。优秀文化传统及其在当代的主要表现是:自强不息的奋斗精神、和谐统一的博大胸襟、崇德重义的高尚情怀、整体为上的价值取向。② 笔者还曾探讨过中华民族精神与中国文化精神的关系,认为中国文化精神的积极方面构成中华民族精神,而中华民族精神"是中华文化优秀传统的集中体现",其主要内容是:爱国主义的民族情怀、团结统一的价值取向、贵和尚中的思维模式、勤劳勇敢的优良品质、自强不息的进取意识、厚德载物的博大胸襟、崇德重义的高尚情怀、科学民主的现代精神。③

纵观国内30多年来的文化研究实践,可以说,凡是承认中国传统文化有着合理的价值,其优秀成分在今天仍然具有促进民族发展、社会进步作用的人,大致都持以上思路和观点。质言之,认为中国传统文化具有两重性,其优秀成分能够为今天所用的,都会在肯认民族精神的基础上,认同传统文化中的诸多积极内容及其合理价值,尽管论者在内容的选择和价值的评价上各有不同甚至分歧甚大。

在笔者看来,之所以出现这种情况,很大程度上源于"中国优秀传统文化"的概念不够明晰。学术研究的前提或基础是概念明晰。一个概念的内涵,是指它所反映的对象的本质属性的总和,也就是概念的内容。"中国优秀传统文化"这个概念,所指涉的本质性对象,是中国传统文化中的非常好的成分或因素,在内容上包括从自然到社会和人类自身,涵盖政治、经济、文化、哲学、军事、医药等诸多方面。因此,用传统文化蕴含着两重性作用的思路,用列举式的方法,阐释其优秀成分及其现代价

---

① 杨翰卿、李保林:《论中国传统文化的当代转换》,载《中国社会科学》1999年第1期。
② 李宗桂:《优秀文化传统与民族凝聚力》,载《哲学研究》1992年第3期。
③ 李宗桂:《中国文化精神与中华民族精神的若干问题》,载《社会科学战线》2006年第1期。

值,是值得尝试也值得肯定的。问题在于,由于大量的论者是从现象罗列和内容列举的路径来论说,导致"何谓优秀传统文化"成了一个比较模糊甚至有点含混的问题,人们往往能够意会而不善于言传,擅长列举而缺乏明确的概念界定。如上所述,成千上万的关于中国传统文化的论著中,论及优秀传统文化内容的为数不少,但基本没有定义式揭示其内涵的。严肃点说,就概念明晰的角度而言,何谓中国优秀传统文化,并不是很清楚的。这种情况的存在,直接影响对优秀传统文化的厘定、阐发和弘扬,也直接影响到这个问题研究的学术含量。

需要说明的是,根据文献,学界正面揭示中国优秀传统文化内涵的也有人在。一种看法认为,所谓中国优秀传统文化,是指中国传统文化中所包含的对提高人民的思维能力,促进社会主义物质文明和精神文明的发展,推动社会进步的一切有重大价值的优秀精神成果的总和。① 另有一种看法认为,所谓中国优秀传统文化,是指那些经过了实践检验、时间检验和社会择优继承检验而保留下来并能传之久远的文化。② 这两种表述,可以说是对中国优秀传统文化的内涵的定义式阐释。前一种表述,重在实践性和当下性,偏重精神内涵,强调思维能力的提高和社会进步的推动,是从现代省思传统,具有较强的时代感,但相对忽略了传统文化的历史传承性、民族性和前瞻性。后一种表述,重在传承性和历史性,是从传统来提升现代,但相对轻视了时代性和当下性。不过,就研究思路而言,这两种表述应当说大致反映了学术界关于优秀传统文化的本质性理解。

在笔者看来,所谓中国优秀传统文化,是指中国传统文化的精华所在、精神所在、气魄所在,是体现民族精神的价值内涵。它在中华民族发展历程中,在中国思想文化发展历史上,曾经起过积极的作用,迄今仍有合理价值,能够为中华文化的现代传承和创新发展起到积极作用,能够促进社会进步和民族发展,主要体现于思想文化的层面。质言之,所谓中国优秀传统文化,就是中华民族长期发展过程中形成的、有着积极的历史作用、至今具有重要价值的思想文化。可能有人会说,器物文化中的那些卓

---

① 张继功、李反修、李森:《中国优秀传统文化概论》,陕西师范大学出版社1998年版,第18页。
② 李申申等:《传承的使命:中华优秀文化传统教育问题研究》,人民出版社2011年版,第92页。

越的工艺品、制度文化中的某些精粹的成分，难道不属于优秀传统文化的范畴吗？当然是。但那些卓越的工艺品和精粹的管理思想，是由相应的思维方式、价值取向和审美情趣所指导所决定的，蕴含着特定的精神内涵。因此，把优秀传统文化纳入思想文化的范畴，或者说从思想文化的层面发掘传统文化的现代价值，并不为过。实际上，从操作的层面看，我们所要传承、弘扬并创新发展的优秀传统文化，主要是无形的方面，正所谓"形而上者谓之道"也。以爱国主义为核心的中华民族精神，天下为公的崇高理想，己立立人、己达达人、己所不欲勿施于人的忠恕之道，贵和尚中的和谐思想等，都是无形的精神财富，是生生不息代代传承的中华民族价值观的正能量。今天我们所要弘扬的中华优秀传统文化，要建设的中华优秀文化传承体系，在笔者看来，正是从精神内涵的层面切入，以思想文化为主导的那些内容和范围。正如党的十七届六中全会通过的《中共中央关于深化文化体制改革　推动社会主义文化大发展大繁荣若干重大问题的决定》指出的：要全面认识祖国传统文化，取其精华、去其糟粕，古为今用、推陈出新，坚持保护利用、普及弘扬并重，加强对优秀传统文化思想价值的挖掘和阐发，维护民族文化基本元素，使优秀传统文化成为新时代鼓舞人民前进的精神力量。①

值得注意的是，在关于中国优秀传统文化的研讨中，不可避免地出现了对于传统文化与文化传统两个概念及其关系的关注和讨论。在很多论者那里，传统文化与文化传统是同等概念。比如，《中华优秀传统文化简论》②与《传承的使命：中华优秀文化传统教育问题研究》③两部著作，分别使用了"优秀传统文化"和"优秀文化传统"两个不同的概念，但两书所阐释列举的主要内容，相当部分是一致的。例如，两书都谈到以民为本、自强不息、责任意识、爱国主义等。这就引出一个问题：究竟传统文化与文化传统各自的内涵是什么？进一步，它们关系如何？

其实，关于传统文化与文化传统概念的辨析，早有朱维铮、庞朴、汤一介、丁守和诸位先生做过工作。朱、庞、汤三位先生都认为，传统文化

---

① 《中共中央关于深化文化体制改革　推动社会主义文化大发展大繁荣若干重大问题的决定》，人民出版社2011年版，第25—26页。
② 李洪钧主编：《中华优秀传统文化简论》，辽宁大学出版社1994年版。
③ 李申申等：《传承的使命：中华优秀文化传统教育问题研究》，人民出版社2011年版。

是过去的、已经完成的、死的东西,是静态的,文化传统则是活的东西,是动态的,是活在现实中的文化;传统文化是死文化,文化传统是活文化。① 丁守和先生认为:"文化传统与传统文化确有不同。无论从理论上或从事实上看,传统文化要广泛得多。"② 这些见解的价值在于,明确区分了传统文化与文化传统的关系,对于把二者混为一谈的现象具有纠偏补正的作用,有利于深化中国传统文化与现代化问题的研究。但这个问题的讨论,还大有余地。20多年前,笔者曾在关于优秀文化传统的论文中提出:所谓文化传统,是指受特定文化类型中价值系统的影响,经过长期历史积淀而逐渐形成的、为全民族大多数人所认同的思想和行为方式上的传统。所谓传统文化,从广义的范围讲,是指历史上形成的一切,包括物质、制度和思想等层面。从狭义的范围讲,是指历史上形成的价值观念、思维方式、伦理规范、理想人格、审美情趣的总和。"传统文化与文化传统,前者包容后者,后者是前者的集中体现,但并不等于前者。"③ 今天看来,问题的论说还可深化。简要地说,所谓传统文化,广义地说,就是中华民族在历史上所创造的一切;狭义地说,是指中华民族在历史上创造的思想文化。所谓文化传统,是指中华民族历史上创造的文化中具有稳定性、连续性和传承性的某种价值观念、行为方式、风俗习惯。④ 传统文化包蕴着文化传统,文化传统是传统文化在精神领域的集中体现。传统文化和文化传统都是历史,都可能具有社会作用的两重性,都可能具有生命力,都可能传承到当代。因此,研究、评判和弘扬中国优秀传统文化,应当既包括传统文化,也包括文化传统,而不是把传统文化弃置一旁,仅仅研究文化传统。同理,所谓中国优秀传统文化现代价值的研究,应当既关注文化传统,同时也要重视传统文化。这样,对于我们把握中国优秀传统文化的内涵将大有助益。

---

① 朱维铮:《文化传统与传统文化》,载《复旦学报》1987年第1期;庞朴:《文化传统与传统文化》,载《中国社会科学季刊》(香港)第三卷,1993年8月;汤一介主编:《港台海外中国文化论丛》"总序",生活·读书·新知三联书店1990年版。
② 丁守和:《关于传统文化与文化传统的思考》,载《光明日报》1999年10月29日。
③ 李宗桂:《优秀文化传统与民族凝聚力》,载《哲学研究》1992年第3期。
④ 这里的"历史上"是个比较宽泛的概念,不同的人可以理解为古代、近代或现代的历史时期。学术界有人提出了古代传统、近代传统、现代传统甚至延安传统之类的概念,自有其道理,本文是指古代的历史时期。换言之,本文所讲中国优秀传统文化是指古代的优秀传统文化。

中国优秀传统文化的内涵,与中国传统人文精神密切相关,与中华民族精神直接勾连,因此,探讨中国优秀传统文化必然要研究相关问题,限于主题和篇幅,就不赘论了,有兴趣的读者,可以参阅学术界的相关论著。

(原载《学术研究》2013年第11期)

试论中国优秀传统文化的评价标准

中国优秀传统文化的研究和弘扬，近年来受到学术界越来越广泛的重视，会议频繁，论著多多，课题不少。其间，对于中国优秀传统文化的历史发展、主要内容、历史作用、现代价值等方面，都有相当广泛的探讨。但是，从学术研究的理性来省察，无可讳言地存在着一个重要问题，这就是中国优秀传统文化的评价标准是什么，换言之，何谓中国优秀传统文化，论者凭什么断定自己所说的中国传统文化是优秀的，其价值尺度是什么，却没有切实的分析论证。① 这种情况，无疑影响到对中国优秀传统文化的认知和践行，也影响到研究质量，需要正面给予回应。

一、"中国优秀传统文化"的类别划分式和内容列举式理解

对于何谓中国优秀传统文化，这些年学术界主要是从两个路径切入进行表达，一是类别划分式，二是内容列举式。

类别划分式，是把中国传统文化划分为若干类别，而把其中某些好的类别判定为中国优秀传统文化。比如，中华民族精神、中国文化精神、中国文化的人文精神之类，自然列入"优秀"之列，通过对这些类别的文化的精神价值的阐发，表达自己对于中华优秀传统文化内涵和特质的理解，并通过对其特征的揭示而表达自己对于中华优秀传统文化评价标准的看法。

在类别划分式的表述框架中，有的学者认为，中国文化的基本精神就是中华民族在精神形态上的基本特点，而刚健有为、和与中、崇德利用、天人协调"就是中国传统文化的基本精神之所在"。② "自强不息、厚德载

---

① 笔者在2012年8月于广州举行、中山大学文化研究所主办的"中国优秀传统文化的当代价值"学术研讨会上的主题发言，题目便是《中国优秀传统文化的价值尺度》，本文是在该发言基础上形成的。

② 张岱年：《论中国文化的基本精神》，载《中国文化研究集刊》第一辑，复旦大学出版社1984年版。

物是中国文化传统的基本精神"。① 有的学者认为,中华民族精神是"中华民族生存和发展中具有维系、协调和推动作用的一种活的精神力量",是"中华民族精神中的优秀传统""指导中华民族延续发展、不断前进的精粹思想"②。有论者认为,中国传统文化的基本精神是以人文主义为内核的,主要表现为自强不息、正道直行、贵和持中、民为邦本、平均平等、求是务实、豁达乐观、以道制欲等方面。③ 人文精神是对人之所以为人在理论上的探讨和在实践中的回答,是对民族文化的兴衰存亡的"终极关怀"和自觉奉献,是对高尚的价值理想和道德情操的自觉追求。在传统文化中,人文精神主要表现为仁民爱物、修己安人、义以为上、天人合德、以人为本、刚健有为、贵和尚中等基本的价值观念和精神追求。在近代文化中,人文精神包含并表现为爱国主义、民族主义、科学精神、民主精神、自由精神等最为基本的价值观念。在当代中国,民主法治意识、契约观念、公平正义思想、权利意识等,都是新型人文精神的表现。而"中国文化的人文精神,属于中国文化精神的积极成分,属于优秀文化传统的范畴"④。总之,中国文化的人文精神、中华民族的民族精神,都是优秀的传统文化。⑤ 就既有的研究成果而言,学术界从诸如上述类别划分而概括出的优秀传统文化,论题相对集中,基本具有共识,争议不大。

从按照人文精神、民族精神、文化精神等类别阐释中华优秀传统文化的论著来看,尽管论者尽力从思想理论上给以提炼,并从社会发展和思想进步的层面挖掘其价值,使读者对这些价值理念在历史上的正面价值和在当代社会的时代意义产生认同,但这些论说仍然具有共同的特点,这就是没有明确提出并诠释中华优秀传统文化的评价尺度,这不能不说是一个弱点、一个遗憾。

与类别划分式的阐释相辅而行,对于何谓中华优秀传统文化的内容列举式划分,论说最多,见解繁复,有的难以形成共识且争议较大。

从已经出版发表的相关论著来看,关于中国优秀传统文化的主要著作有蔡尚思先生的《中国文化的优良传统》(湖南人民出版社1983年版)、

---

① 张岱年:《文化传统与民族精神》,载《学术月刊》1986年第2期。
② 刘文英:《关于中华民族精神的几个问题》,载《哲学研究》1991年第11期。
③ 李宗桂:《中国文化概论》,中山大学出版社1988年版,第345—363页。
④ 李宗桂:《民族文化素质与人文精神重建》,载《哲学研究》1994年第10期。
⑤ 李宗桂:《中国文化精神与中华民族精神的若干问题》,载《社会科学战线》2006年第1期。

张岂之先生主编的《中华优秀传统文化核心理念读本》(学习出版社 2012 年版)、张岂之先生的《张岂之谈中华优秀传统文化》(太白文艺出版社 2012 年版)、李洪钧主编的《中华优秀传统文化简论》(辽宁大学出版社 1994 年版)、李申申等人合著的《传承的使命:中华优秀文化传统教育问题研究》(人民出版社 2011 年版),等等。此外,还有虽不以"优秀"冠名但实际上是探讨中国优秀传统文化的著作,例如邵汉明主编的《中国文化精神》(商务印书馆 2000 年版),吴毅等人合著的《中华人文精神论纲》(人民出版社 2011 年版)等。

在上述著作中,"中国优秀传统文化"不是定义表述式给出的,而是内容列举式展现的。例如,蔡尚思先生在其《中国文化的优良传统》一书中,通过二百多个中国文化人立身治学的经验,阐发中国文化优良传统之所在。其中,善疑好问、厚今薄古、坚持真理、信史直录、实事求是等,都是"中国文化精华的一部分"。张岂之先生在其主编的颇有影响的《中华优秀传统文化核心理念读本》一书中,明确指出"中华优秀传统文化的核心理念"是天人之学、道法自然、居安思危、自强不息、诚实守信、厚德载物、以民为本、仁者爱人、尊师重道、和而不同、日新月异、天下大同等十二个方面。该书以专题研究形式围绕这十二个方面做了史论结合的阐述。张岂之先生在其"谈中华优秀传统文化"的个人著作中,指出"会通"精神、天人之学、和谐理念都是中华优秀传统文化,而"人文精神是中国优秀传统文化的灵魂"。① 邵汉明主编的《中国文化精神》一书,本质上是从优秀传统文化研究的层面进行探讨的。书中认为:文化精神"是民族文化的灵魂或精髓","本书所论中国文化精神主要是从积极的意义进行阐述的"②。书中着重探讨了儒家、道家、墨家、法家、兵家、道教、佛教等流派的文化精神,并把中国文化的基本精神"概括为人本精神、和谐意识、道德意识、理想主义、实践品格、宽容品格和整体思维等几个方面",认为从一定意义上说,"抓住这七个方面,也就抓住了中国文化的精髓"。③ 邵汉明实际上是在类别划分的基础上,进而用内容列举的方式进行论证。李申申等人认为:"中华优秀文化传统的精华

---

① 张岂之:《张岂之谈中华优秀传统文化》,太白文艺出版社 2012 年版,第 191 页。
② 邵汉明主编:《中国文化精神》,商务印书馆 2000 年版,第 1 页。
③ 邵汉明主编:《中国文化精神》,商务印书馆 2000 年版,第 2—7 页。

分为三个方面,……其一,宇宙人生观——天人合一、道法自然。……其二,道德伦理观——民本、和谐、德行仁善。……其三,社会价值观——承担责任、自强不息、爱国奉献。"①吴毅等人在其合著的《中华人文精神论纲》一书中,把以人为本、以和为本、以礼为本看作"传统文化的基本精神",进而列举并阐释了中华人文精神的诸多方面:天人合一的和谐精神、仁政德治的民本精神、威武不屈的爱国精神、与时偕行的创新精神、尚文敬贤的文明精神、修齐治平的责任精神、孝悌友爱的伦理精神、贵和中庸的处世精神、笃学致用的求真精神,等等。在他们看来,人文精神是"由人类优秀文化积淀、凝聚、孕育而成的精神","人文精神是由优秀文化孕育而成的内在于主体的精神品格"。而"中华人文精神就是自古以来中华民族各种文化现象所蕴含的基本的文化精神和优良品格"②。吴毅等人的论说方式,实际上也与邵汉明等人一样是在类别划分式基础上的内容列举式。

显而易见,上述著作中关于中国优秀传统文化的论说,都是内容列举式的,而不是概念分析式的,也不是定义阐释式的。

有趣的是,与研究中国优秀传统文化的专书相互发明的,是学术杂志上发表了大量的单篇论文。以"优秀传统文化"为主题词,在中国知网检索,从1990年1月到2017年3月,仅杂志上已经发表出来的文章就有11000余篇。其中,1990年仅有17篇,整个1990年到2000年,每年发表的文章不到100篇,从2011年开始,数量猛增。2011年500篇,2016年有2265篇!这巨量的文章中,以阐述中华优秀传统文化与社会主义核心价值观关系、中华优秀传统文化与文化软实力、中华优秀传统义化与中华民族精神家园、中华优秀传统文化与大学生思想道德教育为主体,其余的多数是谈论优秀传统文化与行业或部门工作关系的。总体上看,学术含量高的文章不多。更为重要的是,这数量巨大的关于中华优秀传统文化的文章,基本都没有讨论中华优秀传统文化的标准或评判尺度的问题,即使某些学术含量甚高的正面探讨中华优秀传统文化现代价值的文章,也没有论及。

---

① 李申申等:《传承的使命:中华优秀文化传统教育问题研究》,人民出版社2011年版,第4—6页。
② 吴毅等:《中华人文精神论纲》,人民出版社2011年版,第7、9页。

不仅如此,在各级各类报纸上,也发表了海量的关于优秀传统文化的文章。从2000年到2017年4月,直接谈论中华传统文化或中华优秀传统文化的文章共6143篇。其中,2010年之前每年发表的篇数较少,最少的年份只有几篇,多的年份有100余篇。2010年后,数量大增。2014年1024篇,2015年1398篇,2016年1501篇,2017年仅头四月就有800多篇!这海量的文章所涉及的具体内容范围,和杂志上的相应文章差不多,甚至更为宽泛,绝大多数缺乏学术含量。关键的问题是,缺少对于何谓中国优秀传统文化的衡量标准的正面阐释。

平心而论,关于何谓中国优秀传统文化的类别划分式和内容列举式表述,对于我们准确把握中国优秀传统文化的内涵、特质、范围和内容,具有积极的认知作用。类别划分式的论说,能够着眼中华民族文化长期发展的贯通性、整体性特质,从中华民族和中国社会整体发展的层面开掘其精神支撑的价值源泉;内容列举式的辨析,能够从具体而微的角度切入,阐发中华民族文化的优秀特质及其历史作用,彰显民族文化的优长之处,提振文化自觉意识。就其现实的文化建设价值而言,无论类别划分式还是内容列举式,都展示了其对于中华民族优秀文化的自觉认同,对于当代精神家园的构建,对于价值整合,对于新时期中华民族凝聚力的增强,都有无可比拟的重要作用。

当然,我们需要清醒认识的是,尽管我们能够从理解的层面肯定上述类别划分式和内容列举式探讨的正面价值,但这么多的专书也好专文也罢,几乎没有人对"中国优秀传统文化"的价值尺度或曰评价标准做过探讨,我们应当看到并承认这个不足,进而努力弥补这个不足。在我看来,之所以存在这样的不足,既有相关研究的实践进程的限制,也有我们学术研究的思维缺陷和方法论缺陷的影响。20世纪80年代因热切追求现代化而激发的传统文化研究热潮,从一开始就存在着文化研究理论准备不足的问题,这个问题长期没有得到解决,影响至今。传统思维中的综合性思维、整体性思维、直觉思维的影响,长于综合弱于分析,重视整体而轻视个体(局部),偏于感悟直觉而疏于细致绵密的逻辑论证,喜欢并且善于标榜价值评判,而轻视事实判断本身,在没有搞清是什么的情况下,就直奔怎么样的价值选择,等等,这些不足现在也未必敢说已经完全矫正。这说明,需要很好地反省我们的学术研究思路和思维惯性。这也更加表明,我们需要很好地论析中国优秀传统文化的评价标准的问题。否则,某些人不知所云的中国优秀传统文化论,特别是良莠不分、以劣充优、以劣代优的所谓中国优秀传统文化说,还会蔓延。这几年的儒教立国论、以古非今论、封建迷信论沉渣泛起的怪相,便是明证。

二、衡量中国优秀传统文化的价值尺度

自20世纪80年代文化研究热潮兴起以来,学术界对于"文化评价的标准"有过认真的探讨。大致说来,提出的主要标准有:其一,政治标准、科学标准、艺术标准的统一。政治标准是求善,科学标准是求真,艺术标准是求美,三者结合是真善美的统一。其二,艺术标准与道德标准。其三,生产力标准。其四,以人的解放程度为标准。① 显而易见,这里的"文化评价的基本标准"论者具有清醒的价值尺度意识,显示了文化研究中的理性精神。但值得注意的是,论者讨论的是一般意义上的"文化评价的标准",既不是"中国传统文化的评价标准",更不是"中国优秀传统文化的评价标准",这不得不说是一个令人遗憾的缺陷。当然,无可讳言的是,"文化评价的基本标准"论者们所提出的这些标准,本质上蕴含着"优秀"的价值指向。不过,从近些年中国优秀传统文化研究的理论需求和实践运用的层面看,上述评价标准显然需要进一步的拓展和升华。

相对于一般性地讨论"文化评价的基本标准",学界也有个别人明确提出中国优秀传统文化的评价标准。早在20世纪90年代初期,就有论者提出,优秀文化传统应当具有以下特征:第一,它体现着民族精神的积极方面,反映了中国文化的健康的精神方向。第二,能够鼓舞人们前进,无论在历史上还是在当代中国文化的建设中,都具有激发民族自信心和自豪感的伟大作用。第三,具有民族文化认同功能,是维系全民族共同心理、共同价值追求的思想纽带,成为凝聚民族积极思想,感召人们为民族统一和社会发展鞠躬尽瘁、死而后已的精神源泉。第四,具有继承性和稳定性。优秀文化传统是民族文化精神长期积累的结果,是人民群众和知识阶层智慧的结晶,属于深层结构的文化。第五,它是中华文化的活精神,在今天仍然具有强大的生命力。在经过创造性转化之后,可以成为凝聚民族

---

① 邵汉明主编:《中国文化研究30年》中卷,第九章"文化理论若干问题研究"之第八节"文化评价的基本标准",人民出版社2009年版,第37—40页。

精神的现实力量。同时，从历史发展的前瞻性的层面看，它可以成为新的优秀文化传统。论者进而列举式地指出，优秀文化传统的主体内容及其在当代的主要表现是：第一，自强不息的奋斗精神。第二，和谐统一的博大胸襟。第三，崇德尚义的高尚情怀。第四，整体为上的价值取向。从精神价值的层面看，民族优秀文化传统能够激励人们不断进取，孕育人们强烈的自信、自尊和自豪的文化心态，具有价值导向作用和民族凝聚作用，以及文化认同作用。① 有论者提出，检验、衡量中国优秀传统文化的标准是当代实践。"确定博大宏富的中国传统文化和哲学中哪些是优秀的，根本标准就是当代中国社会实践包括改革开放实践、现代化建设实践和现实生活实践。"② 还有论者提出，衡量中国优秀传统文化的标准应当是"现代价值观念"。对传统文化的评价，所依据的衡量尺度不能仅仅局限于"社会发展需要"和"民族需要"，而应该把"大自然的需要"、大自然存续发展的规律也同时作为"衡量尺度"不可或缺的内容，这种"现代价值观念"并不仅仅着眼于现代化目前存在的问题，更应该着眼于对评价标准、价值观念的完善。③ 有论者提出，衡量中华优秀传统文化的标准是实践。无论是继承还是创新传统文化，"都要突出实践标准"，主要看能不能解决今天中国的问题和需求，能不能回应时代的课题和挑战，能不能转化为国家富强、民族振兴、人民幸福的有益精神财富。④ 这些明确提出的关于中国优秀传统文化的评价标准，自有其合理之处，值得认真总结。

根据笔者自20世纪90年代初以来的思考，结合学术界的相关研究成果，综合而论，中国优秀传统文化的评价标准应当包括这些方面。

（一）适合时代需求

中国传统文化的一个优秀传统，是经世致用。经世致用不是为了盲目呼应往古的回声，也不是为了制造不切实际的虚幻的未来，而是立足当下，为治国理政提供资源，为社会发展创造条件，为个人安身立命提供精神家园，因而具有很强的时代性和实践性。

---

① 李宗桂：《优秀文化传统与民族凝聚力》，载《哲学研究》1992年第3期。
② 杨翰卿：《中国优秀传统文化和哲学资源的当代开发利用》，载《学习论坛》2002年第2期。
③ 王学伟：《现代价值观念：优秀传统文化的评价标准》，载《中州学刊》2016年第7期。
④ 刘奇葆：《坚定文化自信 传承中华文脉》，载《求是》2017年第8期。

中国传统的思想文化，从其产生的时候起，就带有鲜明的现实性和实践性。先秦诸子"皆起于救世之弊"（《淮南子·要略训》），诸子思想观点的表征往往是"言治乱之事"（《史记·孟荀列传》），而儒、道、墨、法、名、阴阳诸家的价值追求是"务为治"（《史记·太史公自序》）。白居易在其《与元九书》中自道"文章合为时而著，歌诗合为事而作"。这些都典型地反映出中国优秀传统文化重视现实、关注时代需求的特点。

从中国思想文化发展史的历程看，一种思想理论，一个学派，一个制度，它的存在和发展必须适应时代的需要，否则就难以为继。秦汉以降，作为学派的墨家不复存在；隋唐科举制度兴起以后，汉代的荐举贤良方正之士、魏晋的九品中正制的人才选拔制度自然消歇；辛亥革命以后，随着社会制度的革命性变革和现代学校制度的建立，科举制随之寿终正寝。

历史表明，任何文化传统，包括优秀的文化传统，要存在发展，要引领社会，就必须与时俱进，追随时代的步伐，"苟日新日日新又日新"（《礼记·大学》），才能保持旺盛的生命力，否则就会被历史淘汰。"日新之谓盛德"（《易传·系辞上》），此之谓也！

习近平总书记指出："要加强对中华优秀传统文化的挖掘和阐发，努力实现中华传统美德的创造性转化、创新性发展，把跨越时空、跨越国度、富有永恒魅力、富有当代价值的文化精神弘扬起来，把继承优秀传统文化又弘扬时代精神、立足本国又面向世界的当代中国文化创新成果传播出去。"[①] 他在哲学社会科学工作座谈会上的讲话中，进一步强调要加强对中华优秀传统文化的挖掘和阐发，"使中华民族最基本的文化基因与当代文化相适应、与现代社会相协调，把跨越时空、超越国界、富有永恒魅力、具有当代价值的文化精神弘扬起来。"[②] 关注中国优秀传统文化的"当代价值"，重视发挥"当代价值"，是我们衡量传统文化是否优秀的重要标准。

我们今天的时代，是改革开放的时代。我们时代精神的核心，是改革创新。我们在挖掘和阐释弘扬优秀传统文化的时候，不能离开时代精神。凡是与改革创新的时代精神相一致的传统文化，就是优秀的传统文化，反

---

① 习近平：《在省部级主要领导干部学习贯彻十八届三中全会精神全面深化改革专题研讨会上的讲话》，《人民日报》2014年2月18日。

② 习近平：《在哲学社会科学工作座谈会上的讲话》，载《人民日报》2016年5月18日。

之,便是属于应当抛弃的传统文化。我们经常讲"阐旧邦以辅新命",这个"旧邦"里的传统文化,应当是能够阐发出现代性,能够辅助中华民族实现其"新命",亦即实现以现代化为追求的伟大复兴使命的优秀成分。

(二)推动社会发展

任何一种理论,任何一种文化,衡量其优秀与否的标准之一,是看其能否推动社会发展。能够推动社会发展的,便是优秀的;反之,便是落后的,甚至是腐朽污糟的。

从社会作用的层面考察中国优秀传统文化的价值,不外乎历史的维度和现实的维度。习近平总书记在纪念孔子诞辰2565周年国际学术研讨会上的讲话中指出:"儒家思想和中国历史上存在的其他学说都坚持经世致用原则,注重发挥文以化人的教化功能,把对个人、社会的教化同对国家的治理结合起来,达到相辅相成、相互促进的目的。从历史的角度看,包括儒家思想在内的中国传统思想文化中的优秀成分,对中华文明形成并延续发展几千年而从未中断,对形成和维护中国团结统一的政治局面,对形成和巩固中国多民族和合一体的大家庭,对形成和丰富中华民族精神,对激励中华儿女维护民族独立、反抗外来侵略,对推动中国社会发展进步、促进中国社会利益和社会关系平衡,都发挥了十分重要的作用。"[①] 道法自然、天人合一的思想,天下为公、大同世界的思想,清廉从政、为政以德的思想等,都曾经在中国社会的长期发展中起了积极的作用。至于现在为人熟知的讲仁爱、重民本、守诚信、崇正义、尚和合、求大同的优秀传统文化,则不仅是传统中国进步发展的价值支撑,而且是当代中国社会主义核心价值观的重要精神滋养,是推动我们实现中国梦的精神动力。

值得申论的是,中国传统的"更化"思想、"调均"思想、民本思想,无论在历史上还是现实中,都产生过并将继续产生积极的作用。"更化"是西汉思想家董仲舒对汉武帝策问时,针对亡秦弊政而提出的。"更化"即改正、变更、替换。董仲舒认为:"汉得天下以来,常欲善治而至今不可善治者,失之于当更化而不更化也。……今临政而愿治七十余岁

---

① 习近平:《在纪念孔子诞辰2565周年国际学术研讨会暨国际儒学联合会第五届会员大会开幕式上的讲话》,载《人民日报》2014年9月25日。

矣，不如退而更化。更化则可善治，善治则灾害日去，福禄日来。"(《汉书·董仲舒传》)"更化"是手段，"善治"是目的。董仲舒从经济入手，提出其"更化"的政治主张："限民名田，以赡不足，塞兼并之路；盐铁皆归于民；去奴婢，除专杀之威；薄赋敛，省徭役，以宽民力。然后可善治也。"(《汉书·食货志》)"更化"实行的结果，是社会矛盾缓和，经济发展，民众生活改善，逐渐走向"善治"。这种"更化"的思想，本质上并不是革命，而是改良、改革。这种传统社会的"更化"式改革，在政治的层面，对于调整统治阶级和被统治阶级之间的关系，对于调整统治阶级内部的关系，都有积极的意义。在经济的层面，"更化"反对兼并，使得经济分配比此前相对合理，能够调动积极性，释放生产力。最终，"善治"局面的出现，就具有逻辑的必然。汉代以后，除了王朝更迭，在不同历史时期出现的包括王安石变法、张居正变法之类的政治性变更，都是"更化"的表现。至于科举制对官吏选拔制度的"更化"，三省六部制对中央官制的"更化"，其对社会发展的促进作用，则更是不言而喻了。可能正因如此，习近平总书记把"更化"看作中国优秀传统文化的重要表现。

与"更化"思想相互呼应并且相得益彰的，是"调均"思想的提出。"调均"是指通过调节而达到均衡，主要是指经济范畴的政策。董仲舒反对"富者田连阡陌，贫者无立锥之地"(《汉书·食货志》)的贫富两极严重分化状况，要求践行儒家调均贫富的思想。但董仲舒的"调均"思想，并不是平均主义，而是有差别前提下的调节而使其相对均衡的理念。他不是盲目剥夺富人，不是简单给予穷人，而是承认富人可以有自己的富足生活，穷人应当有基本的生活权利："使富者足以示贵而不至于骄，贫者足以养生而不至于忧。以此为度，而调均之。"(《春秋繁露·度制》)董仲舒的"调均"思想，与后来底层社会屡屡发出的"均平"呼唤有着价值上的相对一致，对于缓和社会矛盾、促进经济发展、建构安稳社会有着重要的价值。①

作为中国优秀传统文化重要载体和典范表现的民本思想，也是值得重视的能够推动社会发展、促进社会善治的重要思想。关于以民为本思想的内涵及其历史发展，人们耳熟能详，此处不再赘述。这里想特别强调的

---

① 参见李宗桂：《从"调均"看中国文化的优秀传统》，载《哲学研究》2016年第8期。

是，正如金耀基先生所指出的，中国秦汉以降的专制社会，相对于西方中世纪的专制政治，显得比较温和，属于"开明专制"的范畴。而之所以如此，其根本原因便在于有民本思想的支撑。① 这种民本思想，对于专制政治和专制君主起到了一定的牵制作用，对于减轻人民受到的戕害，有明显的积极意义。

（三）经受实践检验

根据实践是检验真理的标准的观念，我们衡量中国优秀传统文化的价值尺度，毫无疑问是实践。作为民族传统文化的优秀成分，中国优秀传统文化必须经得起实践的检验。所谓实践检验，既包括历史上曾经发生的实践的检验，也包括现时代的实践的检验。换言之，经过历史证明而又能在今天的文化建设和社会发展中经得起实践检验的传统文化，才是优秀的传统文化。

从历史经验而言，古典社会的向上向善的思想理念、传统美德、人文精神，是经过古代的社会实践检验的具有普遍价值的优秀传统文化。例如，汉代由董仲舒构建的三纲五常思想，其"三纲"是长期为封建专制政治服务的思想糟粕，在追求科学、民主、自由、平等的今天，理所当然要受到批判和否定。同时，我们要看到作为传统中国社会普遍价值理念和道德标杆的仁义礼智信，在历史上曾经起到了形成价值共识、促进文化认同、增强民族凝聚力的巨大作用，至今还对我们的社会和人民产生着深刻的影响。今天，我们可以用改革创新的时代精神，用社会主义核心价值观规整、引导仁义礼智信"五常"，赋予新的时代内容，给以创造性解释，并根据当代文化建设的需要，给以创新性的发展，使其成为当代中国社会发展和文化建设的有力资源。诚如有的论者所指出的，我们立足社会主义的本质和实践，创新性运用中国优秀传统文化中"修齐治平""自强不息、厚德载物""忠恕之道"等向上向善的思想价值，为形成国家、社会、个人三个层面相统一的社会主义核心价值观提供有益借鉴。无论是继承还是创新传统文化，都要突出实践标准，主要看能不能解决今天中国的问题和需求，能不能回应时代的课题和挑战，能不能转化为国家富强、民族振兴、人民幸福的有益精神财富。能够通过扬弃继承、转化创新的路

---

① 金耀基：《中国民本思想史》，台湾商务印书馆1997年版，第1—7页。

径，使中国优秀传统文化成为有利于解决现实问题的文化，有利于助推社会发展的文化，有利于培育时代精神和时代新人的文化。①

（四）有助文化认同

文化认同是对民族文化核心价值的认同，是对民族精神的自觉服膺，是对民族成员标识的由衷肯定。"文化认同"是联系民族共同体的精神纽带，是增强民族凝聚力的精神依托，是民族认同、国家认同的重要基础。

中国优秀传统文化对于中华民族成员的文化认同，有着别的文化要素无可替代的作用。多元一体的中华民族，多元一体的中华文化，需要文化认同的支撑。对民族文化悠久历史的自豪，对民族核心价值观的践履，对万物并育而不相害、道并行而不相悖的多元开放的文化心态的追随，都是文化认同的基础和具体表现。仁爱精神所滋养出的仁政思想，以及相应孕育出的民胞物与、四海一家的情怀，老吾老以及人之老、幼吾幼以及人之幼的襟抱，立德、立功、立言的"三不朽"事业追求，富贵不能淫、贫贱不能移、威武不能屈的大丈夫气概，天变不足畏、祖宗不足法、人言不足恤的担当精神，为天地立心、为生民立命、为往圣继绝学、为万世开太平的责任意识和使命意识，先天下之忧而忧、后天下之乐而乐的忧患意识，诸如此类，不一而足，真正体现了中国式的文化品味，彰显了有别于其他民族的独特标识。每一个中华民族的成员，无论身在何处，只要能够秉承、认可这些标识，在实践中践行这些优秀传统文化，就自然而然成为道地的中国人，成为中国文化的维护者和推动者。因此，我们说，有助于中华民族文化认同的传统文化，就属于中国优秀传统文化的范畴。

（五）促进民族团结

以爱国主义为核心的中华民族精神，包蕴着团结统一、爱好和平、勤劳勇敢、自强不息等丰富的内容。其中，就民族共同体的发展而言，团结统一是第一位的。

中华民族从形成起就是多元一体的。多民族国家的形成和发展，需要共同的核心价值的凝聚和支撑，需要民族共同体内部的相互理解、包容和支持。大一统观念的自觉认同和坚定实践，以文化的有无区分华夷，以团

---

① 刘奇葆：《坚定文化自信　传承中华文脉》，载《求是》2017年第8期。

结统一为荣为上,以分裂纷争为耻为下,是经过长期积淀而形成的文化自觉意识。国家的统一,各民族人民的团结,是中华民族繁荣昌盛的必要条件。以儒家思想为代表的传统文化的一个重要的优长之处,是在历史上对形成和维护我国团结统一的政治局面,对形成和巩固多民族和合一体的大家庭,对形成和丰富中华民族精神,对激励中华儿女维护民族独立、反抗外来侵略,对推动中国社会的发展进步、促进中国社会利益和社会关系的平衡,都发挥了极为重要的作用。习近平总书记提出的"人类命运共同体"理念,就是对中华优秀传统文化中的"协和万邦""天下大同"等思想的创新发展。[①] 由此可见,能否促进民族团结是评判中国优秀传统文化的重要标准之一。

(六) 建立精神支撑

文化是一个内涵极为丰富的概念。我们这里所讲的文化,是思想文化。我们这里所讲的中国文化,是民族意义上的文化。质言之,我们所谓中国文化,本质上是指中国传统文化最为核心的部分,即思想文化。因此,中国优秀传统文化应当成为中华民族的精神支撑,成为题中应有之义。

党的十七大以来,经过各方面的努力,全国上下已经形成了弘扬中华文化、建设中华民族共有精神家园的共识。精神家园的构建,不是一朝一夕可以完成的,也不是平地冒出来的,而是渊源于自己民族文化的深厚根基,依托于民族优秀传统文化的源泉。建设中华民族共有精神家园,应当而且能够在中国优秀传统文化中找到精神资源。[②] 诚然,当代中国人精神家园的构建,首先要立足于改革开放以后社会发展和文化建设的实际,但安身立命之道的构筑,社会主义核心价值观的培育和弘扬,毕竟离不开本民族优秀传统文化的滋养。正所谓不忘本来才能开辟未来,社会主义核心价值观的弘扬和培育应当从中国优秀传统文化中汲取精神养分。中华优秀传统文化是社会主义核心价值观的源头活水,而社会主义核心价值观则是中华优秀传统文化的当代升华,因此,我们应当把传承和弘扬中华优秀传统文化与培育和弘扬社会主义核心价值观有机结合起来,从而为当代中国

---

① 刘奇葆:《坚定文化自信 传承中华文脉》,载《求是》2017年第8期。
② 参见李宗桂:《国学与中华民族精神家园》,载《中山大学学报》2009年第3期。

的进步和中华民族的发展提供精神支撑。①

中国优秀传统文化给当代中国提供精神家园建设的有益资源的同时，还应当而且能够培育文化自信的底蕴。我们讲道路自信、理论自信、制度自信的同时，还要讲甚至更要讲文化自信，因为文化自信是更基本、更深沉、更持久的力量。从宏阔的历史视野考察，我们拥有历久弥新的优秀传统文化，正是我们文化自信的底气所在。道理很简单，中华优秀传统文化具有崇高的价值追求，蕴含着顽强的奋斗精神，与社会主义核心价值观息息相通。

文化自信首先表现为文化自觉。文化自觉是一个民族对于自己文化之所由来，对于其发展历程、内在特质、现实状况、发展趋势的理性把握，对于本民族文化与其他民族的文化关系的理性把握。对民族历史文化传统的理性清理，对以爱国主义为核心的中华民族精神的弘扬，对以改革创新精神为核心的时代精神的光大，对中华优秀传统文化的创造性继承和创新性发展，是文化自觉的当代表现，更是文化自信的切实践行。文化自信还源于自觉的文化批判和价值重构。在积极地光大民族优秀文化传统的同时，能够清醒地看到民族文化的不足之处，勇于并善于积极地对其进行清理，通过文化批判为新的价值重构创造条件，是我们民族素有的襟怀和胆魄。古代历史上不同学派不同思想相互激荡，往往在碰撞中相互吸收甚至相互融合，在和而不同的价值理念引导下，做到万物并育而不相害、道并行而不相悖，发展壮大了中华文明。文化自信还体现为对本民族文化当下状况的充分肯定和对未来前景的满怀信心。建设中国特色社会主义文化，在全社会培育和弘扬社会主义核心价值观，光大并践行"中国精神"，是我们基本的价值取向。这不仅是价值观自信的表现，更是我们文化自信的集中体现。

（七）助力民族复兴

中华民族追求的伟大复兴，自鸦片战争以来已经在现代化的途程上经历了170多年。民族振兴、国家富强、人民幸福的宏愿，正在逐渐变为生动的现实。一百多年来的追求现代化的历程，坎坷艰辛，其间虽有内部的

---

① 李宗桂：《"阐旧邦以辅新命"——充分汲取中华优秀传统文化的价值观滋养》，载《人民日报》2014年5月19日。

诸多矛盾纷争，但在救亡图存、振兴中华的伟大目标引领下，在家国情怀的浸润下，不同阶层不同群体以国家民族利益为重，以民族复兴为目标，团结奋斗，最终完成了民族独立的伟业，走向了国家富强、人民幸福的康庄大道。这中间，以自强不息、厚德载物为核心的中国文化精神，以爱国主义为核心的中华民族精神成为我们不断进步的内在动力。显而易见，中国优秀传统文化对于民族复兴起的是正面的推动促进作用。因此，是否能够助力民族复兴，便成为中国优秀传统文化的评价标准。

（八）有益世界文明

中华文明与世界文明相连，中华文明是人类文明的重要构成。在全球化时代，中国不可避免地成为全球化进程中的重要国家，成为世界文明图景中的重要景象。如果说，上古时期的中国以"天下"误解世界而自大，明清时期的"天子"闭锁门户自外于世界文明的话，那么，步入近代中国时期的中国人挨打挨怕了后，被迫睁眼看世界，尽管是被动地但最终确实是加入了世界体系。通过以坚船利炮为重要标志的西力东渐的震撼，天朝上国的迷梦慢慢苏醒，先进的中国人都向西方寻找真理，企图自强自救。在从物质层面到制度层面再到思想文化层面的全方位的向西方学习的过程中，中国人深深感受到了西方文明的优长之处，于是奋起直追，要把中华文化从根上救起来，把西洋文明迎头赶上去。改革开放以后的中国，真正地融入了世界，成为世界文明版图的重要构成。在开放的心态下，让世界文化走进中国，让中国文化走向世界，成为中国社会的共识，成为当下的文化自觉。在这种情况下，我们弘扬中国优秀传统文化，就要首先弘扬我们爱好和平的民族精神。以和为贵、协和万邦、亲仁善邻、好战必亡之类的爱好和平的思想，是我们对外交往处理国际关系的基本理念。"己所不欲，勿施于人。"中国需要和平、爱好和平，愿意尽最大努力维护世界和平，并坚定不移地走和平发展的道路。在与世界各国的平等交往中，在增强综合国力的实践和进一步和平崛起的进程中，阐扬中国优秀传统文化，增强民族特色，让世界了解中国优秀传统文化，增进互信，共同发展。在与世界的交往中，始终秉持和而不同的理念，"各美其美，美人之美，美美与共，天下大同"（费孝通语）。这样，我们就通过对中国优秀传统文化的弘扬为世界文明的发展做出了应有的贡献。

综上而言，中国优秀传统文化的评价标准并不是随意的，而是有着内在的价值理念的引领，有着互为关联相辅相成的思想逻辑。其间，文化价值论和文化发展观是纲领，文化的民族性、时代性和世界性的统一是考察问题的着眼点，文化的实践性是检验其价值的试金石，文化的继承性和变革性是贯通历史和现实的理论桥梁，文化的统一性和多样性是妥善处理中国文化与世界文明关系的基点。

从实践操作的角度看，本文提出的衡量中国优秀传统文化的八项标准，只是一个可供讨论并且有可能进一步研究完善的思路，并不是要全部符合八项标准的，才是优秀的。实际上，完全符合八条标准固然很好，但也很难。从发展的视角看问题，其实只要符合若干条甚至一条，即属于有价值的优秀文化基因，诸美皆备固然最好，蕴含一美也很珍贵。

其实，从严格的学理辨析的层面看，"中国"优秀传统文化与"中华"优秀传统文化，中国优秀"传统文化"与中国优秀"文化传统"，并不是同等概念。但在这些年的中国传统文化研究中，绝大多数论者并没有做严格区分，而官方大约尊重并采纳学界的习惯提法和用法，也没有做严格的区分。甚至，优秀、优良、精华、精粹、精髓、灵魂、合理内核等词，往往混合使用、同等意义上使用，都用以指称"优秀"传统文化，但其实是需要进行辨析的。不过，由于本文主旨和篇幅所限，不能展开，只能另撰专文论述了。

（原载《社会科学战线》2017年第8期）

"阐旧邦以辅新命"
——充分汲取中华优秀传统文化的价值观滋养

培育和弘扬社会主义核心价值观,是建设文化强国的内在要求,是中国特色社会主义建设的题中应有之义。在具有深厚绵长的传统文化的中国,要培育和弘扬社会主义核心价值观,必须立足中华优秀传统文化,处理好继承和创新的关系,开掘民族优秀传统文化的价值资源。为此,必须理性把握三个思想前提或价值准则:优秀传统文化是当代核心价值观的源头活水,当代核心价值观是优秀传统文化的时代升华,转化创新是弘扬优秀传统文化的必然路径。

一、优秀传统文化是当代核心价值观的源头活水

习近平总书记在主持中共中央政治局第十三次集体学习时强调:"培育和弘扬社会主义核心价值观必须立足中华优秀传统文化。要认真汲取中华优秀传统文化的思想精华和道德精髓,大力弘扬以爱国主义为核心的民族精神和以改革创新为核心的时代精神,深入挖掘和阐发中华优秀传统文化讲仁爱、重民本、守诚信、崇正义、尚和合、求大同的时代价值,使中华优秀传统文化成为涵养社会主义核心价值观的重要源泉。"

我们知道,社会主义核心价值观表现为国家层面的富强、民主、文明、和谐,社会层面的自由、平等、公正、法治,个人层面的爱国、敬业、诚信、友善。这样一种崭新的价值观,具有鲜明的改革开放的时代特征,体现了中国特色社会主义的本质要求,从而与奠基于古典农业文明的中华传统文化的核心价值观截然不同。但从文化发展的历史传承性、大众性的一面看,从文化价值观的民族根基的角度看,社会主义核心价值观又植根于中华优秀传统文化,中华优秀传统文化是她的源头活水。

从五千年中华文明史的宏阔图景考察,以爱国主义为核心的中华民族精神贯穿中华文化从古到今的发展历程,是当代核心价值观的历史支撑。爱国主义的民族情怀、团结统一的价值取向、贵和尚中的思维模式、勤劳

勇敢的内在品质、自强不息的进取意识、厚德载物的博大胸怀、崇德重义的传统情操，是中华民族精神的基本内容，彰显了中华优秀传统文化的品质。在全球化时代的今天，在拥抱世界文明而又高扬民族特质、坚持改革创新的时代精神而又立足本国历史文化传统的时候，以爱国主义为核心的中华民族精神无疑是我们培育和弘扬社会主义核心价值观的立足点。

从文化价值论的层面看，中华优秀传统文化集中体现了文化的人民性，反映了广大人民的基本价值追求。中华传统文化中仁民爱物的仁爱精神、以民为本的人文精神、刚健有为的进取精神、和而不同的包容精神、彰往察来的历史精神、深厚绵长的家国意识和民族情怀、追求大同的崇高理想、真善美统一的理想人格等价值追求，都是在历史上产生过积极作用，至今还有创造性转化、创新性发展的价值，属于传统文化中的优秀范畴，是我们培育和弘扬当代核心价值的文化底蕴。

从文化传承和创新的层面看，中华优秀传统文化蕴含着日新又日新的生生不息精神。《易传》说："日新之谓盛德，生生之谓易。"《大学》说："苟日新，日日新，又日新。"不断发展，不断更新，创造新事物和新局面，是中华文化的优秀传统。在这个优秀传统的激励下，革故鼎新、守成创新成为中华民族及其文化发展的内在精神动力，也是其基本的文化发展观。我们今天自觉遵奉并大力践行的改革创新的时代精神和改革开放的伟大实践，正在用以引导全社会发展进步的当代核心价值观，其内在的精神动力之一，便是日新又日新的精神。

实践表明，博大精深的中华优秀传统文化，是中华民族的精神富矿，是当代核心价值观理所当然要依凭、要汲取的价值源泉。显而易见的是，社会主义核心价值观是站在实现中国特色社会主义现代化的高度提出的，充满了以改革创新为核心的时代精神，是完全不同于既往的新型价值追求。但从文化发展的连续性和文化的民族性的一面来看，这个新型的核心价值观离不开对优秀传统文化的继承和发展，不可能割断传统。国家层面的富强、民主、文明、和谐，就整体而言，当然不是古已有之，而是综合创新的思想成果。但其中的某些思想要素，却与中华优秀传统文化有着天然的联系。中国古代长期存在并不断强化的大一统观念和大一统国家，晚清自鸦片战争以后的自强运动，尽管有诸多不足甚至有某些严重的弊端，但追求富强应当是其中蕴含的内容之一。民主观念，当然是与古代中国迥然不同的价值观念，但中国古代以孟子"民为贵，社稷次之，君为轻"

为代表的民本思想，却又与现代民主有着某种相通之处，至少是可以成为人们通向现代民主之路的思想路径之一。对于和谐思想，中国古代有着丰富的阐释。尽管中国古代的和谐理论和实践与现代社会的和谐有着巨大的时代落差和文明形态的差异，但和而不同的理念在全球化时代仍然有着重要的价值。社会层面的自由、平等、公正、法治，具有鲜明的现代化特征，是社会主义时代的时代要求。但从民族文化发展的视角看，平等、公正的要求，在中国古代又何尝不是广大人民和进步的知识分子以及开明的政治家的愿景！不患寡而患不均的忧患意识，等贵贱、均贫富的理想，应当说就是古代的平等思想，这种平等思想与现代平等思想有着价值追求方面的某种联系，尽管前者属于农业文明的范畴而后者属于工业文明的产物。个人层面的爱国、敬业、诚信、友善，更是与中华优秀传统文化直接相连。诚如前文所述，中华民族精神是以爱国主义为核心，贯穿上下五千年，今天的爱国主义自然是继承并创新了历史上的爱国主义而来。诚信，也与中华优秀传统文化密切相关。诚者，天之道；诚之者，人之道。"君子一言，驷马难追""一诺千金"这些在中国古代为全社会信守的基本价值，今天经过创造性的阐释，仍然可以为我们所用。至于友善，那更是优秀传统文化中的瑰宝。"患难相扶，守望相助""老吾老以及人之老，幼吾幼以及人之幼""四海一家""民胞物与"（天下人民都是我的同胞兄弟，万事万物都是我的亲密伙伴）等，从价值观层面来讲，至少属于友善的心态和胸怀。

简而言之，我们今天培育和弘扬当代核心价值观，应当而且可以从优秀传统文化中得到启迪，得到资源，得到支撑。这样，我们就有更强的文化自觉意识和文化自信理念，更加有效更加有力地开掘优秀传统文化，弘扬当代核心价值观。

二、当代核心价值观是优秀传统文化的时代升华

党的十七届六中全会通过的《中共中央关于深化文化体制改革 推动社会主义文化大发展大繁荣若干重大问题的决定》明确而又响亮地提出："中国共产党从成立之日起，就既是中华优秀传统文化的忠实传承者和弘扬者，又是中国先进文化的积极倡导者和发展者。"

诚如上文所谈，中华优秀传统文化是社会主义核心价值观的源头活

水，是我们培育和弘扬社会主义核心价值观的历史文化支撑。但是，我们要高度注意从文化的时代性的层面和发展战略的理论高度看问题，对于中华优秀传统文化的继承和发展，必须以社会主义核心价值观为指导。道理很简单，社会主义核心价值观是对中华优秀传统文化的当代升华。

　　社会主义文化的本质属性是它的先进性，而社会主义核心价值观正是其先进性的典型而凝练的体现。今天我们所追求的国家层面的富强、民主、文明、和谐，包蕴着并超越了中国古代到近代的相应价值追求。在古典中国，实际上没有也不可能达到整体性和持续性的富强（汉唐盛世只是局部地阶段性地出现富强的景象，比如文景之治、贞观之治和开元之治），专制政治的本质决定了没有民主可言，文明只能是一种幻想，国家层面的和谐至少是虚悬一格。社会层面的自由、平等、公正、法治，由于社会性质的制约和发展阶段的局限，没有形成的可能，更没有实践的可能。在近代中国，争取民族独立、人民解放是首要任务，帝国主义和中华民族、封建主义和人民大众的矛盾贯穿始终，作为一个整体的富强、民主、文明、和谐的价值目标没有也不可能在那时提出，更不具备实现的条件。当代中国提出的社会主义核心价值观，凝聚了包括古典中国在内特别是近代中国中华儿女的价值追求的精髓，根据时代条件创造性地转化发展了的富有创新精神的价值观，成为新时期全体人民共同奋斗的思想基础，升华了中华优秀传统文化。

　　社会主义核心价值观的形成和凝练，是中国共产党领导的革命、建设和改革等不同时期逐步探索的逻辑发展，是当代中国以改革创新为核心的时代精神的体现。从新民主主义文化到社会主义文化，都提出并自觉践行民族的科学的大众的价值追求，但又各有不同的阶段性特点。在今天，从文化价值体系的高度看，中国特色社会主义文化的价值引领是社会主义核心价值体系；从基本价值观来看，是社会主义核心价值观；就发展目标来看，是实现中国特色社会主义现代化。这些是过去任何时候任何阶段的价值观建设都不可同日而语的。

　　社会主义核心价值观吸纳、扬弃并升华了中华优秀传统文化的诸多价值理念，融贯了国家富强、民族振兴、人民幸福的时代强音，有利于综合国力的增强、有利于生产力的发展、有利于人民生活水平的提高，代表了最广大人民的利益、代表了当今的先进生产力、代表了先进文化的前进方向，有力地证明了中国共产党既是中国优秀传统文化的忠实传承者和弘扬者,又是中国先进文化的积极倡导者和发展者。

从社会主义核心价值体系的锻铸,到社会主义核心价值观的凝练,对于中国优秀传统文化的现代价值的理解越来越深刻,视角越来越宽广,是这些年我们追求马克思主义中国化、大众化、时代化的优质成果。

三、转化创新是弘扬优秀传统文化的必然路径

如何汲取中华优秀传统文化的思想精华和道德精髓,处理好继承和发展的关系,特别是处理好创造性转化和创新性发展的关系,既是我们在开掘优秀传统文化、弘扬当代核心价值中的重大理论问题,也是文化建设和社会发展中的重大实践问题。

从根本上讲,开掘、弘扬中华优秀传统文化,要立足当代中国的实际。当代中国正在大力培育和弘扬社会主义核心价值观,并将其作为凝魂聚气强基固本的基础工程。弘扬优秀传统文化应当适应并服务于当代中国的实际,参与到巩固凝魂聚气强基固本的基础工作之中,使开掘、光大优秀传统文化的工作成为弘扬当代核心价值工程的有机构成。

从开掘传统价值资源的视角看,中华优秀传统文化内容宏富,其现代价值并不仅仅在于道德。诚然,中华优秀传统文化蕴含着丰富的道德内容、道德观念和道德理想,但它并不是优秀传统文化的全部。优秀传统文化中的思想精华、价值理念和道德精髓,都需要我们用改革创新的时代精神进行理性审视,有鉴别地对待,有扬弃地继承,创造性地转化。

在弘扬当代核心价值的时候,要与建设中华民族共有精神家园相结合,努力寻找和构建文化认同、价值整合的最大公约数。多元一体的中华民族,多种要素的社会构成,需要在坚持文化的先进性的同时,寻找并构建一个理性继承历史传统而又立足当今实际、面向世界而又扎根本土的文化认同和价值整合的最大公约数。这个公约数的基础,应当是社会主义核心价值观。

要开掘、弘扬优秀传统文化,弘扬当代核心价值,我们既要看到文化的本土性,还要看到它的世界性,应当是本根意识和全球意识的统一。既看到它的历史性,又看到它的现代性,做到文化的民族性、世界性和现代性的统一。

要充分重视优秀传统文化的现代性,深入阐发其现代价值。用博物馆

心态看待传统文化固然不对，但用盲目崇拜以古非今的心态来阐释传统文化也不对。习近平总书记提出，要深入挖掘和阐发中华优秀传统文化讲仁爱、重民本、守诚信、崇正义、尚和合、求大同思想的时代价值。这就要求我们要有现代意识、现代观念、现代方法，以培育和弘扬当代核心价值的理论自觉，去掘发优秀传统文化的现代价值。

  在创造性转化优秀传统文化、创新性发展当代核心价值的时候，继承和创新要有机结合。继承应是转化性继承，发展应是创新性发展。没有转化，继承就可能是盲目的继承，是因循守旧、照搬照抄；没有创新，发展就可能是低质性重复，是简单堆砌、数量扩张。要有转化意识，才能推陈出新；要有创新观念，才能日新又日新，后来居上。对于优秀传统文化，要在守成中创新，在创新中发展；对于当代核心价值，要在培育中提升，在践行中发展。总之，转化创新是弘扬优秀传统文化的必然路径。

（原载《人民日报》2014年5月19日）

优秀文化传统与民族凝聚力

近年来，在中国文化与现代化关系的讨论中，如何看待"传统"，成为不同观点之间争论的焦点。什么是中华民族的优秀文化传统，用什么作为判断优秀文化传统的理论根据和现实价值标准，论者之间见仁见智，分歧甚大。与此紧密联系的是，在建设社会主义新型文化体系的今天，增强中华民族的凝聚力，从优秀文化传统中汲取精神营养，并结合当代中国的实际，创造性地形成具有新的时代精神的民族凝聚力，从而更好地弘扬民族优秀文化，振奋民族精神，走向世界，走向未来，这是摆在我们每一个有现实担当感和历史责任感的社会科学工作者面前的重担。因此，从文化深层结构入手，从哲学理论高度着眼，深入探讨民族优秀文化传统和民族凝聚力的特定内涵及其精神价值，从时代精神的高度把握二者的关系，对于创造社会主义新文化和增强民族凝聚力，有着不可忽视的理论价值和现实意义。

一、优秀文化传统的特定内涵和精神价值

什么是传统？不同的时代，不同的人们，有着极为不同的看法。恩格斯在《社会主义从空想到科学的发展》中认为："传统是一种巨大的阻力，是历史的惰性力，但是由于它只是消极的，所以一定要被摧毁。"① 他在《路德维希·费尔巴哈和德国古典哲学的终结》中又说："在一切意识形态领域内传统都是一种巨大的保守力量。"② 显然，恩格斯在这里并不是给"传统"下定义，而是从社会革命的角度揭示"传统"的社会功能和时代作用。尽管如此，我们仍然可以受到深刻的启迪：在社会转型的

---

① 中共中央马克思恩格斯列宁斯大林著作编译局编：《马克思恩格斯选集》第三卷，人民出版社1972年版，第402页。
② 中共中央马克思恩格斯列宁斯大林著作编译局编：《马克思恩格斯选集》第四卷，人民出版社1972年版，第253页。

时代，"传统"是消极的力量，必须被摧毁；而在社会稳定的时代，"传统"是"保守"既成的社会秩序的巨大力量。

当代美国著名社会学家爱德华·希尔斯（Edward Shils）认为，传统是围绕人类的不同活动领域而形成的代代相传的行事方式，是一种对社会行为具有规范作用和道德感召力的文化力量，同时也是人类在历史长河中的创造性想象的积淀，它包括物质产品、思想观念、惯例和制度。同时，传统又是一个社会的文化遗产，是人类过去所创造的种种制度、信仰、价值观念和行为方式等构成的表意象征；它使代与代之间、不同历史阶段之间保持了某种连续性和同一性，构成了一个社会创造与再创造自己文化的密码，并且给人类生存带来了秩序和意义。① 希尔斯的这种观点，注意到了文化心理结构和行为方式的沿传和稳定，并从价值取向的角度肯定了传统对社会秩序的稳定作用。

研究文化学的人认为，传统是由历史沿袭而来的思想、道德、风俗、艺术、制度等，是特定民族在漫长的历史实践活动中积累而成的稳定的社会因素，体现在劳动方式、生活方式、思维方式、行为方式等社会生活的一切方面，涉及政治、经济、意识等相当广阔的领域，并通过社会心理结构及其他物化媒介得以世代相传。传统也是一种特殊的社会文化信息系统，经过无数次重复，在不同时代、不同阶层的人类社会关系实践中得到积累、固定和传播。②

我国现行比较典范的对"传统"的界定是："历史上流传下来的社会习惯力量，存在于制度、思想、文化、道德等各个领域。……对人们的社会行为有无形的控制作用。传统是历史发展继承性的表现。"③

在近年的文化讨论中，国内学者对"传统"的内涵做了不少有价值的探讨，对传统的界说各有千秋。我认为，"传统"至少具备这些方面的特征：①历史性。传统是由历史上沿传而来，经过相当时期的文化积累而形成的。②继承性。传统不是突生突灭的，而是有着前后相继的一贯性。③稳定性。传统作为文化深层结构（民族精神文化）的体现，一经形成，

---

① ［美］爱德华·希尔斯著，傅铿、吕乐译：《论传统》，上海人民出版社1991年版，第1页。
② 参见覃光广等主编：《文化学辞典》，中央民族学院出版社1988年版，第339页。
③ 《辞海》，上海辞书出版社1989年版，第242页。

便难以轻易改变。④流动性。传统并不是一成不变的,而是历史地发展着的,不同时期不同地域有着不同的传统,反映着不同的时代精神。⑤精神性。传统可以物化,但物化的并不一定就是传统。作为民族精神的一种表征,传统属于"形而上"的范畴,它的翅膀飞不出思想的领空。⑥潜在性。传统作为观念形态的东西,往往表现为特定的社会心理,表现为不自觉的行为方式和思维定式。⑦现实性。传统的形成,来源于过去的现实;同时,它并不是停留于过去,而是直接影响到现在,在客观上影响着人们的社会心理和价值取向。

根据这种理解,我认为,所谓传统,就是历史上形成的、具有稳定的组织结构和思想要素的、前后相继的、直到现在仍然潜在地影响着人们的特定的思维方式、价值观念、道德风俗等深层文化的社会心理和行为习惯。

厘定了"传统"的文化内涵,便可以进而探讨文化传统以及优秀文化传统的内在规定。而要科学地探讨这个问题,就必须明确文化传统与传统文化的区别所在。所谓文化传统,是指受特定文化类型中价值系统的影响,经过长期历史积淀而逐渐形成的、为全民族大多数人所认同的思想和行为方式上的传统。所谓传统文化,从广义的范围讲,是指历史上形成的一切,包括物质、制度和思想等层面。从狭义的范围讲,是指历史上形成的价值观念、思维方式、伦理规范、理想人格、审美情趣等精神成果的总和。传统文化与文化传统,前者包容后者,后者是前者的集中体现,但并不等于前者。把握传统文化,有助于我们从宏观上体认、剖析民族精神的历史演进规律和整体特征;把握文化传统,有助于我们从具体的思想行为方式上理解并发展文化的民族性和思想继承性,分辨莠良,继承发扬民族优秀文化传统。而本文既然将"传统"看作观念形态范畴的东西,顺理成章,当然是从狭义的文化(思想文化)的层面,探讨儒家文化传统。因此,我认为,优秀文化传统,应当具有以下特征:

第一,它体现着民族精神的积极方面,反映了中国文化的健康的精神方向。民族精神是民族文化传统的集中表现。但民族精神只是个中性概念,正如文化传统是中性概念一样,属于事实判断的范畴,而不是价值判断。所谓民族精神,实质上就是中国文化的基本精神,即代表中国人基本精神风貌的价值标准和人格追求。而中国文化的基本精神内涵丰富、外延广阔,绝非简单肯定或者片面否定所能充分揭示。比如,"贵和持中"的思想，属于中国文化的基本精神。就其对民族发展的影响而言，既有正面的价值，又有负面的价值，人们很难将其划入纯粹的"精华"或者"糟粕"之列。因此，当我们寻找优秀文化传统与民族凝聚力的结合点的时候，就不能只是一般地谈论文化传统或者传统文化，也不能只是宽泛地议论民族精神，而要清醒地认识并且坚持这条原则——只有代表民族精神的积极方面，体现民族文化精神的健康方向的文化传统，才是优秀文化传统。

第二，能够鼓舞人们前进，无论在历史上还是在当代中国的文化建设中，都具有激发民族自信心和自豪感的伟大作用。

第三，具有民族文化认同功能。优秀文化传统既然是民族精神的积极表现，那么，它理所当然地应当成为维系全民族共同心理、共同价值追求的思想纽带，成为凝聚民族积极思想，感召人们为民族统一和社会发展鞠躬尽瘁、死而后已的精神源泉。

第四，具有历史继承性和稳定性。优秀文化传统是民族文化基本精神的健康一面长期积累的结果，是人民群众和知识阶层智慧的结晶，同时，从文化结构论的角度看，它属于文化的深层结构，一旦形成，便难以改变，因而具有相对的稳定性。

第五，它是中华文化的活精神，在今天仍然具有强大的生命力。在经过创造性的转化以后，它可以成为凝聚民族精神的现实力量。同时，从历史发展的前瞻性的层面看，它可以成为新的优秀文化传统。

根据以上认识，我认为，那种判定民族精神实质上就是优秀文化传统的观点，是可以进一步探讨的。有的学者认为，"所谓民族精神，就是民族文化的优良传统"①，"中华民族精神应该是……中华民族生存和发展中具有维系、协调和推动作用的一种活的精神力量"，是"中华民族精神中的优秀传统……指导中华民族延续发展，不断前进的精粹思想……是中华民族固有传统的价值观念"②。这些概括，其主旨是弘扬民族文化的正气，但是，这种概括存在着不可避免的缺陷，即在客观上容易导致否定文化传统中或者说民族精神中消极以至阴暗的一面。极为简单而又明显的例子是，如果按照"民族精神即优秀文化传统"论者的观点，那么，近年思

---

① 方立天：《民族精神的界定与中华民族精神的内涵》，载《哲学研究》1991年第5期。
② 刘文英：《关于中华民族精神的几个问题》，载《哲学研究》1991年第11期。

想文化界的沉渣泛起，作何解释？难道可以说它是民族精神的体现吗？而既然民族精神是占据主导地位的优秀文化传统，那又为什么不能正面抵挡住民族文化虚无主义和国粹主义的夹击，让其一度占据了思想文化"阵地"？更何况，在中国文化发展的历史长河中，确曾有过恶浪滔天、逆流回旋的时期（比如，东汉时期的谶纬神学；宋明以降长达七八百年的以倡扬理学、标榜科举为特征的思想专制；明清之际民主启蒙思潮的夭折；20世纪20年代以来的以反对"五四"科学民主的精神方向为宗旨的尊孔复古思潮一度甚嚣尘上……），如果按照"民族精神即优秀文化传统"论者的思路，那么，人们便可以质疑在如此漫长的历史时期中"民族精神"跑到哪里去了？显然，将民族精神仅仅归结为"优秀文化传统"是不够全面的。而且，要指出的是"民族精神即优秀文化传统"论者一方面说民族思想的精粹、民族的活的精神才是民族精神，但另一方面又说"中华民族的共同价值观念""固有传统的价值观念"是民族精神，显然在逻辑上显得不够周延。显而易见，"共同的价值观念""固有传统的价值观念"与"优秀文化传统"不同。如果"共同的价值观念""固有传统的价值观念"便是"民族精神"，便是"优秀文化传统"，那么，贯串整个封建社会始终的重义轻利、重德轻才、唯上唯书等"共同的价值观念""固有传统的价值观念"是不是民族精神呢（即所谓优秀文化传统）？我们姑且不说它们在近代中国由传统向现代的转变中所起的严重的阻碍作用，即使是从它们对古代社会的价值导向作用来看至少也是具有二重性。显然，如此类推下去，是有悖于"民族精神即优秀文化传统"论者的初衷的，因而其论断是可以进一步斟酌的。在我看来，如果我们将民族精神看作中性概念，那么，我们的理论思维的天地将更为广阔，事实认定和价值评判的回旋余地将大为拓展，对优秀文化传统的作用的认定和弘扬将更加理直气壮，对现实的文化建设的指导将更为有力。鉴于以上思路，我认为，优秀文化传统的主体内容及其在当代的主要表现是：

第一，自强不息的奋斗精神。《易传》讲："天行健，君子以自强不息。"可以说，这是对中华民族刚健有为、不懈奋斗精神的集中概括和生动写照。这种刚健、自强的精神，在两千多年的历史发展中，一直激励着正直的人士奋发向上，不断前进，坚持与内部的恶劣势力和外来的侵略压迫做不屈不挠的斗争；20世纪20年代以后，中国共产党领导的反帝反封建的新民主主义革命，特别是中华人民共和国成立以后对建设有中国特色的社会主义的坚韧不拔的探索，都是自强不息的优秀文化传统的具体表现。

第二，和谐统一的博大胸襟。坚持和而不同的矛盾统一观，反对片面求同和乱斗一气；坚持统一，反对分裂。这是我们民族的又一儒家文化传统。把家庭、邻里的和谐、国家的统一看作天经地义的事情，乃是我们民族历久弥坚的思想传统，是我们民族一以贯之的政治价值取向。这种思想传统和政治价值取向，对于中华一体、国家一统的民族文化心理的形成，对于我们民族、国家的长期稳固发展，曾经起了十分重要的积极作用。今天，它对于海峡两岸在不同政治制度的背景下进行交流，对于两岸的文化认同，起着文化心理上的沟通和维系作用。

第三，崇德重义的高尚情怀。重视品德修养，讲求道义气节，是我们民族文化的又一优秀传统。《左传》提倡"正德、利用、厚生"，认为这是人类必须重视并躬行践履的"三事"。所谓"正德"，即端正自己的品德，这是"三事"之首。无论是王公大臣，还是庶民百姓，都要以立德为本。立德，具体说来就是修养自身。《礼记》主张"自天子以至于庶人，壹是皆以修身为本"。孔子宣称"三军可夺帅也，匹夫不可夺志也"，赞扬"不降其志，不辱其身"的仁人志士，坚持"不义而富且贵，于我如浮云"的义利观。孟子推崇"富贵不能淫，贫贱不能移，威武不能屈"的高尚气节。文天祥视死如归，要"留取丹心照汗青"。林则徐"苟利国家生死以，岂因祸福避趋之"。这些都是我们民族崇德重义文化传统的积极的历史表现。诚然，这种文化传统有它的某些局限性，但作为民族文化的重要构成，作为深层结构的社会心理和价值观念，它对于人们超越物质利益的羁绊，追求精神境界的提高，无疑起了积极的作用。在商品经济日见勃兴的时代，崇德重义的文化传统，对于我们抵制物化主义的思想，对于我们纯洁道德、净化社会空气，仍然有着不可忽视的积极意义。当然，道德制约不是万能的，但是，我们在加强法制建设的同时，却不能不高度重视道德对人们心理行为的规范和导向作用。

第四，整体为上的价值取向。把天、地、人看作一个统一的整体，强调三者之间的和谐，以不破坏这个整体的统一为思维原则；同时，把个人、家庭和国家的利益看作不可分割的整体，这样一种共同心理态势，也是民族儒家文化传统之一。儒家的修齐治平理论，道家的"人法地，地法天，天法道，道法自然"的思维旨趣，墨家的天下尚同的政治理想，等等，都是以整体为上的价值取向。这种价值取向，把全局的利益看得高于局部的利益，把整体的利益看得高于个体的利益。它凸显了中华民族以小我成全大我，以牺牲个人利益和局部利益去维护整体和全局利益的独特品格，从而形成了以国家民族利益为上的思想风貌。

从理论思维的高度审视，儒家文化传统作为中国文化精神的具体体现，作为一种巨大的精神力量，它有着特殊的精神价值。简要说来，它至少具备四方面的作用：

第一，激励人们不断进取的作用，它能够孕育人们强烈的自信自尊和自豪的文化心态。在事业昌盛的时候，能够再接再厉，不断前进，争取更大的胜利；在遇到挫折的时候，能够坚韧不拔地奋斗，变失败为成功，以乐观的态度对待困境，用艰巨的努力开辟新局。

第二，价值导向作用。儒家文化传统作为民族精神的结晶，无论在理论层面和行为方式的层面，还是在社会心理和潜意识的层面，它都对全民族的价值取向起着任何别的因素所不能取代的积极作用。例如，爱国主义作为一种优秀文化传统，它所造就的诸如屈原、岳飞、文天祥等楷模，在历史上曾经普遍地引导着、培育着人们的爱国情怀。毫无疑问，近代中国人民不屈不挠地反抗帝国主义压迫的斗争，是与传统的爱国主义精神有着思想上的血缘关系的。

第三，民族凝聚作用。儒家文化传统有着巨大的思想统摄性。它可以超越地域、阶级、党派、种族、时间的界限，用中华民族优秀文化传统的甘甜乳浆哺育每个中华儿女，使其凝为一体，同心同德地为民族整体利益和长远利益而不懈地奋斗。正因为如此，每当历史上出现外敌入侵之时，中华民族都能够万众一心地抵抗外侮；而每当内乱出现之时，人们往往又可以在民族认同的基础上，捐弃前嫌，变分为合，化乱为治。这些都与整体至上、和谐统一的优秀文化传统有着密切的关系。

第四，文化认同作用。优秀文化传统是民族文化中健康向上的力量的表现，是国民品性的理性提炼，它具有地域和种族上的广泛性和普遍性，反映了民族奋发有为的共同心理，因而在客观上对民族文化的认同起着积极的推动作用。

要指出的是，如果我们从更为广阔的文化视野考察，显然，优秀文化传统的精神价值远远不止这些。而且，随着研究的深入和时代的演进，优秀文化传统的价值将会得到更多的开掘，放射出更为夺目的光彩。

二、民族凝聚力的文化内涵和现代价值

民族凝聚力是与儒家文化传统密切相关的、属于深层文化结构的思想要素。就其内涵而言，所谓民族凝聚力，是指特定民族的思想整合力量，是该民族文化对其成员的吸引力。具体说来，就是一个民族在社会秩序和思想文化方面由离散到聚合、由波动到稳定、由混乱到协同的特定的精神力量；同时，它也是该民族集合人心、整齐力量、团结族类的思想纽带，是该民族的思想文化价值的集中体现。它主要表现为该民族的思维方式、价值取向、理想人格和精神风貌。作为一种观念形态的东西，它是相对稳定的；作为一个民族的文化传统，它又是历史地发展着的。

纵观中国文化发展的历史长河，中华民族凝聚力在不同历史时期，有着不同的文化表现样式。但就其前后相继的一贯性、文化心理认同的一致性而言，以下诸方面是其主要内容。

（一）文化中国的理想追求

从先秦到汉唐以至宋明，思想家们往往是将中国看作一个政治概念、文化概念，而不仅仅是地理概念。世代相袭、普天认同的中国是"礼仪之邦"的观念，便是其具体反映。在先秦时期，思想家、政治家们十分重视道德理想的追求，强调文化精神价值的可贵。重视夷夏之辨的儒家思想传统，便是其表现之一。依儒家的眼光，华夏与夷狄有着行为上的文明与野蛮的根本区别，有着文化上的进步与落后的重大差异。因此，要以文明进步的程度严格区分华夏与夷狄的界限。传说中的孔子修《春秋》，严夷夏之防，便是以礼义道德为原则。诸侯行为不合礼义道德的，便以夷狄看待；夷狄行为合乎礼义道德的，便以中国看待。孟子坚信进步文化能够改变落后文化，而落后文化绝不可能改变进步文化。所谓"吾闻用夏变夷者，未闻变于夷者也"（《孟子·滕文公上》），便是这种信念的体现。汉代研治《春秋》的公羊家明确认为，夷狄与中国的区别，并非种族或地域的不同，而是文化道德的有无。公羊学大师董仲舒认为，《春秋》宣公十二年记载晋楚邲之战，晋国大败，《春秋》褒扬处于夷狄之邦的楚国合乎礼义，贬斥属于诸夏部族的晋国不合礼义，就在于《春秋》无通辞，以是否符合礼义为转移。晋国不讲礼义，虽属诸夏之国，也"变而为夷

狄";楚国恪守礼义,虽属夷狄之邦,却"变而为君子"(《春秋繁露·竹林》)。夷夏之间,并无不可逾越的鸿沟。这就通过对先秦儒家以仁义为核心的文化意识的弘扬,进一步凸显了夷夏之辨的文化标准及其意义,沟通了夷夏之间在文化心理上的联系。这种夷夏互变的思想,是中国古代理性精神的重要成分,是文化中国的理想追求的重要内容之一。至于将"夷夏之大防"作为排拒外来文化的工具,则是唐以后的事,不应由此前的人们代后人受过。而且,即使在唐以后,进步的思想家也是在文化理性高低的层面,区别夷夏界限的。近代中国开眼看世界的思想家们,主张"师夷长技",实际上是承认"夷人"器物文明高于华夏之邦。谭嗣同认为:"今中国之人心风俗政治法度,无一可比于夷狄,何尝有一毫所谓'夏'者!"[①] 可见,夷夏之别的标准,是文明进步的高下。

　　文化中国的理想追求,还突出地表现为对个体道德修养和文化生命的重视。中国传统文化历来重视道德理性,讲究人禽之辨、义利之辨。作为传统雅文化主流的儒、道、墨、法诸学派,虽然各自的价值取向迥然不同,但都承认并努力追求道德境界的提升,反对堕于物欲而不自拔。儒家孔子主张天下有道则现,无道则隐;宁可杀身成仁,也不苟且偷生;"不义而富且贵,于我如浮云"(《论语·述而》);"君子谋道不谋食。……忧道不忧贫"(《论语·卫灵公》)。孟子提倡并努力实践养"至大至刚"的"浩然之气",做"富贵不能淫,贫贱不能移,威武不能屈"的大丈夫(《孟子·滕文公下》)。董仲舒反对"屈意从人""随世而轮转""矫情而获百利",主张"正心归善"(《董胶西集·士不遇赋》)。老庄道家力求保全人的真实纯朴本性,不卖身求荣。他们宁可清心寡欲,也不迎合卑劣的统治者。墨家义利并举,但以义为重,以兼爱天下为张本。法家是典型的功利主义者,但他们是以忠君报国、天下一统为追求。这已经超越了狭隘的个人主义立场。约束自己,忠心耿耿地为民族国家的利益效劳,这本身也是一种道德修养,是一种文化理想追求。可见,超越物欲,超越动物本能,做有道德修养和文化生命的人,是中国文化内在精神生命的逻辑要求和必然归宿。当然,传统的道德修养有着特定的时代内容,我们应当从文化的时代性的层面,予以把握扬弃。与此同时,我们也应当从文化的民族性、世界性和继承性的理论高度,给予实事求是的价值评判和消化吸收。

---

① 蔡尚思、方行编:《谭嗣同全集》,中华书局1981年版,第423页。

（二）历久弥坚的大一统观念

自西周以来，作为一种理性自觉，大一统观念便深深地扎根于中国人心中，成为每个人自觉信守的行为准则。作为中国传统雅文化主流的诸家学说，尽管在政治文化主张上彼此形同水火，但在国家统一、民族融合的思想方向上，却相反相成。"《春秋》大一统"，这是封建社会人人皆知的至理名言。传统文化中"天人合一"的自然观和境界观，实际上是政治上的大一统观念的折射。天下一家、民胞物与、四海之内皆兄弟等观念，成为凝聚全社会的重要精神力量。以国家统一为乐，以江山分裂为忧，是中华民族天经地义的政治价值取向。这种大一统的观念，经过儒法两家从不同思维路向方面的论证，特别是经过秦汉时期封建大一统国家建立而带来的民族融合、共同发展的实践，逐渐转化为民族文化深层结构的社会心理，形成了我们民族的政治思维定式，推动着我们民族的整体发展和文化进步。

（三）兼容天下的广阔胸襟

中国传统文化一贯主张"天下同归而殊途，一致而百虑"（《周易·系辞下》）。在文化价值观方面，提倡在主导思想的规范下，不同派别、不同类型、不同民族的思想文化的交相渗透、兼容并包、多样统一。儒道互补，儒法结合，儒佛相融，佛道相通，援阴阳五行入儒，儒佛道三教合一，以至近代以来对基督教、伊斯兰教等外来宗教的容忍和吸收，都是世人皆知的历史事实。尽管其间经历了种种艰难曲折，甚而充满辛酸之泪，但中国文化确实是在不同价值系统的区域文化和民族文化之间的碰撞下，逐步走向统一，逐步更新了自己的面貌。

在民族价值观方面，中国文化素以礼义道德平等待人。汉代司马相如受武帝之命"通西南夷"，招抚少数民族，便以"兼容并包""遐迩一体"为指导思想，并称这是武帝"创业垂统，为万世规"（《汉书·司马相如传》）的事业之一。正是这种"兼容并包""遐迩一体"的思想，使汉王朝将不同的民族（所谓"东夷""南蛮""西戎""北狄"）融为一体，成为统一的汉民族。

在治国之道方面，兼容天下的胸怀表现为"以君子长者之道待天下"（《苏轼文集·省试刑赏忠厚之至论》）。善于听取不同意见，"兼听则明，偏听则暗"的著名成语,便是典型的理论提炼。

(四) 爱国主义的深厚情怀

中国文化有着悠久的爱国主义传统。正是爱国主义精神的激励,才使我们民族每当被外敌入侵之时,能够团结一致,奋起抵抗,不屈不挠地斗争到最后胜利。正是爱国主义精神的鞭策,才使我们民族在内乱出现之时,在保全金瓯的旗帜之下,不同利益集团之间能以国家利益为重,捐弃前嫌,最终在新的认识基础上团结起来。可以说,爱国主义浸透每一个正直的炎黄子孙精神机体的毛孔。正因为如此,我中华民族这个文化实体才得以长期延续,不断壮大,自立于世界民族文化之林。

以上诸方面内容的交融互补,以及在文化模式方面的有机整合,便构成了我们民族凝聚力和向心力的主体内容。正是这种凝聚力和向心力的长期稳定和持续发展,促进了多民族国家的统一,促进了民族文化的发展,使中华民族在相当长的一个历史时期,在世界上引领风骚。尤为重要的是,从中国文化深层结构审视,以上民族凝聚力和向心力的形成和发展,增强了炎黄子孙的文化共识,对于中华民族共同的价值取向、理想人格、思维方式、社会心理、精神风貌等,起了重大的文化整合作用。它增强了中国人的本根意识,激发了中国人的自尊自豪的情感,在客观上起到了促进民族国家发展的历史作用。

民族凝聚力作为中国文化生命的重要内容,作为国家统一、人民团结的不可或缺的精神纽带,在今天仍然产生着极为深刻的影响,具有重大的现实意义和文化建构价值。

首先,民族凝聚力可以协调人们的心理和行为,造成建立统一的文化中国和民族国家的强大心理定式。有了文化中国的共同价值追求,有了中华一体的国家统一观念,有了兼容天下的广阔胸怀,我们便可以在认定中国文化确有其内在生命和精神价值的思维框架之内,交流思想情感,互助互补、互利互惠,步调一致地为建设现代化的文化大国而奋斗。

其次,民族凝聚力能够增强海内外中华儿女在思想品性和价值规范方面的共同观念,增强民族文化的精神协同力量。集体主义的价值取向,爱国主义的高尚情怀,在今天仍然是我们应当发掘继承并且予以创造性转化的精神财富。以国家民族利益为重,反对极端个人主义、分裂主义,反对崇洋媚外、全盘西化,应当并且已经成为整个炎黄族类的共同信念,成为我们大步前进的思想动力。

再次,民族凝聚力有助于从情感心理和中国文化价值的认同方面,促进海峡两岸的相互交流,加快统一步伐,完成统一大业。中华一体、国家一统的儒家文化传统,对中国文化精神生命和内在价值的肯定,对民族文化优秀传统的继承,对天下一家、和而不同的广阔胸襟的现代阐发,将成为沟通海峡两岸的重要精神纽带。

最后,民族凝聚力能够增强所有炎黄子孙的自尊心和自信心,为建构现代中国的新型文化体系提供思想保障。就世界范围的文明发展而言,中国文化与西方文化一样,对人类社会的进步做出了不可磨灭的贡献,可谓双峰并峙,难分伯仲。而中国文化的特殊精神价值和人文主义内涵,对所有炎黄子孙都有着特殊的号召力和感染作用。"中国智慧",天人合一,仁者精神,修齐治平……这一切,不仅对我们今天的现代文化建设有着可资借鉴的思想资料价值,而且,即使在所谓"后现代化"的发达国家中,也仍然有着积极的思想借鉴价值和文化重构的启迪意义。因此,对本民族传统文化的眷念和儒家文化传统的开掘,显然是民族凝聚力的历史延展和现实表现,必然有助于增强我们的民族自尊心和自信心,从而满怀信心地参与当代中国的文化建设。

三、优秀文化传统与中华民族凝聚力的关系

研讨并确定儒家文化传统与中华民族凝聚力的关系,是从理论和现实的结合点上,探求传统文化与现代化的关系,为建设一个批判继承历史传统而又充满时代精神的现代新型文化体系,所必须采取的重要步骤。

概括地说,儒家文化传统与民族凝聚力的关系,主要表现为以下几个方面:

第一,儒家文化传统是民族凝聚力形成并发挥作用的必要基础,也是它的思想内核;民族凝聚力则是儒家文化传统的结构与功能的内在要求和必然表现。民族凝聚力作为一种思想整合力量,作为该民族文化对其全体成员的吸引力,作为统摄人心、团结族类的精神纽带,它逻辑地要求它所借以发挥功能的文化传统并不是一般意义上的传统,而是优秀的文化传

统。只有优秀的文化传统,才能真正起到凝聚作用,产生吸引力,从而用积极健康的民族精神振奋人心,吸取民族文化的精华,引导人民正确前进,积极参与现实的文化建设,以走向世界、走向未来。如果不是用儒家文化传统去整合民族力量,那么,不仅不能形成积极的凝聚力量,发挥民族凝聚力的作用,甚至反而可能导致乌合之众的帮派性纠合,结果只会出现分裂动乱,影响民族的整体发展。可以说,没有儒家文化传统,就没有真正的民族凝聚力。而民族凝聚力作为一种精神力量,固然有着极为丰富的内容,但它的内核却必然(也只能)表现为儒家文化传统。同时,儒家文化传统的整体结构和文化功能,必然内在地要求并最终体现为民族凝聚力的形成和现实作用的发挥。

第二,儒家文化传统是增强并推动民族凝聚力不断更新的精神力量,是维系民族凝聚力的重要精神纽带;民族凝聚力则是巩固儒家文化传统的社会基础和文化心理条件。从理论形态上看,民族凝聚力本身就是一种优秀的文化传统。作为观念形态的东西,民族凝聚力是相对稳定的范畴体系;作为一个民族的文化传统,它则是历史地发展着的。因此,不同的时代,有着不同的民族凝聚力,人们必须因时而变,赋予民族凝聚力以新的时代精神。而要做到这一点,就应当用儒家文化传统充实、改铸民族凝聚力,丰富它的内涵,增强它的力量,推动它不断地更新自己的形态,以适应新的时代要求。没有儒家文化传统的激励作用,就没有维系民族凝聚力的精神纽带。与此相应,民族凝聚力的存在和发展,特别是它的社会功能的发挥,是巩固儒家文化传统的社会基础和文化心理条件。民族凝聚力作为一种习惯性力量,往往表现为"文化无意识",它潜移默化地影响着人们的价值观念和思维方式,从而为发挥儒家文化传统的功能,实现它的价值,准备了接受它的社会条件和文化心理条件。

第三,儒家文化传统与民族凝聚力互为条件,相济相成,同步发展。儒家文化传统作为民族精神的积极方面的体现,必然促使全社会对民族文化模式和价值系统中的健康因素自觉认同,这就在客观上为民族凝聚力的形成和社会文化功能的发挥提供了理论前提和思想基础。而民族凝聚力的形成和社会文化功能的发挥,则使儒家文化传统的精神价值得以转化为现实的力量,成为激励人们前进、推动社会进步的思想武器。在一定条件下,儒家文化传统与民族凝聚力之间,可以形成一种相互循环的关系,即前者可以激发甚至转化为后者，后者可以兼容甚至表现、转换为前者。在时序上，二者并无严格的先后之分，往往是互为因果，同步发展，形成良性循环的态势。

第四，儒家文化传统与民族凝聚力是部分与整体的关系。前者属于部分，后者属于整体；前者引导后者，后者包容前者。儒家文化传统固然是民族凝聚力的核心，但核心并不等于全体。民族凝聚力的内涵极为丰富，儒家文化传统只是其中的一个部分（尽管是十分重要的部分）。换言之，民族凝聚力毫无疑问要以儒家文化传统为价值导向，但还不能说儒家文化传统就是民族凝聚力的全部内容。清醒地认识到这一点，有助于我们发掘民族凝聚力的文化内涵，拓展它的价值领域。

总之，儒家文化传统与民族凝聚力紧密联系，二者缺一不可。只有把握了儒家文化传统，才能把握民族凝聚力的精神方向，因此，必须认真清理儒家文化传统，将其转化为新型的积极的民族精神；只有把握了民族凝聚力，才能更深刻地理解儒家文化传统，创造新的儒家文化传统，因此，必须厘定民族凝聚力的内涵和外延，促进新的民族凝聚力的形成和文化价值的实现。

我们的时代，是改革开放的时代，是不断进取的时代，是全体人民在中国共产党的统率下，开创新局面的时代。我们的时代精神，是继往开来、推陈出新的精神，是面向现代化、面向世界、面向未来的"生生不息"的奋进精神。因此，当我们用建设现代新型文化体系的时代眼光来审视民族文化传统和民族凝聚力的关系时，应当注意从时代精神的高度去加以把握。而这就涉及方法论上的探讨。马克思主义认为，人类社会及其精神的发展，是一个自然历史过程。在这个自然历史过程中，每一时代都有自己特殊的时代精神。从民族理论思维建构的普遍性的一面来看，所谓时代精神，便是一定时代的人民意志的总汇，是代表该时代历史发展趋势的积极向上的新精神。就时代精神所反映的该时代人民意志的广泛性、普遍性的方面而言，它是一个共时性概念；就时代精神所反映的该时代历史发展趋势的前后相继的方面而言，它则是一个历时性概念。因此，我们在探讨优秀文化传统与民族凝聚力的内涵、特点及其相互关系的时候，必须站在当今的时代精神的高度，给予理性的审视和科学的评判，而不能"代古人立言""代圣贤立言"。我们既不应该以发思古之幽情为旨趣，盲目崇古护古，也不应该割断历史，空发宏论，而要注意历史与现实的相通，理论与实践的一致。这样，我们才能正确判定优秀文化传统和民族凝聚力的文化内涵和精神价值，从而为社会主义新型文化体系的建设提供思想借鉴。在对优秀文化传统与民族凝聚力的关系的研究中，涉及的方法论问题甚多，大有进一步细致探讨的必要，只是限于篇幅，本文只能紧扣主题，从时代精神的角度略加说明，详细的论证，有待日后进一步的研究。

(原载《哲学研究》1992年第3期)

从"调均"看中国文化的优秀传统

从先秦到清末,中国传统文化中蕴涵着深厚的"均平"思想传统,其中,又以儒家的"均平"思想为主流。而儒家"均平"思想的主调,则是"调均",即调节以致均衡。这种以"调均"为主调的"均平"思想,不仅在历史上影响深刻,对于塑造民族文化心理、促进经济社会发展产生了巨大作用,而且对于今天建设公平、正义、和谐的社会,具有重要的思想价值。

一、"均平"与"调均"的内涵

均,一指公平、均匀。《诗·小雅·北山》:"大夫不均,我从事独贤"。一指调和、调节。《诗·小雅·皇皇者华》:"我马维骃,六辔既均。"传曰:均,调也。《礼记·月令·仲夏之月》:"均琴瑟管箫。"一指平。《说文解字》:"均,平遍也。"段注:无所不平也。《尚书·禹贡》:"均于江海。"马注:均,均平。《国语·鲁语上》:"尧能单均刑法、仪民。"注:均,平也。"均平",使其平均也,公平也。《周礼·地官·贾师》:"辨其物而均平之。"《庄子·达生》:"天下均平。"

平,一指平坦,引申为安舒。《说文解字》:"语平舒也。"段注:引申为凡安舒之称,分之而匀适则平舒矣。一指太平无事。《大学》:"国治而后天下平。"一指和。《吕氏春秋·贵公》:"公则天下平矣。"注:平,和也。一指公正。《诗·小雅·节南山》:"赫赫师尹,不平谓何?"《荀子·荣辱》:"夫是之谓至平。"

由上可见,"均平"是指通过调节(均)而达到平衡(平),而不是平均。

本文要特别指出并强调的是,在中国古代,"均平"又称"调均"。调是指调节,均是指均衡。"均平"也罢,"调均"也罢,其内涵都不是指平均,更不是绝对平均。平,是公平、平正。均既可作名词和形容词,也可作动词。作名词和形容词的均,是指协调、平衡、合理。作动词的均，是指调节、调整。所谓均平，就是通过调节使其均衡，也就是使其合理、公平。古代字书和先秦文献中的"均平"，并没有"平均主义"之意，无论是绝对平均主义，还是相对平均主义。鉴于过往相当长的一个时期中，"均平"被误解甚至被曲解为"平均"乃至"平均主义"，故本文使用"调均"一词来阐释相关问题。"调均"更能在本质上体现中国文化优秀传统的特质。实际上，在中国传统文化的发展进程中，有的思想家就明确使用"调均"的概念，其典型代表便是西汉"为儒者宗"的大思想家董仲舒（下文将会详论）。

二、先秦的"均平"思想

一般认为，均平思想是儒家最早提出，具体例证是《论语》记载的那段著名的话："不患寡而患不均，不患贫而患不安。"（《论语·季氏》）其实，在先秦时期，诸多思想家、政治家都有均平的思想，均平思想并不是儒家的专利。

从文献来看，最早直接提出"均贫富"命题并以之为目标的均平思想，来自《晏子春秋》。① 作为齐国名相的晏婴，认为贫富不均会导致社会矛盾的加深乃至恶化，统治者从民间获取财富，应当适度，应当权衡不同群体的财富情况而决定。他说："其取财也，权有无，均贫富，不以养嗜欲。"（《晏子春秋·内篇问上》）社会人士的财富，不能太多也不能太少，且应"正德以幅之"。统治者不能罔顾民生，要"知其贫富，勿使冻馁"，这样"则民亲矣"（《晏子春秋·内篇问上》），民众才能拥戴你。如果统治者"藏财而不用，凶也。……昧财之失守，委而不以分人者，百姓必进而自分也"（《晏子春秋·内篇谏下》）。晏婴作为统治阶层的重要人物，清醒认识到调节均衡不同阶层人士的财富的重要性，其重要的指导原则，便是根据不同阶层的不同情况，调均财富，防止两极过于分化，防止富人纵欲无度而穷人铤而走险。在这个意义上讲，晏婴的"均贫富"思想，是从社会财富的合理调节和社会秩序的稳定相结合而出发的。值得注意的是，在晏婴这里，明确出现了"均贫富"的表述，这是古代文献

---

① 《晏子春秋》和《论语》都产生于战国初期，但晏婴比孔子年长，《晏子春秋》是直接记载，《论语》是间接记载，故可认为晏婴的论说在前。

里第一次出现的"均贫富"。

同为记载春秋时期历史的《国语》一书,也表达了均平的思想:"夫惠大而后民归之志,民和而后神降之福。若布德于民而平均其政事,君子务治而小人务力,动不违时,器不过用,财用不匮,莫不共祀。"(《国语·鲁语上》)这里的"平均",是指统治者实行惠民的德政,就能使不同阶层的人士都能享受到其治国安民行政措施的好处,从而实现"君子务治""小人务力"的各安其分的协调状态。

作为先秦时期与儒家同为"显学"的墨家,其均平思想十分突出。墨家忧民之三患,即"饥者不得食,寒者不得衣,劳者不得息"(《墨子·非乐上》),他们崇尚兼爱,要以兼易别,平等待人,"视人之国若视其国,视人之家若视其家,视人之身若视其身"(《墨子·兼爱中》),要"使饥者得食,寒者得衣,劳者得息"(《墨子·非命下》)。他们尚贤尚同,最终要达到"刑政治,万民和,国家富,财用足,百姓皆得暖衣饱食,便宁无忧"(《墨子·天志中》)的理想治世。墨家理想中的古代圣王,是明天鬼之所欲、避天鬼之所憎,兴天下之利、除天下之害,祭祀恭敬、听狱公正,"分财不敢不均"(《墨子·尚同中》)。墨家这些思想,显然具有明显的均平倾向,以及通过均平而使社会和谐的目的。

道家虽然没有明确的均平思想,但是《庄子》中关于"盗亦有道"的著名故事,对于分赃合理("分均"),也是肯定的。在《庄子》看来,大盗"妄意室中之藏,圣也;入先,勇也;出后,义也;知可否,知也;分均,仁也。五者不备而能成大盗者,天下未之有也"(《庄子·胠箧》)。这固然是调侃儒家的仁智勇理念,但不可否认其对于"分均"是持肯定态度。这里的"分均",显然不是平均分配,而是要以是否具备先入之勇、后出之义的行为作为标准,使得分配合理。

有趣的是,主张强权政治、崇尚"气力"的法家思想集大成者韩非,居然明确提出了"均贫富"的理念。他说:"故明主之治国也,适其时事以致财物,论其税赋以均贫富,厚其爵禄以尽贤能,重其刑罚以禁奸邪,使民以力得富,以事致贵,以过受罪,以功致赏而不念慈惠之赐,此帝王之政也。"(《韩非子·六反》)在韩非心目中,通过调均税赋而协调不同阶层的贫富关系,是帝王治国安邦的必要条件。韩非认为,"均贫富"是"帝王之政"需要关注的重要方面。尽管韩非并不是从整个经济社会发展的角度考虑"均贫富",但能够从税赋的角度提出"均贫富",其积极意义是显而易见的。

与前述情况形成映照的是，儒家的均平思想不仅明确系统，而且前后继承、绵延甚久，影响巨大。孔子是儒家系统中第一个明确提出并阐释"均平"理念的思想家。孔子对弟子说："闻有国有家者，不患寡而患不均，不患贫而患不安。盖均无贫，和无寡，安无倾。"（《论语·季氏》）孔子在这里是从行政管理的角度谈论均平问题。有国、有家者，在社会治理中要能够有"不患寡而患不均，不患贫而患不安"的意识，否则社会就不安稳。这里的几个关键词需要注意。寡，自然是少；均，指均衡，亦即合理、协调，而非多年来不少人所说的"平均"；① 贫，是指穷；安，是指安定、安稳，不躁动，心理平衡。不患寡而患不均，是说不担心东西少而担心分配不均，这里的均是均衡、公平之意。不患贫而患不安，是说不担心人穷而担心人的思想不安稳。这里的安，是安稳、安宁、安定，与不满、动荡、躁动、不平相对。事实上，孔子后面的话已经诠释了相关意义。均无贫，意为如果分配均衡就不会有贫穷之感；和无寡，意为如果和谐（协调、中和）就不会有短缺之感；安无倾，意为安定（安稳、安宁）就不会有愤懑甚至造反之心，不会出现政权倾覆的危机。可见，这里孔子的意思，本质上是要实行调均政策，调节均衡社会财富的分配，使大家感到合理，没有怨气，避免社会戾气弥漫，避免仇官仇富心态的出现，从而避免社会危机的总爆发。

孔子之后，孟子所讲的井田制、以制民之产为重心的仁政思想，荀子所讲的"天下莫不平均"（《荀子·王霸》）的主张，都是儒家均平思想的具体表现。孟子认为："夫仁政必自经界始。经界不正，井地不均，谷禄不平。"（《孟子·滕文公上》）这里的"均"，显然不是平均，不是齐一，而是合理、均衡。孟子不仅关注均，而且重视平。他说："尧舜之道，不以仁政，不能平治天下。""人人亲其亲、长其长而天下平。"（《孟子·离娄上》）《尽心下》曰："君子之守，修其身而天下平。"（《孟子·尽心下》）"君子平其政。"（《孟子·离娄上》）荀子重视平，他的平主要是从政治行为方面讲的。他认为："公平者，职之衡也。"（《荀子·王

---

① 《中国儒学百科全书》的"均平说"条，就解释为"平均"，见中国孔子基金会编《中国儒学百科全书》，中国大百科全书出版社1997年版，第183页。杨伯峻也解释为"平均"，见杨伯峻著《论语译注》，中华书局1980年版，第173–174页。

制》）行政公平，是为政者履行职责的标准。他还说："君人者，欲安则莫若平政爱民矣。""刑政平，百姓和，国俗节，则兵劲城固，敌国案自诎也。"（《荀子·王制》）"修礼以齐朝，正法以齐官，平政以齐民。"（《荀子·富国》）"刑政平而百姓归之。"（《荀子·致士》）荀子认为："出若入若，天下莫不平均，莫不治办。"（《荀子·王霸》）"以礼分施，均遍而不偏。"（《荀子·君道》）这里的"均遍"，是指普遍公平，亦即按照礼的原则治国理政，则没有人会感到不公不平。

概而言之，先秦时期关于均平的思想已经流行，不仅儒家大力申论，而且其他派别的思想家政治家也在大力提倡。有论者指出春秋战国时期各家各派在政治思想和学术思想方面颇为不同，但在主张均平、崇尚平均方面，却有惊人的一致性，[①] 可谓中肯之论。究其原因，在于春秋战国时期社会长期动荡，社会阶层剧烈分化，资源占有的两极分化极其严重，深刻影响到社会发展和阶层之间甚至同一阶层之间的关系协调，故进步的思想家和明智的政治家都力倡均平。当然，从思想发展的脉络看，先秦讲论均平思想的，儒家最系统最深刻，具有前后相继的连续性。

三、均平思想的儒学化：董仲舒的调均思想

如同战国百家争鸣中儒家虽为显学而毕竟只是争鸣中的一家一样，儒家的均平思想在先秦时期虽然系统深刻，但毕竟也只是其中的一种声音而已。真正使这种声音持久不衰、产生深刻而久远的社会影响，成为中华民族文化的一种基因的，是汉代以董仲舒为代表的儒家的努力。质言之，促成"均平"思想真正成为儒家的，并借助儒学官学地位的确立而成为主流思想的推动者、完成者，是西汉"为儒者宗"的董仲舒。

研究汉代思想的学者都知道，董仲舒针对暴秦速亡的历史教训，主张"更化"，反对贫富两极过度分化，主张在仁政德治的框架中实行"调均"。

董仲舒在其《春秋繁露·度制》中说："孔子曰：'不患贫而患不均。'故有所积重，则有所空虚矣。大富则骄，大贫则忧。忧则为盗，骄则为暴，此众人之情也。圣者则于众人之情，见乱之所从生，故其制人道

[①] 李振宏：《中国古代均平文化论纲》，载《学术月刊》2006年第2期。

而差上下也，使富者足以示贵而不至于骄，贫者足以养生而不至于忧。以此为度而调均之，是以财不匮而上下相安，故易治也。今世弃其度制，而各从所欲，欲无所穷，而欲得自恣，其势无极。大人病不足于上，而小民羸瘠于下，则富者愈贪利而不肯为义，贫者日犯禁而不可得止，是世之所难治也。"董仲舒在这里不仅提出了要"调均"，更提出了明确的调均的标准和原则，相对于先秦孔孟荀的均平思想，是一个进步。值得注意的是，董仲舒这里引用的"孔子曰"后面的话，与《论语》记载的孔子原话不同。《论语·季氏》记载的是"不患寡而患不均"，董仲舒把"寡"变成了"贫"。一字之差，反映了董仲舒直面当时贫富严重分化，要求调节均衡，防止社会矛盾过于尖锐而导致社会动荡，变"难治"为"易治""善治"的愿望。

　　董仲舒之所以提出要"调均"，是鉴于贫富严重分化，影响社会安定和经济发展。他借鉴历史上兼并过度而导致的贫富两极严重分化以至影响政权存亡的教训，提出了自己的对策："秦用商鞅之法，改帝王之制，除井田，民得卖买，富者田连阡陌，贫者无立锥之地。……古井田法虽难卒行，宜少近古，限民名田，以赡不足，塞兼并之路，……然后可善治也。"（《汉书·食货志》）限民名田，是要限制占田的数量，防止少数人拥有巨量田地，防止兼并，是董仲舒调均思想的重要表现。这个思想，不仅在当时具有积极的意义，而且在整个中国古代史上都具有重要的价值，这从后世严重的土地兼并导致不断的社会动荡可以得出反证。

　　董仲舒的调均，属于他"更化"思想的重要组成部分。在他第一次对策武帝的时候，就指出："譬之琴瑟不调，甚者必解而更张之，乃可鼓也；为政而不行，甚者必变而更化之，乃可理也。当更张而不更张，虽有良工不能善调也；当更化而不更化，虽有大贤不能善治也。故汉得天下以来，常欲善治而至今不可善治者，失之于当更化而不更化也。古人有言曰：'临渊羡鱼，不如退而结网。'今临政而愿治七十余岁矣，不如退而更化。更化则可善治，善治则灾害日去，福禄日来。《诗》云：'宜民宜人，受禄于人。'为政而宜于民者，固当受禄于天。夫仁、谊、礼、知、信五常之道，王者所当修饬也；五者修饬，故受天之佑，而享鬼神之灵，德施于方外，延及群生也。"（《汉书·董仲舒传》）要想实现"善治"，就要实行"更化"。"更化"的价值支撑，是仁、义、礼、智、信"五常之道"。为政者由仁心生发出的政治，便是仁政。而仁政的重要表现和现实结果，是各安其分各得其所，上下左右和谐共处。因此，社会群体不能出现"大富"和"大贫"这样截然相反的两极，否则，前者会骄矜暴虐，后者会忧愁恐惧愤懑不平，最终导致铤而走险。在第三次对武帝的策问中，董仲舒提出："夫天亦有所分予，予之齿者去其角，傅其翼者两其足，是所受大者不得取小也。古之所予禄者，不食于力，不动于末，是亦受大者不得取小，与天同意者也。夫已受大，又取小，天不能足，而况人乎！此民之所以嚣嚣苦不足也。身宠而载高位，家温而食厚禄，因乘富贵之资力，以与民争利于下，民安能如之哉！是故众其奴婢，多其牛羊，广其田宅，博其产业，畜其积委，务此而亡已，以迫蹴民，民日削月浸，浸以大穷。富者奢侈羡溢，贫者穷急愁苦；穷急愁苦而不上救，则民不乐生；民不乐生，尚不避死，安能避罪！此刑罚之所以蕃而奸邪不可胜者也。故受禄之家，食禄而已，不与民争业，然后利可均布，而民可家足。此上天之理，而亦太古之道，天子之所宜法以为制，大夫之所当循以为行也。"（《汉书·董仲舒传》）受大而不取小，食禄之家不与民争利，各安其分，使得利可均布、民可家足，这是"上天之理""太古之道"。同样的思想，董仲舒在《春秋繁露·度制》里也有申论。他主张："君子仕则不稼，田则不渔。""已有大者，不得有小者。"当官就不种田，种田就不打渔。已经获得大利者，不得再取小利。通过这些主张的落实，实现其"调均"的价值目标。董仲舒这种调均思想，是对先秦儒家均平思想的创造性发展。有学者认为董仲舒用调均贫富去诠释孔子的"均平"思想，对于汉唐士大夫理解和贯彻"均平"思想，具有巨大的影响。[①] 我觉得是符合实际的。

更化、调均、善治，推行并体现仁政德治，这就是董仲舒调均思想的内在逻辑。这个思维逻辑和治国理政的理念，体现了董仲舒所生活的那个时代的要求，反映了儒学在新的历史时期通过创新而获得进一步发展的生命力所在。从根本上讲，董仲舒的调均思想，是创造性地继承并发展了先秦孔孟荀儒家的均平思想，将其提升到社会协调发展、民众生活安定心态平衡、国家长治久安的战略高度。因此，董仲舒的调均思想，虽然是从经济入手并着重解决经济问题的思想，但并不仅仅是一种经济观念，更是一

[①] 参见陈明光：《"调均贫富"与"斟酌贫富"——从孔子的"患不均"到唐代的"均平"思想》，载《历史研究》1999年第2期。

种强调公平的施政理念。① 这种调均思想，并不是很长时期中不少人认定的所谓"平均主义"（无论是相对平均主义还是绝对平均主义），而本质上是一种通过调节均衡以达到人们按其身份享受应有的相对公平待遇的中正和谐的思想。

  从儒家思想文化发展的逻辑路径考察，从文化价值体系建构的战略层面衡量，我们可以说，董仲舒的调均思想使得先秦儒家的均平思想得以儒学化。这里所谓儒学化，是指均平思想被纳入儒学价值系统，以礼治为核心，以五常特别是仁道为原则，成为基本的价值观念，成为儒学以民为本思想的重要构成。董仲舒的调均思想，成为儒家天下大同思想、贵和尚中思想、以民为本思想的载体。历时性地考察，先秦时期从孔子到孟子再到荀子的"均平"说，当然属于儒学范畴，但孔孟荀的论说都还没有将其提高到基本治国理念和基本价值观念的层面，故还不算"儒学化"。这里所谓儒学化，是指调均作为一种基本的治国理政的理念，作为仁政思想、大同追求和中道原则的体现，而纳入作为一个价值系统的儒学体系之中，或者说承载着并体现了儒学的基本价值观念。②

  有学者关注到一个颇为重要的思想现象，这就是西魏苏绰辅佐宇文泰治国时，在其作为治国大政的"六条诏书"中提出了"均赋役"。在关于"均赋役"的诏文中，如此解释孔子的"均无贫"："夫平均者，不舍豪强而征贫弱，不纵奸巧而困愚拙，此之谓均也。故圣人曰：'盖均无贫。'"作者认为"这应该是自先秦以来首次最为明确地对'均平'思想赋予区别贫富以相对平均赋役负担的内涵"，③ 未免过誉，但这条解释颇具思想深度，倒是应当承认的。该学者通过一系列史料的考辨，对唐代均平思想

---

  ① 汉代孔安国这样解释《论语·季氏》中孔子关于均平思想的那段话："国，诸侯；家，卿大夫。不患土地人民之寡少，忧政理之不均平，忧不能安民耳。民安则国富。"可见汉儒已经是从施政理念及其效果的公平合理而论，并不单纯将其解释为经济上的均平。

  ② 班固《汉书·艺文志》把《晏子春秋》列为儒家著作，并不准确。其实晏婴年长于孔子，其去世时是公元前500年，孔子去世时已是公元前479年，把《晏子春秋》列为儒家著作在时序上就有问题。而且，《晏子春秋》里面的若干思想，显然与儒家距离甚大。笔者推测，班固撰写《汉书》的时代，儒学独尊的形势已经形成，而调均是一代儒宗董仲舒所倡导且是重要的社会趋势，《晏子春秋》主张"权有无，均贫富"，与汉代新儒学的价值观相契合，故班固将其列为儒家著作。

  ③ 陈明光：《"调均贫富"与"斟酌贫富"——从孔子的"患不均"到唐代的"均平"思想》，载《历史研究》1999年第2期。

做了颇有力度的阐释，认为"唐朝'均平'思想的经济内容，在土地占有方面继承了董仲舒的'调均贫富'思想"，①可见董仲舒调均思想的历史影响，也可见先秦儒家"均平"思想被董仲舒"调均"化、儒学化以后所发生的重要作用。

四、"调均"思想的历史作用和现代价值

从秦汉以后的中国社会发展来看，调均思想经过长期的濡染、传播和自觉不自觉的实践，逐渐形成了一种思想传统，成为中华民族传统文化的合理内核，属于传统文化的优秀成分。②

从统治者治国理政的层面看，调均的思想传统对于防止和反对贫富两极分化、实现和谐、践行中道具有积极的警示意义。封建王朝有时也实行调均的政策，这主要表现为均田、限田措施，北魏的均田制以及相应的租调制，北宋王安石变法实行的方田均税法等，都是具体的表现。从下层民众反抗剥削压迫，要求相对平均平等的层面看，调均的思想传统往往成为发动民众、激励民众的思想武器。农民起义运动中的"冲天太保均平大将军"（黄巢）、"天补平均大将军"（王仙芝）、"吾疾贫富不均，今为汝均之""均贫富"（王小波）、"等贵贱均贫富"（钟相、杨幺）、"均田"（李自成）之类，典型地反映了下层民众对于调均思想文化传统的理解，和发自内心的价值认同。太平天国的《天朝田亩制度》，鼓吹"有田同耕，有饭同食，有衣同穿，有钱同使，无处不均匀，无人不饱暖"，"人人不受私，物物归上主"。孙中山领导的民主革命，要求"平均地权"，主张"天下为公"，追求"大同"世界。这些，都和调均的思想传统有着天然的文化血缘关系。从文化传统构建的层面看，从西汉董仲舒力主的调均，到北宋张载的民胞物与（《西铭》）和苏东坡的"以君子长者之道待天下"（《刑赏忠厚之至论》），无不浸透着调均思想的精神。

综合而言，儒家调均思想在历史上产生了重要的作用。其一，丰富了儒家仁爱思想仁政理念的内涵。其二，彰显了儒家中和理想的价值，以及

---

① 陈明光：《"调均贫富"与"斟酌贫富"——从孔子的"患不均"到唐代的"均平"思想》，载《历史研究》1999年第2期。

② 参见李宗桂：《试论中国优秀传统文化的内涵》，载《学术研究》2013年第11期。

中庸的原则、方法及其意义。其三，在承认差别的同时强调相对均衡，如不均衡则实行调节，反映了儒家重视整体和谐的社会理想。其四，体现了儒家的公平观，促进了社会公平意识的增长。当然，应当承认，儒家调均思想在后来的社会发展进程中，一度被农民起义领袖利用，衍化出带有绝对平均主义色彩的等贵贱、均贫富思想，成为后来"你有我有全都有"的民粹主义思想，从而使得儒家调均思想在社会实践中落空，衍变成追求绝对平均主义的乌托邦，成为社会进步的一种阻力。太平天国的实践及其《资政新篇》的空想，便是明证。从事中国政治史研究的学者白钢认为："孔老夫子'不患贫而患不均'的思想主张，在漫长的中国历史上，尤其是在思想界，曾经产生过莫大的影响。历代一些地主阶级的开明政治家所提出的'均田''均赋'主张，与孔老夫子'不患寡而患不均'有着直接的承续关系，自不待言。就是宋代以后，起义农民每每作为战斗纲领的'均贫富''均田免粮'，恐怕也与孔子的这句话不无历史联系。"① 从总体上看，调均的思想文化传统在历史上起的是正面作用，值得充分肯定并给予创造性继承。

儒家调均思想作为中华文化优秀成分之一，在现代社会的发展中具有重要的价值。这种价值首先表现为它有利于我们理性认识中华优秀传统文化。中华传统文化能够绵延数千年，自有其独特的存在价值。在全球化时代，中华传统文化是中国特色社会主义的重要印记，是中国模式中国道路的重要价值支撑，也是社会主义核心价值观的重要精神滋养。而之所以如此，就是因为中华传统文化有其固有的优秀成分、优秀传统。现在成为人们共识的讲仁爱、重民本、守诚信、崇正义、尚和合、求大同是中华优秀传统文化的主流，而调均的思想传统则是这些主流价值观的若干方面的综合性表现。要调均，就得有仁爱精神，就得有安民养民的理念，就得有正义思想，就得有和谐合作、整合一体的思想，还得有中道原则和方法。否则，调均在理论上就无法确立，在实践中就无法操作。在这种意义上，调均思想传统是在诸多优秀文化的支撑下，对分配问题的正义期盼和合理解决。同时，它也是在对诸多优秀文化价值观的涵摄、整合的基础上形成的新的优秀文化，并经过长期的发展而成为传统。因此，我们可以说，中华

---

① 白钢：《"不患寡而患不均"与平均主义》，载《中国农民问题研究》，人民出版社1993年版，第232页。

优秀传统文化绵长深厚，在中华民族的发展历程中，多元并举，异彩纷呈，成为内在的精微的动力，调均的优秀思想文化传统，是其中的重要方面。从文化重构的层面看，理性认识调均的思想文化传统，对于我们提升文化自觉的意识，增强民族文化自信心，有着重要的价值。我们今天讲文化自信，讲中华文化的伟大复兴，离不开对包括调均思想传统在内的中华优秀传统文化的价值的合理阐发和创造性继承。

调均的思想文化传统，对于我们现今防止和解决两极分化，化解矛盾，构建和谐社会，具有重要的思想文化资源价值。在建设现代化国家的时候，在市场经济导向的今天，提倡并鼓励竞争，不同地区、不同群体、不同个人都各擅所长，为美好生活的实现而努力奋斗，其至让一部分人一部分地区先富起来，先发展起来，显然具有很强的正当性。但是，由于不同地区不同群体不同个人的差异，包括历史文化传统的影响，改革开放前计划经济时代国家政策的区别性对待，改革开放后实行梯度发展战略而出现的政策优惠与否的差异，乃至自然条件等方面的限制等，使得不同地区不同群体不同个人的发展程度逐渐呈现出明显的差异，有的甚至发展到了两极严重分化的程度，社会矛盾日益凸显，仇官仇富情绪滋生，已经到了必须严肃采取切实措施正确处理的时候。诚然，近年来各级政府已经正视现实，并采取了一系列措施来解决问题，但问题仍然很多。我们可以而且应当从调均的优秀文化传统中汲取思想智慧，从顶层设计入手，从分配制度上、施政理念上、价值观念上，以调节均衡为目标，为社会的和谐发展和人民的安居乐业创造新的有利条件。

调均的思想文化传统，是我们在市场经济条件下既承认不同社会主体的地位和收入差异，又注意均衡发展、重视公平正义的有益鉴戒。我们今天的社会，物质丰富程度远远高于历史上任何一个时期，但社会上却存在一定的怨气和乖戾之气，这种情况的出现，固然有诸多原因，但人们对社会不公的普遍不满，是根本性的因素。某些特权人士、特权利益集团的存在，养老金双轨制的存在，医疗、教育资源的分布不均和分配不均，诸如巨贪巨腐周永康之流官商勾结、利用职权鱼肉人民中饱私囊的现象，引起全社会的不满。尽管政府采取了诸多措施解决问题，比如调整退休职工养老金，连续十年逐年增加，并让公务员也交养老金，倡导并实施公共服务均等化等，但收效并不如预期的理想，甚至刺激了民粹主义、平均主义思想的出现。在这个时候，我们如果注意从传统的调均思想传统中汲取教益，显然就有很强的现实针对性。当然，正如上文所论，调均，并不是要提倡甚至实行平均主义。我们今天应当是在社会主义核心价值观提倡的公平正义的原则基础上，既承认合理的差异，又充分利用政府的能力调节均衡社会财富。至少是能够让富者足以示贵而不至于骄横暴虐，让贫者足以养生而不至于忧忿愁苦。而且，调均不能局限于单纯的经济利益方面，而要涵括政治权益、精神生活，以及医疗教育等公共服务方面。调均，要防止和反对平均主义特别是绝对平均主义。要从传统农民起义"你有我有全都有"的狭隘思想中解放出来，要超越平均主义、民粹主义的狭隘性。借用董仲舒的话说，调均应当是"制人道而差上下"（《春秋繁露·度制》）。

综上而言，调均的思想传统不仅在历史上起了重要的作用，而且在今天也有合理的价值，是中华优秀传统文化的有机成分。对调均思想的现代性阐释，对于我们如何鉴别优秀传统文化、如何对待优秀传统文化、如何创造性继承创新性发展优秀传统文化，都有样板性的示范意义。从文化价值论的角度看，没有纯而又纯的优秀传统文化，任何优秀传统文化都要通过创造性诠释，赋予新的时代内涵，才能为我所用，为今所用，发挥正面价值。

（原载《哲学研究》2016年第8期）

儒道对立互补之比较

儒道两家有着不同的思维方式、心理框架和价值系统，相互颉颃，相互刺激，相互吸收，汇成中国传统文化的主流。对儒道对立互补之比较，海内外从事中国思想文化研究的人虽多有言及，却语焉未详。本文试图就此展开一些议论。

阳刚与阴柔

儒道两家的外在特征，可以概括为儒家具有阳刚特征，道家学说则是阴柔。

儒家代表作《周易大传》中的命题"天行健，君子以自强不息"最典范地显示了儒家的阳刚特征。孔子赞扬"刚毅"，他的学生曾参提倡"弘毅"，都是一种襟怀坦荡、刚强有为的思想表现。儒家经典之一的《中庸》主张"博学之，审问之，慎思之，明辨之，笃行之。……人一能之己百之，人十能之己千之"，确是自强不息精神的体现。

实际上，儒家的大同思想、内圣外王之学，正己正人、成己成物的主张，以及"穷则独善其身，达则兼善天下"的心态，无不反映出刚健有为、奋进不止的精神。这种阳刚进取的思想，深刻地影响了一代又一代的知识分子。宋儒欧阳修做学问，抓紧时间，枕上、厕上、马上皆充分利用；明儒文嘉写了著名的"明日歌"，成为珍惜时间的千古警言，等等，这些对民众的影响也是相当深刻的。

道家则是另一番景象，崇尚清心寡欲，见素抱朴，回到小国寡民的社会，欣赏"同与禽兽居，族与万物并"的"至德之世"，主张无知、无为、无欲、不争。道家贵柔、守雌、主静，不像儒家心中充满"至大""至刚"的"浩然之气"，而是纯任自然，泯灭主体能力，用"以柔克刚"的办法制胜。

道家思想反映在封建社会的失意知识分子身上，便是陶渊明式的"吾生梦幻间，何世绁尘羁"（《饮酒》），"人生似幻化，终当归空无"

(《归园田居》),把社会政治生活看作"樊笼",念念不忘复归"自然",追求"方宅十余亩,草屋八九间。榆柳荫后檐,桃李罗堂前。暧暧远人村,依依墟里烟。狗吠深巷中,鸡鸣桑树颠"(《归园田居》)那种恬静的田园生活。而这种以恬淡自娱、自持品节的理念和情趣,与儒家"穷则独善其身"的思想却是相通的。

总之,道家思想的总特征是自守、自保,通过抑制自我欲望来与社会谐调,与儒家积极的人生观正相对峙,以阴柔的格调烘托、补充着儒学的阳刚,在对比中使双方的特色更加鲜明。

进取与退守

从根本上讲,儒道的外在特征实际上是以人生观为据的。只是因为立论的关系,我将之分别论述。

儒家人生态度是积极入世进取。孔子念念不忘的是"克己复礼","博施于民而能济众"(《论语·雍也》)。为了成为志士仁人,须"无求生以害仁,有杀身以成仁"(《论语·卫灵公》)。儒家的准则是"非礼勿视,非礼勿听,非礼勿言,非礼勿动"(《论语·颜渊》),以实践伦理道德为指归。孟子坚信人能培养自己的浩然正气,能尽心、知性、知天,并以此影响君主,以仁政学说泽被天下。董仲舒穷神竭思,构造了以天人感应为核心的天人合一思想体系,为汉武帝"大一统"服务。"文起八代之衰"的韩愈,力主"文以载道",孜孜于儒家道统的捍卫,反映了强烈的政治参与意识。"天才少年"王勃在《滕王阁序》中表述的"老当益壮,宁知白首之心;穷且益坚,不坠青云之志",更可以说是儒家积极进取精神的一种宣示。宋代理学家则以"为天地立心,为生民立命,为往圣继绝学,为万世开太平"标榜,将鲜明的主体意识渗透于社会生活之中。这类例子在中华民族史上是举不胜举的。

道家人生态度与儒家迥然相异。他们睥睨万物,"以死生为一条,以可不可为一贯者,解其桎梏"(《庄子·德充符》)。他们齐是非、齐万物,"游乎尘埃之外"(《庄子·齐物论》),要做超脱人世的圣人、神人、真人。他们感受到了现实生活对人的种种压抑,但又不愿改变退守的人生态度。在失意之后,最合适的居处便是"不知有汉,无论魏晋"的世外桃源。

显而易见，道家与儒家人生哲学的对立互补，使中国文化很早就有了一个范围周延、层次完整、性质属于现世的人生哲学体系。在这个执着于现世的人生哲学体系中，不同的人生态度相映相衬：既有积极入世，先天下之忧而忧、后天下之乐而乐的仁人，也有超然尘外、情欲沉寂、自甘落寞的隐士，他们互为补充，进退取守皆可从容对待，保持心理平衡的稳定调节。二者按照自己的方式都把人生价值的实现放在今生而不是来世或天国，所以使生长在中国文化氛围中的人，"得志于时而谋天下，则好管、商；失志于时而谋其身，则好庄、列"（《诗广传·大雅四十八论》），成为"穷独达兼"之士。

庙堂与山林

儒道两家由各自的理想人格和人生态度所决定，前者倾心于庙堂，后者钟情于山林。

根据古文献的解释，庙堂指太庙的明堂，古代帝王祭祀、议事的地方。《楚辞·九叹·逢纷》："始结言于庙堂兮，信中涂（途）而叛之。"王逸注曰："言人君为政举事，必告于宗庙，议之于明堂也。"后来多用以指代朝廷。

儒家一心参政，心在庙堂之上。孔子一生凄凄遑遑，游说诸侯，冀望参政，甚至公开表示"如有用我者，吾其为东周乎！"孟子则公开自称："如欲平治天下，当今之世，舍我其谁也？"（《孟子·公孙丑下》）就是以"疾虚妄"为旗帜的汉代思想家王充，也专门写了《须颂篇》，要"彰汉德于百代，使帝名如日月"。他仕途不遇，非常羡慕董仲舒等人有与皇帝对策的机会，"能建美善于圣王之庭"（《论衡·别通》）。总之，终封建社会之世，儒者无不以天子垂询为荣，以身居庙堂高位为己任。

与儒家相反，道家对当官十分淡然，以蟒袍加身为自然本性的丧失。他们"非汤武而薄周孔"（《与山巨源绝交书》），"越名教而任自然"（《释私论》），不与朝廷合作，甚至认为"君立而虐兴，臣设而贼生。坐制礼法，束缚下民"（《大人先生传》）。庄子认为，从政当官类似于"络马首，穿牛鼻"，违背人的天性，不如"游无何有之乡，以处圹壤之野"（《庄子·应帝王》）。于是，山林便是道家的理想去处，《晋书·嵇康传》载："故有处朝廷而不出，入山林而不反（返）之论。"

严格地说，山林与庙堂并无不可逾越的界限。多数知识分子从政顺利时，是儒家；政治失意时，是道家。这也就是儒道何以相补、两种不同人生哲学何以长期共存发展的原因。

群体与个体

近年在学术界有人用"人学""人性的觉醒"概括儒家理论特质和价值。实际上早在1944年，郭沫若便将孔子的"仁道"评价为是"人的发现"①。问题在于，儒家心目中的"人"，是什么样的人？这就见仁见智了。

儒家心目中的人，是以体认、实践"仁"德为人生旨趣的主体。仁的实现，在于主体修养的升华，然后推己及人。"夫仁者，己欲立而立人，己欲达而达人"（《论语·雍也》）。"己所不欲，勿施于人"（《论语·卫灵公》），这是从一般意义的人我关系的协调实现仁。而"君使臣以礼，臣事君以忠"（《论语·八佾》），则是从君臣关系的协调来落实仁。因此，有的学者指出，孔子的仁是用以协调人与人之间相互关系的，"从这个角度看，也可以说是一种人际关系学"②。这个论断颇为精辟。孔子以后的儒者，无论孟子、荀子、董仲舒，还是程颐、程颢、朱熹，无不以人际关系为重。

儒家这种重人际关系的思想，是以群体与个体的关系为思考背景的。之所以要协调人际关系，就是要使个体融进群体，以保持群体的和谐统一，维护群体的利益。所谓"无求生以害仁，有杀身以成仁"（《论语·卫灵公》），所谓"匹夫不可夺志"（《论语·子罕》），所谓"理一分殊"，说到底，是为了维护整体利益而不惜抑制个人欲望乃至牺牲个人生命的不同表述而已。

道家与之相反。道家看重的是个人生命的存在和人性自然的维护。他们抨击君主，鄙弃物欲，诋毁文明，为的是个体价值的实现、独立人格的保持。他们不仅没有国家观念，也没有宗法家族观念，反而以国家、家族为累，以为其是对人性返真归朴的束缚。

---

① 郭沫若：《十批判书》，科学出版社1956年版，第88页。
② 李锦全：《儒家论人际关系的矛盾两重性思想》，载《中州学刊》1987年第5期。

老子以仁义礼智为社会祸首，以物欲为耻。在"名与身""身与货"的抉择上，老子重视"身"，鄙弃"名"和"货"（《老子》四十四章）。他说："吾所以有大患者，为吾有身；及吾无身，吾有何患？故贵以身为天下，若可托天下；爱以身为天下，若可寄天下。"（《老子》十三章）即以身为身，就会丧身；不执着己身而无欲无求，则可保全己身；只有把自身看得比天下还重，只有珍爱自身超过珍爱天下的人，才可以把天下寄托给他。可见，老子以个体的精神自由为鹄的，不以天下国家（群体）为念。

庄子则对如何保全自身提出措施，主张"处于材与不材之间"（《庄子·山木》），"逍遥乎无为之业"（《庄子·大宗师》），亦即"外天下"、"外物"、不"以天下为事"（《庄子·齐物论》），显然也不以群体为怀。《养生主》中说"为善无近名，为恶无近刑，……可以保身，可以全生"，表现了庄子"保身全生"即保全生命的根本主张。这种主张当然是消极的，不过，"从理论说，意识到人作为个体血肉之躯的存在与作为某一群体（家、国……）的社会存在以及作为某种目的（名、利……）的手段存在之间的矛盾与冲突，却是古代思想史上一个重要的发现"①。严格说来，庄子对精神自由和人格独立的追求，比老子更执着，更强烈。

要而言之，儒道两家在人际关系的思维框架中，前者看重整体，后者钟情个体，旨趣迥异，却又互为补充。

恒常与变动

在社会历史和人生历程的发展方向，儒道两家的眼光也大不相同。

儒家看到的是稳定，是"经"，是"常"，对现实人生的意义持充分肯定的态度。在社会历史的发展方面，他们见到的是"百王之无变，足以为道贯"（《荀子·天论》），是"三统""三正"的循环往复，是"天不变，道亦不变"（《汉书·董仲舒传》）。即使有变动，也只是属于不可动摇的"常"的补充而已。"变"也称作"权"，与"经"相对，他们是"以经统权"，坚持"权必返于经"（董仲舒语）的。孔子因革损益的思想，就是这种思维的结果。在人生意义和价值方面，儒家看到并希望的，

---

① 李泽厚：《中国古代思想史论》，人民出版社1986年版，第182页。

是通过主体努力，使个人的价值在整体利益的实现中得以体现，并由此将自己的功业融入历史文化的积累中，从而求得精神上的永恒。因此，他们"正其谊而不谋其利，明其道而不计其功"（《汉书·董仲舒传》），"居敬穷理"，抑制"人心"，弘扬"道心"，最终要"为万世开太平"。这主要是因为他们坚信人生有恒定的内在价值，不会因社会变迁、人生际遇的不同而变化消失。

道家看重的是另一面。他们眼中万物变动不居，没有质的稳定性。他们感叹人生的短暂和变化不已："人生天地之间，若白驹之过隙，忽然而已。……已而化生，又化而死。"（《庄子·知北游》）把人世看作无不从变而生，顺化而死；"物之生也，若骤若驰，无动而不变，无时而不移"（《庄子·秋水》）。他们认为唯一恒定的东西便是"无终始"的"道"，它"自本自根，未有天地，自古以固存"；"先天地生而不为久，长于上古而不为老"（《庄子·大宗师》）。可悲的是，愈是标榜"道"的永恒和绝对，便愈觉人世之短暂相对而"游世"，这刚好与儒家人生哲学的价值追求相映成趣。

肯定与否定

儒道两家在以上方面旨趣迥异，究其原因与各自的思维方式分不开。儒家用肯定的方法，确认现实社会和人生价值，追求抱负的实现。道家则用否定的方法，通过对现实社会的种种罪恶的揭露和对人生诸多烦恼的排遣，来保守自身，抒发对理想境界的向往。

儒家以立德、立功、立言为"三不朽"事业，否定和贬斥消极颓废的人生态度，倡导修齐治平、由家到国的积极进取精神，和"富贵不能淫，贫贱不能移，威武不能屈"（《孟子·滕文公下》）的"大丈夫"气概。

道家则从与儒家对应的另一极寻求安身立命之道。他们的思维方式可以概括为"以反求正"。他们知雄守雌，主静贵柔，要求预先低调地处于对应的一极以自保。老子所谓"圣人后其身而身先，外其身而身存"，是一种标准的以退为进。"大道废，有仁义"（《老子》第十八章），"绝圣弃智，民利百倍；绝仁弃义，民复孝慈"（《老子》十九章），"失道而后德，失德而后仁，失仁而后义，失义而后礼"（《老子》三十八章），这些都是老子通过对仁、义、礼的否定，来伸张自己对"道"和理想人生境界的寻觅。"道"的作用是柔弱，它不肯定什么，只是否定一切要肯定的，并出此使一切存在的事物有自身的肯定方面的作用。"道"因其柔弱的功用，不求克服什么、战胜什么，却唯此才能真正主宰一切、支配一切。

综合上述内容可以看出，儒道两家思想无论在人生哲学、心理渴求还是思维方式方面，都有着明显的不同，正因如此，儒道两家思想可以而且必然会互为补充。

需要指出的是，儒道之所以能互补，不仅在于两家的不同之处，在某种意义上说，联结两家使之相互贯通的，恰好是它们的一致之处。比如，两家都不齿物欲，儒家信仰谋道不谋食、重义轻利、安贫乐道，道家则见素抱朴、清心寡欲。又如，两家都重视道德修养，儒家要克己复礼、正心诚意、修齐治平，道家则主张"修道""积德""修之身，其德乃真；修之家，其德有余；修之乡，其德乃长；修之国，其德乃丰；修之天下，其德乃普"（《老子》五十四章）。再如，两家都采用简单类推的思维方式，儒家人生哲学和政治理想将家国利益设定为一致，修身方能齐家、治国、平天下，由小到大，由内向外推导。道家的考察方式是"以身观身，以家观家，以乡观乡，以国观国，以天下观天下"（《老子》五十四章），其"修德"的序列是身、家、国、天下，这与儒家也并无二致。正是这些不同中的相同，使儒道在对立中相互沟通、相互补充。

（原载《学术月刊》1988 年第 9 期）

中国文化的基本精神

中国文化在其长期的发展历程中,逐渐形成了自己独特的精神,亦即中国文化的基本精神。中国文化的基本精神,是中华民族特定价值系统、思维方式、社会心理、伦理观念、审美情趣等精神特质的基本风貌的反映。中国文化的基本精神是个宽泛的、中性的概念,或者说是属于事实判断的范畴。中国文化基本精神的优秀成分,构成中华民族精神,成为推动中华民族不断进步的内在的动力。

一、中国文化基本精神诸说

关于中国文化的基本精神,论者有诸多看法。

有的学者认为,中国文化长期发展的思想基础,可以叫作中国文化的基本精神,文化的基本精神是文化发展过程中的精微的内在动力,即是指导民族文化不断前进的基本思想。中国文化的基本精神就是中华民族在精神形态上的基本特点。中国文化基本精神的主要内容是:(1)刚健有为;(2)和与中;(3)崇德利用;(4)天人协调。"这些就是中国传统文化的基本精神之所在。"[①] 中国的民族精神基本凝结于《周易大传》的两句名言之中,这就是:"天行健,君子以自强不息。""地势坤,君子以厚德载物。""'自强不息''厚德载物'是中国文化传统的基本精神"。此外,中国文化的基本精神还可表述为:(1)天人合一;(2)以人为本;(3)刚健有为;(4)以和为贵。[②]

有的学者认为,"中国文化之根本精神为融和与自由"[③]。

---

① 张岱年:《中国文化的基本精神》,载《张岱年全集》第五卷,河北人民出版社1996年版,第419页。
② 张岱年:《中国文化的基本精神》,载《张岱年全集》第七卷,河北人民出版社1996年版,第379页。
③ 许思园:《论中国文化二题》,载《中国文化研究集刊》第一辑,复旦大学出版社1984年版。

有的学者认为，以自给自足的自然经济为基础、以家族为本位、以血缘关系为纽带的宗法等级伦理纲常，是贯穿于中国古代的社会生产活动和生产力、社会生产关系、社会制度、社会心理和社会意识形式这五个层面的主要线索、本质和核心，"这就是中国古代传统文化的基本精神"①。

有的学者认为，中国的民族精神大致上可以概括为四个相互联系的方面：（1）理性精神。集中表现为：具有悠久的无神论传统，充分肯定人与自然的统一和个体与社会的统一，主张个体的感情、欲望的满足与社会的理性要求相一致。总起来看，否定对超自然的上帝、救世主的宗教崇拜和彼岸世界的存在，强烈主张人与自然、个体与社会的和谐统一，反对两者的分裂对抗，这就是中华民族的理性精神的根本。（2）自由精神。这首先表现为人民反抗剥削阶级统治的精神。同时，在反对外来民族的压迫的斗争中，统治阶级中某些阶层、集团和人物，也积极参加这种斗争。说明在中国统治阶级思想文化传统中，同样有着"酷爱自由"的积极方面。（3）求实精神。先秦儒家主张"知之为知之，不知为不知"，知人论世，反对生而知之；法家反对"前识"，注重"参验"，强调实行，推崇事功；道家主张"知人""自知""析万物之理"。这些都是求实精神的表现。（4）应变精神。②

有的学者认为，中国传统文化的基本精神"可以概括为'尊祖宗、重人伦、崇道德、尚礼仪'"③。此外，中国传统文化还具有发展的观点、自强不息和好学不倦的精神。④

有的学者认为，中国文化的精神是人文主义。这种人文主义表现为：不把人从人际关系中孤立出来，也不把人同自然对立起来；不追求纯自然的知识体系；在价值论上是反功利主义的；致意于做人。中国文化的人文精神，给我们民族和国家增添了光辉，也设置了障碍；它向世界传播了智慧之光，也造成了中外沟通的种种隔膜；它是一笔巨大的精神财富，也是一个不小的文化包袱。⑤

---

① 杨宪邦：《对中国传统文化的再评价》，载张立文等主编《传统文化与现代化》，中国人民大学出版社1987年版，第15页。
② 刘纲纪：《略论中国民族精神》，载《武汉大学学报》1985年第1期。
③ 司马云杰：《文化社会学》，中国社会科学出版社2001年版，第398页。
④ 丁守和：《中国传统文化试论》，载《求索》1987年第4期。
⑤ 庞朴：《中国文化的人文精神》，载《光明日报》1986年1月6日。

二、以人文主义为内核的文化精神

中国文化是以人心和人生为观照,以趋善求治为特征的伦理政治型文化。它以道德情感代替宗教信仰,将全民族的宗教迷狂的可能性消弭于无形。宗教神学思想在中国始终没有而且也不可能成为意识形态的主流,中国古代社会从来没有教权高于王权的时代,相反,是王权高于教权、压倒教权。因此,从总体上看,从内在动力和外在表现来看,中国文化的基本精神是以人文主义为内核的。这从下述诸方面可以看得很清楚。

(一) 自强不息

中国文化的基本精神之一,是自强不息。

《易传》讲:"天行健,君子以自强不息","天地之大德曰生"。这是对中华民族刚健有为、自强不息精神的集中概括和生动写照。

孔子提倡并努力实践"发愤忘食"的精神,鄙视"饱食终日无所用心"的人生态度。他"发愤忘食,乐以忘忧,不知老之将至"(《论语·述而》)。孔子还认为,吃食不要求饱足,居住不要求舒适,对工作勤劳敏捷,说话都小心谨慎,到有道的人那里去匡正自己,才是好学的君子。

从汉代到清代,历时两千年,《易传》的思想深入人心,其刚健、自强不息的观点,为全社会所接受。不仅对知识分子,而且对一般民众也产生了强烈的激励作用。"西伯拘而演《周易》;仲尼厄而作《春秋》;屈原放逐,乃赋《离骚》;左丘失明,厥有《国语》;孙子膑脚,《兵法》修列;不韦迁蜀,世传《吕览》;韩非囚秦,《说难》《孤愤》;《诗》三百篇,大抵圣贤发愤之所作为也。"(《史记·太史公自序》)这段有名的记载,反映了中华民族愈是遭受挫折,愈是奋起抗争的精神状态和坚韧不拔的意志。如果说,这只是知识分子和上层人士自强不息、积极有为思想的表现,那么,"人穷志不短","刀子不磨要生锈,人不学习要落后"等民间俗谚,以及不少人径用"自强"作为自己的名字,则反映了自强不息精神的普遍化和社会化。

正是这种刚健有为、自强不息的精神,推动了中国社会和中国文化的发展。每当外族入侵特别是政权易手之后,中华民族总是以不屈不挠的精神,进行反侵略反压迫的斗争。无数志士仁人,为此鞠躬尽瘁,不息奋争。诸如"剑外忽传收蓟北,初闻涕泪满衣裳。却看妻子愁何在,漫卷诗书喜欲狂"(杜甫:《闻官军收河南河北》)式的激动;"出师未捷身先死,长使英雄泪满襟"(杜甫:《蜀相》),"遗民忍死望恢复,几处今宵垂泪痕"(陆游:《关山月》)式的感慨;"王师北定中原日,家祭无忘告乃翁"(陆游:《示儿》),"会挽雕弓如满月,西北望,射天狼"(苏轼:《江城子·密州出猎》)式的雄心……都是以高度的自信自尊而表现出的自强精神。正是这种自强不息的精神,凝聚、增强了民族的向心力,哺育了中华民族的自立精神和反抗压迫精神,以及不断学习、不断前进的精神。

(二) 正道直行

中华民族是坚持正义、勇于追求真理、崇尚气节的民族。

由于传统文化特别是儒家文化的熏陶,中华民族崇尚气节、重视情操的一面十分突出,培育了强烈的民族自尊心和刚直不阿的浩然之气。先秦孔子推崇"士可杀而不可辱","三军可夺帅也,匹夫不可夺志也";孟子提倡"富贵不能淫,威武不能屈,贫贱不能移"的人格;晋代陶渊明"不为五斗米折腰";唐代李白宣布"安能摧眉折腰事权贵,使我不得开心颜"。这些都是坚持气节,宁可弃利甚至杀身,也决不丧志辱身的典型语言。

南朝齐、梁时的范缜,不为齐竟陵王萧子良和梁武帝萧衍的威逼利诱所动,坚定不移地反对佛教的因果报应说和神不灭论,表现了不"卖论取官"的凛然正气。

东汉桓谭忠直不阿,明知光武帝迷信谶纬符命,而敢于当面反对他。史载:"桓谭……简易不修礼仪,而喜非毁俗儒,由是多见排抵。……当王莽居摄篡杀之际,天下之士,莫不竞褒称德美,作符命以求容媚,谭独自守,默然无言。"他上疏光武帝,认为国家的兴废,在于政事;政事得失,在于辅佐者是否贤明。但由于"是时帝方信谶,多以决定嫌疑",故桓谭"未蒙诏报"。他因此而"不胜愤懑,冒死复陈",指出:"今诸巧慧小才伎数之人,增益图书(指谶纬符命之类——引者注),矫称谶记,以欺惑贪邪,诖误人主,焉可不抑远之哉?"他指责光武帝"欲听纳谶记,又何误也"。当光武帝问桓谭:"吾所谶决之,何如?"桓谭"默然良久,曰:'臣不读谶'"。结果,桓谭被扣以"非圣无法"的罪名,差点被斩首。（见《后汉书》本传）这个事例表明，中国古代知识分子中，确有不少追求真理、正道直行之士。

人们熟知的商末孤竹君之子伯夷、叔齐，扣马而谏，反对周武王伐纣。武王灭商后，又"耻不食周粟"而饿死于首阳山。诚然，伯夷、叔齐是反对进步的、正义的战争，但如剔除其具体内容，而从一般价值取向和理论意义来考察，则应承认他们确有坚持气节的一面。

至于已成为人们心理素质内容之一的"见义勇为""当仁不让""杀身成仁，舍生取义"等人生价值准则，更是千百年来人们所津津乐道并身体力行的。

崇尚气节、讲求情操的传统，培育了中国优秀知识分子和广大人民的正义感和是非心，形成了民族的浩然正气。特别是在国家命途多舛、民族生死存亡的关头，人们总是以大局为重，用不屈不挠的斗争，来挽救国家民族命运。历史上无数民族英雄的出现，便是有力的证明。

不必讳言，中国文化中重气节、讲情操的观念，也存在着某些严重缺陷。例如，传统的气节观念历来讲究"君子小人之辨""华夷之辨"，其中就包含蔑视下层人民的贵族意识和蔑视外族的民族沙文主义或自我中心论。这种自我中心论，在与外族交流时，往往流为盲目排外的狭隘心理。又如，传统的气节观念往往成为封建士大夫闹意气、争高下、拉帮结派的催化剂。再如，在传统气节观念中，往往有不少表现为对某种抽象理念的膜拜，而忽略了阶级区别和政权本质的把握。这些，有其特定的历史局限性。用历史唯物主义的观点来审视，就会使我们易于对其作出科学的评判和抉择。

（三）贵和持中

中国文化的基本精神之一，是贵和持中。看重和谐，坚持中道，是浸透中华民族文化肌体每一个毛孔的精神。

历史上，明确地对和谐理论进行理论探讨的，是西周末年的史伯和春秋末年齐国的晏婴。史伯强调以不同元素相配合，才能使矛盾均衡统一，收到和谐的效果。五味相和，才能产生香甜可口的食物；六律相和，才能形成悦耳动听的音乐；善于倾听正反之言的君王，才能造成"和乐如一"的局面。只有"和"，才能"生物"，收到"丰长而物归之"的效果。这是一个普遍原理。晏婴进而用"相济""相成"的思想丰富了"和"的内涵。他将其运用于君臣关系上,强调君臣在处理政务上意见"否可相济"的重要性。通过"济其不及,以泄其过"的综合平衡,使君臣之间保持"政平而不干"的和谐统一关系。

孔子用"持中"的办法,来规定和谐的界限,并将其作为达到与保持和谐的手段。在他看来,无过无不及,凡事叩其两端而取中,便是"和"的保证,"和"的实现。而中又是以礼为原则的。如果为和而和,不过是一种"乡愿"式的和,是"德之贼"。

《中庸》将孔子所主张的持中的原则,从"至德"提到"天下之大本""天下之达道"的哲理高度,强调通过对持中原则的体认和践履,去实现人与人之间、人道与天道之间的和谐。

《易传》将和谐思想具体化为阴阳相分、柔刚定位的原理,以此推演出社会政治关系方面的君臣、君民和家庭关系方面的父子、夫妇之间的尊卑、贵贱,严格规定了阳尊阴卑、刚上柔下的等级秩序。

从总体上看,先秦儒家的和谐理论,是以中庸观为理论基础,以礼为标准,以中、和为范畴,以对统一体的保持和对竞争机制的抑制消除为特征的。孔子讲:"礼之用,和为贵。先王之道,斯为美,小大由之,有所不行,知和而和,不以礼节之,亦不可行也。"(《论语·学而》)这是强调以礼为标准的和谐,礼抽除了事物相异、相悖以至相争的基础。因此,这是一种贵和须息争,息争以护和的和谐论,是"论不过'中',变不出'礼'的封闭和谐体系"。

正如中国文明的早熟一样,代表了中国古代贵和持中基本精神的儒家和谐理论,也是早熟的。它降生于动乱迭起、"道术将为天下裂"(《庄子·天下》)的时代,可说是有点不合时宜。它所主张的实质内容以及由此反映出的价值取向,也与"争于气力"的时代大相径庭。然而,它代表了伦理政治型文化的基本精神;它守成的一面,在时代风云由雷电交加转为天清气朗之后,便凸显出自己的重要价值。因此,秦汉以后,中国封建社会步入常轨,儒家这种贵和持中的思想刚好既适应了大一统的政治要求,又迎合了宗法社会温情脉脉的伦理情感的需要,从而成为民族的情感心理原则。无论是汉代董仲舒的三纲五常、天人感应理论,还是宋明理学家的存天理、灭人欲的说教,都是以中为度、以和为归结的,不过是先秦儒家和谐理论的不同表现而已。北宋张载在其著名的《西铭》中表白"存,吾顺事;没,吾宁也",便是传统文化贵和持中思想在个体人生际遇方面的集中反映。

贵和尚中思想，作为东方文明的精髓，作为中国文化精神的一个构成部分，它对于我们民族的影响是多方面的、深刻的。由于全民族在贵和尚中观念上认同，使得中国人十分注重和谐局面的实现和保持。做事不走极端，着力维护集体利益，求大同存小异，成了人们的普遍思维原则。这些，对于民族精神的凝聚和扩展，对于统一的多民族政权的维护，有着积极作用。但是，由于贵和持中的观念，说到底是一种否认斗争、排斥竞争的简单协同的道德，因而它又是具有明显弊端的理论。它造成了个人创造性的萎缩，抑制了竞争性观念和道德的生长，并往往成为封建统治者维护专制主义等级秩序的工具。

（四）民为邦本

民为邦本是中国文化的基本精神之一。它在整个中国文化中有一个一以贯之的传统，突出了中国文化的人本主义特色。

民为邦本的思想，可以溯源于殷周之际。《尚书·盘庚》记载："重我民"，"罔不唯民之承"，"施实德于民"，"视民利用迁"。

周公从殷亡的教训中看到了民众的力量和作用，提出了"保民"思想。在他看来，民意是上帝意志的一种反映，上帝的威严与诚心，从民情上可看出："天畏棐忱，民情大可见。"（《尚书·召诰》）《泰誓》逸文更说："民之所欲，天必从之。"（《左传·襄公三十一年》）在《左传》《国语》等典籍中，重民思想多处呈现。如："夫民，神之主也。是以圣王先成民而后致力于神"（《王传·桓公六年》）；"民和而后神降之福"（《国语·鲁语上》）；"国将兴，听于民；将亡，听于神"（《左传·庄公三十二年》）。显而易见，这些记载所反映出的重民思想，并不是给民以人格尊严和监督统治者执政的权利，而只是为了"兴国"，即维护统治秩序。重民只是手段，而不是目的。

民为邦本的思想在儒家学说中有典型、集中的反映。可以说，儒家政治理论的基石，便是民为邦本的学说。得民与否，是政治成败的根本所在。孔子主张富民、教民（见《论语·子路》），所重的是"民、食、丧、祭"（《论语·尧曰》），民列第一。孟子坚持"民为贵，社稷次之，君为轻"（《孟于·尽心下》）的基本观点，强调政在得民，失民必定亡国灭身。他说："暴其民，甚则身弑国亡，不甚则身危国削。"（《孟于·离娄上》）又说："得乎丘民而为天子。"（《孟子·尽心下》）还说："桀纣之失天下也，失其民也；失其民者，失其心也。得天下有道：得其民，斯得天下矣。"（《孟子·离娄上》）荀子认为："用国者，得百姓之力者富，得百姓之死者强，得百姓之誉者荣。三得者具而天下归之，三得者亡而天下去之。"（《荀子·王霸》）至于荀子关于君舟民水，水可载舟亦可覆舟的著名比喻，则更是集中反映了其民为邦本的思想。

不仅儒家重民，道家也不例外。老子说："无常心，以百姓为心"（《老子》第四十九章）；"民之饥，以其上食税之多，是以饥"（《老子》第七十五章）。

法家也有重民思想。他们虽然主张一断于法，用严刑峻法治理民众，但仍承认民心的向背是执法的基础、立国的根本。韩非认为："凡治天下，必因人性"（《韩非子·用人》），"利之所在民归之"（《韩非子·外储说左上》），"君上之于民也，有难则尽其死，安平则尽其力"（《韩非子·六反》）。《管子·权修》说："赋敛厚，则下怨上矣；民力竭，则令不行矣。"《经法·君正》讲："号令阖（合）于民心，则民听令。"

可见，先秦诸子几乎都把民心向背看作政治兴败的根本。

汉唐时期，民为邦本的思想得到了进一步发展。贾谊认为："闻之于政也，民无不为本也。……故国以民为安危，君以民为威侮，吏以民为贵贱。""戒之哉！戒之哉！与民为敌者，民必胜之。"（《新书·大政上》）唐太宗李世民说："君依于国，国依于民。刻民以奉君，犹割肉以充腹，腹饱而身毙，君富而国亡。"（《资治通鉴》卷一九二）

宋元明清时期，民本思想得到进一步强化。北宋张载宣传"民胞物与"（《西铭》）；司马光认为民是"国之堂基"（《惜时》）；理学家程颢、程颐宣称"民惟邦本"（《尚书·五子之歌》），"君道以人心悦服为本"（《粹言》卷二）；朱熹认为"天下之务莫大于恤民"（《宋史·朱熹传》）；明末清初的王夫之说"君以民为基……无民而君不立"（《周易外传》卷二）；唐甄说"国无民，岂有四政？"（《潜书·明鉴》）。

诸如此类的例子，可谓不胜枚举。总之，无论是封建帝王，还是公卿士大夫；无论是进步思想家，还是反动政客，无不承认民在立国兴邦方面的重要性，因而都主张重民。

传统的民为邦本的思想，在中国文化中有两个走向。一是表现于以封建帝王为代表的统治阶级，他们将民众看作政权的基础，要"保民而王",利用民众力量为其统治效劳,民众只是封建国家赋税兵役的来源,是工具,是手段。二是表现于进步思想家,他们往往利用民为邦本的口号,针砭时弊,劝诫统治者轻徭薄赋,与民休息,甚而作为反对暴君苛政的一种口号。无论是前者还是后者,归根结底,民为邦本的思想不是民主思想。民主思想是在近代商品经济的条件下产生、以法制为基础的意识。民为邦本的思想则是在自然经济条件下,以人治为显著特征的对人民在社会生活中的作用的一种强调,对统治者适当放松压迫的微弱呼唤。二者有着本质的区别。正如有的学者所指出的,传统重民思想是没有公民权内容的。重民的主体是君主,民仅是被君主重视的对象。重民思想在局部问题上与专制君主虽有冲突,但从全局看,它不是对专制君主的否定,而是提醒君主注意自己存在的条件。思想家们倡导重民不是要否定君主,而是向君主献策,把重民作为巩固君主地位的手段。重民思想与君主专制主义并不矛盾,它可以是君主专制主义的一种补充。[1]

(五) 平均平等

平均平等是中国文化基本精神之一。

平均平等的思想,在中国文化中,主要表现为经济利益上的彼此一样。平均即平等,平等必须也必然表现为平均,亦即社会财位占有和劳动产品的分配上的平均一致。

孔子说:"闻有国有家者,不患寡而患不均,不患贫而患不安。盖均无贫,和无寡,安无倾。"(《论语·季氏》)治国理家,不怕财物匮乏,就怕分配不均。

在孔子之前,晏婴就已经讲过"权有无,均贫富"(《晏子春秋》内篇,《问上》第三)。

管子认为:"仓廪虚而民无积,农民以鬻子者,上无术以均之。"(《管子·治国》)把老百姓贫穷、卖子而活,归咎于统治者无法使财富分配平均。

董仲舒看到当时土地兼并严重,"富者田连阡陌,贫者无立锥之地"的严峻现实,力主"调均","限民名田"。要"使富者足以示其贵而不至于骄,贫者足以养生而不至于忧,以此为良度而调均之"(《春秋繁露·

---

[1] 刘泽华:《中国传统政治思想反思》,生活·读书·新知三联书店1987年版,第118页。

度制》)。

不仅思想家们倡导平均的思想,而且封建帝王有时也实行平均的措施。这主要表现为历代的均田、限田政策。汉代王莽称帝后,复古改制,重点即在恢复井田制,将全国土地定为国有,称为王田,不得买卖,按人口授田。历史上著名的北魏均田制以及与其相应的租调制,就是以一夫一妻的小家庭为受田纳租单位,没有户等区别。北宋王安石变法,一项重要措施是实行方田均税法。他企图用类似井田制的土地制度,均调土地和赋税。明代著名"清官"海瑞,声称"欲天下治平,必行耕田,不得已而限田,又不得已而均税"(《明史》卷二二六)。

平均平等的思想,在农民思想中根深蒂固,其外在表现也极为强烈。上述历代思想家和统治者关于调均的思想,主要受制于农民平均平等的思想,是因应农民思想,以缓和阶级矛盾,防止农民起义。

历代农民起义,大都以平均平等为号召。东汉末黄巾起义军吸收原始道教的《太平经》的思想,提出了"太平"的口号。太平,即非常公平。唐末黄巢起义以"平均"为战斗口号,北宋王小波起义以"均贫富"为理想,南宋钟相、杨幺起义以"等贵贱、均贫富"为目标,元末农民起义以"杀尽不平方太平"为旗帜,明末李自成领导的农民起义军要求"均田"。到了近代,太平天国革命把农民平均平等的理想表达为"有田同耕,有饭同食,有衣同穿,有钱同使,无处不均匀,无人不饱暖"(《天朝田亩制度》),等等。这些农民起义所倡导的平均平等主张,极大地吸引、鼓舞了广大农民,在一定程度上动摇了封建专制统治的根基。

严格说来,中国历史上从未真正出现过平均平等的社会。封建统治者实行的均田、限田之类的政策,旨在缓和阶级矛盾,而非为了实现天下一家、人人平等的社会。思想家们的调均主张,不过是从长治久安的远大眼光考虑问题,反对剥削过甚、杀鸡取蛋罢了。农民起义军则因其自身的局限性和统治阶级力量的强大,而无从真正实现平均平等的理想。

毫无疑问,中国文化中的平均平等思想(主要表现于农民群众),是小农经济的产物。但这种思想主张在自然经济条件下,均调社会财富,损有余补不足,这对于减轻剥削、防止兼并、维持农民最起码的生存条件、安定社会等,仍起了积极的作用。它孕育了农民阶级反对强权暴政,要求彼此一样的社会文化心态,促进了农民反抗精神的增长。特别是作为一种社会心理,它丰富了中华民族的平等自主意识,并转化为争取自由的动力。但是，历史上农民这种平均平等的思想，带有绝对平均主义的色彩，因而是不可能实现的，也有其严重弊端。它反对不同的人或集团利用自己的特长和优势开拓进取，先人一步过上好日子。它注重的是静态的平衡，以牺牲效率和进步为代价，而不是鼓励动态的竞争，通过提高工作效率、生产效率，推动社会进步来实现自己的理想。因此，这方面的因素又是消极的、不可取的。

（六）求是务实

求是务实是中国文化的基本精神之一。

中国文化以人心和人生为观照，因而是面向现实、重视人生的。实事求是历来是中国人的认识原则和道德信条。

儒家孔子主张"学而时习之"，"每事问"，"知之为知之，不知为不知"，"毋意、毋必、毋固、毋我"，是求实精神的反映。孟子认为要知人论世，主张给民以恒产，从而使民有恒心，"无恒产则无恒心"。荀子否认生而知之，强调后天学习对人的知识才能的重要性。董仲舒承认"富者田连阡陌，贫者无立锥之地"，要求"更化"，省刑薄赋。王充重实事，疾虚妄。后来的陈亮、叶适、颜元，都注重事功，强调动机与效果的统一。这些都是求实精神的不同表现。

道家虽大讲"玄之又玄"的"道"，但仍具有求实精神。老子认为，"知人者智，自知者明"，主张认真研究敌情，"祸莫大于轻敌"。庄子学派认为要"析万物之理"，高度重视自由与必然关系的探讨，反对独断论，体现了道家的求实精神。后来的黄老道家，"与时迁移，应物变化"，更是求实精神的体现。

法家反对"前识"，注重"参验"，强调实行，推崇以耕战为核心的事功，抨击空谈和玄想，执着于现实。用刑罚和庆赏"二柄"来刺激和制约人们的情欲，而不是用空洞说教来训导人们。这是从功利主义立场表现出的求是务实精神。

中国传统史学坚持信史直录，不畏权势压迫的传统，也是中国文化求实精神的表现。著名史学家刘知己"善恶必书，使骄君贼臣知惧"（《新唐书·刘知己吴兢传》）。历史上，为了秉笔直书，而不惜受贬逐以至牺牲生命的正直史学家，代不乏人。

求是精神必然表现为务实态度。中国人历来黜玄想而务实际，从日常生活和人伦关系以及社会政治生活中表达自己的意愿，实现自身的价值，而反对不务实际的清谈玄想。在中国文化史上，从来是王权高于神权，神权为王权服务，这是与中国人的务实精神分不开的。甚至可以说，中国古典文学中一以贯之的现实主义传统，也与中国人立足现实、重视务实的精神密不可分。在民族性格心理中，求是务实的精神也打下了深深的烙印。中国人的性格朴实无华，立身行事，讲究脚踏实地，循序渐进，"摸着石头过河"，鄙视华而不实的作风。这些都表现了中国文化精神和中华民族素质中优秀的一面。但是，在这种求是务实精神中，同时包含着某些消极的因素。例如，注重人心和人生，却忽视对自然的改造，对自然科学的研究。又如，求是务实精神往往以经验主义为基础，偏重实惠和眼前功利，带有明显的"吹糠见米"的小农意识。这反映了求是务实精神中忽略长远利益的短视特点，是小农经济局限性的必然表现和结果。

（七）豁达乐观

中国文化有着豁达乐观的精神。

在中国人看来，人生的意义、个体的价值，存在于现世的生活中。人生在世，富贵发达，固然可喜；仕途坎坷，宦海浮沉，饱经忧患，未必可悲。积极进取、自强不息的人生态度，始终以乐观主义为基调，从而可以淡化悲观心理。对真理的追求，对光明的向往，使人们对未来满怀希望。个人际遇的不顺，可以用"艰难困苦，玉汝于成"来自我调适，将抑郁之情导向乐观之态。团体的事业受到挫折，可以看作新的成功的契机，低潮可以视作两次高潮间的过渡。社稷倾覆，可以通过卧薪尝胆来光复。历来传诵的"无平不陂，无往不复""否极泰来"等格言，表达了人们对未来美好前景的坚信。"道路是曲折的，前途是光明的"，便是这种乐观精神的积淀和转化。中国古典悲剧中，往往是大团圆结尾，虽然有模式化和空想主义的特征，但毕竟表达了人们对美好结局的向往和追求，是用乐观态度对待悲剧现实。

中华民族的乐观，伴生了豁达大度的胸襟。这首先表现为兼容并包的文化价值观。历史上，在中外交通过程中，中国文化往往易于与异域文化相接触、相融合，既以自己的内在特色去影响其他民族的文化，又吸纳并融合其他民族的文化。佛学东渐，中土文化先是与其相安无事，继之发生冲突，最后融合为一，相互助补，共同发展。伊斯兰教、基督教在中国也有大致类似的经历。至于中国文化内部各个构成部分之间的融合，则更是为人们所熟知。儒墨相用相近，儒法相互合流，儒道互为补充，儒佛相互融摄……最后融铸为一。这些经过理论上的提炼，便表现为"万物并育而不相害，道并行而不相背"的原则。表现于社会政治生活，就是提倡"否可相济"，"和而不同"，集思广益，择善而从。表现于文化领域，就是主张"天下百虑而一致，同归而殊途"，兼容并蓄，相反相成。

这种兼容并包、并行不悖的精神，使中国文化具有很强的吸纳能力和改铸能力，使中国人具有博大的胸襟和宽容的情怀，从而使中国文化的适应力和再生机能都很强。但是，与此同时，中国文化中的豁达乐观、兼容并包的精神，又包含着不少消极因素。"知足常乐""见侮不辱""安贫乐道"等观念渗透全社会，造成了中国人重视守成乐于守成的保守心理。在成绩面前自我满足，不求进取；在重大历史隐患面前，缺乏必要的危机感和紧迫感。同时，兼容并包的宽容态度，促发了中国人的折中调和思想，以致在需要打破僵局、大胆改革的历史关头，往往不能当机立断、大刀阔斧地进行，甚至坐失良机。

（八）以道制欲

中国文化基本精神的又一个方面，是以道制欲。

中国社会自迈进文明的门槛后，就有一种贯穿始终的强烈的理性精神。在中国文化中，人是道德理性的人，而非生物学意义上的人。礼义廉耻是人人具备的是非之心，是主体意志的基本内容。哲学认识的主要对象是人伦规范。达到"至善"是道德上的最高境界，也是政治上的最终理想。因此，个体的情感、欲望的满足，要与社会的理性要求相统一。儒家主张"乐而不淫，哀而不伤"，"反情以和其志"，"发乎情，止乎礼义"。道家以为个体的情感、欲望的满足不应当"伤生""害身"。一般地讲，中国文化既反对否定感情和欲望的满足的禁欲主义，又反对无理性、无节制的纵欲主义。正如有的学者所说，中国重视的是情、理结合，以理节情的平衡，是社会性、伦理性的心理感受和满足，而不是禁欲性的官能压抑，也不是理知性的认识愉快，更不是神秘性的情感迷狂或心灵净化。[①]

古代理性精神的另一重要表现，是强调个体与群体、与社会之间的统

---

① 李泽厚：《美的历程》，文物出版社1981年版，第51页。

一性。一方面，充分肯定个体的感性生命的存在和发展的重要价值；另一方面，又强烈地主张个体感性生命的存在和发展，必须同他人、同整个社会的存在和发展统一起来。两者应处于一种和谐的关系中，而不应互相分裂和对抗。宋代大儒张载的《西铭》，集中体现了儒家这方面的思想。《西铭》视天下为一家，倡导"民吾同胞，物吾与也"的思想，"尊高年，所以长其长；慈孤弱，所以幼其幼。……凡天下疲癃、残疾、惸独、鳏寡，皆吾兄弟之颠连而无告者也。"这和孔子"老者安之，朋友信之，少者怀之"的思想是一致的，都是对个体与社会相统一的人生理想的表述和追求。道家对儒家提倡的仁义道德的虚伪性和它对人的个性的束缚曾做了尖锐的批判，比儒家更为强调个体生命的存在和自由发展，但它并不否定仁爱的精神。老子主张"圣人不积，既以为人已愈有，既以与人已愈多"；庄子学派不但赞扬"泉涸，鱼相与处于陆，相呴以湿，相濡以沫"，于患难中互相救助的精神，而且热切地希望人们脱离一切患难，像江湖中的鱼那样无忧无虑、自由自在地生活。墨家的"兼爱"，有教人实行苦行主义、禁欲主义的一面，也有积极地提倡个人为天下国家献身的一面。法家明显地把个人私利的满足提到重要地位，但它也仍然把这种满足同个人为他人和国家（当然是统治阶级的专制主义的国家）所做的事功相联，强烈地反对无功受禄。当然，墨法两家对个体与社会的统一的认识低于儒道两家，在中国历史上的影响也远不能同儒道两家相比。①

此外，前面讲过的以天下为己任，"先天下之忧而忧"，"国家兴亡，匹夫有责"，以及注重整体和人际关系的思想，都是同一思维路数。

显而易见，个体情感和欲望的满足，要与社会的理性相统一的思想，以及个体与社会之间须保持和谐一致的思想，说到底，是以道制欲的道德理性和思维趋向的具体表现。在中国传统文化中，无论哪家哪派，无论官方民间，由于其人生旨趣受伦理政治型文化的制约，故都追求对形而上的道的把握。尽管不同时代不同地位的人所追求的道的内涵可能不同，但都可将其抽绎为一种道德理性精神，成为人们行为的指导。人的情感、欲望必须以"道"为准则，情不悖道，欲不逾道，这已成了全社会的共同人生态度。

以道制欲精神的形成，对于中华民族重理性，讲节操，抵制纵欲主

---

① 参见刘纲纪：《略论中国民族精神》，载《武汉大学学报》1985年第1期。

义，反对人性方面的自然主义，都有积极的一面。对于民族独特精神风貌的形成和社会的和谐统一，也起了积极作用。但是，由于封建统治者的歪曲利用，以道制欲的精神往往流为压制人们正常情感欲望的满足和正常人性的实现的工具。宋明理学"存天理，去人欲"的理论，便是典型例子。这是需要批判扬弃的。

（原载台湾《中国文化月刊》1989年第3期）

论中国传统文化的核心及其特点

关于中国传统文化的核心，学术界未深入讨论，对于这个核心的特点，人们分歧甚大。本文试图对此做一初步探讨。

一、中国传统文化的核心是中国古代哲学

依笔者看来，中国传统文化的核心是中国古代哲学。这是因为：

第一，从哲学的价值和功能来看。"哲学是时代精神的精华"①。任何时代、任何民族的哲学，都是该时代、该民族的思想家对自然现象、社会现象和思维现象进行概括和总结而形成的特定的概念、范畴和思想体系。"人民最精致、最珍贵的和看不见的精髓都集中在哲学思想里"②。每一时代、每一民族的一定哲学发展阶段，是该民族认识发展史上不可或缺的一环，是其理论思维水平的标志。作为世界观的理论体系的哲学，它是世界观和方法论的统一。它从最普遍、最本质的意义上，表达人们对世界的理论说明。同时，它又对人们的认识活动起着指导作用。正如马克思所说："哲学不仅从内部就其内容来说，而且从外部就其表现来说，都要和自己时代的现实世界接触并相互作用。"③ 人们的文学艺术观点、国家观念、法的观点以至宗教观念，都受哲学思想的影响。从这个意义上来说，在人们通常所说的"文化"——无论是广义的还是狭义的——范畴中，哲学是居于核心地位的。同理可证，在中国传统文化中，中国古代哲学居于核心地位。

第二，从中国古代哲学的特点和功能来看。对于中国古代哲学的特

---

① 中共中央马克思恩格斯列宁斯大林著作编译局编：《马克思恩格斯全集》第一卷，人民出版社1972年版，第121页。

② 中共中央马克思恩格斯列宁斯大林著作编译局编：《马克思恩格斯全集》第一卷，人民出版社1972年版，第120页。

③ 中共中央马克思恩格斯列宁斯大林著作编译局编：《马克思恩格斯全集》第一卷，人民出版社1972年版，第120页。

点,学术界众说纷纭。从整体上看,中国古代哲学的特点主要有:着眼伦理本位,关心现实政治,发扬主体意识,富于辩证思维,强调整体观念,偏重直觉思维,流于经学态度,重视人际关系。这些特点对中国传统文化产生了深刻的影响。例如,在伦理价值观念方面,传统的"君子喻于义,小人喻于利"(《论语·里仁》),"正其谊不谋其利,明其道不计其功"(《汉书·董仲舒传》),"饿死事小,失节事大"(《河南程氏遗书》卷二十二)之类的社会心理,是占主导地位的价值观念。这种价值观念,使人们把道德情操的培养看得比任何事都重要,宁可"舍生",也要"取义"。在思维方式方面,人们在评判一个人的言行时,不是看其言行的实际情况和作用,而是看其是否符合早已设定的价值系统。即不是进行客观的事实判断,而是用价值判断来包容、替代事实判断。并且,价值判断的依据是道德,用道德评判等同、取代对客观事实的认识。① 在人与社会的关系方面,人们热衷于现实政治。以中国古典文学来说,经世致用是传统的文学观。先秦诸子都反对"人怀其文而忘其用",强调为现实服务。孔子"兴观群怨"的理论,"温柔敦厚"的诗教,既强调了文学的社会功用,又规定了文学必须遵循的道德规范。在汉代,儒生们主张文学要能够"经夫妇,成孝敬,厚人伦,美教化,移风俗",要求文学发挥劝善惩恶的作用,为现实服务。唐宋时期,所谓文以载道、文以明道说,都是崇尚现实功用、要求文学服务于政治的典型语言。王安石说:"且所谓文者,务为有补于世而已矣。"(《临川先生文集·上人书》)白居易讲:"文章合为时而著,歌诗合为事而作。"(《与元九书》)诸如此类,都是和中国古代哲学的思维方式、价值系统密不可分的,都是自觉不自觉地受其指导的。

第三,从文化概念和结构来看。文化概念的界定,国内外至今都无统一标准和结论。但不论人们对文化概念作何种界定,对文化结构和标准作何种划分,也不论其语言风格和表述方式如何不同,都认为思维方式、民族心理是"文化中的最深层结构",亦即认为哲学是文化的核心部分。

中国传统文化,作为特定的民族群体文化,它是一个复杂的巨大系统。我们姑且借用现时的某种划分法,将其分为信仰、人格、习惯三个分系统。信仰系统是由主体和客体的相对关系中演变出来的,实际上是宗

---

① 李宗桂:《从理想人格和价值取向看中国传统心理》,《社会科学研究》1986年第3期。

教、哲学和科学综合的知识；人格系统，是社会人格的自我完善，往往表现为对一种理念的追求，形成理想系统，它包括道德秩序观念、价值观念、对群体行为的价值判断，以及社会心理层面上的审美意识；习惯系统是一种相对稳定的文化结构，可分为语言文字、风俗、民族心理三个子系统。语言文字是习惯性文化的标志，表明一个群体属于哪种文化类型；风俗处于文化结构的较低层面，但最难触动；民族心理是文化中的最深层结构，是民族传统文化的遗传心理基因。根据这种划分，中国古代哲学思想仍然居于传统文化的核心地位。

第四，从文化讨论的实际情况来看。在文化讨论中，人们关注的主要是价值观念、思维方式和心理结构等问题。张岱年先生认为，"价值观是中国传统哲学的核心问题"①；有人认为，中国人"在思维方式上长期停留在主客体不分的集体表象阶段"②；又有人认为，中国古代文化的思维机制是"粗糙、模糊、直观的"，中国古代文化使中国养成了"封闭、保守、狭隘"的心理；③ 还有人认为，"中国传统的人文思想思维方式的特点是一体化思想"④。有人专门针对那些否定传统文化的观点，提出了截然相反的看法，指出中国传统哲学至少有四个特点：第一，具有强烈的社会现实性；第二，具有博大的系统观；第三，具有鲜明的主体性意识；第四，具有高度的辩证思维性。⑤

诸如此类，不论人们怎样评价，这些观点属于文化讨论的范畴，存在于诸多关于文化讨论的报刊专栏和综述文章中，都是不可否认的事实。而上列文化讨论中的种种观点，实际上是中国古代哲学的基本问题，因此，我们不仅可以从哲学和文化关系的理论论证，从中国古代哲学的历史事实，而且可以从文化讨论的现实状况，说明中国古代哲学是中国传统文化的核心。

当然，在文化讨论中，确有概念不清、对象不明的现象。有的把中国古代哲学等同于中国传统文化，或把中国传统文化泛化为一般的历史。但

---

① 范学德、范鹏：《讨论传统文化时要摒弃传统的笼统思维方式——张岱年谈中国传统哲学的批判继承》，载《理论信息报》1986年12月29日。
② 商戈令：《文化与传统》，载《复旦学报》1986年第3期。
③ 潘知常：《中国文化发展的必经之路》，载《光明日报》1986年5月12日。
④ 《对"文革"进行历史反思》，载《理论信息报》1986年9月22日。
⑤ 牟钟鉴：《中国传统哲学的评价及其历史命运》，载《哲学研究》1986年第9期。

是，个别芜杂粗糙的现象，并不能抹杀人们关注传统文化中思维方式、价值观念和民族心理的批判继承这样一个事实。人们关心的是传统文化与现代化的关系，而不是发思古之幽情，或为学术而学术。就是对文化研究大发疑问的人，仍然同意"文化，介于哲学与一般意识形态之间，是从后者中提炼出来但尚未上升到哲学的民族的心理结构、思维方式和价值体系"①（着重号为引者所加），并认为"这种看问题的思路是有价值的"。而且，这位反复强调"文化并不是哲学，哲学研究不能等同于文化研究"的先生，仍然同意"文化研究的核心是哲学"②。可见，我们说中国古代哲学居于中国传统文化的核心地位，是有道理的。

二、中国古代哲学的特点

弄清楚中国传统文化的核心是中国古代哲学，对于我们把握中国传统文化的特质，有着重要的意义。同样，明辨中国古代哲学的特点，可以深化我们对中国传统文化的认识，启迪我们对其与现代化关系的思考。

笔者认为，中国古代哲学的总体特征，应该是能代表中华民族精神生活的、贯穿古代社会始终、表现于大多数哲学家思想、区别于别的族类的哲学特质。其中，价值观念和思维方式是最主要的。基于这种认识，笔者认为，中国古代哲学有如下特点：

第一，着眼伦理本位。与西方社会不同，中国社会跨入文明的门槛时，保留了氏族制的残余。统治者利用氏族血缘观念和亲情关系，发展了宗法制。宗法制在西周已经完备，成为社会结构的稳定因素之一，影响了此后整个中国古代社会。生长于宗法氛围中的中国哲学，必然以孝悌的伦理关系为依托，并着眼于解决宗法伦理问题。历代哲学家谈天说地论人，始终带有浓厚的伦理色彩。无论是汉代董仲舒讲天有善善恶恶之心，"天生五谷以养人"，还是宋代程朱讲"天命之性""气质之性"的天理人欲之辩，都是将自然和社会伦理化。孔子"仁者爱人"的说教，北宋张载"民胞物与"的思想，更是浸透了伦理精神。以"三纲"（明明德、新民、止于至善）"八目"（格物、致知、诚意、正心、修身、齐家、治国、平

---

① 降大任：《文化研究十五问》，载《晋阳学刊》1987 年第 1 期。
② 降大任：《文化研究十五问》，载《晋阳学刊》1987 年第 1 期。

天下）为人生哲学的儒家修养论和认识论，完全是以对道德的自我追求和完善为宗旨。道家希望不为境累、不为物役、绝圣弃智、洁身自好，实际上是以对自由人格的追求，表达对实现个体价值的向往。佛家宣扬万法皆空，了无自性，慈悲为本，普度众生，以劝善惩恶为旗帜，仍不脱尘世间伦理的框架。法家高唱"人皆以计算之心以相待"（《韩非子·六反》），被人评为"非道德主义"，而实际上，"醇儒"董仲舒倡扬的"君为臣纲、父为子纲、夫为妻纲"的"三纲"说，却源于大法家韩非。"三纲"与"五常"（仁、义、礼、智、信）相配，成为封建社会伦理精神的核心。可见，法家思想也颇具伦理色彩，且与儒家伦理是相补相融的。上述诸种思想在历史进程中相互影响、渗透、交融，最终凝聚为中国哲学鲜明的伦理特色。

第二，关心现实政治。中国哲学家热衷于"究天人之际，通古今之变"，各家各派都"务为治"（《史记·太史公自序》）。儒家对"克己复礼"的提倡和实践，便是以政治理想制约个人的欲念。孔子的学生讲："士不可以不弘毅，任重而道远，仁以为己任，不亦重乎？死而后已，不亦远乎？"（《论语·泰伯》）孔子推崇"无求生以害仁，有杀身以成仁"（《论语·卫灵公》）的境界，表现了深沉的历史责任感。汉代董仲舒倡扬"正其谊不谋其利，明其道不计其功"（《汉书·董仲舒传》），主张"天不变道亦不变"，用"三纲五常"的理论整合价值，统一思想，是为了达到善治，实现长治久安。宋代理学家大讲"理一分殊"，存天理、灭人欲，目的是"为天地立心，为生民立命，为往圣继绝学，为万世开太平"（《宋元学案·横渠学案》）。墨家学派忧世风日下，患民生艰难，要遵道利民，最终尚同于天子。这些，都反映了哲学家们热心政治，其学说具有强烈的社会现实性。道家的老聃和庄周，向往小国寡民，绝圣弃智，视功名为粪土，希望逍遥于"无何有之乡"，是以消极的形式，从反面表达了对社会现状的不满和关注，为自己的政治理想张目。法家主张用强力统一天下，为"圣人执要"出谋划策，更是表现了高度的政治热情。佛教传入中国后，几经较量，最终被迫向本土文化靠拢，宣扬诸如"孝子报恩"之类的思想，为现实政治效力。经过历史的淘洗，处于民族文化深层的哲学思想，转化为"先天下之忧而忧，后天下之乐而乐"的民族精神，以及"家事国事天下事，事事关心""天下兴亡、匹夫有责"的社会心理和责任感。古代哲学家倾心于现实政治，反映出中国哲学学用一致、理论联系实际的优良学风。但是，对现实政治的过分依恋，削弱并影响了中国哲学的思辨色彩，而且，往往造成哲学被政治利用，成为政治的婢女的境况。

第三，发扬主体意识。中国哲学有追求"天人合一"的传统，把发挥主体能力，以便人道与天道一致，看作精神境界的升华和完善。以人为核心，天地人相参是哲学家一贯的主张和理想。儒家"三纲八目"的修养论，"正己"才能"正人"，"成己"才能"成物"的言行，都是事在人为的一种哲学表现。孔子讲"为仁由己""人能弘道"，相信通过主观努力，可以成就仁的品格。宋儒说，天理人欲此进彼退，革得一分人欲，便复得一分天理。如用哲学眼光，从主客体关系考察，便可见到，对主体意识的弘扬，是其理论的立足点。法家沉醉于杀敌报国，立功受奖，靠个人的努力，争得人生地位，实现自身价值，体现出对主体能力的确认。墨家认为，人人发扬兼爱之心，实行互利之法，就可走向天下尚同的正途，充分表现了对人的能动性的信赖。道家执着于对道的追求，精神的解脱，以对主体意识的承认为根基。佛教教人六根清净，以无念为宗，一心向佛，如没有对主体能力的信任，是不可能进入涅槃之境的。

第四，富于辩证思维。中国哲学讲求对立前提下的和合统一。儒家讲"生生之谓易"，"天行健，君子以自强不息"，强调事物发展变化的连续性和合理性。而变化发展的根源，在于阴阳的此消彼长，刚柔的相互激荡，"一阴一阳之谓道"，便是最好的理论概括。《老子》描述了动静、高下、强弱、先后的相联相对，相反相成。"道生一，一生二，二生三，三生万物"的发展序列中，道运行不已，"周行而不殆"。韩非道理相应的规律论，把事物的辩证发展看作内在规律。他既承认"法术之士与当途之人，不相容也"（《韩非子·人主》），"冰炭不同器而久"，"杂反之学，不两立而治"（《韩非子·显学》），又认为矛盾对立的双方可以"形名参同，上下和调"（《韩非子·扬权》），可见是既讲对立又讲统一。佛教一多相摄、四谛圆融、一即是多、多即是一的命题，也深蕴对立统一之精义。

第五，强调整体观念。中国哲学孜孜追求人与人的和谐、人与自然的和谐，把天、地、人看作统一的整体，以"人与天地万物为一体"，"天人合一"为最高境界。哲学家处理问题，总是"上考之天，下揆之地，中通诸理"（《淮南子·要略训》），以便"上因天时，下尽地财，中用人力"(《淮南子·主术训》),使万事万物各得其所。君主执政施教,也是"仰取象于天,俯取度于地,中取法于人"(《淮南子·泰族训》),使天、地、人"贯而参通之",从整体考虑问题,而不执着于一偏。整体观念表现于政治领域,是"春秋大一统"的观念,在社会领域,表现为个人、家庭、国家不可分割的情感,在文化领域,表现为兼收并蓄、和而不同的宽容精神;在军事领域,表现为"全军为上,破军次之"的战略思想,在伦理领域,表现为顾全大局,必要时不惜牺牲个人或局部利益,以维护整体利益的价值取向。诸如此类,构成我们民族集体至上的思维趋向和共同心理,对于维护国家统一和民族团结,起了重大的促进作用。不过,在一定条件下,这在客观上也压抑了个人的发展。政治领域国家至上的意识,曾被封建统治者利用,作为要求臣民做出无谓牺牲的工具。整体观念表现于思维方式,导致认识上的综合性强于分析性的模糊性。

第六,偏重直觉思维。中国古代哲学家在认识事物、分析现象、建构体系时,往往从日常生活的经验出发,凭直觉办事。传统的"尽心、知性、知天"的认识路径,是通过对内心世界的自我反省,道德境界的自我提升,去证悟人之善性,在主体的精神领域内完成天人合一的任务。宋儒对"一旦豁然贯通"的追求和体认,就是一种典型的直觉思维。从思维类型及方法来看,古代哲学家认识事物、建立体系,是在经验基础之上的类比和类推。这些都不是运用严密的逻辑推理和系统的认识论范畴推演来实现的。直觉思维的长处是以经验为参照,从总体上把握对象,有时能体验、证悟出逻辑思维所不能揭示的意境;缺点是不够严密,对对象的认识模糊而不明晰,其结论具有很大的或然性。

第七,流于经学态度。古代哲学家往往以"代圣贤立言"为标榜,以圣人之是非为是非,因循守旧,缺少创新。孔子"述而不作"的实践,就是经学态度的表现。汉代儒学独尊以后,经学昌盛,儒生们案牍劳形,皓首穷经,并非为了新思想、新体系的创立,而是为了注解前人的思想。及至宋明,多数哲学家认为:"伏羲以至孔孟,言道已尽,后学宜世世守之。"(《恕谷文集·论宋人分体用之讹》)朱熹讲:"曾经圣人手,议论安敢到?"更是典型地表现出拘执于旧义的思想倾向。经学态度的形成,与中国社会特有的崇拜先王的崇古的价值取向密切相关。当然,在客观上,经学态度使古代文化得以较为完整地保存下来。但更主要的是,它形成了一种因循守旧、不思创新、依傍前人的思想作风,阻碍了创造性思维的发展。

第八,重视人际关系。古代哲学家轻视对自然的探求,而重视人际关系的协调。儒家主张的"己欲立而立人,己欲达而达人""己所不欲,勿施于人"的推己及人之道,以及"正己正人,成己成物"的思想,说到底,是为了调节人际关系,在自我克制中求得整体平衡统一的效应。作为儒家对立面的道家,也十分看重人际关系的和谐。道家要求人们清心寡欲,不为天下先,是用消极退守的方法来协调人际关系。法家虽然认为君臣利害不同,但仍可以"以计合"(《韩非子·饰邪》),可以做到"君操其名,臣效其形,形名参同,上下和调"(《韩非子·扬权》)。只有人们"莫争""莫讼""莫得相伤",才是理想的治世。至于法术势的交互使用,在政治生活中的纵横捭阖,则也有调整上下左右关系的意味。总之,古代哲学重视人际关系的调节,对于造成安定的局面,心情怡然地从事工作,有积极作用。但是,与此同时,也容易导致关系的庸俗化,使讲关系、搞关系的不良风气浸透于社会生活之中,造成国民品性惰性的一面,这是值得警惕并需要改进的。

上述中国古代哲学的特点,并非孤立的,而是紧密联系、不可分割的。中国古代哲学博大精深,意蕴极其丰富,上述特点远非它的全部。如何准确揭示古代哲学的特点,并正确评价其利弊,有待日后进一步研究。

(原载《中山大学学报》1989年第4期)

中国传统文化的类型和特点

一、趋善求治的伦理政治型文化

所谓中国文化类型，实际就是中华民族作为特定的社会群体区别于别的民族的特定的文化型式。而所谓民族文化，乃是民族参与共同事务、经过长期历史积淀而形成的文化。各个民族在文化上的内在特质和外在表征不同，是相互区别的重要根据和标志，这便是所谓文化的民族性。从文化结构的深层及其功能的广泛性等方面来看，所谓文化的民族性，主要指其思维方式、价值系统、情感心理等方面的精神特质。物质文化、制度文化等方面的特质，固然也能甚而更能广泛地反映文化的民族性，但较之精神方面的特质，它就显得不那么典型、集中、深刻。按照文化社会学家的观点，一个民族共同参与、享受一种文化制度愈久远，接受这种文化制度的社会化就愈深刻，民族文化的传统精神也就愈强烈，愈具有民族性。

文化类型是指历史上形成的、特定的社会群体（民族）共同的价值观念、思维方式、心理状态、精神风貌等思想文化的最本质特征。根据这种理解，通过对传统价值取向、理想人格、社会心理和思维方式等方面的考察，我们可以抽绎出最一般的、贯穿于中国古代文化史的、对民族发展影响最深远的本质特征：一心趋善，热衷求治。因此，可以将中国文化的类型概括为伦理型、政治型。这可以从以下几个方面来分析论证。

首先，从社会性质来看，中国古代社会是宗法制的农业社会。由于中国社会在跨入文明时代的门槛时，社会变革不彻底，走的是一条维新的道路，从而使氏族血缘关系以及由此决定的血缘心理得以存续，并被统治者利用，使其膨胀、强化，成为作为整个社会基本结构的家庭之间联系的纽带，成为人们的心理沟通和感情认同的基础。宗法制的形成以及宗法观念在社会上的弥漫，孕育了一整套的行为规范。君惠臣忠、父慈子孝、兄友弟悌，成为人们共同遵守的行为准则，并泛化为普遍的社会心理。与此相应，每一个独立的个人，都要有视人如己的胸怀，严格地约束自身，反求诸己，克制、礼让、谦卑，处处时时事事表现出彬彬君子之风，以伦理道德的内在修养来排拒外界的名缰利锁的羁绊。因此，在以自然经济为基础的宗法社会的土壤里，道德之花开放得特别茂盛而艳丽。

其次，从中国文化的主体内容和作为中国文化核心的中国哲学来看，它们都是受制于政治、以求善为目的的。儒家讲求"吾日三省吾身"，"返身而诚"革除人欲、恢复天理，以修齐治平为人生导向，以道德的自我完善为人生价值的第一取向，这自不必多说。道家追求人的本性恢复，不以物累形，要全生葆真，激烈抨击儒家的仁义礼智，说到底仍是为了保持自家的道德观。后世的陶渊明之类不为五斗米折腰的隐士，其所以不甘与世浮沉，就在于要保持心灵的纯洁，洁身自好。墨家侠肝义胆，古道热肠，扶危济困，奔走呼号，也不过是为了贯彻他们的均平、尚同的道德观。利即义也，是从儒家重义轻利、弃利取义价值观的对立面，表达自己的价值观。这种价值观是与小生产者的大同道德理想相联系的。佛家叫人明心见性，积善修德，自然使人们在道德的理想国中，向着善人的目标迈进。就是大倡功利主义的法家，其所主张的主卖官爵、臣卖力气的价值原则，又何尝不是一种约束人心的伦理规范！宋明理学的产生，固然是儒释道三教合一的结果。但这种合一，不仅是儒学吸收了佛道两家的思辨色彩，丰富并强化了自家的本体论，更重要的是，这种结合恰好从本体论的高度论证了人们道德修养的重要性和必要性。"三纲八目"在社会中的普泛化，存天理、去人欲理论的神圣化与绝对化，正是从本体论方面对此前儒家侧重于认识论方面的道德宣传强有力的补充。

特别值得细究的是，作为中国古代文化核心的哲学思想，它的产生、思维趋向和目标、思维内容和方式，无不与趋善求治的总目标相联系。

中国哲学的基本形态形成于春秋战国时期。此后两千年，终封建社会之世，无论中国哲学的流派怎样分合兴衰，其内容怎样增减衍变，都始终与先秦哲学的脐带相连，没有也不可能突破先秦哲学的总体框架。因此，先秦哲学可以作为我们剖析中国哲学特质的一个模型。

就产生原因而言，中国哲学受制于政治需要和伦理修养。

中国古代哲学家大多是社会活动家、政论家，也是伦理学家。孔子一生以恢复周道为己任，厄于陈蔡，求于南子，悽悽遑遑，游说于各国，终归是为了阐扬其仁学的主张，以见用于当时。他那以富有人情味的伦理亲情为社会基础的仁学思想，与礼结为一体，反映了道德与政治之间的内在逻辑联系。"有杀身以成仁，无求生以害仁"（《论语·卫灵公》），便是道德与政治一体化的典型表现。反映在认识论方面,"知之为知之,不知为不知"(《论语·为政》),"毋意、毋必、毋固、毋我"以及"生而知之者上也……"等论述,都是通过对政治理想和道德原则的阐发而体现出来的。至于恭、宽、信、敏、惠五种品德的培养,孝、悌、忠、恕等伦理纲常的弘扬,更是与现实政治需要分不开的。[①]

墨家主张兼爱,追求尚同,以利为义,义利并举。他们非攻节用,强力非命,以消除民之三患为己任。他们鄙薄儒家的仁义,却又自立一套仁义;二者内涵虽然不同,但在为政治理想服务、为道德信条张目方面,却无本质区别。在认识论方面,墨子以圣王之事作为检验言论的标准,显然带有浓厚的政治色彩。而以百姓人民之利为言论的标准,则又明显与兼爱主张的伦理感情相联系。

道家"绝仁弃义",表面上鄙弃道德,实际上却用"正言若反"(《老子》第七十八章)的否定方式,来表达自己的道德准则,申明自己的政治理想。他们抨击儒家的仁义道德,认为圣人不死、大盗不止,把仁、义、礼看成道德沦丧的产物。在老子看来,最有道德的人,不从性外求德,反能保全其德("上德不德,是以有德");不去有所作为,反能有所为。"无为""无欲""不争"是其道德观的基调。从这个基调出发,老子重视"修道"和"积德"。他说:"重积德,则无不克,无不克,则莫知其极。莫知其极,可以有国。有国之母,可以长久。是谓深根固柢,长生久视之道。"(《老子》第五十九章)这样,道德修养成了治理天下的工具。道德与政治仍然是水乳交融。儒道两家确是相反相成。

诸如此类,可以看出中国哲学受制于道德政治。为政治服务,讲道德修养,是中国哲学的显著特点。

汉代大史学家、思想家司马迁父子以"究天人之际,通古今之变"为己任,且极为深刻地影响了此后整个封建社会中一代又一代的知识分子,使这种倾心于治世的思想,转化为一种崇高的责任感和使命感。及至宋明,"为天地立心,为生民立命,为往圣继绝学,为万世开太平"成为理学家们的人生追求。

地理环境和古代社会的经济结构,也决定了中国古代文化必然成为趋

---

① 参见李宗桂:《孔子从道思想与传统人文精神的当代价值》,载《中国哲学史》2000年第2期。

善求治的伦理化、政治化的类型。从地理环境看,中国文化产生并成熟于与外界隔绝的东亚大陆之上。早有不少学者指出,中国古代文化是"大陆民族的文化"。中国先民生活的东亚大陆,东临浩渺的太平洋,西北有漫漫的戈壁横亘其上,西南有险峻的青藏高原耸立。这种一面临海,三面是险阻丛生的陆路交通的地理状况,给版图辽阔的中国造成了内部有较大的回旋余地而与外部世界相对隔绝的状态。中国多山的环境,造成交通困难,产生了互相封闭的自给自足的小农经济,从而给封建割据势力创造了有利条件。正如有的论者所指出的,中国古文化系统从半封闭的大陆地理环境中获得了特别完备的"隔绝机制";而"隔绝机制"正是一个独立的古文化系统得以延续的先决条件。所以,从秦汉到隋唐,中原文化虽然与中亚、西亚的草原文化以及南亚次大陆的佛教文化进行过颇有深度的交流,但中国古文化系统始终保持着自身的风格和系统,没有出现古印度文化因雅利安人入侵而被摧毁,埃及文化因亚历山大大帝占领而希腊化,罗马文化因日耳曼人南侵而中绝那样的"断层"。①

由于中国特殊的地理环境,由于中国古代特殊的政治结构和经济结构,也由于中国文化中以儒家文化为主的自给自足心理,中国人在相当长的历史时期内,将自己的国度看作世界的主体,看作世界的中心,一向以"天朝上国"的心态雄视、傲视周边各族和异域他邦。因此,历代统治者所致力的,不是与其他国度交好睦邻,而是内部秩序的整肃和民心的治理。而中国社会特殊的经济、政治结构,又孕育了以专制主义为核心的王权主义体制和观念。因此,巩固王权和加强王权的神圣性与至上性,便成了一代又一代封建帝王殚精竭虑、思之唯恐不周、行之唯恐不严的基本课题。与此相伴生,一方面,中国历史上出现了无数次外戚、宦官和地方割据势力觊觎王位、反叛朝廷的权力斗争。另一方面,也出现了难以计数的、以农民起义为集中表现形式的人民群众对专制王权的反抗。而封闭的地理环境和闭锁的心态,分散割据的小农经济,则给这种斗争提供了广阔的回旋余地,所谓东方不亮西方亮,黑了南方走北方,便是一种客观的事实概括。正因为如此,中国古代社会周期性的治乱循环,积久成习,成了人们见怪不怪的现象。《三国演义》开篇就是:"话说天下大事,合久必

---

① 参见冯天瑜:《中国古代文化的类型》,载深圳大学国学研究所编《中国文化与中国哲学》,东方出版社 1986 年版。

分，分久必合。"这虽然未必是理性指导下的理论概括，但却是从感性经验悟出的历史事实。正因为如此，所以统治者一方面利用国家政权的力量，对破坏统治秩序者加以镇压，在乱中求治。另一方面，则利用思想意识形态的力量，用封建道德规范对臣民施加教化，使臣民弃恶趋善，避恶扬善。

以上各个方面，相互联系、相互涵摄，造成了强大的社会效用和心理效用，从而使中国古代文化成为趋善求治的伦理型、政治型文化。这种伦理政治型文化，决定了它自身良莠并存的特点，在不同人生导向上起着不同作用。

二、中国文化的特点

中国文化类型与其特点紧密联系。文化类型决定并包含了文化特点，文化特点是文化类型的具体表现。同时，作为中国传统文化核心的中国哲学的特点，实际上是中国文化的特点的反映。不过，由于中国文化和中国哲学在外延上并不相同，中国文化可以包含中国哲学，中国哲学却不能完全概括中国文化，故中国哲学的特点不能代表整个中国文化的特点。

如果从中国文化的总体来考察，可以抽绎出其贯穿始终、涵盖各个方面的基本特点，大致可概括为以下六个方面。

（一）人本主义

中国文化价值系统的确立，以及基本精神和主体内容的嬗变，始终以人生价值目标和意义的阐明及其实践为核心，以心性修养为重点。因此，可以说，中国文化的价值系统和内在精神，是以人生和人心为观照的。

这种以人生和人心为观照的中国文化，其首要特点必然表现为人本主义。

无论是海外华裔学者和我国港台学者，还是大陆学者，虽然在具体价值评判上有所不同，但都一致认为，中国文化具有超越宗教的情感和功能。换言之，在中国文化中，神道主义始终不占主导地位，恰恰相反，人本主义成为中国文化的基本格调。

在中国文化中，人是宇宙万物的中心。人要"赞天地之化育"，与天地"相参"。考察事物，明辨物理，既要"上揆之天"，又要"下察之地",更要"中考之人"。人成为衡定万物的尺度。传统的天人合一思想,强调天人之间的统一性与合理性。一方面,用"人事"附会"天命",把人的行为归依于"天道"的流行,以获得一个外在的理论构架。另一方面,人又往往把主体的伦常和情感贯注于"天道",并将其拟人化,使其成为主体意识的对象和外在体现,"天"成了理性和道德的化身。封建帝王宣称的"奉天承运",起义农民的"替天行道",不过是这种思维格局和心理框架的不同衍射而已。说到底,是人按天意在"承运",在"行道"。"天"成了人们实现道德理想的手段,而不是目的。即使像董仲舒这样的神学化的思想家,虽然大肆鼓吹天人感应的理论,要以人应天、人副天数,把人事系于神化了的天道之下,但同时,他也大讲以天应人,天人相副,"身犹天也","天"不在彼岸世界,不是单纯与主体相对立、相离异的外在力量,而是在现实世界之中,在人身上和人心中的可感知的力量。这就把"天"还原为人,"天道"成了人道的投影,神权不过是皇权在现实社会之上的另一种表现。不仅如此,董仲舒将喜怒哀乐赋予自然界,用"善善恶恶"的伦常情感充塞"天道",实质上是以人的价值原则去装扮"天",以求得天人合一。在这个意义上考察,董仲舒的天人合一思想,本质上仍然是人本主义思想的一种体现,尽管它确有神学目的论的色彩。正因为如此,董仲舒的造神运动最终没有成功,其重要原因之一,是与其既要造神,又要神服务于人的内在思想矛盾分不开的。

  以儒道两家思想为主体的中国文化,诚如人们所说,是一种伦理本位的文化。无论是儒家的诚意、正心、格物、致知、修身、齐家、治国、平天下,明德、新民、止于至善,还是道家的修道积德,佛家的去恶从善,无不以道德实践为第一要义。至于宋明理学家讲的"存天理,去人欲",则更是以道德理想的践履为目的。就是中国古代文论、画论中的主张,也无不如此。在中国古代,绘画作品要求起到思想教育和道德教育的作用。所谓"恶以诫世,善以示后"(《鲁灵光殿赋》),"明劝戒、著升沉,千载寂寥,披图可鉴"(《古画品录序》),"成教化,助人伦","见善足以戒恶,见恶足以思贤","存乎鉴者图画也"(《历代名画记》),等等,便是其昭示人生道路、警诫人心的表现。至于古典文论中"文以明道""文以载道"之类的议论,更是举目皆是。诸如此类,都体现了中国文化的人本主义特征,或如有的论者所示,是"道德的人本主义"。

  "道德的人本主义"的另一表现,是中国文化总是把人放在一定的关系中考察。政治上的君臣关系，家庭中的父子、夫妇、兄弟关系，社会中的朋友关系，构成所谓"五伦"，即五种伦常关系。这五伦中有其特定的道德行为规范，如君义臣忠、父慈子孝、夫敬妇从、兄友弟恭。每一个人既处于五伦的关系网络中，又同时处于整个社会的家国一体的宗法政治网络关系之中。于是，就有了一整套与之相应的道德规范。每个人依此规范，在社会中扮演一定的角色，履行一定的义务，相互联系，相互制约，维系社会的运转，实现各自的人生价值。

中国文化中这种道德的人本主义，把道德实践提到至高的地位，因此，丰富了中国人重情操、讲修养的一面，但更重要的是，它将人们的视野局限于社会历史甚而只是道德领域，妨碍了人们对自然科学的研究。传统中国社会往往把工艺钻研和器物制造蔑称为"雕虫小技"，把"身心性命之学"当作毕生追求的"大道"，便是与道德人本主义的局限分不开的。

（二）重道轻器

以人生和人心为观照的道德人本主义，其典型表现之一是重道轻器。它表现在义与利、社会与自然、名与身、主体与客体等问题的关系上。

在义利关系上，表现为重义轻利甚至弃利取义。生与义二者不可兼得时，舍生取义。道与功，明道而不计功。诸如此类，不胜枚举。

在社会与自然的关系上，重社会，轻自然。伦理本位的原则，道德唯上的价值取向，把人们的思维重心和实践活动限制在社会历史领域。先秦"诸子皆起于救世之弊"。动荡的社会状况，深沉的忧患意识，更强化了思想家们重主体修养和社会治乱兴衰的思维定式。汉代确立重宗法人伦的儒学为主导思想后，三纲五常成为人们言行的价值标准。而统治阶级内部的争权夺利，相互倾轧，以及以农民起义为集中表现形式的人民反抗斗争，从两个不同的方面，迫使统治者及其思想家精研天人之际、古今之变，从而使治乱兴衰的社会历史问题成为朝野上下乐此不疲的关心对象。思想家们的一切思想活动及成果，无不为了成风俗、助教化、厚人伦，为了"资治"，此外别无他求。而以孝廉为号召、为标准的仕进之途对知识分子的开放，则又成了强化当官心理、经邦治国的推动力。

在名与身的关系上，中国文化重名轻身。由于道德判断成为人们认识事物、鉴别其价值的根本原则，使人们执着于对善的体认和追求，以名声的完美为最大满足。由理学家概括并为社会所普遍认同的"饿死事小,失节事大",便是在名与身关系上的典型文化心态。

在主客体关系上,重视对主体道德修养而忽视对客体的探求与改造。反求诸己、反身而诚之类的劝导,在中国封建社会不绝于耳。之所以要把个体道德修养视为人生第一要义,不仅在于宗法制的社会结构,更在于以儒家思想为主体的传统文化,将人设定为一定关系的人,设定为群体中的一分子。而依传统的中和观念,由具体的事物和人构成的一定关系的网络,以及社会群体,是不能加以破坏的,只能在各自的克制、礼让中求得和谐,以维持特定的关系和群体的存在、发展。这就必然使人们向内追求,通过对善的体认来超越谋一己之私利的狭隘情感,即时贤所说的通过内在超越来达成人生价值的目标。顺此逻辑,人们的思维翅膀自然只能在个体道德修养的王国中扇动,而不能在自然领域自由翱翔。这也就是中国封建社会的伦理学说特别丰富,自然哲学相对贫乏的一个原因。

重道轻器思想,说到底,是重精神轻物质,重义理把握轻器物制造。它使中华民族的内在精神较为丰富,情感心理较为稳定,自我调适机能较为发达,并在价值认同和文化心理方面有着较强的凝聚力和固摄作用。这些对于中国文化的发展和壮大起了相当的积极作用。但是,另一方面,重道轻器有着严重的弊端。它使人们轻视自然,蔑弃技艺,阻碍了科学技术的发展。特别是在中国社会步入近代以后,重道轻器的思想成为闭关锁国、被动挨打的内在思想原因之一。在建设现代化国家的今天,我们应该扬弃基于自然经济生产方式上的重道轻器的古典观念,注入现代意识,道器并重,以器阐道,以器护道,以道促器,使二者相须而行,成为现代化建设中的两翼。

(三) 经世重教

中国文化具有强烈的现实精神,崇尚实际而贬黜玄想。由于"道"并非强加于人的外在绝对精神或理念,而是源于实际的伦常关系和社会政治生活中的一种理论概括,故而这个形而上的道有着自己的现实根据和文化土壤。著名的儒家道统论者韩愈,在其《原道》中所阐明的"道",其核心是仁义。他认为:"博爱之谓仁,行而宜之之谓义,由是而之焉之谓道。""道"具有两方面的内容和功能:一是巩固"君臣、父子、宾主、昆弟、夫妇"等封建伦理关系，维护封建等级秩序。在韩愈看来，要捍卫二帝三王群圣人之道，就必须做到："君者，出令者也；臣者，行君之令而致之民者也；民者，出粟米麻丝，作器皿，通货财，以事其上者也。……民不出粟米麻丝，作器皿，通货财，则诛。"道的另一方面的内容和功能，是要求君主做到体恤下民，适当考虑老百姓的生存，使"鳏寡孤独废疾者有养也"。论道是为了经邦，为了辅弼君主，成为经世之材。可以说，韩愈的这种道论在中国封建社会的正统知识分子中是很有代表性的。

由于道是封建伦理纲常和制度，是统治秩序，也是统治术，因而得道是个体修养的最高境界和人生理想的圣化。所以，现实的人生尽管荆棘丛生，但人们仍然热衷政务，以图实现匡时济世的抱负。由此，以重政务为特征的经世思想，成为中国文化的显著特色。

孔子是历史上影响极大的主张经世致用、推崇教化的思想家。他明确表示："诵诗三百，授之以政，不达；使于四方，不能专对；虽多，亦奚以为？"(《论语·子路》)。可见孔子多么强调学以致用，多么强调文学的实用价值。孔子著名的"诗可以兴，可以观，可以群，可以怨"(《论语·阳货》)的理论，强调的是"迩之事父，远之事君"之类的认识作用与教育作用。他用"思无邪"来概括"诗三百"的政治思想内容，要求人们对事、对人皆"发乎情，止乎义"，仍然是经世重教思想的表现。

荀子要求人们"凡言议，其明是非，以圣王为师"(《荀子·正论》)，认为"道也者，治之经也。心合于道，说合于心，辞合于说"(《荀子·正名》)。他既隆礼，又重法，礼法并提，王霸皆倡。这些都是经世思想的表现。而他著名的《劝学篇》则把教化的功用揭露得淋漓尽致。

孔子和荀子以后，历代思想家无不倡经世、重教化。董仲舒的性三品说，宋明理学家对"天地之性"与"气质之性"的划分，天理与人欲的对举，都是为统治阶级教化百姓提供理论根据，为下层群众接受教化作出论证。而在正统儒家看来，教化过程本身，便是在从政，在经世济民。经世与教化互为条件，互相促进，共同起着维护封建统治的作用。

中国古代画论也从一个侧面反映了中国文化经世重教的特点。唐代著名画家吴道子画《地狱变相图》，被后人赞为起到了"迁善远罪"的作用，并由此感叹道："孰谓丹青为末技哉！"(《东观余论》)而"帝王名公巨儒相袭而画者，皆有所为述作也。……今人识万世礼乐"（《林泉高致·画题》）。北宋名书画家米芾自道："古人图画，非无劝戒。"（《画史》）明代宋濂通过对历史上绘画内容的描述，揭示了绘画的经世和教化作用。他说："古之善绘者，或画《诗》，或图《孝经》，或貌《尔雅》，或象《论语》暨《春秋》，或著《易》象，皆附经而行，犹未失其初也。下逮汉、魏、晋、梁之间，《讲学》之有图，《问礼》之有图，《列女仁智》之有图，致使图史并传，助名教而翼群伦，亦有可观者焉。"（《画原》）可见，中国古代的丹青妙笔，并不只在纯艺术的领域挥舞，而是作为名教经义人伦的一种载体，一种传播媒介。

中国古代特有的书院制度，使教育与训导相结合，很能体现中国文化经世重教的特点。理学大师朱熹所定并为后世沿用了700年的《白鹿洞学规》，其教育宗旨便是一个很好的例证。这个学规的内容和文字都很简练：

> 父子有亲，君臣有义，夫妇有别，长幼有序，朋友有信。
> 上五教之目。尧舜使契为司徒敬敷五教，即此是也，学者学此而已。其所以学之序，亦有五焉，其别如下：
> 博学之，审问之，慎思之，明辨之，笃行之。
> 上为学之序。学问思辨四者所以穷理也，若夫笃行之事，则自修身以至于处事接物，亦各有其要，其别余下：
> 言志信，行笃敬，惩忿窒欲，迁善改过。
> 上修身之要。
> 正其谊，不谋其利；明其道，不计其功。
> 上处事之要。
> 己所不欲，勿施于人，行可不得，反求诸己。
> 上接物之要。

无须赘言，我们可明了这个影响至为深广的《白鹿洞学规》的性质和特色了。

至于儒家主张并孜孜以求的内圣外王，也不过是其经世致用思想的两种表现形式而已。以儒学为主导的经世致用思想，铸造了中国封建社会政治、经济、文化以至于民族性格的内在精神。中国人对国家民族执着的忧患意识（如"天下兴亡，匹夫有责"），对道德自我完善的坚定信仰，都是内圣外王两种经世思想走向的体现。

值得注意的是，经世思想经过历史积淀，已转化为一种普遍的社会心理。中国知识分子普遍怀抱经世之志。情趣高者，表现为"先天下之忧而忧，后天下之乐而乐"，置国家民族利益于一己私利之上；格调低下者，则一心钻营，以爬上高位为快事。而无论是前者，还是后者，都有强烈的从政愿望，有强烈的当官心理。这种当官心理已在中国人心中形成了一种思维定式，似乎只有从政当官，而且是当大官，才能施展抱负，实现人生的价值。这种状况，一直影响到如今。尽管孙中山先生曾经告诫过大学生："学生要立志做大事，不要做大官。"但看来收效甚微。

（四）崇古重老

中国文化有明显的崇古重老的特征。由于中国社会是宗法社会，宗法伦理必然要求人们崇古尊古，而这则是与由此决定的重视老人、唯老人之命是从的价值准则和社会心理相联系的。

由于传统中国社会是农业社会，农业生产需要经验来掌握、指导，而一般说来，在传统农业社会中，经验的积累是与年岁的增长成正比的，因此，老人的地位与价值在农业社会中特别重要。实际上，"三十而立，四十而不惑，五十而知天命，六十而耳顺，七十而从心所欲不逾矩"（《论语·为政》）的"夫子自道"，从思维本质上看，是在强调年龄的增长与经验的积累和事理的把握之间的相关性，反映的是一种经验主义的态度。同时，从文句内容来看，显然是孔子晚年的认识，反映的是老人的心态。值得深省的是，这种经验性的老人心态，竟然为后来的整个社会所认同，所赞许。

正因为传统中国社会是一个宗法社会，宗法伦理的基本精神是尊敬孝顺老人，一切言行以老人为楷模，因此，如果像改革家王安石那样，倡言"祖宗不足法"，便是大不敬，是违逆世俗，将不容于社会。而崇古思想的存在，更使老人的地位与价值得以加强。封建社会盛行的"为尊者讳，为长者讳"的政治道德原则，视尊、长为一，便可见出长者（一般来说是老者）的重要性。海内外早有论者指出，在一个封闭的农业社会中，老人是社会的主宰，世界是老人统治的世界。"不听老人言，吃亏在眼前"的俗谚，"大器晚成"的成语，都是从不同侧面肯定老人的价值，贬抑青年的创造性。所谓"大器晚成"，还往往成为青年人在事业不顺时的一种自我安慰，或成为其创造精神的一种自我销蚀剂。

崇古重老的文化特点，对于社会历史文化的积累，对于传统的继承与发扬，都起过积极作用。但是，它同时使衰暮之气弥漫于社会，影响青年发挥应有的作用，使社会心理老化，民族精神萎缩。因此，我们应对尊古重老观念加以改造。往古是值得借鉴的，但不值得也不应该膜拜；老人是应该尊敬、赡养的，但权力与知识不应该为其垄断，世界不应仅是老人的世界。

（五）德政相摄

道德与政治互相涵摄，纠缠不清，是中国文化的特点之一。讲道德是为了政治，讲政治须纯洁道德；道德体现政治，政治寓于道德。这是中国文化的普遍现象。

由于传统中国社会是以宗法制为基础的专制主义社会，家国同构，父权借君权以畅行，君权仗父权以确立，因而伦理与政治结下了不解之缘。孝亲与事君是同一恭顺原则在不同层面的运用。家族内部用以调整相互关系的道德规范，延伸到社会领域，便成为维护统治秩序的政治原理。汉初以及魏司马氏的"以孝治天下"就是伦理道德与政治原则相涵摄、相纠结的典型体现。孔子把"爱人"之心的体现者——仁——归属于政治制度的礼，使仁礼一体，相辅为用。礼治具有道德色彩，道德具有政治功用。孟子以不忍人之心的善性，推出不忍人之政的仁政，是由道德而政治、政治出于道德的思维格局和价值系统的表现。所谓"老吾老以及人之老，幼吾幼以及人之幼"，是通过推己及人的情感疏导，沟通人际关系，最终收到"天下可运于掌"（《孟子·梁惠王上》）的政治效果。孟子"以德服人"的王道政治观点，实质是通过伦理政治化，以真正落实儒家家族国家化和国家宗族化的总体构想。汉代董仲舒大讲以德治国，阳德阴刑，最终是为确立君为臣纲、父为子纲、夫为妻纲的政治秩序。宋儒主敬、存天理的说教，其归宿在于封建秩序的永恒稳定。

封建社会的"三纲",既是政治原则,又是伦理规范,它沟通了族权与王权,典型地反映了封建社会家国同构的基本特征。

道德与政治的相互涵摄,相资而行,使传统中国的专制主义政治统治,尽管骨子中十分冷酷残暴,但外在表现总是温情脉脉,人情味甚为浓厚。这增强了中国文化以伦理为重心的人文主义色彩,同时,又强化了专制王权的统治。

(六) 重整体倡协同

重视整体利益的维护,以整体为思考单位,提倡协同,达到和谐,是中国文化的又一特点。

中国封建社会以大一统为特征的专制主义统治,要求有一个和谐的人际关系和政治秩序。儒家持中贵和的思想,适应了宗法政治的需要,成为沟通伦理亲情的理论桥梁。孔子讲:"礼之用,和为贵。"(《论语·学而》)孟子说:"天时不如地利,地利不如人和。"(《孟子·公孙丑下》)《礼记》声言:"和也者,天下之达道也。"儒家推己及人的忠恕之道,正己正人、成己成物的人格修养,内圣外王的理想境界,民胞物与的思想,视天下为一家的情怀等,归根是立足于一个"和"字。

要达到和谐的目的,就必须在价值取向、思维方式、人格追求、伦理观念等方面认同,这就需要人们具备协同性的道德和精神,并将其外化为具体的协同性行为。实际上,专制君主颁布的代表封建国家意志的法令律则,提倡的伦理规范,都是带有强制性要求的人们由此趋同的言行准则。在中国传统文化中,无论哪家哪派,都是提倡并实践协同性道德的。儒家倡导的修齐治平,法家乐道的"主卖官爵,臣卖力气",佛家热心的"菩提只向心觅""佛在性中作,莫向身外求",道家钟情于无为、无欲、不争,以及世俗社会共同认可的忠君、敬长、谦卑、礼让等道德规范,无不是从不同侧面表达各自的协同标准,并努力将其转化为协同性的行为。如果谁违背了协同性的道德原则,便会被视为大逆不道,当作破坏和谐统一的罪魁,不齿于社会。

协同是传统社会保持和谐、稳定、统一的手段和外在行为的表征。它是以约束个体身心、压抑个体利益来维护整体利益,是宗法农业社会的必然要求和逻辑结果,是自然经济思维的表现。从历史过程来看,协同性道德对于规范人们的行为，使人们在价值系统中认同，从而对于维护和巩固统一的政治局面、增强民族文化的向心力和凝聚力起了积极作用。在封建社会的初、中期，这种作用尤为明显。但是，由于封建统治者的利用，由于统治阶级的国家意志的膨胀，协同性道德后来成为抵制竞争、反对独立意识的工具。在商品经济勃兴的今天，我们仍然需要发挥协同性道德的作用。但更重要的是，我们要树立并增强竞争性意识，用它去充实、改造传统的协同性道德，为现代化建设服务。

（原载《中国文化概论》第十三章，中山大学出版社 1988 年版）

中国传统人文思想刍议

中国传统文化有着深厚绵长的人文思想。理性地清理、创造性地转化传统人文思想，对于我们探讨中国传统文化与现代化的关系，对于我们今天在市场经济条件下进行的文化建设事业的发展，有着重要的理论价值和实践意义。大致说来，中国传统文化的人文思想主要有五个方面的内容，即：坚韧不拔的从道精神、贵和尚中的和谐理想、"文化中国"的包容意识、守成创新的进化意识、崇德重义的价值追求。

一、坚韧不拔的从道精神

中国传统人文思想的一个重要内容，是坚韧不拔的从道精神。这种以道为尚的精神取向，充分体现着中华民族追求崇高、为了理想而不懈奋斗的顽强精神。

早在先秦时期，从道精神就已经形成并颇有特色。这个从道思想，从根本上讲，就是坚持道的至高无上，自觉维护道的权威，坚持道的理想价值，一切唯道是从。其中，孔子的从道思想是重要代表。

孔子一贯以道为尚。在他心目中，道至高无上，必须坚守不渝。对此，他有一系列的论说。诸如："天下有道则现，无道则隐"（《论语·泰伯》）；"天下有道，则礼乐征伐自天子出；……天下有道，则庶人不议"（《论语·季氏》）；"天下有道，丘不与易也"（《论语·季氏》）；"富与贵，是人之所欲也，不以其道得之，不处也；贫与贱，是人之所恶也，不以其道得之，不去也"，"朝闻道，夕死可矣"，"士志于道"（《论语·里仁》）；"道不行，乘桴浮于海"（《论语·公冶长》）；"君子务本，本立而道生"，"就有道而正焉"（《论语·学而》）；"笃信好学，守死善道"（《论语·泰伯》）；"以道事君，不可则止"（《论语·先进》）；"邦有道则仕，邦无道则可卷而怀之"；"君子谋道不谋食，忧道不忧贫"；"人能弘道"；"道不同，不相为谋"（《论语·卫灵公》）；"行义以达其道"（《论语·季氏》）。孔子的一生，都在坚韧地实践其从道思想，虽历经磨难而矢志不渝。这种从道思想，实际上就是道德理想的高扬，是价值理性的体现。

孟子继承了孔子的从道思想。孟子说："道则高矣美矣"，"达不离道"，"天下有道，以道殉身；天下无道，以身殉道"（《孟子·尽心上》）；"居天下之广居，立天下之正位，行天下之大道。得志，与民由之；不得志，独行其道。富贵不能淫，贫贱不能移，威武不能屈，此之谓大丈夫"（《孟子·滕文公上》）；"生，亦我所欲也；义，亦我所欲也。二者不可得兼，舍生而取义者也。生亦我所欲，所欲有甚于生者，故不为苟得也"，"仁也者，人也；合而言之，道也"（《孟子·告子上》）；"获于上有道……信于友有道……悦亲有道……诚身有道……是故诚者，天之道也；思诚者，人之道也"，"得天下有道，得其民斯得天下矣；得其民有道，得其心斯得民矣；得其心有道，所欲与之聚之，所恶勿施尔也"（《孟子·离娄上》）。孟子倡导的以性善论为基础的"四端"说（恻隐——仁；羞恶——义；辞让——礼；是非——智），尽心、知性、知天的天人合一认识路线，仁政理论，等等，都是从道思想的表现。

荀子的从道思想也是对孔子有关思想的继承。荀子的从道思想，集中表现为他的礼论。他说："礼者，表也"（《荀子·天论》）；"礼者，节之准也"（《荀子·致士》）；"礼者，治辨之极也"（《荀子·议兵》）；"人无礼则不生，事无礼则不成，国家无礼则不宁"（《荀子·修身》）；"礼者，法之大分，类之纲纪"，"学至乎《礼》而止矣"（《荀子·劝学》）。

汉代董仲舒把从道思想发展到一个新的高度。他提出了"正其谊不谋其利，明其道不计其功"（《汉书·董仲舒传》）的著名论断，阐发了唯道是从的观念。他说："道者，万世无弊；弊者，道之失也"（《汉书·董仲舒传》）；"道之大原出于天，天不变，道亦不变"，"王者有改制之名，无易道之实"（《汉书·董仲舒传》）。他极力论证的天人感应思想、三纲五常的道德论等，都是其从道思想的体现。

明清之际，李贽针对当时一切以孔子的是非为是非的现状，主张不以孔子的是非为是非，如果"咸以孔子之是非为是非，故未尝有是非耳"（《藏书·答耿中丞》）。顾炎武大胆提出"以天下之权，寄天下之人"（《日知录·守令》）的论断，反对君主独裁，要求分权而治。王夫之宣称"天下非一家之私"（《读通鉴论·叙论一》），极力提倡"不以天下私一人"。（《黄书·宰制》）黄宗羲直截了当地说君主是"天下之大害"（《明夷待访录·原君》）。戴震批判宋明理学的天理人欲之辩是"忍而残杀之具"（《孟子字义疏证》），揭露理学家是"以理杀人"（《戴东原集·与某书》）。唐甄更为深刻地指出："自秦以来，凡为帝王者皆贼也。"（《潜书·室语》）这些都是传统精神文化中从道思想的发展。

近代以来，中国人民为了民族独立、国家富强而不断革故鼎新，学习西方进步的物质文化、制度文化、思想文化，以增强自身力量，其内在动因，是从道精神的鞭策。

1978年以后，中国人民能够从僵化的政治教条和体制中摆脱出来，走上改革开放的道路，面向世界、面向未来、面向现代化，走与人类文明共同发展的道路，并最终走上社会主义市场经济体制建设的轨道，也是与中国文化中的从道精神分不开的。

二、贵和尚中的和谐理想

看重和谐，崇尚中道，是中国传统人文思想的又一重要内容。

在中国人看来，和谐是最高的理想，是最美的境界；行为适中，无过无不及，是最好的状态。这种贵和尚中的价值理想和行为规范，贯穿从先秦到近代以至当代的文化发展历程。

早在西周时期，就有思想家对和谐理论作了探讨。当时的探讨是将"和"与"同"两相比较而进行的，一般称为"和同之辩"。西周末年，史伯阐述了和谐思想的内涵和意义。他指出，不同要素有机结合，才能形成多样统一的状态，达到和谐的效果。五味相和，才能产生香甜可口的食物；六律相和，才能形成悦耳动听的音乐；善于倾听正反之言的君王，才能造成"和乐如一"的局面。他说："和实生物，同则不继。以他平他谓之和，故能丰长而物归之。若以同裨同，尽乃弃矣。"（《国语·郑语》）不同事物之间彼此为"他"，"以他平他"即是把不同事物结合在一起；不同事物相互结合而达致平衡，就叫作"和"，"和"才能产生新事物。如果把相同的事物放在一起，就只有量的增加而不会有质的变化，就不可能产生新事物，事物的发展就停止了。春秋末年齐国的晏婴进一步用"相济""相成"的思想丰富了"和"的内涵。他以君臣关系为例阐明了"否可相济"的深刻道理。他强调："君所谓可，而有否焉，臣献其否，以成其可；君所谓否，而有可焉，臣献其可，以去其否。"（《左传·昭公二十年》）可否相济便是"和"。通过"济其不及，以泄其过"的综合平衡，使君臣之间保持"政平而不干"的和谐统一关系，以促进社会的良性运转。

孔子继承了史伯、晏婴的和谐思想，并将其具体化为"和而不同"的文化观。他的名言是"君子和而不同，小人同而不和"（《论语·子路》）。他曾经阐述道："礼之用，和为贵。先王之道斯为美。小大由之，有所不行。知和而和，不以礼节之，亦不可行也。"（《论语·学而》）孔子不仅将是否能够奉行"和"的思想原则作为划分君子小人的标准，而且将其作为检验是否遵循先王之道的试金石。其实，在孔子的仁学思想体系中，无论是关于仁的内涵的阐释，还是实行仁的方法，归根结底是要实现"和"的局面。他关于"非礼勿视、非礼勿听、非礼勿言、非礼勿动"（《论语·颜渊》）的价值准则，说到底是要维护社会秩序的和谐。同样，他极力倡导的恭宽信敏惠五德、孝悌原则、忠恕之道等，也是为了达到同样的目的。孔子的重"和"思想，对后世产生了深远的影响。

孔子以后，儒家学者进一步发展并逐渐完善了贵"和"的思想。孟子尽心、知性、知天的天人合一论，要求达到心、性、天的和谐，是贵"和"思想的新发展。以董仲舒为代表的汉代新儒学，以先秦原始儒学为基础，援阴阳五行入儒，使之成为理论骨架，结合法、道、墨、名诸子思想，利用以《黄帝内经》为代表的自然科学理论成果，建构了一个以天人感应为核心的新儒学，进而论证人与人之间、天人之间、人与社会之间的内在和谐统一，更是将贵"和"思想发展到新的阶段。

值得注意的是，传统思想文化中有名的"厚德载物"的思想，实质上包含着、体现着和谐精神。以宽厚的品德承载万物、处理人世间的一切事情，既强调了人与自然的和谐统一，又突出了人际关系的和谐统一。传统精神文化关于人与自然和谐统一的思想，具体表现为不以征服自然为满足，不以破坏自然为乐事，而是顺应自然、因势利导。孔子赞成用鱼竿钓鱼，反对用大网拦河捕鱼，以防止鱼资源的枯竭；孟子主张在适宜的季节伐木，以免妨害树木的正常生长；荀子反对在草木生长的季节采伐树木，反对在鱼类繁殖的季节在河里捕鱼、毒鱼；《淮南子》的作者们明确反对"涸泽而渔""焚林而猎"。这类例子，都是维护生态和谐、重视人与自然和谐的可贵思想。

传统思想文化关于人际和谐统一的思想，具体表现为个人之间、民族之间、邦国之间的友好平等。对于个人关系，《孟子·滕文公》提出了"五伦"的观点："教以人伦：父子有亲，君臣有义，夫妇有别，长幼有序，朋友有信。"在"五伦"中，处理彼此关系的基本准则是君惠臣忠、父慈子孝、夫敬妇随、兄友弟恭。孟子的名言"天时不如地利，地利不如人和"（《孟子·公孙丑下》），突出了"和"的地位和价值。对于邦国关系，《周易·乾卦·彖传》说："首出庶物，万国咸宁。"《尚书·尧典》说："百姓昭明，协和万邦。"这是讲民族之间、邦国之间的友好相处，和谐统一。《尚书·尧典》赞美古代圣王的德行时说："克明峻德，以亲九族；九族既睦，平素百姓；百姓昭明，协和万邦。"《易传》所说"圣人感人心而天下和平"，最终要达到的目的是"和"。对于民族、邦国之间的矛盾和斗争，传统思想一般反对暴力而主张和平解决。《孙子兵法》有一个著名的不用打仗而解决战争问题的观点："百战百胜，非善之善者也；不战而屈人之兵，善之善者也。"至于个人之间的矛盾冲突，传统思想都是主张采用和平方式解决。站在正派的立场，为人的基本态度应当是"正己正人""成己成物"，奉行"己欲立而立人，己欲达而达人"（《论语·雍也》）、"己所不欲，勿施于人"（《论语·颜渊》）的行为准则。这样，矛盾分歧就能和平解决，甚至可防患于未然。北宋大思想家张载说过："有象斯有对，对必反其为；有反斯有仇，仇必和而解。"（《正蒙·太和》）这是对事物及其现象的一分为二、矛盾斗争及其解决方法的精辟阐释。张载这种观点，在中国古代具有代表性，也具有历史的合理性。

　　传统人文思想认为，和谐的最佳状态是"太和"。这个观点最早是《易传》提出的。它说："乾道变化，各正性命，保合太和，乃利贞。"（《周易·乾卦·彖传》）太和，是至高无上的和谐状态。《中庸》所说的"万物并育而不相害，道并行而不悖"，就是儒家的"太和"境界。张载在《正蒙·太和》中论述道："太和所谓道，中涵浮沉、升降、动静相感之性，是生氤氲相荡胜负屈伸之始。"在张载这里，太和成为中国传统哲学的最高范畴——道，它是最高的理想追求，即最佳的整体和谐状态。这种和谐蕴含着浮沉、升降、动静的相互激荡和转化，是整体、动态的和谐。

　　中国古代的"贵和"思想，往往与"尚中"的观念紧密联系。"和"是"中"的结果，"中"是"和"的表现，也是实现"和"的方法。

"和"与"中",在思想方法和价值境界上都是贯通的,因而二者往往连用。《中庸》说:"喜怒哀乐未发谓之中,发而皆中节谓之和。中也者,天下之大本也;和也者,天下之达道也。致中和,天地位焉,万物育焉。"达到中和状态,宇宙万物和人类社会便各安其位、各得其所。以"中"为度,"中"即是"和",这是传统和谐理论的基本思路和认知准则。

从总体上看,先秦两汉儒家的中和理论,是以中庸为思想基础,以"礼"为价值标准,以对统一体的保持、对竞争观念和行为的抑制为特征的。在中国传统文化中影响深远的中庸之道,虽然也包含不偏不倚、合理适度的持中之意,但它往往是用牺牲效率的代价去维护统一体的存在,从而成为一种过分强调因循而轻视甚至压制变革的思想观点。董仲舒之流坚持的"天不变道亦不变""王者有改制之名,无易道之实"(《汉书·董仲舒传》)的守成式和谐论,就是明证。

正如中国文明的早熟一样,中国古代贵和尚中的思想也是早熟的。它降生于动乱迭起、"道术将为天下裂"(《庄子·天下》)的时代,其实质内容以及由此反映出的价值取向,也与"争于气力"的时代大相径庭。然而,它表现了中国伦理型文化的基本精神,其守成的一面,在社会进入和平发展之时,便凸显出它的价值。因此,秦汉以后,中国社会步入大一统的常轨,以儒家为代表的贵和尚中思想,正好适应了大一统的政治需要,迎合了宗法社会温情脉脉的伦理情感需要,从而成为民族文化中的情感心理原则。汉代董仲舒的三纲五常理论,宋明理学家的天理人欲之辩,都是以"中"为度,以"和"为归结的,是先秦儒家和谐理论的不同表现。

贵和尚中思想,作为古代东方文明的精髓,作为中国文化基本精神的一个构成部分,它的积极作用占主导方面。由于全民族在贵和尚中思想方面的认同,使得中国人十分着重和谐局面的实现和保持,这对于社会稳定和协调发展起了促进作用。做事不走极端,努力维护集体利益,求大同存小异,保持人际关系和谐,是中国人普遍的行为准则。这对于民族精神的凝聚和拓展,对于统一的多民族政权的维护,无疑有着积极作用。

三、"文化中国"的包容意识

中国传统人文思想的又一重要内容,是"文化中国"的理想追求。

早在春秋时期,政治家思想家们就有了"文化中国"的理想。所谓"诸夏为中国,据夷狄为外"(《左传·昭公三十年疏》),所谓"夷狄之有君,不如诸夏之亡也"(《论语·八佾》),所谓"小雅尽废,则四夷交侵,中国微也"(《诗经·小雅》)等,便是"文化中国"理想的表现。传说中的孔子修《春秋》,严夷夏之防,其原则是礼义道德。诸侯行为不合礼义道德的,便以夷狄看待;夷狄行为合乎礼义道德的,便以中国看待。孟子坚信进步文化能够改变落后文化,而落后文化不可能改变进步文化,其所谓"吾闻用夏变夷者,未闻变于夷者也"(《孟子·滕文公上》),便是这种信念的体现。汉代研究《春秋》的公羊家们明确认为,夷狄与中国的区别,并非种族或地域的不同,而是文化道德的有无。公羊学大师董仲舒认为,《春秋·宣公十二年》记载晋楚之战,晋国大败,《春秋》褒扬处于夷狄之邦的楚国合乎礼义,贬斥属于诸夏部族的晋国不合礼义,原因就在于《春秋》无通辞,评价标准以是否符合礼义为转移。晋国不讲礼义,虽属诸夏之国,也"变而为夷狄";楚国恪守礼义,虽属夷狄之邦,却"变而为君子"。(《春秋繁露·竹林》)夷夏之间,并无不可逾越的鸿沟。这就凸显了夷夏之辨的文化标准和意义,沟通了夷夏之间在文化心理上的联系。这种夷夏互变的思想,是中国古代理性精神的重要成分,是"文化中国"理想追求的重要内容之一。近代中国开眼看世界的开明思想家们,主张"师夷长技",实际上是承认"夷人"的器物文明高于华夏之邦。谭嗣同慨叹:"今中国人心风俗政治法度,无一可比于夷狄,何尝有一毫所谓'夏'者!"[①] 可见,夷夏之别的标准,是文明进步的高下、有无。当然,用现代文明的眼光审视,这种华夷之辨的思想,无可否认地存在着某种轻视外族的意识;但我们更应看到的是,这种华夷之辨并非种族情结的外化,而是进步文化观念的体现,即对文明与野蛮的区别,是扬文明而弃野蛮的精神超越。何况,当时的思想家们已经反复申论,文明与野蛮的分界是礼义的有无,中国失礼义则夷狄之,夷狄而能礼

---

① 蔡尚思、方行编:《谭嗣同全集》,中华书局1981年版,第423页。

义则中国之,可见华夷之辨主要是个文化概念。

可以说,先秦时期以孔孟为代表的仁学理论、个体人格独立和道德修养主张,以老子和庄子为代表的对个体精神自由的追求,是此前"文化中国"理想的进一步探讨和充实。尽管这种理想在当时因不合以武力取天下的潮流而被冷落,但从整个中国文化发展的历史进程来看,它们的确代表了中国古代文化精神的一个方向。秦王朝的穷奢极欲、横征暴敛,正是对"文化中国"理想的反动。汉代的改制更化,崇儒术,重文治,则是对"文化中国"理想的恢复和实践。

显而易见,"文化中国"的理想具有很强的包容性。它的包容性不仅体现为对何为中国人的价值尺度的文化内涵的丰富,还表现为它本身内容的极大的涵括性以及价值指向的多元性。

近年来海外华人学者提出"文化中国"的概念,有的是从中国统一的角度考虑问题,① 有的是从发掘精神资源的角度,把中国传统文化看作一个可资利用的精神宝藏,或者将受中国文化精神价值影响的华人和外国汉学家的群体看作一个观念上的整体,阐发中国文化的价值和地位。② 其中,以美国哈佛大学教授杜维明的观点较有代表性。杜维明指出,"文化中国"这一概念是相对于"政治中国""经济中国"而言,在以权力和金钱为议论主题的话语之外,开创一个落实日常生活而又能展现艺术美感、道德关切、宗教情操的公众领域。他认为,"文化中国"至少包括三个意义世界:第一个意义世界是由华人所组织的社会,包括中国大陆、中国台湾、中国港澳、新加坡,当然也包括这些地区的少数民族。第二个意义世界是散布于世界各地的华人社会。第三个意义世界是指和中国既无血缘又未必有婚姻关系,但和中国文化结了不解之缘的世界各阶层人士,包括学术界、媒体、企业、宗教、政府及民间机构。杜维明强调:"中国不仅是经济实体、政治结构、社会组织,同时是一个文化理念。"③ 杜维明关于"文化中国"概念的疏解,与我们的理解大致相同,即"文化中国"不是一个政治概念或者地理概念,而是一个文化概念。

国内有的学者认为,就世界华人文化的地区性的分化发展而言,"文

---

① 傅伟勋:《"文化中国"与中国文化》,台湾东大图书公司1988年版,第13-16页。
② 杜维明:《文化中国》,载《一阳来复》,上海文艺出版社1997年版,第10-12页。
③ 杜维明:《"文化中国"精神资源的开发与创建》,载《东方》1996年第1期。

化中国"的格局大致有五个层次：第一个层次是大陆母体的中华文化，第二个层次是台、港地区的中华文化，第三个层次是东南亚以及东北亚各国华人聚居地区的中华文化，第四个层次是散居世界各国的华人所拥有的中华文化，第五个层次是外国朋友的汉学研究中所弘扬的中华文化。这五个不同地区（层次）的中华文化，跨越了人文地理以及社会、政治、经济等方面的距离，也超出了民族、学派、语言方面等的歧异，其对中华文化的保存、弘扬和认同是一脉相通的，具有统一性；而就其对中华文化的取舍、丰富和发展而言，则又各有成就，各具特色，展现为杂多性。由一趋多，多中显一；同归殊途，一致百虑。显然，"文化中国"作为一种文化观念、文化意识，它本身具有很强的包容性，具有广阔的胸襟，能够在世界上不同的国家和地区立足，适应当地社会的环境，在与世界文明的交流中发展壮大自身。可以说，正是"文化中国"观念的精神激励和价值引导作用，使得世界上不同地区的认同中国文化的人们能够相互联系、相互学习，在文化交流中提升中国文化的质素，升华自己的境界。因此，"文化中国"的包容意识及其价值理念，对于海内外中华儿女凝聚力的增强，有着无可替代的作用。

四、守成创新的进化意识

既守成，又创新，在守成中创新，通过创新达到守成，是中国传统人文思想的又一重要内容和显著特征，它主要表现为尊重传统、重视常道、崇尚守成等方面。

以儒家文化为主导之一的中国传统文化，看重文化发展的连续性和延续性，因而十分重视传统、尊重传统。这个历史事实，学术界意见一致；但对于这个问题的价值评价，则是见仁见智，甚至近年来关于传统这个概念本身的含义和作用，学术界也有十分不同的看法。因此，我们有必要对此做一些辨析。

恩格斯说："传统是一种巨大的阻力，是历史的惰性力，但是由于它只是消极的，所以一定要被摧毁。"[①] 他还说："在一切意识形态领域内，

[①] 中共中央马克思恩格斯列宁斯大林著作编译局编：《马克思恩格斯选集》第三卷，人民出版社1972年版，第402页。

传统都是一种巨大的保守力量。"① 恩格斯是从社会革命的角度揭示传统的社会功能和时代作用。美国当代社会学家爱德华·希尔斯认为，传统是围绕人类不同的活动领域而形成的代代相传的行事方式，是一种对社会行为具有规范作用和道德感召力的文化力量，同时也是人类在历史长河中的创造性想象的积淀，它包括物质产品、思想观念、惯例和制度。同时，传统又是一个社会的文化遗产，是人类过去所创造的种种制度、信仰、价值观念和行为方式等构成的表意象征；它使代与代之间、不同历史阶段之间保持了某种连续性和同一性，构成了一个社会创造与再创造自己文化的密码，并且给人类生存带来了秩序和意义。传统最基本、最明显的含义是世代相传的东西，即任何从过去延传至今或相传至今的东西，它是人类行为、思想和想象的产物，并被代代相传。② 希尔斯这个观点，关注的是文化心理结构和行为方式的沿传和稳定，以及传统在价值取向方面对社会秩序的稳定作用，具有相当的合理性。我国现行比较典范的对传统的界定是《辞海》的阐述："历史上流传下来的社会习惯力量，存在于制度、思想、文化、道德等各个领域。……对人们的社会行为有无形的控制作用。传统是历史发展继承性的表现。"③ 我觉得，传统应当具备历史性、继承性、移定性、流动性、精神性、现实性等特征。④ 因此，所谓传统，是指历史上形成的、具有稳定的组织结构和思想要素的、前后相继的、迄今仍然影响着人们的特定的思维方式、价值观念、道德风俗、审美情趣等观念意识、社会心理和行为习惯。

　　根据上述认识，我们可以看到，中国传统思想文化中的尊重传统的观念和行为，十分普遍且持久，其间又集中表现为道统观念的深厚绵长。早在先秦时期，道统观念就已形成。孟子曾经叙述了由尧舜禹汤到文武周公再到孔子的"道"的历程，朱熹认为这是"历序群圣之统"（《四书章句集注·尽心章句下》）。孟子在这里制造了一个久远的道统，并以道统继承人自居，其目的在于为其政治主张制造历史根据。这个道统论的基本思路和价值取向，是先王之道，是典型的传统崇拜。汉代董仲舒以奉天法古

---

① 中共中央马克思恩格斯列宁斯大林著作编译局编：《马克思恩格斯选集》第四卷，人民出版社 1972 年版，第 253 页。
② 爱德华·希尔斯著，傅铿、吕乐译：《论传统》"译序""导论"，上海人民出版社 1991 版。
③ 《辞海》，上海辞书出版社 1989 版，第 242 页。
④ 李宗桂：《优秀文化传统与民族凝聚力》，载《哲学研究》1992 年第 3 期。

为旗帜，以阴阳五行为骨架，构建了阳儒阴法、阳德阴刑的新的统治之道，尊孔子为"素王"，力倡"罢黜百家、独尊儒术"，将先秦时期百家争鸣中仅为一家之言的民间学说——儒学——提高到了官方意识形态的至尊地位，其基本理路和手法是托古改制、托古创新，无论形式上还是实质上，仍然是传统崇拜。唐代韩愈以"虽灭死万万无恨"的决心，护卫"二帝三王群圣人之道"（《原道》），则更是历史上有名的道统论的体现，是传统崇拜的表现。这种以道统论为集中表现的传统崇拜观念和行为方式的历史作用，绝不仅仅是过去人们所说的"反动""保守""为封建统治张目"所能正确而全面揭示的。从文化发生论的角度审视，从文化的民族性的方面考察，尊重传统，维护传统，对于民族文化的延续和稳定，对于不同层级、不同时代的人们的价值观的整合，对于民族向心力和凝聚力的形成和发展，都有不可忽视、不可替代的作用。至于有的统治者利用传统为自己服务，以至败坏传统、歪曲传统、离散人心、妨碍社会健康发展，则是另外一个问题，值得我们认真研究、批判，但它与民族文化传统本身无关。历史事实表明，在以农立国的中国古代社会，在崇尚往古、崇拜祖先的宗法制度笼罩下的封建国度，传统是联系古今、贯通上下的精神纽带。在传统的旗帜下创新，在传统的道路上进步，是当时的历史必由之路。这正是在守成中创新的中国传统思想文化的重要特质之一。

与尊重传统的观念相一致，重视常道也是在守成中创新的进化意识的重要内容和显著特征之一。由于传统中国社会是以个体小农为基础的自然经济的社会，个体力量的弱小与自然力量的强大形成强烈的反差，人们甘于安分守己，并不希望社会有剧烈的变动，更不希望自然界有什么变异，因此，祈求稳定、重视常道便成为传统精神文化的重要成分。对于社会制度、风俗习惯、行为方式等，孔子一贯主张因革、损益，即在继承的基础上革新，在坚持常道不变的前提下进行调整。孔子的治国方案是"为国以礼"（《论语·先进》），认为礼是"经国家，定社稷，序民人，利后嗣者也"（《左传·隐公十一年》）。礼不仅是政治制度和文教制度，而且是道德标准和行为规范，人们立身行事必须遵循礼的原则，"非礼勿视、非礼勿听、非礼勿言、非礼勿动"（《论语·颜渊》）。"礼"成为孔子认定的基本思想原则。在坚持礼的基本思想原则的前提下，孔子也奉行变通的原则。对于行礼所需的某些物品的材料，他赞同俭省的方法，而不拘泥于传统方式的一成不变。为了复兴周礼，孔子甚至企图参加公山弗扰反对季氏的叛乱。他的学生子路批评说:没有地方去就算了,何必一定要往公山弗扰那里跑,支持犯上作乱呢?孔子答复道:"如有用我者,吾其为东周乎!"(《论语·阳货》)为了实现礼的秩序,孔子不惜违反他一向极力主张的不得"犯上作乱"的原则,其灵活性、变通性令人称奇。可见,孔子在坚持礼这个常道不变的前提下,也主张并实行相当的变革。这是典型的在守成中创新、在坚持中发展的思路。孔子之后,儒家学者基本都恪守这种理论思路,奉行这种办事原则。孟子说:"男女授受不亲,礼也;嫂溺,援之以手者,权也。"(《孟子·离娄上》)坚持的是礼这个常道不变,在此前提下,可根据情况适当变通。荀子曾说过:"百王之无变,足以为道贯。"(《荀子·天论》)强调的是常道的延续性、继承性及其典范作用。董仲舒追求"天不变道亦不变"(《汉书·董仲舒传》),并宣称道是万世无弊的,有弊的就不是道,是对道的违背。他把常称作"经",变看作"权","经"神圣不可怀疑、不可动摇,"权"是适当变通,是"经"的补充。治国做人,要经权并用,但必须以经统权,"夫权虽反经,亦必在可以然之域。不在可以然之域,故虽死亡,终弗为也"(《春秋繁露·玉英》),因为经为阳,权为阴,阳主阴次。董仲舒说:"《春秋》之道,固有常有变。变用于常,常用于变,各止其科,非相妨也。"(《春秋繁露·竹林》)常、变各有其用处,并不矛盾。他还说:"今所谓新王必改制者,非改其道,非变其理,受命于天,易姓更王,非继前王而王也。……若夫大纲、人伦、道理、政治、教化、习俗、文义尽如故,亦何改哉?故王者有改制之名,无易道之实。"(《春秋繁露·楚庄王》)总之,常道永恒、神圣,不可怀疑、改变;但作为常道的补充,权变、损益是可以的。实际上,我们从董仲舒所建立的以阴阳五行为骨架,以天人感应为核心,综合法、道、名、墨、农、杂诸家思想而成的汉代新儒学体系来看,从他所建构的三纲五常的基本道德原则来看,其基本思想原则确实是尊重常道而又不乏权变,是在守成中创新,以创新促进守成,巩固守成。汉代以后,就整体而言,传统思想文化的发展基本上是走的这种路。

与尊重传统、重视常道的古代文化价值取向相应,崇尚守成也是传统思想文化的重要内容和显著特征之一。

中国文化历来看重守成,尊重前人的创造成果,不简单否定前人的成就。所谓"祖述尧舜,宪章文武",本质上是一种尊重前人思想、继承前人成就的守成思路。中国古代积淀甚深的先王崇拜观念,也从一个侧面反映出崇尚守成思想的深厚。"周公郊祀后稷以配天，宗祀文王于明堂以配上帝"（《孝经·圣治》），祭祀后稷和文王，绝非为祭祀而祭祀，而是为了表明自己的事业与先辈事业的文化亲缘关系，是对先辈事业的继承。这是先王崇拜观念的重要表现，也是它的价值所在。孔子曾经表示："周监于二代，郁郁乎文哉，吾从周。"（《论语·八佾》）孟子"言必称尧舜"（《孟子·滕文公上》），宣称"非尧舜之道，不敢以陈"（《孟子·公孙丑上》），这些都是遵循前人事业的足迹前进、认定事业发展的历史继承性和延续性的明证。

崇尚守成的思想，还表现为关于攻守异势的论辩。西汉初期，刘邦的谋士们针对暴秦速亡的深刻教训，明确提出了"取与守不同术"的理论，指出"仁者道之纪，义者圣之学"（《新语·道基》），逆取顺守、文武并用才是"长久之术"（《史记·郦生陆贾列传》），应当"定制度，兴礼乐"，"立君臣，等上下，使纲纪有序，六亲和睦"（《汉书·礼乐志》）。这实际上是要继承、恢复先秦时期的礼乐文化制度和道德行为规范，是要保守既有的政教风俗，以此开出新的局面。

以注释为基本方式和外在特征的中国古代经学，无论其基本方法还是理论思路，都是典型的守成思想的体现。以前人的经典为价值导向，经学家们以注释的方式阐释前人的思想，并借此阐发自己的思想观点。无论古文经学还是今文经学，都是依托前人、依托经典而阐发自己的思想。尽管古文经学与今文经学之间对于经典的理解有着严重的分歧，但从思维方式和价值取向来看，都是在保守、认同前人成果的基础上推进学术的发展，进而推动社会的发展。综上而言，尊重传统、重视常道、崇尚守成，都是中国传统精神文化中守成创新的进化意识的体现。这种在守成中创新的进化意识，具有鲜明的中国特色，即用渐进的、温和的、尊重前人的方式解释世界、改造世界，充分尊重历史，强调精神文化发展的历史继承和世代延续。这种态势，往往被批评为保守主义。其实，任何历史传统都不是可以一刀割断的。任何民族、任何文化，要发展，就必须对既有的成就有所守，如果没有所守，则飘游无根。从中国历史发展进程来看，正是这种在守成中创新的观念和方式，使得中华民族的文化积累十分深厚，价值整合十分成功，本根意识特别强烈，从而"中华文明源远流长、博大精深"成为国人自豪的根据。当然，任何事情都有两面性。尊重传统过了头，变成传统崇拜而不自觉、自拔，就会成为复古主义者；重视常道过了头，变成"天不变道亦不变"的信奉者,就会成为历史发展方面的形而上学者、教条主义者;崇尚守成过了头,变成故步自封,不思进取,就会成为保守主义者、国粹主义者。实际上,尊重传统、重视常道、崇尚守成这些思想观念,在历史上都曾不同程度地被统治阶级所利用,产生过消极的影响。但是,作为民族文化的基本成分,作为文化传统的重要内容,它们却又曾在历史上发挥过规范人心、整合价值、凝聚力量的作用。在建设中国特色社会主义文化的今天,在市场经济的时代,我们应当注意开掘其中的积极成分,赋予时代精神,使之为当代中国文化建设服务,为中国社会的政治、经济、文化有机协调发展服务。

五、 崇德重义的价值追求

崇德重义的价值追求,是中国传统人文思想的另一重要内容和特质。

中国传统文化一贯重视道德,道德评判是价值评判的主体内容和基本准则。早在先秦时期,崇尚道德的思想就已经成为社会思想的主流。《左传·襄公二十四年》记载,叔孙豹与范宣子讨论"死而不朽"的问题。范宣子认为不朽是指保姓受氏而守宗庙,以便世不绝祀。叔孙豹不赞成这种看法,认为:"此之谓世禄,非不朽也。……豹闻之:'太上有立德,其次有立功,其次有立言',虽久不废,此之谓三不朽。"这个著名的"三不朽"论断,对后世影响极为深远。立德、立功、立言,立德为首。孔子关于杀身成仁、舍生取义的思想,是道义至上的典型。孟子关于人禽之辨的思想,也是同一理路。在孟子这类思想家看来,人与禽兽的区别,其根本在于道德的有无。《孟子·滕文公》说:"人之有道也,饱食、暖衣、逸居而无教,则近于禽兽。"要超越禽兽,成为有道德的人,就要发扬人的善性,将恻隐之心、羞恶之心、辞让之心、是非之心这"四端"(四种善端),转化提升为仁、义、礼、智四种美好品德。人生在世,要做一个大义凛然的"大丈夫",就必须能够"富贵不能淫,贫贱不能移,威武不能屈"(《孟子·滕文公下》)。董仲舒反对"矫情而获百利",反对为了名利"随世而轮转",提倡"正心而归一善"(《董子文集·士不遇赋》)。陶渊明"不为五斗米折腰"。儒家经典《大学》标榜的"大学之道",是"明明德,亲民,止于至善",这是把对完美道德的追求看作"唯此为大"。为社会各界普遍认同的

"君子爱财，取之有道""宁为玉碎，不为瓦全"等等，也是如此，都是崇尚道德价值的表现。

崇德必然重义。道理很简单，义也属于道德的范畴，古代往往仁义并举。只是由于重义的思想在传统社会特别丰厚，并且对后世影响特别深刻，故我们将其与崇德思想对举。

"义"，指道德理想、价值追求，往往是"道"的同义语。"义"的本义是指适宜。合理的、适宜的言论和行为，称为"义"。《礼记·中庸》说："义者，宜也。"孟子说："仁，人之安宅也；义，人之正路也。旷安宅而弗居，舍正路而不由，哀哉。"（《孟子·离娄上》）他还说过类似的话："人，人心也；义，人路也。舍其路而弗由，放其心而不知求，哀哉。"（《孟子·告子上》）义是人走的正路，不走正路，就必然走歪路，做出不符合仁德的事情，十分可悲。孔子力主"务民之义"，要求对人民进行道德教化。只要在上者实行义，则老百姓就会自觉归依，即所谓"上好义，则民莫敢不服"（《论语·子路》）。这是儒家正己正人思想的一个表现。孔子十分推崇义的价值和地位，说："君子义以为上。君子有勇而无义为乱，小人有勇而无义为盗。"（《论语·阳货》）符合义的事，可以放胆去做，反之，则要坚决抵制。对此，他有一系列论说，例如："义然后取，人不厌其取"（《论语·宪问》）。符合义的东西，你尽可去争取、获得，人们不会讨厌你、厌恶你。因为义是划分行为正当与否的标准，是区别君子小人的分水岭，所谓"君子喻于义，小人喻于利"（《论语·里仁》），便道出了这种心声。正是因为如此，故"君子义以为质"（《论语·卫灵公》），以义作为根本，以便"行义以达其道"（《论语·季氏》）。实行义，成了实现道的理想的必由之路。如果不符合义而得到富贵，是君子所不齿的："不义而富且贵，于我如浮云。"（《论语·述而》）孟子也将义提到至上的地位，他劝导统治者说："何必曰利，亦有仁义而已矣！"（《孟子·梁惠王上》）汉代初年的思想家陆贾说："义者，圣之学""以义建功""君子以义相褒，小人以利相欺""万世不乱，仁义之所治也"（《新语·道基》）。董仲舒宣称利是用来养人的身体，义则是用来养人的心，而"义之养生人大于利"（《春秋繁露·生之养重于义》）。他那著名的"正其义不谋其利，明其道不计其功"（《汉书·董仲舒传》）的论断，将义与道对举，把义提到了极其重要的高度。汉代以降，儒家关于义的思想影响日益深广，并成为传统人文思想的重要构成和显著特征之一。

　　传统人文思想中崇德重义的思想，在中华民族的发展历程中产生了极为重要的影响，对于中华民族和中国社会的发展有着十分重要的影响。崇德重义的价值追求，引领着人们超越物欲、冲破名利的羁绊，努力提高自己的精神境界，成为一个高尚的人、一个有道德的人、一个社会认可的谦谦君子。这种对个体道德境界的熏陶和提升，客观上起着规范人心、整合价值、使之趋同的作用，文化认同感和心理归属感大大强化，从而使得中华民族凝聚力日益增强。在这个意义上讲，崇德重义的价值追求有着很强的历史合理性。但是，崇德重义的思想过于强调道德的至上性，以道义消解功利，否定物质追求的正当性，以道德教化、道德修养等同、取代一切，从而导致了泛道德论的盛行，压抑甚至扼杀了个体的自主性、独立性和创造性。这种否定利益主体而片面伸张道德主体的思想，对于后世民族精神的多元发展和中国古代社会的可持续发展，起了负面的作用，对此，我们应当注意并需要采取有力措施予以纠正。

六、 中国传统人文思想的功能

　　上述中国传统人文思想，作为中华民族整体智慧的结晶，作为人类文明的重要构成，有着特殊的功能。这种特殊功能主要表现为民族凝聚功能、精神激励功能、价值整合功能、行为规范功能。

　　民族凝聚功能是其首要功能。中国传统人文思想是历史地发展着的。它的精华集中表现为中国文化的基本精神，具体化为坚韧不拔的从道精神、超越功利的人文精神、贵和尚中的和谐理想、"文化中国"的包容意识、守成创新的进化观念、崇德重义的价值追求，以及中华一体、天下一统的整体思想等等（限于篇幅，恕不逐一论述）。近代以来，传统人文思想在被批判继承、创造转化的同时，受到西方文化的影响，特别是通过社会变革的实践，逐渐形成了追求科学、民主、自由、富强、法治的思想观念，以及独立自主、自力更生、追求民族独立的思想观念。改革开放以来，又进一步形成了自立自主的观念、效益与公正统一的观念、道义与功利一致的观念、契约观念等等。这些思想观念，适合社会的需要，反映着不同时代的时代精神，因而有着强大的号召力和统摄力。它能够使人们超越地域、时代、种族、阶级的界限，为了长远的、整体的利益而克服个人自身的诸多局限，寻求文化心理的归宿，找到价值规范的依据，进而同心同德地为中华民族的整体利益和长远利益而不懈奋斗。

精神激励功能是中国传统人文思想的另一重要功能。传统人文思想是中国传统文化基本精神的体现，是民族优秀传统文化的体现，它应当而且必然反映着中国文化的健康的发展方向，能够激发人们的民族自尊心和自豪感。它理所当然地成为维系民族统一体存在、发展、壮大的精神力量，成为推动民族进步的思想源泉。"文化中国"的理想追求，激励着人们不断发展自己民族的文化，提升其品位，超越野蛮、粗鲁，突破狭隘的地域界限，包容更多的文明追求者，迈向更高的文明。贵和尚中的和谐理想，引导人们努力创造和谐融洽的局面，反对偏激，做事适度，"保合太和"，不以无谓的斗争为荣，而以有条件、有原则的让步换取统一、和谐的状态，从而在维护整体利益的同时，更好地保存自己、发展自己。坚韧不拔的从道精神、崇德重义的价值追求，对于价值理性的弘扬、对于人的精神境界的升华，都有无可替代的濡染、催化作用。

价值整合功能，是中国传统人文思想的另一重要功能。中国古代文化是在多元一体的格局下发展起来的。齐鲁文化、巴蜀文化、荆楚文化、吴越文化、岭南文化、燕赵文化、三秦文化等，都是中国古代人民在长期的实践中，在特定的地域里，通过艰苦而又富有创造性的探索所创造出来的反映该地域人民文明发展程度的文化。这些地域文化，各有其自然环境特色和社会人文特色，反映着不同的价值观念，彼此不能等同、取代。但是，这些地域文化都有着刚健自强的奋斗精神、中华一体的认同意识、理想至上的从道精神。所有这些，体现着不同之中的"大同"，即价值取向方面的一致。正是在这种共同理想、共同精神的催化、交融下，多元发展的地域文化逐步走向融合，成为中华民族文化整体的重要成分。同时，不同地域的文化被纳入中华民族文化的整体框架之后，原本分别存在于各个地域文化之中的各种文化基因，仍然继续存在，有的还被思想家们发掘、提炼，转化为全民族的共同精神财富。

值得注意的是，思想文化的价值整合功能，其发挥作用的一个重要途径，是通过文化大传统的形成和扩展。天人合德、刚健有为、崇德重义、贵和尚中、守成创新、人本思想等，通过长期的历史淘洗，特别是通过思想家们的理论创造和宣传，以及政治家们的提倡，逐渐成为全社会广泛认同并自觉实践的文化观念。这些文化观念，超越了地域和阶层的限制，成为共同的文化心理，代代承传，不易为外来的力量——无论物质的力量还是精神的力量——所打破、所改变，从而成为中华民族的文化大传统。在文化大传统的浸染下，原有的地域文化所蕴含的文化小传统吸纳了更多的中国文化的共性，同时又继续保持着自己的个性，两者形成适当的张力，推动着中国文化的整体发展和中国社会的稳步前进。

中国传统人文思想的又一重要功能，是行为规范功能。人文思想作为思想文化的精华，它所蕴含的思维方式、价值观念、理想人格、伦理规范、审美情趣等，虽然属于不易为人们感知的深层结构的东西，但它在通过社会政治制度、经济生活等层面的运作表现出来后，特别是通过具体的个人行为展现出来后，就反映出其间的规范所在。修己安人、正己正人、成圣成贤、安邦治国、民胞物与、仁义礼智、天人合一等思想观念，一旦落实到具体的个人的操作层面，便强烈地显现出其行为规范的一面，而且是十分重要的一面。这些思想观念，实际上是传统社会的人生理想和价值准则，是人们的安身立命之道，它规范着人们的行为，使人们在价值目标方面趋同，从而在客观上增强了民族文化的生命力。

通过上述的民族凝聚、精神激励、价值整合、行为规范等功能的发挥，以及它们之间的交互作用，中国传统人文思想对全民族的价值观念产生了统摄作用，对民族文化心理产生了激发、认同作用，增强了中华民族的凝聚力，推动了中国社会的进步和中国文化的发展。

中国传统人文思想，在不同历史时期有着不同的表现，起着不同的作用。有学者指出，先秦人文精神表现为"人文化成"的文明创造精神、"刚柔相济"的理论思维力量、"厚德载物"的伦理道德规范，中国古代文化中这些人文精神的基本方面，在长期的社会发展中，一直发生着作用。[①] 还有学者认为，传统文化的人文精神表现为以伦理、政治为轴心，不甚追求自然之所以、缺乏神学宗教体系，表现为不把人从人际关系中孤立出来，不把人同自然对立起来，而是天中有人、人中有天、主客互融的天人合一思想；表现为人不把天作为仅供认知的对象物，不去追求纯自然的知识体系；在价值论上，表现为反功利主义；等等。[②] 中国台湾学者徐

---

① 张岂之：《关于先秦时期人文精神的几个问题》，载《光明日报》1996年9月17日。
② 庞朴：《中国文化的人文精神（论纲）》，载《光明日报》1986年1月6日。

复观提出的中国文化的"忧患意识"和大陆学者李泽厚提出的"乐感文化",都揭示了、强调了中国文化的人文精神,但也都有不足之处。忧、乐之外,应当加上"圆融"——忧乐圆融,这才是中国文化的人文精神。"这个人文精神作为文化传统,铸就了我们民族的基本性格;它在各个不同时代有其不同的变异,呈现为不同的时代精神。"① 就中国古代文化传统而言,人文思想的具体内容包含着并体现为仁民爱物、修己安人、义以为上、天人合德、以人为本、刚健有为、贵和尚中等中国文化的基本精神和价值观念。就近现代文化发展历程而言,人文思想包含并表现为爱国主义、民族主义、科学精神、民主精神等最为基础的价值观念。中华人民共和国成立以后,通过数十年的艰难探索,特别是通过改革开放的生动实践,具有中国特色的现代人文思想正在神州大地孕育出来。独立自主、自力更生、艰苦奋斗、集体主义、爱国主义等具有社会主义时代色彩的、充分显示中华民族人文意识的精神因素不断增强,并成为民族团结、社会进步的重要凝聚力量和激励力量。以重人情为特征的传统人际关系,正在逐渐转变为契约关系而又不乏人情;以长官意志为转移的社会运作系统,正逐渐转变到民主法治的轨道上;过去以他制他律为根本要求和显著特征的个体自我,正转变为以自制自律为特点,并与他制他律相结合的觉醒的主体意识;片面宣扬动机而忽视甚至蔑视效果的思维方式和价值观念,正在为动机与效果并重、不尚空谈、重视效益的新型思维方式和价值观念所取代;等等,不一而足。质言之,契约观念、法治观念、民主观念、主体意识、效益观念等,正在成为新型人文思想的重要内容。②

应当指出,中国传统人文思想有自身的缺陷。庞朴先生就曾指出:"中国文化的人文精神,给我们民族和国家增添了光辉,也设置了障碍;它向世界传播了智慧之光,也造成了中外沟通的种种隔膜;它是一笔巨大的精神财富,也是一个不小的文化包袱。像一切事物都有自己的两重性一样,中国文化的人文精神也有两重性。"③"中国文化是人文主义的。但这是一种缺乏近代西方那种科学与民主精神的人文主义。"④ 我觉得,这些

---

① 庞朴:《忧乐圆融——中国的人文精神》,载《21世纪》(香港)1991年第6期。
② 李宗桂:《民族文化素质与人文精神重建》,载《哲学研究》1994年第10期。
③ 庞朴:《中国文化的人文精神(论纲)》,载《光明日报》1986年1月6日。
④ 庞朴:《人文主义与中国文化》,载《文史知识》1987年第1期。

见解是十分精辟、深刻的。

　　思想当随时代。我们在迈向现代化的途程中，应当扬长避短，改造传统的人文思想，铸造具有现代意识、吸收外国优秀文化的新的人文思想。我们在锻造新型文化价值观的时候，在弘扬传统的人文思想的时候，要始终不渝地坚持弘扬时代精神，用时代精神引导、提升传统人文思想的品质。只有这样，我们中华民族的文化才能不断更新，不断成长，成为人类文化之林中的参天大树。

　　（原载《哲学与现代化》第一辑，中山大学出版社 2000 年版）

"三纲五常"的文化阐释

研究中国传统文化,纲常名教是重要方面。研究纲常名教,董仲舒的"三纲五常"是核心成分,汉代名教是基本方面。因此,从思想文化的层面仔细探讨董仲舒的"三纲五常"思想,其意义不言而喻。

一、"三纲五常"的价值内涵

作为中国文化史上著名的大思想家、大政治家,作为封建专制制度的千古功臣,董仲舒特别注意社会制度的建设,以加强对社会的外在控制。同时,他还特别重视社会道德规范的建立,以加强对社会的内在控制。"三纲五常"道德论的构建,正是这一政治目标的实现。

"三纲五常"是中国封建道德的基本内容和价值准则。其中,君为臣纲、父为子纲、夫为妻纲这"三纲",涉及宗法制封建社会中的国家政治生活关系、家庭中的伦理生活关系,在客观上纵向解决了政权、夫权、父权的地位和作用的问题。仁、义、礼、智、信"五常",涉及人际交往的关系,是个人安身立命的精神支柱,从横向解决了政治修养和道德修养的问题。

董仲舒宣称,人间的道德规范来自天意。"仁义制度之数,尽取之天"。"王道之三纲,可求于天"(《春秋繁露·基义》)。天地之间,天阳地阴,天君地臣,二者是决定与被决定、命令与服从的关系,而这种关系正是"天理"的体现。因此,自然界的"天理"外化于人类社会,运用于国家政治生活关系和家庭伦理生活关系,便是:"凡物必有合。……阴者阳之合,妻者夫之合,子者父之合,臣者君之合。物莫无合,而合各有阴阳。……君臣父子夫妇之义,借取诸阴阳之道。君为阳,臣为阴;父为阳,子为阴;夫为阳,妻为阴。阴道无所独行。其始也不得专起,其终也不得分功。……是故臣兼功于君,子兼功于父,妻兼功于夫。"(《春秋繁露·基义》)这就是说,君、父、夫与臣、子、妻相互对应,各自组成一个统一体。在各自的统一体中,臣、子、妻分别处于配合对方的地位,君、父、夫分别处于支配对方的地位。这是因为，阳贵阴贱、阳尊阴卑是宇宙不可违逆的理则。因为董仲舒设定了价值准则："丈夫虽贱皆为阳，妇人虽贵皆为阴。"（《春秋繁露·阳尊阴卑》）"天子受命于天，诸侯受命于天子，子受命于父，臣妾受命于君，妻受命于夫。"（《春秋繁露·顺命》）根据这种尊卑、贵贱、授受的原理，一切荣誉、成就都应归之于在统一体中占据主导地位的属阳的方面，亦即君、父、夫方面；一切毁辱、罪过都应归于在统一体中处于被支配地位的属阴的方面，亦即臣、子、妻方面。从个体道德修养的角度来讲，这叫"倡力而辞功"（《春秋繁露·阳尊阴卑》）；从天人合一的法则来讲，这叫"人理之副天道"（《春秋繁露·王道通三》）；从历史事实来讲，这属于"君不名恶，臣不名善。善皆归于君，恶皆归于臣"（《春秋繁露·王道通三》）的《春秋》"大义"。

与三纲之说紧密联系的五常之道，是世人皆知的仁、义、礼、智、信五种道德规范。董仲舒在对汉武帝的第一次策问时提出："夫仁、义、礼、智、信五常之道，王者所当修饰也。五者修饰，故受天之佑，而享鬼神之灵，德施于方外，延及群生也。"（《汉书·董仲舒传》）从思维路向和价值原则的层面看，董仲舒所讲的"仁"，在其"五常"中处于核心地位。它的基本内容是"爱人"。他说："仁者，所以爱人类也。""仁者，恻怛爱人，谨翕不争，好恶敦伦。无伤恶之心，无隐忌之志，无嫉妒之气，无感愁之欲，无险诐之事，无僻违之行。故其心舒，其志平，其欲节，其事易，其行道。故能平易和理而无争也。如此者，谓之仁。"（《春秋繁露·必仁且智》）这是在继承孔孟"爱人"的仁学前提下，将个人自我情感欲望的调控，用以改造并充实"仁"的内涵。总的看来，董仲舒的"仁"，立足于顺从不争（谨翕即收敛和谐之意），心气平和，符合儒"道"。这既是孔子"克己复礼为仁"思想的发挥，更是对人我关系的调节。

董仲舒所讲的"义"，与"仁"密切相连。他宣称，"义"与"仁"是不同的道德规范。就其内涵而言，"义者，谓宜在我者。宜在我者，而后可以称义。故言义者，合我与宜以为一言。以此操之，义之为言我也"（《春秋繁露·仁义法》）。这就是说，"义"即适宜，适宜于匡正自己的思想行为的道德规范，便是"义"。就其实施的范围而言，它与"仁"不同，着重于主体自身精神境界的提升。董仲舒说："以仁安人，以义正我。……仁之法，在爱人，不在爱我；义之法，在正我，不在正人。"

（《春秋繁露·仁义法》）就其方法论原则而言，是孔孟儒家的推己及人之道。董仲舒强调："夫我无之求诸人，我有之非诸人，人之所不能爱也。其理逆矣，何可谓义？""我不自正，虽能正人，弗与为义；人不被其爱，虽厚自爱，不予为仁。"（《春秋繁露·仁义法》）这是孔孟儒家严于律己、宽以待人思想的发展。

董仲舒所讲的"礼"，既是区分上下尊卑的等级制度和秩序，又是形式与内容相统一的道德修养规范。他说："礼者，继天地，体阴阳，而慎主客，序尊卑贵贱大小之位，而差内外远近新旧之级者也。"（《春秋繁露·奉本》）这是对荀子"礼者，法之大分，而类之纲纪"（《荀子·劝学》）思想的继承。这种思想，把"礼"看成政治法度的原则及其体现。同时，董仲舒又说："礼之所重者，在其志。""志为质，物为文。文著于质，质不居文，文安施质？质文两备，然后其礼成。"（《春秋繁露·玉杯》）这是说，具备恰当的气质，言行符合中正之道，便是"知礼"。可见，董仲舒在这里又将"礼"阐释为个人道德规范的标准。

董仲舒所讲的"智"，是"先言而后当"，是用来预测人的行为结果、规整人的行为导向的。运用"智"，可以在祸福来临之前，便知晓利害，并能够做到"物动而知其化，事兴而知其归，见始而知其终"。人们的所言所行，要"以其智先规而后为之。其规是者，其所为得；其所事当，其行遂"。总之，"智者，所以除其害也"，"其动中伦，其言当务，如是者谓之智"（《春秋繁露·必仁且智》）。可见，董仲舒所讲的"智"，既是一种分辨是非、进行道德判断与道德选择的能力，又是一种具体的知识，更是一种必须在仁的指导下体验实践的道德规范。根据上述董仲舒的阐述，我认为，可以将"智"界定为：指导人们行为的道德价值准则。这样，显得更为明确、具体，并彰显了董仲舒（以至整个中国古代文化古代哲学）将认识论与道德论混为一谈的伦理政治色彩。

董仲舒所讲的"信"，指诚实、信义。他说："伐丧无义，叛盟无信。无信无义，故大恶之。"（《春秋繁露·竹林》）这里的"信"，即指信义，是与道义同样层次的精神境界和行为规范。他还说："著其情所以为信也，……竭愚写情，不饰其过，所以为信也。"（《春秋繁露·天地之行》）"《春秋》之意，贵信而贱诈。诈人而胜之，虽有功，君子弗为也。"（《春秋繁露·对胶西王越大夫不得为仁》）这里的"信"都是指诚实而言。他还多次讲到"敬事而信""礼而信"，兼具信义和诚实之意。

就思想渊源而言，总的看来，董仲舒宣扬的三纲之说，来自先秦孟荀儒家和韩非法家；而五常之道，则来自先秦孔孟儒家。

孟子第一个提出五伦观念："父子有亲，君臣有义，夫妇有别，长幼有序，朋友有信。"（《孟子·滕文公上》）这个五伦思想，着重于巩固家庭伦理亲情，调整纵横人际关系，进而维护尊卑等级的有序结构和秩序。荀子讲："君臣、父子、兄弟、夫妇，始则终，终则始，与天地同理，与万世同久。"（《荀子·王制》）这已经把君臣这一政治关系提到家庭伦理关系之上。不过，从荀子思想的总倾向来看，他主要是想确立儒家等级名分思想，并使其外化为具体的政治现实，虽然已有朦胧的三纲意识，但还没有将君臣之间的命令与服从关系，提到绝对的政治原则的高度。继后，韩非提出了明确的三纲思想（尽管没有明确使用"三纲"一词）："臣事君，子事父，妻事夫。三者顺则天下治，三者逆则天下乱，此天下之常道也。"（《韩非子·忠孝》）这里，如同荀子一样，韩非也将君臣政治关系提到父子夫妇这种家庭伦常关系之上。更为重要的是，韩非特别强调臣、子、妻对君、父、夫的片面服从，并将这种服从与否提到国家治乱安危的高度，亦即用政治需要取代了家庭伦理亲情。秦汉之际出现的《吕氏春秋》一书，在其《恃君览》中说："父虽无道，子敢不事父乎？君虽不惠，臣敢不事君乎？"董仲舒综合孟、荀、韩以及《吕氏春秋》的有关思想，从父子、君臣、夫妇、长幼、朋友五伦中提取父子、君臣、夫妇三伦，并进一步将彼此之间的支配和被支配的关系，规定为绝对不变、永世长存的，从而确定了封建社会政治生活和家庭生活的基本道德准则，为建立并巩固封建专制主义的社会政治秩序制造了理论根据。

中国台湾学者、现代新儒学大家徐复观先生认为："在董氏以前，不论在内容上，在名词上，绝无三纲之说"①，是不符合历史事实的，这从以上所论已可证明。不过，徐先生的另一论断倒是可以认同的："后世的暴君顽父恶夫，对臣子妻之压制，皆援三纲之说以自固自饰，且成为维护专制体制、封建制度的护符，而其端实自仲舒发之。"②

五常之道，是董仲舒的创造。孔子思想体系中虽有仁、义、礼、智、信诸范畴，但并未将其连用，更未从价值体系构建的理论高度，从道德论

---

① 徐复观：《两汉思想史》卷二，台湾学生书局1985年版，第409页。
② 徐复观：《两汉思想史》卷二，台湾学生书局1985年版，第409页。

层面明确予以论述。孟子比孔子更有理论自觉性，曾经将仁、义、礼、智并提，看作人们不可或缺的四种品德："仁义礼智，非由外铄我也，我固有之也。"（《孟子·告子上》）他还认为："仁义礼智根于心。"（《孟子·尽心上》）但孟子未将信与仁、义、礼、智四德并提，有人说孟子已把仁、义、礼、智、信相提并论，是缺乏根据的。从文献来看，是董仲舒第一次将仁、义、礼、智、信连提并论，例证已如上述，此处不赘。要指出的是，董仲舒所讲的五常之道，相当注意仁与义的结合，以及仁与智的结合，这是对孔孟儒家道德论的发展。因为，孔子注重仁礼的结合，强调仁礼一体，意在恢复他向往的至善至美的周礼，政治愿望高于道德情怀，孟子侧重仁义结合，关注君主对王道政治的理解和实施，善心宏愿淡化了个体道德修养。董仲舒生在天下一统的新时代，提出仁义结合的处世之道，以仁安人，以义正我，分别内外，厘定界线，发展了儒家的人际关系学。他倡导的仁智结合，进一步从理论思维的高度，强化了儒家认识论方面的道德选择、道德判断的伦理色彩，烘托了它的伦理亲情。这些，对于儒家以道德论为中心的价值观的理论营造，甚至整个中国传统文化的泛道德主义的价值体系的构建，都有着不可忽视的影响。

"三纲"与"五常"之间，是一个有机的整体。其中，"三纲"之间，君为臣纲居于主导地位，父为子纲与夫为妻纲同处从属地位。在行为价值导向方面，前者是后者的表率，后者以前者为归依。"五常"之间，以仁、义为核心，以礼、智、信为辅翼。仁、义的特定内涵以及二者的交互为用，规范着礼、智、信的义蕴和运用范围。就"三纲五常"的整体关系而言，"三纲"的政治价值取向和伦常意识，制约着"五常"的价值内涵和施受对象；"五常"是对"三纲"原则的具体运用和道德阐发。"三纲五常"的结合，形成了一体化的严整的道德体系，覆盖了社会生活中的政治关系、家庭关系，从文化深层结构方面深刻地影响人们的行为规范和心理状态，从而成为封建道德的总原则。

二、"三纲五常"的文化功能

董仲舒确立"三纲"思想规范的现实政治目的，是要为封建宗法专制主义统治提供理论依据，为建立并稳定社会上的等级名分制度，确定行为价值导向。"三纲"之说，以父子夫妇之间的伦理亲情为立论基础，以封建宗法制下的家庭制度为依托,以君亲、忠孝的连接为纽带,以移孝作忠为目的。从表面上看,君臣关系属于政治领域的范畴,父子夫妇关系属于家庭伦理亲情领域的范畴,二者了无干涉。但是,封建宗法政治骨子里专制、表面上温情的策略需求,封建国家与家庭结构及其治理原则的一致,特别是儒家纲常名教严等差、贵协同的内在精神,使二者在实际功能上交融贯通,结为一体。父为子纲,其依据的伦理准则是"孝为德之本";君为臣纲,其理论依据是颇具宗教意味的"天子受命于天"的先验设定,以及以人随君、以君随天的"《春秋》之道";夫为妻纲,其价值根据是阳尊阴卑、夫阳妻阴的夫权至上论。贯通这三者的,是儒家由身而家而国的修齐治平之道。在董仲舒这类儒家心目中,"天下之本在国,国之本在家,家之本在身"。因此,要完成内圣外王的伟业,未必真要挤到政治舞台上去,而只需修养好自身,治理好家庭,便已经是真正的从政,便可实现天下太平的宏愿。这种路径的经典表述是:"身修而后家齐,家齐而后国治,国治而后天下平。"(《大学》)人们能够修身齐家而治国,是因为"君子之事亲孝,故忠可移于君;事兄悌,故顺可移于长;居家理,故治可移于官"(《孝经·广扬名》)。质言之,在家里能够孝于宗族长辈,在社会便能忠于国家朝廷。顺此,自然人人各安其分,犯上作乱的心思和行为便被消解于无形之中。正是通过这种国家至上、移孝作忠的情感转移,实现家族政治化与国家家族化。本来只是道德规范的"三纲",便由思想文化的层面,提升为家庭制度和政治制度的架构原则,并促使家庭制度和政治制度很自然地融贯为一,从而发挥着共同的功能:对臣民来说,"三纲"既是一种外在强制性的社会规范,又是一种必须认真体验并付诸实践的道德修养。对君主来说,它既是要求臣民尽忠的权利,又是以此实行教化的义务。君主与臣民,规范与修养,权利与义务,就这样神奇地结为一体,内在控制与外在控制珠联璧合,社会的稳定大大加强。这反映了汉武帝时期封建专制主义加强的内在要求。这种家庭制度与政治制度的交融,是中国思想文化的一大特点。

与"三纲"之说主要在于要求、约束臣民不同,"五常"之道所浸染、延及的范围,包括君主在内。"五常"作为处理人际关系行为的致思趋向,作为一个互补互衬的整体,它们主要是一种以伦理为本位的价值观念和行为模式。在董仲舒看来,君主对它们的信守程度,起着对全社会的价值导向作用。这不仅体现在董仲舒对汉武帝的策问中,而且也反映在

《春秋繁露·五行五事》中。在对策中,董仲舒要求汉武帝掌握并实践"五常"之道,以便与天地同流,德施方外,恩泽群生。在《五行五事》中,董仲舒指出,王者所应修饰的"貌、言、视、听、思"五事,分别具有恭(敬)、从(可从)、明(知贤不肖、分黑白)、聪(闻事审意)、容(言无不容)的机能,有肃、乂、哲、谋、圣的性状,以及与此相应的社会功能。据此,他劝导君主要注意自己的言行,行政及时、恰当,强调的是君主的自我修养。这就用内在控制的办法,将君主也置于社会控制的范围之内。当然,"五常"之道更是针对一般民众而发的。通过"五常"之道,董仲舒把君主与臣民都纳入共同的社会规范之中,从表面看来,"五常"面前,人人平等,使人们反躬自省,调节自己的情感和欲望。通过对"五常"追求的自我完善,向"三纲"的价值标准趋同,实现自我的价值,从而产生整体和谐效应。这体现了董仲舒思想看重整体利益、强调整体观念的特点。

用文化发生学和文化价值论的眼光考察,董仲舒的"三纲五常"的道德论,有着不可忽视的文化构建意义:

首先,它提供了一套严整的行为价值准则,规整了人们的行为和心理,促进了社会有序状态的形成。春秋战国时期的漫天风云,将周代的礼仪文教制度和行为规范撕裂为文化碎片。纵横捭阖的政客和取悦诸侯的思想家,大倡己说,各自是其所是,非其所非,没有统一的价值系统,因而在文化心理和价值取向方面无从沟通整合。秦王朝崇尚法家价值原则,严刑峻法及其过度的刚性行为,崩断了国家机器的统治中枢,扭曲了全社会的自我心理调节机制。汉初黄老道家的无为政治,虽然有利于恢复民生,但缺少适用于不同层级人们所应遵循的价值规范,无补于新文化制度及其秩序的建设。董仲舒"三纲五常"道德论的提出,不仅从主体修养的角度,解决了日常行为规范的价值准则问题,而且从家国一体的宗法伦理政治的思想高度,解决了社会政治秩序与家庭伦理亲情的内在融合问题。这样,便从价值行为准则的层面,将不同社会角色的人规整到自己的位份之上,使整个社会处于有序的状态之中。

其次,"三纲五常"论的提出,为形成新文化的凝聚力和向心力奠定了道德基础。"三纲五常"道德论的提出,以中华一体、文化一统为落脚点,超越了此前各区域文化道德论的局限,树立起了鲜明的、具有很强操作性的伦理情感归属的标杆,使得人们比较容易认同新的伦理价值,从而增强大一统的中华文化的凝聚力和向心力,并成为新时代的道德体系的纲领。

再次,"三纲五常"道德论的提出,有助于统一思想、统一文化,对多民族的大一统国家的巩固和发展起了不可否认的积极作用。作为政治强制和道德自觉相统一的"三纲五常",它能够把不同地位的人的行为纳入相应轨道,使社会行为带有模式性。这种模式性的出现,正是思想统一、文化统一的必然要求和具体表现。而从文化学的观点看,这正体现了文化对行为的疏导功能。①

最后,"三纲五常"道德论的提出,促进了人们的社会化过程,并在客观上形成了特定的社会压力,从而增强社会的稳定和持久发展。文化人类学认为,社会化是一个渐进的过程。人们早在孩提时期,便被灌输以社会公认的法规和价值观,并被要求将其作为美好和正确的事物去接受。这样,在实际上,"社会把人们自己变成了警察"②。一方面,"三纲五常"道德观的确立,从实际效果来看,正是起到了将人变成警察的作用。每个人从青少年时期开始,便被统治当局、家族亲友、邻里乡亲灌输以"三纲五常"的道德律令,潜移默化地形成了视、听、言、动非"礼"("三纲五常")不行的心理。一旦有所违背,便会受到严厉的指责甚至惩罚。那些承担这种指责或者惩罚的人,便在行为上扮演了道德警察的角色。另一方面,"三纲五常"道德观的确立,对于不符合这种道德价值准则的人及其行为,在客观上成为一种社会压力。这种社会压力未必是有形的,也未必是成文的,但它却迫使生活于这种文化氛围中的人规行矩步,屈从于它。这种社会压力的形成,在客观上起到了强有力的社会控制作用。尤其值得注意的是,"社会压力与法律规则的不同之处在于人们受亲戚关系的支配,远远超过了家庭以外的非个人的政府的控制"③。中国封建社会之所以长期稳定发展,从思想文化方面来看,"三纲五常"所形成的社会压力起了极为重要的作用。而这种社会压力,主要是通过宗法性家庭而发挥功能的。汉代宗法谱牒的兴盛,特别是唐宋祠堂的发达,正是以"三纲

---

① 参见顾建光编译:《文化与行为》,四川人民出版社1988年版,第51-64页。
② 参见[美] F. 普洛格、D. G. 贝茨著,吴爱民、邓勇译:《文化演进与人类行为》,辽宁人民出版社1988年版,第540页。
③ 参见[美] F. 普洛格、D. G. 贝茨著,吴爱民、邓勇译:《文化演进与人类行为》,辽宁人民出版社1988年版,第543页。

五常"所形成的社会压力为发展动力的。

总之,"三纲五常"的道德论,由于具有上述文化功能,所以不仅对汉代社会,而且对此后中国封建社会的发展,都有着极为深远的影响和重要贡献。

作为封建道德的总原则,"三纲五常"是为专制主义的政治体制服务的,是以封建君主权威的绝对至上性为思想前提的。从文化功能来看,"三纲"与"五常"之间,交互为用,共同构成封建纲常名教的核心,成为趋善求治的封建文化价值体系的行为模式。就这方面而言,"三纲"与"五常"是不可分割的有机整体,我们不能脱离时代条件,仅仅从政治的层面去简单否定"三纲五常"。须知,任何社会要维系其正常的运转,都必须有一整套道德价值体系,必须有自己的纲、常理论。因此,问题并不在于董仲舒是否制造了纲、常,或者制造了什么样的纲、常,而在于这种纲、常究竟起了什么作用。如果从文化建设的角度审视,那么,董仲舒的"三纲五常"的道德论,起了文化整合的作用。它对于统一的多民族的文化的形成,对于强调整体和谐的思维方式和社会心理的成熟,对于民族凝聚力的增强,起了积极的作用。此外,它对于建设分层级的道德义务理论,至今仍有启迪意义。但是,这种道德论,以片面服从为价值基点,是在否定人的正当权利、蔑视人的价值和尊严的基础上制定出来的,是以牺牲个人的主动性、创造性为思想前提的。它的出现,既是封建专制制度进一步强化的必然要求,也是这一制度"轻视人,使人不成其为人"的野蛮、残酷特质的具体表现。

(原载张造群《礼治之道——汉代名教研究》,人民出版社2011年版)

思想家与文化传统

思想家是推动历史前进的。文化传统是民族精神的集中表现。在文化讨论已经开展整整十年的今天,探讨思想家与文化传统的关系,无论对于深化文化研究,还是对于现代新型文化体系的建设,都有着重要的理论价值和实践意义。

一、思想家、文化传统的内涵

思想家不是一个政治概念,而是一个广泛的文化概念。思想家对于文化传统的形成,对于民族精神的构建,有着政治家、军事家之类人物无可比拟的作用。然而,发人深省的是,不仅40多年来大陆包括声势赫赫的80年代文化大讨论在内,无人研讨思想家与文化建设的关系,而且海峡两岸的学术界也数十年无人问津。同样值得注意的是,大陆著名的工具书《辞海》《中国大百科全书》以及台湾出版的《中文大辞典》的词条中都只有"思想"而无"思想家",可见这个问题的研究是何等薄弱。但是,这并不等于中华民族是只有"思想"而无"思想家"的民族。诚然,"天不生仲尼,万古长如夜"是后世腐儒对先师的谈辞,但孔子作为具有独创性理论体系的思想家,极为深远地影响了中华民族文化精神的建构,锻铸了民族文化传统的若干方面,则是不争的事实。因此,正视思想家的存在,特别是研讨他们对民族文化进程的影响,应当是文化研究的重要内容。

鉴于学术界对于"思想家"的内涵是意会甚于言传,疏于理论分析;同时,对于"文化传统"的界定是仁智互见,因而有进行梳理的必要,以走出传统的直觉思维的樊篱。

根据我对中国传统文化的历史事实和"五四"以来的文化状况的把握,我认为,所谓思想家,是指能够认识时代精神,批判继承传统,继往开来,具有独创性见解,并且自成体系的人。例如,先秦时期儒家大师孔子、孟子、荀子,道家鼻祖老子、庄子,法家思想集大成者韩非,墨家创始人墨翟；秦汉时期的董仲舒、王充；魏晋时期的王弼；隋唐时期的惠能；宋明时期的程颢、程颐、朱熹、陆九渊、王阳明；明清之际的王夫之、黄宗羲；清代的戴震；等等。这些人，都站在时代的高度，从不同的层面，批判性地总结了前人的思想，根据时代条件，形成了比较完备的系统的思想体系，提出了一系列独到的见解，从而推动了文化的发展。从总体上看，这些思想家，都有独特的思想体系，有系统的著作，其思想在中国文化史上构成不可或缺的重要环节，对中国文化有独到的贡献，对中国传统文化形态及其内在特质的形成有着重大的影响。因此，这些人便理所当然地属于本文所认定的思想家。

所谓"文化传统"，从语义的角度看，本来是一个十分明确的问题。但正如重视"思想"研究而忽视"思想家"的探讨一样，人们往往钟情于传统的开掘，而无视它的"文化"内涵。更为重要的是，作为民族文化"积淀"的经验性、整体性的思维定式，促使人们已经习惯于从笼统的直观到直觉，以致"传统文化"和"文化传统"这两个极不相同的概念也被不少人混为一谈，致使学术界不得不出来辨析两者的关系。其实，所谓传统，是指历史上形成的、具有稳定的组织结构和思想要素、前后相继、至今仍然影响着人们的特定的思维方式、价值观念、道德风貌、社会习俗等深层文化方面的行为习惯和社会心理。它往往表现为"文化无意识"，是一种潜移默化的精神力量。而所谓文化传统，则是受特定文化类型的价值系统的制约、经过长期历史积淀而形成的、为全民族大多数人所认同的思想和行为方式上的习惯。

二、思想家促成的主要文化传统

中国古代文化的历史发展表明，思想家与文化传统的形成、巩固、发展和转化，有着深厚的关系。思想家的精神活动和社会实践，促成了中华民族文化传统的化生。大致说来，思想家所促成的文化传统主要有以下四方面：

（一）文化保守传统

文化保守传统，是指在民族文化发展的特定历史阶段，思想家根据自己对历史文化的体悟，对现实文化状况的审视，对未来文化发展趋势的瞻望，而对此前的历史文化基本精神价值的肯定，以及对这种基本精神价值的时代性阐发和创造性转化。就中国传统文化的发展历程而言，就中华民族固有文化传统类型而论，文化保守传统是最为深厚、最为持久，同时也最能固摄人心的一种传统。

文化保守传统主要表现为守成意识、道统观念、传统崇拜、崇古取向、经学思维等。

守成意识集中体现在儒家身上。先秦儒家追求"常道"的把握，热心维护既成的文化构架、社会氛围和人伦秩序。孔子反对当时的社会变革，一心维护"周道"，主张保持并巩固"君君、臣臣、父父、子子"这样的有序的政治伦理规范，坚决摈弃超越传统规范的思想和行为。说到底，是要弘扬固有的历史文化传统，使已经形成的文化传统、文化氛围不因时代条件的改变而丧失。孟子的仁政学说，以仁义安定天下、统一天下的思想、先王观念等，实际上是用既往的价值观念规范人心，整肃社会，维持恒常不变。汉代董仲舒创建以天人感应为核心的理论体系，提出"三纲五常"的封建道德总原则，为的是维护刘汉王朝的一统天下，为封建统治秩序的万世长存提供理论根据。他所谓"天不变道亦不变"（《汉书·董仲舒传》），便是儒家守成心态的典型表露。总之，对于已经形成的状况，对于稳定的社会政治局面，儒家特别钟情，而对于变动中的政治秩序和价值观念，他们往往持批评立场，至少也是抱着游离的态度。守成意识经过儒家学者代代相传的倡导、传播和实践，特别是经过统治者在制度文化和思想文化方面的强化，逐渐形成一种上下乐道、代代相守的稳固的文化观念并泛化为普遍的社会心理。

道统观念也是文化保守传统的重要内容。从孔子开始，"尧舜禹汤文武周公"便是儒家学者津津乐道的"圣圣相传"的统绪。孟子更将道统接续到孔子，以"五百年必有王者兴"为论据，"历序群圣之统"（《四书章句集注·孟子·尽心下》），后来逐渐弥漫于全社会，成为具有广泛社会基础的文化认同纽结。唐代韩愈的道统论，更是从理论高度确认了道统的历史价值和现实意义，使道统观念成为保守固有文化、向历史传统归依的凝固剂。宋代理学家程颢宣称，提倡道统论，是为了"辨异端，辟邪说，使圣人之道焕然复明于世"，以避免"人欲肆而天理灭"（《宋史·道学程颢传》）。显然，程颢在这里是企图用道统观念来整合人心，使被障蔽的"圣人之道"（既往的文化传统）焕发生机，这是十分明确的文化保守主张。

作为文化保守传统的传统崇拜观念，也是以既往的文化成果为归依，以先人遵行的传统为安身立命的圭臬。在古代中国，传统主义者一直占据社会文化的主导。对于以往的道德、制度以及一切长期沿袭的心理和行为习惯，传统主义者都大加赞赏，顶礼膜拜。先王之道、圣人之言，是绝对不可怀疑更不可违背的。儒家经典《孝经》劝诫人们："非先王之法服不敢服，非先王之法言不敢言，非先王之德行不敢行。"理学家朱熹表白："曾经圣人手，议论安敢到？"重视实学的李塨表示："伏羲以至孔孟，言道已尽，后学宜世世守之。"（《恕谷文集·论宋人分体用之讹》）这些，都是传统崇拜的文化氛围中的代表性见解。在传统崇拜的氛围笼罩之下，凡是敢于蔑视传统、对抗传统者，都会受到朝野上下的口诛笔伐。商鞅变法、王安石变法，其思想实质，是对传统的反叛和超越。王安石倡言并大胆实践的"天变不足畏，祖宗不足法，人言不足恤"，正是针对传统崇拜的痼疾而发。但这种对传统的激烈反叛，最终还是败在了传统手下。这刚好反衬出传统崇拜的神威。

崇古取向也是文化保守传统的重要方面。在中国传统文化中，一切以古圣先贤的言行为楷模，从历史中寻找修齐治平的依据，按照古人既定的原则办事，是人们不可移易的价值准则，也是普天认同的思维"范式"。无论君主的治国安邦，还是庶民的立身行事，都要从古代寻找理论依据或典型事例，以增强自己的说服力和权威性。一场改朝换代的秦的统一，要声言自己的天下是继承往古的周"德"而来；一部医书《内经》而要托名"黄帝"，以表明源远流长，无可非议。这种崇古取向，丰厚了文化保守传统的底蕴，使传统社会的保守主义长期引领风骚，道统权威长期高扬，从而逐渐形成并强化了中国社会的求稳、守成的保守风气。

文化保守传统的又一个重要内容是经学思维。经学的根本特点是墨守成规，不想也不敢超越旧有的思维框架、价值体系、伦理规范，而只是依照传统已经认可的经典办事，维护经典的纯洁性和至上性。一切思想、观点、情趣、心态，都必须而且也只能通过对经典的注释而阐发出来，所谓"注不破经"，所谓不"以传代经"，都是保守已经得到社会认可的规范性、权威性思想的经典的"经典"性表述。经学思维的形成和在古代社会的深远影响表明，文化保守传统作为一种习惯性力量，是何等强大，何等绵延不绝！可以说，近代以来文化批判和文化重构中的种种磨难，经学思维的干扰是一个重要原因。

(二) 文化变革传统

文化变革传统与文化保守传统相对应，在中国传统社会中，也存在着文化变革传统。这种文化变革传统，是在时代条件的激发下，思想家根据对此前的文化传统的省思，而提出并通过社会实践进行的文化重构工作。在中国古代，所谓变革，一般指"变旧革新"，多指改革制度、法度而言。《礼记·大传》曰："立权度量，考文章，改正朔，易服色，殊徽号，异器械，别衣服，此其所得与民变革者也。"这就是说，变革的范围是物质文化和制度文化。与此对应，亲亲、尊尊、长长之类的思想文化是"不可得变革者"。考诸秦汉以后的文化演进历程，不难看出，在总体上，文化变革传统的指涉对象，主要是物质文化和制度文化层面的东西。这正应了汉代儒学宗师董仲舒的话："王者有改制之名，无易道之实。"(《汉书·董仲舒传》) 这种以"改制不易道"为基本指导思想的文化变革，从理论实质上看，属于渐进而温和的改良。

以渐进而温和的改良为特征和目的的文化变革传统，充分体现在儒家学者身上。战国末期，荀子从时代条件出发，在孔孟儒家基本思想框架之内，援法入儒，既"隆礼"，又"重法"，把孔子仁礼一体的思想体系改铸为礼法结合的崭新体系，从而在新的时代条件下发展了儒家思想，在制度文化的层面更新了儒学面貌。汉代董仲舒根据大一统政治的需要，精心营建了一个严整的以阴阳五行为理论骨架、以天人感应为核心、以儒家思想为主体而统合诸家的理论体系，并以此为依据，明确要求统治者更称号、改正朔、易服色，建立新的文教制度和选官制度，以至"罢黜百家，独尊儒术"，把官吏选拔制度和教育制度相结合，从而开创了中国文化的新局面，同时也开创了儒学发展的新局面。董仲舒的改制理论、三统三正的历史观等，都开创了此后中国文化变革传统的"范式"。唐代思想家韩愈的文化实践，便是这种变革"范式"在新形势下的翻版。韩愈既是儒学复兴的旗手，又是古文运动的健将，为了对抗佛道二教，恢复儒学昔日的权威，韩愈撰写了《原道》《原人》等著名篇章，开启了儒学复兴的端绪。这对于魏晋以来的学术文化潮流，是高层次的拨乱反正，是对传统儒学的重构，也是对传统文化构架的重构。他所阐发的儒家博爱思想，所系统化、理论化的道统学说，既是对传统儒学的深化，更是对传统儒学的渐进而温和的变革。至于宋代大儒朱熹以儒学为母体,吸纳佛教的思辨结构,利用道教的宇宙生成图式,最终完成了儒学形态的更新,形成了成熟的理学体系,则更是中国古代文化变革传统的典型表现。

(三) 文化批判传统

文化批判传统与文化保守传统相对,在中国文化史上,有着一以贯之的文化批判传统。这种文化批判传统,主要表现为反传统的传统和异端传统。道家代表人物老子和庄子,都是抨击传统、反对因袭传统的中流砥柱。他们对以仁义礼智为宗旨的文化传统,对求知好学以发展文明的传统,对现存的一切政治和人伦规范,都持坚决的批判态度。他们通过对常规性思维的批判,对所谓永恒价值、绝对真理的否定,表达自己对人类文明发展而出现的异化现象的愤懑和焦灼。他们总是通过对论题的否定而表达自己所要肯定的东西,而不是通过肯定来揭示要否定的东西,这证明他们在思维方式上也是反传统的。魏晋玄学家非汤武而薄周孔,越名教而任自然,充满对传统的反叛精神。惠能禅宗革新传统佛教,破除以前各佛教教派的烦琐教条,宣扬"即心即佛""见性成佛""言下顿悟",主张不读经、不礼佛、不坐禅,只要认识"本心",则"凡夫即佛"。通过这种世俗化、大众化的说教,惠能巧妙地宣扬了佛教的基本精神,为佛教的中国化做出了不可磨灭的贡献。可见,惠能禅宗也是反传统的产物。它的出现,以及它的说教方式和理论体系,本身就是对传统的背离。

作为文化批判传统重要内容之一的异端传统,不仅表现为对现实政治的激烈抨击,对统治者的不合作,而且更表现为对既有传统的蔑视,对新传统的向往和培育。从东汉王符的《潜夫论》,到明代李贽的《藏书》《焚书》,再到清代唐甄的《潜书》,这类著作的一个极为鲜明的主题和特色,便是对统治者的不合作,以及对当时黑暗政治的鞭辟入里的批判。王符"耿介不同于俗",终身不仕,隐居著书,讥评时政,把东汉社会的种种弊端总括为"衰世之务"。李贽在独尊孔子的封建专制时代,公开反对以孔子的是非为是非,认为之所以中国数千年是非不分,在于"咸以孔子之是非为是非,故未尝有是非耳"(《藏书·答耿中丞》)。李贽这种惊世骇俗之论,在当时便被正统道学家指斥为"异端"。唐甄直截了当地揭示帝王的本质:"自秦以来,凡为帝王者皆贼也。"(《潜书·室语》)这类"无法无天"的思想,和封建社会君主至上、人们必须绝对忠君的传统观念，是水火不相容的，是真正的异端。至于黄宗羲指历来的皇帝为"天下之大害"（《明夷待访录·原君》），是离散天下人之子女、荼毒天下人之肝脑的独夫民贼；戴震揭露理学家"以理杀人"（《戴东原集·与某书》）等，同样也是振聋发聩之声！

当然，从严格的理论划界来看，反传统的传统和异端传统，二者之间并无截然分明的界限。对于传统本身而言，反传统本身就是一种异端；而所谓异端，则往往表现为反传统。但是，如果仔细审视中国文化发展的繁复图景，我们又不难发现，反传统的传统和异端传统，毕竟有着表现样态的不同和文化激发功能的区别，因而我们可以分别论列。

（四）服务政治的传统

中国古代的诸多文化传统中，服务政治的传统绵长而深厚，其对民族文化发展的影响，莫此为甚。海峡两岸学术界有一个共识：中国传统文化有着显著的泛道德论的色彩。这当然只是一个事实判断，至于价值评判，则是"道术将为天下裂"了。其实，深一层看，所谓泛道德论，说到底，还是受政治制约并为政治服务的。一方面，统治者要求知识阶层和庶民百姓自觉自愿、竭心尽力地为其效力，甚至在遭到不公正对待的时候，也要忍辱负重，委曲求全，以统治阶级的整体利益为利益，以君主的喜怒好恶为转移。另一方面，庶民百姓特别是知识阶层，往往也自觉认同统治者的政治规范和社会秩序，以能够参政为莫大荣幸，有的甚至以此为实现人生价值的最高理想境界。忠君就是爱国，犯上作乱为人所不齿。身、家、国、天下是逐步递进、层层归依的关系，其内在精神是维护大一统的政治局面。汉儒所谓"屈民伸君""以人随君"，正是人人服务政治的精练概括。历来为人称道并长期为知识阶层所自觉实践的"究天人之际，通古今之变"，落脚点是倾心于治世。这中间当然有着无可非议的崇高历史责任感和时代使命感，但正是这种责任感和使命感，把为政治服务的现实功利目标，升华为个体人格境界的实现，转化为一种内在的精神气质，从而更增强了服务政治的自觉性，发展到后来，以致成为一种"集体无意识"！士大夫们津津乐道并为之神往情动的"为天地立心，为生民立命，为往圣继绝学，为万世开太平"，实际上不过是由泛道德化转向泛政治化的下意识而已！至于贯穿整个封建社会时期的忠孝一体、"以孝治天下"的思想，则更是一切为政治服务的生动注脚。这种服务政治的传统，毫无疑问是统治者提倡、培育的结果，它当然会被统治者精心利用。但是，无可否认，服务政治的传统，确实也增强了民族文化的向心力和凝聚力，增强了人们的历史责任感和时代使命感，对于提高精神境界、淡化自我意识有着一定的意义。

三、思想家铸造文化传统的主要途径

显而易见，上述文化传统的形成，是和思想家的精神活动和社会实践密不可分的。可以说，文化传统与思想家之间，有着极为深厚的精神血缘关系。

思想家作为时代精神的理论体现者，作为民族文化命脉的传承者，他们既代表着传统，同时更铸造了传统。思想家对传统的铸造，是通过多方面的环节和复杂的社会机制而完成的。

思想家对民族精神的凝聚，对时代精神的概括，特别是对历史文化的理论提炼，对繁茂芜杂的文化表象的透析，是铸造传统的首要方面。孔子用仁礼一体的思想体系概括西周以降的文化精神，表达自己的文化价值观念，并努力将其社会化、大众化，以规整人心，是对那个时代民族精神的理论提升，实际上也是对文化传统的培育。董仲舒顺应汉代社会发展潮流，利用弥漫于全社会的阴阳五行观念，发挥儒家思想的文化整合功能，淋漓尽致地阐发了天人合一的思想，续承孔孟而又超越孔孟，把汉代开国七十余年的诸多文化思潮有机地纳入天人感应的理论体系之中，包容在儒学为主的文化框架里面。此后，天人合一、天人感应、"三纲五常"这类中国文化特有的命题和观念，逐渐成为全社会共同的思维路向和价值规范，从而也就成为新的传统。

弘扬民族文化的精神生命，传播价值系统的基本理念，也是思想家铸造传统的重要途径。中国古代思想家十分重视文化生命的开掘和价值观念的传播，由此引导人们在文化命脉方面自觉地"认祖归宗"，从而逐步形成看重传统、认同传统的悠久历史感和担当感。孔子为了实现他的仁学思想，奔走天下，虽频遭困厄而矢志不渝，表现出对人道和人性尊严的执着。他开办私学，以坚韧不拔的弘道精神，培养了三千弟子七十二贤人，为民族文化生命的开掘、延续和广泛传播做出了前无古人的贡献。此后的孟子、荀子、董仲舒、朱熹、王阳明等大思想家，继承发扬了孔子"人能弘道"的精神,竭尽全力阐扬传统文化的内在精神和活泼生命,授徒讲学,著书立说,为中国文化的弘大做出了应有的贡献。可以说,作为中国传统文化价值系统主体内容的仁义礼智、忠孝廉耻等基本准则,在古代中国之所以如此深入人心,如此深厚绵长,是与这些思想家的精神创造活动密不可分的。更为重要的是,也正因为如此,中国古代的文化保守传统特别根深蒂固,充分体现出思想家的活动在建构文化传统方面的不可磨灭的影响和功绩。诚然,站在今天的时代高度,人们对于思想家们铸造这些传统的是非功过,可以见仁见智,但思想家们确实铸造了那个时代的传统,却是不争的事实。

开创新的思想体系,更新既成的思想文化,也是思想家们铸造传统的重要环节。不同时代的思想家,面对不同的文化遗产,承担着不同的时代使命,有着不同的历史责任。继承以往文化的基本精神,结合时代条件,推陈出新,创造转化,为文化的开新提供新的思想体系,成为每个时代的思想家义不容辞的责任。从孔子的仁学思想,到董仲舒的天人感应理论,再到朱熹的理一分殊架构,以儒为宗的思想家在以经统权、以权补经的渐进改良的思维导向下,创建了各具特色的思想体系,更新了旧有的思想文化,开拓了文化发展的新的精神方向。同样,从先秦老庄的道法自然,到秦汉之际黄老学派的因应无为,再到魏晋玄学的体用本末,以道为体的思想家"与时迁移,应物变化",不断调整自己的理论观点,不断提升自我的精神境界,为传统的继承和开新拓展了道路。至于前期法家从法、术、势各执一端到战国末期韩非集其大成而熔铸一体,所体现的"世异则事异,事异则备变"的进化论的变异观,也同样是据旧图新、弃旧图新的开创精神的明证。这些,都从不同的层面开创并丰富了中国古代的文化变革传统。

通过制度文化的建立和巩固规范人们的行为,影响人们的心理,也是思想家铸造传统的重要途径。如果说孔、孟、荀对仁礼义之类的人伦规范的提倡和实践还停留于思想文化的无形层面上的话,那么,董仲舒的一系列政治活动和文化实践,则是把它提到了制度文化建设的可操作的现实状态。董仲舒系统论证的"三纲五常"的道德论,实际上是从家庭制度、政治制度和文教制度的建设高度,把社会的内在控制和外在控制结合起来。君为臣纲、父为子纲、夫为妻纲,三者指摄的对象不同,调控的目的不一,但终极目标是政治秩序、家庭秩序和社会秩序的稳定和谐,其间君主至上的权威意识贯穿始终。而且，由这"三纲"所导引，层层隶属，最后都自觉认同于封建专制制度。有君为臣纲的理念便有君主独裁的中央集权专制制度；有父为子纲的规定，便有父家长制的"天理"存在；有夫为妻纲的训导，便有男尊女卑的封建"神圣"观念。这三者之间，前者本来属于政治的范畴，后两者本来属于家庭的范畴，但经过董仲舒这么一整合，便使三者交相渗透，政治制度和家庭制度融贯为一，政治家族化，家族政治化，从而使先秦儒家政教合一的所谓王道政治由空想变成了现实。此外，董仲舒提出的官吏考选制度，特别是罢黜百家独尊儒术的文教政策，更是从制度上落实了儒家"学而优则仕"的理想，在制度上开通了文人治国的道路。由此，政治上对当代君主和现实政治绝对服从，家庭中父家长一人当道而显示出的服从权威、服从权力的传统，以及读书做官以施展抱负的传统，便逐渐由隐转显，充塞人心。更为重要的是，这些传统的确立和日渐强化，在更深的文化心理的层面上，表现出并完善了为政治服务的传统。

参与政治活动，借政治的力量扩大自己观点的影响，以形成普遍、广泛的社会基础，也是思想家铸造传统的重要途径。孔孟游说诸侯，希望儒家学说见用于世；韩非为帝王设计，要通过政治实践使法家思想一统天下；董仲舒对策朝廷，借助武帝的政治力量罢黜百家而独尊儒术；韩愈鼓吹道统，上书宪宗，谏迎佛骨，实际上是想借助政治的力量扩展儒学的地盘；诸如此类，不胜枚举。封建士大夫们标榜自己"穷则独善其身，达则兼善天下"，究其实质，"达"是仕途通达，居庙堂之上，即政治上得势；"穷"是失意落魄，处江湖之远，即政治上失意。这两种看起来截然相反的结局和旨趣，实质上不过是依附政治、利用政治、服务政治心态的一体两面而已。无可否认，思想家们对政治的热衷，在客观上有着宣传自己学说、影响社会的重大作用。而相同思维路向和价值取向的思想家的世代接力，最终必然有助于特定文化传统的构建。显而易见，这种情况也充分反映出服务政治的传统是何等普遍，何等丰厚！

毫无疑问，文化传统的形成，有其客观的自然历史进程，绝非人们主观意向所随意决定。但是，另一方面，我们也要承认思想的力量是巨大的，思想家在文化传统的铸造方面，起着至关重要的作用。这种作用的实现，往往是通过对属于深层结构的传统思想文化的诠释和新的思想体系的创建而实现的；同时，它也往往是通过对现实的制度文化的阐扬和新型文化制度的创建而实现的。

四、思想家与文化传统的关系

文化传统与思想家之间的关系，不是一种单向的决定，而是互相作用的繁复多样的过程。传统熏陶了思想家，培育了思想家。

首先，思想家的眼界、素养受文化传统的制约。人们创造历史，思想家铸造传统，并不是随心所欲的，而是在历史已经形成的条件下进行的，是在直接碰到的、既定的、从过去继承下来的条件下创造。西周"以德配天命"的理性觉醒，带给孔子的是天命观念动摇、人文精神崛起的文化财产，因而孔子要铸造而且也只能铸造的是古典人道主义的传统，是质朴的人本主义传统，而不可能铸造天人感应、君权神授的传统，也不可能铸造"三纲五常"的传统。同理，董仲舒必须而且也只能铸造天人感应、君权至上和"三纲五常"的传统，而不可能铸造以无为本、无中生有的思辨传统，或者融儒释道为一的"理"本体的传统。因此，既有的文化传统必然要影响到思想家建构新传统的材料，给予其构想方面的参照，从文化范式的角度引导、规范思想家的行为，从而在客观上把文化传统的延续灌注于思想家的意识之中，甚至是下意识之中。

其次，既有的文化传统为思想家创造性的精神活动提供启迪，为其重建传统、开创新的传统做理论准备。思想家之所以配称为思想家，就在于他不仅自觉地继承传统、承担传统，而且主动地创造新的传统。历史表明，思想进程的每一步发展，都不过是历史过程在抽象的、理论上前后一贯的形式上的反映。但要保持历史发展的连续性和一贯性，依靠因袭的方式是远远不够的，而要从已有的思想材料出发（尽管它的根源深藏在经济事实之中），结合时代条件，创造新的思想。明智的思想家都清醒地认识到，"传统是一种巨大的保守力量"，这种"保守"，固然可以理解为对固有文化的钟情，但更为重要的是，这种"保守"昭示的是一种阻力、"是历史的惰性力"。因此，思想家必须克服这种阻力，冲出历史的惰性力，继往开来，锻铸新的文化传统，以继承、光大固有传统。而固有文化传统的存在，则在思想资料、理论思路、价值规范等方面，给思想家的创造性活动提供了前提。这种前提的提供，不仅可以使思想家在重建传统的过程中有所归依，更为重要的是，它可以成为思想家开创新的传统的基点。汉代董仲舒、宋代朱熹等人对儒学传统的继承和革新,现代新儒家高扬并努力实践的对儒学的"返本开新",都有力地证明了这点。

最后,文化传统的存在和深厚影响,给特定时代的人们以价值导向,为思想家的活动提供了广阔的认识基础和实践经验。既有文化传统,作为民族精神的一种积淀,往往成为古典社会中的人们自觉接受的精神食粮,成为文化的"集体无意识"。这种情况,在客观上开通了人们文化接受的心扉。在人们具备接受心理的条件下,思想家对固有文化传统的诠释、发挥、转化,容易为人们所接受;而当思想家创建新的传统的时候,也不致出现明显的心理障碍。这些,已经为中国古代文化发展的事实所证明,人们耳熟能详,无须赘论。

五、 吸收历史资源,重建文化传统

今天,我们处在气象万千、变化万千的改革开放的时代。省思思想家和文化传统的关系,明辨文化传统的基本精神和主体内容,对于我们建设现代新型文化有着重要的理论价值和实践意义。

从中国古代文化发展的事实来看,思想家铸造的文化传统,主要是大传统。换言之,思想家建造的文化,是精英文化。无论是文化保守传统、文化变革传统,还是文化批判传统、服务政治的传统,从类别上划分,都属于文化大传统。这种文化大传统,气势恢宏,结构稳定,内容丰富,思想成熟,代表了民族文化成熟的状况;它代代传承,滋润人心,使受其濡染的人具有根深蒂固的传统性;它有助于人们价值意识的理性提升,使人们的文化意识有心理上的归属感,促进共同文化的价值观念的凝聚,增强民族文化价值认同的自觉性,它促进文化模式的成熟和巩固,使文化的传播变得更加现实,更加直接;它不仅使整合于文化模式中的各种文化要素获得了传统上的前后承续,而且使由该文化模式决定的新文化体系获得了成熟感和后继可能;它对价值系统起着强化作用,从而使该文化的类型特征更为突出。

可见,文化大传统的铸造,对民族文化的发展有着不可忽视的意义。因此,我们应当认真吸取古代思想家铸造文化大传统的经验,为创建当代中国新型文化传统而竭尽绵薄之力。

历史的经验表明,在创建现代新型文化体系的时候,我们应当高度重视文化传统的铸造；同时，我们应当高度重视思想家在建构文化传统方面的不可替代的作用。

近年有人从解决文化危机的角度出发，呼吁"重建传统"。平心而论，从广义的层面看，这种呼吁不失为明智之举。但是，问题并不仅仅在于"重建传统"，而在于重建什么样的传统，以及由谁来重建传统。如果重建的是古代重人伦而轻自然的传统，以及存天理去人欲的传统，那就值得考虑。如果传统的重建者不是真正的思想家，而是利欲熏心的政客，或者锱铢必较的商人，以及别的什么心浮气躁的短视之徒，那就简直是一场灾难！我们这个改革开放的时代，应当而且必然会有自己的思想家群体，重建传统的重任，不可避免地要落到他们肩上。如果说（仅仅是"如果"），一时还没有这样一个思想家群体（请注意是"群体"）的话，那么，毫无疑问，随着改革的深化，开放的扩大，时代必然会造就出这样一个群体。

我的上述论说可能是"想当然"，但却是"自家体贴出来"，好歹算是我对思想家与文化传统关系研讨后获得的一点感悟、一点启迪，不知读者诸君以为然否？真诚欢迎方家不吝教正。

（原载《哲学研究》1993年第8期）

国学与时代精神

自20世纪90年代以来,国学热逐渐兴起,至今遍及神州,而且大有进一步升温的趋势。伴随国学热的高涨,关于国学的内涵、范围、价值的争议,也日益激烈。在文化建设日益重要的今天,在特别需要弘扬中华文化、建设中华民族共有精神家园的时候,如何厘定国学的内涵和范围,如何看待国学的地位和作用,不仅是一个严肃的学术话题,更是一个重要的实践问题。因此,从时代精神的高度,从当代中国文化发展战略的高度,对其作一严肃的辨析,显然具有积极的意义。

一、国学的内涵和范围

如果从历史时限划分,大致说来,国学内涵和范围的演变经历了三个时期,即古代、近现代[①]、最近二十年[②]。

(一) 古代的国学

国学作为单一名词,其实古已有之,早在《周礼》[③]中就已出现。《周礼·春官·乐师》说:"乐师,掌国学之政,以教国子小舞。"这里的

[①] 关于中国近现代历史的分期,学术界有不同意见。一种认为,从1840年鸦片战争到1919年五四运动之前,是近代;从1919年五四运动到1949年中华人民共和国成立,是现代。前者是旧民主主义革命时期,后者是新民主主义革命时期。另外一种意见认为,从1840年鸦片战争到1949年中华人民共和国成立,都是近代,理由是整个这个历史时期,中国社会的半殖民地半封建社会性质是一样的,而判定社会历史发展阶段的根据,关键在于其社会性质。因此,中国近代史,应当"近"到1949年。我认为两种说法各有道理。由于本文所论涉及清末和民初,故在这里使用"近现代"一词。

[②] 本文所谓"最近二十年",是指20世纪80年代中期至今的时间。

[③] 关于《周礼》的成书年代,学术界分歧甚大,主要观点有:A. 汉代刘歆的"周公手作"说,亦即《周礼》成书于西周初年;B. 近人刘起釪的春秋说;C. 东汉何休、近人钱穆、郭沫若、顾颉刚、范文澜等的战国说;D. 宋儒魏了翁、近人梁启超等的周秦之际说;E. 近人胡适等人的西汉初年说。即使最晚年代的"西汉初年"说,距今也已2000余年。可见"国学"一词,渊源甚远。

"国学",是指国家设立的学校。此后,国学在中国古代的基本含义,是指国家设立的学校和教育管理机构,比如汉代的太学、晋代的国子学、隋代的国子监等。曲阜孔庙留存的元朝大德五年(公元1301年)的"大元重建至圣文宣王庙之碑"的碑文中,就曾谈到"国学":"世祖圣德神功,文武皇帝仁需义洽。九域混同,文物焕然可观。内立国学,外置郡邑学官,而于先圣之后,尤所注意遴选,师儒训迪,作成儒贤,以嗣封爵……"[①]这里的"国学",就是中央政府主办的学校,"国家"之"学"。

(二)近现代的国学

近现代意义的国学一词,源于清末民初。1902年秋,梁启超在给黄遵宪的信中,商议创办《国学报》,并强调该报应"以保国粹为主义"。同年,他在《论中国学术思想变迁之大势》中多次提及"国学"一词。在梁启超这一时期的论著中,"国学"实际上就是他此前屡屡论及的"中学",但更多地注意到了"中学"的精粹一面。章太炎1906年在日本东京创立"国学讲习会",继而成立"国学振起社"。国粹派学者邓实1906年在《国粹学报》发表的《国学讲习记》一文中说:"国学者何?一国所有之学也。有地而人生其上,因以成国焉。有其国者有其学。学也者,学其一国之学以为国用,而自治其一国也。"章太炎1922年上半年在上海讲授国学,其内容被曹聚仁整理成《国学概论》出版。该书认为国学的本体是经史、诸子、历史,国学的派(类)别是经学、哲学、文学。章氏在其创立的国学振起社的"广告"中说,国学振起社将发行讲义,全年六册,分别是诸子学、文史学、制度学、内典学、宋明理学、中国历史。胡适认为:"'国学'在我们的心眼里,只是'国故学'的缩写。中国的一切过去的历史文化,都是我们的'国故';研究这一切过去的历史文化的学问,就是'国故学',省称为国学。……过去种种,上自思想学术之大,下至一个字、一支山歌之细,都是历史,都属于国学研究的范围。……国学的使命是要大家懂得中国过去的文化史,国学的方法是要用历史的眼光来整理一切过去的文化的历史,国学的目的是要做成中国文化

---

① 骆承烈汇编:《石头上的儒家文献——曲阜碑文录》(上册),齐鲁书社2001年版,第248页。

史。"① 吴宓认为："国学者，乃指中国学术文化之全体而言。"② 蔡尚思在其1931年由上海启智书局出版的《中国学术大纲》中认为："国是一国，学是学术，国学便是一国的学术。其在中国，就叫作中国的学术。……中国的固有文化，都不能出此国学二字范围外。"这些学者所谈的国学，本质上是中国传统文化。

和上述表述不同，一些学者对国学概念表示了质疑。陈独秀在1923年7月发表在《前锋》杂志第一期题为《国学》的短文中，就表示了自己的不同意见："国学是什么，我们实在不大明白。……我老实说，就是再审订一百年，也未必能得到明确的观念，因为'国学'本来是含混糊涂不成一个名词。"③ 半年多后的1924年2月，陈独秀又在《前锋》杂志第三期发表了同样题名为《国学》的短文，尖锐地说："学问无国界，'国学'不但不成一个名词，而且有两个流弊：一是格致古微之化身，一是东方文化圣人之徒的嫌疑犯。前者还不过是在粪秽中寻找香水（如适之、行严辛辛苦苦的研究墨经与名学，所得仍为西洋逻辑所有，真是何苦!），后者更是在粪秽中寻找毒药了!"④ 郑伯奇批评道："本来'国学'二字是很笼统的名词，而国学运动云云更令人不易理解。"⑤ 曹聚仁虽然赞赏认同国学研究，但也对国学概念表示了质疑，他说："'国学'一名词虽流行于全国，实际上还含糊涂，没有明确的观念可得到呢!"⑥ 钱穆在其完成于20世纪二三十年代的《国学概论》中说："学术本无国界。国学一名，前既无承，将来亦恐不立。特为一时代的名词。"⑦

上述争论，其症结在于三点：一是国学概念的清晰与否，二是国学内容范围的划分，三是国学研究的价值取向。在认为无可争议者看来，国学就是本国之学，是既往之学，是固有的历史文化和学术思想。在认为大有问题者看来，国学不能纳入既有的学科范式。陈独秀指出，胡适长于哲学

---

① 胡适：《〈国学季刊〉发刊宣言》，载《国学季刊》第1卷第1号，1923年1月。
② 吴宓：《清华开办研究院之旨趣及经过》，载《清华大学史料选编》第一卷，转引自罗志田《国家与学术：清季民初关于"国学"的思想论争》，生活·读书·新知三联书店2003年版。
③ 陈独秀：《国学》，载《陈独秀著作选》第二卷，上海人民出版社1993年版，第516－517页。
④ 陈独秀：《国学》，载《陈独秀著作选》第二卷，上海人民出版社1993年版，第604页。
⑤ 郑伯奇：《国民文学论》，载《创造周报》第35号（1924年1月6日）。
⑥ 转引自《陈独秀著作选》第二卷，上海人民出版社1993年版，第517页。
⑦ 钱穆：《国学概论》"弁言"，台湾商务印书馆1987年版，第1页。

史，章太炎长于历史和文字音韵学，罗振玉长于金石考古学，王国维长于文学，这都是具体的学问，"除这些学问以外，我们实在不明白什么是国学"①。质疑者还从学术无国界的视角，反对国学概念的提出以及国学研究的进行。其实，胡适所说的国故，本质上是个中性概念。在胡适心目中，国故并非就是好的东西，也不一定是坏的东西。他曾明确说过："'国故'这个名词，最为妥当，因为它是一个中立的名词，不含褒贬的意义。'国故'包含'国粹'，但它又包含'国渣'。"②当然，胡适"整理国故"的目的，是要发掘国粹，抛弃国渣，其研究本身有明确的价值取向，亦即要通过国学研究，扬弃传统文化，弘扬其精华，抛弃其糟粕。而陈独秀反对国学，则是认为国学是"粪秽"，不必从中寻找"香水"。这实际上是从价值系统层面否定传统文化。这样，关于国学概念的论争，其实从一开始就已经包蕴着国学研究的价值取向之争。

（三）近二十年的国学

20世纪90年代以来的国学论争，与上述情况颇有相似之处，亦即同样出现了对于国学概念的厘定、国学内容范围的划分、国学研究的价值取向等方面的争论。不同的是，两次论争所面临的世界形势和国家发展目标不同。

关于国学概念的内涵，学术界众说纷纭。张岱年说："国学是中国学术的简称。……称中国学术为国学，所谓国是本国之义，这已经是一个约定俗成的名称了。"他认为，中国传统学术包括哲学、经学、文学、史学、政治学、军事学、自然科学以及宗教艺术等等。而自然科学有天文、算学、地理、农学、水利、医学等，"这些都是国学的内容"。"国学是本国学术之意。"③ 张岱年在其《如何研究国学》《漫谈国学》《国学与时代》三文中，也表达了类似的意见。④ 金景芳、吕绍纲认为："国学指未曾染指西学的中国学问。晚清学者讲'中体西用'的与西学相对而言的

---

① 陈独秀：《国学》，载《陈独秀著作选》第二卷，上海人民出版社1993年版，第516页。
② 胡适：《〈国学季刊〉发刊宣言》，载《国学季刊》第1卷第1号，1923年1月。
③ 张岱年：《〈国学丛书〉序》，载张岱年等著《国学今论》，辽宁教育出版社1991年版，第1—3页。
④ 张岱年：《张岱年全集》第七卷，河北人民出版社1996年版，第468—470页、520—521页、561—564页。

中学应当就是国学。"① 楼宇烈认为："国学就是研究中国的传统文化。如果把中国所有的学问都叫作国学，那范围就太大了，应该把国学的研究范围限制在传统文化里。"② 张立文认为：国学是"中华民族学术文化与时偕行的创造，是中华民族学术文化的总和"。③ 李中华认为：国学"是指中国在几千年的社会发展中所积累、积淀的思想文化的总和"。④ 纪宝成认为，国学是中国传统学术，是中华传统文化的精华。国学是中华文明的主要载体，是中华民族精神的集中体现，是中华文明之根。⑤

质疑上述人士的国学概念者，大有人在。舒芜曾撰专文质疑国学。他说："所谓'国学'，实际上是清朝末年、一直到'五四'以来，有些保守的人抵制西方'科学'与'民主'文化的一种借口，是一个狭隘、保守、笼统、含糊而且顽固透顶的口号。……完全是顽固保守、抗拒进步、抗拒科学民主、抗拒文化变革这么一个东西。""所谓国学，并不是传统文化的概念。""'国学'是什么？就是讲儒家的那点东西，封建的那些价值观念。"国学里面所包含的哲学、史学、文学、自然科学等，应当归到各门学科里面去，为什么"非得要说'国学'不可呢"？⑥ 针对舒芜的质疑，蒋国保提出要为国学正名。蒋国保认为，晚清、民国学人所谓"国学"，固然不是泛指中国传统文化，但也并非特指儒家学术，"应该说它是用来统称中国传统人文学科范围内的学术"⑦。王生平认为，改造和扬弃国学概念，是研究中国文化的题中应有之义。"如果从真实的历史而不是从概念出发，中国近现代文化也是国学，而且从本质上看是比国学家们规定的国学更高级的国学。"⑧ 朱维铮批评现在讲的国学没有一个衡量尺度。他指出，讲国学必须先确定两个前提：第一，我们现在的中华人民共和国的疆域，包括台湾在内，这是我们"国"的空间范围；第二，要承认中华民族是个复合体，"国学"一定要包括各个民族群体。"不能说国

---

① 金景芳、吕绍纲：《关于孔子及其思想的评价问题》，载《哲学研究》1995 年第 1 期。
② 楼宇烈：《国学百年争论的实质》，载《光明日报》2007 年 1 月 11 日。
③ 张立文：《国学的度越与建构》，载《理论视野》2007 年第 1 期。
④ 李中华：《对"国学热"的透视与反思》，载《理论视野》2007 年第 1 期。
⑤ 纪宝成：《重估国学的价值》，载《南方周末》2005 年 5 月 26 日。
⑥ 舒芜：《"国学"质疑》，载《文汇报》2006 年 6 月 28 日。
⑦ 蒋国保：《为"国学"正名》，载《文汇报》2006 年 7 月 24 日。
⑧ 王生平：《跳出国学 研究国学》，载《哲学研究》1994 年第 8 期。

学的核心就是孔子和儒教。""'国学'一词,指各国本国之学,是个泛称,不是专指中国的。"① 有趣的是,质疑国学的舒芜,其反对理由之一,就是世界上别的国家都不讲国学,只有中国讲国学,故国学概念说不过去。② 苏双碧认为:"'国学'这个概念的含义说不清楚。""'国学'含义既然不清楚,也就未必是科学之说了。"欧美各国并没有把有本国特点的学术文化称为"国学",马克思主义虽然产生于德国,但它却是时代的产物,而不仅是一国的产物。③

(四)国学概念论争存在的问题

综观百年来特别是最近二十年关于国学概念的论争,主要存在如下问题:

问题一:概念不清。

本国学术、本国的学术研究,本国历史文化、本国的历史文化研究,国学、国粹,传统文化、封建文化,等等,是不同层次的概念,但论者往往将其混为一谈。本国学术,是研究的文本(对象);本国的学术研究,是对本国学术文本进行的学理性探讨。同理,本国历史文化是本国发展过程中自然形成的文明样态,而本国历史文化研究,则是对这个本然的样态进行的分门别类的探讨。换言之,前者是"本来"的历史,后者是"写"的历史。至于传统文化与封建文化并不是同义词,在经过多年的文化研讨后,已经成为常识。④ 传统文化、儒家文化、孔子思想,这些显然不是同一层面意义的概念,自然也不应混为一谈。至于国学、儒学、国粹等概念,其区别更是明显,但不少论者硬是从价值判断优先的立场,将其同质化、同义化。遗憾的是,在近百年特别是近年的国学论争中,不少人往往自觉不自觉地将内涵极为不同的概念混淆起来,先设定一个模糊的概念,再虚拟一个话题,就自说自话地论证起来,于是把国学概念搅得混乱不堪。

问题二:内容和范围模糊。

---

① 朱维铮:《"国学"答问》,载《书城》2007年第9期。
② 舒芜:《"国学"质疑》,载《文汇报》2006年6月28日。
③ 苏双碧:《从"文化热"到"国学热"的反思》,载《北京日报》2006年8月28日。
④ 参见金冲及:《传统文化和封建文化不是同义词》,载《人民日报》2005年2月4日。

国学的内容和范围究竟何在？论者之间并无共识，基本上是各说各的。就内容而言，有说是指经史子集的，有说主要指经学的，有说不包括经学的，有说包括经学、哲学和文学而不包括史学的；有说包括古代诸子学说的，有说是特指儒家学说的；有说主要是指古代人文学科内容的，有说应当包括古代人文社会科学和自然科学在内的；有说泛指传统文化的，有说专指古代学术思想史的。就时限而言，有说是指古代之学的，有说不仅包括古代而且更应包括近现代的，还有说应当包括当代的，等等，真是不一而足。由于范围模糊，内容当然也就不便确定，从而研究和争论也就成了张飞打岳飞。

问题三：思路不清。

国学是事实判断，中性概念，但论者中不乏过于强势的价值判断推行者。视国学为精粹者，把国学看作纯粹的、优秀的价值体系，顶礼膜拜而盲目推崇；视国学为渣滓者，把国学看作洪水猛兽，必欲彻底除之而后快。这种把价值判断和事实判断混淆的做法，导致无谓的争论。此外，论者中有的缺乏充分的根据，只是凭个人意愿甚至主观推测来论证自己的观点。例如，有的论者凭主观想象，认为别国没有国学之说，因而中国也就不应也不能有国学之词。姑且不说别人没有的是否自己就一定不能有，这种逻辑实在过于简单。实际上，别国也有国学。日本就有国学之说。我国的国学国粹概念，本身就是从日本引进的。日本在其近代文化发展过程中，面对基督教文化在日方的胜利，就曾有"国学复兴"思潮的崛起，而"日本国学的复兴，是民族意识的自我觉醒和自我反省的一种新的世界观"。① 不仅如此，韩国也有国学。韩国成均馆大学李天承教授就指出，为了收集、保存韩国学资料，加强对韩国学的研究和普及，在退溪学的发源地——安东的陶山书院附近，还成立了韩国学专门研究机关——韩国国学振兴院。② 可见，并非外国不讲国学、没有国学，而是有的论者并不了解情况。值得注意的是，韩国所谓国学，就是其本国之学，就是该国的民族传统文化。李天承教授指出，早在1965年，在韩国政府的支持下，"以

---

① 参见程伟礼：《全盘西化的外衣与东方文明的躯体》，湖南文艺出版社1988年版，第74-81页。

② 参见李天承：《韩国对儒教的关心以及儒教对韩国的影响》，载《澳门"儒学理论的实践"国际研讨会论文集》，2007年11月。

民族古典文化遗产的现代继承和畅达为目的成立了民族文化推进会，积极推进古典国译者的培养和韩国古典的翻译（代表性的便是《韩国文集丛刊》工作）。……韩国古典翻译院这一新的教育机关也在酝酿之中。"① 有学者指出，土耳其也有国学，所谓"突厥学"便是。类似的还有埃及学、亚述学、印度学等。②

（五）国学应有的内涵、内容和范围

显然，对于中国古代作为"国"家之"学"的中央政府举办的学校和教育机构的"国学"，人们没有什么争议。但是，对于清末民初逐渐流行开来的国学，无论人们是否认识到，其内涵、内容和范围，在百年来的文化发展和文化论争中，已经发生了变化。大致可以这样说，清末民初时期学者所讲的国学，主要是指中国传统（古代）人文学科范围内的学术思想文化。所谓"国"，当然是指本国，中国；所谓"学"，是指中国传统文化范畴的学术和历史文化。即使如陈独秀、郑伯奇、钱穆等反对者、质疑者，在这点上实际上也没法否定。陈独秀从哲学、史学、文学等角度指出国学倡导者和研究者的某种专长或不足，其实是在客观上承认了国学内容和范围是指中国的传统人文学科和历史文化。钱穆一方面质疑国学概念不够科学，另一方面也承认国学是某一特定时代的名词。而在他有名的《国学概论》一书中，其内容和范围不外是孔子与"六经"、先秦诸子、两汉今古文经学、魏晋玄谈、宋明理学、清代考据学之类的学术思想史，这表明，钱穆所谈的国学，就是本国之学，就是本国的历史文化。

其实，如果抛开成见，以平和之心来讨论问题，则我们可以在国学的内涵、内容和范围的问题上取得大致接近的意见。

大致可以说，古代意义的"国学"，作为中央政府主办的学校和教育管理机构，论者间没有争论。近现代意义的国学，清末民初兴起的国学，主要是指古代人文社会科学范畴的学术历史文化。相对于西学而言，是中学；相对于新学而言，是旧学；相对于当代而言，是古代；相对于实践而言，是理论。最近二十年所讲的国学，既有指古代而言者，也有指包含古

---

① 参见李天承：《韩国对儒教的关心以及儒教对韩国的影响》，载《澳门"儒学理论的实践"国际研讨会论文集》，2007 年 11 月。

② 连博：《"国学"与各国特殊学问》，载《文汇报》2006 年 8 月 1 日。

代和近现代而言者；既有指传统人文社会科学范畴而言者，也有指既包含传统人文社会科学也包含自然科学在内者。所谓国学，是指本国之学。这个学，既指传统文化，也指传统文化研究。"四书"是传统文化，《四书章句集注》是研究传统文化；随着历史的发展，《四书章句集注》后来也成了研究对象（也成了传统文化），而《四书集注简论》是研究传统文化①；传统文化固然是国学，而数十年前章太炎的《国学概论》、钱穆的《国学概论》，在当时是研究国学的论著，而今却也已成为今天的国学研究的内容。近年所谓国学，本质上就是传统文化。就时限而言，包括古代传统文化、近现代传统文化（不包括当代文化）；就学科门类而言，包括人文社会科学和自然科学；就国别而言，相对于西学而言是中学，相对于世界而言，是国学；就内容而言，"十三经"、《诸子集成》、《黄帝内经》、《本草纲目》、《周髀算经》、《孙子兵法》、《孙膑兵法》、"二十四史"等，是国学，民俗风情、元宵节、春节、清明节、端午节等，也是国学。道理很简单，这里所谓传统文化，是广义的说法，既包括思想文化、制度文化、物质文化、行为文化，也包括生活方式、风俗信仰，而不仅仅是某家某派学说。

二、国学论争的实质是如何实现中国的现代化

百年来的国学论争，特别是近二十年的国学论争，其实质是什么？是中国社会向何处去，是中国如何实现现代化。

从鸦片战争到当今，一百多年来的中国社会发展的进程，从根本上看，就是实现现代化、振兴中华、复兴伟大的中华文明的进程。在这样一个时代主题下，各种主张、各种思潮，都离不开对是否实现现代化、如何实现现代化、实现什么样的现代化这个主题的回答。

以国学论争为表现和重心的思想文化运动，集中反映了近现代中国社会发展的主题。宏观地看，晚清以来关于国学问题的论争，如果集中于近现代意义的国学概念出现以后，② 则大致可以分为这样几个阶段：国学概

---

① 邱汉生：《四书集注简论》，中国社会科学出版社1980年版。
② 其实近代中国关于中体西用问题的论争，本质上也是国学论争的重要内容，限于篇幅，并为了论题的相对集中，故此处从略。

念论争（清末民初，大约 1900—1915 年）、东西文化论战（大约 1915—1927 年）、中国现代化问题讨论（20 世纪 30 年代）、中国文化出路论战（20 世纪 30—40 年代）、"文化热"和"国学热"及其论争（20 世纪 80 年代中期至今）。

（一）东西文化论战背后的国学价值观

清末民初关于国学概念的论争，前文已经阐述，此处不赘。后来的东西文化论战、中国现代化问题的讨论、中国文化出路的论战、"文化热"和"国学热"中的论争所反映的问题，本质上是如何看待国学，如何在挺立民族文化主体、树立民族文化意识的战略高度上正确对待外来文化和本国传统文化的问题。值得注意的是，无论对国学采取何种态度，认同赞赏也罢，否定批评也罢，其实都是希望中国实现现代化，区别只是在于如何实现现代化、实现什么样的现代化。

大力倡导国学、弘扬国学的梁启超，于 1902—1903 年间发表了著名的《新民说》（此时，他正在大力倡导国学），阐发了以根本改变国民素质为目标的"新民"论。梁启超新民论的基本思想，是要铸造新的民性，提出了自由、进步、自治、自尊、公德、权利思想、国家思想、义务思想等现代国民的基本品格，作为"新民之道"，以实现"国之安富尊荣"。梁启超自己解释说："新民云者，非欲吾民尽弃其旧以从人也。新之义有二：一曰，淬厉其所本有而新之；二曰，采补所其本无而新之。二者缺一，时乃无功。"[①] 可见，梁启超所要弘扬的国学，并非一成不变的僵化思想，而是要与时俱进地提升固有文化的精华、吸收外国优秀文化而融铸新文化、铸造新国民，实现现代化。梁启超后来在《欧游心影录》中明确宣布，中国文化的发展，中国社会的进步，应当"拿西洋的文明来扩充我的文明，又拿我的文明去补助西洋的文明，叫他化合起来成一种新文明"。值得注意的是，梁启超的《新民说》，是利用中国传统经典《大学》的"新民"概念和思路，阐发在当时具有强烈现代化气息的全新思想。这本身就显示了国学优秀成分在新时代的启蒙思潮中具有合理的价值，当时的进步思想家在吸纳西方文明优长之处时，并未彻底否定本国文化。可见，弘扬国学优秀成分，认同国学的合理价值，与认同西方先进文化，改

---

① 李华兴、吴嘉兴编：《梁启超选集》，上海人民出版社 1984 年版，第 206－268 页。

造国民品性，实现现代化，并不矛盾。

西化派的胡适，提出中国应当学习西方，追赶西方，以尽快实现现代化。胡适认为，中国未来必定应当而且可以实现"科学化和民治化"。① 西洋文明能够解放人的心灵，改造物质环境，改造社会政治制度，满足人类精神需求，是理想主义的，是优秀的精神文明。② 可见，整理"国故"，推崇"国粹"，学习西方优秀文化，用西洋"优秀的精神文明"批判"国渣"，并非势不两立，而是可以相辅相成的。

极力反对国学的陈独秀，继梁启超1902年的新民说之后，于1915年提出了"新青年"所应具备的特质：自主的而非奴隶的，进步的而非保守的，进取的而非退隐的，世界的而非锁国的，实利的而非虚文的，科学的而非想象的。③ 这种思想，显然是具有明确现代意识的人学思想。一般认为，胡适和陈独秀在当时都是西化思潮的重要代表。但同样属于西化思潮阵营，胡适和陈独秀对于国学的态度大异其趣。前者认同国学，认为中西文化可以相通；后者否定国学，认为中西文化截然相反。但是，在中国一定要而且必然能实现现代化方面，在中国文化的未来前景方面，二者的认识却又殊途同归。真正意义的全盘西化论者陈序经，曾经批评胡适和陈独秀的西化论并不彻底。他指责说："胡先生所说的西化，不外是部分的西化，非全盘的西化。"④ 应当说，陈序经对胡适的批评是中肯的。胡适早在1919年，就明确提出"研究学问，输入学理，整理国故，再造文明"的主张，⑤ 这个主张背后所隐含的价值取向，实际上就是学习西方，整理国学，构建中国新文化，已经是中西结合、继承传统而又超越传统的现代学术思路，是在文化现代化方面的创造性思路。从胡适后来的学术发展和社会实践来看，他是恪守了这样一种现代学术观的。因此，胡适并不是真正意义上的全盘西化者。陈序经还批评陈独秀的西化论："陈先生所要的西化不外是民主主义和科学；除此之外，别没所要，则陈先生所要的

---

① 胡适：《读梁漱溟先生的〈东西文化及其哲学〉》，载《读书杂志》第8号（1923年4月1日）。
② 胡适：《我们对于西洋近代文明的态度》，载《东方杂志》第23卷第17号，1926年7月。
③ 陈独秀：《敬告青年》，载《青年杂志》第1卷第1号，1915年9月。
④ 陈序经：《中国文化的出路》，载《陈序经学术论著》，浙江人民出版社1998年版，第80页。
⑤ 胡适：《新思潮的意义》，载《新青年》第7卷第1号。

西化,恐怕非全部的西化。……积极地主张接受全盘西化的工夫,陈先生还做不到。陈先生的在中国思想上能别开一个纪元,却在他根本地否认中国一切的孔教化,并非主张全盘西化。"① 可见,即使当年西化如胡适陈独秀者,实际上不可能也没有真正意义上的全盘否定国学。

梁漱溟于1921年出版了自承是"归宗儒家"的《东西文化及其哲学》一书。该书通过对东方化还是西方化(孔化还是欧化)问题的阐述,透过对西方、中国、印度三种文化类型的比较研究,揭示了中国文化的价值所在,重建了中国文化的主体性意识,提出未来世界文化必然是中国文化的复兴的论断。该书展现了具有世界意识的多元文化观,打破了当时盛行的西方文化中心论的思维定式。著名的现代化研究专家、北京大学罗荣渠教授认为,该书"是儒学现代化的一部开路之作","中国现代化思想启蒙运动的主要矛头是反儒学的,而正是在反儒学的高潮中诞生了儒学现代化的第一部论著"。② 应当说,罗荣渠这个评论是中肯的。可见,对国学"保守"如梁漱溟者,没有也不可能违背现代化的潮流。相反,作为现代新儒家重镇的梁漱溟,正是儒学现代化的真正推动者。这本身就表明,对国学的护持和对现代化的追求,并不是截然对立的,而是可以相互融合的。

从上述梁启超、胡适、陈独秀、梁漱溟等代表性人物对于东西文化关系的论辩可以看出,无论当事人的政治立场、学术观点如何,都没有也不可能脱离实现中国现代化这个时代主题。症结只是在于如何实现现代化、实现什么样的现代化。其间,对于国学的态度,是十分重要的环节。梁启超的"新化"(以及第一次世界大战后演变出的"孔化"),胡适、陈独秀的"西化",梁漱溟的"孔化",无不与如何面对西方文化相连,无不与如何直面国学有关。因此,我们说国学论争的实质是中国现代化的路向问题,并不是夸大之词。

(二)现代化问题论争中的国学观

东西文化之争后,继之出现的是30年代的关于现代化问题的讨论。

---

① 陈序经:《中国文化的出路》,载《陈序经学术论著》,浙江人民出版社1998年版,第75页。
② 罗荣渠主编:《从"西化"到现代化——五四以来有关中国的文化趋向和发展道路论争文选》,北京大学出版社1990年版,第9页。

根据历史文献,"现代化"作为专有名词,在"五四"以后的东西文化观论争中已经出现。20年代,严既澄、柳克述等人已经明确使用了现代化概念。胡适1929年在其有名的《文化的冲突》一文中,明确使用了"一心一意的现代化"(Whole-hearted modernization)的命题。1933年7月,上海申报月刊为纪念创刊周年,刊发特大号的《中国现代化问题》特辑。该刊编者在前言中剀切陈词,认为今后中国如"再不赶快顺着'现代化'的方向前进,不特无以足兵,抑且无以足食。我们整个的民族,将难逃渐归淘汰、万劫不复的厄运"。[①] 这个专辑的编印至今已近80年,今天读来,仍然有振聋发聩之感!回想改革开放初期的20世纪80年代,我们举国上下的共识是:落后就要挨打!如不迈向现代化、实现现代化,我们中华民族就会被"开除球籍"!当年的"难逃渐归淘汰、万劫不复的厄运"的警语,与数十年后将被"开除球籍"的警钟何其相似!该专辑发表的20多篇文章,集中讨论的问题,一是实现中国现代化的前提、困难和障碍,二是如何实现中国现代化。这次讨论的背景,一是对民族危机的急切认识,二是对世界经济危机的认识。对民族危机的认识,源于对本国文化传统的反省及对西方文明优秀成分的认知;对世界经济危机的认识,源于对第一次世界大战给人类带来的危害,以及由此而来的对于西洋文明片面认同的反省和超越,特别是对1929—1933年的世界经济危机的认识。这样一种认识的逻辑归宿,必然是对本国国情(包括历史文化传统和当下的政治经济现实)的反思,对西方文明弱点的认识。可以说,现代化问题的讨论,比较典型地反映了当时中国思想界对于传统与现代、中国与西方关系问题的进一步思考,是近代以来古今中西之辩问题的深入。此后,关于现代化的思考越来越广泛深入,方方面面的人士都参与进来。胡秋原写于1938年、出版于1943年的《中西文化与文化复兴》专论中国文化复兴的基本思路,就是现代化问题。在他看来,如果不是满族入主中原、实行闭关愚民之术,"中国也许早已现代化了"。他认为:"中国革命之目的,在于建立现代化的中国。我们抗战,是要打破现代化的障碍;我们建国,就是建设现代化中国之基础。""所谓现代化不是别的,就是工业化、机械化的意思,就是民族工业化的意思。中国必须现代化,才能生存于现代国际环境中,才能洗刷我们的落后和污秽、浅薄和玄虚。而现代化也是

---

① 《申报月刊》编者:《中国现代化问题》,载《申报月刊》1933年第2卷第7期。

中国自然前途。"① 全盘西化的极力倡导者陈序经，1932 年撰写了《教育的中国化和现代化》一文（发表于 1933 年），批驳当时流行的教育中国化观点。他认为，所谓中国化，实际上是抵制现代化，是以国情论来排拒现代化，是开倒车。他的结论是："全部的中国文化是要彻底的现代化的，而尤其是全部的教育，是要现代化，而且要彻底的现代化。"只有现代化的教育，才是活的、生的、新的教育，因此，必须"赶紧的，认真的，彻底的现代化"。② 而他所谓现代化，就是彻底的西化："全盘西化是必然的趋势。我们所要明白的，是要自己化自己，毋待到他人来化我们。"③ 胡秋原和陈序经的思维方式、价值取向颇为不同，特别是在如何看待国学的问题上，立场截然相反。但他们在关于中国必须实现现代化而且一定能够实现现代化的问题上，却是相反相成。可见，无论论者主观意识如何，客观上，国学（传统文化）问题的论争，渗透着中国现代化的精神。其实，关于中国现代化问题的论争，关于中国文化出路的论争，并非在时间上单线发展、前后相继，而是相互交织、相互渗透。而关于中国现代化问题的正面讨论，从 20 世纪 30 年代一直延续到 40 年代末期。根据文献，仅仅直接以"现代化"命题的论著，就有相当数量。例如，杨幸之的《论中国现代化》、亦英的《现代化的正路与歧路》（1933）、张素民的《中国现代化之前提与方式》（1933）、董之学的《中国现代化的基本问题》（1933）、陈高傭的《怎样使中国文化现代化》（1933）、④ 周宪文的《"中国传统思想"与"现代化"》（1948）、吴世昌的《中国文化与现代化问题》（1948），等等。

（三）中国文化出路论争中的国学观

与现代化问题讨论密切相关，中国文化出路问题的探讨随之而来。1935 年初，王新命、陶希圣、萨孟武、黄文山等 10 位教授发表《中国本位的文化建设宣言》（以下简称"宣言"）。"宣言"认为文化意义的中国不见了，中国政治的形态、社会的组织、思想的内容和形式，都已失去本

---

① 蔡尚思主编：《中国现代思想史资料简编》第四卷，浙江人民出版社 1983 年版，第 148－151 页。
② 陈序经：《教育的中国化和现代化》，载《独立评论》第 43 号，1933 年 3 月。
③ 陈序经：《东西文化观》，广州岭南大学 1937 年版，第 151 页。
④ 以上 5 篇文章都发表在专门讨论中国现代化问题专辑的《申报月刊》第 2 卷第 7 期。

来的特征,在此状况下的人,也已逐渐不能算是中国人。"我们肯定的说:从文化的领域去展望,现代世界里面固然已经没有了中国,中国的领土里面也几乎已经没有了中国人。"作者认为,"要使中国能够在文化的领域中抬头,要使中国的政治、社会和思想都具有中国的特征,必须从事于中国本位的文化建设。"①"宣言"认为,要从事中国本位文化建设,必须用批评的态度、科学的方法,检讨过去的中国,把握现在的中国,建设将来的中国。为此,复古、西化(模仿英、美、意、德)、俄化,都不合中国国情和现实需求,因为这些主张"都是轻视了中国空间和时间的特殊性"。"宣言"提出,"注意于此时此地的需要,就是中国本位的基础"。徒然赞美或者诅咒中国的制度和思想,都没有意义;对待过去的一切,应当用检讨的态度,"存其所当存,去其所当去",把过去的良好制度伟大思想发扬光大,以贡献于全世界;把过去的不良制度、卑劣思想淘汰务尽,无所吝惜。在这样一个价值原则立场上,吸收欧美文化中所应当吸取的,而不应当不加分辨地全盘吸收。"吸收的标准,当决定于现代中国的需要"。中国本位的文化建设,是迎头赶上去的创造,"目的是使在文化领域中因失去特征而没落的中国和中国人,不仅能与别国和别国人并驾齐驱于文化的领域,并且对于世界文化能有最珍贵的贡献"。建设中国本位文化,应有基本的立场:既要有自我的认识,也要有世界的眼光;既要有不闭关自守的度量,也要有不盲目模仿的决心。既不守旧,也不盲从。不守旧,是淘汰旧文化,去其渣滓,存其精英,努力开拓出新的道路;不盲从,是取长舍短,择善而从,在从善若流中,仍不昧其自我的认识。最终,"使中国在文化的领域中能恢复过去的光荣,重新占着重要的位置,成为促进世界大同的一支最劲最强的生力军"②。这篇"宣言"发表后,引起了轩然大波。限于本文的主题和篇幅,其间的是是非非此处姑且不论。如果单从文化建设的层面考察,从文化建设的主体性考察,从坚持文化的民族性的角度考察,则这篇"宣言"所强调的文化建设应当注意主体意识,提升主体精神,从本国国情出发吸纳外国优秀文化,增强文化建设的民族性并关注时代性,实现中华民族文化的复兴。这些思想,在今天看来,还是具有一定的积极意义。这里的关键,是作者们对于本国文化的

---

① 王新命等:《中国本位的文化建设宣言》,载《文化建设》第1卷第4期。
② 王新命等:《中国本位的文化建设宣言》,载《文化建设》第1卷第4期。

分析的态度，对于本国固有文化优秀成分的肯定，同时对其糟粕的严肃批评以至抛弃的态度。可以说，在如何对待国学的问题①上，"宣言"还是从文化的民族性和时代性相统一的高度，从中华文明复兴的良好愿望出发，因而值得给予相当程度的肯定。之所以如此，在于"宣言"的思想脉络，是中国如何在现代化发展途程中，在西方文明的冲击下，保持文化层面的民族自我意识，弘扬文化建设的主体性。②这篇"宣言"所论辩的"本位文化"的"本位"问题，实际上关涉到文化建设的中国特色问题，亦即中国化问题，这个问题，在继后的文化讨论中进一步凸现出来。张申府专门撰写了《论中国化》（1939）一文，艾思奇著有《论中国的特殊性》（1939），嵇文甫写了《漫谈学术中国化问题》（1940），③至于其他虽然题目没有出现"中国化"而实际内容是研讨"中国化"问题的论著，则在在多有。当然，论者间的观点并不一致，甚至相当矛盾对立，例如张申府、艾思奇和嵇文甫之间，其观点就很不一样。但是，现代化模式的"中国化"问题、中国文化的现代化问题、如何实现中国化问题，则是无可争议的关注重心。这本身也反映出国学论争的本质，反映了国学与现代化进程，与时代精神、民族精神不可分割的关系。

（四）近二十年文化热和国学热中的国学理念

新中国成立以后，在最初数年，国学的存在和发展似乎并不是问题。原因在于，在最高领导人的认可下，国学被当作社会发展和文化建设的可资利用的资源。早在1938年，毛泽东就说过："今天的中国是历史的中国的一个发展。我们是马克思主义的历史主义者，我们不应当割断历史。从孔夫子到孙中山，我们应当给以总结，承继这一份珍贵的遗产。"④ 1940年，毛泽东在《新民主主义论》中，对文化问题做了颇多阐述。在他当

---

① 北京大学楼宇烈教授说："所谓本位文化，也就是国学的问题。"见楼宇烈著《国学百年争论的实质》，载《光明日报》2007年1月11日。

② 发起创立中国共产党的参与者之一、周恩来和朱德等中共领导人的入党介绍人张申府曾在《论中国化》一文中说："根据自觉、自信、人化、中国化的必要，前几年一度提倡的中国本位文化运动，在大体上，在本意上，本是对的。当时反对或嘲笑之的不免是由于不了解，由于感情用事，而未就事论事。"（《张申府文集》第一卷，河北人民出版社2005年版，第307页。原载1939年2月10日《战时文化》第二卷第二期。）

③ 嵇文写于1939年，发表于1940年。

④ 毛泽东：《毛泽东选集》一卷本，人民出版社1967年版，第499页。

时看来："中国的长期的封建社会中，创造了灿烂的古代文化。清理古代文化的发展过程，剔除其封建性的糟粕，吸收其民主性的精华，是发展民族新文化提高民族自信心的必要条件。""我们必须尊重自己的历史，决不能割断历史。"① 正是根据这样一种历史理性，在中华人民共和国成立初期，国学被当作可以"批判性继承"的历史文化资源而受到相对的重视。但是，随着20世纪50年代后期国内情势的变化，毛泽东对知识分子进而对历史文化遗产的态度发生了重大变化。"文化大革命"是对中国历史文化彻底否定的极端表现。这个时期，传统思想文化是被作为彻底否定的对象、作为反面教材而存在。怪诞的是，即使在"文革"这样大革文化之命的时期，历史文化传统特别是思想文化，也一度受到"重视"，被当作政治斗争的工具。典型的如评法批儒、批林批孔之类，其对民族历史文化的糟蹋，举世罕见。这从反面证明，我们今天所讲的国学，其生命力是极强的，无论你承认与否，它都客观存在，并且不可回避，甚至会影响到现实的社会文化建设。区别只是在于，不同时代有不同的概念来指称而已。在"全面专政"的"文革"时期，用的是"封建主义文化""反动文化"之类的名词，而在20世纪80年代以来，分别用的是"传统文化"（"中华文化""民族文化"）和"国学"。

改革开放以后，随着经济社会发展，随着现代化进程的重新启动，20世纪80年代中期，文化热开始出现，至今已持续二十余年。二十多年的文化讨论热潮，大致可以分为三个阶段。一是80年代以激进色彩为特征、具有明显西化调子的文化热；二是90年代以弘扬传统文化为旗帜、具有明显保守色彩的国学热；三是21世纪以来大众传媒介入、大众参与度甚高的国学热。②

80年代的文化热，没有使用国学这个名词，而是使用传统文化这个概念。中国传统文化与现代化的关系，一度成了举国关注的问题，文化热遍及神州，影响海外。究其原因，一是人们对传统反思的结果，希望了解并解决传统文化与现代化的关系；二是改革开放后西方文化再度涌入国

---

① 毛泽东：《毛泽东选集》一卷本，人民出版社1967年版，第667－668页。
② 其实，从近二十年来的研讨内容看来，都是文化层面的问题，可以统称为"文化热"；但由于80年代普遍使用"传统文化"概念，而90年代和21世纪普遍使用"国学"概念，故本文从众。

门，形成对本土文化和现实问题的严峻挑战，需要理性应对欧风美雨的冲击；三是改革深入的必然结果，需要解放思想，促进文化价值观念的变革，建构适合现代化建设的思想文化体系；四是对"五四"激烈的反传统和"文革"全盘否定传统的后果做合理的评析。① 在这种背景下，80年代的文化讨论热潮的主调，基本是反传统，具有比较强烈的西化色彩。

90年代的文化研讨热潮，明确使用了国学概念，高举弘扬传统文化的旗帜，并且有强烈的"保守"色彩，与80年代恰好形成鲜明的对照。各种各样"弘扬"传统文化的图书、影视作品，各色各样的国学讲座纷纷登场。重新包装印刷的传统文化启蒙读物，新编的各种具有国学特色的书籍，从单本书到丛书，从原版古籍丛书到研究性的国学丛书，从数千字、数万字到数十万百万字，乃至千万字数亿字的"国学"图书，接连不断地问世，真正是你未唱罢我登场！在商场，在官场，在校园，在工厂，一时之间，似乎大家都在关注国学，人人都在弘扬传统，国学热真正到了近代以来空前的程度！这个时期的国学热，很大程度上是对传统文化作为历史资源的清理和发掘，是对现代化进程中本国历史文化价值的新的认同。

进入21世纪以来，国学热继续高涨。这个时期国学热的盛行，在具有此前90年代国学热的种种特征的同时，还具有了新的特征，这就是大众传媒的广泛介入，以及学术界之外的种种社会力量的参与。中央电视台的《百家讲坛》成为传播国学的重要基地。于丹讲《论语》《庄子》，易中天讲《三国》，以及其他学者讲历史文化，推波助澜，兴盛一时。北京大学的"乾元国学教室"，北京大学、光明日报和新浪网联合推出的"乾元国学博客圈"，首批邀请全国100位国学界的一线学者加盟，"共同组成国学第一方阵，共同打造通过网络向大众宣传国学、普及国学的第一平台"。《光明日报》（国学版）主编梁枢在致新浪"乾元国学博客圈"教授"博主"的信中强调："促进国学大众化是当代每一个国学学者的历史责任。"《光明日报》专门开辟了"国学"专版，研讨国学，宣传国学。至于冠以国学之名或者虽不以国学冠名但实际上是宣传研讨国学的网站，林林总总，不胜枚举。由官方支持甚至直接主办的各种类型的国学会议、

---

① 参见李宗桂：《中国文化概论》第十五章"传统文化与现代化"，中山大学出版社1988年版，第364—382页。

国学讲座，接二连三；由学术界主办的全国甚至国际性国学学术会议，比比皆是；由实业界操持的国学活动，花样繁多；由中小学开展的国学活动，形式多样，内容丰富。① 这个时期的国学热，相对于90年代而言，更加理性，参与面更广，群众性更强，实践性也更强。人们既从学术的角度探讨国学与现代化的关系，更从国学的具体内容出发，从现实的文化建设和社会需求出发，考量国学的价值和功能，从建设性的一面衡量发掘国学资源。②

如果说，80年代文化热中的全盘否定传统文化、西化调子较高是一种偏颇，90年代在弘扬传统文化旗号下高涨的国学热有盲目认同的倾向也是一种偏颇，那么，21世纪以来的国学热，显得较为理性，更为实际，更多的是从文化的民族性一面认识国学的价值，从当代文化建设的现实需求，从全球化发展的战略高度，审视国学，扬弃国学，使国学为中华民族的复兴服务。③ 套用正、反、合的三段式，80年代是正，90年代是反，21世纪是合。这个合，是在更高层次上的跃升。

三、国学与时代精神的双向互动

纵观百年来的国学发展，可以看到一个明显的思想轨迹和时代特征，这就是时代精神与国学的双向互动。国学反映着时代精神，时代精神推动着国学，引领着国学。

一个时代有一个时代的精神，一个时代有一个时代的学术。近现代中国的时代主题是争取民族独立、人民解放、国家富强，建设民主、文明、富强的新中国。其间，贯穿始终的时代精神，是振兴中华、实现现代化。从不同阶段的发展来看，20世纪前半叶表现为御侮图强、振兴中华；近

---

① 相当数量的中小学开展了古典诗文诵读活动，有的还自编了国学读本，有的开展了课外活动。如华南师范大学附属小学不仅有国学课程，而且在2007年承办了"两岸四地中学生国学夏令营"，邀请海峡两岸学者到场讲国学，广东省一位副省长到场讲话，支持夏令营开办。笔者曾应邀讲授"岭南文化与时代精神"专题。

② 由广东省委宣传部组织编写的《公民道德格言》（广东人民出版社2002年版）和《社会公德四字歌》（广东人民出版社1996年版）就在宣传现代公民道德的时候，吸纳了国学中的合理成分，例如"将心比心，推己及人；己所不欲，勿施于人""己欲立人，己欲达人"。

③ 参见李宗桂：《经济全球化与民族文化建设》，载《哲学研究》2001年第1期。

二十年来,是改革创新、振兴中华。

从20世纪初年近现代意义的国学概念从日本引进中国,国内关于国学的争鸣,东西文化的论战、中国现代化问题的讨论、中国文化出路的论战,以及整个20世纪前半叶国学在振兴中华、实现中国现代化过程中的地位和作用的论辩,贯穿始终。根本的症结,并不在于要不要振兴中华、要不要实现现代化,而在于如何振兴中华、如何实现现代化、实现什么样的现代化。胡适、陈独秀固不必说,就是被认为保守的梁漱溟之类现代新儒家,又何尝不是要走现代化之路,要复兴中华文明!东西文化论战的实质,实际上是怎样实现现代化、实现什么样的现代化,而不是坚持或者反对现代化。中国现代化问题的讨论,本质上,也是探讨中国建设现代化国家应当走什么道路、应当有什么样的模式、应当具备什么样的中国特色的问题。中国文化出路论战,其症结也同样如此。所谓本位文化建设,在今天看来,不外是现代化建设进程中如何既吸纳西方先进文化而又适合中国国情,既参与世界文明进程融入人类文明发展的康庄大道而又保持民族文化的主体性,弘扬文化建设的民族意识,特别是如何正确处理国学与现代化关系的问题。① 因此,我们可以说,在20世纪前半个世纪的国学论争,本质上是时代进步使然,反映了御侮图强、振兴中华的时代精神。

值得关注的是最近二十年关于国学问题的论争。从上文可以看出,近年的"国学"是个特殊的、误解纷呈的概念。否定国学者,指斥国学是保守、僵死的东西,是封建主义的沉渣泛起,甚至是用来反对社会主义文化的工具;肯定、钟情国学者,认为国学是本国文化精粹,是当今救世之学;也有人对国学抱持平态度,认为在今天的文化建设中,应当把国学作为传统资源加以利用和改造,批判性吸收并创造性转化其优秀成分,理性超越并抛弃其糟粕。当然,也有各种各样利用国学以谋利的机构和人士,把国学摩登化、商业化、恶俗化,但毕竟不是主流。近年质疑国学如舒芜、苏双碧等人,其关注的要点,在于国学能否促进现代化,而不是一般意义地反对国学、质疑现代化。应当说,近二十年的国学论争,刚好反映了国学与改革创新的时代精神的一致。将国学作为传统资源,合理地予以

---

① 即使在全球化时代,在中国现代化建设已经颇有成效的今天,也有一个在文化建设中如何保持民族性的问题。参见李宗桂:《经济全球化与民族文化建设》,载《哲学研究》2001年第1期;李宗桂:《重视传统文化的民族性》,载《人民日报》2005年2月4日。

阐释，为当代中国文化建设增添思想资源和价值选择，为本土文化的改革创新，适应世界文明发展潮流而努力，正是与改革创新、振兴中华的时代精神相一致的表现。

近年的国学热潮，特别是学术界的国学研究，是改革创新的时代精神的反映，是对西方文明挑战的回应，也是民族文化自信力增强的表现。较之近代的"国学"而言，它是具有新的时代精神的、更高层次上的对民族文化价值的开掘和认同。近代"国学"的产生是"防御"，当今"国学"的出现是"自主"。

近代中国的社会发展和文化发展历史表明，全盘西化是不可能的，全盘苏化是失败的，全盘儒化是不现实的。在建设当代中国新型文化的时候，以现代化为目标，坚持中国化，坚持中国特色，是有极为正当的理由的。为此，正确对待国学，毫无疑问是十分重要的。从学术研究的立场和文化建设的实践层面考察，"国学"研究应当弘扬时代精神，防止不良倾向。一是要反对复古守旧，防止封建主义沉渣泛起；二是要反对把"国学"意识形态化、政治化；三是要反对把"国学"商业化；四是要防止把"国学"儒化（亦即把"国学"片面归结为儒家思想，把"国学"等同于儒学）。

值得注意的是，在开掘、弘扬国学优秀成分的时候，我们不能单纯停留于思想文化的层面考虑问题。以社会主义和谐社会的构建为目标，推动民主政治的发展，加快市场经济体制的建设，促进文化的大发展大繁荣，让国学在这样一个思维框架中立足，并发挥其应有的功能，是我们应当清醒认识的。因此，不能把国学当成包医百病的灵药，更要反对用国学等同、取代当代新型文化的企图和做法。

改革创新是当今的时代精神。国学的研究和应用，应当在这个时代精神的引领之下进行，并且在这个时代精神的烛照下焕发新的生命。简单否定、排斥国学，固然是不妥的；而盲目推崇、迷信国学，也是缺乏理性的。我们需要的是平和的心态、广阔的视野、多元的方法，对国学这个重要的民族文化资源进行清理，让其具有合理的民族性的一面，特别是其人民性、现代性的一面呈现出来，转化为当代中国文化建设的合理成分，推动我们社会的进步。港台活跃的现代化问题专家金耀基曾经说过："中国的现代化所意含的不是消极地对传统的巨大摧毁，而是积极地去发掘如何使传统成为获致当代中国目标的发酵剂,也即如何使传统发生正面的功能。"① 国内现代化研究专家、北京大学罗荣渠说:"民族传统事实上是既离不开,也摆不脱的。……背弃了传统的现代化是殖民地或半殖民地化,而背向现代化的传统则是自取灭亡的传统。适应现代世界发展趋势而不断革新,是现代化的本质,但成功的现代化运动不但在善于克服传统因素对革新的阻力,而尤其在善于利用传统因素作为革新的助力。"② 反省改革开放二十多年来从"文化热"到"国学热"的论争过程,特别是考察二十多年来的文化建设实践,放眼全球文明发展态势,我想,金、罗二先生的见解应当可以成为我们对待国学与现代化、国学与时代精神问题的方法论原则。有了这种方法论原则上的共识,我们才能真正科学地对待国学,弘扬中华文化,建设中华民族共有精神家园,才能弘扬中华民族精神,坚持改革创新,实现中华文明的伟大复兴。

(原载《学术研究》2008年第3期)

---

① 金耀基:《中国现代化与知识分子》,香港时报出版公司1984年版,第8页。
② 罗荣渠:《中国近百年现代化思潮演变的反思》,载罗荣渠主编《从"西化"到现代化——五四以来有关中国的文化趋向和发展道路论争文选》,北京大学出版社1990年版,第33页。

李宗桂自选集

中编

当代文化

文化成熟的基本要求和标志

近年的文化讨论中,关于中国文化的出路、文化理论的建设、西方文化理论的评介,论者提供了种种主张。然而对文化成熟的基本要求和标志,则尚未见有人进行理论探讨;引进的西方文化学,在这方面也尚付阙如。本文拟从文化建设的理论高度,结合中国古代文化史实,论证文化成熟的基本要求和标志之所在,为新文化体系的创建,提供一个史论结合的参照点。

概括而言,文化成熟的基本要求和标志是:社会制度的创建;价值系统的奠定;文化模式的确立;文化大传统的形成。

一、社会制度的创建

要确认一种文化成熟的基本要求和标志,首先必须厘定文化概念的内涵。我认为,就文化的深层结构而言,所谓文化,是代表一定民族特点、反映其理论思维水平的精神风貌、心理状态、思维方式、价值取向和人格追求等精神成果的总和。

这种理解,基于对文化结构的分析。关于文化结构,有"三因子"说、"三层次"说和从文化变迁的角度提出的"四层次"说。"三因子"说认为,文化由物质层面、社会组织和精神生活"三因子"构成。社会组织层面介于物质和精神二者之间,是文化的骨干,其外在表现是典章制度。在文化变迁时,社会制度的惰性比个人行为的惰性更高,大凡制度愈僵化,其抵抗力愈强。精神生活层面相对于物质生活和社会生活而言,是文化的核心,包括语言、心理和价值。语言是精神的外表,心理与价值则是其"内心"。①

"三层次"说认为,文化包含着物的部分、心物结合的部分和心的部分。如果把文化整体看作立体的系统,那么,最表层的是物质的层面,中

---

① 吴文藻:《论文化表格》,载马林诺夫斯基《文化论》"附录",商务印书馆1946年版。

层是体现心物结合的种种制度和理论体系,以及隐藏在表层物质里的人的思想、感情和意志等;深层则包括审美趣味、价值观念、道德规范、宗教信仰、思维方式和民族性格等。文化的物质层,最为活跃,变动不居;而理论、制度层,是最权威的因素,它规定着文化的性质;心理的层面,则最为保守,它是文化成为类型的灵魂。①

"四层次"说认为:"文化变迁可以分成很多层:首先是物质层次,其次是制度层次,再其次是风俗习惯层次,最后是思想与价值层次。大体而言,物质的、有形的变迁较易,无形的、精神的变迁则甚难。现代世界各文化的变迁几乎都说明这一现象。"②

以上关于文化结构的三种观点,都有其合理性。不过,我认为"三层次"说较为简明。本文便是以文化结构"三层次"说为理论根据,以汉代文化的历史现象为材料,并结合文化变迁"四层次"说进行论证的。

根据以上思路,我认为,社会制度作为文化的中层结构,它既制约着文化的物质层面的发展,又反映并影响着深层文化的发展。

从结构功能的角度看,社会制度在文化整合的过程中,起着十分重要的作用。所谓文化整合,指把某种文化的要素综合得相互适应、和谐一致,从而成为一个有机整体的过程。

美国著名人类学家本尼迪克特曾指出文化整合的重要形式之一是主题整合。她指出,每种文化都有一种思想与行为的一致模式,一个主题。该文化自觉不自觉地根据这一主题,对不同的文化要素进行熔铸,加以组合,从而形成某种社会模式。

文化学家一般认为,文化整合的过程包含三方面的内容:①在各种文化意义中的一种逻辑的、情绪或美感的协调;②文化规范与行为的适合;③不同成分的风俗制度彼此间在功能上的相互依赖及其加强。

根据以上认识,考诸中国古代文化实际,我认为,社会制度的创建,是一种文化成熟的内在要求和具体标志之一。首先,社会制度的创建,标志着政治统一的完成和思想统一的进行,标志着社会秩序的稳定,是统治者自觉进行文化建设的反映。其次,社会制度的创建,确立了该文化的政治主题和价值主题,在客观上起到了思想导向的作用。它对人们的政治价

---

① 庞朴:《稂莠集》,上海人民出版社1988年版,第6-7页。
② 余英时:《中国思想传统的现代诠释》,联经出版事业公司1987年版,第48页。

值观和伦理价值观起着规范作用,对处于文化深层的人们的心理状态和思维方式,也起着引领方向的重大作用。最后,社会制度的创建,使该国属于不同区域、不同民族、不同类别的文化要素(子系统)整合于一个统一的制度之内,从而在新的基础上,形成新的统一类型的文化。同时,原来的不同文化要素(子系统),又可以在整合后发挥更大的功能。

文化人类学家认为,"文化的真正单位是'制度'。……制度显然是混合着多种的功能的"。① 这种见解,如果从社会制度的文化整合功能方面去考察,就更容易加以科学的说明。

事实上,汉代创建的封建国家、地主和自耕农三位一体的土地制度,以中央集权为核心和特征的、君主专制的政治制度,以儒为主、以法为辅、以阴阳五行为理论骨架、统合诸家的思想文化制度,以太学为主导的官方学校教育制度,等等,都从不同的层面对大一统的、多民族的、趋善求治的中国古代文化类型及其特点的形成起了文化整合的作用。没有汉代各项社会制度的建立(及其健全),就没有后世所谓中华民族文化的产生。正因为汉代大一统国家的形成和各项社会制度的建立,才使中原文化与其他区域文化,如巴蜀文化、齐鲁文化、荆楚文化、吴越文化、闽粤文化等,相互吸收、融化、调和而趋于一体化,成为中华民族文化整体的一部分,从而它们也分别在更大的空间范围内,发挥自己的功能。同样,先秦以来的诸家思想,如儒、道、法、墨、名、阴阳、农等,是在汉代地主阶级国家的统一、中央集权和专制主义三位一体的历史要求下,在各项社会制度的规范下,经过董仲舒等大儒的制作,而统合为一的。

不少论者认为,中国文化具有很强的兼容性或同化力,它可以吸收外来文化而又保持自身特色,这是很有见地的。但多数论者将中国文化这种开放性和兼容功能,归之于儒家的宽容精神,我觉得失之偏颇。就整体结构和功能而言,我认为,中国文化所具有的兼容性,很大程度来自汉代所创建并为后世所承袭的各项制度,以及这些制度间在功能上的整合。

汉代创建的各项社会制度,文化整合功能极其强大。这种强大的功能,整合了不同文化的特质,丰富了中华民族的文化体系,增强了它的生命力和凝聚力。因此,虽历经两千年的风风雨雨,但中国文化仍挺立于世,而不像世界其他古代文明一朝消退。这些有力地证明,社会制度的创

---

① 马林诺夫斯基:《文化论》,商务印书馆1946年版,第72页。

建,是文化成熟的内在要求和重要标志之一;汉代各项社会制度的创建,是中国古代文化成熟的内在要求和标志之一。

二、价值系统的奠定

近几十年来,文化人类学家把文化看作成套的行为系统,而文化的核心则由一整套传统观念尤其是价值系统所构成。这种观点,注意到了文化的整体性和历史性,为社会科学工作者所广泛接受。

依照文化学家的观点,所谓价值系统,指一个人所持有的或一个团体所赞同的一组相关价值,它是一种文化系统的基础,或一种"文化精神"。①

我大致接受以上观点。不过,从文化的整体性和历史性着眼,我觉得可以将价值系统这一概念修正为:个人或特定社会群体(民族)所持有并借以指导其行为的一整套价值观念,它是特定文化系统的核心,是文化精神的集中表现。它是相对稳定的,但又历史地发展着。价值系统的奠定,反映了特定类型的文化发展的历史要求,是该文化臻于成熟的标志。

首先,价值系统的奠定,是文化类型确立的前提。所谓文化类型,是指历史上形成的、特定的社会群体(民族)共同的价值观念、思维方式、心理状态、精神风貌等思想文化的最本质特征。一种文化类型之所以区别于其他文化类型,其关键在于该文化的价值系统的特质。价值意识的自觉,价值系统的建立,是特定文化系统凝聚力、向心力之所在,是该文化之所以如此的内在根据。其次,价值系统的奠定,对于特定类型的文化,起着巨大的整合作用和价值观方面的导向作用。文化价值系统的奠定,形成了一个主导型的价值观念。在这个过程中,通过社会制度特别是文化价值的整合作用,使不同历史时期、不同区域、不同学派的文化,逐渐渗透、融合,趋于一体。一体化的价值系统一旦确立,无论它是一元化的还是多元化的,也无论它是封闭型的还是开放型的,在客观上,它都起着价值导向的作用。最后,价值系统的奠定,有助于开辟人的价值意识,提升人的文化精神生命。人之所以为人,在于人具有趋善弃恶、求真去伪、崇美贬丑的价值意识。如果说,作为个体的人,其价值意识并非理性的、自

---

① 参见覃光广等主编:《文化学辞典》,中央民族学院出版社 1988 年版,第 345–346 页。

觉的，那么，在该民族的价值系统奠定以后的文化氛围中，人们往往是用全社会认同的价值准则规范自己的行为，以求得与社会的一致。这种情况表明，价值系统的建立，对于人们价值意识的开辟，具有文化制约作用。同时，价值系统的建立，使人们对本民族文化的内在精神有更深切的领悟和认同感，对于个人文化精神生命的提升，有着重大的推动作用。

从中国文化史来看，汉代所奠定的文化价值系统，确曾起到了上述诸种作用。简要说来，这个文化价值系统的主要内容有：在政治方面，推崇大一统的国家和民族观念，强调政治权力的集中统一，忠君即是爱国；在经济方面，稳定小农经济，以农立国，重农抑商，德本财末；在人与自然的关系方面，提倡顺应自然，天人合一；在人生价值方面，强调人禽之辨，天地之性人为贵，个体的价值存在于整体的、族类的价值之中，追求立德、立功、立言的"三不朽"事业；在道德价值观方面，躬行亲亲与孝亲的原则，"三纲五常"、重义轻利成为全社会自觉认同的道德规范；在审美价值观方面，以大为美，以自然为美，以善为美。

以这些为主体内容的价值系统的形成，奠定了中国传统文化基本形态的基础，增强了汉代文化的凝聚力，并成为后世价值系统的蓝本。因此，我们说，无论从理论上还是从史实上考察，价值系统的确立确是文化成熟的内在要求和重要标志。

三、文化模式的确立

文化模式这一概念，是西方文化学的术语，通常指一民族的各部分文化内容之间彼此交错联系而形成的一种系统的文化结构，或者说是诸文化特征协调一致的组合状态。如果用简单而通俗的语言概括，所谓文化模式，是指特定的社会群体（民族）的文化构成要素和方式，以及由此表现出来的稳定的特征。

文化模式和文化类型是密切相关的。文化类型是文化模式的内在特质的反映，文化模式则是文化类型的构成要素和方式上的集中概括。二者统一于文化的主体内容及其所依存的社会经济结构、政治结构及其历史进程的基础之上。文化模式与价值取向有着直接的关系。人们常说的价值取向，通俗地讲，是指人们在价值选择上的趋向。这种趋向，往往自觉或不自觉地受该文化的价值系统的引导，这在普通民众中是如此，在知识阶层中更是如此。从上述汉代文化的价值系统的主体内容来看，正是人们的价值观及其在这种价值观的指导下的实践，构建了封建的正统的文化模式。

从汉代社会的实际考察，大致说来，这个文化模式表现为：①在物质的层面中，是封建国家、地主和自耕农所有制三位一体的自然经济生产方式；在大一统的条件下，是重农抑商政策的钳制下日益发展的商业经济；以自给自足为基本目的的手工业生产；以实用为目的、为农业文明服务的科学技术；以饱食暖衣为满足，以勤俭为生活准则的社会消费。②在制度的层面中，是以巩固皇权、令天下道一风同的君主专制的政治制度；以放任和调控相结合、以平稳发展为追求的自然经济制度；以凝聚人心、稳定社会、企求长治久安为终极目的的思想文化制度。③在思想意识的层面中，是天地人合观的求统一的整体直观的思维方式；重义轻利、崇古唯上、群体第一的价值取向；尽人事以待天命、成圣成贤的理想人格；以儒家思想为主体的日趋成熟并逐渐交融渗透的大、小文化传统。总的说来，这个文化模式是以小农生产为基础的自然经济，以君主专制为核心的集权政治，以稳定和谐为理想追求的思想文化的有机结合。

这种文化模式的形成，是此前中国人的生活经验、知识技术、风俗信仰、宗教观念、思想传统等长期积累的结果，是当时的思想家理性总结、提炼的结果。它们被规范化、制度化，甚而神圣化，从而形成了民族文化的价值抽象，超越了个体的经验范围，成为全社会民族文化的共识，增强了民族凝聚力和向心力，增强了中国文化的稳定性和延续性。特别重要的是，这种文化模式强化了民族的心理特征和行为特征，整合了此前的不同区域、不同流派的文化，形成了以趋善求治、贵和持中为主题的传统文化的特质，从而区别于世界上别的民族文化的类型。传统文化的这个主题，长远而深刻地影响着我们民族的发展，已是人所共知的事实。

可见，文化模式的确立，正是一种文化区别于它种文化的理论前提，是一种文化由离散到聚合，由波动到稳定，由感性体悟到理性自觉的集中表现。因此，它是文化成熟的内在要求和必然表现。

四、文化大传统的形成

自从文化人类学家雷德斐（Robert Redfield）在其《农人社会与文化》① 一书中提出文化大传统（great tradition）与小传统（little tradition）之说后，便给文化史的研究提供了新的富于实用价值的理论构架和方法论上的启迪，因而广为流行。

一般认为，所谓大传统，是指某种优势文明的文化形态表现于哲学、宗教、文学、艺术等的传承规模，它是相对于小传统②而言的。无论是从文化形态的数量还是质量上考察，大传统的文化都显示出一种稳定、成熟、恢宏的气势，因而使该文化代代传承，不易被别的文化冲击所打断。生活于其中的人，传统观念根深蒂固，一般不易发生剧变。

海外著名史学家余英时教授指出，近些年西方史学界提出的精英文化（elite culture）与通俗文化（popular culture）的概念，与大传统和小传统的概念是异名而同实。他说："大体说来，大传统和精英文化是属于上层知识阶层的，而小传统或通俗文化则属于没有受过正式教育的一般人民。由于人类学家和历史学家所根据的经验都是农村社会，这两种传统或文化也隐含着城市和农村之分。大传统的成长和发展必须靠学校和寺庙，因此比较集中于城市地区；小传统以农民为主体，基本上是在农村传衍的。"他还认为：中国文化很早就出现了"雅"和"俗"两个层次，恰好相当于上述的大、小传统或两种文化的分野。"雅言"作为中国文化的大传统，不但起源极早，而且一脉相承，延续不断，因此才能在历史上发挥文化统一的重大效用。"即使在政治分裂的时代，中国的大传统仍然继续维系着一种共同的文化意识。"③

依我看来，上述关于文化大传统的见解是有深刻道理的。它有助于我们从心理状态和行为方式的层面，剖析中国传统文化的内聚力之所在，探

---

① Robert Redfield. *Peasant Society and Culture.* University of Chicago Press，1956.
② 所谓小传统，文化学者一般认为，是指具有地方社区或地域性特色的文化传统。它相对于大传统而言。小传统的文化，一般有很强的区域性，变易性较大。当受到别的文化冲击时，其文化结构就会重组，形成一种新的文化体系。
③ 余英时：《中国思想传统的现代诠释》，联经事业出版公司1987年版，第167—169页。

究其历久弥坚、挺立不倒的个中奥秘。当然，传统文化中的大传统，是否仅仅是"雅言"，还值得进一步探讨。

从文化价值论的角度考察，文化大传统的形成，有助于人们价值意识的理性提升。作为一种文化的主导内容和精神生命的历史表现，大传统的形成，使人们的文化意识有了心理层面的归属感，促进了共同文化的价值观念的凝聚，增强了文化价值认同的自觉性。

从文化模式论的层面审视，大传统的形成促进了文化模式的成熟和巩固。它使文化传播变得更为现实，更为直接。它不仅使整合于文化模式中的各种文化要素获得了传统上的前承后续，而且使由该文化模式决定的新文化体系获得了成熟感和后继的可能。一种文化的历史长短，特质的稳定和变易，往往取决于文化模式的稳定与否。文化模式越稳定，该文化系统的延续就越悠久，价值取向也越鲜明，而这又与大传统的形成密切相关。大传统一经形成，便对价值取向起着强化作用，对文化特质起着巩固作用，从而使该文化的类型特征更为突出。

汉代以儒为主，以阴阳五行为理论骨架，儒、道、法互补，兼容名、农、杂诸家的新思想体系，正是中国古代文化的大传统。这一以儒为主、统合诸家的大传统的形成，进一步巩固了趋善求治的中国古文化的模式，突出了它的特征，强化了人们的传统心理，并长期广泛而深刻地影响着后世。

以上分析表明，文化大传统的形成，确是一种文化成熟的内在要求和重要标志。

综上而言，社会制度的创建、价值系统的奠定、文化模式的确立、文化大传统的形成是民族文化成熟的四项指标，也是其基本要求和重要标志。有鉴于此，我们应当从创建现代新型文化体系的战略高度，积极进行体制改革，加强各项制度的建设，增强其文化整合能力，以突出改革开放时代的政治主题和价值主题。以兼容天下的胸怀，古今综观，中西参照，建立一个多维视野、层次谨严、人们自觉认同的价值系统。以开放的眼光，面向未来的前瞻式的文化战略心态，建设一个能使全民族协同一致，而又充满内在活力的文化模式。我们还要扬弃传统的精英文化，借鉴西方的大众文化，构建以集体主义、爱国主义、革命乐观主义、自立自强精神等为核心的，人民群众喜闻乐见的，气势恢宏、结构稳定、代代承传的现代文化的大传统。这样,我们就真正能够渐渐建立起一个批判继承历史传统而又充分体现时代精神、立足本国而又面向世界的现代新型文化体系,从而在文化战略的理论高度,实现国家的长治久安。

(原载《学术月刊》1991 年第 3 期)

简论文化的民族性、时代性与世界性

创建现代中国的新型文化，不仅要对传统与现代的关系有清醒的认识，有正确的态度，而且也应该对中国与外国的关系有同样清醒的认识和正确的态度。因此，我们有必要对文化的民族性、时代性和世界性之间的关系，对不同民族文化类型之间的互为补益的关系，进行认真的辨析，从而用开放的心态对待异域文化，以增进中外文化交流，增强民族文化的机制，使中国真正成为现代意义上的文化大国。

从普遍联系的角度看，世界上任何民族文化，都有特定的精神价值，都有一定的时代意义，都有对人类文明发展的特殊贡献。从文化的有机性来看，世界上不同民族的文化共同构成人类文化不可分割的整体，任何民族文化都不可能脱离人类文明发展的康庄大道。因此，文化既有民族性的一面，又有时代性和世界性的一面。

关于文化的民族性，学术界至今没有统一的意见。一种情况是，由于担心被人误解，戴上"保守"的帽子，所以尽量避而不谈，或者实行迂回战术，多谈事例，不下定义。[①] 另一种更为普遍的情况是，人们自认为这是不成问题的问题，故略而不谈。因此，不少论者在谈到文化的民族性的时候，往往一笔带过，语焉不详。从已经发表的论著来看，多数人是从经验和感觉出发，认为民族性就是民族的特性。这当然有一定的道理。但是，这种理解并没有真正揭示出民族性的确切内涵。不过，也有学者做了较为深入的探讨，认为"文化的民族性，是指体现在特定民族文化类型中并作为其基本内核而存在的民族文化心理素质的特征，是对于特定民族的文化特征的最高层次的抽象"[②]。应该说，这个定义是比较深刻、比较简明的。

不过，如果从更为广阔的文化视野着眼，那么，所谓文化的民族性，是指反映民族精神、民族特性的价值观念、思维方式、理想人格、国民品

---

① 参见庞朴：《文化的民族性与时代性》，中国和平出版社1988年版，第42—48页。
② 许苏民：《文化哲学》，上海人民出版社1990年版，第158页。

性、伦理情趣等思想文化的本质特征，是文化的民族风格、民族气派的理论表征。

文化的民族性具有如下特点：

第一，文化的民族性能够反映特定民族文化类型的基本特质，具有不同于别的民族的文化心理和文化结构。文化类型是特定民族文化特质的集中体现，文化心理和文化结构是民族文化的内在构成和外在表现。民族性既然是民族文化的特性，理所当然，它应该是民族文化类型的反映，是民族文化心理和文化结构的本质概括。例如，中国传统文化属于趋善求治的伦理政治型文化，那么，文化的民族性便首先表现为道德修养的至高无上性和广泛性，以及政治追求的自觉性和普遍性。"自天子以至于庶民，壹是皆以修身为本"，是全社会的价值追求，天下一统、中华一体、安分守己、忠君报国，是全国上下自觉的政治意识。由此，贵和持中、重整体倡协同、经世致用，等等，便顺理成章地成为中国文化的基本特点，成为文化的民族性的重要标志。作为民族文化类型基本构成和外在表现的儒、道、墨、法诸家思想，它们所分别追求的仁义道德、自然超脱、兼爱尚同、绝对集权等旨趣，共同凝聚为与别的民族文化迥然不同的精神价值，体现了趋善求治的伦理政治型文化的独特风貌。作为民族文化心理重要表现的重义轻利、重名轻实、求稳怕变、重守成轻进取、重协同轻竞争等，同样也体现了风格独异的伦理政治型文化的特质。

第二，文化的民族性能够反映特定民族的民族精神。民族精神是一个民族内在的凝聚力和推动力的集中显现，是不同民族文化的风格、气质相互区别的重要依据。文化的民族性反映出特定民族的价值追求、理想情操，是该民族精神力量和国民品性的体现。因此，透过文化的民族性，我们可以审视并进而把握特定民族的民族精神。反之，通过对特定民族的民族精神的解析，我们可以理解并厘定该民族文化的民族性。

第三，文化的民族性具有超越性，即具有超越时代、阶级的内容和精神，与民族存亡共始终。民族文化作为特定民族精神力量的汇聚，必然包含着该民族积极向上的思想因素，因而有不断发展的可能性和必然性。同时，任何民族文化都是特定民族精神文明的积累和演化，因而具有世代相继的连续性。更为重要的是，任何时代的文化创造的主体，都毫无例外地是人民群众，任何类型的文化发展的最深厚的根源，都是人民群众的社会实践，因而民族文化具有鲜明的人民性。这种发展的连续性和创造的人民性，包蕴着特定的民族性。这种民族性，可以不受时代和阶级的限制，带有极强的稳定性和普遍性。当然，我们说文化的民族性可以超越时代和阶级的局限，并不等于说文化的民族性是一成不变的。正如文化的发展是一个连续不断的自然历史过程一样，文化的民族性也处于不断变动的过程中，在不同的时代具有极为不同的内容。这种不同的内容，经过历史的选择，逐渐淡化或剔除了特殊性的东西，而保留并扩展了具有普遍性的东西，从而丰富了民族文化的内涵，进一步凸显了文化的民族性。因此，文化的民族性的相对稳定和不断发展，并不是对文化创新的妨碍，恰恰相反，它正是对文化的民族性的加强。

上述文化民族性的内涵和特点，决定了我们在创建现代新型文化体系的时候，必须注意民族文化发展的连续性和继承性，不能割断历史，不能妄自菲薄，而要批判继承，创造转化，推陈出新；同时，又要注意从辩证发展的观点考察问题，超越华夏中心主义的民族文化观，从不同民族的文化中吸取精神营养，以增强民族文化的机体。

与文化的民族性一样，文化的时代性也是我们在创建现代新型文化体系的时候必须高度重视的问题。所谓文化的时代性，是指民族文化在其发展的进程中所包含的时代内容和表现出来的特定历史阶段的特征。

文化的时代性具有如下特点：

第一，文化的内容和特质受特定时代条件的制约，是一定时代的时代精神的反映。文化的发展既有历史的连续性和稳定性，又有时代的变动性和现实性。任何民族的文化，就其内容而言，都是现实的时代精神的体现，都是前后相继的历史精神的延续。离开特定的时代，离开特定的社会实践条件，文化就会成为虚无缥缈的空中楼阁，成为不切实际的空谈。文化的发展正是从特定的时代精神中汲取养料，从一定历史阶段的丰富多彩的现实生活中提取必要的材料，才构成一定时代的文化内容和文化特质。在封建时代，文化反映的是封建主义的时代内容，"三纲五常""三从四德"之类的道德约束和政治教化，成为封建文化的基本内容和本质特征。在社会主义时代，文化反映的是社会主义的时代内容，改革开放、发展和解放生产力、民主法制、合理竞争、商品经济、个性解放、人格独立等，成为社会主义文化的基本内容和本质特征。

第二，文化的时代性具有明显的阶级性和现世性。在任何时代，占统治地位的思想，总是统治阶级的思想。统治阶级的思想，必然以维护自己的阶级利益为基本价值准则。因此，作为特定时代的民族精神反映的文化，必然逻辑地包含着鲜明的阶级性。同时，由文化的时代性所决定，特别是由统治阶级的现实利益所决定，任何民族文化都必然地呈现出为现实的政治秩序服务的特征，表现出强烈的现世性，而绝无玄虚性和超越性可言。有的学者指出，依划分时代的依据之不同，文化的时代性既有其阶级性的一面，也有其不具阶级性的一面。在以经济基础和上层建筑之统一的社会形态作为划分时代的依据的特定意义上，在存在着阶级对抗的社会形态中，时代性体现着阶级性；在以生产力水平、科学技术进步的标志作为划分时代的依据的特定意义上，时代性不具有阶级性。① 我认为，这种辨析是有道理的。

第三，文化的时代性是区别文化进步或者落后的重要依据。封建时代的文化优越于奴隶制时代的文化，资本主义时代的文化优越于封建时代的文化，已经是被人类文明发展的历史所证明的真理。人类社会不断进步的内在动力和精神要求，给文化发展开辟了广阔的前景，推动着不同民族的文化从一个时代走向另一个时代。时代停滞，文化停滞，时代前进，文化发展，已经是人所共知的不争之论。因此，划分文化进步或落后的重要标准之一，是文化的时代性。

上述文化的时代性及其特点告诉我们，在建设现代新型文化体系的时候，必须努力追赶时代潮流，与时迁移，应物变化，不断更新民族文化的传统，不断改铸传统文化的形态，赋予民族文化以新的实践内容和新的时代精神，从而推动民族文化从胜利走向胜利。

文化的本质属性除了民族性、时代性之外，还有一个十分重要的方面，即世界性。所谓文化的世界性，指特定民族文化的价值系统中包含超越本民族利益而为别的民族文化所缺少的有益成分，指不同民族文化之间的相互交流、相互渗透和相互吸收。

文化的世界性具有如下特点：

第一，它具有超越特定民族的价值范围的通约性，对不同民族文化的发展具有一定的启迪意义，对整个世界文化的发展有着重要的推动作用。比如，中国文化中重视整体和谐的思想，与西方文化中以个人本位为特征的独立思想之间，有着互为补益的作用；中国文化中重视综合的形象思

---

① 参见许苏民：《文化哲学》，上海人民出版社1990年版，第162—165页。

维，与西方文化中重视分析的逻辑思维之间，有着相反相成的关系；中国文化中重义轻利的价值观念，与西方文化中功利主义的价值观念之间，有着互相启发的功能。这些，都可以看作是特定民族文化透过其民族性而对别的民族文化产生积极作用的典型例子，是民族文化的世界性的体现。正是这种不同文化之间的交融渗透、相反相成，推动了人类整体文化的发展。

第二，特定民族的文化发展，离不开世界文化的整体发展，人类文化的发展有共同的、普遍的规律。用全球眼光考察，任何民族文化都是世界文化的一个组成部分，世界文化是各个特定民族文化的总和，民族文化中蕴含着世界文化，世界文化不能脱离具体的民族文化。在当今世界上，没有东方文化，就无所谓世界文化；同样，没有西方文化，也无所谓世界文化。只有各民族文化都有积极健康的发展，世界文化才有活泼的生命和发展的基础；而世界整体文化的健康发展，则有助于特定民族文化的健康发展。无论任何民族文化的构成及其特质如何，都是一个不断地由低向高、由浅入深、由野蛮向文明逐步进化的不可逆转的过程。在今天，由于科学技术的进步，由于人类文化交流的日益扩大，不同民族文化之间的联系越来越普遍，越来越紧密，通过发展科学技术，提高人的素质，建设现代文化，已经成为世界文化发展的共同道路。

第三，文化的世界性逻辑地蕴含着不同民族文化之间有着整合性和协同性的特点。不同民族的文化类型，有特定的思想内容和民族特质，因而它们之间可以相互整合。由于人类精神有着共同的追求，所以在推进世界文化发展的认识基础上，不同文化之间可以相互协同。这种整合和协同，反映了人类文化趋同性的一面，以及人类精神的理性的一面。当然，这种整合和协同，首先是以本民族的利益为出发点的，是以本民族文化价值系统为基本准则的。忽视或者否认这一点，就会放弃民族利益，就会迷失世界文化发展的正确方向。

文化的世界性表明，脱离世界文化发展的正道去谈民族文化的发展，必然陷入民族自我中心主义的泥坑，必然产生封闭保守的狭隘心态。因此，我们在建设现代新型文化体系的时候，应当放眼世界，在坚持维护民族文化利益的同时，认真学习外国文化的长处，取人之长，补己之短，不断丰富民族文化的内涵，增强民族文化的活力，为科学地重构中国文化而奠定坚实的基础。

文化的民族性、时代性、世界性之间，有着错综复杂的关系。简略地说，有如下要点：

文化的民族性和时代性之间，是既相区别又相联系的关系。首先，民族性不等于时代性，时代性不能取代民族性。民族性固然反映着一定的时代性，是既往的时代性的扬弃性的凝聚，但它并不等于时代性，特别是不能与现世的时代性混为一谈。时代性也不能等同于民族性。时代性固然体现着一定的民族性，但它更多的是反映现时代的文化精神面貌，而不是传统的民族文化特质。其次，民族性包含着时代性，时代性体现着民族性。既没有脱离时代性的民族性，也没有脱离民族性的时代性。民族性只有通过对时代性的清理和积聚，才能逐渐形成；时代性只有寓存于一定的民族性之中，才能显现。二者互为表里，相得益彰。最后，文化的民族性和时代性之间存在着内在的矛盾，具有明显的时代落差。文化的民族性反映的是文化的既往历史，时代性反映的是文化的现实样态。历史和现实之间，总是存在着差异，体现出固有传统和现实生活的矛盾。强调文化的时代性，就必然要触及文化的民族性阻碍现实社会发展的一面，要求批判民族文化传统，从批判中寻找出路，因而文化的时代性总是对民族性具有超越的一面，总是力图挣脱保守传统的民族性的束缚；强调文化的民族性，则要求人们从保守民族文化的方面着眼考察问题，排除时代变动对文化传统的冲击，稳定传统，继承传统，保持民族文化的本根。因此，文化的时代性和民族性之间，就形成了一种二律背反的态势，造成了守成和创新的矛盾格局。而这种"时代性与民族性的内在矛盾，是文化进步的动力"①。

文化的时代性和世界性之间，也是既相联系又相区别的关系。任何民族文化的时代性，都是特定历史阶段该民族精神的反映，都是人类文化发展的总链条中的一环，包含着世界文化总构成中的基本要素，因而与文化的世界性相互贯通。而文化的世界性，如果从共时性的一面看，它是从相同时代的不同民族文化的时代性中抽绎出来的，是对现世的不同民族文化时代性的高度理论概括；如果从历时性的一面看，它是不同民族文化既往的时代性的批判性积累，是对业已形成的不同民族文化精神的综合提炼。可以说，文化的世界性是从纵横两个方面对文化时代性的融摄和提升。因此，文化的世界性离不开时代性。但是，时代性与世界性之间又是有着重

---

① 刚建：《文化的民族性与时代性——访庞朴》，载《光明日报》1988年11月24日。

大的差别的，不能等同、取代。时代性是从发展的连续性的一面而言的，是做纵向比较，基本上是个历时性概念；世界性则是从发展的间断性、稳定性的一面而言的，是做横向比较，主要是个共时性概念。

文化的民族性和世界性的关系，从"五四"以来一直是个众说纷纭、见仁见智的问题。质言之，二者之间也是既相互联系又相互区别的关系。文化的民族性包容着世界性，是世界性的基础和重要内容，没有民族性，就没有世界性；文化的世界性存在于民族性之中，通过民族性表现出来，没有世界性，就无从区别民族性。但是，民族性毕竟是局部地域、局部人口中的文化特性，它归根结底不能等同于世界性；世界性是覆盖整个地球、贯通整个人类的文化特性，它超越了特定民族、特定地区的文化局限性，将不同民族的具有普遍意义的文化属性糅合为一，将特定民族的文化素质提升到新的高度。

总的看来，我们在坚持文化的民族性的时候，应当注意防止并坚决反对民族自我中心主义，反对文化保守主义，反对国粹主义；在坚持文化的时代性的时候，要注意防止割断历史的倾向，坚决反对历史虚无主义；在坚持文化的世界性的时候，要注意防止民族文化虚无主义，坚决反对全盘西化的错误主张。总之，我们要将文化的民族性、时代性、世界性有机结合，无偏无党，把当代中国文化建设成具有中国民族特色的、富有改革开放时代精神的、面向世界的、充满活力的现代新型文化。

（原载《哲学动态》1992年第8期）

文化自觉与文化发展

当代中国正处于社会转型和文化转型的艰难过程中。在这个过程中，唤起全民族的文化自觉意识，使文化自觉上升到理性的层面，成为全民族认同的价值取向和行为方式，将大大推动民族文化的发展。

文化自觉所讲的文化，是从民族意义上讲的，亦即文化自觉是民族文化的自觉，是中华民族对自身文化发展的自觉。具体而言，文化自觉是对本民族文化的起源、形成、演变、特质和发展趋势的理性把握，对本民族文化与其他民族文化关系的理性把握。在经济全球化和文化全球化趋势日益增强的今天，文化自觉的关键，在于文化创新和民族精神的培育，在于理性地把握文化的民族性与世界性的辩证统一，以及文化的继承性与超越性、创新性的辩证统一。

一

中华民族素有文化自觉的优秀传统。战国百家争鸣、五四新文化运动，以及中国大陆改革开放以来始终不渝的"复兴伟大的中华文明"的文化建设的价值目标等，都是文化自觉的典型表现。

战国百家争鸣，反映的是多元的社会价值观和文化价值观，代表着那个时期的文化自觉精神。儒、道、墨、法、阴阳等诸子百家，各是其所是，非其所非，"务为治者也"。通过相互之间的批判、辩驳、吸收，既分又合，展现了那个时代的独立思想与自由精神，推动了先秦思想文化统一的进程和社会转型的进程，同时，铸造了反映社会良知的知识分子的政治批判精神、政治合作精神、文化创新精神、文化继承精神，[①] 以及以人弘道、唯道是从、回归自然、义利并举、尚法重礼的人文精神，为后来中国文化人文精神的发展提供了范型。这种情况，不仅是对夏商时期天命主宰人事观念的批判性超越，而且也是对西周时期以德配天、敬德保民思想

---

① 参见李宗桂：《思想家与文化传统》，载《哲学研究》1984年第8期。

的扬弃，是充满时代精神的文化自觉。

如果说，战国百家争鸣是中国古代文化自觉的典型表现的话，那么，狂飙突进的五四新文化运动便是现代中国文化自觉的集中体现。向西方寻求真理，依靠民主、科学、自由这类西方先进文化来突破中国传统文化中专制政治的桎梏，批判旧思想、旧文化、旧道德，挽救民族危亡，争取民族独立、人民解放和国家富强，建构一个民族的、民主的、科学的、大众的中华民族新文化，成为一代志士不懈奋斗的目标。正是这种全民族的文化自觉，催生了新民主主义的文化，更新了传统文化的形态。

中国大陆改革开放以后，坚持建设有中国特色的现代新型文化，针对"文化大革命"对民族文化的摧残、对西方先进文化的蔑视和歪曲，进行了拨乱反正。复兴伟大的中华文明，成为人们至今仍在努力奋斗的切实目标。建设一个面向现代化、面向世界、面向未来的，民族的、民主的、科学的、大众的新型文化，成为文化建设的当务之急。在文化建设中，坚持弘扬和培育民族精神，真诚学习、吸纳外国优秀文化，将本根意识和全球意识有机结合，把历史责任感和时代使命感融铸为一，推动全民族文化素质的整体提高，促进当代中国文化转型的进程，已经成为全社会的共识。要建设现代化国家，要全面实现小康，没有文化精神的支撑是不可能的。这些，都是当代中国文化自觉的体现。

由上可见，中华民族素有文化自觉的优秀传统，这种优秀文化传统是推动文化发展的内在动力，是中华民族精神的时代体现。

二

当代中国正在建设现代化意义形态的文化价值体系，文化自觉已经成为文化建设的精神力量和时代需要。这种充满现代意识的文化自觉，有多方面的表现。

在全社会形成振兴中华、复兴伟大的中华文明的共识，是其首要内容。早在1894年，孙中山先生在檀香山兴中会成立时的宣言中，就明确提出了"振兴中华"的口号。[①] 孙中山先生的一生，便是为了振兴中华而鞠躬尽瘁、死而后已的一生。20世纪80年代，继承了孙中山先生开创的

---

① 《孙中山全集》第一卷，人民出版社1988年版，第19页。

民主革命事业的中国人民，以"实现四化，振兴中华"为己任，开始了改革开放的新进程。振兴中华的宏愿，又被表述为"复兴伟大的中华文明"。从根本上讲，中华文明的复兴，就是中国文化的复兴。而之所以要讲、要实现"复兴"，乃是因为认识到自己民族曾经鼎立于世，其文化光辉灿烂，但后来衰退了，至今也没有达到先前的壮丽辉煌境地，因而要努力建设，争取"复兴"。这种对自己民族文化历史兴衰缘由的洞察，对未来发展方向的把握，正是文化自觉的表现。

持续将近二十年的文化讨论和文化研究热潮，是当代中国文化自觉的又一重要表现。自20世纪80年代中期以来，将近二十年时间，文化讨论和文化研究的热潮在中国大陆学术界长盛不衰，成就斐然。其根本原因在于人们对当代中国现代化进程中诸多问题的文化反思。如何正确处理中西古今关系，如何面对传统、面对西方、面对当今现实，加快中国现代化的步伐，是文化讨论和文化研究关注的重点。中国的现代化绝不仅仅是物质层面的现代化，甚至也不仅仅是制度层面的现代化，而是全方位的现代化。全方位现代化的关键或者重心，是人的现代化，是要极大地提高全民族的文化素质。因此，加强思想道德文化建设，以此为现代化建设提供智力支持和思想保证；大力发展教育事业，实行科教兴国的战略，成为普天认同的价值准则。同时，中国文化要与世界文明接轨，让世界文化走进中国，也让中国文化走向世界，成为全国上下的强烈呼声和实际行动。因此，我们完全可以说，将近二十年的文化讨论和文化研究热潮，反映了当代中国文化自觉意识的觉醒，是文化自觉在新形势下的具体化。

自觉参与经济全球化和文化全球化的进程，而又坚持文化建设的民族特色，是当代中国文化自觉的另一重要表现。经济全球化是当今世界不可阻挡的历史趋势，是与和平和发展的时代主题相适应的。中国已经主动地投入经济全球化的浪潮之中，加入WTO（世界贸易组织），成功申办2008年奥运会，主办APEC（亚太经济合作组织）会议，主办博鳌亚洲论坛，参与全球反恐行动，以及不断进行的与外国政府或世界经济组织的双边甚至多边交流、对话、互访，等等，都表明中国没有自外于经济全球化的潮流。与经济全球化潮流相伴随，文化全球化的潮流也已浩荡奔流。如同参与经济全球化进程一样，中国也积极参与文化全球化的进程。所谓文化全球化，就是世界上不同民族文化之间，在经济全球化的推动下，以信息全球化为依托，通过日益紧密而又频繁的交往，相互学习、相互影响,更新自身、发展自身的文化整合过程;同时,也是不同民族文化之间,通过良性互动,对于人类共同关注的问题逐渐形成某些共识的过程。在这个意义上讲,文化全球化是一个过程、一种趋势,而不是既成的结果,更不是弱势民族的宿命。文化全球化作为一种历史现象,表现多种多样。好莱坞、麦当劳、迪斯尼、互联网、卫星电话、卫星电视、有线电视,乃至超级商场、专卖店等,都是文化全球化的实质性表现。关注人权,保护生态,反对恐怖主义,也是文化全球化的表现。特别值得注意的是,WTO所奉行的世界贸易的游戏规则,世界宗教议会宣言所倡导的"全球伦理"等等,更是从深层价值理念体现、推展着文化全球化的进程。当然,1997年波及世界的"亚洲金融危机",也是文化全球化的另外一种表现。甚至,我们可以说,2001年震惊世界、至今余波未了的"9·11"事件,也是经济全球化、文化全球化在负面的极端表现之一。

在经济全球化和文化全球化的过程中,中国既积极参与,又极力注意保持其民族文化的独立性。中国政府和学术界反复强调,经济全球化、政治多极化、文化多元化,是这个世界的时代特征。在参与全球化的进程中,要努力构建民族文化的特色,经济全球化、文化全球化并不是也不可能消解文化的民族性,消解世界文化的多元化格局。恰恰相反,正是文化的多元化承载着、烘托着文化全球化的价值。① 经济全球化、文化全球化固然会影响到民族文化的发展,但并不等于世界经济、文化的一体化、同质化,文化的民族性照样存在,坚持文化建设的民族特色,创建新的民族精神,仍然是题中应有之义。② 应当承认,既参与世界经济全球化、文化全球化的进程,又保持理性的批判精神和距离意识,正确处理文化的世界性和民族性的关系,坚持文化建设的民族特色,是新形势下中华民族文化自觉的表现。

倡导文化创新,弘扬并培育民族精神,是当代中国文化自觉的又一重要表现。文化的发展需要继承,需要"保守"(守成),但更需要创新。创新是民族发展的灵魂,也是文化进步的根本。所谓文化创新,就是创建超越中国传统文化和资本主义文化的新文化,就是创建富有民族作风、民族气派的当代中国新型文化。同时,文化创新也要不断扬弃、超越经典社

---

① 参见李宗桂:《文化全球化与当代中国文化建设》,载《南开学报》2002年第5期。
② 参见李宗桂:《经济全球化与民族文化建设》,载《哲学研究》2001年第1期。

会主义所理解的文化框架及其文化理念,不断扬弃、超越"五四"以来的现代革命文化传统,不断扬弃、超越改革开放和现代化建设实践中感性和经验的制约,建设具有前瞻性、指导性、稳定性的文化价值系统,为不同层级的人们提供安身立命之道,为社会的和谐稳定提供精神系统的保证。

文化创新对于民族精神的培育具有重要意义。民族精神是一个民族在长期的发展历程中所形成的精神风貌、价值观念、思维旨趣的集中体现,是该民族的文化精神积极方面的体现,也是该民族发展的内在动力。从本质上看,民族精神属于观念形态的文化范畴。因此,文化创新与民族精神的弘扬、成长、培育密不可分。

中华民族精神的发展及其形态大致可以分为以唯伦理思维为特征的古典民族精神、以唯政治思维为特征的现代民族精神和以唯经济思维为特征的当代民族精神。古典民族精神反映的是自然经济、宗法社会条件下道德至上、贵和求稳的守成精神;现代民族精神体现的是内忧外患挤压下救亡图存、争取民族独立的狂飙突进的革命精神;当代民族精神表现为经济全球化、改革开放背景下建设现代化国家的开拓创新精神。这样一种划分,主要着眼于文化的时代性。而从文化的民族性考察,则自强不息、厚德载物,和而不同、兼容天下,己所不欲、勿施于人等价值取向,是贯穿古典、现代、当代民族精神的基本精神。

民族精神是民族文化的灵魂,是民族发展、进步的精神动力。在建设当代中国文化的今天,通过文化创新来培育民族精神,发展民族精神,是文化建设的题中应有之义。其实,从广阔的文化视野考察,当代中国正在进行的文化建设,本身就是中华民族历史上的一种重大文化创新。这种中国特色的、富有现代精神的文化,不仅从本质上区别于中国传统文化,而且也从本质上区别于新民主主义文化。同理,与中国传统文化、现代革命文化、当代中国文化相伴生的民族精神,也是各不相同的。这中间,文化创新起着重要的作用。"五四"以后,通过文化创新,最终培育出了以英雄主义和浪漫主义为特征的、一往无前的新型民族精神——革命精神。这种革命精神,是对以守成主义为特色的古典民族精神的超越。改革开放以来,通过文化创新,培育出了以解放思想、实事求是、与时俱进为特征的开拓创新的民族精神。这种新的民族精神,是对守成型的古典民族精神和革命型的现代民族精神的超越。

总的说来，文化创新与民族精神培育的关系，反映了文化的继承性与超越性、创新性之间的有机统一的关系。文化创新对于民族精神的培育有着极为重要的意义。它不仅能够弘扬、更新既有的民族精神，使得民族精神能够与时俱进、更上一层楼，而且能够创造出新的民族精神，提升中华民族的精神生命，开辟更为广阔的发展前景。同样，民族精神的培育，对于民族文化的发展和创新，有着重要的促进作用。因此，我们应当坚持文化创新，促进民族精神的培育；坚持民族精神的培育，推动文化创新的开展。

提出文化自觉的命题和思想，本身就是文化自觉的表现。近年来，由费孝通先生明确提出并做了具体阐述的"文化自觉"的命题和思想，得到了广泛认同。费孝通先生指出，文化自觉是指生活在既定文化中的人对其文化有自知之明，明白它的来历、形成过程、特色和发展趋向。"人贵有自知之明，一个文化也不能没有实事求是的自觉意识。"中华文化要有自知之明，是为了加强自身转型的自主能力，取得新时代文化选择的自主地位。文化自觉的主体，应当是各个国家和民族，乃至整个人类。如果说，20世纪最后二十年遍及中国大陆的深入广泛的文化讨论和文化研究是文化自觉的表现的话，那么，我们今天可以在文化精神建设的高度说，这种文化自觉还是属于不自觉的，或者说是处于"自在"的阶段，而不属于自觉的、"自为"的阶段。质言之，它固然属于文化自觉的成果，但它还没有明显的、清晰的"文化自觉"的意识，没有从理论的层面去概括、提炼出文化自觉的命题和思想。甚至，政府的有关职能部门、学术界和其他各界坚持从事多年的现代化建设事业，也有类似情况。在新旧世纪交替之际，费孝通先生总结中国现代化建设特别是文化建设的经验教训，纵观国际风云，提出文化自觉的命题和思想，不仅将二十来年的文化研究和文化讨论的本质和目标做了新的揭示，赋予了新的意义，更将"复兴伟大的中华文明"的工作，做了民族精神生命方面的提升。正是因为如此，文化自觉的思想才能得到如此广泛的响应。而这本身就是文化自觉的表现。

综上而言，当代中国文化自觉的进程早已开始，表现多多。复兴中华文明、实现现代化、振兴中华，便是其集中体现。而文化自觉由实践的开展到理论的总结，由自在的阶段到自为的阶段的拓展，正是中华民族文化自觉的硕果。

三

文化自觉既是一种文化意识，又是一种文化价值观，更是一种文化实践论。从文化学的层面考察，文化自觉对于文化发展具有重要的理论价值和实践意义。概略地说，文化自觉对于文化发展具有如下作用：

（一）文化自觉促进文化创新

文化自觉作为一种民族意识，一种价值理性精神，本身具有极强的创造性和开拓性。能够明白自身的过去、现在，知道自身的优劣强弱所在，知道别的民族文化对自己的补益、针砭作用，能够理性把握自身未来的发展趋向，就会努力去创造未来，开拓未来，更新自身，发展自身。文化理念、文化范畴、文化命题、文化方法、文化政策、文化体系的创新，便成为势所必然的事情。承前启后，继往开来，推陈出新，就是必然的文化发展趋势。如果没有文化自觉，则文化创新就无从谈起，无从落实。

（二）文化自觉促进民族精神的建设

中华民族精神是中华文化积极成分的结晶，是中华民族的灵魂所在，是中华民族发展的精神动力。一个时代有一个时代的民族精神，民族精神的建设也要与时俱进。文化自觉对于民族精神的建设有着举足轻重的地位和作用。一个具有文化自觉的民族，是能够自我反省、自我批判、自我超越、自我创造的民族，是能够弘扬既有民族精神，培育新型民族精神的民族。通过民族精神的弘扬和培育，能够展示本民族文化自觉的程度；通过文化自觉的实践，可以催生新的民族精神。

（三）文化自觉提升民族文化的理性精神

从科学理性的角度审视，任何民族文化都有两重性，都不可能是尽善尽美的。中华文化也是如此。中华文化在其长期的发展历程中，由于诸多因素的影响和制约，使其在具有优秀成分的同时，也不可避免地存在着负面的因素。在古代，封建专制思想、人治思想及其制度、任人唯亲的宗法观念、泛道德论思想等，都是传统文化的负面成分；在近现代，夜郎自大、闭关锁国的思想，死守旧道、因循苟且的思想，全盘西化、甘为人奴的思想等，都是传统文化转型中逆潮流而动的思想；在当代，否定民族文化的合理价值、宣传全盘西化的思想，或者盲目鼓吹传统文化的至善至美，甚至宣称当代世界靠中华文化去拯救的论调，以及否定科学精神和人文精神的价值，否定民主政治的价值等，都是缺乏理性精神的表现。要解决这些问题，重要途径之一，就是倡导文化自觉，实现文化自觉，消解中华文化负面因素的产生机制，吸收现代科学、民主、自由等精神价值，融铸为新型文化体系的内在价值，才能实现民族文化的理性复兴。

（四）文化自觉开辟、拓展民族文化与世界文明接轨的道路

文化自觉的一个重要通道，是与世界文明接轨。只有与世界文明接轨，才能最终实现完全意义上的文化自觉。近年来，中国自觉参与经济全球化的进程，关注文化全球化的动向，关注普世伦理的建构，重视文明交流、沟通、对话，反对文化霸权主义，主张多元文化的良性互动，正是文化自觉在国际文化交往中的实施和体现。这种具有全球意识的文化自觉，开辟、拓展了中华文化与世界文明接轨的道路。

（五）文化自觉促进民族文化的转型

文化自觉是民族精神的自觉，是全民族的文化反省和文化前瞻。反映战国时期文化自觉的百家争鸣，促进了秦汉之际文化转型的深化和完成；反映近现代中国文化自觉的五四新文化运动，促成了告别古典主义而迈向现代的新型文化形态的诞生；当代中国的文化自觉，必将促进现代化意义上的文化转型的实现。

（六）文化自觉优化文化生态环境

文化生态环境对于文化发展具有重要的意义，特别是在建设市场经济体制的当代中国，更是具有特别重大的意义。文化自觉使人认识到文化生态环境对于文化发展以至整个社会发展的积极作用。恶劣的文化生态环境，只会导致人与自然的严重对立、人与人的疏离甚至冷漠、人与社会的不协调。优良的文化生态环境，将会优化人与自然、人与人、人与社会的关系，协调政治、经济、文化的关系，创造有机协调发展的机制，提供可持续发展的条件，从而为民族文化的健康发展创造条件。而文化自觉意识的高扬，自会使人自觉清理、净化文化生态环境，从而为文化发展创造有

利条件。

(七) 文化自觉体现并促进民族文化素质的提高

文化自觉本身就是民族文化素质提高的体现。文化自觉对于民族文化素质的提高具有无与伦比的作用。文化自觉能够使人清醒认识到民族文化素质的缺陷、弱点，发掘既有的长处，弥补弱点和不足，提升民族文化的精神生命，促进整个民族的思维方式、价值取向、伦理观念、国民品性、审美情趣等方面的素质的稳步提高，从而为现代化的实现提供源源不断的动力。

综上而言，文化自觉是一个自然历史过程，是中华文化的优秀传统，也是民族精神的重要构成。文化自觉对于文化发展的意义，绝不是一般意义的政治、经济措施所能比拟的。因此，探讨、总结文化自觉与文化发展的关系，为中华文明的伟大复兴贡献力量，应当是当代中国文化建设的题中应有之义。

(原载《中山大学学报》2004年第6期)

"文化学"建设与文化现代化

自 20 世纪 80 年代中期兴起的文化讨论和文化研究热潮,至今已经持续了二十多年。经过这二十多年的讨论和研究,特别是经过这二十多年中国社会发展的实践,以及以全球化为主导的世界文明发展的印证,文化对于我们国家民族发展的重要意义,已经不言而喻。全国上下对于文化的热心和关注,以及相应的投入,可谓空前。但是,作为专门的理论体系、作为一门学科的"文化学"的建设却没有受到应有的重视,值得很好地反思和深入地探讨。

一

从学科定位来看,文化学是研究文化的科学。它以文化现象、文化行为、文化本质、文化体系(文化系统)为研究对象,探讨文化的起源、演变、传播、结构、功能、本质,以及文化的个性与共性、特殊规律与一般规律,是一门综合性、边缘性、交叉性的新兴的社会人文学科,是基础研究和应用研究并重的"应用性基础研究"学科。

文化学研究文化的生存环境,文化的地域、民族、时代等属性,文化的积累与变迁、继承与创新、传统与现代、大传统与小传统、民族化与世界化、多样性与统一性的关系,亦即探讨文化的要素、特征、性质、动力、结构、功能、价值、生命,研究文化各系统的类型、形态、机制、历程(发生、发展、成熟、衰变),以及不同文化系统之间的传播、选择、涵化、交融、转型、整合的特点及其规律。

从研究的具体内容划分,文化学的研究对象包括不同的构成方面和层次。从构成方面来看,既有纵向的历史文化、现实文化,也有横向的不同地域、民族或国家的文化;从层次上看,有理论文化和实践文化。总之,体现在物质文化、行为文化、制度文化、精神文化等方面的现象,就是文化学研究的范围。

文化学以文化现象、文化体系为研究对象,探讨文化的本质、文化发展的规律等人类生存、发展的基本问题，这决定了文化学作为一门独立的学科，要重视基础理论研究。但是，这种基础理论研究，来源于诸多感性、经验的文化现象，落脚于对现实的人生和社会问题的解决，因而又必然突出应用的一面。我国正在进行的有中国特色社会主义文化的建设，"三个代表"论述中的"先进文化代表"，就既是基础理论问题，同时又是重大现实问题。现时受到广泛关注的"文化产业""文化经济"等问题，便是基础研究支持下的应用性展开。

英国文化学家泰勒于1871年出版《原始文化》一书，被国外学术界公认为文化学的正式形成，泰勒也被称为"文化学之父"。从那时算起，文化学的研究在国外已经有一百多年的历史。但是，泰勒以及其后的一系列学者出版的诸多论著，从严格的学科划界看来，他们只是人类学意义上的文化学家，其著作属于文化人类学的范畴。真正意义上的现代文化学理论及其体系的形成，是最近二三十年的事。近年来，虽然文化学研究在"经济全球化"时代在国内外都受到了前所未有的广泛注意，然而，与传统的文学、史学、哲学相比，甚至与法律学、经济学、政治学相比，它却是一门正在兴起的年轻学科、朝阳学科。因此，更加值得我们去呵护、发展并完善它。

文化学不是单纯的人文学科，也不是单纯的社会学科，或者单纯的自然学科，而是综合人文学科、社会学科、自然学科的知识资源，并紧扣文化经济化、经济文化化的时代脉搏建立起来的一门综合性、边缘性、交叉性的学科。国内现在经常谈到的政治文化、经济文化、军事文化、科技文化、管理文化、行政文化、企业文化、商业文化、旅游文化、校园文化、体育文化、饮食文化等部门文化，其所指摄的内涵和范围，无疑远远超出了传统的文、史、哲，数、理、化之类的学科分类，也很难将其简单地划分到传统的人文社会科学或自然科学的门类之中。同样，巴蜀文化、关东文化、荆楚文化、吴越文化、岭南文化等地域文化范畴所指摄的内涵和范围，也是融合了诸多文化因素而成的综合性概念，涉及既有的诸多学科范畴，甚至是既有的学科范畴所没有的。

现代文化学的确立尽管时间不长，但作为现代文化学前驱的以文化人类学为核心的文化学的研究，在国外已有很长的历史。从"西方文化学之父"泰勒的《原始文化》（1871）一书算起，已有一百余年的有文献可考的历史。迄今为止，文化学、文化科学、文化史学、文化哲学、文化人类学、文化价值学、文化心理学、文化批评学、文化传播学等分支学科，无论是其理论构架，还是其应用研究，都已十分成熟，反映出很强的学理性，反映出一门独立的学科的特质。

"文化经济化、经济文化化"的时代脉搏，决定了文化学是一种认识世界、服务世界的新型学科门类，决定了实践性是文化学最根本的特性。时下盛行的"文化产业"热姑且不论，就是我们长期坚持建设的"中国特色社会主义文化"，其自身也充满了实践的品格。

传统的文、史、哲、政、经、法之类的学科分类，自有其道理。但是，随着社会经济文化的发展，不同学科之间相互渗透的趋势日益明显，跨学科研究已经成为学术研究的新的特点之一，而文化学的研究正是科际渗透的必然结果。作为一个专门的理论体系，作为一门独立的学科，文化学学科的建设，应当而且必将成为国内学术界拓展学术空间、建构新的学科生长点的重要方面。

二

国外的文化学研究已有一百多年的历史。早在1838年，德国学者列维·皮格亨就首次提出了"文化科学"的概念，主张对文化进行科学的研究，并建立专门的学科。1843年，德国学者克莱姆在其《普通文化史》一书中率先使用了"文化学"一词；1854年，他完成了《普通文化学》一书，使文化科学的研究和建设在德语文化系统中扎下根基。1871年，英国学者泰勒出版《原始文化》一书，第一章的标题就叫"文化学"，从而使"文化学"概念进入英语系统，正如前文所指出，泰勒因此而被后人称为（西方）"文化学之父"。此后，西方学术界展开了繁复多样的文化研究，并创建了众多的流派和相应的理论。如进化论学派、传播论学派、功能论学派、历史学派、结构主义学派、文化心理学派、文化生态学、文化唯物论，等等。但是，在20世纪中叶以前，对于"文化学"本身的理论体系却很少有人做系统的探讨。前述文化学研究成果，很大程度上属于文化人类学的范畴，可以看作是现代文化学的前驱先路，或者可以称为古典文化学。

现代文化学产生于20世纪50年代的美国。美国学者克罗伯创立了现代文化学理论体系的基本框架、概念和方法。他认为文化是体现行为模式的一种架构（包括外显的和内隐的），文化的核心是价值观念。因此，应当建立一门独立的学科来研究人类这种文化现象，这门学科就是文化学。他在提出文化架构的基础上，阐发了行为模式、符号系统、原型文化、文化价值观、文化系统、文化动力学、文化工程学、文化心理学等范畴和理念。其后，美国学者怀特进一步发展了文化学的基本理论和研究方法，出版了著名的《文化科学》一书，创造性地发展并完善了文化学的基本理论和研究方法。他从科学发展史和科学方法论的角度，论证了创立一门文化科学的构想，为现代文化学的发展和成熟创造了条件。

苏联对文化问题的研究，开始于20世纪50年代，到60年代，文化研究受到重视。60年代末70年代初，引进西方"文化学"概念，并就文化问题展开了热烈讨论，出版了一系列论著。具有代表性的有《文化和社会发展》《文化的哲学问题》《马克思列宁主义的文化理论》《马克思主义文化范畴论》《历史唯物主义与文化范畴》等。经过热烈的争辩和深入的研究，苏联学术界在20世纪80年代已经普遍承认"文化学"的独立地位。1969年，出版了马尔卡梁的《文化论纲》；1983年，出版了马尔卡梁的文化学名著《文化理论和现代科学》，该书对文化学的理论和方法做了详尽论述；1976年，出版了阿尔诺里多夫的名著《马克思列宁主义文化理论原理》；1985年，苏联科学院哲学研究所将文化学的某些理论问题列为"今后五个主要研究方面"的内容之一。这些情况表明，文化学在苏联已是一门独立的学科。

目前，国外的文化学研究对基础性研究、应用性研究两个部分都比较重视。基础性研究着力于建构文化学的一般理论体系和一般方法体系，并在文化哲学、文化人类学、文化社会学、文化心理学、文化符号学、文化解释学等方面取得了突破性的进展。国外尤其注重应用性研究，主要围绕文化工业和大众文化，展开了对文化经济学、文化管理学、文化产业论、企业文化学、文化传播学、跨文化管理等方面的探讨。国外文化学研究具有以下几个特点：

（1）以基础性研究指导应用性研究，以应用性研究推动基础性研究；
（2）通过研究文化工业和大众文化，寻找新的经济增长点；
（3）政府研究、高校研究、民间研究相结合，而以高校研究为主体；
（4）将文化研究作为政府发展战略的一部分。

中国的文化学研究也颇有成果。大致说来，可以划分为20世纪前半叶、20世纪后半叶和新世纪（21世纪）以来三个阶段。

20世纪前半叶，作为学科体系建设的文化学，在中国已经受到重视，并有若干高质量的成果。早在1926年，时任广州中山大学教授的张申府①就在其《文明或文化》一文中，针对当时关于文明与文化的关系的论争，以及应当建设什么样的文化、怎样建设等问题，明确提出了"设立一种文化学"的主张，②以便科学地研究文化问题。著名文化学研究专家黄文山于1932年发表了《文化学建设论》和《文化学方法论》等论文；1938年，他出版了《文化学论文集》③；1948年，他出版了《文化学的建立》④；1949年，他又出版了《文化学及其在科学体系中的位置》⑤一书，详尽地阐释了"作为科学的文化学""文化学是怎样的一种科学"等基本理论问题，从而成为20世纪前半叶文化学研究的大力倡导者和积极实践者。值得特别指出的是，作为创建中国文化学的倡导者之一的黄文山教授，其发表《文化学建设论》等倡导建立文化学的论文时，正是"在国立中山大学……开设此项（文化学）课程"之时；而黄文山教授出版《文化学及其在科学体系中的位置》一书时，则正任教于岭南大学！这说明，国内高校开设学科意义上的"文化学"，是早已有之！

此外，1933年，朱谦之教授在其影响甚大的《文化哲学》一书中提出了"文化学"的概念，书中对文化概念、文化的进化、文化类型学、文化分期的原理、文化之地理分布，以及文化与文明等都做了独到的阐释。阎焕文1934年完成《文化学》一书，陈高庸发表论文《文化运动与文化学的建立》，陈序经出版了专著《文化学概观》⑥。同样值得特别指出的是，朱谦之、陈序经两位教授在出版上述专著时，分别任教于中山大学和岭南大学！这再次有力地说明，作为学科建设意义上的文化学，在我国高校早已受到重视并开始了积极的实践。

---

① 张申府，中国共产党的早期党员、创建中国共产党的积极推动者之一，周恩来、朱德的入党介绍人，当代著名学者、国学大师张岱年先生的胞兄，曾任黄埔军校政治部副主任、中山大学教授。
② 张申府：《文明或文化》，载《东方杂志》半月刊，第23卷24号，1926年12月。
③ 该书同年分别由中国文化学会、正中书局在广州出版。
④ 该书由国立中山大学法学院社会科学所1948年出版。
⑤ 该书由岭南大学西南社会经济研究所1949年出版。
⑥ 该书由商务印书馆1947年出版。

进入 20 世纪后半叶，文化学研究成果更为丰硕。但是，在前三十年，海峡两岸中国学者的成就却不可同日而语。由于不言而喻的原因，大陆学者在文化学建设方面乏善可陈。倒是台湾学者颇有建树。据笔者所知，主要的有钱穆的《文化学大义》①，黄文山的《文化学体系》②，以及其他一些或直接冠以文化学名称或以文化哲学名义出版的著作。值得重视的是，钱穆在其《文化学大义》一书中明确指出："'文化学'一门，此后必将为学术思想中一主要科目。"应当说，钱穆 1950 年做出的这个学术判断，是颇有文化远见的。

　　20 世纪后半叶的后二十年，大陆文化研究热潮兴起，文化学研究成就斐然。先后出版覃光广等人主编的《文化学辞典》③，郭齐勇的《文化学概论》④，赵常林、林娅的《马克思主义文化学》⑤，杨镜江的《文化学引论》⑥，刘守华主编的《文化学通论》⑦，梅新林、赵育光主编的《现代文化学》⑧，李荣善的《文化学引论》⑨，向翔的《哲学文化学》⑩，刘敏中的《文化学学·文化学及文化观念》⑪，等等。至于《审美文化学》《犯罪文化学》《建筑文化学》《电视文化学》《广告文化学》《旅游文化学》《经济文化学》《企业文化学》《民族文化学》《文学文化学》以及《文化哲学》之类的著作，更是比比皆是。此外，学术界大量翻译出版了国外的文化学论著，诸如泰勒的《原始文化》、怀特的《文化科学》、本尼迪克特的《文化模式》、马林诺夫斯基的《文化论》，以及编译了《多维视野中的文化理论》《当代国外文化学研究》，等等。这个时期，台湾学者的研究反而相对冷清，台湾出版界主要是将此前黄文山、钱穆等人的文化学著作重印。值得重视的是，台湾地区出版了不少文化哲学的著作，其

---

① 该书由正中书局 1952 年出版。
② 该书由中华书局 1968 年出版，后来一版再版。
③ 该书由中央民族学院出版社 1988 年出版。
④ 该书由湖北人民出版社 1988 年出版。
⑤ 该书由中国文化书院 1987 年出版。
⑥ 该书由北京师范大学出版社 1992 年出版。
⑦ 该书由高等教育出版社 1992 年出版。
⑧ 该书由内蒙古人民出版社 1995 年出版。
⑨ 该书由西北大学出版社 1996 年出版。
⑩ 该书由上海科学普及出版社 1997 年出版。
⑪ 该书由黑龙江人民出版社 2000 年出版。

中，代表性著作有邬昆如八大卷的《文化哲学讲录》[①]、刘述先的《文化哲学的试探》[②]《文化哲学》[③]。

迈进21世纪以后，大陆出版的文化学著作进一步增多。主要的有陈华文的《文化学概论》[④]、吴克礼主编的《文化学教程》[⑤]、陈建宪主编的《文化学教程》[⑥]、王亚民等翻译的俄国学者的《文化学》[⑦]。此外，还出版了《消费文化学》《现代旅游文化学》《中国传统文化学》《比较文化学》《汉语文化学》《交际文化学》《文化学发展轨迹研究》《国际政治文化学导论》等著作。这表明，文化学的研究和建设在21世纪仍然并且进一步受到关注。

和学术界持续不断的文化研究相映成趣的是，从中央到地方各级政府，这些年来逐渐认识到文化建设的重要性，都大力呼吁并重视文化建设。党和国家领导人讲话经常强调文化的重要性，自不待言。已经写进《宪法》和《党章》的"三个代表"，其中一个就是"代表中国先进文化的前进方向"。建设先进文化，发展先进文化，是建设中国特色社会主义的题中应有之义，是全面建设小康社会的必由之路。目前，全大陆大约有三分之二的省份在建设"文化大省"（或者"文化强省""民族文化大省"）。至于建设文化强市、文化大市、文化名城、文化强区之类的口号和思路，则更是随处可见。甚至，在市场经济最为发达的深圳，居然是要走"文化立市"的道路。但是，无论内地还是沿海，中央还是地方，其文化建设的思路，主要还是从经济社会发展的角度，从现实的社会管理层面切入，而不是从文化学建设的角度处理问题。

总的看来，大陆二十多年来的文化研究和文化建设实践，主要表现为这些特点：第一，以翻译、评述的方式积极跟踪国外文化学研究的新动态和新成果，并努力将国外文化学研究成果与中国文化建设的具体实践相结

---

① 邬昆如的八大卷《文化哲学讲录》，前六卷由台北的东大图书公司于1979年至1990年出版，后两卷由辅仁大学出版社于1998年出版。
② 该书由志文出版社1985年出版。
③ 该书由黑龙江教育出版社1988年出版。
④ 该书由上海文艺出版社2001年出版。
⑤ 该书由上海文艺出版社2001年出版。
⑥ 该书由华中师范大学出版社2004年出版。
⑦ ［俄］安娜·尼古拉耶芙娜·玛尔科娃著，王亚民等翻译：《文化学》，敦煌文艺出版社2003年出版。

合，产生了一批优秀的学术研究成果。但是，"中国特色"的文化学体系以及相关的学科群体则尚未真正地、科学地建立起来。第二，重视中国传统文化的研究，成果较多，但真正的精品不多，精品意识不强，低层次重复者较多，对于"文化学"的探讨重视不够——尽管出版了《中国传统文化学》这类著作。第三，政府重视当代中国的文化建设问题的研究，但从现实政治经济方面考量较多，而对创建一个系统的理论体系和学科体系缺少应有的关注和必要的支持。第四，关注文化工业和大众文化，但是，在文化与经济结合的程度和力度方面，还停留于"初级阶段"。第五，文化研究机构遍布全国，但从学科建设和人才培养的战略高度进行操作的基本没有。全国几乎所有的高校都成立了以"文化"命名的研究性机构，所有大型企业都有企业文化的研究和实践，但迄今没有一所大学或者研究院从"文化学"建设的发展战略高度和本科、硕士、博士连续培养的层面进行系统全面的操作。第六，政府和民间对文化的社会功能的认识越来越理性，越来越具有时代感，但是，到目前为止，还没有一所高校建立文化学系，文化学在现行学科体制中也没有取得恰当的地位。上述情况表明，文化学的建设，应当提到日程上来了。

三

我们正在现代化建设的途程中迈进。现代化的内涵十分丰富，其根本之点或者说终极目标，是人的现代化。而人的现代化，很大程度上取决于文化现代化。文化现代化，从科学理性的角度看，从二十多年的文化研究和文化建设的实践看，是文化学的建设。

20世纪80年代中期以来，文化研究遍及全国，影响海外。文、史、哲、经、法、管、政诸多领域的学者都参与到文化研究中，甚至研究自然科学的也加入到了文化研究的热潮之中。根据我们的初步了解，全国高校设立的文化研究机构有数百个，几乎每所大学都有，甚至有的重点大学有几个。北京大学有中国传统文化研究中心、中国文化与哲学研究所、文化产业研究所、比较文化研究所等，清华大学有思想文化研究所、中国文化研究中心，中国人民大学有东方文化研究所、中国文化与哲学研究所等，中山大学有文化研究所、宗教文化研究所、中国传统文化研究中心等，武汉大学有中国文化研究院、中国传统文化研究中心等。此外，复旦大学有历史文化学院，华东师范大学有中国现代思想文化研究所，湖南大学有中国文化研究所，西北大学、黑龙江大学都有中国思想文化研究所，等等，真是不胜枚举！

自20世纪80年代以来，国内的文化研究，参加人数众多，涉及学科广泛，可谓硕果累累。人物、学派、思潮、地域、民族、传统、现代、中外比较诸多方面，都有学者进行研究。以文化学、文化哲学、文化经济学、文化社会学、文化价值学、文化产业学、文化策划学等命名的新的学术生长点已经产生，并已产生相当成果。这种情况表明，文化研究的实践已经为国家设置新兴的一级学科——文化学——提供了坚实的基础，并在客观上呼唤着文化学一级学科的设置，以及相应的学位授权点的设置。同时，也呼唤着在本科阶段设置文化学专业。只有从学科建设的战略高度入手，从文化理论体系建设的长远目标着眼，从文化价值体系构建的长治久安的宏图大愿出发，才能真正推进文化学的建设，促进文化研究的科学化。

我国的市场经济建设在取得物质文明的巨大成就的同时，精神文明建设的重要性日益凸显，并越来越受到党和政府的重视，受到全社会的重视。按照党的十五大报告的提法，中国特色社会主义文化，就其主体内容而言，与我们一贯倡导的社会主义精神文明是一致的。迄今为止，一个批判继承历史传统而又充分体现社会主义时代精神、立足本国而又面向世界的新型文化价值体系还没有建立起来，还需要全民族的长期艰苦努力。加强文化学的建设，是推动社会整体协调发展的重要途径，是适应国家需要的重要步骤和重大举措。

从社会现代化建设对人才需要的角度看，加强文化学建设十分必要。社会需要的是学有专长、一专多能的复合型人才，但传统的学科分类和课程设置是20世纪50年代"全盘苏化"、实行单科划分的基础上的产物，现在已不能适应社会的需求，大有改进的必要。当作为一门独立的学科的文化学建立以后，从课程设置到社会实践，从课程作业到学位论文，都将可以按照学科建设、学术创新、服务社会、引导社会的理念操作，培养一专多能的复合型人才。

从学术创新和文化创新的角度看，加强文化学的建设，有助于整合现有的不同学科的研究力量，逐步超越既有的文化研究的陈旧范式和思维框架，增强文化研究的学理性，促进新兴、新型学科的成长，拓展新的学术研究空间。"文化是个筐，什么都能往里装"的时代应当结束了。

从文化现代化的角度看，文化学的建设，是规整、提升文化研究和文化建设的队伍和质量的必由之路。那种泛泛而论的所谓文化，那种把任何现象都泛化为文化的"文化"，那种缺乏严整理论体系依托和学科制度支撑的文化，只能畅意于一时，而不能长久于一世。只有加强文化学的建设，给文化学灌注以时代精神和学科营养，赋予现代意识，才能真正实现文化的现代化。

文化现代化并不是一句时髦的口号。文化现代化有其特定的价值指向和精神追求，这就是包蕴并体现现代科学民主精神、公平正义精神、效率意识、契约精神、公民意识、法制精神，等等。如果我们建设的新型文化体系，能够熔铸这些现代精神，为现代精神的实现提供文化基础，那我们的文化体系就是健全的、健康的，就是现代化的。而这就必须解决文化学的建设问题。在很大程度上，文化学的建设和文化现代化之间，是一而二、二而一的问题。至于文化学的建设在学科建设层面应当如何去做，限于本文主题和篇幅，这里就不赘论了。①

我们正在构建和谐社会。和谐问题，至少从中国传统文化的历史发展和精神实质来看，本质上是个文化问题。精神、状态、秩序，协调融洽，便是和谐。"和为贵""和而不同""仇必和而解""和实生物，同则不继""太和"，等等，都是中国文化固有的和谐理念的不同表述。但是，仅仅停留于古典的和谐追求是远远不够的。我们要建构的是现代意义的和谐社会，而不是古典的和谐社会。现代意义的和谐社会，以全民族整体综合素质的提高为基础、为目标。而要实现这个目标，就必须实现文化的现代化；要实现文化的现代化，就必须加强文化学的建设。否则，文化现代化也罢，和谐社会的构建也罢，都可能落空。

（原载《中山大学学报》2005年第6期）

---

① 有兴趣的读者，可以参看李宗桂：《简议文化学科的建设与文化学学位的设置》，载《中山大学高教研究》1996年第3期；李宗桂：《世纪之交中国大陆文化研究的新气象》，载《明报月刊》（香港）1997年第12期。

论道德体系与文化价值体系
——兼谈新时期的道德体系建设

一、新时期道德体系建设之理论审视

改革开放使中国社会发展进入了一个新的历史时期。在这个新的时期，随着国民经济和社会发展的快速增长，道德体系的建设发生了相应的巨大变化。无论在实践方面还是理论方面，我们的道德建设都取得了可喜的进步。就实践而言，伴随着经济体制由计划经济向市场经济的转变，以及政治体制改革的启动、教育体制改革的逐渐深化，特别是扩大对外开放而促进了中外文化的交流，使得一系列崭新的伦理道德观念在神州大地生发开来。效益观念、契约观念、自主意识、务实精神、民主要求等，成为当代中国道德理论体系中的可贵成分，充实、改变着既有的道德体系。"时间就是金钱，效益就是生命"，这类出自深圳经济特区建设经验、源自群众自觉实践的新经济伦理，便是新时期道德实践的典型例子。就理论方面而言，对西方伦理观的再审视，对功利主义伦理观的再认识，对传统道德的再评价，以及对当代中国道德现状的理论分析和境界提升，都反映出理论界和实际工作部门为新道德体系建设而做出的新贡献和新探索。集体主义价值观的弘扬、爱国主义精神的提倡、中国公民意识的灌输、以"五爱"为核心的社会公德的倡导，等等，都日益深化着道德理论的研究，改善着新时期的道德理论建设。因此，新时期的道德理论建设，在总体上讲，充满着社会主义的时代精神，具有立足现实而又古今结合、以我为主而又放眼世界、融贯中外的特征。

然而，无可讳言，由于种种主客观条件的限制，新时期道德理论建设存在着值得加以克服的倾向，存在着必须从文化发展战略的理论高度进行反思、从社会主义文化价值体系建设的角度加以改进的弱点和缺点。

新时期道德理论建设应当加以克服的倾向主要表现为：对西方伦理思想重介绍而轻分析，尚褒扬而少批评；对中国传统道德，前期（80年代前中期）是失之片面否定，后期（80年代末期和90年代）则流于盲目颂

扬；对当代中国的道德现状，表象描述和浅层分析居多，头痛医头、脚痛医脚的政策导向和"应景"文章不少，特别是把道德建设等同于精神文明建设，或者说以精神文明建设取代独立的道德体系建设，更是令人忧思。之所以出现这些偏差，其根本原因在于，理论界、思想界和实际工作部门在建设中国特色社会主义的道德体系方面，缺少应有的理论自觉，缺少长远的发展战略眼光。

笔者认为，要解决上述问题，首先要培养、确立一种理论自觉，即要从建设中国特色社会主义道德体系的战略高度，进行道德建设。而要进行这样一种道德体系建设，不能就事论事，不能就道德谈道德，而必须从国家长治久安、从文化价值体系建设的发展战略高度进行理性的探讨。

二、道德体系在文化价值体系中的地位和作用

要从根本上解决道德建设的问题，要进行自觉而理性的道德体系建设，必须正确把握道德体系在社会主义文化价值体系中的地位和作用。

实践表明，道德体系的建设，在社会转型的今天已经迫在眉睫；而新型文化价值体系的建构则已刻不容缓。要处理好这两方面的问题，显然应当在理论上明辨道德体系在文化价值体系中的地位和作用。要达到这个目的，首先要对道德体系有一个基本的理解。

文化是一个内涵复杂、包容甚广的概念。从广义上讲，道德本身也属于文化的范畴。但就严格的学科划界而言，文化和道德毕竟不是同等概念，它们属于不同的层级。概略而论，文化和道德之间，有着包容和被包容的关系。

完善的道德应该是一个严整的体系，有其特定的结构和功能。中国传统道德有着十分严密的范畴体系和行为规范系统，曾经对封建社会的长期稳定产生了重要作用。近代以来，西学东渐，对传统道德体系产生了空前的冲击；而封建生产方式的痼疾，决定了封建道德在近代的必然解体。新中国成立以后，由于诸多因素的制约，一个批判继承历史传统而又充满社会主义时代精神、立足本国而又面向世界的新型道德体系还没有建立起来，还需要我们长期而艰巨的探索。

关于道德体系的构成，学术界、实际工作部门和有关领导部门尽管十分关注，但迄今没有一套公认的理论框架和相应的操作规范。实际上，由

于对象的复杂和操作的多元，人们可以从不同的角度提出种种不同的设想，做出不同的规定。从道德涉及的对象和价值内涵讨论，道德可以分为公德和私德；从普遍性和特殊性的角度讨论，道德可以分为一般性道德和特殊性道德；从历时性的一面看，道德可以分为传统道德和现代道德；从民族和地域的方面看，道德可以分为中国道德、外国道德……其中，上述各个方面又都可以做进一步的划分和演绎。例如，中国传统道德作为一个整体，其中的"三纲八目"（明明德、亲民、止于至善，正心、诚意、格物、致知、修身、齐家、治国、平天下）、"三纲五常"（君为臣纲、父为子纲、夫为妻纲，仁、义、礼、智、信）等，便是具体的德目。不言而喻，中国传统道德的这些德目，就其整体性和思想实质而言，不能作为当代中国道德体系的素材。但是，它在为那个时代的政治主题和价值主题论辩、服务的时候，所表现出的对人的精神境界提升方面的关注，对价值取向的规整，对社会和谐的倾心，还是值得我们借鉴的。

道德体系的构建是一个复杂艰巨的系统工程。本文无意也不可能对当代中国的道德体系勾勒出详细的图景，但为了比较具体地说明道德体系在文化价值体系中的地位和作用，换言之，说明在中国特色社会主义新文化体系建设中如何看待道德体系的建设，我们还是要概略地对道德体系问题略抒己见。

在我们看来，如果从普适性和特定性的角度考察，道德体系大致包括这样几个层次。第一，作为社会行为基本规范的道德。《中华人民共和国宪法》第二十四条指出，国家提倡爱祖国、爱人民、爱劳动、爱科学、爱社会主义的公德。这种"五爱"道德，是社会主义国家的公民应当人人遵循的最为基本的价值准则和行为规范。与"五爱"相联系，作为社会行为基本规范的道德，还包括政治道德、经济道德、文化道德、家庭道德、职业道德、环境道德等。这个层次的道德具有普遍性，任何公民都应当自觉遵守。第二，作为特殊领域的道德。特殊领域的道德比较集中地表现于职业道德方面。职业道德中的具体对象不同，要求的道德修养和行为规范也不同。教师道德、公务员道德、企业家道德、工人道德、商人道德等，都属于特殊领域的道德。特殊领域的道德与前述作为社会行为基本规范的道德有相交的地方。一方面，职业道德行为一般的规范，要求任何具有一定职业的人都必须遵守，都要有自觉的相应的道德意识。另一方面，职业道德作为特定领域的行为规范和伦理意识的时候，对于其他领域的人不具有约束力。例如，教师的职业道德，对于汽车司机或商店店员就不具有约束力，反之也是如此。第三，介于普遍性道德和特殊性道德之间的社会公德。一般说来，社会公德应该属于普遍性道德的范畴。但是，如果我们从社会公德所要求的行为规范及其指涉的对象来看，事情就不是这么简单。例如，见义勇为这类社会公德，对于小学生就不一定具有普遍适用性。山林失火、强盗打劫，不应要求小学生承担救火、御盗的义务。同样，尊重妇女、爱护儿童这类社会公德，主要的指涉对象是男子和成人，而不是妇女儿童自身。

如果从道德境界实现的程度或者期望目标考察，则道德体系的建构可以分为低度伦理、中度伦理和高度伦理三个层面。所谓低度伦理，就是最低限度的道德要求，这种道德要求对于绝大多数人来说，无须艰苦努力就可做到。例如，遵守公共秩序、尊老爱幼、讲究卫生、帮助他人、公私兼顾等。所谓高度伦理，就是社会提倡的理想道德，一般人较难做到，而要经过长期的修养才能实现。例如，共产主义道德，大公无私，毫不利己、专门利人、舍己救人、舍己为公等。这类道德，境界之高，要求之严，是别的任何道德所不能比拟的。可以说，高度伦理的拥有者、实现者，是社会中的极少数，是社会的精英、人间的楷模，可谓"人伦之极"。所谓中度伦理，是相对于低度伦理和高度伦理而言的，它的境界和难度，介于二者之间。具体说来，中度伦理是经过一定努力就可以实现的道德，绝大多数人可以拥有。例如，先公后私、见义勇为、救死扶伤、助人为乐、爱护环境、诚实守信、忠于职守、公平竞争等。这类道德，只要引导得当，只要当事人具有一定的道德自觉和道德追求意识，只要有合适的社会环境，就不难实现。总的看来，低度伦理、中度伦理、高度伦理这三者中，中度伦理比较适合社会大多数人的情况，在理论上和实践上能够为大多数人所拥有、所实现；高度伦理由于其境界的超越性和要求的严格性，只能作为榜样提倡，号召人们学习，而不能期望大多数人能够拥有、能够实践；低度伦理由于近乎人性之本然，由于近乎下意识，故容易被具有文化价值追求的人们所超越、所摈弃。在一个健全的社会中，不可能人人是雷锋，也不可能人人是"顺躯壳起念"，因此，中度伦理应当是我们在建构道德体系的时候，以及在培育良好道德风尚的实际工作中，所应当特别注意并下功夫完善的。

根据上述认识，笔者认为，道德体系大致可以分为这样几个结构层次：

（1）日常（社会）生活道德。相互尊重，诚实守信，疾病相扶、守望相助，己所不欲、勿施于人，正己正人、推己及人、达己达人、立己立人，团结友爱，遵守秩序，见义勇为，礼貌和蔼，爱护自然，维护生态，热爱科学……

（2）政治道德。忠于国家、忠于人民，热爱社会主义，维护安定统一，廉洁奉公，遵纪守法……

（3）经济道德。公平竞争，讲求效益，质量至上，质价相符，重视信誉……

（4）文化道德。刻苦学习，提高素质，追求精神充实，参加文化活动……

（5）家庭道德。夫妻平等，互敬互爱；尊老爱幼，提携晚辈；各尽所能，和衷共济……

（6）职业道德。忠于职守，敬业乐群，团结协作，见贤思齐……

上述道德结构和层次，如果要排序，那么，应当以政治道德为先导，以日常（社会）生活道德为基础，以职业道德为目标。以政治道德为先导，则国家利益、民族大义昭然在心，社会主义政治制度成为自觉信念；以日常（社会）生活道德为基础，则不尚空谈，着眼人伦实际，容易为人亲近、接受，为进一步提升道德境界提供条件；以职业道德为目标，则每个人有鲜明的角色意识，安于本职工作，敬业乐群，社会秩序自然和谐，运转自然协调。

如果从道德的品位考虑，则道德体系的建构和实践，应该以高度伦理为旗帜，以中度伦理为根据，以低度伦理为起点。换言之，要以高度伦理为社会行为规范的典范，通过对高度伦理的不断宣传和大力表彰，提高整个社会的道德品位，提高全民的综合素质；同时，以中度伦理为道德建设的现实根据，使一般人拥有、实现中度伦理，把整个社会的道德水准维持在中度伦理的范围内；还要不放弃对低度伦理的适度宣传，使少数道德水准较低的人，能够在社会上有安身立命之所，在心灵上有所安顿，而不至于在道德上自暴自弃。

道德体系的理论建构和实际运用，如果能够按照上述设想进行，则必然能够引导人们树立正确的价值观，超越"经济动物"的羁绊，使人们成为有远大理想、有高尚情操的人。

从广阔的视野审视，道德体系的建构与文化价值体系的建构有着密切的关系。

文化价值体系是一个文化系统的核心。我们知道，任何文化都是一定民族的文化。一个民族的文化之所以区别于另一民族的文化，其根本点在于价值系统的不同。中国传统文化中的道德至上、伦理政治、中庸之道、天人合一等精神旨趣，与西方文化中的热衷探寻自然奥秘、伦理与政治分途发展、强调主客分离而倾心征服自然等思维路径有着根本的区别。中国传统文化的价值系统，正是基于政治上的家国一体、经济上的小农模式、情感上的血缘心理而建立起来的。崇圣宗经、一统政治、重义轻利、恋古情结、泛道德论等，是传统文化价值系统的基本精神。正是这些基本精神的熏陶，培育出了传统的中国人。诚然，中国传统的政治结构和经济结构对于价值系统的形成，对于中国人价值观念的形成，起了十分重要的作用。但是，我们应当看到，使中国传统文化之所以是这样而不是那样的关键因素，是传统的价值观。稍具中国文化常识的人，都不会否认传统价值观念对于古代中国人道德情操的塑造作用。因此，我们今天在建设新文化体系的时候，万万不可轻视价值体系的建构。

新中国成立以后，我们在价值观的塑造方面下了很大功夫。爱国主义、集体主义、革命英雄主义、国际主义等等，都是长期坚持的教育内容。在人格榜样方面，雷锋、焦裕禄、王进喜、蒋筑英、张海迪、孔繁森都是不同时期广泛宣传、大力提倡的英雄人物。毫无疑问，这些社会主义价值观的教育，对于净化社会风气、培养一代新人起了积极的作用。但是，问题在于，由于极左思潮的干扰，在过去很长一段时间，"政治第一"被某些人歪曲成了"政治唯一"，政治道德等同、取代了其他道德。这种道德政治化、政治"化"道德的结果，是适合中国国情的、社会主义的道德体系没有能够建立起来，以致一遇风浪，人们便觉得价值失落，心灵无所安顿。前些年西学重新涌入国门而引发的"西化"思潮，近年商品经济迅猛发展而出现的种种道德"滑坡"现象（姑且借用这种说法），这两年的所谓回归传统、盲目鼓吹儒学、侈谈"21世纪是中国文化的世纪"等，都是明证。而之所以出现这种种偏差，实质上是与我们没有建立起一个科学的文化价值体系密切相关的。可见，文化价值体系的建构，决不可等闲视之。

根据当代中国的情况和文化学的一般原理，笔者认为，文化价值体系的构成,大致要有这样的思想原则:第一,在发展商品经济的前提下,更新文化传统;第二,拓展价值领域,提高人民素质;第三,文化批判与文化重构不可偏废,而要共举并进;第四,既要反对传统的唯伦理思维,又要破除近现代特别是新中国成立以来的唯政治思维,使道德、政治、经济等分途发展,不要互相干扰,更不能互相等同、取代。

从这种认识出发,笔者认为,文化价值体系大致可以包括这样一些内容:

(1) 政治价值观。坚持党的基本路线,追求民主自由,维护国家统一和社会稳定,促进社会长期稳定发展……

(2) 经济价值观。公平竞争,讲求效益,规模经营,农工商并举,以科技进步和人的素质的提高推动经济发展,与国际经济发展接轨……

(3) 文化价值观。提高人民文化素质,尊重不同文化的价值,反对民族文化虚无主义,反对民族文化国粹主义……

(4) 伦理价值观。反对泛道德论,反对泛政治论,人际平等,互相尊重,权利和义务的统一……

(5) 科学价值观。尊重科学,提倡科学,科学技术是第一生产力,发展科技是强国之路;反对唯科学主义……

(6) 职业价值观。适合你的就是好的,忠于职守,职业无贵贱……

(7) 自然价值观。保持生态平衡,爱护环境,适度开发资源……

(8) 人生价值观。自强不息,建功立业,乐于奉献……

无疑,文化价值系统的内涵远比上述内容丰富,我们这里只是从大处着眼,提出一个粗略的看法而已。

从上述文化价值观的构成可以看出,权利与义务、奉献与索取、自律与他律,始终贯穿于文化价值体系之中。因此,我们可以说,道德问题渗透于文化价值体系之中。任何道德都是某种价值观的表现,任何价值观都包蕴着一定的道德。

从理论思维的层面看,道德体系始终围绕着价值而展开,文化体系始终以价值为中心。就深层结构的思想文化而言,道德体系和文化体系在价值观念这个重大问题上相交,从而有了融合互补的可能。概而言之,道德体系属于文化价值体系的构成要素之一,在文化价值体系中居于至关重要的地位,有着重要的作用。第一,道德体系和文化价值体系在致思趋向上是一致的,都是为了使人高尚其志,使人"文"化而不是"物"化。因此，道德体系在文化价值体系中具有与其相互沟通、相互发明的作用。第二，道德体系在文化价值体系中具有协调各层面关系、打通阻隔的作用。由于道德体系始终关注、引领价值取向，而文化价值体系涵括道德原则，渗透道德精神，故道德体系在文化价值体系中可以起到贯通各个层面的作用。第三，道德体系在文化价值体系中具有提升精神境界、规范行为的作用。道德对物欲、对世俗的超越性，道德本身在精神境界方面的攀登，以及道德对人们行为的具体要求和约束，在客观上对文化价值系统中的其他成分具有境界提升和行为规范的作用。

三、道德重建与价值重构

当代中国是经济多元的中国，也是价值多元的中国。经济多元导致价值多元，价值多元促进经济多元。价值多元的一个具体表现，是道德多元。无可讳言，当今中国的道德成分，既有封建道德的遗存和变种，也有资产阶级道德的沉渣，更有社会主义道德的基因。在这种纷繁复杂的条件下，如何重建道德体系和文化价值体系，不仅是一个理论问题，而且是一个严肃的实践课题。

道德体系和文化价值体系都属于思想文化的范畴。道德体系和文化价值体系的建设，是当今人文社会科学领域的理论工作者和实际工作者面临的重大而紧迫的课题。要科学地建设道德体系和文化价值体系，必须先确立一个基点，即：社会主义市场经济是思想文化建设的思维坐标。

任何道德和文化，都是一定时代的产物。在建设社会主义市场经济体制的今天，道德体系和文化价值体系的建设必然要受到相应的制约，必须与市场经济体制建设相适应。中国传统道德体系和文化价值体系属于封建主义时代的范畴，从根本上讲，它已经不适应时代的要求了。即使是它们中的优良部分，在今天也不能"拿来就用"，而要经过批判性的改造，才能在新时代中发挥适当的作用。

任何道德和文化都是特定民族长期积累的结果，具有特殊的民族性。西方道德体系和文化价值体系，是西方民族的精神支柱，对于西方民族自身而言，自有其合理性；甚至从世界文化多元发展的广阔视野考察，它们对于整个人类文明的发展，也曾经起过十分重要的作用。例如，中世纪文艺复兴以后产生的道德体系和文化价值体系，就对世界近代文明的发展产生了巨大的推动作用。但是，西方道德体系和文化价值体系毕竟是西方民族的精神产物，它与中华民族的道德观念和价值取向差距甚远，尽管二者之间在某些方面有可能互补，但绝不可能互相取代。因此，西方道德体系和文化价值体系任何时候都不可能成为中国人民的基本精神信念。

市场经济是人类文明发展不可逾越的阶段，它不是资本主义特有的东西，不属于社会基本制度的范畴。在如何进行市场经济体制的建设方面，特别是在如何发挥它的作用方面，存在着如何与社会基本制度相结合、相适应的问题。因此，今天的道德体系和文化价值体系的建设，必须与社会主义市场经济体制的建设相结合，与社会主义政治制度的建设相结合。否则，道德体系和文化价值体系的建设就会出现偏差。

值得注意的是，近年关于市场经济建设的论说，强调市场经济就是按照市场需要而配置资源，使经济活动按照价值规律的要求办事，这当然是正确的。但是，这些论说存在一个明显缺陷，即只强调物质资源的合理配置，而忽视了道德资源、文化资源的合理配置。质言之，是忽视了道德建设和文化价值体系建设的重要性。出现这种偏差的原因在于，不少论者只看到了经济发展、经济体制建设对思想文化的制约作用，而轻视了思想文化对经济发展、经济体制建设甚至对社会整体协调发展的巨大推动作用。正因为如此，我们更有必要对道德体系与文化价值体系的关系进行认真的探讨，更有必要从建设中国特色社会主义新型文化价值系统的宏阔视野中，考察新时期道德体系建设的诸多理论问题。

总结新时期道德建设的经验，笔者感到，今天的道德建设和价值建设不是无源之水、无本之木，而是有着丰富的历史资源和实践经验。传统文化中的慎独主张，推己及人之道，正己正人、成己成物精神，整体为上的全局观念，见利思义的价值追求等，近代以来的平等独立、竞争协同、爱国主义等道德要求，中华人民共和国成立以后形成的独立自主、自力更生、集体主义等道德观念和价值准则，改革开放以后出现的效率优先、以经济建设为中心、政治民主等新道德观念和价值观念，都值得我们在建设新道德体系和新价值体系时认真总结、发掘升华。然而，仅仅依托传统是不够的。道德重建和价值重建工程的基础，应该是当代中国人民气象万千、丰富生动的实践。我们要批判继承并创造性地转化传统，要大胆吸收外国优秀的道德观念和价值观念，根据当代中国的实际情况，创造出崭新的道德体系和文化价值体系。从本质上讲，我们要建设以人文精神为基本内核、与时俱进、涵摄经济精神和科学精神的新型道德体系和文化价值体系。在这种体系中,人文精神笼罩科学精神,引导科学精神;科学精神充实人文精神,深化人文精神。在这种体系中,道德不等同于价值,价值不等同于道德。它们之间尽管相通相融,互为助补,但又有明确的界限,不可混同。如果这样,则道德重建和价值重建就不是空言,而是可以实现的宏图。

(原载《学习与探索》1996 年第 6 期)

中国文化精神与中华民族精神的若干问题

关于中国文化精神和中华民族精神的研究,近年来有相当的进展。但是,由于论者的方法、立场和学术背景的不同,以及种种客观因素的制约,致使出现了种种论争,甚至一定程度的混乱。因此,有必要做进一步的探讨。

中国文化精神,是一种概略的说法,也叫中国文化的基本精神。所谓文化精神,按照某些西方文化研究学者的说法,就是民族精神,是指一种文化的特有精神,一种文化中具有决定力的价值系统,由此价值系统所构成的文化模式在态度、评价及情绪倾向等方面表现出的精神品质。① 国内有学者认为,中国文化长期发展的思想基础,可以叫作中国文化的基本精神,而文化的基本精神是文化发展过程中的精微的内在动力,亦即指导民族文化前进的基本思想。中国文化基本精神就是中华民族在精神形态上的基本特点。中国文化基本精神的主要内容是:刚健有为,和与中,崇德利用,天人协调。②《易传》的"自强不息""厚德载物"两句名言,是中国的民族精神的基本凝结。③ 这种看法,实际上也是把中国文化基本精神看作中华民族精神,而且二者都是正面的、积极的。有的学者认为,文化精神是具有相对稳定性的东西,可视为文化的深层结构,是民族文化的灵魂或精髓,"文化精神具有积极和消极两重性"④。

在我看来,所谓文化精神,就是特定民族文化系统所反映出的基本精神特质,是该民族特定的价值取向、思维方式、社会心理、伦理观念、审美情趣等精神特质的基本风貌的反映。文化精神、中国文化精神,都是宽泛的、中性的概念,既有积极的成分,也有消极的因素,属于事实判断的

---

① 覃光广等主编:《文化学辞典》,中央民族学院出版社1988年版,第155—156页。
② 张岱年:《论中国文化的基本精神》,载《张岱年全集》第五卷,河北人民出版社1996年版,第419页。
③ 张岱年:《中国文化的基本精神》,载《张岱年全集》第七卷,河北人民出版社1996年版,第379页。
④ 邵汉明主编:《中国文化精神》,商务印书馆2000年版,第1页。

范畴。中国文化基本精神的优秀成分,构成中华民族精神。① 中华民族精神是中华民族在长期的历史发展进程中形成的精神风貌和价值取向优秀成分的集中表现,是中华民族进步发展的价值导向和精神动力。

中华民族精神的发展,从历史线索来看,可分为古典时期、近代时期、当代时期。所谓古典时期,是指从春秋战国到1840年的鸦片战争,大约2600年漫长的历史阶段;所谓近代时期,是指从鸦片战争到1949年中华人民共和国成立之前,大约100年的艰难困苦阶段;所谓当代时期,是指从中华人民共和国成立到现在这半个多世纪的发展阶段。在古典时期,形成了以唯伦理思维为特征的古典民族精神;在近代时期,形成了以唯政治思维为特征的近代民族精神;在当代,则形成了以唯经济思维为特征的当代民族精神。古典民族精神反映的是自然经济、宗法社会条件下道德至上、贵和尚中、求稳求安的守成精神;近代民族精神体现的是内忧外患挤压之下反抗侵略、救亡图存、争取民族独立的狂飙突进式的革命精神;当代民族精神主要表现为经济全球化、改革开放背景下的解放思想、与时俱进的建设现代化国家的开拓创新精神。

从春秋战国到鸦片战争,大约2600年的漫长古代社会中,古典民族精神大致经历了形成、确立、巩固的阶段。根据学术界的共识,中华民族作为一个文化共同体、作为一个民族实体,是在秦汉时期。春秋战国时期,我们今天所讲的中华民族精神处于萌芽、雏形时期。秦汉以后,作为一种价值体系的中华民族精神进一步确立。从秦汉到1840年的鸦片战争,是中华民族"自在发展"的阶段;从鸦片战争到改革开放的当今,是中华民族"自觉发展"的阶段。同理,作为全民族共同精神风貌和价值追求的"中华民族精神"的发展,也经历了从"自在"到"自觉"的阶段。但是,应当看到,"中华民族"和"中华民族精神"的"自在"阶段,如果从"萌芽"或者"雏形"的样态看,并不仅仅开始于秦汉时期,而是应当追溯到春秋战国乃至远古时期,亦即整个中华民族"上下五千年"的历史,就是中华民族精神由孕育而成熟、强盛的历史。而中华民族精神的核心,是价值观。根据这种认识,我认为,作为观念形态的古典中华民族精神,形成于春秋战国时期,确立于秦汉时期,巩固并完善于魏晋至清代(1840年以前)时期。

---

① 李宗桂:《中国文化导论》,广东人民出版社2002年版,第349页。

春秋战国时期，重人轻神的人本主义思潮、重民轻君的民本主义思潮、反对分裂崇尚统一的爱国主义思潮、反对战争倡导和平的人道主义思潮相互激荡，汹涌澎湃，推动着社会的进步，最终促成了以秦王朝的建立为标志的政治上的国家统一和文化上的民族认同。这种情况表明，中华民族精神已经初步形成。秦汉时期，随着中华民族多元一体格局的形成，大一统的政治观念、文化中国的价值理想、贵和尚中的思维方式、厚德载物的宽阔胸怀、自强不息的奋斗精神等基本价值理念成为社会的主流思想，引导着全民族向前发展，标志着中华民族精神的确立。从魏晋到清代（1840年以前），中国社会屡经动荡，王朝屡经更替，但以天下一统为荣、以国家分裂为耻的思想传统不断强化；同时，反对侵略，努力避免战争，力争以和平方式解决内部矛盾和外部争端，成为全民族的自觉意识和实际行动。而自强不息、厚德载物的价值追求，革故鼎新的发展观念，勤劳勇敢的人生信念，整体至上的思维旨趣，等等，都在中国社会的发展途程中，经过全体人民在政治、经济、文化方面的实践得到了强化。因此，我们说这个时期是古典的中华民族精神的巩固期。

鸦片战争以后，中国社会步入内忧外患极为深重的近代时期，古典的中华民族精神面临挑战，被迫转型，被迫更新。守成式的古典民族精神，转换、创新成为以浪漫主义和英雄主义为特征、以争取民族独立和国家富强为目标的狂飙突进式的近代革命精神。自称"有心杀贼、无力回天"的志士谭嗣同，"我自横刀向天笑，去留肝胆两昆仑"，为变法维新的政治理想视死如归，慷慨就义；孙中山领导的辛亥革命，碧血染黄花，推翻了封建君主专制制度，临终仍牵挂"革命尚未成功"，勉励"同志仍需努力"；中国共产党领导的新民主主义革命，"为有牺牲多壮志，敢教日月换新天"，在成千上万的烈士英勇地牺牲之后，后继者"高举起他们的旗帜，踏着他们的血迹前进"，"要压倒一切敌人，而决不被敌人所屈服"！这种革命英雄主义精神，激励着无数仁人志士为中华民族的重新崛起、为伟大的中华民族的复兴而殊死奋斗。以革命精神为特质的近代中华民族精神，经过五四运动的洗礼，还增添了民主、科学、自由、自主精神。民主和科学是五四运动的旗帜，众所周知，不言而喻。"不自由，毋宁死""科学与民主，第一要自主"，当年这些掷地有声、深入人心的口号和思想，同样是五四精神的重要成分。在革命精神的统率下，民主、科学、自由、自主等现代意识成为培育、创新中华民族精神的动力。而这中间极为重要的一条主线，或者说是统贯、引领这些思想、精神的，便是爱国主义的旗帜！

　　中华人民共和国成立以后，我们国家在迈向现代化的途程中备尝艰辛。改革开放以来，以经济建设为中心，国家一步步强盛起来。以复兴伟大的中华文明为职志，全体中华儿女同心同德，团结奋斗，换来了今天的大好局面。在新的实践过程中，既有的中华民族精神得到了弘扬，同时也得到了培育和创新。"以人为本，重在建设"的文化建设的指导思想以及相应的方针政策的制定和实施，有力地推进了当代中华民族精神的建设。要"增强自立意识、竞争意识、效率意识、民主法制意识和开拓创新精神"，成为全民共识。这里的自立、竞争、效率、民主法制等意识，与此前的中华民族精神的内容并不相同，是对此前中华民族精神在继承、弘扬基础上的培育和创新。此外，改革开放以来逐渐形成并在近年日益强化的契约观念、公民意识、公正意识、平等观念、改革开放意识、全球意识等，也是开拓创新精神的结果。可以说，没有开拓创新精神的弘扬，就没有这类新型意识和观念的出现。开拓创新精神，成为当代中华民族精神的重要内涵和基本特征。

　　毫无疑问，中华民族精神的形成和发展，是一代又一代中华儿女智慧的结晶，是中华文化优秀传统的集中体现。就其功能而言，中华民族精神在不同的历史时期，各有其时代意义。在中国古代时期，以守成为主要特征的古典中华民族精神，对于中华民族这个民族实体、文化共同体的发展，对于多元一体的中华民族格局的形成和完善，对于中国古代社会的进步，起了促进其凝聚、认同、融会的作用。就价值观念而言，古典中华民族精神对于中华民族统一的价值取向、思维方式、人格追求、伦理观念以至审美情趣的形成，都有着十分重要的作用。秦汉以后，古典中华民族精神对于维护既成的多元一体的中华民族格局，对于大一统的政治、经济、文化格局的延续和完善，起了维护的作用。尽管从今天的全球眼光和现代意识来看，古典的中华民族精神存在着某些不足（例如开拓创新精神的不足、科学民主精神的缺乏），但我们仍然无法否认它特殊的时代意义——一个时代有一个时代的需求，一个时代有一个时代的精神！在中国近代时期，以浪漫主义和英雄主义为特征的、狂飙突进式的革命精神，反映的是近代中国人民不屈不挠地反抗侵略、争取民族独立和国家富强的民族精神。它的时代意义在于，超越了古典民族精神的局限，吸收了西方先进文化中的科学、民主精神，以及法制精神和自由精神，改铸了中国传统文化，促进了近代中国的社会转型和文化转型，促进了民族独立的实现，推动了国家现代化的进程。特别重要的是，近代中华民族精神，是已经从古典的自在阶段发展到自觉阶段的精神，是充满理性的新的时代精神，它的崛起和弘扬，唤醒了中华儿女的民族意识，提升了中华儿女的近代精神，从而成为近代中国由传统迈向现代的极为重要的、基本的精神力量和价值准则。改革开放以来形成的当代中华民族精神，是对既往民族精神的批判性继承和创造性超越，是对当代中国现代化进程的积极推进，是对当代世界"和平与发展"的时代主题的正确回应。以开拓创新为基本特征和思维旨趣的当代中华民族精神的初步形成，对于市场经济条件下人们的安身立命之道的确立，对于中国特色社会主义先进文化的建设，对于中华民族凝聚力的增强，都有无可替代的作用。

其实，无论从学术研究的层面审视，还是从社会实践的层面考察，中国文化精神与中华民族精神之间都有不可分割的联系。将近20年前，我也曾经认为，中国文化精神和中华民族精神是同等概念，其内涵和实质都是一样的，以至于断然说过"中国文化的基本精神，从实质上看，就是中华民族的民族精神"①，并认为二者都具有两重性，即都有积极性和消极性，"既有光辉灿烂、催人奋进的一面，又有沉滞抑郁、激人图变的一面。优异的一面中蕴含着消极的因素，令人愤激的一面中包孕着值得宽慰、可以向另一面转化的潜在质素。"② 从20世纪80年代中后期到现在，经过这将近20年的研究，经过对国内外相关问题的思考，特别是通过对当代中国现代化建设进程和价值目标的考察，以及全球化所带来的世界不同民族之间在经济、文化方面的交往、渗透、交融，我逐渐改变了看法，形成了一个初步的见解：中国文化精神和中华民族精神不是同等内涵的概念，而是既相互联系、贯通，又相互区别、各有其旨趣的概念。中国文化精神是个中性的概念，中华民族精神是个褒义的概念。中国文化精神的优秀成分，构成中华民族精神；中华民族精神是中国文化精神的核心价值，是中华民族智慧的结晶。这样区分，既有利于我们深化中国传统文化的研究，剖析中国传统文化的利弊，理性超越传统文化的局限，合理转化传统

---

① 李宗桂：《中国文化概论》，中山大学出版社1988年版，第345页。
② 李宗桂：《中国文化概论》，中山大学出版社1988年版，第345页。

文化的有益资源，也有利于我们弘扬民族正气，升华民族精神，从而在实践中更好地建设我们的文化，更为重要的是，在对外交往中，挺直民族脊梁，反对民族文化虚无主义。正是因为这个原因，我才在上文就中华民族精神的内涵、历史发展做了较多的议论。根据上述认识，如果要使用列举式的方式论说中国文化精神的主要内容，则我们大致可以概括为：自强不息、正道直行、贵和尚中、民为邦本、平均平等、求是务实、豁达乐观、以道制欲、重整体倡协同、崇古重老、重道轻器，等等。显然，就其价值指向和历史作用而言，这些内容既有十分正面的方面，也有具有两重性的方面。而中华民族精神的主要内容，我们大致可以概括为：爱国主义的民族情怀、团结统一的价值取向、贵和尚中的思维模式、勤劳勇敢的优良品质、自强不息的进取意识、厚德载物的博大胸襟、崇德重义的高尚情操、科学民主的现代精神。这种概括，既考虑到了中华民族精神的历史传承，也考虑到了它的当代拓展，而这些内容总体上是积极向上的、具有很强的历史合理性和时代价值。正如我前面所强调的，显而易见，中国文化精神和中华民族精神之间，就其内容和思想旨趣而言，具有很强的贯通性和涵摄性，当然也有明显的区别，二者之间形成了适度的张力。

中华民族文化是一个多元一体的有机的价值体系，是统一的中华民族的创造力的反映。在5000年的漫长而又坎坷的发展历程中，特别是秦汉以后，中国文化精神的发展经历了严峻的考验，发生了若干变迁。这种变迁，在古典中国，就其所受的制约而言，主要是自然经济为基础的小农经济，君权至上的封建专制的政治制度，崇古、征圣、宗经的守成型文化体系。在近代中国，主要受到帝国主义和封建主义的双重钳制，受到内忧外患的严重挤压。在改革开放后的当代中国，主要受到革故鼎新、开拓进取精神的激励和滋养，受到市场经济观念的熏染。中国文化精神和中华民族精神都在改革开放的态势下，在全球化的浪潮中得到了更新。因此，我们既要总结历史，反思传统，更要立足本国，立足现实，面向世界，面向未来，批判性地诠释传统，创造性地建设当今。为此，深入研讨中华民族文化精神的历史传统和近代变革，就成为题中应有之义。

关于中国文化精神的研究，这些年来成果不少，但真正系统研究的专著并不多。就我目力所及，一是钱穆先生的《中国文化精神》①，二是邵

---

① 钱穆：《中国文化精神》，台湾三民书局1973年版。

汉明教授主编的《中国文化精神》①，三是王四达教授的《从"凤凰来仪"到"浴火重生"——中华民族精神的历史反思与近代变革》②。钱著是其在台湾地区为军界人士"作有系统的文化演讲"的集子，一共十三讲，第一讲的题目为"中国文化精神"，故以其名篇，其余各讲分别是讲中国的文化传统、中国文化的变与常、文化的积累与开新等，通俗易懂而又有自己的见解。邵著以中国文化史上的学派为主线，分别对道家、儒家、墨家、法家、兵家、道教、佛教、现代新儒家等派别的"文化基本精神"做了探讨，并比较了中西文化精神，附论了中国文化精神的研究状况，全书主题突出，论述集中，材料丰富，颇富创见。王四达教授的这部著作，从人类文明发展的大背景出发，把民族精神和文化精神作为影响社会发展的精神动因。在辨析民族精神与文化精神关系的基础上，作者以中华文明为对象，以总体把握中国传统社会的性质为前提，既纵向梳理了中华民族精神与文化精神的演变历程，又横向剖析了在专制时代居于统治地位的文化精神在宗教精神、哲学精神、历史精神、伦理精神、政治精神、法律精神等方面的表现及其本质，对其进行了超越性、批判性的诠释，阐发了一系列创造性的见解。

　　值得注意的是，上述的钱著、邵著、王著对中国文化精神的研究是逐渐推进的。钱著形成于20世纪五六十年代，由于特殊的历史条件的局限，没有也不可能辨析中国文化精神与中华民族精神的关系，甚至只是把中国文化精神看作纯粹优秀的成分，当作民族复兴和文化复兴的精神支撑，认为"中国民族和中国文化必将复兴"，"说中国民族国家文化该久远存在的，那才是中国人良心中之天理，不可磨灭之天理"。③ 邵著完成并出版于20世纪的最后一年——公元2000年，明确揭示了"文化精神具有积极和消极两重性"，并具体把"中国文化精神的基本内容"概括为人本精神、和谐意识、道德意识、理想主义、实践品格、宽容品格和整体思维。④ 就学理的层面来看，这比钱穆的同名著作大大前进了一步。王著完成于2004年，出版于2005年。王著区分了民族精神和文化精神，并对文

---

① 邵汉明主编：《中国文化精神》，商务印书馆2000年版。
② 王四达：《从"凤凰来仪"到"浴火重生"——中华民族精神的历史反思与近代变革》，中国文联出版社2005年版。
③ 钱穆：《中国文化精神》，台湾三民书局1973年版，第15-16页。
④ 邵汉明主编：《中国文化精神》，商务印书馆2000年版，第2-7页。

化精神发展的历史阶段及其思想特质做了剖析，提出民族精神可能和文化精神一致："今天，中国共产党已经成为人民利益的忠实代表，民族精神与文化精神已趋于一致，这就为民族精神的时代升华提供了历史的机遇。"① 这种阐释，对中国文化精神的研究有所深化。但是，发人深省的是，无论是钱著，还是邵著和王著，都没有探讨甚至没有注意到中国文化的人文精神与中国文化精神以及中华民族精神的关系。邵著在其附录的《长于中国文化精神的研究综述》中有"关于人文精神"的综述，我们从这个综述可以看出，学术界对人文精神的研究侧重于人文精神的内涵、特点、有无、中西比较等，而没有对人文精神与文化精神以及民族精神的关系做必要的探讨。尽管如此，并不说明这个问题的探讨不重要。在我看来，这个问题的探讨十分必要，既有理论价值又有实践意义。

中国传统文化有着一以贯之的人文精神。这个人文精神，就是对人之所以为人在理论上的探讨和在实践中的回答，是对民族文化的兴衰存亡的"终极关怀"和自觉奉献，是对高尚的价值理想、道德情操的自觉追求。就中国传统文化而言，人文精神主要表现为仁民爱物、修己安人、义以为上、天人合德、以人为本、刚健有为、贵和尚中等基本的价值观念和精神追求；就中国近现代文化的发展而言，人文精神包含着并表现为爱国主义、民族主义、科学精神、民主精神、自由精神等最为基本的价值观念；新中国成立以后特别是改革开放近30年来，文化建设在精神层面所表现出并已逐渐理论化的民主法治意识、契约观念、公平正义、和谐发展等，都是新型人文精神的表现。这些精神层面、价值层面的东西，逻辑地属于中国文化精神的范畴，同时却又必然地成为其积极成分，而不是宽泛、中性意义的文化精神。质言之，中国文化的人文精神，属于中国文化精神的积极成分，属于优秀文化传统的范畴。

既然中国文化的人文精神属于中国文化精神的积极成分，属于优秀文化传统，那么，它和中华民族精神是什么关系？我认为，中国文化的人文精神和中华民族精神是一致的，但不是等同的。换言之，中国文化的人文精神属于中华民族精神的优秀思想基础，通过必要的价值整合和理论提炼，它就转化成为中华民族精神。这种价值整合和理论提炼较之一般的文

---

① 王四达：《从"凤凰来仪"到"浴火重生"——中华民族精神的历史反思与近代变革》，中国文联出版社2005年版，第309页。

化精神更为容易、更为直接。前文所谈的中国文化精神的优秀成分，构成中华民族精神，就是在这个层面上讲的。优秀的中国文化内容及其精神，可以是中华民族精神的重要资源，是基本素材，但并不直接等同于中华民族精神，还需要价值整合和理论提炼。如同我们今天建设中国特色社会主义文化，传统的优秀文化当然是重要资源，但即使是优秀的传统文化，也需要创造性转化，才能成为当代中国文化的有机构成。中华民族精神毫无疑问都是人文主义的，是科学的，但传统的人文精神并不就是民族精神，它只是传统文化的优秀成分，只是传统的中国文化精神的优秀成分。

我们注意辨析上述问题，并非故弄玄虚，并非将简单问题复杂化，而是重视思想文化研究及其创造的艰巨性和复杂性，重视当代中国文化建设的急迫性，重视学理的清理和实践的运用。不如此，我们的文化研究就始终会停留在笼统浮泛的层面，而对中华民族文化的复兴无所帮助。

中国文化精神和中华民族精神的研究，是富有巨大挑战性的课题。理论辨析的艰深，实践运用的困难，对于严肃的学者无疑是精神上的鞭策。振兴中华，复兴伟大的中华文明，是近代以来特别是改革开放以来中华民族的价值主题。而要实现这个崇高的价值主题，就必须对本民族的历史文化传统，特别是对意蕴深厚的中国文化精神进行理性的阐析，开拓传统文化的资源，给予创造性的转化，为当代中国的文化建设提供鉴戒。

（原载《社会科学战线》2006年第1期）

文化批判与价值重构
——中国文化出路展望

近代以来,中国的文化批判和价值重构艰难曲折、步履沉重。改革开放以后,商品经济的发展以及相应的观念的产生,使文化建设方面的传统与现代、中国与西方的矛盾日益凸显,中国文化的未来出路问题备受关注。今天,认真总结文化批判和价值重构的经验教训,客观地解析关于中国文化出路的种种主张,厘清近代以来中国文化的发展道路,展望中国文化的未来出路,对我们建设现代新型文化体系有着重要的理论价值和现实意义。

一、文化批判、价值重构与文明复兴

一定的文化氛围,孕育出一定的思维方式。而某种思维定式一经形成,便潜意识地、顽固地左右着人们的致思趋向,思维的惰性便随之产生。批判、文化批判这类语词,在现代中国特定的政治、文化环境之中,在文化建设的"破"与"立"的二元对立的认知心理支配下,在非破即立、以破代立的单线思维路向下,便自然地被赋予了纯粹否定性的(而且往往是政治意义上的)含义,从而导致了在文化研究中对这类概念的误读、误用,以及由此而产生的对读者的误导。因此,我们理所当然地要对这类概念进行"正名",以消除歧义,形成共识,进而准确弘扬民族文化的优秀传统,深化我们的文化研究。

所谓批判,通俗地说,便是评判,指评论是非。在中国古代,人们往往是将其作为中性的语词使用的,指某种判别是非的行为。如《朱子语类·太极天地上》曰:"而今说天有个人在那里批判罪恶,固不可;说道全无主之者,又不可。"金代牛本寂《少林寺西堂法和塔铭》曰:"评论先代是非,批判未了公案。"同样,在西方哲学中,批判一词的含意也是指评论。同理,所谓文化批判,便是文化评论,即对文化问题进行的是非优劣的判定。这种批判或文化批判,本身是一种客观的思维活动和价值选择，而不单纯是纯主观的认知活动，更不是纯粹的否定，尤其不是纯粹的政治或者伦理的否定活动。然而遗憾的是，数十年来，由于"阶级斗争为纲"、政治压倒一切的唯政治化思维给"批判"一词笼罩了浓厚的政治色彩，灌注了强烈的纯否定式的内涵。批判便是否定，便是宣判被否定者的死刑（而且往往是政治死刑！），是急风暴雨式的无情斗争。这是唯政治化思维在思想文化领域的典型表现。

质言之，我们今天所讲的文化批判，是对民族文化的理性审视，是在现代文化发展的基点上，对民族文化遗产做客观清理和现代转化的前瞻式的创造性工作，而非简单的政治否定。

价值重构与文化批判是不可分割、相辅相成的。重构，即重新建构。价值重构是立足现实，用现代文化意识鉴别民族传统文化的价值系统，用开放的胸怀，吸收世界上一切有益的文化，予以现代意识的批判，并结合本民族条件和时代条件，创造出现代新型文化价值系统，以为新时代人们的精神归依。批判为了创造，重构为了复兴！

在创建新文化体系的过程中，文化批判与价值重构缺一不可。二者互为表里，相辅相成。文化批判是为价值重构清理道路，提供思想鉴戒，是价值重构的必要准备；价值重构是文化批判的逻辑发展和必然归结。二者都是创建新型文化价值系统的必然过程和必要手段。

文化批判与价值重构既然是为了创建新型文化体系，而新型文化体系的创建必然意味着民族文明的复兴。文明复兴一定要有理性的文化批判做思想前导，有艰辛的价值重构作为基础。因此，科学的文化批判和理性的价值重构必然是一个民族文明复兴的思想前提和重要标志。鉴于此，我认定，一个民族文明的复兴，必然要有相当长期而又艰巨的理论准备和思想清理阶段，有一个渐进的文化积累过程。从这个意义上讲，民族文明的复兴绝不是一朝一夕可以实现的，而要经过若干代人的艰苦努力。因此，严肃认真地反省中华民族自近代以来所经历的文化批判与文化重构的历程，对于今天的新型文化的建设无疑有着十分重要的意义。

二、文化批判与价值重构的近现代历程

中国近代的文化发展，虽历经坎坷，但却始终是在告别古典主义、增强现代意识、追赶世界潮流的逐渐现代化的道路上前进。梁启超在《五

十年中国进化概论》中尖锐地指出:"近五十年来,中国人渐渐知道自己的不足了。这点子觉悟,一面算是学问进步的原因,一面也算是学问进步的结果。第一期,先从器物上感觉不足。这种感觉,从鸦片战争后渐渐发动,……觉得有舍己从人的必要,于是福建船政学堂、上海制造局等等渐次设立起来。……第二期,是从制度上感觉不足。……所以拿'变法维新'做一面大旗,在社会上开始运动。……第三期,便是从文化根本上感觉不足。第二期所经过的时间比较的很长——从甲午战役起到民国六、七年间止。……这二十年间,都是觉得我们政治、法律等等,远不如人,恨不得把人家的组织形式一件件搬进来,以为但能够这样,万事都有办法了。革命成功将近十年,所希望的件件都落空,渐渐有点废然思返。觉得社会文化是整套的,要拿旧心理运用新制度,决计不可能,渐渐要求全人格的觉悟。……所以最近两三年间,算是划出一个新时期来了。"①

回顾近代中国文化发展的史实,应该承认,梁启超的这些论断是相当精当而深刻的。国内学者庞朴先生认为,梁氏的这段言论,"有助于人们去认识整个近代中国文化变迁之史实",他进而对梁氏的观点加以发挥,认为整个中国近代史在文化上的表现,大致可以分为三个时期:

(1) 从鸦片战争,中经1861年开始的洋务自强运动,至1895年甲午战争失败,是"经世致用"观念复活,富国强兵呼声高昂,从器物上承认不如西洋文明,而觉得有必要于此舍己从人的时期;

(2) 从甲午战争失败,中经戊戌变法运动,至1911年共和革命成功,是怀疑一切成法,发挥创造精神,从制度上承认不如西洋文明,而勇于革除、勇于建立的时期;

(3) 从辛亥革命,中经粉碎帝制复辟,至1919年五四新文化运动,是新旧思想最后较量,东西文明全面比较,而从文化根本上认真反思的时期。

这样三个时期,是中国古代文化在自身的发展进程中,承受了外来文化的压力(包括西洋文化侵入的冲击和日本文化变革的诱发),而逐步蜕变、逐步吸收、逐步走向现代文化的乾旋坤转的伟大时期。②

显而易见,梁启超和庞朴的论说,都不仅仅是简单的史实描述,而是

---

① 李华兴、吴嘉兴编:《梁启超选集》,上海人民出版社1984年版,第833—834页。
② 参见庞朴:《文化结构与近代中国》,载《中国社会科学》1986年第5期。

有着高度文化建设自觉性的理论提炼。可以说,这正是对中国文化近代历程的"批判"。这正是中国知识界在文化近代化历程中的文化意识的觉醒,也是中国文化现代化的思想推动力。然而,值得注意的是,梁启超和庞朴都只是在文化结构的层面上,对中国文化在近代的逻辑展开做了史论兼备的清理而已。区别只是在于:由于时代条件的不同,对文化结构理论的体认和把握,梁氏是不自觉的(或者说是自在的),庞氏是自觉的。在我们今天进行更高层次的新型的文化批判和价值重构的时候,更加应该注意的是,近代以来文化批判和价值重构的艰难历程和整体态势中,哪些是具有普遍意义的特点,哪些是应当克服的具有倾向性的思维偏向。何以近代以来关心中国文化命运的人总是有"文化断裂""价值失落"的悲怆之情?何以人们总是在安身立命之道的建构和寻绎中有着极为深沉的茫然之感?

众所周知,自明清之际以来,中国社会先后经历了"天崩地解"和"狂飙突进"式的巨变。两千年封建专制给中国人民造成的深重灾难,伴随着资本主义生产关系萌芽的产生,伴随着鸦片战争以来欧风美雨的袭击,催发了现代新型文化诞生前的阵痛。鸦片战争的硝烟,给中国大地同时也给中国传统文化罩上了阴云。西方列强的坚船利炮,不仅是对大清帝国闭关锁国政策的批判,同时更是对日益走向衰败之路的封建文化的武器批判!它导致了被动的对外开放,并开启了"后发外生型"的中国社会近代化的历程。太平天国革命和洋务运动,既是对封建文化的武器批判,更是对其价值系统的思想批判。它们从不同的层面上吸收了西方文化的积极方面,对中国传统文化的价值系统进行了重构。戊戌维新、辛亥革命、五四运动,都从更高的层次上,从更广阔的文化视野中,清算了传统文化价值观中的消极面,吸纳并实践了西方文化的积极方面,是在更高层次、更为自觉的基础上对传统文化的理性批判和价值重构。

不难看出,从鸦片战争到五四运动,整个文化批判与价值重构的态势具有明显的整体特征:用激烈的方式(包括以"改良主义"著称的戊戌维新)达到渐进的改良。态度决绝、方式激烈、求变心切,这是要求冲决封建网罗的所有进步人士的共同情态。但由于社会处于转型过程中,死的拖着活的,旧的阻碍新的,激烈的求变方式所换来的只能是渐进的改良。文化进步走的是一条充满坎坷的道路。由于新的生产方式还没有产生,由于没有严整科学的理论指导,致使这种激烈的文化批判并不彻底,迫切的价值重建软弱无力，侧重于破（政治否定），忽视于立（重构），结果导致的是价值失落感的油然而生，文化断层论的不断出现。

新中国的诞生，在新的基础上开始了伟大的中华文明的复兴。在一代知识分子的积极参与下，文化批判与价值重构开始了全新的进程。但改革开放前的30年，批判流于简单的政治否定，重构陷入种种思想误区。自50年代开始，接连不断的政治运动，以所谓"突出无产阶级政治"相标榜，将中国传统文化看作一团漆黑，将古代社会的文化简单地等同于"封建文化"，必欲剿尽杀绝。所谓的"批判"，成为政治上的脸谱式的"划线"，是一味的绝对的否定。事实证明，将本民族传统文化贬得一钱不值的结果，是自我阻断民族文化的精神生命的长河，抛弃安身立命的价值之源，从而导致精神无所依归，行为缺乏文化的灵气。同样，对于西方文化也采取了一概贬斥的幼稚态度和简单方式。所有资产阶级革命以来创造出的现代文明，都被"非我族类，其心必异"的变态心理拒之门外，被阶级斗争的大棒打得七零八落，说得一无是处。结果是自我封闭了异质文化交流的渠道，破坏了中外文化的正常交流，截断了使民族文化精神生命鲜活的又一源头活水。这样，中国的本土文化是"封建阶级"的，西方的外来文化是"资产阶级"的，抛弃"古"而谈今，否定"西"而谈中，当然是游谈无根，"今"无以立，"中"难以强，只好在自我制造的政治斗争的旋涡中挣扎。于是，精神生命不仅不能得到提升，得到安顿，反而不断遭到削弱，以至一度出现凋敝现象。更为严重的是，作为新的社会形态下的民族文化价值系统没有建立起来，人们的行为缺少明确坚实的价值行为导向，只好盲从种种不合时宜的政治运动，并在这种盲从中不断地自我否定，自我贬抑，进而导致了独立人格的丧失，民族精神的萎缩。

改革开放带来了中国文化的新生。物质、制度、思想三个层面的全方位改革，以高度的民族自信推展的对外开放，商品经济的迅速发展，使文化批判与价值重构具有新的时代精神和价值烙印。经过十多年改革开放的洗礼，对于中国文化发展的趋势，对于中国在世界上的地位和作用，上下都已经形成一些共识：首先，中国应该走向世界，而且也必然要走向世界，同时，也要让世界走向中国，而且也必然要走向中国。其次，要在发展商品经济的基础上更新、改造中国文化。再次，必须建立一整套严整的、具有可操作性的民主和法制的系统，争取逐渐走出人治的困境。最后，坚持辩证思维，反对全盘西化和国粹主义的片面性。只有如此，我们才能真正地走向世界、走向未来、走向现代化。而这正是我们在痛切地反思近现代中国社会文化批判和文化重构的历程之后，所得出的不争之论。

三、价值重构的现代精神方向

世界文化作为一个整体，它反映了人类精神的发展历程。而所谓世界文化，是由各不相同的民族文化类型构成的。文化学家公认，价值观是文化问题的核心。世界上不同民族文化类型之所以互相区别，在于它们之间不同的价值系统。因此，所谓文化重构，说到底就是价值重构。价值重构是一个极其复杂的系统工程。在当代中国，由于各项改革尚在深化之中，现代化（尤其是人的现代化）远未完成。传统的影响，现实的困惑，新旧的杂陈，加剧了新型中国文化诞生的阵痛，增加了价值重构的艰难。尽管如此，我们仍然应当满怀信心地投入价值重构的伟大工作中去。为此，我们应当注意到以下作为"深层"文化的方面：

第一，坚持改革开放的时代精神，用理性的态度，分析现实社会中的种种问题，寻找现代人的安身立命之道，以彰显民族文化生命，提升精神境界。改革开放作为一种文化价值取向，本身已经成为民族精神的一部分，成为时代精神的主旋律，它是一种积极向上、催人奋进的精神力量，具有不可逆转性，任何个人都不能阻挡它的一往无前，都不可能改变它的方向。

第二，批判继承并创造性地转化民族文化的优秀传统。文化中国的理想追求、爱国主义的赤诚情怀、自强不息的奋斗精神、与人为善的宽厚态度、整体至上的思维准则、兼容天下的博大胸襟、中华一体的民族认同心理、反抗外来侵略的坚韧精神，等等，在今天仍然具有积极的现实意义。只要我们用时代精神改铸它、转化它，就可以使其成为新型价值观的内在构成要素，焕发出熠熠夺目的光彩。

第三，立足当代中国现代化建设的实际，善于吸收新经验，概括新理论，把实践中产生的种种有生命力的新鲜事物，上升到理论的高度，纳入现代新型文化价值系统之中，以丰富民族文化的意蕴，拓展文化发展道路，形成新的民族文化凝聚力，增强其生命力。

第四，有选择地学习西方思想文化中的积极方面，以为建构新型价值系统的思想要素和理论鉴戒。事实证明，近代资产阶级革命以来所创造的所谓"西方文化"，是人类理性精神合乎逻辑的发展，代表了人类文明发展的一定阶段。即使在今天，当代西方文化也不乏启迪人思维的积极因素。如果我们不是要脱离人类文明发展的康庄大道，那么，应当承认，要建设现代中国的新型文化，就必须吸收包括西方文化在内的世界上一切有益的文化，以丰富自身文化的营养，取人之长，为我所用，从而更好地建设中国文化，发展中国文化。

以上所论，只是从辨名析理的角度，从文化批判与价值重构的历史进程入手，对当代中国文化发展问题做依次"深层"的文化寻绎，目的只是在于给出一个宏观的思路，还不是对中国文化出路的具体回答。现在，我们可以对此做一个粗略的展望。

近代以来，关于中国文化出路问题，人们有过种种设想，提出过不少方案。近年的文化讨论中，又有新的构想出世。大致说来，有这些方案：中体西用、以夏变夷、全盘西化、西体中用、回归传统、复兴儒学、哲学启蒙、彻底重建、综合创新，等等。

这些方案，在理论构建和价值导向方面，有着不同的旨趣。其中中体西用、以夏变夷、回归传统（或曰回归原典）、复兴儒学诸论，尽管彼此之间也有着重大的思想差异，但如果从中国文化现代化的精神方向来看，从传统与现代、中国与西方的关系问题上看，这些主张的共同立足点是保持传统文化的价值系统，就其思想实质而言，属于文化保守主义。而全盘西化、哲学启蒙、彻底重建等主张，尽管彼此之间也在理论旨趣和价值取向方面有着重大的区别，但其欣赏西方价值观，要与传统彻底决裂，走向"蔚蓝色"，则是大体一致的。从某种意义上讲，以上两种价值取向和思维方式，正是传统的非此即彼、非破即立的两极对立的二元思维的现代表现。如果用中国传统思维中的"狂""狷"概念来阐释，则前者属于"狷"，后者属于"狂"。在促使中国文化由传统向现代转化的历史性革命性进程中，"狷"属于"不及"，即对中国文化在现当代的发展，对于应该用现代意识改造传统文化，超越传统，创造新的传统，认识不足；唯望稳定不变，以文化的继承性反对变革性，企图永葆牺牲社会进步的片面

"协调"。"狂"属于"过",即对中国文化发展的历史延续性,对文化继承的民族性认识不足;只图破得痛快,有时可以说是"抡起板斧排头砍去",企图从激变中求得进步。前者是有见于古而无见于今,拘泥于中而忽视于西;后者是有见于今而无见于古,倾心于西而无视于中。因此,二者都是必须克服的思维偏向。值得注意的是,二者虽然在价值取向和思维方式方面截然对立,但在客观上却具有始料不及的共同点:

第一,二者都是近代中国贫穷落后、被动挨打后痛定思痛的精神产物,都是根深蒂固的忧患意识的近现(当)代表现。它们是知识分子对民族文化前途的"神圣"忧思,是中国文化承前有望、后继有人的曲折反映(有时可能还是"歪曲"的反映,但这正应了"假象也是本质的反映"的名言)。

第二,二者都是正视中西古今冲突的文化反思的结果。平心而论,它们是近代以来中国人正视西方文化的冲击,正视中国落后现实,度量中西古今关系,力图使中国文化走出困境,开出新局的结果。

第三,二者都只是关于中国文化出路的道路选择,或者说是挽救中国传统文化危机的方案,是对中国文化面临的古今矛盾、中西冲突的挑战的正面回应,还不是关于现代中国新型文化体系的明确构想。

值得重视的是,在近年文化讨论中出现了"综合创新"说。

综合创新说的倡导者认为,既要反对东方文化优越论,又要反对全盘西化论,要兼取中西文化之长而创造新的中国文化。他们还把"综合创新"概括为十六字要诀:古为今用、洋为中用、批判继承、综合创新。毫无疑问,较之上述两种思维路数和价值取向,综合创新派的理论思路和价值取向要广阔得多、持平得多,因而可接受性也要强得多,对现代中国新型文化体系的建设也有助益得多。但是,只要我们仔细斟酌,就不难发现,综合创新说与上述两种思维路数和价值取向一样,有着明显的思维缺陷,即把中国文化发展道路的选择,或者说是把怎样处理中国文化面临的古今中西冲撞的方法论问题,等同于现代新型文化体系的建设。质言之,是误把手段当作了目的。当然,使用正确的手段,选择正确的道路,本身是解决中国文化出路的重要前提,同时也是对中国文化出路的有益探讨。但是,这种道路、手段的选择,虽然能够部分地解决中国文化的出路问题，但却不能全部地更不能从根本上解决问题。更为重要的是，从理论思维的高度看，道路、手段并不能等同于终极目标，不能取代价值系统的建设。

因此，我们应当另辟蹊径，探讨中国文化的出路何在。中国文化的当代出路，诚如前述，首先在于正确对待古今中西的矛盾冲突，做出理性的选择，这是必不可少的一步。但更为重要的是，在确立了正确的思想前提和价值取舍后，还要深入探讨具有中国特色的社会主义新型文化体系的构成和模式特征，并尽力使这一体系的建设成为活生生的现实，而不是停留于口头或者书面的蓝图。只有这样，才能真正从根本上解决中国文化的出路问题。只有这样，才是从文化建设的核心（价值系统的建构）上，收到标本兼治的功效。

要解决中国文化的出路，建设具有中国特色的社会主义新型文化体系，首先要清醒地认识当代中国的国情，科学地处理古今中西的文化冲突。在古今关系问题上，要立足现实，以现实的文化发展状况为依据，进行新型文化价值系统的建设。在此前提下，融贯古今，吸取民族传统文化的营养，古为今用，创造转化，走向未来。在这个问题上，既要坚决反对割断历史，自我否定民族文化价值的历史继承性的历史虚无主义态度，又要坚决破除不分是非地依恋往古，借歌颂古代文化之名而行否定现实文化之实的崇古怀旧情结。在中西关系问题上，既要坚决排拒"天朝上国"、唯我为大的自我封闭的夜郎心态，破除盲目排外、否定世界上别的民族优秀文化的简单化思维方式，更要坚决反对否定民族文化的精神价值、主张全盘西化的错误思潮。简言之，在古今关系问题上，要立足现实，依托优秀传统，实行古为今用、批判继承、创造转化的方针，达到古今的有机融合；在中西关系问题上，要立足中国国情，坚持民族特色，提倡民族风格民族气派，实行洋为中用、以我为主、兼取众长的方针，以收到中西互补的效应。只有如此，才能真正建立起一个批判继承民族历史传统而又具有开放进取的社会主义时代精神，立足本国而又充分吸收世界文化优秀成果的现代新型文化体系。

在坚持上述正确思想导向的前提下，我们应当努力探索并积极建设具有中国特色的社会主义新型文化价值系统。从文化结构论的角度看，社会主义新型价值系统是一体三元的立体模式。所谓一体，就是以社会主义文化体系的建设为本体；所谓三元，就是政治、经济、文化三个不同的层面。其中，经济是最为基本的层面，它决定着政治、文化两个层面的性质和发展程度。而政治则是起基本价值导向作用的层面，它引导着经济和文化的发展方向，起着促进或者延缓它们发展的作用。文化，则从理想人格、价值取向、思维方式、国民品性、审美情趣、精神风貌等方面影响着人们，通过长期的积累，造成特定的民族心理和文化类型，从而在深层影响民族的发展。在社会主义的文化价值系统这个"一体"中，政治属于上层建筑，起着思想统率的作用；经济属于基础，起着支撑上层建筑的作用；文化处于二者之间，具有双重性质和作用。相对于政治而言，它处于从属的地位，起着实现政治目标的作用；相对于经济而言，它处于引领精神方向的地位，起着凝聚民族力量，创造更新更大的生产力的作用。政治、经济、文化三元之间相互联系，相互影响，缺一不可。而就思想内涵和精神方向而言，这三元都必须以社会主义的价值取向为归依，用充满活力的改革开放的时代精神不断充实自己、调整自己，达到整体和谐，共同发展。

从文化结构的三层次论来看，物质文化、制度文化、思想文化三者相互区别，各自有着不同的内涵，在一定的文化类型中处于不同的地位，分别扮演着表层、中层、深层的结构角色。但它们又互相联接，互相影响，构成特定文化模式的整体。只有三者协调发展，才能展现该文化类型的勃勃生机，促进该文化的迅速发展。

总之，无论从一体三元的文化结构论考察，还是从文化三层次说立论，我们都应该清醒地看到，经济这一层面始终处于"基础"的地位，它的性质和发展状况决定着政治和文化的性质和发展。因此，我们应当大力发展社会主义商品经济，以此推动社会主义的政治和文化的发展。人类文明发展史已经证明，商品经济是封建专制制度和个人独裁政治的死对头，是中世纪田园牧歌式的文化氛围的天然敌人。因此，发展社会主义商品经济是应对欧风美雨袭击、冲破旧传统的纠缠、解决中国文化出路的根本途径。当然，正如前面已经讲到的，没有正确的思想导向，没有坚实的文化根基，商品经济也无从发展。即使一时发展起来，也缺乏扎实的后劲,不能持久。正因为如此,我们又必须坚持正确的思想导向,坚持发展健康的社会主义文化,使之相辅相成,共同发展。

在确定了以上思维路向和文化层次构架以后,我们还应当确立一些基本的思想原则,以为建设新型文化体系的规范。大致说来,我们要注意发展商品经济,更新文化传统,拓展价值领域,提高国民素质,文化批判与文化重构不可偏废,物质文明建设与精神文明建设并重。在坚持一体三元的多维文化观的同时,要立足现代依托传统,达到古今融合;以我为主兼取众长,争取中西互补;创造转化,充满活力,高扬时代精神的风帆……这样,我们就可以真正走出困境,找到一条坚实的中国文化发展道路,从而在理论和实践上解决中国文化的出路问题。到那时,我们就可以完全实现文化成熟的四项指标(社会制度的创建、价值系统的形成、文化模式的确立、文化大传统的形成),使社会主义新型文化体系得以确立。

(原载《天津社会科学》1992年第4期)

中国文化的发展路向和民族精神的自我挺立
——从三个"文化宣言"看中国现代化的文化努力

中国的现代化,从肇始期鸦片战争算起,迄今已一百六十余年。其间,中国社会经历了从物质文化到制度文化再到思想文化的变革,现代化的目标至今还未全面实现。① 在这漫长的途程中,中国知识分子为了中国现代化的实现,为了民族复兴,在文化层面做了坚韧的努力。其中,先后三个"文化宣言"的发表,彰显了中国知识分子在追求中国现代化方面的文化努力,以及对于中华民族精神的自我挺立。

五四新文化运动,无疑是中国知识分子在文化层面促进中国现代化的最为典型也最有成就的努力之一。但是,思想文化的变迁特别是其在现代化进程中的作用,是一个漫长而艰辛的过程,具有繁复的机制。因此,在五四以后的相当长的时期,进一步从思想文化的深层结构入手,促进中国文化的现代化进而促进中国社会的现代化,是所有具有社会良知的知识分子的努力方向。

正是在这样一个思想轨迹上,从20世纪30年代中期到21世纪初期,大约70年的时间内,中国的知识分子发表了三个"文化宣言"②,阐发了对中国文化价值、中国文化与世界文化的关系、中国文化和世界文化发展前景的见解,从而为中国的现代化提供了思想文化方面的资源。这三个"文化宣言"分别是:1935年1月,王新命、陶希圣、黄文山、萨孟武等

---

① 详见李宗桂:《文化批判与文化重构——中国文化出路探讨》第一章"传统论题的近代转换",陕西人民出版社1992年版,第1-45页。

② 在这三个"文化宣言"之外,其实还有别的文化"宣言",比如2001年10月由李伯淳执笔,张岱年、季羡林等86位"中华文化研究者"签名的《中华文化复兴宣言》(载李伯淳主编《中华文化与21世纪》,中国言实出版社2003年版,第1-8页),以及欲说还休的"大陆新儒家文化宣言"。前者着眼于阐发"21世纪是中华文化复兴的时代",论说相当口号化,参加签名的人中,相当部分并非真正意义的"中华文化研究者",且与本文主题有相当距离,故不予置评。后者并没有版权意义上的正式文本的发表,故也不予置评。

10位教授发表的《中国本位的文化建设宣言》①；1958年元月，牟宗三、徐复观、张君劢、唐君毅等4位教授发表的《为中国文化敬告世界人士宣言——我们对中国学术研究及中国文化与世界文化前途之共同认识》②；2004年9月，许嘉璐、季羡林、杨振宁、任继愈、王蒙等70位学者发表的《甲申文化宣言》③。三个"宣言"发表的时代不同，阐发的中国文化观和世界文化观有异，但其精神实质和核心价值指向都是力图促进中国文化的现代化，进而促进中国社会的现代化，彰显了民族文化的主体性，昭示了民族精神的自我挺立。

一、三个"文化宣言"的主要内容和价值主题

第一个"文化宣言"发表于1935年1月。这个时候，是1915年开始的五四新文化运动二十年，1933年的"中国现代化问题"讨论后两年，胡适、陈序经鼓吹"西化"④ 风头正劲之年，"九·一八"事变后四年，抗战全面爆发前两年。中华民族可谓内忧外患极为深重，如何挽救民族危亡，挺立民族文化的主体，弘扬民族文化的精神价值，是思想文化界面临的重大现实问题，也是文化发展的根本路向问题。

《中国本位的文化建设宣言》明确提出了建设中国本位的文化的目标。"宣言"作者们劈头便说："在文化的领域中，我们看不见现在的中国了。""中国在文化的领域中是消失了；中国的政治的形态，社会的组织，和思想的内容与形式，已经失去它的特征。"在这种情况下的人民，"渐渐的不能算得中国人"。因此，他们肯定地说："从文化的领域去展望，现在世界里面固然已经没有了中国，中国的领土里面也几乎没有了中

---

① 王新命等：《中国本位的文化建设宣言》，载《文化建设》第1卷第4期（1935年1月10日）。

② 牟宗三等：《为中国文化敬告世界人士宣言——我们对中国学术研究及中国文化与世界文化前途之共同认识》，载《民主评论》（香港）1958年元月号。该文又名《中国文化与世界——我们对中国学术研究及中国文化与世界文化前途之共同认识》）。

③ 许嘉璐等：《甲申文化宣言》，载《文学报》（香港）2004年9月9日第1版。

④ 胡适论述其"全盘西化"观点的代表作，一是1929年发表的《今日中国的文化冲突》，二是1934年连续发表的3篇论"信心与反省"的文章；陈序经全面论证其"全盘西化"主张的著作主要有二，一是1934年出版的《中国文化的出路》。二是1933年在广州岭南大学完成的《东西文化观》。

国人。"这是说,从世界文明的范围看,由于当时的中国失去了固有的特征,因而文化意义上的中国没有了;而由于中国文化特质的丧失,由这文化所陶冶的中国人也没有了。简言之,当时的情势是:既无文化意义上的中国,也无文化意义上的中国人。这可真正是前所未有的惊世骇俗之论!前贤有云:有亡国有亡天下,亡天下即是亡文化!作为在文化领域颇有专业建树的王新命等十教授,真正感到忧愤之至!他们决心振衰起颓,"从事中国本位的文化建设",从而"使中国能在文化的领域中抬头","使中国的政治、社会和思想都具有中国的特征"。为了达到这个目的,十教授提出了一个基本的原则:批评的态度、科学的方法,检阅过去的中国,把握现在的中国,建设将来的中国。

在上述基础上,十教授对中国文化的历史发展做了一个"总清算"。他们认为,从文化的视角看,中国曾经在世界上占有很重要的位置。从太古到秦汉之际,都在上进的过程中。"春秋战国形成了我们的希腊罗马时代",那是中国文化大放异彩的隆盛期。"但汉代以后,中国文化就停顿了",直到鸦片战争,由于列强侵入,中国文化才发生了很大的质的变动,"古老的文化起了动摇,我们乃从因袭的睡梦中醒觉了"。伴随这种醒觉,先后有了曾国藩、李鸿章推动的洋务运动,康有为、梁启超倡导的维新变法。十教授批评说,曾、李的洋务运动对于西方先进文明"完全是技艺的模仿",康、梁的维新运动"不过是政治的抄袭","都可说是'中学为体、西学为用'的见解",属于"改良"性质的变动,不能满足当时改造中国、振兴中华的要求。孙中山领导的辛亥革命,立志把中国"从根上救起来",把西方先进文明"迎头赶上去","主张对中国的社会、政治、经济作彻底的改造"。十教授肯定了"以解放思想束缚为中心的五四文化运动",认为经过这个运动,中国人的思想"遂为之一变",继而是"打倒军阀打倒帝国主义的声浪遍于全国,由此形成了一个伟大的国民革命"。其后,经过数年努力,中国的政治改造达到了相当的成功。这时,应当着力建设。而文化建设对于经济社会发展的作用,与政治建设、经济建设一样,甚至更为迫切。他们认为,在文化建设方面,复古的主张是行不通的,西化的主张照样是行不通的。古代的中国已经成为历史,历史不能而且也不需重演;"完全模仿英美"(或者意大利、德国或者苏俄),是轻视了中国空间和时间的特殊性。道理很简单:其一,中国"应有其独特的意识形态";其二,中国当时是在农业的封建社会和工业的社会交嬗的时期。因此，文化建设既不应当复古，也不应当西化，而应挺立自我，拿出自己既顺应世界文明发展潮流而又适合中国国情的主张。

十教授提出的文化建设基本主张是：中国本位的文化建设。围绕这个主张，他们提出，中国本位的基础是："此时此地的需要"。因为中国有它自己的特殊性，中国有自己的时代性。在这个基础之上，对于中国古代的制度思想，"存其所当存，去其所当去"。良好制度伟大思想，应当发扬光大，贡献于全世界；不良制度卑劣思想，应当淘汰务尽、无所吝惜。对于欧美文化，应当以现代中国的需要为标准，吸收其所当吸收，而不应全盘吸收。本位文化建设的目的，是要"使在文化领域中因失去特征而没落的中国和中国人，不仅能与别国和别国人并驾齐驱于文化的领域，并且对于世界的文化能有最珍贵的贡献"。要而言之，在文化建设方面，中国既要有自我认识，也要有世界眼光；既不闭关自守，也不盲目模仿。根据这种认识，文化建设就应当是：不守旧，不盲从，根据中国本位，采取批评态度，应用科学方法，检讨过去，把握现在，创造将来。十教授诠释说：不守旧，是淘汰旧文化，去其渣滓，存其精英，努力开拓新的道路。不盲从，是取长舍短，择善而从。根据中国本位，采取批评态度，应用科学方法来检讨过去，把握现在，创造将来，是要清算从前的错误，提供目前的需要，确定将来的方针，"用文化的手段产生有光有热的中国，使中国在文化的领域中能恢复过去的光荣"。从根本上说，是要复兴中国文化，振兴中华。

这篇《中国本位的文化建设宣言》发表以后，受到广泛关注，引起轩然大波。4个月以后的5月10日，针对当时的种种质疑和批评，十教授又发表了《我们的总答复》一文，重申了"宣言"的观点，对当时争论的几个关键问题做了阐释，具体是这样六个问题：何谓中国本位？何谓不守旧？何谓不盲从？中国本位和"中学为体，西学为用"有何不同？什么是中国此时此地的需要？对于反帝反封建的态度怎样？其中，重点对"此时此地的需要"给予了说明："充实人民的生活，发展国民的生计，争取民族的生存。"最后总结道："故中国本位文化建设是一种民族自信力的表现，一种积极的创造，而反帝反封建也就是这种创造过程中的必然使命。"①

---

① 王新命等：《我们的总答复》，载《文化建设》（香港）第1卷第8期。

针对十教授的观点，当时的西化派健将胡适发表了《试评所谓"中国本位的文化建设"》一文，激烈批评"宣言"的观点和方法。胡适认为，"中国本位的文化建设""正是中学为体西学为用的最新式的化妆"，所谓"根据中国本位"，正是"中学为体"，所谓"采取批评态度，吸收其所当吸收"，正是"西学为用"。十教授的"宣言""正是今日一般反动空气的一种最时髦的表现"。① 同为西化派健将甚至比胡适西化更为彻底的陈序经，认为十教授的中国本位的文化建设本质上"是一个复古与守旧的宣言"，没有跳出"中体西用"论的思维框架。② 对于十教授的《我们的总答复》一文，陈序经一方面认为，"态度是偏于复古的"，"跳不出折中派的圈子"，是抱残守缺、复古倒退；另一方面，陈序经又认为，"十教授已有意无意的趋于全盘西化的路上"。③ 严既澄发表《〈我们的总答复〉书后——向〈中国本位文化建设宣言〉的起草者进一言》，认为十教授的"根本主张其实是和所谓全盘西化说大体相近的"，"今日唯一的能够表现中华民族的自信力的……也就是所谓'全盘西化'"。④

参与这次本位文化建设论争的人士甚多，发表的论文，仅收入马芳若编辑的《中国文化建设讨论集》的，就有 160 篇之多！限于篇幅和本文主题，此处兹不赘述。值得注意的是，无论是本位文化派，还是全盘西化派，其思维方式和终极价值都有共同之处：其一，都是从思想文化层面入手思考并力图解决中国社会的现代化问题；其二，都是要实现振兴中华、复兴中华文明的目标。当然，两派之间的争论，并非无稽之谈，而是反映了不同知识分子群体在如何实现现代化的途径和方式上的根本性区别。通过这场论争，全盘西化派宣扬了文化建设要充分注意文化的世界性、突破狭隘民族主义藩篱的观点，从而扩大了自己主张的影响；本位文化派张扬了文化的民族性，强调了文化建设需要充分关注并适应本国本民族的现实需求，而不能脱离中国实际盲目照搬西方，从而坚持了文化建设的民族立

---

① 胡适：《试评所谓"中国本位的文化建设"》，载胡适著《胡适论学近著》，商务印书馆 1935 年版。
② 陈序经：《评〈中国本位的文化建设宣言〉》，载《全盘西化言论续集》，岭南大学学生自治会 1935 年版，第 98 页。
③ 陈序经：《读十教授〈我们的总答复〉后》，载《大公报》1935 年 5 月 20 日。
④ 严既澄：《〈我们的总答复〉书后——向〈中国本位文化建设宣言〉的起草者进一言》，载《大公报》1935 年 5 月 22-23 日。

场和民族文化价值。其实,尽管双方论争十分激烈,看似文化建设的目标手段都极不相同,但隐藏在论争表象背后的深层问题意识却是十分强烈而一致:探求中国文化建设的途径、模式和目标,建设现代性的文化,通过文化现代化为中国社会的现代化提供动力,寻求中国现代化的方向。拂去历史的尘埃,抛却那个特定时代的意识形态语境,从文化发展的民族性和继承性一面来看,平心而论,十教授"文化宣言"是中国自鸦片战争以后在文化建设方面的主体意识的第一次群体性觉醒,是对中体西用文化价值观的突破,是对全球视野中的文化建设的民族性问题的自觉。这种主体意识的觉醒和民族性的自觉,在中国近代思想文化史上具有独特的价值。在全球化时代,我们如何既适应世界文明发展的潮流,又坚持文化建设的民族自主性和独立性,[①]"本位文化建设"论者的某些思路和见解,值得我们借鉴。同样,全盘西化论者对于本国文化痼疾的针砭,对于民族文化封闭性的超越,特别是对西方文化优长之处的阐释和认同,也值得我们思考。其实,两派都注意到了当时的国情,只是本位文化派强调的是文化的继承性,主张在守成中创新;全盘西化派强调的是文化发展的惰性,主张在变革中守成。相对而言,本位文化派重视的是文化变迁中的民族文化主体性的坚守,全盘西化派重视的是文化变迁中的民族文化的创新。二者互相针砭却又互相发明,形成了独特的张力。不过,从历史文化传统、当时的国情和后来的文化发展实际看来,本位文化派的主张更有价值理性。本位文化论既能避免全盘西化论带来的民族文化主体性的丧失,又能超越中体西用论的弊端。道理很简单,中体西用论是要保存封建社会、封建文化这个体,而本位文化论明确宣布"反帝反封建"是民族文化创造性发展的"必然使命"。当然,本位文化论对于西方文化的优长之处的认识并不到位,这是毋庸讳言的。

在十教授的本位文化建设宣言发表三十三年后的1958年,现代新儒家重镇的牟宗三、徐复观、张君劢、唐君毅四位教授联名发表了《为中国文化敬告世界人士宣言——我们对中国学术研究及中国文化与世界文化

[①] 参见李宗桂以下诸文:《经济全球化与民族文化建设》,载《哲学研究》2001年第1期;《文化全球化与当代中国文化建设》,载《南开学报》,2002年第5期;《文化自觉与文化发展》,载《中山大学学报》2004年第6期;《重视传统文化的民族性》,载《人民日报》2005年2月4日第15版。

前途之共同认识》①。

本来,这篇"宣言"撰写和发表的初衷,是为了纠正西方汉学界对中国文化的偏见,顺便端正某些中国人对本国文化的错误认识。1957年6月28日,唐君毅致牟宗三、徐复观函中说:"学术文化宣言承兄等嘱草初稿,弟于上月曾费半月之力,草了四万余字。以太长,不甚类一般宣言,用意在针对西方人对中国文化及政治之误解求加以说服。"② 同年11月28日,唐君毅在致徐复观、牟宗三的信中就说:"此文本意是教训西方人治汉学者,今虽不能即译为英文,但仍表示吾人之一声音与态度。同时间接可端正若干中国人之态度。"③

唐君毅、牟宗三、徐复观、张君劢四教授④拟议并发表"文化宣言"的20世纪50年代后期,中国在世界上地位卑弱,中国文化被外国人尤其是西方人误解甚至歪曲甚多。在这种情况下,唐君毅等四教授能够坚守中国文化的精神价值,阐扬民族文化,正面揭示西方人研究中国学术文化的偏颇,力图端正某些中国人对于民族文化和西方文化的不恰当态度,无疑具有重要的文化价值。本文下节将做具体评析,此处不赘。

与前述两个"宣言"相映成趣的是,在中国大陆实行改革开放政策二十多年后,中国正在"和平崛起"之时,2004年9月3日至5日,中华民族文化促进会⑤在北京举行"2004(甲申)文化高峰论坛"。会议结束时发表了《甲申文化宣言》,新华社发布了通稿,大陆几乎所有重要媒

---

① 这个"宣言"的题目,1958年发表在《民主评论》(香港)元月号上的是《为中国文化敬告世界人士宣言——我们对中国学术研究及文化与世界文化前途之共同认识》;而在唐君毅自己的著作《中华人文与当今世界》(台湾学生书局1975年出版)下册中,该"宣言"作为"附录"之一登载出来,题目是《中国文化与世界——我们对中国学术研究及文化与世界文化前途之共同认识》。两者的内容没有什么不同。

② 唐君毅:《致牟宗三》之第十二,载唐君毅著《唐君毅全集》卷二十六《书简》,台湾学生书局1991年版,第174页。

③ 唐君毅:《致徐复观》之第三十七,载唐君毅著《唐君毅全集》卷二十六《书简》,台湾学生书局1991年版,第116页。

④ 唐君毅是现代新儒家"文化宣言"的执笔者,但发表时的署名顺序是牟宗三、徐复观、张君劢、唐君毅。这是由于唐君毅是"宣言"的执笔者,本着中国文化固有的谦逊精神,唐君毅将自己署名在末尾。其实,"宣言"强烈灌注了唐君毅的思想,体现了唐君毅的文风,故以下将唐君毅列为首位。

⑤ 中华民族文化促进会会长是时任全国政协副主席的叶选平。

体都刊登或报道了这一"宣言"的要点。① 该次论坛由许嘉璐、季羡林、任继愈、杨振宁、王蒙五人②发起,"宣言"则由参加该次"文化高峰论坛"的七十位学者共同署名。"宣言"的基本思想背景是"全球化"。"宣言"认为,全球化"这一显见的世界趋势既推动了人类文明特别是科技成就和企业经验的共享,也凸现出国家、民族、地区之间不同文明的差异、分歧和冲突"。因此,"宣言"签署者们借该次论坛之机,"向海内外同胞,向国际社会表达我们的文化主张"。

概括而言,《甲申文化宣言》签署者们的主张是:一、提倡文明的多样性。认为文明多样性是人类文化存有的基本形态。期待经历过全球化的洗礼,原生状态的、相对独立的多样文明将获得更为广泛的参照、更为坚定的认同。主张文明对话,以减少偏见、减少敌意,消弭隔阂,消弭误解。反对排斥异质文明的狭隘民族主义,更反对以优劣论文明,或者将不同文明之间的关系形容为不可调和的冲突,甚至认为这种冲突将导致灾难性的政治角力和战争。二、主张文化多元化,认为任何国家民族都有自己文化创造、文化发展和文化选择的权利。文化多元化对于全球范围的人文生态,犹如生物多样性对于维持物种平衡那样必不可少。每个国家、民族都有权利和义务保存和发展自己的传统文化;都有权利自主选择接受、不完全接受或在某些具体领域完全不接受外来文化因素;同时也有权利对人类共同面临的文化问题发表自己的意见。国家不论大小,历史不论长短,国力不论强弱,在文化交往和交流方面均享有平等权利。反对文化沙文主义和文化歧视。三、中华文化是海内外华人的精神家园、情感纽带和身份认同。她不但有自强的力量,而且有兼容的气度、灵便的智慧。四、中华文化在当今世界具有独特的价值。中华文化注重人格、注重伦理、注重利他、注重和谐的东方品格和释放着和平信息的人文精神,对于思考和消解当今世界个人至上、物欲至上、恶性竞争、掠夺性开发以及种种令人忧虑的现象,对于追求人类的安宁与幸福,必将提供重要的思想启示。五、发

---

① 有趣的是,绝大多数媒体和学术刊物都是以新闻报道或者观点摘编的方式介绍《甲申文化宣言》的内容,真正全文刊登该"宣言"的极少,目前见到的纸质载体全文刊登者,只有《文学报》2004年9月9日第1版,以及人民日报社主办的《大地》2004年第18期。

② 许嘉璐,时任全国人大常委会副委员长;季羡林,曾任北京大学副校长;任继愈,曾任中国社会科学院世界宗教研究所所长、国家图书馆馆长;杨振宁,曾获诺贝尔物理学奖的美籍华人学者;王蒙,著名作家,曾任文化部部长。

展中国文化应当吸收世界各国文化的优长之处。当今中国人应当与时俱进,反思自己的传统文化,学习和吸收世界各国文化的优长之处,发展中国的文化。接受自由、民主、公正、人权、法制、种族平等、国家主权等价值观。六、呼吁包括中国政府在内的各国政府,推行积极有效的文化政策。捍卫世界文明的多样性,理解和尊重异质文明;保护各国、各民族的文化传统;实现公平的多种文化形态的表达与传播;推行公民教育,激励国家、民族和地区间的文化交流。①

《甲申文化宣言》发表以后,在海内外特别是在中国大陆引起了强烈的反响,赞美、认同者大有人在,质疑、反对者也不乏其人。

值得注意的是,《甲申文化宣言》发表之时,中国在世界上的地位和影响与《中国本位的文化建设宣言》发表时的20世纪30年代、与现代新儒家《为中国文化敬告世界人士宣言》发表时的20世纪50年代已经大为不同,世界形势也已发生了根本的变化。全球化时代的到来,中国和平崛起的态势,使得海内外关心、热爱中国文化的华人都在思考如何安顿中华民族的精神生命,如何在经济全球化、政治多极化、文化多元化的世界文明格局中发展中国文化,促进人类文明与社会的健康发展。尽管由于这个"宣言"的签署者人员庞杂,行文过于浮泛,缺少学理的分析,内容和观点具有明显的杂凑现象,但这个"宣言"的发表毕竟反映了21世纪中国知识分子文化自觉意识的觉醒,反映了和平崛起中的中国文化价值的自我认知,以及中国文化在新的世界文明发展格局中的某种要求。

总的看来,三个"文化宣言"尽管发表的时代不同,参与人士各异,价值目标参差,但是,站在今天的中国文化发展高度,从全球化视野进行考察,三个宣言的价值主题有着本质上的一致,这就是:促进中国文化的现代化,进而促进中国社会的现代化;坚持民族文化的主体性,挺立中华民族精神,实现中华文明的复兴。

二、现代新儒家"文化宣言"的价值

现代新儒家的"文化宣言"(即《为中国文化敬告世界人士宣言》)发表以后,引起了港台地区和海外华人学者的高度关注,并产生了始料未

---

① 《70位专家学者联名发表甲申文化宣言》,载《光明日报》2004年9月6日。

及的效果，迄今仍然受到包括大陆学术界在内的海内外华人学术界的重视。相比而言，三个"文化宣言"中，现代新儒家的"文化宣言"篇幅巨大、论述深入、见解独到，具有独特的思想史价值，对中国文化的发展和建设具有积极的借鉴意义，也最能反映中国知识分子在实现现代化方面的文化努力，以及对民族文化主体性的挺立。因此，本节特专门论析。

现代新儒家"文化宣言"之所以能够在海内外引发长久的关注和思考，特别是在中国大陆实行改革开放、重新审视中国传统文化的价值后，受到越来越多人士的关切，与其所阐发的基本内容和观点有密切关系。

该"宣言"一共有十二部分，分别为：①发表此"宣言"的理由；②世界人士研究中国学术文化的三种动机、道路及其缺点；③中国历史文化精神生命之肯定；④中国哲学思想在中国文化中的地位及其与西方文化之不同；⑤中国文化之伦理道德与宗教精神；⑥中国心性之学的意义；⑦中国历史文化所以长久之理由；⑧中国文化之发展与科学；⑨中国文化之发展与民主建国；⑩我们对中国现代政治史之认识；⑪我们对于西方文化之期望，及西方所应学习于东方之智慧者；⑫我们对于世界学术之期望。"宣言"洋洋洒洒四万余字，围绕上述问题做了尽情的阐发。

现代新儒家作为中国文化价值的保守者，他们在面对内外冲击的时候，首先就要令人信服地阐释中国文化的价值所在，护卫并弘扬中国文化的精神生命。"宣言"明确提出，中国人安身立命的精神家园是中国文化，而不是别的。"真正的智慧是生于忧患"。"中国文化问题，有其世界的重要性"。将近全球人口四分之一的中国人，其生命与精神的寄托和安顿，不仅关乎中国人自身，也关乎全人类的共同良心。应当承认，中国文化有其活的生命力，中国的历史文化是无数代中国人以生命心血所写成，是一客观的精神生命之表现。中国民族精神生命的核心，是中国哲学思想。中国文化的特质，在于其"一本性"，亦即中国文化在本原上是一个体系，有一脉相承之统绪。"在政治上，有分有合，但总以大一统为常道"。中国的义理之学，其目标在于人之道德人格的真正完成。这个人格的完成，系于人之处处见于义理之当然，而不见利害、祸福、得失、生死。中国心性之学，是中国学术思想的核心，是天人合德之说的理由所在。《中庸》所讲的"道并行而不悖"，成就了中国文化的博大性格，而博大正是中国文化能够悠久的根源。中国文化的"当下即是"的精神和"一切放下"的襟抱，"圆而神"的智慧，"温润而恻怛或悲悯之情"，使文化能够悠久的智慧，天下一家之情怀等，都是中国文化特有的精神价值，而中国人不仅能够凭此以为精神家园，而且也是西方文化所应学习之处。① 应当说，现代新儒家在"宣言"中对中华民族精神家园的重视，特别是对中华民族精神家园内容的具体阐释，蕴含了深刻的文化智慧，彰显了他们对中华民族安身立命之道的真诚关切和切实建设。

"宣言"在充分肯定中国文化的精神价值的同时，也实事求是地承认西方文化的优长之处，提出中国文化应当自觉地向其学习。在"宣言"作者看来，科学和民主是西方文化的优长之处，中国传统文化没有发展出科学和民主，因而应当向西方学习。在"宣言"第八、第九两个部分，作者深入论述了中国文化历史中的缺陷，说："我们承认中国文化历史中，缺乏西方之近代民主制度之建立，与西方近代之科学，及各种实用技术，致使中国未能真正的现代化工业化。"质言之，中国没有能够实现现代化，就是因为缺乏民主和科学，而要实现中国的现代化，就必须建立民主政治和近代科学。应当说，"宣言"的作者在这个问题上是很坦诚、很有理性意识的。当然，"宣言"作者为中国文化历史没有开出民主和科学做了辩护，认为：中国的文化思想具有民主思想的种子，其政治发展的要求，倾向于民主制度的建立；中国文化并不是反科学的，并不轻视科学实用技术。中国文化中的天下为公、人格平等的思想，"即为民主政治思想根源之所在，至少亦为民主思想之种子所在"。这些见解，当然可以讨论。但"宣言"坦率承认中国文化没有开出民主制度和近代科学，不仅反衬了西方文化的长处，而且凸现了中国文化的缺失及其应当向西方文化学习的地方，进而昭显了中国文化未来发展路向应当以科学民主为重要价值追求的取向，为重构中国文化的价值系统提供了异质资源。这表明，"宣言"具有开阔的世界眼光和开放兼容的胸襟，也反映了现代新儒家在"保守"中国文化本根基础上尊敬并学习西方文明的诚恳态度。

"宣言"的另一独特价值，是明确提倡中西文化应当相互学习。在20世纪50年代，中国在世界上地位不振。就文化意识而言，要么是极端的

---

① 李宗桂：《评唐君毅的文化精神价值论和文化重构观》，载《哲学研究》1991年第3期。

崇洋媚外，要么是极端的排洋仇外，前者以港台地区为代表①，后者以大陆地区为典型②。在当时的特定历史条件下，"宣言"能够明确提出并详细论述中西文化应当相互学习的观点，不仅反映了宏阔的全球意识，而且体现了挺立中国文化精神价值的民族立场，难能可贵。

"宣言"贯穿始终的一个精神，或者说自始至终洋溢着的文化气息，是对文化的民族性（民族特质）的高扬。近代以来，由于中华民族灾难深重，中国的现代化步履维艰，要救亡，要图强，就必须向西方学习，使得不少人对中国文化的价值产生怀疑，并在学习西方的过程中逐渐忘记甚至企图消解中国文化的特质。"宣言"从诠释中国文化的特殊性入手，始终坚持民族文化精神的自我挺立，强调中国文化所以能够悠久的历史文化因由，强化了中华民族的文化本根意识。这不仅在"宣言"发表的那个时代具有特殊的意义，而且在全球化的今天仍然具有普遍的意义和恒久的价值。

"宣言"强调对民族文化应当具有温情和敬意，不仅对于崇洋媚外的文化心理是有力的针砭，而且对于全盘否定民族传统文化的虚无主义也是深刻的批判和合理的矫正。至于"宣言"所反复申论的要对本民族文化的过去、现在和将来有一个清醒的认识和合理的评价的思想观点，则更是体现了文化自觉意识，而文化自觉意识的张扬，是文化进步的必要条件。③

质言之，唐君毅、牟宗三等四教授依据上述问题而诠释的关于"中国文化与世界"的观点，具有若干独特的价值。这些独特的价值，主要表现为：①理性阐释了中国文化的价值，弘扬了中国文化的精神生命；②实事求是承认西方文化的优长之处，确认了西方文化应当被我民族学习吸收的地方；③提倡中西文化相互学习的立场和方法；④重视文化的民族性，强化了中华文化的本根意识；⑤给全世界中国人昭示了对待民族文化

---

① 台湾"中央研究院"近代史研究所研究员翟志成说："在港台当时正极端'崇洋媚外'的文化界和知识界，任何沾得上洋味的东西，其身价立增十倍。"见翟志成著《儒学与现代化：港台新儒家的文化宣言》，"儒学与海峡两岸文化根基学术研讨会交流论文"，北京，2008年1月21－25日。

② 中国大陆在20世纪50年代，由于受到国际上的封锁打压，自上而下都有一种严重的仇洋排外思想和情绪。

③ 参见李宗桂：《文化自觉与文化发展》，载《中山大学学报》2004年第6期。

应有的温情和敬意；⑥凸现了文化自觉意识。这些，在全球化的今天，在弘扬中华文化、建设中华民族共有精神家园的时候，仍然值得我们好好地总结、借鉴。

三、三个"文化宣言"的思想同异

显而易见，上述三个"文化宣言"的发表，彰显了20世纪以来中国文化发展的某种足迹，反映了中国知识分子在为实现现代化途程中的文化努力。

从文化比较的角度考察，三个"文化宣言"所关涉的相同问题是：

其一，都在民族本位基础上关注并辨析了中西文化的关系。

王新命等十教授的《中国本位的文化建设宣言》，着眼点是中国本位，而中国本位的提出，对应的是西方文化的问题，这是不言而喻的。不过，本位文化建设更加强调的是中国文化的特殊性，强调文化建设要以民族文化为本位，以"此时此地"的需要为根据。唐君毅、牟宗三等四教授的《为中国文化敬告世界人士宣言》，其出发点本身就是为了匡正西方人对于中国历史文化和思想学术的偏见和误解，以及矫正某些中国人对于本国文化的偏误，其直接的、主要的对象是西方人和西方文化。不过，相对本位文化建设论者，现代新儒家们更加强调中西文化的平等和对话、交流，更加注重中国文化建设在世界文化发展格局中的地位和作用，较之本位文化建设论者，思路更开阔，眼光更高远。相对于本位文化论者对西方文化的抵制，现代新儒家不仅表现出学习西方先进文化的真诚态度，而且表现出对于西方科学民主等先进文化的深刻认识和自觉认同。许嘉璐等七十位学者的《甲申文化宣言》，以全球化为观照，直面西方，强调中外文化关系是平等关系，重视文化多元化的价值，"主张文明对话，以减少偏见、减少敌意，消弭隔阂、消弭误解"，认为文明没有优劣之分，反对狭隘民族主义和文化沙文主义。由于这个"宣言"的签署者来自海内外华人世界，分属多个不同的专业领域，因此，这个"宣言"的主张可能更多地反映了全球化态势下的中国文化人对于中国文化在当今世界地位的维护。

其二，都涉及了民族自信力的问题。

《中国本位的文化建设宣言》看到的，更多的是民族自信力的减弱甚至丧失的问题，因而主张文化建设要以"本位"为主，防止西化，以增强自信，找回在文化领域已经消失的中国和中国人。可以说，本位文化论者是从"防西"的角度"立中""挺中"。《为中国文化敬告世界人士宣言》则通过对中华文化特殊价值的阐发，强调中华文化对于本民族以及对于世界文化的价值，从而在中华文化"花果飘零"之际，增强民族自信。同时，通过对西方文化优秀成分的认知和接受，增强本民族文化的机体，从而增强民族文化的自信和力量。可以说，这是通过"容西""融西"而彰显并增强民族文化的自信力。《甲申文化宣言》通过对"中华文化注重人格、注重伦理、注重利他、注重和谐的东方品格和释放着和平信息的人文精神"的强调，突出其对于思考和消解当今世界个人至上、物欲至上、恶性竞争、掠夺性开发等不良现象的价值所在，突出对民族文化价值的信念。可以说，这是通过"释中"而"会西"，进而挺立民族文化自信立场。

其三，都涉及了文化的民族性问题。

三个文化"宣言"，都从不同侧面诠释了中华文化的民族特质，阐发了民族文化的独特贡献和对于人类社会的贡献所在，对于抵制乃至消解国际上的文化霸权主义、文化沙文主义，对于坚持文化建设的民族性，都有积极的意义。

其四，都涉及了学习、吸收西方文化的问题。

《中国本位的文化建设宣言》明确宣示，"吸收欧美的文化是必要而且应该的"。《为中国文化敬告世界人士宣言》更是明确而又具体地阐释了何以应当而且必须学习并吸收西方文化的问题，具体指出了西方文化中科学民主对现代化建设的必要性，以及如何接纳的问题。《甲申文化宣言》则明确提出，"接受自由、民主、公正、人权、法治、种族平等、国家主权等价值观"，反映了对于西方文化中具有普世价值的成分的认可。

其五，都涉及了民族振兴的问题。

《中国本位的文化建设宣言》作者的目标，最终是"建设将来的中国"，"检讨过去，把握现在，创造将来"，"使中国在文化的领域中能恢复过去的光荣，重新占住重要的位置，成为促进世界大同的一支最劲最强的生力军"。《为中国文化敬告世界人士宣言》则是要振衰起颓，为中国文化的重开新局做学术文化方面的积累。《甲申文化宣言》表示要通过创造和实践，促进文化价值的体现和文明的进步，为弘扬中华文化而不懈努力，与世界各国人民一道，为促进人类文明与社会发展而奋斗。

其六，都涉及了中华民族精神家园构建的问题。

《中国本位的文化建设宣言》的发表，其直接动因之一，便是认为文化领域、文化精神价值层面的中国和中国人不见了，故而要实行本位文化建设，这本质上是要为中华民族寻找、构建精神家园。《为中国文化敬告世界人士宣言》，着重阐释心性之学的价值，就是要为中国人揭示安身立命之道，为中华民族精神家园的构建提供历史资源。《甲申文化宣言》更是明确宣称，中华文化"至今仍是全体中国人和海外华人的精神家园、情感纽带和身份认同"。

诸如此类，都反映了三个"宣言"之间的相通、相容和相融之处，反映了一代又一代中国知识分子为祖国现代化的实现而在文化领域做出的艰苦努力。

当然，毋庸讳言，三个文化"宣言"具有颇为不同的方面。这主要表现为：

其一，时代背景不同。《中国本位的文化建设宣言》发表之时，中国文化的发展面临如何对待西化的现实问题，本位文化建设派要和西化派争夺文化建设的话语权，而反帝反封建的时代重任正压在中华民族肩头。《为中国文化敬告世界人士宣言》发表之时，中国文化既面临强势的西方文化的压力，又面对大陆当时"左"倾僵化意识形态对于中国传统文化的摧残问题，"花果飘零"的心态和"灵根自植"的期盼，强烈地激励着"宣言"当事人。《甲申文化宣言》发表之时，已是全球化时代，中国正在世界上和平崛起，中国的综合国力空前强盛，在国际上的地位是百年来前所未有的重要。

其二，参与人员的成分不同。《中国本位的文化建设宣言》和《为中国文化敬告世界人士宣言》的参与者都是对中国文化研究功力深厚的教授，而《甲申文化宣言》的参与者，包括来自教育、科技、文学、历史、哲学、语言、音乐、戏曲、广播、电影、电视、书法等专业领域的人，有教授、官员、画家、作曲家、演员、作家等，因而难以形成具有深度的共识。

其三，文化视角不同。《中国本位的文化建设宣言》背后，有当时的官方背景，以及相应的官场话语模式；《甲申文化宣言》的背后，也有隐约的官方背景或者说受到官场话语模式的影响，字里行间官样文章形态毕露；而《为中国文化敬告世界人士宣言》则纯粹采取的是民间立场或者说是学者立场，故而没有官样文章的华丽和炫奢，有的只是学者们对于自己文化主张的切实阐扬，及其对中国文化精神价值的自觉维护。

四、三个"文化宣言"对中国文化发展路向的启迪

总的说来，三个文化"宣言"在文化价值上各有千秋，但都反映了一代知识分子在实现中国现代化问题上的文化努力，体现了民族精神的自我挺立。

中国文化的发展路向问题，百年来争论多多。透过上述对三个"文化宣言"的阐析，观照百年来的中国现代化历程，我们可以得到一些启迪，主要的有：

第一，现代化不是西化。通过百年现代化建设的历程的考察，特别是通过海峡两岸中国人的现代化建设实践，已经有力地证明了这个朴素的真理。北京大学教授罗荣渠的《中国近百年来现代化思潮演变的反思》一文，有理有据地阐明了这个真理。① 同理，香港中文大学教授金耀基的《中国现代化的动向》一文，运用台湾现代化进程的事实，理性地阐明了这个真理。② 本文此处要强调的是，三个"文化宣言"所阐释的中国文化的发展路向，所坚守的价值准则，正是对于中国现代化特质和路向不能唯西是从的基本价值的坚守。

第二，现代化不是物化。现代化当然是以工业化为重心，以社会物质财富的迅猛增长为基本追求。但是，现代化并不仅仅是工业化，并不是以物质财富的增长为唯一追求。现代化的基本价值追求，是人化，是人的全面现代化，是社会的全面现代化。因此，物质、经济的追求之外，还有精神、文化层面的追求，以及制度层面的追求。几者的有机统一，才是真正意义的全面的现代化。三个"文化宣言"所张扬的最为基本的价值，正

---

① 罗荣渠：《中国近百年来现代化思潮演变的反思》，载罗荣渠主编《从西化到现代化》，北京大学出版社1990年版，第1-36页。
② 金耀基：《中国现代化的动向》，载《中国现代化的历程》，时报文化出版企业有限公司1980年版，第3-34页。

是中国文化的基本价值,是精神心灵层面的安顿,是使得中国人之所以为人的价值根据所在。

第三,建设现代化的中国,应当挺立民族精神层面的自我,坚持文化建设的主体性。三个"文化宣言"的重要而又共同的特征之一,是坚信民族文化的精神价值,相信中华民族能够自己拯救自己,自己解放自己。在现代化建设中,不能没有民族精神的烛照。弘扬中华民族精神,挺立中华民族的价值自我,不放弃文化建设中的主体性,是推进现代化的有力保障。

第四,建设现代化国家,应当注意文化的民族性特质,坚持中国特色。"中国特色"问题,其实并非最近30年来的事情。早在20世纪30年代到40年代期间,关于中国的现代化、中国文化的发展应当是"中国的""现代的",一度是引领社会发展的主调。金耀基早在20世纪70年代撰写的著名文章《中国现代化的动向》中,针对台湾现代化的经验和偏差,明确指出:"未来中国的现代社会必须既是现代底(普通底),又是中国底(特殊底),我们应追求怎样的价值这个问题,一方面可从传统遗产中得到启示,另一方面也可从现代化先进社会之经验中获得讯息。"[①]"中国现代化后的社会之内涵必是'现代底'与'中国底',这是从社会变迁之本质发展上说(因文化传统不可能全消失),也是从我们所希冀的目的上说的(因我们也不希望完全失去中国之文化传统)。"[②] 在现代化的文化建设中,"最重要的则是如何突显文化的中国性"。[③] 如果我们从科学理性出发,省察海峡两岸现代化的实际,应当承认,金耀基的论说颇为深刻、符合实际而又发人深省。根据这样一种认识去考察评析三个"文化宣言"对于中国现代化的主张,对于中国文化特质的肯认,我们就不难看到也不难承认,中国的现代化既要是现代而非古典的,又要是中国而非

---

① 金耀基:《中国现代化的动向》,载《中国现代化的历程》,时报文化出版企业有限公司1980年版,第16页。
② 金耀基:《中国现代化的动向》,载《中国现代化的历程》,时报文化出版企业有限公司1980年版,第24页。
③ 金耀基:《中国现代化的动向》,载《中国现代化的历程》,时报文化出版企业有限公司1980年版,第26页。

西方的。质言之,中国社会的现代化,中国文化的现代化,基本路向应当是"中国特色的现代化",这是三个"文化宣言"的内在价值追求,也是给我们的重要思想启迪。在坚守社会主义核心价值体系的前提下,在弘扬中华文化、建设中华民族共有精神家园的愿景中,认真清理并理性总结三个"文化宣言"带给我们的思想启示,对于我们建设中国特色社会主义文化,必将大有裨益。

(原载《社会科学战线》2008 年第 10 期)

现代新型文化体系的模式和特征

当代中国正在进行的文化建设，是前无古人的伟大事业。这个文化建设事业的核心任务，是要在理性审视现实的中国文化状况的基础上，科学地度量古今中外关系，建立一个批判继承历史传统而又充满时代精神，立足本国而又面向世界的生机勃发的现代新型文化体系。对于这样一个崭新的现代新型文化体系的模式和特征，人们可以从不同的层面提出种种构想。如果从文化价值观和文化类型说的角度考虑问题，那么，现代新型文化体系大致具有如下模式和特征。

一、一体三元的多维文化观

现代新型文化体系是一个多维视野中的严整而开放的体系，是一个多层次的严谨结构，是一个充满蓬勃生机和内在活力的有机系统。

在20世纪80年代的文化讨论中，人们对文化系统的构成提出了种种设想。有的从狭义文化的角度提出界定，有的从广义文化的层面作出论断，丰富了关于文化系统的认识，推动了文化建设的进展。有的学者认为，文化包括教育，科学技术，文学艺术，新闻出版，广播电视，体育，图书馆、博物馆、科技馆等，建筑园林古迹，旅游，花鸟虫鱼，美食，群众团体，以及宗教等十三个方面。"这十三个方面的文化事业实践无不包括于现代科学技术，以及实践经验知识库和不成文实践感受中"①。有的学者认为，仅仅把文化系统理解为物质—精神系统是不够的，而要从时间—空间、主体—客体、物理—心理这几个层次上把握文化系统。② 有的学者认为，中国的社会主义新文化，是民族文化的优秀形式和社会主义的丰富内容与现代化的要求三位一体的文化形态。具体说来，可以化解为政

---

① 钱学森：《关于〈实践与文化——"哲学与文化"研究提纲〉的通信（三则）》，载《哲学研究》1989年第4期。

② 张奎志：《论文化系统》，载《求是学刊》1989年第1期。

治文化、经济文化、伦理文化、科教文化、职业文化、法制文化、生活文化、军事文化、艺术文化、卫生文化、体育文化等。对于社会主义文化体系来说，这些文化还只能是文化因素，只有按照一定的结构方式将各种文化因素有机地排列组合起来，才能构成有一定形式和内容的文化体系。社会主义初级阶段的文化体系应该是："以政治文化为灵魂，以经济文化为中心，以伦理文化、科教文化、职业文化等为基础的文化体系。"① 有的学者认为，社会主义的文化结构，可以分为文化主体的要素和功能，以及文化客体的设施及其构成两个部分。文化主体的要素是教育、科学、文艺、卫生、体育，各种要素的功能最终都落脚于培养具有文化素质的人才上。文化客体的设施，是指文化主体要素及其功能赖以实现的物质设施，同时也是文化要素和文化信息赖以传播的物质载体。它由新闻出版、广播电视、图书馆、博物馆、文化馆等综合性文化设施所构成。②

显然，上述关于现代新型文化体系的种种观点，各有千秋。但是，由于论者各自依据的方法不同，立论的角度不同，因而有的失之庞杂琐细，有的偏于直观感受，都没有从理论建构的高度、从广阔的文化视角上作出高屋建瓴式的战略性宏观描绘。

从当代中国文化建设的实际来看，从理论思维的高度着眼，从长期以来的接受心理考虑，我认为，可以把现代新型文化体系看作一体三元的多维文化系统。所谓一体，指社会主义的价值系统；所谓三元，指政治、经济、文化三个不相同但又密切联系的特定领域。当代中国的文化批判和文化重构，说到底是要建设一个中国特色的社会主义性质的现代化的新型价值系统。而世界上不同民族文化类型之所以互相区别，根本之点在于价值系统的不同。因此，无论是政治，还是经济，或者文化的重构，归根结底，是价值系统的重构，是价值系统的外在表现和内在回归，彼此之间呈现出三元归于一体的趋势和特点。在这个意义上讲，我们完全可以说社会主义新文化体系是以新型价值系统的创建为本体的，其他一切工作，都应该而且只能以这个本体的建设为核心。政治、经济、文化作为社会生活的三个重要方面，受社会主义价值观的指导并为其服务。其中，经济是基础，它决定政治和文化的性质及其发展状况；政治是灵魂，是价值系统在

---

① 张翔：《关于建设中国社会主义新文化的思考》，载《学术交流》1991年第1期。
② 陈茂铉：《试析社会主义文化建设的若干问题》，载《马克思主义研究》1987年第1期。

观念形态方面的集中体现，它规范着经济和文化的发展方向，为经济和文化的发展提供精神动力；文化是精神生命的表现，它担负着提高民族文化素质的重任，为经济的发展提供优良的现代人才，为政治理想的实现创造良好的氛围。而政治、经济、文化这三个方面的协调发展，最终将为新型价值体系的构筑提供必要的思想资料和部件。总之，以新型价值系统的创造为核心，以三足鼎立的政治、经济、文化为辅翼，彼此之间有机结合，互为条件，互为目的，形成一个开放的多维系统，便是现代新型文化体系的基本结构、基本模式。

历史经验和理论反思告诉我们，社会主义现代化建设的规律提醒我们，当代中国的文化发展总趋势，就是要通过社会主义制度的自我完善和发展，建设有中国特色的社会主义的经济、政治、文化，以适应和促进社会生产力的不断发展和社会的全面进步，实现社会主义的现代化。这个现代化的实现，就是中国文化现代化的实现，就是中国文化出路的最终正确解决。

二、立足现实依托传统的古今融合论

在建设现代新型文化体系的历史性工程中，人们首先遇到的现实问题，是如何处理传统与现代的关系。

针对多年来不少人潜心于传统与现代之间关系的辩证，主张"马克思主义和中国传统文化相结合，使马克思主义中国化"，从而建设社会主义的新文化的观点，学术界有人提出了不同意见。有的学者认为，所谓中国"传统文化"，自然是指封建时代的文化。"如果马克思主义和封建时代的传统文化相结合，那么，从19世纪以来的近代文化置于何地？70多年来的新文化，马克思主义文化又如何理解？"所谓对传统文化的反思，中西文化比较，中西文化之争，"中体西用""西体中用""本位文化"与"全盘西化"，特别是以马克思主义为指导的新民主主义文化、社会主义文化，等等，都是发生在近代或者现代。"如果撇开这70年或100多年来的中国文化的巨大变化或发展，而去使马克思主义和'传统文化'相结合，那恐怕很难说是前进，而是'向后转'；加上些'传统文化'，也很难说是马克思主义'中国化'或中国'特色'的社会主义。……我们前进的基础，应该是70年来的现代文化、新民主主义文化、马克思主义文化，绝不是封建时代的传统文化。应该是从现实基础出发向前进，不能再到古代去寻根找土壤。"① 显然，论者这种从现实出发建设新文化的观点是极有见地的，反映了当代中国文化建设的精神方向和现实要求。当然，"传统"是否就是"封建时代"的代换，如何看待"传统文化"所蕴含的时代性、民族性和世界性成分，以及它们之间的关系，还可进一步探讨。

有的学者指出，建构具有中国特色的社会主义新文化，重要的是揭示出新文化的基础结构，即在唯物史观指导下，从社会主义商品经济发展的历史趋势出发，阐明社会主义社会的平等、自由、民主以及与此相适应的法制是新文化的基础结构。"只有在这个基础结构之上，才谈得上汲取传统文化中的合理的部分"。离开这个基础结构来谈"马克思主义与儒家思想的会通"，或者"吸取精华，剔除糟粕"，只能流于形式或者折中主义。② 显而易见，这种观点的基本出发点，也是现实的中国文化建设状况。

有的学者强调，80年代的文化讨论着重于对古代传统文化的检讨和批判，并未切中要害。"文化讨论的重点与其放在对古代传统文化的检讨、批判和清理上，毋宁放在对'阶级斗争文化'或'革命文化'的分析批判，特别是放在对经典马克思主义和传统马克思主义的再认识上。"论者认为，从"五四"算起，在最近70年特别是中华人民共和国成立以后的数十年中，中国的社会面貌、中国人的生活方式已经发生了根本性的变化，"而从思想理论方面看，这种变化则集中表现在：马克思列宁主义—毛泽东思想成为指导我们思想的理论基础。与这种根本性的变化相同步，几乎所有的文化领域都接受过马列主义—毛泽东思想之革命批判的洗礼，几乎所有的文化领域都至少在理论的层面上经过了在马列主义—毛泽东思想的基础上所进行的重建或改造过程"。因此，当代中国现有的文化，在整体上既不同于西方文化，也不同于中国古代的传统文化，而成为一种独特的文化形态。"它的基本特征是：以马列主义—毛泽东思想为精神内核和结构框架。就是说，中国现有的文化形态是按照下述原则建立起

---

① 丁守和：《中国文化研究七十年》，载《文史哲》1990年第2期。
② 俞吾金：《现在：过去与未来的交汇点——当代中国文化讨论会综述》，载《复旦学报》1991年第2期。

来的一个整体或系统：一切文化领域都必须体现出马列主义——毛泽东思想的基本精神（如阶级斗争和无产阶级专政等等）；一切文化领域在理论层面上都必须按照马列主义——毛泽东思想所提供的基本概念框架来建构；一切文化领域都必须作为无产阶级革命事业的一部分，并为革命事业服务。……当代中国文化的这种现实状况，正是我们在走向未来时所直接面对的一种文化传统；也正是它，应当成为当前文化讨论的根本立足点。……无论是比较中西文化的优劣得失，考察传统文化与现代化进程之间的冲突，抑或是探讨当代中国的文化发展战略问题，我们都应当首先着眼于由我们自己亲手营造起来的这种文化形态。"① 应当承认，论者的上述见解是相当深刻而新颖的。它从理论建设的层面，从当代中国文化建设的战略高度，从现实的社会需要出发，考察问题，总结经验，提出了立足当代中国文化建设现状，进行文化批判和文化重构的问题。而且，论者指出的文化讨论和文化建设中的诸多弊端，也是言之成理、持之有据的。当然，论者对中华人民共和国成立以后文化性质的概括（阶级斗争文化、革命文化）是否准确，人们自可见仁见智。但论者倾心于现实文化状况的解析，深入揭示当代中国文化重建所面临的真正影响深厚的文化传统，这种思路，是具有启迪作用和建设意义的。

在我看来，我们今天进行社会主义新文化的建设，必须正视传统与现代的关系。传统与现代之间，前后相继，密不可分。今天的中国是昨天的中国的历史发展，昨天的中国是今天的中国的历史表现。古代文化传统作为民族精神的体现，并没有随着封建专制政体的灭亡而消失，它至今仍在深刻地影响着我们的文化建设。因此，我们不能割断历史，不能全盘否定传统。同时，更为重要的是，我们正在全力以赴建设的现代新型文化，是与古代文化传统性质截然不同的伟大事业，因此，我们不能拘泥历史，因袭传统。

在文化建设的总体思路上，我们应当立足当代中国的文化现实，开创中国文化的新局面，而不应停留于对传统文化的评判。这是由多方面的因素所决定的。首先，是马克思主义理论准则的基本要求。一切从实际出发，实事求是，是马克思主义最基本的认识路线。离开当代中国活生生的

---

① 王鹏令：《论当代中国的文化选择——为纪念五四运动70周年而作》，载《光明日报》1989年4月3日。

文化现实，而要去谈什么反思传统、建设新文化，是不切实际的空想。其次，是长期以来我们文化建设方针的现实要求。古为今用，厚今薄古，批判继承，开拓创新，是文化建设中处理传统与现代的基本原则。背离了这条原则，就会出现偏差，就不可能建设起一个具有社会主义时代精神的文化体系。再次，是文化发展源泉和动力的内在依据。任何文化的最深厚的根源，在于那个时代的火热的生活，在于那个时代人们的文化实践。现实的日常生活和文化建设实践，是推动文化精神更新，促进文化形态转换的根本源泉和内在动力。脱离现实生活，离开文化实践，文化生命就会凋零，文化精神就会萎缩。最后，是文化建设的历史经验教训的启示。近代以来的中西之争、古今之辩，中华人民共和国成立头30年的批判"封资修"运动，改革开放以后的传统与现代、中国与西方的论辩，都有一个共同的缺陷：对现实的文化建设实践关注不够，过分倾心于中外古今关系的辩难，忽视对文化建设的现实投入。这些都充分表明，当代中国的文化建设应当立足现实，而不应沉醉于往古。

当然，正如我在前面所说，传统与现实是不可人为割断的，是不可能凭主观意愿铲除的。要铲除传统，只有铲除这个民族！而这显然是绝对不可能实现的，也是绝对错误的。因此，在当代中国建设现代新型文化的伟大实践中，我们在立足现实的基点上，应该依托传统。我们要批判继承优秀文化传统，从优秀文化传统中汲取精神营养，以增强新文化的内在活力和蓬勃生机。此外，传统有时限之分。有古代的传统，有近代的传统，也有现代的传统。我们应当加以科学的区分，进而扬弃传统，创造新的传统。

三、以我为主兼取众长的中外互补说

在建设现代新型文化体系的过程中，我们不但要立足当代中国文化的现实，为新文化的诞生奠定坚实的基础，而且要坚持以我为主、兼取众长的原则，坚持民族特色和社会主义性质，吸收外国文化中于我有益的长处，从而建设起一个多维视野、兼容天下、开放进取的中国特色的社会主义新文化。

我们强调文化建设要以我为主，是基于一些基本的认识。首先，具体问题具体分析，是马克思主义的活的灵魂。我们要建设的是中国式的社会主义性质的新型文化。这个价值目标逻辑地决定了我们建设的新文化必须是符合中国国情的，为人民大众所喜闻乐见的现代意义的文化。而当代中国是有着数千年深厚文化传统的古国，是以马克思列宁主义为政治导向的新中国，是在改革开放的途程中走向世界、走向未来、走向现代化的发展中的中国。这样一种特殊的具体的国情，决定了文化建设不可能简单照搬外国，不可能用"西化"的方式实现现代化，而要根据本国的具体情况，制订文化发展的战略方案。其次，文化的民族性决定了我们的文化建设不能脱离本国的实际，而要适应民族需求，建设适合国民接受心理和接受方式的中国文化。中国文化有独特的民族风格和民族气派，传统文化有完整的系统，典型地反映出中华民族的气质、性格、教养。正是独特的民族文化的风格和特质，使中国文化挺立于世，使世界上别的民族不能无视它的存在。而且，由于世界文化是一个相互联系、相互整合的统一体，不同民族文化之间在客观上形成一种互为补充的关系。民族文化的价值，正在于它与别的民族文化的区别。越具民族性的东西，才越具世界性。因此，我们建设当代中国的新文化，非但不能脱离民族的风格、气派，而且要大大增强这种独特的文化义蕴。这正是文化重构必须以我为主的重要原因。最后，强烈的民族自信心和自尊心，是文化建设必须以我为主的又一价值依据。中华民族素有强烈的民族自信心和自尊心，坚信自己的文化有着别的民族文化不可替代的特殊价值，有着长久的生命力和自我更新机制。历史上曾经出现的汉唐气象，不仅是激励人们的文化自豪感的重要精神力量，而且是鞭策人们今天进行文化重构的巨大动力。尽管人们承认宋明以后特别是近代以来中国文化衰败了，但这种衰败却成为刺激人们恢复文化繁荣景象的力量。因此，在决不妄自菲薄的中华民族面前，历史的荣誉感和时代责任感的交织，便成为人们坚持本根意识，坚持以我为主，而不盲目依傍他人的文化建设的基本信念。

以我为主进行文化建设的思路，包含着多层意义。概略地说，以我为主是以本民族当前文化发展状况为主，而不是以传统文化为主；以我为主是以本民族利益和特色为主，以本民族价值追求为依据；以我为主是以本国信守的政治原则为主,即坚持社会主义的信念为主。

当然,毫无疑问,以我为主并不是排外主义的代名词。要重构中国文化的价值系统,不能不广泛吸收外国文化的长处。任何民族文化,作为人类文化发展整体的一个部分,都有其特殊的存在价值,都可以对别的民族文化的发展提供思想借鉴。特别是在科学技术迅猛发展的今天,人类的联系越来越紧密,不同文化类型之间渗透、交融和相互补充,已经成为世界性的潮流。在这种世界性的趋势下,中国文化要走在世界文化发展的前列,就必须兼取不同民族文化类型的优良之处,充实自己,丰富自己,壮大自己。否则,实现文化现代化,使中华民族文化自立于世界文化之林的理想,就会成为一厢情愿的空想。有的学者指出:"任何发展中国家的现代化进程,都是靠内外两组因素的交互作用。在文化交流中,外来先进文化影响本土文化,这是外来因素在起作用;本土文化对外来文化的迎和拒,则是内部因素在起作用。一个国家如果把自己封闭起来,就会丧失吸收外来的现代化因素的动力,就会脱离世界发展的大潮,就会因停滞而落后。但一个国家的开放如果完全受外来因素支配,就会丧失自己独立选择的能力,它的发展也只能是依附性的发展,达不到预期的效果。"① 我认为,这种分析较好地体现了以我为主、兼取众长的文化建设的思想准则。总之,在建设现代新型文化体系的改革开放的时代,我们唯一正确的方针,是以我为主、兼取众长、中外互补、优化选择。我们要始终坚持中国特色的社会主义文化的独立自主性,同时,虚心学习外国文化包括资本主义文化的所有优秀方面。只有这样,我们才能科学地进行文化批判和文化重构,建设民族性与世界性相统一的、十足中国特色的社会主义新文化。

四、创造转化充满活力的文化发展观

中国特色的社会主义新文化的一个重要特征,是充满创造转化的内在活力,具有很强的自我更新机制,承认文化变迁的合理性和必然性,把文

---

① 陶铠、李春林:《在优化选择中建设社会主义现代化——季羡林、赵宝煦、罗荣渠谈中外文化交流》,载《光明日报》1990年7月20日。

化发展看作社会发展的重要条件和必然结果。

当代中国正在建设之中的现代新型文化，无论从理论上还是从实践中看，都应当而且必须具有创造转化的内在机制，充满时代精神的活力。从社会形态的性质来看，社会主义是具有强大生命力的崭新的社会制度，是不断开拓进取的社会运动。它的这种本质属性，在客观上要求与之相应的文化形态也必须具备活泼的生命力，具备适应时代精神转换的灵活的自我更新能力。否则，这种文化形态就是偏离社会主义方向、脱离时代精神的，是僵化守旧的，因而也是必须加以克服和防止的。从文化的特性和功能来看，它本身是民族精神的内聚和外化，是潜移默化地影响人们生活方式和思维方式的思想力量，是培养和提高国民素质的重要途径。文化精神就是民族精神的凝聚和表现，是对民族力量的规整和引导。这种凝聚、规整、引导的过程和作用，本身便是一种创造与转化的过程和作用。文化的基本功能是陶冶人们的情操，培养并提高人们的素质。这种功能的实现，要求它自身备具很强的创造能力和发展动力。因此，文化的发展必须与社会的发展、人的发展相一致，这就逻辑地要求文化从现实的生活中寻找发展的源泉和动力，从而成为社会发展的积极促进力量。此外，吐故纳新、生生不息，是文化发展的客观规律和必然要求，这也自然地要求建设中的当代中国文化体系，应当具备与之相应的功能。从当代中国的国情看，中国是发展中国家，它要成为发达的现代化国家，就必须广泛吸收各个国家现代化建设的经验。为此，它必须具有开放的心态，有自我认识、自我批判的自觉性和虚心向他人学习的积极性。这样，它需要具备不断调整自己的视角，不断扬弃自身特质，创造新的特质的理论框架和精神内核。

从总体上讲，现代新型的文化发展观，是视野开阔、胸襟坦荡、博取众长、不断创造的文化发展观。这种文化发展观，具有特殊的价值和功能。从文化创造论的层面看，它能够立足现实，扎根生活，但又不停留于现实的表象，而是超越现实，继承历史，指向未来；它能够批判吸收传统，但又不拘泥于传统，不因袭传统，而是走出传统，转化传统，力图开创新的传统；它能够批判清理传统，但又不全盘否定传统；它能够坚持民族文化的立场，但又不陷入文化保守主义和狭隘民族主义的窠臼，而是面向世界，坚持世界文化共同发展的正确方向，坚持文化的民族性与世界性的辩证统一；它能够吸纳外国文化的优秀成分，但又不失之偏颇，走向全盘西化，而是有着独立自主的文化价值观，坚持用开放的眼光看待外国文化，努力把外国文化的优秀成分熔铸于本民族的文化价值系统之中。这种充满内在的活力、具有创造转化功能的现代新型文化发展观，便是社会主义文化发展观。有了这种文化发展观，有了在这种文化发展观引导下的文化创造论，新文化的不断发展、不断胜利就自然成为题中应有之义。同时，新文化的发展也自然具备了发展的必然性和无限性。

（原载《中州学刊》1993年第1期）

民族文化素质与人文精神重建

民族文化素质关系到民族现代化的进程和质量,而人文精神的建构则是民族文化素质至为重要的方面。因此,民族文化素质与人文精神的建设有着内在的联系,值得我们从理论与实践相结合的高度进行认真探讨。

一

民族文化素质是一个民族精神风貌的显现,是该民族在思维方式、价值取向、理想人格、国民品性以及审美情趣等方面的综合素质的反映。

民族文化素质中的"文化",如果从本质上概括,就是"人化",即人在认识、改造客观世界和主观世界的实践过程中,人类理性精神的外化和普遍化。这种"文化",当然包括并且在很大程度上反映为书本知识的多少,即人们通常所说的"读书"的多少。但是,从实践的角度看,这仅仅是问题的一方面,而且不能说是根本的方面。因为,我们这里所说"人类理性精神",本质上是指人类特有的认识能力和发展能力,即对精神、价值、信仰、追求等"形而上"的东西的认知、把握和实践。正是在这个意义上,笔者认为,"读书"的多少与文化的高低之间并没有逻辑的必然性。相反,在实际生活中,只要人们运用掌握的知识,正确反映客观世界,科学地发挥能动作用,为社会进步贡献力量,就是有"文化"的表现。因此,人们在实践中坚持正确的精神、价值、信仰、追求,并为之竭心尽力,便是有"文化",否则便是"没文化",甚至是"反文化"。

在古代社会,没有条件读书的广大农民、工匠、市民,占人口的绝大多数,正是这个"绝大多数",构成社会实践的主体,成为推动社会进步的基本力量。尽管官修史书像鲁迅先生所批评的那样,没有载有诸如"泥水匠列传""木匠列传"之类的内容,但正是无数的工匠和农民、商人——传统的"士、农、工、商"中的后三者——创造了古代的物质文明和精神文明,构筑了古代民族文化素质的长城,成为推动中国文化发展的最为基本的力量。这刚好证明,"读书"的多少,并不等于"文化"的有无，更不单纯决定"文化"的高低。

我们在探讨民族文化素质问题的时候，十分强调广大人民在整个民族文化素质中的地位和作用，强调实践的作用，并不是要否定知识分子在民族文化创造和发展中的地位和作用，并不是要否定间接知识（书本知识）的作用。相反，我们极其重视这种作用，并一贯认为"思想家是推动历史前进的"，知识分子数量的多少、质量的高低，是民族文化素质的重要表征，同时，知识分子是提高民族文化素质的重要力量。在建设中国特色社会主义现代化的今天，尤其如此。我们要着力反对的，是那种把民族文化素质简单化地归结于甚至等同于读书多少、学历高低的片面认识而已。而近年有关民族文化素质的讨论，确实存在着单纯强调书本知识和学历学衔的偏向，存在着否定广大群众（特别是缺少或者没有书本知识的群众）在民族文化素质整体结构中的地位和作用的认识误区，因而我们这里要详细申论、着力针砭。

从理论思维的角度审视，民族文化素质不是一个单一的概念，而是一个多层次的开放系统。概略而言，这个系统由知识系统、价值系统和认知系统等子系统构成。其中，知识系统分别由自然知识、社会知识和思维知识等要素构成；价值系统分别由灵肉关系、群己关系、心物关系等要素构成；认知系统分别由主客关系、古今关系、中外关系等要素构成。在"文化"即"人化"的规整和提升基础上，这些子系统及其要素以社会心理为依托，以现实的社会运动为基础，通过交相渗透，彼此作用，互为发明，从而推动社会的进步和民族文化的发展。当然，正如上文所强调的，民族文化素质是一个开放的系统，因此，在不同的历史时期，各个子系统的构成要素会有所不同，特别是构成要素的内容和性质会有很大的不同。例如，在中国古代，自然知识停留于经验直观的水平，局限于天圆地方、天人感应之类的笼统的、非科学的认识；而在现代，自然知识已经包括了生态平衡、宇宙飞行、星球开发等前所未有的内容。就价值系统而言，古代以被动顺应为主导思想的"无以人灭天"的天人关系论，以道德自足为精神追求的天人合一论，在现代则改变为因认识到自然和人类之间的相互依赖，而主动创造自然与人类相互协调的宇宙万物整体动态平衡论。古代以农立国，社会政治结构是宗法专制的极权政治，重义轻利的本能性的价值取向居于主导地位；而正在奔向现代化康庄大道的当代中国，以文明、富强、民主为目标，以工业化为动力，以资源的合理配置为前提，重视动机与效果的统一，讲究效益，反对空谈道义，义利并举的价值取向占据上风。诚然，民族文化素质作为一个开放的多元系统，其子系统及其要素会根据时代条件的变化而变化，但它的总体格局则是相对稳定的。正因为如此，我们才能比较客观地认识并不断有针对性地提高民族文化的整体素质。

二

人文精神是民族文化素质的核心内容。可以说，有什么样的人文精神，就有什么样的民族文化素质。人文精神的高下，反映并制约着民族文化素质的优劣。

在当代中国，人文精神是一个见仁见智的问题，这中间首先涉及对人文主义一词的理解。正如人们熟知的那样，人文主义作为一个专有名词，源于欧洲文艺复兴时期，指代表资产阶级文化的主要思潮，具体说来，是指与中世纪神学不同的、以人和自然为对象的世俗文化。这种人文主义，它反对蒙昧主义、禁欲主义、神秘主义。著名翻译家董乐山先生最近在为英国史学家、牛津大学副校长阿伦·希洛克的《西方人文主义传统》一书所写的"译序"中说："如果人文主义可仿唯物论、唯心论、唯理论而译为'唯人论'，那么它也可以仿科学、哲学、化学、文学而译为'人学'。"只不过他为了避免与习用已久的"定译"相忤，而"仍旧从俗，一律译为'人文主义'"。[①] 可见，人文主义的本质性内涵是"人学"，这和我们上文的认识是一致的。

诚然，在中国传统文化中，只有"人文"而没有"人文主义"，而且此"人文"与彼"人文"在内涵上还大异其趣。但是，没有人文主义一词，并不等于没有人文主义精神，其道理不言而喻。如果根据中国传统文化的实际情况考察，根据近代以来文化批判和文化重构的历史经验，特别是中华人民共和国成立以后文化建设的实践，我们应当承认，中国文化中存在着一以贯之的人文精神传统，并正在形成新的人文主义精神。要而言之，人文精神（为了行文的便捷，姑省去"主义"二字而略称之）是对人的价值的肯定，是对人之所以为人在理论和实践方面的回答，是对人这

---

① 董乐山：《"人文主义"溯源》，载《文汇读书周报》1994年7月9日。

个族类的精神追求的探讨、提升,是对民族文化的兴衰存亡的"终极关怀"和自觉奉献。

如同民族文化素质一样,人文精神也绝不是一个内容单薄的孤立性概念,而是具有丰富内容和厚实思想的观念集合体。就中国古代文化传统而言,人文精神包含着并体现为仁民爱物、修己安人、义以为上、天人合德、以人为本、刚健有为、贵和尚中等中国文化的基本精神和价值观念。就近现代文化发展历程而言,人文精神包含着并表现为爱国主义、民族主义、科学精神、民主精神等最为基础的价值观念。中华人民共和国成立以后,通过数十年的艰难探索,特别是通过改革开放的生动实践,具有中国特色的现代人文精神正在神州大地孕育出来。独立自主、自力更生、艰苦奋斗、集体主义、爱国主义等具有社会主义时代色彩的、充分显示中华民族人文意识的精神因素不断增强,并成为民族团结、社会进步的重要凝聚力量和激励力量。以重人情为特征的传统人际关系,正在逐渐转变为契约关系而又不乏人情;以长官意志为转移的社会运作系统,正逐渐转变到权力受到应有制衡的民主法制的轨道上;过去以他制他律为根本要求和显著特征的个体自我,正在转变为以自制自律为特点,并与他制他律相结合的觉醒的主体意识;片面宣扬动机而忽视甚至蔑视效果的思维方式和价值观,正在为动机与效果并重、不尚空谈、重视效益的新型思维方式和价值观所取代……简言之,契约观念、法制观念、民主观念、主体意识、效益观念等正在成为新型人文精神的内容之一。

要指出的是,现代新儒家对人文精神别有一番解说。牟宗三说,讲人文主义不外乎提高文化意识。人文主义的基本精神,首先是"反物化",其次是反僵化,最后是开发价值观念。而他所谓"反物化",是反唯物论的"物化";他所谓"反僵化",是反"只承认'经验事实'为学问的唯一对象"的"理智主义";他所谓"开发价值观念",是要树立"三统",即道统、政统、学统。"三统"的树立,便是"道德的理想主义"的实现,是人文主义的完成。而"三统"之开辟,全赖立足于儒家心性之学的"道德主体"的确立。中国传统文化,由于有儒家文化的慧命支撑,所以始终充满人文主义精神;而西方文化,由于"顺基督教下来是神本,顺希腊传统下来,从客体方面说话,停于理智一层上,是物本。……在这两个本的夹逼下，把人本闷住了，所以人文主义在西方始终抬不起头来"①。唐君毅认为，中国的人文主义不同于西方的人文主义。西方的人文主义，无论哪种派别，都是为了对治或反抗文化上的某种偏蔽而产生的。而中国的人文主义与此不同，它是中国人自觉反省自己之所以为人而产生的，因而特别重视人，重视人生修养，自觉祛除内心的渣滓，使人自立。一切学术文化工作，都是形成人与人之间的伦理关系，使人与人互为存在的桥梁，因而中国的人文主义，可以称为伦理的人文主义。② 根据这种认识，现代新儒家认为，中国文化的人文精神自近代以来特别是"五四"以后，已经日见衰颓、中断，需要重建。而重建的当务之急是摆脱"五四"以来的"战国时代"的纷扰，以传统儒家心性之学拒斥外来的意识形态一元论，拒斥"物化"主义。显然，现代新儒家关于中国文化人文精神重视道德主体的确立，高扬道德旗帜，强调发挥主体能力，不为物役的思想，有相当的积极成分，在提高民族文化素质、重建人文精神的今天，值得我们认真思考、批判扬弃。但是，现代新儒家所宣扬的人文主义精神要"对治"的某些内容，特别是由此反映出的政治主题，值得注意，不能苟同，更不能用以作为重建中国文化人文精神的构件。

三

在对民族文化素质和人文精神这两个概念进行必要的阐释之后，我们可以进一步探讨二者之间的关系，并进而探讨如何重建中国文化的人文精神的问题。

文化素质与人文精神之间是相互贯通、相互发明的。文化素质包含着人文精神，人文精神体现着文化素质。文化素质的优劣，取决于并表现为人文精神的高下；人文精神的高下，包容于文化素质的优劣之中。一个文化素质低劣的民族，不可能具有高尚的人文精神；而具有高尚人文精神的

---

① 牟宗三：《人文主义的基本精神》《人文主义的完成》，载牟宗三著《道德的理想主义》，台湾学生书局1985年版。

② 唐君毅：《世界人文主义与中国人文主义》《现代世界文化交流之意义与根据》，载唐君毅著《中华人文与当今世界》下册，台湾学生书局1975年版。

民族，必然具备优秀的文化素质。但是，这种理解并不意味着文化素质和人文精神是同等概念。从结构和功能的关系看，从社会整合的层面看，民族文化素质和人文精神是有重大区别的，二者不能完全等同，更不能相互取代。民族文化素质作为一个开放的系统，它既是判定一个民族整体素质的标尺，也是促进该民族同心同德前进的力量，更是形成新的力量的重要条件。知识系统、价值系统、认知系统，它们通过彼此间的耦合作用，通过各自内部要素及其内容的更新和增减，特别是通过社会实践的推动，发挥特定的功能，从而显示出该民族的精神风貌和理性程度。人文精神则有所不同，它主要是通过该民族文化最为具体的价值行为、最为深厚的文化意识，直接规整、引导人们的致思趋向，提升人的精神境界，开辟新的精神方向。可以说，就其对个人和民族的作用而言，文化素质主要是通过形成特定的文化氛围，浸润其心灵，提升其境界；人文精神则主要是通过具体的价值意识，指导其行为，推动其前进。换言之，文化素质和人文精神二者比较而言，前者对个人和民族的作用比较间接、抽象，后者则比较直接、具体。因此，我们在大力提高民族文化素质的时候，应当高度重视人文精神的建设，并以此促进民族文化素质的增强。

民族文化素质和人文精神，对于当代中国的现代化事业有着极为重要的关系。如果整个民族没有良好的文化素质和人文精神，则实现现代化的理想就会落空。如果没有人文精神的引导，即使在某些方面实现了现代化（例如我们过去习惯上称的"四个现代化"），最终也会失败，成为"反现代化"的东西。近年来，越来越多的人认识到，现代化的关键是人，没有人的现代化，便没有真正意义的、全面的现代化。而人的现代化的一个重要条件，便是人文精神的高扬。最近几年，物质文明高度发展而价值理想日见衰落的事实，已经清楚表明，人文精神的重建已经到了十分紧迫的地步。

四

如果一般地讲"人文精神重建"，人们不会有大的分歧。但从实践的角度看，从操作性的层面审视，便会出现见仁见智的情况，甚而出现实际上反人文精神的现象。我们认为，关键的问题是，怎样理解人文精神的"重建"？为什么要"重建"？"重建"什么样的人文精神？

在我们看来，所谓"重建"，是指在现有的思想资源和现实条件的基础上，根据中国特色社会主义现代化建设的要求，立足本国，放眼世界，扎根现实，借鉴传统，建构符合国情、民情的人文精神系统，以推动现代化建设的进程，促进新时代民族精神的成长。"重建"，并不是回归往古，更不是脱离现实，而是实事求是地承认民族传统文化中有着可资借鉴的思想资源，承认"五四"以来有着经过实践验证的具有新时代色彩的新人文精神，承认中华人民共和国成立以后在马克思主义指导下，通过长期实践和理论探索而积聚起来的社会主义的人文精神，特别是改革开放以后形成的新型人文精神。我们如果不是这样认识问题，便容易走向推崇国粹、眷念往古而否定现实，或者流于空谈意识形态而割断历史、否定学术界拨乱反正以来的研究成果的歧途。

"重建"中国文化的人文精神，具有重大的理论价值和现实意义。当今之世，社会主义的中国处于社会转型的新旧交替时期。这个转型，并不仅仅是所谓由计划经济向市场经济的转型。在我们看来，这个转型，至少包括三个方面的内容：经济体制方面，由计划经济向市场经济方向的转型；政治体制方面，由高度集中统一，意识形态笼罩一切以至等同、取代一切，向决策民主化、管理科学化，政治、经济、文化分途发展的方向转型；文化体制方面，由政治的附庸、图解政策的说教工具，向思想性、教育性、消遣性、娱乐性兼备，着重陶冶人的情操，提高人的精神境界的方向转型。总之，当代中国社会的转型，将是全方位、多层次的，是整体转型，而不是局限于某个方面的局部转型。尽管不同层面体制的转型，会有先后次序之分、轻重缓急之别，但全面转型最终必然会实现，无论人们愿意与否。

重建中国文化的人文精神，必须先"立其大者"，即首先要确立基本的思想原则，明确重建的目标。我们认为，重建中国文化人文精神的思想原则，着眼点应当是立足当代中国社会和文化建设的实际。从实践中来，到实践中去。重建中国文化人文精神的目标，是造成全社会的"终极关怀"责任感和使命感。如果脱离当代中国的实际，而侈谈重建中国文化的人文精神，显然会偏离民族精神发展的正道；如果离开社会实践，则人文精神的建设只会是空中楼阁、纸上谈兵。如果没有"终极关怀"意识，则没有历史责任感和时代使命感。但是，我们要强调指出的是，所谓"终极关怀"，并不是如近年一些论者所认为的，是超越社会现实的，具体说来，是超越现实政治、超越中国特色社会主义新文化建设的具体目标，而标榜所谓对"文化生命"的关怀。这种貌似抽象、超越的"终极关怀"论，实际上是对改革开放以来学术界、理论界以"实践是检验真理唯一标准"为契机干预生活、投身社会主义现代化建设进程的一种否定，这是我们不能赞成的。因此，我们说的"终极关怀"，固然也属于"形而上"的范畴，但它的确切内涵是：坚持社会主义文化观、在人欲横流的时候"不动心"，用高尚的道德理想荡涤极端个人主义、拜金主义、享乐主义的污泥浊水，用个体的有限生命，为民族文化的发展，为人文精神的发扬和创新，竭尽绵薄之力。人文精神重建的目标大而言之，是重建中国文化的价值系统；小而言之，是为每个人确立符合现代化要求的安身立命之道。

五

我们在上文已经反复谈到，重建中国文化的人文精神，要立足当代中国的现实，那么，这个现实如何呢？

现时的中国，多种文化因素并存。首先，传统文化以其深厚的积淀，对社会生活发生着不可忽视的影响，而这种影响又因为传统文化本身的两重性而成为双刃剑。一方面，传统文化中的积极成分，诸如正道直行、见利思义、中华一体等思想，对现实生活起着积极的作用；另一方面，传统文化中的消极成分，诸如为富不仁、见利忘义、重义轻利等思想，也对社会生活产生着深刻的影响。其次，近年不断涌入神州的西方文化，也成为影响人们价值观念的重要因素。一方面，独立人格、平等观念、民主法制、契约精神等，作为现代文明的积极成分，对人们的思想观念发挥着重要的启迪作用。另一方面，唯利是图、自我中心、政治冷漠等病症，也侵蚀着我们民族文化的肌体。最后，"五四"以来特别是中华人民共和国成立以后逐渐形成的一些思想观念，根深蒂固地影响着人们。革命主义、浪漫主义、英雄主义、集体主义、独立自主、改革开放等新思想、新观念，成为人们前进的精神动力，并成为民族精神的生动写照。与此同时，因循怠惰、保守僵化、盲目排外、空头政治等陋习，已成为现代化进程中的严重阻力。总之，新旧杂陈，泥沙俱下，新的要突破旧的，死的要拖住活的，成为转型期社会的显著特征。至于经济生活和政治生活方面，情况也可作如是观，不论自明。

不可讳言并值得一切人文社会科学工作者重视的是，在最近十多年改革开放中，随着经济生活的大幅度改善，随着商品经济对传统（古典传统和"五四"传统）价值观的冲击，特别是由于精神文明建设严重滞后于物质文明的建设，新型价值系统没有建立起来，人们的心灵无所归依，行为失范，中国文化的人文精神空前地衰落了！见死不救的人情冷漠、人心死亡症，唯利是图、巧取豪夺的贪婪症，钱权交易、金钱万能的良知泯灭症，知识贬值、精神无用的文化贫血症，急功近利、贪图现世的短视症，斗富炫奢、一掷千金的浅薄症……种种精神瘟疫，正弥漫于我们的社会，成为提高民族文化素质、弘扬人文精神传统的严重障碍。要扫除这些障碍，不仅要大张旗鼓地"破"，而且更要旗帜鲜明地"立"。边"破"边"立"，边"立"边"破"，"破""立"并举，以"立"为主，以"立"为"破"，应当成为社会转型时期思想文化建设的基本思路。

不言而喻，提高民族文化素质、重建人文精神传统，这二者的价值指向都是中国特色的社会主义现代化。可以说，建设文明、富强、民主的中国特色的社会主义现代化国家，是我们时代的政治主题和价值主题。今天，我们重建民族人文精神，绝不是回首过去"寻找失落的世界"，也不是面向"蔚蓝色"构筑乌托邦之梦，而是立足当代中国，吸取本土传统文化和外国文化中的优秀成分，为我所用，大胆创造转化，以为新人文精神的养料。更为重要的是，我们要根据中华人民共和国成立以后特别是改革开放以来的实践，把已经产生出来并将进一步发展壮大的新人文精神予以提炼、升华，使其成为新时代民族精神的重要构成，成为推动我国现代化事业前进的精神动力。概括而言，我们要重建的人文精神系统中，主要内容有：改革开放、面向世界、求新务实、讲求效益、科学民主、法制道德、自由平等、独立意识、公正公平、竞争协同、宽容和谐、义利并重、忧患意识、"终极关怀",等等。这些具体的内容,读者都了然在胸,无须赘论。但作为新人文精神的理论构架,我们还需要通过实践而从理论上进一步申论、完善。我们坚信改革开放的实践是不断发展的,因而新人文精神的内涵和理论框架还需要根据实践的发展而不断充实、调整。在条件成熟的时候,通过广大人文社会科学工作者的艰苦努力,它最终会建立起来。笔者这里所谈到的,只是一种探讨,一种呼吁,一种对现实生活中种种反人文精神现象的本能反叛而已。真诚欢迎方家不吝批评赐教。

(原载《哲学研究》1994年第10期)

经济全球化与民族文化建设

经济全球化作为当今世界文明发展的潮流,近年日益受到各国政府和学术界的密切关注。就中国总的情况而言,人们对于经济全球化与市场经济的发展研讨甚多,同时也对其与国际政治关系、与对外开放的关系做了不少有益的探索。但是,对于经济全球化与民族文化建设的关系的探讨,无论在广度还是深度方面,都相当不够。而这个问题的研究,对于我们在世界多极化、经济全球化的态势中,既顺应人类文明发展的潮流,又保持并发展民族文化的特质,建设"中国特色"的文化,具有不可忽视的意义。

一

一般说来,经济全球化是以科技进步为基础,以知识经济为依托,以发达国家为主导,以跨国公司为主要动力的世界范围的产业结构调整,其实质是全球经济市场化。经济全球化以数字技术革命为先导,它包括生产、销售、金融和科技四个方面的全球化,而以生产和销售的全球化为主要特点。跨国公司通过国际投资形成生产、销售的全球化,从而形成新的国际关系体制和产业结构格局。以信息产业为轴心的"新经济"的出现,是经济全球化的重要表征。发达国家特别是西方发达国家,是经济全球化的主要推动者和受益者,发展中国家则面临挑战和机遇并存甚至挑战大于机遇的艰难抉择。

经济全球化是当今"和平与发展"这个世界主题的具体表现,是不可抗拒的潮流。最近二十年的世界经济发展态势表明,经济全球化不仅使得发达国家尤其是美国在高度发达的信息技术支持下,创造了历史上少见的经济繁荣,而且也使发展中国家获益匪浅。经济全球化的潮流,越来越将世界上不同地域、不同体制的国家冲刷到相同的经济河道上,即通过知识经济、信息产业的渠道,按照市场经济的规律配置资源,使整个社会经济市场化,从而迅猛地发展社会生产力。无论人们的主观意愿如何,经济全球化已经并将进一步使得不同国度之间的经济联系更为紧密，市场经济的因素日益渗透于社会生活之中。总的看来，经济全球化对于世界经济的整体发展具有重大的促进作用。因此，我们应当顺应经济全球化的世界潮流，进而推动"和平与发展"的历史进程。

应当看到的是，经济全球化固然极为深刻地对各国的经济体制、经济发展思路产生了巨大的影响，但这种影响始终还是有限度的。无论如何，发展中国家的经济体制和经济建设思路不可能被全球化浪潮冲洗得与发达国家完全一样。发达国家与发展中国家之间，由于社会制度、意识形态、历史文化传统的不同，对于经济全球化进程的理解，以及其参与程度和方式，都有重大的区别。中国、印度这样的发展中国家，与欧美发达国家乃至东方发达国家如日本、新加坡之间，有着不言而喻的区别，固不用说；甚至，同是发达国家，日、美、英、法、德等国之间，其经济体制、经济发展模式及其价值追求也颇为不同；而同是发展中国家，中国、越南、埃及、巴基斯坦又各不相同。因此，将经济全球化理解为各国经济发展模式和经济价值取向的完全趋同，至少是一种误解，是一种主观愿望。

就文化的层面而言，经济全球化最终会影响到不同地域、不同民族文化的交往，影响到各个民族文化的发展。生产、销售、金融和科技的全球化，以信息革命为重心的科技革命，对于不同民族文化的价值系统、思维方式、伦理观念、国民品性以至审美情趣，都会产生难以估计的影响。这个影响在于，无论是主动的参与，还是被动的屈从，各民族文化都会认识到世界文明发展的潮流，感受并理性地认识到经济全球化对于本民族的影响，促使人们去思考如何应对这个历史潮流，革故鼎新，继往开来。在这个参与经济全球化的过程中，不同民族的文化之间，通过交流，会在某些问题上取得共识。比如，经济建设和文化建设都要面向世界，不能固步自封，孤芳自赏，逆经济全球化的历史潮流而动，而要与时俱进，对外开放，对内改革。曾经自外于世界经济体系和发展进程的发展中国家的历史，就是明证。中国二十年来的改革开放实践，带来了前无古人的社会迅猛发展；越南近年实行的"革新开门"政策，使本国的经济社会进步巨大；朝鲜近年来采取的一系列内政外交方面的调整，也使自己的国家产生了新的活力。这些，都是经济全球化正面效应的体现。又如，以信息革命为强大动力的科技全球化，会大幅度地提高社会生产力，推动社会进步，从而进一步推动民族文化的发展。因此，各国特别是发展中国家需要认真对待科技全球化，参与其中，以丰富自身，强大自身。但是，这种共识在很大程度上属于技术层面的调整，而不属于价值系统的变革。换言之，这种共识的出现，并不是民族文化的根本改变。

世界上的任何文化，都是民族文化。民族文化是一个宏富的整体，包括知识、信仰、艺术、道德、法规、习俗乃至各种习惯，它既是既往的民族感情和民族意识的积淀，又是当下该民族的时代精神和价值取向的凝结。民族文化反映着该民族成员的思维方式、价值取向、理想人格、伦理观念、国民品性等属于"深层结构"的东西，反映着特定的人际关系和价值体系。这种深层结构的文化，及其所承载着的人际关系和价值体系，充分地反映着文化的民族性。而所谓文化的民族性，实质上就是一定民族与别的民族在文化特质方面的根本区别。例如，中国传统文化中的自强不息、厚德载物的精神，天人合德、贵和尚中的精神，崇尚整体、倡导协同的精神，人们对它的价值评价尽管见仁见智，但其与西方文化有着强烈的反差，则是不争的事实。从根本上讲，作为价值系统、文化模式集中反映的文化的民族性，只要该民族存在，就不可能消失。中华民族文化历经数千年的演变，其间经历了佛教、基督教、伊斯兰教等外来文化的冲击和挑战，特别是遭受了近代意义的"西方文化"的狂飙式的震撼（亦即人们通常比喻的"欧风美雨"的吹袭），却依然以其独特的风貌挺立于世。尽管现在的中华民族文化已经渗入了不少外来文化的成分，特别是西方文化对中国文化影响甚深，但是，世界上任何国家的政府及其人民，决不会因此而否认中国文化作为一个独特的文化类型的存在，"中国人""中国文化"在世界上早已是无须论证而客观存在的一种民族标识、一种文化价值。同理，被称为"民族熔炉"的美国，无论其外来移民如何增加，无论其具有"亚洲价值观"的东方移民如何保持并弘扬其民族文化，最终都没有也不可能改变"美国文化"的特质，其间的道理十分简单："美利坚"民族存在，"美国文化"的价值系统就不可能根本改变。可见，经济全球化绝不可能彻底化掉文化的民族性。甚至，由于经济全球化的负面影响的存在，有时反而会强化文化的民族性。前两年始自东南亚、波及全球的金融危机，导致中国政府反省经济全球化对本国金融的影响，采取一系列措施，建立既适应经济全球化而又符合本国国情的金融体制，防范金融风险，凸显了中国特色的忧患意识、国情意识、民族意识；韩国不少民众自发地捐献美元、黄金给政府，力图挽救濒危的经济，弘扬了民族精神；

泰国也有类似情况。这些，都说明经济全球化并不能消解文化的民族性。

二

在经济全球化的时代，不仅文化的民族性不可能消失，而且民族主义思潮会长期存在，有时甚至会大大强化。对于民族主义的理解和评价，不同国度、不同层级的人们可能截然不同。就其一般意义而言，民族主义应当是一个民族为了自身的利益、价值、尊严、前途而形成的休戚与共的民族情感、民族价值观。文化学家认为，民族主义强调自己民族的语言、文化、种族特征，寻求民族特性和民族尊严，要求弘扬民族文化、民族意识，发展民族经济，维护本民族的政治、经济、文化利益。民族主义虽然产生于资本主义形成之前，但作为一种完整的思想理论体系，则是在资本主义形成之后。不同历史时期、不同国度的民族主义所产生的影响是不同的。被压迫民族、弱小民族争取民族独立时，其民族主义一般起着积极的作用；压迫民族、霸权主义、强权政治张扬的时候，其民族主义起着消极的作用。当年中华民族在抗击日本帝国主义侵略的抗日战争中所表现出的民族主义，属于前者；第二次世界大战时期，纳粹德国的民族主义，便属于后者。人们通常所说的狭隘民族主义、民族沙文主义，都是对人类文明发展起严重消极作用的民族主义。在经济全球化趋势日益发展的今天，文化的民族性往往自觉不自觉地通过民族主义思潮表现出来。前几年喧嚣一时的"中国可以说不"之类的声音，就其理论实质而论，便是经济全球化浪潮中狭隘民族主义的思想文化表现。至于那种以"三十年河东、三十年河西"的循环论来论证"21世纪是中国文化的世纪"，以中国传统的"天人合一"为人类普遍、永恒的价值而可以取代、消解西方文化的价值的观点，同样是经济全球化大潮中的文化民族主义——狭隘的文化民族主义的表现。当然，那种以经济全球化为口实，鼓吹全球经济一体化乃至文化一体化的观点，表面冠冕堂皇，实质上却不过是民族主义——狭隘民族主义的"另类"表现而已！总而言之，在经济全球化的历史进程中，民族文化不会全球化，更不会"一体化"，民族主义依然存在，问题只是在于，我们如何理性地认识它，引导它，科学地弘扬它。我们应当努力避免、克服狭隘的、消极的民族主义，发扬健康的、积极的民族主义，使民族主义成为一种豁达的情怀，一种健全的心态、健康的精神，从而成为我们参与经济全球化进程的助力，而不是阻力。这样，我们就能够将经济全球化转化为民族文化建设的积极资源，促进民族文化的蓬勃发展。

需要强调指出的是，经济全球化并不等于经济一体化。经济全球化是指世界经济发展的一种趋势、一种浪潮，这中间固然包含不同国家在生产、销售、金融、科技等方面的趋同、一致的成分，但远远不是已经融合为一的代称——实际上也不可能融合为一。而经济一体化之说，至少在字面的意义上，是指世界经济合为一体，至少是指即将融合为一——在经济的运行方式、价值目标等方面完全一样。近年关于经济全球化必然导致文化的民族性的消解的看法，很大程度上就在于误将"全球化"当成了"一体化"。试想，同为欧盟国家，英国竟然不加入欧元体系，丹麦民众投票的结果，也表明不少人反对使用欧元。中国为了加入WTO，与有关国家艰难谈判整整十年而迄今没有最终解决，韩国民众以使用国产电器、汽车为荣。凡此种种，连大致协调都谈不上，更何况"一体化"呢！至于某些借经济全球化之势而力图变"全球化"为"一体化"，进而变经济"一体化"为文化、政治的"一体化"的人，别的我们姑且不说，至少应当说是一厢情愿。可见，经济全球化绝不是"一体化"，更不是文化、政治的"全球化""一体化"，文化的民族性始终存在。

三

持经济全球化必然出现文化的全球化、一体化观点的人认为，由于文化的全球化，因而传统的所谓"民族精神""民族文化"将不复存在，我认为这种观点值得商讨。根据本文上述思路和见解，我认为，经济全球化的结果，并不是消解民族文化、民族精神，而是对文化的民族性建设提出了新的要求。作为代表当今世界经济发展客观趋势、代表人类文明发展潮流的经济全球化，是"和平与发展"这个时代主流的具体表现，其中蕴含着深刻的时代性和世界性，昭示着文化发展的精神方向。在这个大趋势下，我们建设民族文化，应当面向世界，面向经济全球化这个客观事实，积极参与经济全球化的历史进程，在发扬民族文化优秀传统的同时，总结经济全球化过程中的人类智慧，借鉴、吸收包括西方文化在内的外国优秀文化，立足当代中国的实际，为我所用，开阔民族文化的视野，丰富民族文化的内容，提升民族文化的品质。只有把代表人类发展方向、反映当今世界精神的价值观念、思维方式吸收、整合到民族文化之中，才能巩固、丰富民族文化的特色，达到民族性与时代性和世界性的有机统一。

应当看到，某些发达国家利用经济全球化的潮流，利用其自身的经济优势和某些文化长处，去磨灭发展中国家文化的民族性，以自己的经济、文化价值观去化全球，从中获取巨大利益。对此，我们应当有清醒的认识，要努力保持经济、文化的独立性，努力发扬光大文化的民族性。同样应当有清醒认识的是，我们不能因此就抗拒经济全球化，自外于当今世界文明的这个主流，而要将参与经济全球化的进程作为丰富、发展民族文化的大好时机。

坚持文化的民族性，与狭隘民族主义、排外主义是截然不同的两码事。我们承认经济全球化的客观必然性和合理性，强调参与经济全球化的重要意义，就已经逻辑地包含着反对闭眼不看世界大势，反对"非我族类，其心必异"的狭隘民族主义和排外主义。倡导并大力坚持文化的民族性，是为了更好地走向世界，更好地学习别的民族文化的长处，通过民族性来吸纳、扩展时代性、世界性。在一定意义上，没有文化的民族性，文化的时代性和世界性就无所寄托；同样，离开文化的时代性和世界性，文化的民族性就无从扎根，无从显示。

今天，中华民族正在复兴自己的伟大文明的道路上奋进，正在建设有中国特色的新文化。所谓"中国特色"，从文化建设的根本上讲，就是文化的民族性。这个民族性，在政治价值取向方面，是社会主义的；在文化价值取向方面，是中国作风、中国气派的。换言之，既批判继承历史文化传统而又充满社会主义时代精神，既立足本国而又面向世界。天下为公、忧国忧民、厚德载物、和而不同、勤劳节俭、艰苦奋斗、崇德重义、尊老敬贤等古典精神，爱国主义、集体主义、自力更生、奋发图强等革命传统精神，自立意识、竞争意识、效率意识、民主法治意识和开拓创新精神等当代文化精神，在建设有中国特色社会主义的"共同理想"和"精神支柱"的思维框架内，经过整合，便可成为当代中国文化的民族性的集中体现，成为区别于别的民族、别的国家的文化的重要标志，成为推动中华民族不断进步的精神力量。

在经济全球化的世界背景下坚持文化的民族性，其重要内容之一是坚持建设中华民族精神。实践经验表明，中国社会的现代化，就其精神实质而言，是人的现代化，换言之，是民族素质的现代化。而民族素质的现代化，离不开文化的现代化。在我们看来，社会现代化、文化现代化、民族素质现代化与人的现代化几者之间有着一个共同的价值指向和标志，这就是民族精神的建设，民族精神的现代化。

民族精神是一个民族的脊梁。中华民族在数千年的发展途程中，能够历经艰难而不断奋进，逐渐发展壮大，成为今天这样涵括祖国大陆和港澳台地区，以及海外华人社会的强大力量，成为日益受到世界高度重视的一支力量，是与中华民族精神的存在和发扬分不开的。然而，由于诸多制约因素的存在，中华民族精神的建设，无论在实践的层面还是理论的层面，都不令人满意，都还需要唤起全社会的高度重视。振奋民族精神，复兴中华文明，应当成为当代中国文化建设的基本价值取向。在建设当代中华民族精神的时候，我们应当发扬光大传统的民族精神。天下为公、忧国忧民，自强不息、刚健有为，和而不同、厚德载物，以道为尚、崇德重义，不狷不狂、守成创新，这些凝聚着一代又一代人民的价值理想和志士仁人的理论提炼的优秀思想，是我们今天文化建设的重要资源。爱国主义、民族主义、科学精神、民主精神、契约观念、效益观念、竞争意识、合作精神，这些近现代以来特别是改革开放以来形成的新型价值观念和精神旨趣，是我们建设中华民族精神，创建中国特色新型文化的不可或缺的思想资源。

思想文化重在建设，应当以立为本。改革开放以来，一方面，新的社会因素和思想文化成分不断生长，崭新的思维方式、价值观念、理想人格、国民品性、审美情趣日渐形成，有的民族精神得到更新，新的民族精神日渐形成。另一方面，面对市场经济负面影响冲击而出现的弥漫于全社会的浮躁状态，面对西方文化的挑战（无论是积极方面还是消极方面），面对传统文化中消极思想的冲击，有的人价值失落，心灵无所归依。社会失序，文化贬值，民族精神萎缩，已经成为我们这个社会亟待解决的现实问题。我们应当发扬健康的批判精神和积极的建设精神，立足当代中国社会的实际，振奋民族精神，更新民族精神，创建新的民族精神。这样，我们的民族文化的民族性才能有更好的寄托，才能更加成熟、更加健全。这样，我们就可以从容地应对经济全球化带来的诸多挑战，科学地利用经济全球化带来的机会。

在经济全球化的时代，要科学地建设中华民族文化，就必须在理论与实践相结合的层面解决文化的继承和创新问题。这个继承、创新的对象和范围，不仅是对中华民族文化而言，而且是对整个人类文明而言。批判继承、综合创新之类关于文化建设的思路，属于方针、政策、策略的范畴，而不是继承、创新的具体内容，更不是新型文化价值体系本身。如何继承，继承什么；如何创新，创什么新，仍然是文化建设的难题，需要从推动人类文明发展与民族文化建设相一致的角度进行深入的探讨。

在经济全球化的时代，文化建设还要注意解决好文化的民族性、时代性与世界性的关系。在我看来，文化的民族性并不就是优良性，也不等于劣根性。文化的民族性有两重性。我们要重视发掘、创新反映本民族特质的、世代相承的文化精神及其内容。要重视中国作风、中国气派的创立。文化的时代性反映了文化在特定时代的合理性及其特质。要注意总结文化的时代性中的民族性、世界性，扬弃其不合理的方面。文化的世界性反映着人类文明发展的共性，体现着人类文明的多元并存。应当承认人类文明的发展有其共性，有普遍规律。有科学依据的、不言过其实的普遍伦理、普遍人性的论定，对于文化建设中破除狭隘民族主义以及"左"的思想倾向有积极意义。

在经济全球化的时代，建设中华民族文化，还要注意解决以马克思主义为指导的意识形态建设与不同层级人们的安身立命之道的建设之间的关系，注意解决文化的先进性与大众性、普遍性（普及性）的关系。标义过高，超越人们的认识水准和接受能力，文化建设的预期目标就会落空。

在经济全球化的时代，中华民族文化建设的落脚点，是创建当代中国文化价值系统。在文化建设过程中，要破除唯政治思维、唯伦理思维、唯经济思维，以我为主，为我所用，为不同层级、地域的人们提供安身立命之道，为国家的长治久安，为中华民族的繁荣昌盛，提供一个严谨的文化价值系统。

综上而言，我认为，经济全球化会影响文化的民族性，但不会也不可能消解文化的民族性，更不可能消解一个民族的民族精神；文化的民族性在经济全球化的条件下，照样存在，只是其内涵和表现形式有所不同而已；建设有中国特色的现代新型文化，我们应当顺应经济全球化的大势，同时坚持文化的民族性，坚持建设中华民族精神，发扬中华民族精神，以促进中国特色新型文化的建设。

（原载《哲学研究》2001年第1期）

文化全球化与当代中国文化建设

全球化问题近年越来越受到人们的关注。人们谈论得最多的，是全球化中的经济方面，亦即经济全球化的问题。其实，全球化的另一个重要甚至更为复杂的问题，是文化问题。就当代中国文化的建设而言，经济全球化固然深刻地影响到文化建设，但它毕竟需要通过一系列的中介，毕竟是比较间接的。而文化全球化对当代中国文化建设的影响，则更为直接，更为深刻，也更为棘手。因此，探讨文化全球化与当代中国文化建设的问题，其理论价值和实践意义都十分重大。

如果说，人们对经济全球化的理解比较一致的话，那么，对文化全球化的认识则分歧甚多，甚至有人根本否认文化全球化的存在，认为文化全球化是一种臆想。在我看来，从根本上讲，所谓文化全球化，就是世界上不同民族文化之间，在经济全球化的推动下，以信息全球化为依托，通过日益紧密而又频繁的交往，相互学习、相互影响，更新自身、发展自身的文化整合过程；同时，也是不同民族文化之间，通过良性互动，对于人类共同关注的问题逐渐形成某些共识的过程。在这个意义上讲，文化全球化是一个过程，一种趋势，而不是既成的结果，更不是弱势民族的宿命。

文化全球化作为一种历史现象，表现多多。好莱坞、麦当劳、迪斯尼、互联网、卫星电话、卫星电视、有线电视，乃至超级商场、专卖店等等，都是文化全球化的实质性表现。关注人权、保护生态、反对恐怖主义，也是文化全球化的新近表现。特别值得注意的是，WTO（世界贸易组织）所奉行的世界贸易的游戏规则、世界宗教议会宣言所倡导的"全球伦理"等等，更是从深层价值理念体现、推展着文化全球化的进程。当然，1997年波及世界的"亚洲金融危机"，也是文化全球化的另外一种表现。甚至我们可以说，2001年震惊世界、至今余波未了的"9·11"事件，也是文化全球化的极端表现之一。

文化全球化仅仅是一个事实判断，而不是价值判断，更不是推崇性、褒奖性的价值判断。西方学者所鼓吹的文化全球化就是不同民族文化的同质化、一体化，固然是异想天开；而我们国内有的人恐惧担心的文化全球化就是文化帝国主义化、中国文化殖民化,则是杞人忧天。实际上,文化全球化是一个双向的互动过程。在这个过程中,不同民族文化相互碰撞、学习、吸收、渗透,自觉不自觉地改变着自身,推动着人类文明的进步。诚然,正如经济全球化是以西方国家为主导一样,在文化全球化的过程中,西方强势文化也居于主导地位——至少迄今为止是如此!以电视和网络为载体的西方文化,在全球蔓延、泛滥,强烈地冲击着其他国度的文化。好莱坞的"泰坦尼克"号,就曾乘着经济全球化的长风,驶遍全球,在文化的层面体现出"全球化"的强烈冲击力量;麦当劳叔叔微笑着带来的美式面包,肯德基、比萨饼的汹涌而入,使国人品味到的并不仅仅是通常意义的食品,而是西方生活方式的格调;可口可乐、百事可乐之类洋饮料,带来的绝不仅仅是物质层面的东西,而是潜藏着西方文化价值理念和审美情趣的东西,因而尽管我们的某些爱国主义者用心良苦地炮制出了各种地方品牌的"可乐",最终结果是败下阵来,使美国人感到"非常可乐"。在文化全球化的态势中,我们在这类问题上显然处于弱势。但是,我们也要看到,在这种彼强我弱的文化交往中,也绝不是强势文化对弱势文化的单向灌输。中国文化固然受到冲击,西方文化也受到影响。当年的上海荣华鸡与美国肯德基大战,虽然以荣华鸡的失败告终,但这场大战不仅对于中国国民的精神、自尊的改造大有助益,而且对于外国人了解中国人的民族自立显然有着积极的意义。这不,曾经不可一世的麦当劳叔叔,现在居然入乡随俗地卖起了米饭——盖浇饭!当然,我这里要强调的是,这件事,并不是如同某些"爱国主义"者所说的那样,是中国文化的强大同化力所致。恰恰相反,此事不仅不能用来说明中国文化的强大,而且只能用来说明美国文化的求实、灵活、善变。在文化全球化态势中,不同民族、国度的交往,对于相互沟通、理解有着重要的意义。克林顿、布什访华,江泽民、朱镕基访美,彼此都充分地利用了卫星电视、互联网络等现代传媒,淋漓尽致地阐发了自己的价值观,使本国人民以及世界上其他国度的人民了解到不同文化之间的差异和共识,从而搭建起进一步沟通的桥梁,这就是文化全球化的正面作用。

尽管文化全球化是以西方国家(文化)为主导的,但文化全球化的态势始终离不开文化多元化的格局。人类文明作为一个有机的整体,是由诸多不同类型的民族文化构成的。如果说,文化全球化反映了人类文明发展的某些共性,力图发掘、形成不同民族文化之间的某些共识(例如反对恐怖主义、尊重人权、重视生态伦理等），那么，文化多元化则更好地保持了人类文明发展的张力，体现了人类文明发展的规律。在民族文化的发展历程中，固然客观地存在着、体现着人类文明发展的普遍性的一面，亦即文化的世界性的一面；然而，推动民族文化自强不息的内在动力，主要还是文化的民族性和时代性，特别是其民族性的一面。否则，广义的东方文化、西方文化就无从谈起，具体的中国文化、日本文化、印度文化、法兰西文化、日耳曼文化、美利坚文化等，就无从谈起。质言之，不同地域、民族、国度的文化，就失去了特色，就无所依托。即便是在经济全球化、文化全球化的当今，文化的民族性仍然存在，甚至在一定条件下表现得更为突出。1999年中国驻南斯拉夫使馆被炸后中国政府和人民的诸多表现，2001年美国"9·11"事件发生后美国官方和民间的种种行为，都在很大程度上凸现了文化的民族性的一面。迄今仍然难解难分的巴以关系，欧盟内部英、法等国对于欧元以及国际局势的不同处理手法，与其说是经济、政治利益所致，不如说是微妙的文化差异在起作用。中国全国上下一致认同加入WTO，齐心协力申办奥运，积极加入经济全球化的进程，并在实际上自觉不自觉地加入了文化全球化的进程，但中国政府始终高举"中国特色"这面旗帜，中国知识分子一贯清醒地坚持文化的民族性[①]，中国的老百姓总有"中国人"的情怀。诸如此类，都充分反映出文化的民族性。不仅如此，在法国，在德国，在日本，在美国，在以色列，在中东伊斯兰国家，"本根"意识始终强烈地存在，并且通过在经济全球化、文化全球化态势下的国际交往而顽强地表现出来。这些有力地说明了文化多元化的格局和理念活生生地存在着。因此，文化全球化并不是要，也不可能消解文化的民族性，消解文化的多元化格局。恰恰相反，正是文化的多元化承载着、烘托着文化全球化的价值。

当代中国文化建设面临着复杂的生态环境。从历史传统来看，中国文化既有优秀的传统，也有落后的传统。自强不息厚德载物、正德利用厚生、己所不欲勿施于人、正己正人成己成物、民胞物与、兼容并包、和而不同，等等，都是中国传统文化的优良传统。这些传统，经过科学的诠释，经过创造性的转化，赋予新的时代精神，可以成为当代中国文化建设可资利用的历史资源。近代以来，反抗侵略，御侮图强，争取民族独立，

[①] 参见李宗桂：《经济全球化与民族文化建设》，载《哲学研究》2001年第1期。

维新变法，学习西方先进文化，争取科学民主自由，独立自主，自力更生，等等，都给我们留下了宝贵的优秀文化遗产。改革开放以来，通过经济体制、教育体制、政治体制等方面的改革，逐步建立起社会主义市场经济体制的框架，逐步形成了中国特色社会主义文化的基本纲领和基本政策，锻铸了新的民族精神。竞争意识、效率意识、契约意识、公正意识、平等意识、民主意识、法律意识，这类具有新的时代精神特点的文化价值观逐步树立起来，成为提高国民素质、推动社会进步的精神力量。通过对外交往，外国特别是西方文化的优秀成分被我们重新认识，恰当利用。西方文化中始终高扬的法制精神，不务虚名的求实作风，严格管理的科学精神，科学与人文并重的价值追求，已被我们接纳，并努力融入社会生活之中。这些，都是当代中国文化建设的有利方面。不利的一面，是中国传统文化中个人专断、唯上是从、抱残守缺、自我中心、妄自称大、忽视效率、道德至上、任人唯亲、宗派主义等恶劣传统，至今仍在影响我们社会生活的诸多方面。至于历来被有识之士痛贬的窝里斗、反对竞争、反对冒尖之类的庸碌观念，仍有不少市场。而半个世纪一度盛行，现今仍然被有的人用以捞取个人利益的空头政治，一时很难绝迹。近年市场经济发展起来后，其负面影响所导致的唯利是图、极端个人主义、享乐主义等思想，也侵蚀着我们的社会空气。至于西方文化的腐朽方面对我们社会的负面影响，则是不言而喻。凡此种种，都对我们的文化建设提出了严峻的挑战。

在复杂严峻的文化生态环境下，在文化全球化的浪潮中，当代中国文化的建设必须保持清醒的头脑，采取合理的路线。毫无疑问，按照"三个代表"的精神，依法治国和以德治国相结合，是解决文化全球化条件下当代中国文化建设的基本方略。在此基础上，我们应当顺应文化全球化的潮流，主动参与到文化全球化的进程之中，取得话语权，获取、借鉴先进国家文化建设的成功经验。应当认识到，文化全球化与全球化的文化不是同等概念。西方某些人想利用文化全球化来化全球，这是值得我们警惕的。在西方某些人的话语系统和思维框架中，经济全球化最终便是经济一体化，而经济全球化、一体化必然影响到文化全球化，进而演变为文化一体化，再进一步，演变为政治全球化、政治一体化，西方价值观笼罩、统一世界。这当然是一厢情愿、自作多情，绝不可能成为现实。但是，我们也应注意到，随着中国综合国力的迅速增长，随着中国在国际上的地位日益提高，国内极个别人头脑膨胀，要用中国文化去化世界，特别是要用中国传统文化的价值系统去改铸世界,同样也是一厢情愿、自作多情。无疑,在文化全球化的世界格局中,坚持爱国主义,坚持民族立场,坚持国家利益至上,具有进步的意义。但是,如果用狭隘民族主义的思想去指导当今中国的文化建设,去应对文化全球化的潮流,那就只能走向偏颇,并且最终走向失败。

联合国世界文化与发展委员会在一份报告中说过:"21世纪的发展要么是文化的发展,要么就什么也不是"(Development will be cultural in twenty-first century or it will not be at all.)。可见,文化建设在新的世纪是多么重要!今天,我们正在从事着建设当代中国文化的艰巨工作。我们应当而且能够以开放、健康的心态参与文化全球化的历史进程,既坚持文化建设的民族性,又反对狭隘民族主义;既注意增强文化建设的世界性,又坚持文化发展的多元性。这样做,不为别的,是"为了世界文化发展的多样性"。①

(原载《南开学报》2002年第5期)

---

① 借用1998年中国政府代表团参加在瑞典斯德哥尔摩联合国教科文组织文化政策促进发展政府间会议的主题报告的话。

人文精神建设之若干难题

文化建设的精神方向,是发展先进文化,弘扬和培育民族精神。其中,人文精神的建设是不可忽视的内容。而近年来的人文精神建设,由于诸多原因的影响和制约,面临着诸多难题。如果这些难题不能得到解决,则人文精神的建设就难以达到预期的目标。这些难题主要有:市场经济条件下经济取向与人文取向的悖反,理想主义与实用主义的冲突,民族文化素质现状与人文精神建设目标的距离,对传统资源的现代价值的认知差距,古今思维偏向对人文精神的损毁,等等。

一、市场经济条件下经济取向和人文取向的悖反

市场经济无疑是推动社会进步的经济模式,具有古典农业经济以至在国内推行几十年的计划经济无与伦比的优越性。最近十年来推行市场经济的实践证明,建设市场经济体制对于造成一个多元开放的社会,对于综合国力的提升和人民生活水准的提高,具有重大的促进作用。但是,应当实事求是地承认,市场经济是一柄双刃剑,它的负面作用对于社会的伤害也是重大的。其关键的一点,在于市场经济是以经济取向为第一要义,从而形成与文化建设中人文取向的悖反,造成对人文精神重建的忽视乃至蔑视。

市场经济要按照价值规律办事,必然以利益最大化为原则。大利大干,小利小干,无利不干,是市场经济的天然法则。就经济运作的层面来看,这种法则具有自身的正当性。然而,如果我们转换视角,从社会整体协调发展的角度考察,从社会实践和人的全面发展的层面省思,就会发现这种法则的内在缺陷。

从中国传统文化的固有价值观来看,单纯的经济取向历来备受批评。孟子的人禽之辨,宋儒的理欲之辨,无疑是要提升人的精神境界,开辟人性的高尚面。人不能成为经济动物,而要成为道德主体,以道德驾驭经济,以义取利,见利思义,可以说是中国传统社会价值观的主流。以重义

轻利著名的汉代思想家董仲舒,其"正其谊不谋其利,明其道不计其功"的价值取向,固然是对唯利是图思想的针砭,而以批判董仲舒价值观驰名、主张"义利双行"的清代思想家颜元,其所提出的"正其谊以谋其利,明其道而计其功"的思想,又何尝不是要高扬道德理想的旗帜!诚然,传统的道德理想主义属于自然经济的范畴,已经不能适应市场经济的需要,但我们从文化的民族性、延续性的一面考察,就不得不承认,正是这种道德理想主义,包含着、体现着传统人文精神的旨趣,从而也是今天市场经济条件下文化虚弱症的重要补药之一。

从人的全面发展的角度来看,单纯经济取向是不合理性的。人的需要、社会的需要是多层次的。生理的需要、生存的需要、安全的需要,固然是基本的需要,但不是根本的需要,更不是唯一的需要。受尊重的需要、自我实现的需要,才是更为符合高尚人性的,亦即更为"人文"的。单纯的经济取向,容易将人导向生物意义的存在方式,将社会导向以做经济动物为尚的偏路。"顺躯壳起念",拜金主义盛行,最终会将人类社会变成动物世界。

从当今社会的运作实践来看,单纯经济取向而导致的一切向钱看,由一切向钱看而导致的道德失范、思想混乱、贪污腐败等诸多社会弊端,已经严峻地说明单纯经济取向绝对不能满足社会理性发展的需要。相反,它会导致种种社会问题。从20世纪80年代中期兴起的"文化搭台,经济唱戏"的把戏,近年越演越烈。如果说,由于某种原始积累的需要,"文化搭台,经济唱戏"在20世纪80年代多少有点积极意义的话,那么,在市场经济体制已经初步建立,经济全球化趋势日益增强,经济文化日益交融乃至逐渐走向一体化的今天,"文化搭台,经济唱戏"显然已经是错位思维,是不懂文化在社会发展和经济文化创新方面的价值的表现。遗憾的是,时至今日,以经济取向为唯一目标,仍然高唱"文化搭台,经济唱戏"偏调的,大有人在。文化成为某些人捞取个人利益的工具,成为经济的婢女,甚至沦为经济的娼妓,真是可悲可叹!

经济取向与人文取向的悖反,本是客观存在的,但这种存在未必就是合理的。如果不妥当解决二者之间的价值悖反问题,而任由发展,势必给人文精神的建设造成更为严重的困扰。而要解决这个问题,就个人而言,是要确立价值理性,做一个文化而不是"物化"的人;就社会而言,是要建立合理的机制,使二者相即相融,并最终做到以人文精神引导、统率市场经济。

二、理想主义与实用主义的冲突

理想主义与实用主义的冲突，也是人文精神重建的难题之一。

一个人要健康地成长，一个社会要健全地发展，离不开理想主义的鼓舞。近代以来，道德理想主义、政治理想主义曾经激励中华民族不断奋进，御侮图强，争取民族独立、国家富强、人民安康。我们可以十分肯定地说，没有理想的人是堕落的人；没有理想的民族，是没有希望的民族。即便在不少人"理想失落"的今天，从总体上看，理想主义仍然是人们精神的支柱，是中华民族的脊梁。

问题在于，随着市场经济的发展，以实用主义为特征的功利主义盛行一时，戕害着民族精神，妨碍着人文精神的建设。由于人文精神的坠落，在一部分人和机构那里，道德良知、价值理想甚至为人的基本操守都不值一提。能捞就捞，捞一把算一把，不捞白不捞，白捞（捞后最终判刑甚至杀头）也要捞，这种畸形的心态反而成为某些人的"常态"。在一些地区、部门和人士那里，坑蒙拐骗，言而无信，信用严重缺失。人与人之间、机构团体相互之间缺乏基本的信任，一诺千金的传统美德成为取笑的对象。越是卑鄙，得到的实利越多；越是高尚，受到的制约越多。"卑鄙是卑鄙者的通行证，高尚是高尚者的墓志铭"竟然成为社会现实！宁可得罪君子，不可得罪小人，这类历来不被看好的人际观、价值观，现今居然大有市场！"在单位里，关键是要和落后群众搞好关系"（某著名电视连续剧里的台词），这类宣扬不求上进的另类思维，竟然在现实生活中被某些人奉为圭臬，而且的确也从中得到了"实惠"！为了得到现实利益，卖论取官，卖论取利，官商勾结，官学勾结，官场腐败，学术腐败，已经成为败坏社会风气的毒瘤，这本已令人十分痛心。而这类现象不仅没有得到应有的批判抵制，反而成为某些年轻一代羡慕、仿效的榜样，则更是令人心寒。以物为本，以利为本，已经将人文精神重建的道路铺满荆棘。

总之，在不规范、不成熟的市场经济环境中，在物质主义泛滥的时代，人文精神的建设必然而且已经遇到实用主义的挑战。如何应对挑战，继续高扬理想主义的大旗，而同时又能与时俱进，给人们正当的利益追求以适当的满足，是人文精神建设过程中的棘手难题。净化社会风气，纯洁官员阶层的道德，纯洁知识阶层的心灵，这两个阶层率先垂范，进而引导社会风气向良性转化，恐怕是化解实用主义的魔障、维护理想主义的尊严的一个重要途径。

三、民族文化素质现状与人文精神建设目标的距离

要建设民族文化的人文精神，关键之一，是要提高民族文化素质。然而，遗憾的是，现今的民族文化素质与人文精神建设的价值期望存在着巨大落差，从而成为人文精神建设的又一难题。

我国人口现已达到13亿。这13亿人口中，文盲、半文盲为数甚多，姑且不说。就是那些享受了高等教育的人，已经位居一定级别的人，虽无官位但掌握实权的"公家"人，也有一些素质低下者。腐败官员被处理，新闻传媒几乎天天都有报道。被处理者中，大到全国人大常委会副委员长、省长，小到处长科长，人们已经见惯不惊。大学教授匿名诬告陷害他人而被揭露，剽窃别人成果而被曝光，甚至制造毒品而被杀头，也已不是新闻。有的警察甚至对自己不满意的人开枪，有的税务、工商管理人员利用职权为所欲为，金融证券机构的人挪用上亿元公款炒股牟利，人们已经听得耳朵起茧。2001年11月5日，在被誉为改革开放的文明城市深圳，一位职位并不高的政府官员，因为路上堵车而将前面汽车上的驾车女人打得耳膜穿孔，甚至尿了裤子，这位官员在公安派出所居然也不向被打的无辜女人道歉！此人倚仗的是他的政府官员身份，所谓特权思想在作怪。问题的实质，就是素质低下，缺少教养。报纸的评论员说："教养是一种社会责任"，"上下五千年了，道德建设，还是任重道远"（梁二平：《教养是一种社会责任》，载《深圳特区报》2001年11月7日B1版），可谓中的之语。

与上述情况有异曲同工之妙的，是最近报纸上公布的"中国公众科学素养调查结果"。2001年10月下旬，中国科学技术协会公布了2001年中国公众科学素养调查的结果：具备基本科学素养的比例为1.4%，即每千人里只有14人具备了基本的科学素养（见《北京青年报》2001年10月23日孙海东文）。这个结果，是中国科协在大陆范围内展开的第四次调查。据我的了解和观察，可以斗胆地说，这个结果恐怕还有溢美之嫌。

民族文化素质状况如此，人文精神建设当然就困难重重了。根据我的

理解，民族文化素质是一个民族精神风貌的展现，是该民族在思维方式、价值取向、理想人格、伦理观念、国民品性、审美情趣等方面的综合素质的反映。民族文化素质的重要内容之一，是道德情操的有无、高下。质言之，是精神境界的真善美，是德慧双修。民族文化素质的核心内容，是人文精神。有什么样的人文精神，就有什么样的民族文化素质。人文精神的高下，反映并制约着民族文化素质的优劣。由于中国传统文化的人文精神在宋明以后特别是近世以来的失落，西方文化负面因素的影响，"文革"对民族优秀文化的摧残，不成熟的市场经济负面因素的影响，以及其他种种原因的影响，导致民族文化素质的现状十分不如人意。这些年来，见死不救的人情冷漠、人心死亡症，唯利是图、巧取豪夺的贪婪症，钱权交易、金钱万能的良知泯灭症，知识贬值、精神无用的文化贫血症，急功近利、贪图现世的短视症，斗富炫奢、一掷千金的浅薄症，不一而足。种种精神瘟疫，弥漫于整个社会，成为提高民族文化素质、建设人文精神的严重障碍。

要解决民族文化素质不高与人文精神重建的崇高目标之间的价值落差问题，根本办法，是要高度重视教育，大力兴办教育，提高教育水准，提高全社会的科学文化素质，进而提高其整体综合素质。就整个社会而言，要协调社会各个方面的利益，树立弘扬人文精神的楷模，宣传人文精神，实践人文精神，从而推动民族文化素质的进步。在民族文化素质进步的基础上，建设人文精神，使民族文化素质的提高与人文精神的建设之间形成一种良性互动。

四、对传统资源的现代价值的认知差距

在人文精神建设的艰难过程中，如何看待传统资源，发掘传统资源，立足当今，为我所用，人们有着不同乃至截然相反的见解。而正是这种对传统资源的现代价值的认知差距，在客观上给人文精神建设工作提出了时代难题。

首要的而且也是根本的一个分歧，是关于中国传统文化有无人文精神的问题。讲"人文精神重建"者，当然认为是"有"；反对"人文精神重建"者，一般认为是"无"。主张"重建"——当然是应当而且可以"重建"者，理由十分充足，有关论著相当多，此处不用赘论。反对"重

建"者,除了少数认为中国传统文化的人文精神不适应现代化要求,甚至是反现代化的,因而不值得"重建"者外,多数是认为中国传统文化根本没有人文精神,"本来没有,何来重建?"显然,这样两种截然对立的观点,在对传统资源在现代的价值的认知距离上,可谓大相径庭。既然连对中国文化有无人文精神都成了要讨论的问题,"重建"工程当然就分外艰难。

与上述问题相关的是,即使赞成重建中国文化人文精神的人,对于重建什么、如何重建,也有明显的认识距离。一种观点认为,重建,就是发掘传统资源,重新光大传统文化的人文精神,甚至按照传统儒家心性之学办事,就可以解决问题。另外一种观点则认为,重建,要对传统资源进行清理,重新诠释,进行创造性转化,或者同情性地了解、批判性地超越、综合性地创新。这仅仅是从方法论和基本准则的方面来考察。如果更进一步,从重建工程可资利用的传统资源的具体内容来说,则分歧更大。你说要见义忘利、见利思义;我却说要"百行利为先""无利不成义";你说"天人合一"是传统思维,不适合现代社会需要,我却说"天人合一"现在可以拯救全人类;你说中国传统文化与现代化的关系需要反思,传统文化与现代化存在诸多冲突,我却说"21世纪是中国文化的世纪","复兴儒学"即可解决现代化的问题。诸如此类,不一而足。这种情况,对于学术文化的研讨而言,本身是正常现象,完全可以各行其是,"道并行而不悖"。问题在于,在实际操作中,意气往往超越理性,宗派情结取代学派意识,意识形态等同学术思想,结果只能给人文精神的建设徒增困扰。

其实,要解决上述问题,关键在于:怎样理解人文精神的重建?为什么要重建?重建什么样的人文精神?

在我看来,所谓重建,是指在现有的思想资源和现实条件下,根据文化中国建设的需要,统贯传统和现代,将全球意识和本根意识相结合,将历史责任感和时代使命感相统一,构建符合经济全球化进程要求的,符合国情、民情的人文精神系统,以推动现代化建设的进程。重建,并不是回归往古,更不是不顾现实,而是要客观承认民族传统文化中有着可资利用的思想文化资源,承认"五四"以来有着经过实践检验的新型人文精神,以及近年来在市场经济条件下生长出来的新型人文精神。质言之,只有立足现实,依托传统,面向世界,才能真正合乎理性地重建人文精神。也只有这样,才能逐渐缩小以至消除在对传统资源的现代价值问题上的分歧,逐渐形成重建人文精神的共识。

五、思维偏向对文化建设的损毁

人文精神重建的另一难题，是思维偏向对文化建设的损毁。

在我看来，从古到今，中国人的思维方式经历了三个阶段，表现为三种形态，即：古代（传统）中国的唯伦理（道德）思维，近代以来、经历"五四"直到改革开放以前的唯政治思维，改革开放后特别是近年来发展迅猛并在进一步蔓延的唯经济（金钱）思维。

唯伦理思维，是道德至上的古代中国的基本思维方式。一切以伦理为准绳，一切以道德为价值尺度，道德高于一切，等同一切，取代一切。这种以道德至上为显著特征的唯伦理思维，对中国社会产生了极为深远的影响。由于唯伦理思维已成为历史，现在基本被破除，故此处不在论说之列。

唯政治思维，是近代以来在内忧外患的严重挤压之下形成的。它以政治为第一要务，政治高于一切。其思维旨趣是国家民族大义，具体说来，就是追求民族独立、国家富强。由于其以救亡图存为核心，以追求近代化为号召的强烈的民族主义精神的感召，使得人们自觉地、热情地接受它。这种唯政治思维，在中华人民共和国成立以后，曾经长期流行。由于20世纪50年代后期到70年代后期的特殊的国内政治氛围和国际局势的影响，唯政治思维恶性发展，其极端表现便是"文化大革命"的出现，是"以阶级斗争为纲"。政治等同一切、取代一切，姑且不论，关键在于，这种政治已经是变味的、脱离当时中国社会实际和世界文明发展轨道的。因此，才有中共十一届三中全会的拨乱反正，才有导致当今盛世的改革开放。从总体上看，唯政治思维已经不适合"以经济建设为中心"的时代要求了。作为一种思维方式，它已被人们抛弃了。但是，唯政治思维在近代中国对于民族独立、人民解放、国家富强方面所起过的历史作用，对于以爱国主义为核心的民族精神的培育方面所起的作用，应当充分肯定，应当认真研究、总结，为当今民族精神的弘扬和创新提供借鉴。同时，对于20世纪50年代以后特别是"文化大革命"中唯政治思维泛滥、恶性发展而导致的对民族文化的损害，对人文精神的破坏，也应认真反思，总结教训。在建设市场经济条件下的人文精神的今天，如何防止唯政治思维对文化建设的干扰，通过人文精神的建设，发展先进文化，弘扬和培育民族精神，创建新的民族精神，为全面建设小康社会提供支持，值得我们认真研究。

唯经济思维是指以经济为第一取向，一切为经济服务的思维方式。唯经济思维的恶性膨胀和极端表现，就是一切向钱看，唯钱是举，拜金主义盛行。有钱便有一切，金钱成为衡量人的价值的唯一标准，使得整个社会风气糜烂，道德败坏，价值失范。唯经济思维是20世纪80年代以来逐渐形成的。就其强调以经济建设为中心，服务经济发展，从而推动社会整体发展的方面看，无疑是正确的。问题在于，唯经济思维发展到唯经济是从，甚至恶性发展到唯金钱思维，金钱等同一切、高于一切，这样一种恶性化的、以金钱至上为特征的唯经济思维，就不仅不能肯定，而且需要严肃批判、清理。尽管持有金钱至上的唯经济思维方式的人不占多数，但作为一种思维方式，它对于人文精神的建设，对于发展先进文化，显然会有严重的阻碍作用。

唯政治思维和唯经济思维对于文化建设的伤害，实际上就是对人文精神的伤害，是对有识之士、有志之人建设人文精神努力的消解。今天，要建设文化中国，要建设人文精神，必须拓展思维方式，更新思维方式，破除唯政治思维和唯经济思维的偏向，创造出一种中国作风、中国气派而又反映人类文明进程的新型思维方式。

上述人文精神建设面临的这些难题，直接影响到先进文化的建设，影响到中华民族精神的弘扬和培育，影响到中华文明的复兴。要解决这些难题，既要知识阶层的忘我投入，又要广大民众的价值认同，更要决策部门的理性认识和科学决策，以便最终形成社会整体有机协调发展的局面，从而使中华人文精神挺立于心、挺立于世。

（原载《学术研究》2003年第2期）

国学与中华民族精神家园

在今天全面建设小康社会的中国,我们为什么要来探讨精神家园的问题?这个问题看起来很玄,离我们的生活实际比较远,但实际上却是很切实的问题。去年发生了一件令人震惊的事件,中国政法大学一个学生在课堂上杀死了自己的老师。大学生在课堂上当场杀死老师,这在世界文明史上是罕见的,是对国学文化中"尊师重道"优秀传统的恶性颠覆,也是对当代文明法制的恶性亵渎!前几年,还有云南大学杀死自己几个同学的"马加爵事件"的发生。这说明两个问题:一方面,我们高等院校传统的僵化的意识形态宰制型、强制灌输型的思想教育已经走到了穷途末路,需要改革创新;另一方面,我们高校的学生需要一种心理的调适和精神的安顿,大而言之,就是应该有一个精神家园。因此,我们现在所讲的话题不是无的放矢,而是有切实的针对性,这就是怎样看待国学,怎样看待国学文化中关于精神安顿和精神家园构建的问题,以及我们今天怎样看待某些社会现象。

一、什么是精神家园?

讲到精神家园,大家似乎都很清楚,但要给出一个揭示内涵的定义式说明,而不是单纯现象列举式的解释,也不那么容易。有一种现象,就是我们中国非常讲究籍贯。如果从精神家园的层面来看,可以把它看成是地域的归属问题。例如在广东,我们经常见到很多来自不同省份的人,有四川人、东北人、河南人、山东人等等,这些人尽管有的来到广东二三十年了,但并不认为自己是"广东人",往往以祖籍地或者他过去生活工作的省份为依据,说自己是那个省份的人。在深圳现有的一千多万人口中,我们极少听到说自己是"深圳人"的,包括在深圳当地工作了一二十年的人在内。深圳是一个移民城市。过去很多年,每年春节,深圳几乎都是空城,因为大家都回老家团聚或出外旅游了,留下来的基本都是买不到票回家或加班的农民工,但他们不认为自己是深圳人。这实际是一个认同的问题。深圳市委、市政府后来采取了很多措施来增强本市的凝聚力和吸引力，建设深圳精神家园，让大家在精神上认同深圳。珠海也是个移民城市，很多都是外地过去的人。在珠海，也极少听人说自己是"珠海人"，往往说自己是东北人、北京人、上海人、河南人，说的就是他原来生活的那个地方，他的祖籍所在地。当我们在一个城市长期生活、长期工作，成为当地市民以后，我们还执着地认为自己是原籍那个地方的人，可见我们对这个城市没有真正的价值认同，没有融进社会的主流，没有获得精神上的安顿。全国别的很多地方，情况也是一样。这是个非常严重的问题。

精神家园的建设一方面涉及对地域归属的认可和理解的问题，另一方面还包括更重要的文化归属的问题。文化的归属实际上是文化认同的问题。比如说，我不是广州人，但我 1982 年已经来到广州，一直居住到现在。每当我参加会议和别人讨论时，总是会有人说我不是广州人，但跟我一起工作或讨论的那些人，很多祖上不出三代都是内地来的，很多是有客属的血缘关系。例如，孙中山是广东中山人，但考证起来，孙中山的祖籍是河南，因此他应该算是河南人。又如我们宣传禅宗六祖慧能敢为人先，他阐发的禅宗思想以及宣传推广禅宗的方式反映了广东人务实的传统，但据考证，慧能实际是河北人，某一代才移民过来的。所以，对一个地方的价值认同和文化认同，要经过长期的熏陶和长期的心灵的滋润，才能慢慢达到。比方我说自己是广州人，第一因为我的广州市户口已经有二十多年了；第二因为我的价值观、理念和行为方式很多已经广州化了：我在广州养成了预约会面的习惯，我主张不务虚名、讲求实际，不喜欢花架子等等，而且广州市讨论构建"新时期广州人精神"时，我是市委专家指导组成员，广东省建设文化大省、讨论构建"新时期广东人精神"时，我是省委专家指导组成员。如果我不是广州人、广东人，谁是广州人、广东人？将近 30 年前，我刚到广州时也有距离感，当时几乎没有人能听懂普通话，问路的时候就非常困难，因而有强烈的异乡感甚至排斥感，但时间长了以后对广州就越来越了解，慢慢地融了进来，而不再是躲避、排斥了。所以，我们对一个地方的认同，有一个精神、价值方面的逐渐接受、融汇的过程。这是从个人体验上来讲精神家园问题，就像我们深信广州是一个能够安顿自我心灵的地方，能够接受广州当地奉行的价值理念和生活方式，并乐得其所、自然而然地经过熏陶、濡染，慢慢转变观念融进当地的生活。这是一个文化归属的问题。现在讲"新时期广东人精神"，即敢为人先、务实进取、开放兼容、敬业奉献,我们都能认可,而且我们还可以参与进来,共同建设广东新的文化精神和精神家园。

从国家民族来讲,也有一个文化认同的问题。两岸关系中一个很大的问题,就是有一些"台独"分子和支持"台独"的人把两岸关系搞得非常复杂。"台独"分子出来反对统一,一个旗号就是自己不是中国人,而是台湾人,还举了很多例子来论证。10年前,我曾经和民进党的文宣部主任(大约相当于宣传部部长)在澳门当场辩论过。他不承认自己是中国人。我说我们之间讨论是没有经过翻译的,我们使用的语言是一样的,只是对它的称呼不同,你称为国语我叫作普通话而已,而且我们都是黑头发、黑眼睛、黄皮肤,这说明我们都是同文同种的。从这个意义上讲,你承认自己是文化意义上的中国人吗?他承认。可见,文化中国这样一个理念对于"台独"势力是有制约的,是某些"台独"分子不得不承认的,就像陈水扁当年不承认自己是中国人,但不得不承认自己是"华人"一样。所以,文化认同、文化归属是我们今天解决两岸关系的一个很重要的基础和纽带。对于两岸关系而言,所谓文化认同、文化纽带,具体来说就是中华文化,中华文化是整个中华民族的精神纽带,是精神家园的基础,是非常重要的。中国国民党主席吴伯雄几个月前访问大陆,在南京中山陵拜谒后题词:"天下为公,人民最大。""天下为公"是中国古代国学文化的一个非常重要的理念,是中国古代非常崇高的社会共同发展共同进步、建设美好社会的一种理想。孙中山曾在多处地方题词"天下为公"。"人民最大"是现代民主政治的一种观念,因为古代没有"人民最大"的民主观念,只有君主最大。吴伯雄发表演讲说,两岸同属中华民族。我认为,既然同属中华民族,自然都认同中华文化。对"天下为公"理念的宣扬,就是中华文化认同的表现。所以在精神家园的构建问题上可以看到,这不仅是讲生活的问题、各自心安的问题,还是涉及国家民族的发展问题,乃至涉及两岸关系的协调、民族文化价值认同的问题。

精神家园到底指什么呢?精神家园就是指我们精神安顿的地方、心灵休息的地方;换言之,就是我们的安身立命之道。这是看不见、摸不着的,但非常切实地影响着我们的社会生活和经济发展。我们可以从两个层面来看待精神家园:第一个是个人的精神家园,即社会上每一个人成人之后如何安顿自己的身心、如何为人处世、如何奋斗、如何与社会协调,也就是过去讲的安身立命的问题;第二个是群体的精神家园,小而言之的群体可以是一个机关、一个行业、一个集团，大而言之的群体可以是整个民族，我这里讲的就是整个中华民族的精神家园。个人的精神家园在很大程度上要靠个人去寻找、摸索、实践。除了专门的学者、政治家、理论家之外，一般的个人很难从理论上描述自己的精神家园是什么，但我们确实可以通过一定的选择，从历史传统、当代现实、世界范围的观照中，选择适合我们人生目标追求的、适合我们生活方式的、适合我们发展自己并实现自我的那样一些价值理念，这就是我们的精神家园和自我安顿。每一个民族都需要一个理性的政治家群体和思想家群体二者的结合，来构建理论化的和系统化的民族精神家园，但最终表现出来的却应当是非常生活化、日常化、人文化、大众化的。

二、国学文化中关于精神安顿的思想

从国学这个视角看它和中华民族精神家园的关系，其中一个很重要的内容就是国学文化里面关于精神安顿的一些思想、一些理念、一些基本的价值观念，对于我们建设精神家园有什么关系、有什么意义。我们在"国学"后面加了一个"文化"，是把国学看作一种文化现象、一种文化价值观念，即从文化的角度、文化的层面来看历史上的国学。也就是说，从文化层面、文化观念、文化现象这个意义上来讲，从文化体系、文化系统、文化价值的角度来看，我们的国学文化中有哪些是今天还值得关注的、有助于精神安顿的思想。

（一）关于和谐的思想

这几年，社会上对和谐的问题关注很多。中国共产党第十六届中央委员会第六次全体会议决议的主题就是构建和谐社会，该决议的标题是《中共中央关于构建社会主义和谐社会若干重大问题的决定》。有鉴于此，我们可以引申出关于中国古代和谐思想的很多探讨和思考。由于篇幅关系，这里只谈中国古代国学文化中关于和谐思想的两个理念。这两个理念在某种意义上是一而二、二而一的。

第一个理念是"和而不同"，这句话出自孔子："君子和而不同，小人同而不和。"（《论语·子罕》）君子即有德有才者，是有一定社会地位的人。这个地位未必就是经济地位或政治地位，而是受到尊敬和爱戴。君子和他人相处时，对待不同的观念是和而不同。和而不同是指不同的成分放在一起，而又协调统一。换言之，在一个有多种不同主张的团体中，坚持自己的主张，但不把自己的主张强加给别人，并容许、承认别人的主张的存在，从而形成一种和谐的状态。就是说，君子追求和谐、坚持和谐，但是不违心地片面追求，而是坚持应该坚持的，同时也承认和允许别人坚持自己应该坚持的。不同的事物、不同的要素组合在一起形成一个有机的整体，这就是"和"。把不同的东西去掉、不同的观点去掉、不同的人拿掉，只留下和自己观点完全一样的人、事、物，这种做法叫"同"。"和"的特点是不同的要素组合在一起，"同"的特点是一样的要素拼凑在一起。正确的做法应该是不同的要素组合在一起，构成一种新的协调的状态，这就是"和"。不正确的做法是把简单的东西、完全一样的东西简单拼凑在一起、加在一起，形成一个整体，这就是"同"。君子坚持"和"而不坚持"同"，即"和而不同"，这是一个基本的文化价值理念。

"和而不同"这一思想，是中国古代文化发展的一个重要的推动力量，也是中国人重视和谐的一个重要表现。春秋战国时期出现了诸子百家，包括儒家、道家、墨家、法家、兵家、名家、阴阳家、纵横家等等，形成了"百家争鸣"的局面。能够百家争鸣的原因之一，是因为有"和而不同"理念的推动，所以产生了中国文化史上第一个光辉灿烂的黄金时代。五四时期也是如此。五四时期百花齐放、百家争鸣，各种思想、各种学术、各种流派异彩纷呈，形成了中国文化史上的第二个黄金时代，其重要原因之一就是有"和而不同"的理念在支撑。

《论语》中"君子和而不同，小人同而不和"的思想，对中国文化的影响非常深。今天看待世界形势，我们国家认为和平与发展是世界发展的主流，所以我们要参与到全球化进程中去，参与到经济全球化、政治多极化、文化多元化这样一种世界格局中去，发挥中国的作用和影响；而且我们要推动世界文明的发展，使世界和谐共处、和平发展。但是，我们也要坚持我们的国家民族利益。在最近的金融海啸中，中国政府也参与了国际上的救市行动，宣布降低银行存贷款利率，这一方面是要稳定我们的金融市场，另一方面是要拉动内需，保持经济的增长。这也是呼应国际社会共同解决金融危机的做法。我们直接参与进来，但是我们也要捍卫我们自己的国家民族利益，不是美国、德国、法国怎样说我们就怎么做，因此，我们是和而不同。

与"和而不同"相呼应、相映衬的另一种表述，就是《中庸》的一句话："万物并育而不相害，道并行而不相悖。"万事万物共同生长发展而不互相妨害，各种价值理念、精神方法可以共同存在、共同发展而不互相悖反、敌对。"道"即思想、价值、理念、方法。"万物并育而不相害，道并行而不相悖"是中国古代和谐思想的一个重要表述，我认为是精华思想。"和而不同"和"万物并育而不相害，道并行而不相悖"合起来，就是中国古代国学文化中和谐思想的精粹。为什么我们把它们和精神安顿联系起来呢？因为一个人、一个群体、一个国家民族，要获得安顿和安宁，一定要有一个和谐的心态和环境，如果我们有这样一种和谐的理念作支撑，就能够很好地对待不同的人、不同的事物、不同的群体、不同的国家民族，坚持我们应该坚持的，同时也尊重别人所要坚持的，这样我们就能够安顿，我们的心灵也就比较平静。

（二）关于个人安身立命的思想

这个问题在今天社会显得非常重要。如何安顿自己，是指一个人在成长过程中如何有一个恰当的位置，能够恰如其分地发挥自己最大的能力，最大限度地实现自我。这需要很好地探讨。中国古人非常重视安身立命的问题，所以中国古代有着非常丰富和深厚的关于个人安身立命的思想，从政治、经济到文化、社会，从国家民族到社会群体，从家庭到个人，都有一整套讲法。

1. 奋斗精神

中国文化有着一以贯之的精神，其中居首位的就是自强不息。自强不息是中华民族精神的一个重要方面，党的十六大报告把中华民族精神概括为"以爱国主义为核心的团结统一、爱好和平、勤劳勇敢、自强不息的伟大民族精神"。"自强不息"最早出自《周易》："天行健，君子以自强不息。"天（自然界）雄健活泼地运行，人（君子）根据自然界的运行规律和现象而自强不息。中国古代有一种天人合一的思想，天道神圣，因此人要顺应天，和天相一致，人以天的法则为自身法则。既然天都是健康、活泼地不停运行的，那么人当然要效法天，要自强不息。自强不息作为中华民族精神的重要构成，贯穿中华民族几千年的发展历程，至今仍然是支持我们前进的巨大精神力量。改革开放30年能够走到今天，中国在国际上逐渐强大起来，人民生活逐渐改善，社会状况逐渐好起来，一个根本的因素就是我们有自强不息的精神的支撑。对于奋斗精神来说，这是很重要的一条。

2. 宽厚待人

中华民族是一个非常宽容、宽厚的民族，历来主张严以律己、宽厚待人。国学文化中宽厚待人的思想是有出处的。刚才讲到《周易》中的"天行健，君子以自强不息"，这是乾卦里面的一句话。与乾卦相对应的坤卦里面有一句话说："地势坤，君子以厚德载物。"大地非常广博厚实，承载万物，非常宽厚，我们要学习大地这种精神，以宽厚的品德对人待物。这是宽厚待人的思想。其实，孔子讲的"己欲立而立人，己欲达而达人"（《论语·雍也》）、"己所不欲，勿施于人"（《论语·颜渊》），也是宽厚待人的思想。

3. "三不朽"的精神

"三不朽"，是指三种不朽的事业。它出自国学经典《左传》："太上有立德，其次有立功，其次有立言，虽久不废，此之谓三不朽。"意思是，人生在世，第一位的是树立美好的品德，其次是成就一番事业，再次是著书立说、留名于世。立德、立功、立言就是"三不朽"。这种"三不朽"的思想，本质上是一种奋斗进取的精神。人生在世，就应该立德、立功、立言，我们历史上的名言也说"人过留名，雁过留声"。司马迁表述自己的人生目标，也是司马迁父子写作《史记》的动因，就是要"究天人之际，通古今之变，成一家之言"，即是要研究天人之间的关系，贯通把握、融会了解从古到今社会发展变化的内在规律和基本精神，成就自己的一套学说，一套独立的、成体系的、有特色的理论。所以，"成一家之言"是非常了不起的。现在的报纸、电视、网络上经常有一些主持人发表一番"高论"，然后又伪装谦虚地说自己这个讲得不一定对，不过是"一家之言"而已，真是笑话！实际上，司马迁父子奋斗了几十年，司马迁甚至受到"宫刑"，忍受着奇耻大辱才完成了《史记》，最后不过是为了成就"一家之言"。要经过艰苦的奋斗，要有很高的水平和境界，有独特的理论体系方法，提出确有创见的思想，才能称得上是"一家之言"。现在一些人常说"一家之言"，实际上并不懂得其真实含义。所以我们学习一些国学，对于增长我们的人文素养和人文知识是有好处的。

4. "正其谊不谋其利，明其道不计其功"

"正"即端正、弘扬、光大；"谊"通假"义"；"明"即把握、理解、明白，引申为光大、追求、弘扬；"道"即价值、理想、情操、境界；"功"可以引申为实惠、功利。意思是，我们把握追求、弘扬光大美好的道德理想、价值学说，而不计较、不追求得到了多少实惠、多少功利。古人认为，人生在世，对于个人、事业和社会的基本价值准则，应当是"正其谊不谋其利，明其道不计其功"（《汉书·董仲舒传》）。这个思想影响了中国社会两千年。它是由汉武帝时代的著名思想家董仲舒提出来的。董仲舒是"罢黜百家，独尊儒术"的提议者，这个建议被汉武帝采纳，此后儒学成为官方思想和国家意识形态。"正其谊不谋其利，明其道不计其功"非常强调道德价值的作用、地位，强调人不能总是斤斤计较经济利益、眼前利益，而要看长远、看精神、看思想，坚持正确的价值。人之所以为人，正是因为有基本的道德追求，有高尚的情操。人和禽兽的区别，说大是非常之大，说小是非常之小。孟子讲人和禽兽的区别"几希也"，即人和禽兽的区别非常之小，因为人和动物一样都要吃喝拉撒睡，都要生殖繁育，这就没有什么区别。人和禽兽的区别又非常之大，因为人有道德良知，有礼仪情操，而禽兽没有。在董仲舒看来，人应该坚持追求美好的理想、高尚的情操，做一个堂堂正正的人。

到了清朝的时候，有学者出来批评这个观念。他们认为我们人生在世不能只讲道义，不讲功利，道义很重要，是第一位的，但不是唯一的，道义之外还有功利，应该既讲道义又讲功利，因此提出了一个新命题，叫作"正其义以谋其利，明其道而计其功"（《四书正误》卷一），意思是既要坚持弘扬美好的品德、价值、理想、情操，推行正确的理想和价值，也要考虑实际的效果、个人的业绩、个人的收获。我个人认为，后一个命题比较合理，更加生活化、更有人文关怀、更加符合人情，这叫作义利双行，即道义和功利两样并重。前一个命题重义轻利，这是中国古代国学文化的基本价值取向，在今天看来，有严重偏颇。总体上讲，我们个人要安身立命，首先应该有"正其谊不谋其利，明其道不计其功"的思想，即凡事不要光看功利，而要有道义担当，有道义追求。当然，在一定条件下，我们也要考虑自己正当的物质利益、经济利益、精神利益等等。合起来讲，我们既要正义明道，又要谋利计功，但不能为了谋利计功而抛弃道义。

5. 忠恕之道

这是个人安身立命的一个非常重要的方面，也是中国古代文化中个人与他人、个人与社会之间相处，即人际关系论里面的一个很重要的思想。

忠恕之道是为人处世的一个基本的原则和方法。"忠"指"己欲立而立人，己欲达而达人"，这是孔子的话，意思是自己想在社会上立起来，也希望别人或者帮助别人立起来；自己要想成就一番事业，也希望别人并帮助别人成就一番事业。这一思想对我们民族影响很深，不少知名人士的名字都和这句话有关，比如国民党的孙立人将军，比如共产党的陕西省原副省长孙达人教授等。"忠"即以真心、诚心踏踏实实地帮助别人，并以此为基础看待同别人的关系。"恕"指"己所不欲，勿施于人"，意思是自己不想得到的东西，也不强加给别人；自己不想做的事，也不强迫别人去做；自己不想遇到的不好遭遇、不好境况，也不希望别人遇到，更不强加于别人；如果不想自己被贬斥、受冷落，不愿被排挤、被流放，不想处于坎坷悲凉的境地，那么也不希望别人处于这种不顺的境地，这就叫作"恕"。"忠"与"恕"二者的结合，叫作忠恕之道。孔子有个学生曾说："夫子之道，忠恕而已矣。"（《论语·里仁》）即是说孔夫子的基本方法、基本原则就是忠恕，忠恕是实现仁的方法和原则，是为仁之方。

"己所不欲，勿施于人"的恕道，在今天这样一个竞争异常激烈，甚至到了白热化、残酷化的市场经济时代，有很重要的启迪意义和借鉴价值。比方说，若是我不想被人匿名诬告、诽谤陷害，那么我也不去诬告、诽谤、陷害别人。前几年召开过一个世界宗教领袖会议，会议结束时发表了《世界宗教领袖会议宣言》。宣言中讲到"普世伦理"，即适合整个人类、不同国家、不同民族、不同时代的伦理道德、基本思想和基本伦理。会议宣言认为中国文化中的"己所不欲，勿施于人"就是普世伦理，是不分国家、民族、种族的整个人类都应该接受的。与忠恕之道相联系的，还有一个孔子说的待人处事的原则，这就是"躬自厚而薄责于人"，亦即严以律己、宽以待人，这个原则在今天仍然有积极的意义。

6. 大学之道

大学之道来源于《大学》一书。这里的"大学"与现在的高等教育体制中的大学不一样。《大学》是从《礼记》中抽出来的一篇文章。宋朝的学者朱熹当时从《礼记》中抽出《大学》《中庸》，单独加以注释，并和《论语》《孟子》合起来称为"四书"。《大学》里面阐发了一整套个人怎样立身处世、治国安邦、经世济民的基本原则和方法，当然主要是从道德的方面去讲的。大学之道是指大学的原则、方法和基本理念，"大学"指大人之学，有高尚品德和卓越才能的人叫作大人。所以大学之道就是使一个人成为高尚的人、独立的人的原则和方法。

《大学》虽然很短，但内容很丰富。《大学》一开始就明确地说："大学之道，在明明德，在亲民，在止于至善。"明德、亲民、止于至善就是大学之道。大学之道的第一条是"明明德"。第一个"明"作动词来理解，即把握、认识、理解、弘扬、追求的意思；第二个"明"是形容词，美好、高尚的意思；"明明德"就是把握、追求、弘扬美好高尚的品德。大学之道的第二条是"在亲民"，即亲近人民、亲爱人民。朱熹作注释时把"亲"解释为"新"，作动词来理解，指教育、熏陶、启蒙。这样一来，要使人民在道德上不断地更新、完善，就要启蒙人民、教育人民、提升人民。大学之道的第三条在"止于至善"，即达到最高的善。明德、亲民、止于至善这三条叫作"三纲领"，它们是基本的原则，最核心的部分。但是只有这三条是不够的。把握、弘扬、光大、实践美好的品德，倾听人民、爱护人民、教育人民、帮助人民，提升人民的素质，最后达到最高的善，这些只是抽象、笼统的原则，另外还需要具体操作的方法。古人是很聪明的，所以"三纲领"后面还讲了八条：正心、诚意、格物、致知、修身、齐家、治国、平天下，一般叫作"八条目"。意思是端正自己的思想，使我们的思想念头诚恳笃实；通过学习和实践，接触社会和人民来获得知识；修养好自身，才能整顿好家族；整顿好了家族，才能治理好国家；治理好了国家，才能使天下安定。"修齐治平"是中国古人的一种理想，尤其是对于士大夫来说，是其成就事业和人生、服务社会、忠于和服务国家的最高境界。

奋斗精神、宽厚待人、"三不朽"精神、"正其谊不谋其利，明其道不计其功"、忠恕之道、大学之道，这些和安身立命有什么关系？当然有关系，有十分重要的关系。一个人在社会上要真正能够做到身心舒泰，不紧张、不郁闷，能够最好地发挥自己的作用，实现自己的最大价值，完善自身，首先就要奋斗，要有自强不息的奋斗精神。没有精神就没有相应的事业，没有事业就缺乏成就感，没有成就感就总会觉得社会不公、生不逢时，总是嫉贤妒能、郁郁不得志、牢骚满腹。所以我们需要有奋斗精神和事业精神，通过奋斗就会取得成绩，"付出总有回报"，就有一定的成就和地位。人的存在不仅有生理的需求、物质生活的需求、生存的需求，还有被人尊重的需求、安全的需求乃至自我实现的需求，所以我们要奋斗，要有成就感，要宽厚待人，要帮助别人，这样我们才能使自己在社会上很好地安顿下来。安身立命、安顿精神不是一蹴而就的，而是有一个长期的学习的过程，特别是在社会生活中的实践过程。

（三）关于仁和礼的思想

这是国学文化中很重要的理念，也是贯穿中国古代文化的一个基本的思想和精神。什么是仁？"仁"看起来很抽象，但实际上是很具体的。"仁"的思想在中国文化中是一以贯之的。孔子在中国历史上第一个阐述了"仁"的思想，创立了"仁"的思想体系。有人请教孔子什么是"仁"，他说："爱人。"爱人就是"仁"。这是一种回答。孔子强调因材施教，所以在其他不同场合、面对不同对象的时候，对"仁"做了不同的回答。但是他最有代表性的回答有两条，一条是仁者"爱人"，另外一条较长，具体阐发了什么是"仁"的思想。根据《论语》的记载，孔子最得意的学生颜渊（颜回）有一次谦恭地请教孔子什么是"仁"，孔子说："克己复礼为仁。"克制自己、恢复周礼的原则和秩序就叫作"仁"，即克制自己不合适的、不正当的欲望，实现礼的秩序和原则，实现礼的精神，这就是"仁"。颜渊继续追问："请问其目。"克己复礼还是原则性、方向性的东西，具体应该怎样做呢？孔子回答说："非礼勿视，非礼勿听，非礼勿言，非礼勿动。"（《论语·颜渊》）不合礼的事物不要看，不合礼的话不要听，不合礼的话不要说，不合礼的事不要做，视、听、言、动都符合礼，就是克己复礼，实现了仁。概括来说，就是克制自己不恰当的欲望，恢复礼的精神和秩序，实现礼的原则；具体来说，就是视、听、言、动都要符合礼。可见，"礼"是和"仁"结合在一起的，我们叫作"仁礼一体"的思想。

"仁"的思想是中国文化一个非常重要的思想。20世纪20年代，中山大学有个教授叫张申府，是中国共产党早期三位创党人之一。1925年，他提出一个构想，即未来的中国文化应该有一个三结合：第一是孔子的"仁"；第二是西方的分析哲学，由于中国文化重直觉、综合和整体思维，缺少分析和抽象，所以应该吸收西方的分析哲学，具体来说就是罗素的分析哲学；另外，还应该有列宁的辩证法。在他看来，孔子的仁、罗素的分析哲学、列宁的辩证法三者结合，这就是未来中国文化的方向。可见，早期的中国共产党人在五四新文化运动后，也照样肯定了中国古代的仁学思想。中山大学创校之初有个具体事务操办者叫曹四勿，这个名字就来自于

"非礼勿视，非礼勿听，非礼勿言，非礼勿动"的"四勿"。"四勿"思想如果被赋予新的时代精神，那么它在今天是有合理性的。现今，礼就是制度，就是行为规范。任何社会都应该有它的礼、行为制度和规范，所以现在任何一个公民的视、听、言、动也都要符合礼，只不过这个礼是我们今天的基本行为规范，比如爱国守法、知礼诚信等现代公民教育的基本内容。可见，古代的仁礼思想，对于我们今天还是有很深刻的影响，还有值得批判性总结、创造性诠释、时代性转化的方面。

所谓"礼"，是基本制度和行为规范等，有着多种理解和诠释，例如封建礼教也是古代社会的礼之一，因此对"礼"要做两重性的分析。"仁"和"礼"结合在一起，从抽象意义来讲，实际上也是我们精神安顿的一个重要途径。现代民主社会也讲公平正义的规矩意识，如果我们有仁爱之心和规矩意识，遵守礼制，就能够实现仁，这样就能够成就自我、完善自我，同时帮助他人，促进社会的共同进步。

由上可见，关于和谐的思想、关于安身立命的思想、关于仁和礼的思想，是我们国学文化中关于精神安顿的基本思想，对今天我们的文化建设和个人如何安身立命有一定的积极的借鉴意义。有人可能会说，这些都是老古董，产生于农业文明时代，是封建专制社会的产物，跟我们今天有什么关系呢？我们能做到吗？有用吗？我认为要从两个方面来看待这个问题：一个是文化的民族性[①]，另一个是文化的时代性。任何文化都是特定时代的产物。毫无疑问，国学文化中关于精神安顿的上述思想，是古典文明、农业文明的产物，也是封建时代乃至前封建时代的产物。从这个意义上讲，整体上它已经不适合我们社会的发展了。但是文化还有民族性，我们文化的很多成分和内容，是在不同时代经历了很多人的努力奋斗后概括提炼出来的，是经过人们的实践形成的，基本上成了一种行为规范或者文化下意识。从这个意义上讲，它是我们中华民族智慧的结晶。所以它有连续性和继承性，在今天还可以为我们所用，就像今天我们仍要坚持和而不同、要讲自强不息和宽厚待人、要讲规矩制度等等一样。

必须强调的是，今天我们看待古代的和谐思想、安身立命的思想、仁和礼的思想时，需要用时代精神来加以考察。我们今天的时代精神是改革创新，因此，要以改革创新的精神来审查古代的思想和国学文化，通过批

---

① 参见李宗桂：《重视传统文化的民族性》，载《人民日报》2005年2月4日。

判性地吸收，丰富我们今天的文化观念，增加我们的文化价值和内容，推动我们社会的进步。所以不是简单地回到古代，把古代的东西照搬过来；也不是简单地割断和否定传统，做个文化虚无主义者；而是要站在时代的高度理性地看待历史上的国学文化，把一些还有价值和生命力的思想文化进行合理的改造，为我们所用。在这样一种现代眼光的考察下，古代的和谐思想、安身立命的思想、仁和礼的思想都能被赋予时代精神，被我们合理地继承。抛开特定的阶级性和时代性，它们还是可以为我们所用的，使我们得到相应的精神安顿。

　　大概两年前，广东某高校在很短时间内接连有四个人跳楼自杀了，可见大学生心理的脆弱和意志的薄弱。其实，他们的问题都是可以分阶段解决的，不值得为一时的利害得失所困扰，甚至付出自己的生命。人的健康不仅包括身体健康，还包括心理健康。从这个意义上反思、反观我们的国学文化，它的一些东西有很深厚的内涵和现实意义。我们知道，有的人一生坎坷，但是他一生奋斗不止，非常顽强，为了国家民族，为了自己的人生理想，真正是"鞠躬尽瘁，死而后已"，没有被困难和挫折吓倒。例如已经去世的现代新儒家重要人物梁漱溟，是1949年受周恩来总理邀请，从香港赴京参加政治协商会议的著名学者之一。中华人民共和国成立后，他在农民问题上与毛泽东发生争论，受到过毛泽东当面的严厉批评，却始终不肯低头认错，在"文化大革命"时期遭受严重摧残也不低头。梁漱溟有种自信，认为自己大任在肩，真理在手，当然可以傲对群雄。最后他活了95岁。在长期的艰难环境里还能长寿，其中一个重要的原因，就是他真正地掌握了国学文化的精粹，即如何自我安顿身心的问题，因而他面对政治上的狂风巨浪和随之而来的群众斗争，能够坚持学术真理，从容对待政治高压，化解心头的郁结。此外，研究庄子的著名学者刘文典教授，抗日战争时期在地处西南边陲的西南联合大学，面对日本飞机的轰炸，以潇洒的姿态继续《庄子》研究，也体现出了知识分子的自信和面对危险、困难的超然态度。还有冯友兰、钱穆等人，都是从极其艰难困苦的情况下挺过来的，并最终得享高寿。总结这些例子，最根本的一条是他们都对中国文化精神的基本方面和中国文化的核心价值有很好的领悟，都对如何安身立命、如何安顿自己的精神和思想有积极的理解。这不是简单地放弃名誉、利益等的退缩性、自我麻醉式的阿Q精神，而是张弛有度、以豁达的态度对待人生途程中的困扰和挑战。

三、建设中华民族精神家园

"弘扬中华文化,建设中华民族共有精神家园"这个命题,现已得到海内外中华儿女的热烈响应,同时也受到国内学术界的高度关注。在我看来,这个命题有三个方面的问题值得注意:一是"弘扬中华文化"所讲的"中华文化"是指什么?二是何谓"中华民族共有精神家园"?三是"弘扬中华文化"与"建设中华民族共有精神家园"之间的关系是怎样的?

根据我多年来对中华文化的研究,以及多年来在海峡两岸暨港澳学术交往中的体会和在海外与华人华侨的交流中的体验,和对当代中国文化建设实践的观察,我认为,所谓"中华文化",就是中华民族长期发展过程中,全民族共同创造的生活方式,以及反映这一生活方式的价值体系,包括风俗习惯、社会心理等,其中,核心价值是最为基本的。就时间而言,它横贯中华民族上下五千年,而以秦汉以来最为典型、最为凝练。需要注意的是,五千年中华文化的历史,自然包括近代从鸦片战争以来直到五四运动乃至中华人民共和国成立以后的文化发展历程。质言之,弘扬中华文化,是要弘扬从传统到现代的优秀中华文化,而不仅仅是古代文化的优秀成分。就空间而言,中华文化是中国版图内形成的文化,它包括中国版图内经过长期陶冶而形成的各种各样的地域文化,比如中原文化、巴蜀文化、吴越文化、荆楚文化、岭南文化、关东文化,以至相对后起的京派文化、海派文化。不仅如此,它还包括分布在不同地域的各民族文化。汉族文化自不必说,藏族文化、满族文化、蒙古族文化、回族文化、彝族文化、瑶族文化、土家族文化、苗族文化等等,都是在神州大地特定地域生长的文化,体现了多元一体的中华文化格局及其特质。由多民族文化整合而成的中华文化,反映了中华民族文化的丰富性和多样性,彰显了中华文化和而不同的精神。因此,我们弘扬中华文化,是要弘扬从传统到现代发展了五千年的中华民族文化,是要弘扬中华版图之内的包括各种地域文化和各民族文化在内的多元一体的文化,而且,是其中在今天仍然有合理性、能够经过创造性诠释和时代性转换而发挥积极作用的文化,也就是我们常说的中华优秀文化。按照我的看法,这些年人们所讲的国学,其实就是中国传统文化。如果把传统的下限下移,将近代以来包括"五四"到中华人民共和国成立前的民族文化都看成"传统"性质的,把该时期的本国的人文学术文化以及自然科学领域的理念和学术思想都看成"传统"的,那么,所谓弘扬中华文化,光大优秀传统,理所当然地包括这个时期。这个时期的中华文化,具有更多的新的因素,具有真正意义的现代性。如果我们放宽眼界,从更为宏阔的视野考察,则中华人民共和国成立以来所创生的文化,特别是改革开放30年来所形成的以改革创新为核心的中国特色社会主义文化,也是甚至更是中华文化的重要成分,是充满活力的、面向世界的文化。我们弘扬中华文化不能抛开近代以来的中华文化,不能离开"五四"以来的文化,更不能离开改革开放后的当代中国文化!从根本上讲,我们建设中华民族共有精神家园所要弘扬的中华文化,是整个中华民族从古到今的优秀文化,其中以近代到"五四"特别是改革开放后的新型文化为重心,而不仅仅是古代文化,不仅仅是儒家文化,不仅仅是汉族文化!国学需要弘扬,但需要高扬改革创新的时代精神;国学有利于中华民族共有精神家园的建设,但对国学必须进行时代性、民族性、世界性和现代性的鉴别,而不是笼统地不加分析地全盘肯定,更不是全面回归往古,甚至以古非今![①]

"建设中华民族共有精神家园"是具有创新性的文化建设思路。过去很长一段时期,我们没有精神家园的概念,没有建设全民族共有精神家园的文化自觉意识,因而也就没有相应的文化建设理论和实践。我认为,"中华民族共有精神家园"不是某个阶级、阶层或者地区的精神家园,而是整个中华民族都可以安顿心灵的精神家园。这个理念的提出,是思想文化建设的一大进步。从学术上来讲,与"共有精神家园"的"共有"相对应的还有"特有"或"专有"。"特有"是指某一阶层、某一类别、某一地域所有。比方说,全心全意为人民服务、为共产主义奋斗终身,这些不能用来要求普通老百姓,不能要求民主党派人士,只能要求共产党员,特别是共产党的领导干部。这就是特有。"共有"即不分阶层、不分类别、不分地域都有。举例来说,认同中国和中华文化,做好人、行善事、当君子,这是全球华人都可以认同的,不同党派、不同阶层的人都可以去做而且一般都能做到。中国人只要认同中华文化圈内的基本价值,就可以做善事、做君子,这就是共有。质言之,共有精神家园有一个文化价值底

---

① 参见李宗桂:《国学与时代精神》,载《学术研究》2008年第3期。

线，这就是对中华文化的基本价值、基本理念的认同，对做一个中国人的基本价值要求和操守的认同。从思想理论的层面看，什么是共有精神家园的文化价值底线，它包括哪些内容，有哪些要求，还需要学术界的认真探讨。我们应当清醒看到，要真正建立起一个系统的、具有实践性和前瞻性的中华民族共有精神家园，还有一个漫长、艰苦的过程，因此，我们要注意到"特有"和"共有"的区别，以区分对象，增强精神家园建设的功效。

弘扬中华文化与建设中华民族共有精神家园之间，有切实的逻辑关系。弘扬中华文化，能够光大中华文化的独特魅力和价值，能够增强民族文化认同感，增强中华民族凝聚力，增强海内外中华儿女的精神联系，从而为共有精神家园的建立提供思想文化基础，提供价值认同的纽带。建设中华民族共有精神家园，能够充分发挥、调动中华文化的各种有利因素，促进中华文化的弘扬和培育，增强中华民族的文化机体，为海内外中华儿女提供安身立命之道，提供精神安顿的芳草园。从价值取向上看，中华民族共有精神家园的建设，必须而且只能以中华文化为基础、为纽带，所以我们要弘扬中华文化；中华文化的发展及其在当代的价值，应当落实为全民族的精神沟通和价值认同，因而应当建设中华民族共有精神家园，通过共有精神家园的建设，进一步光大中华文化。总之，认同并光大中华文化的精神价值，在精神家园的层面落实中华文化的价值，发展壮大中华民族，复兴伟大的中华文明，是我们应当努力的方向。

（原载《中山大学学报》2009年第3期）

增强理论自觉自信　警惕殖民文化心理

近代中国历史上，帝国主义以洋枪洋炮为支撑的文化殖民主义，给中国文化的传承和创新带来的空前震荡，至今令人心悸；文化殖民主义带给中国人民的心灵创伤，至今疤痕犹在。从历史经验看，经历了半殖民地半封建社会的中国，对于政治、经济、文化等方面的殖民主义有着痛彻肌肤的体会。

改革开放三十多年来，某些西方国家利用其强大的经济优势，打着各种旗号，不遗余力地对中国推销其文化殖民主义。从总体上看，国内对于外来的文化殖民主义有着较强的警惕性，并有相当的抵抗力。但是，对于自身存在的殖民文化心理，却缺乏应有的警觉、反省和自我批判，从而导致了一系列问题的出现。

所谓殖民文化心理，就是曾经有过殖民地或半殖民地经历的国家，对于原宗主国或半宗主国的盲目崇拜，而在自身文化层面的自甘下人、唯洋是从的卑屈心理。老是觉得自己事事不如人、处处不如人，从价值体系到民俗风尚，从人格追求到审美情趣，都以洋为师，以洋为尊。"冷战"结束以后，特别是全球化态势迅猛增强的最近十多年来，某些西方国家兜售的"全球化"就是经济全球化进而一体化，然后是文化全球化进而一体化，继而是不言而喻的其他方面的全球化进而一体化的理论，本质上就是文化殖民主义。在我国经济社会长足发展取得巨大成就的形势下，特别值得人们警惕和反省的是仍有一些国人在很多方面以洋为尚，乃至崇洋媚洋，自我贬抑民族文化，自觉不自觉地反映出某种殖民文化心态。殖民文化心理，仍在一定程度上侵蚀着我们的民族文化肌体，妨碍着我们的文化进步。

一、殖民文化心理的表现

择要而言，殖民文化心理主要在以下三方面：

（一）学术评价中的西化倾向

我国的学术评价体系，在中华人民共和国成立以后的相当时期内，是全盘苏化。后来突破苏联模式，情况有所改观，但有一些人自觉不自觉地选择了西方模式或者至少说是以西为师、以西为荣。于是，在一些人眼里，文章发表在国外的，就是好的，特别是发表在英语世界又尤其是发表在美国、英国、德国等西方主要发达国家的，就是上乘。用英语发表的，就是有水平的，否则就是水平不高甚至低下的。某些高校大力提倡甚至硬性规定到国外发表文章。凡是在国外特别是西方发达国家发表文章的，给予重奖，给予种种好处。某国家重点大学的人文学院甚至规定，文章发表在《人民日报》《光明日报》的不算成果，发表在国外的文章算重要成果。而且这种唯洋是举的做法，没有学科划界，笼统要求所有学者照办。

我们不禁要质疑：如果是研究甲骨文的呢？难道中国的甲骨文研究成果水准如何，也要高鼻子蓝眼睛的洋人认可才算事？研究中国戏曲史、中国哲学史、中国文化史的成果，难道非要连汉字都不认识，连汉语都不会讲而只能阅读通过英语或者德语翻译过去的中国文献的洋专家的认可才行吗？难道研究中医中药的成果也要洋人认可才显得权威吗？学术评价体系中的这种西化倾向已经到了必须认真反省和努力纠正的时候了。

（二）人才评价中的崇洋表现

如果说，上述学术成果评价标准具有某种自发性和散在性的话，那么，国内一些高校和学术机构的人才评价体制和标准的西化倾向，则带有某种制度化的特征，上至这样那样的"学者""特聘教授"，下至青年人才培育，无不以洋身份为重要依据。在国外获得博士学位的，有国外工作经历的，其受到的重视程度和得到的优厚待遇绝非获得中华人民共和国博士学位并长期在国内为祖国现代化奋斗的学者所能望其项背！

某"985"国家重点大学，其人文学科专业招收博士后，居然规定获得国内学位的，只能自费，获得国外博士学位的，就可公费。人文学科的中国哲学专业中国传统文化研究方向，竟然要求国外经历优先！甚至还明确规定，在韩国获得博士学位的，公费，在国内获得博士学位但在韩国有一年留学经历的，优先，没有韩国经历而在国内获得博士学位的，自费，且有严格的名额限制。学术界公认，韩国的中国哲学和中国文化研究，其水准远在中国之下，韩国不少学者把自己的硕士送到中国攻读博士学位，而我们的管理部门居然自卑自贱到了这种不可思议的地步！值得指出的是，这些恶劣的殖民文化心理实质上得到了某种体制机制的支撑。

某"985"国家重点大学明确规定：所有申请副教授职称的教师，不分学科专业，必须有出国经历，否则没有申报资格。于是，校内很多青年教师放下本职工作，托关系找门路到国外去"混出国经历"。从事思想政治教育的，中国古典文学专业的，公共行政管理专业的，无一例外！

这种怪诞的现象，可谓比比皆是。只要有出国经历就是素质好的，就是国际化的，就是需要重视重用的，已经成为一种弥漫于全国学术界的普遍心理，并且逐渐演变成为制度性的评价体制。

（三）学术会议中的所谓国际惯例

西化取向和崇洋心态在一些学术会议中也不乏其例。其中，以所谓国际惯例为口实而崇洋媚洋、自贬本土学术文化的现象较为突出。表现之一，是在中国举行的国际学术会议拒绝使用汉语。2006年，国际弦理论学术会议在北京人民大会堂举行。会议开幕当天，三位科学家面对6000多名听众，使用英文演讲，文本资料也是全英文的，导致参加会议的很多中国人听不懂，没有达到学术交流的目的。2004年，"第四届全球华人物理学家大会"在上海举行。这个"华人"物理学家的国际会议，在"华人"的祖国召开，使用"华人"的钱财，与会者和听众都是"华人"，但从会议发言到论文资料，居然全部使用英语！令人拍案惊奇的是，媒体报道："部分海外华裔学者提出采用中英文双语，竟被组织者以国际惯例为由拒绝。"这些现象，可以说是典型的殖民文化心理的表现。

其实，国际学术会议并非只是或者只能使用英语。1991年，我在德国慕尼黑大学参加国际中国哲学会议。尽管会议规定的官方语言是英文和中文，但会议主席、德国慕尼黑大学教授的开幕辞，开幕式上包括三位美籍华裔教授、一位香港教授在内的多位世界各国各地区学者的发言，统统使用的是英语。这种情况，当场受到中国大陆学者代表团和部分中国台湾学者的批评，强烈要求按照会议规定，使用中文和英文两种语言，并且要求会议设立翻译。大会为此专门开会磋商，并马上采纳意见，改为中文和英文并用，设立翻译。这是在德国举行、由德国方面主办、由德国出钱的国际学术会议。值得指出的是，参加这次会议的大陆学者中，有著名翻译家、思想史家、清华大学教授何兆武先生等英文精深的专家。但是，他们并不炫耀自己的英文，而是尽力表现自己的民族文化意识。

1996年，我在韩国首尔（当时叫汉城）参加主题为"转型期的中国学"的国际中国学会议。会议主办单位是韩国中国学会。参加会议的韩国学者、中国大陆和台湾学者，以及其他外国学者，基本都讲中文。同年，我在首尔参加由人民日报和韩国东亚日报联合主办的"东方思想与社会发展国际学术会议"，与会的韩国、日本、中国学者演讲和发言，都是讲汉语。

上述情况表明，即使在国外举行的国际学术会议，也并非只能或者只是使用英语。所谓国际学术会议只使用英文是"国际惯例"云云，不过是某些人搪塞人们质疑的借口而已，本质上是殖民文化心理作祟。"国际惯例"论，不过是历史原因形成并且至今存在的西强我弱态势下，某些西方强势国家文化殖民主义的成果，不过是某些人的殖民文化心理的表现。问题的实质，并不仅仅是国际会议使用何种语言或者是否符合什么惯例的问题，也不是什么使用英语就是西方的文化侵略、西化的问题，而是如何看待并体现民族文化尊严的问题。任何时期，我们都应当坚持民族文化自尊，应当有坚持文化的民族性的文化自觉意识。

二、殖民文化心理的根源及其危害

殖民文化心理的根源较深，因素复杂，影响巨大。从现代化进程和发展模式的层面考察，中国的现代化属于后外发生型的现代化，亦即相对于西方发达国家原生型的现代化，中国的现代化是后起的、因外力推动（逼使）而发生的。这种后外发生型现代化的显著特征之一，就是追赶型的，以西为师，以洋为尚。

20世纪二三十年代喧嚣一时的全盘西化论，最为典型地彰显了这种心理。胡适于1930年发表的《介绍我自己的思想》一文中，认为中国机械物质不如人，政治制度不如人，道德不如人，知识、文学、艺术不如人，甚至身体也不如人。因此，他"很热烈的颂扬西洋的近代文明"。1934年，胡适在其《信心与反省》的系列文章中，全盘否定中国传统文化，认为"我们固有的文化实在是很贫乏的。……中国几千年之久的固有文化,是不能迷恋的,是不能引我们向上的"。与胡适的西化论相互呼应的,是陈序经。20年代末30年代初,他在国外留学时期,就写了《中国文化的出路》一书,鼓吹全盘西化。1934年1月,其在广州出版的《东西文化观》中,进一步发挥此前的观点。他认为,中国的一切都不如西方,"非彻底和全盘西化,不足以言自存"。简言之,在胡适、陈序经等人看来,现代化就是西化,而这种西化论正是殖民文化心理的表现,是当时西方列强文化殖民主义的成果之一。从整体上看,后外发生型的追赶型现代化,其价值取向方面唯洋是从的内在局限,提供了殖民文化心理的精神土壤。

民族文化主体不彰,是殖民文化心理存在的重要原因之一。近代以来,在对本民族文化的不足和缺陷进行批判性反思的时候,在向西方寻找真理的过程中,对于本民族究竟需要什么样的现代化,究竟要建构什么样的文化价值系统,在相当长的一个时期中是比较迷茫的,而所谓清晰的模式和路径,往往就是西化论者所宣扬的那套。这种削中国社会和中国文化的实际之足,去适应西方现代化的理论和模式之履的情况,是典型的价值错位,思想迷乱。从20世纪20—40年代,关于中国现代化的模式和路径选择,从西化论到本位文化论再到中国的、中国式的论说,逐渐显示出从西化到现代化的理性,但民族文化的价值主体并没有彰显出来,民族文化的新型价值体系的构建更没有提到应有的日程和高度上来。中华人民共和国成立以后,由于诸多主客观因素的制约,一个批判继承历史传统而又充满社会主义时代精神、立足本国而又面向世界的新型文化价值体系长期没有建立起来,适合海内外中华儿女共同拥有的中华民族共有精神家园,不仅没有建立起来,甚至在很长时期中都没有得到应有的重视。其间,对于中华文化的批判性清理和创造性继承,对于中华优秀传统文化的价值认同和人心凝聚,无论在政府管理的层面还是文化建设的学术研究层面,都远远做得不够。这样,民族文化精神的挺立,民族文化主体的彰显,都远远没有达到应有的高度。于是,殖民文化心理的存在甚至在一定条件下泛滥,便成了并不奇怪的问题。

党的十六届六中全会关于构建社会主义和谐社会的决议阐发了社会主义核心价值体系的理念,固然是我们党执政能力提高的表现,是在治国理政方面的飞跃性进步,但如何使社会主义核心价值体系的理念落到实处,发挥真正的功效,在操作的层面还有许多需要改进和完善的地方。从马克思主义中国化大众化时代化的现实要求来看，如何把社会主义核心价值体系变成全民喜闻乐见、身体力行的精神支撑和价值认同，还有很多很艰巨的工作要做。包括网络在内的现代传媒，对于社会思潮和社会风尚的引导，起着空前巨大的作用。但由于先进文化的引领工作做得不够，相当部分传媒缺乏社会责任，倾心眼球经济，着眼经济效益，热衷炒作，不惜制造奇谈怪论，不惜宣传错误价值观念，近年拜金主义、享乐主义和极端个人主义的流行，某些传媒难辞其咎。对过洋节信洋教的宣扬，对西方文化的片面性的全面肯定，强化了殖民文化心理，导致青年人缺乏文化本根意识，对民族文化缺少应有的价值认同。

殖民文化心理的存在，严重危害着我国的经济社会和文化发展。殖民文化心理本身是文化殖民主义的产物，是在民族文化价值观上屈己从人的表现，它客观上为西化思想提供土壤。同时，殖民文化心理的存在，会成为西方某些势力抹黑我国、贬抑我国的口实。更为严重的是，殖民文化心理削弱甚至可能消解民族文化的主体意识，削弱、抑制民族文化的创新精神。在学术操作的层面，殖民文化心理会弱化甚至贬低政治层面和文化层面的"中国化""中国特色"的世界意义和时代价值。

三、消解殖民文化心理的路径

面对普遍存在甚至某些方面已经被制度化的殖民文化心理，我们应当引起高度重视，并采取切实的措施，以防止并逐渐消解之。

增强理论自觉和理论自信，是消解殖民文化心理的首要条件。正如文化自觉、文化自信对于全球化时代的民族文化建设具有价值重构和精神再造的作用一样，理论自觉和理论自信对于我们重构学术评价系统和机制、对于创新人才评价体制和机制，都有特别重大的意义。相信我们自己的中国特色社会主义理论的正当性，认同这个理论的价值理念，自觉践行这个理论，并在实践中不断完善和发展这个理论，是理论自觉和理论自信的必然要求，也是应对殖民文化心理的应有之道。

挺直民族文化脊梁，是我们的当务之急。之所以殖民文化心理长期存在并且泛化于社会，除了前述原因之外，我们的民族文化脊梁挺得不直，也是原因之一。文化殖民主义的施行者是当年的列强和现今的某些西方强势国家，殖民文化心理的承担者和施行者，则是我们自己中的某些人。思想文化被殖民,这个"被"的施行者,并非他人,而是我们自己!心魔只能靠自己去化解。弘扬中华文化,批判性地清理、创造性地继承并转化民族优秀传统文化,赋予其时代精神,将其融入社会主义核心价值体系,在文化精神上挺立自我,张扬主体,是应有的路径取向。

以我为主,学习外国,熔铸中外,创新学术评价体系和人才评价体系及其价值标准,使其中国化、时代化,是值得重视并付诸实践的工作。中国本土学位获得者的地位和价值,应当得到承认。在中国本土重要报刊发表的成果,至少应当得到与在国外发表的成果的同样承认。如果中国本土学历学位的获得者在学术文化实践中得到的是非国民待遇,而外国学位学历的获得者得到的是超国民待遇,则要想国人不崇洋媚外,要想真正消解殖民文化心理,那就是一厢情愿。

弘扬理性的民族主义,光大民族文化,是消解殖民文化心理的又一重要途径。我们反对狭隘民族主义,反对民族沙文主义,但应当提倡并践行理性的民族主义。光大民族文化,致力振兴中华,这就是我们的民族主义。在不同民族的文化交往和文化碰撞中,"各美其美,美人之美,美美与共,天下大同"(费孝通先生语),这就是我们的民族主义。家国意识,民族情怀,是中华文化的优秀传统,在全球化的今天,仍然应当坚守。要让中国文化走出去,首先就要让中国文化在国人心中立起来。在西强我弱的格局下,不是把自己西化或者屈服于西,当然也不是化西,而是要张扬民族文化的精气神,彰显民族文化的价值底蕴。

建设文化强国,建设中华民族共有精神家园,让全体中华儿女精神上有所归依,价值上凝聚共识,是防止和消解殖民文化心理的重要途径。中国经济的崛起引起世界的瞩目,中国文化的崛起当是题中应有之义。建设文化强国、弘扬中华文化、建设中华民族共有精神家园,是中华文化崛起的基本要求和重要标志。如果我们在文化强国的宏伟大厦上张望世界,在共有精神家园中找到休憩之地,则殖民文化心理自然消退乃至消解。

说到底,我们应当塑造理论自觉和理论自信的底蕴,增强民族文化价值的认同感,挺立民族精神的自我,进而从思想文化被殖民的窘态中解放出来。

(原载《红旗文稿》2012 年第 11 期)

李宗桂自选集

下编

中国哲学

对关于《周易》的两个传统观点的质疑

一、孔子与《易》有关论质疑
——向冯友兰、张岱年先生献疑

孔子是否研究过《周易》？孔子以前有没有《周易》？这是迄今为止学术上聚讼纷纭的问题。

认为孔子研究过《周易》，孔子以前有《周易》的人，主要依据是：

（1）子曰："加我数年，五十以学易，可以无大过矣。"（《论语·述而》）

（2）子曰："南人有言曰：'人而无恒，不可以作巫医。'善夫！""不恒其德，或承之羞。"子曰："不占而已矣。"（《论语·子路》）

（3）曾子曰："君子思不出其位。"（《论语·宪问》）

第（1）条材料，说明孔子学过《周易》，第（2）（3）两条材料，说明《论语》引用了《周易》的话，由此得出孔子与《易》有关，孔子以前有《周易》的结论。

另一种意见与此相反。康有为在《论语注》中指出，"五十以学易"的"易"，应依郑玄的注释来理解，即读"易"为"亦"，读作："加我数年，五十以学，亦可以无大过矣！"继后，郭沫若在《青铜时代》一书中，依据唐陆德明《经典释文》中"鲁读易为亦"的注释，再次做了论证。①

然而，问题并未就此解决。冯友兰先生在其所著《中国哲学史史料学初稿》中，张岱年先生在其《中国哲学史史料学》一书中，以及在其《先秦哲学史史料考略（上）》②中，以及刘建国先生在其所著《中国哲学史史料学概要》中，都认为陆德明只是说"易"字鲁读"亦"，而没有说"易"字鲁作"亦"。因此，不能据此说孔子与《易》无关，也不能

---

① 《郭沫若全集（历史编）》第一卷，人民出版社1982年版，第385—387页。
② 张岱年：《先秦哲学史史料考略（上）》，载《中国哲学史研究》1981年第1期。

以此推断孔子以前没有《周易》。张岱年先生说:"认为《鲁论》'易'字作'亦'字,是错误的。"冯友兰先生说:"陆德明的《音义》只说明当时'易'字有两种读音,并不是说《鲁论》本子上,'易'字是'亦'字。如果是那种情况,陆德明就应该说,《鲁论》'易'作'亦',不应加一'读'字。"

对于冯友兰、张岱年二先生和刘建国先生的说法,我是颇有疑问的。

陆德明在《经典释文·论语音义》中的"学易"下的注文全句是:"如字。鲁读易为亦,今从古。"(本文所有着重号皆为笔者所加)我觉得,问题的关键在于怎样理解"鲁读易为亦"。郭沫若先生以及当今很多认为孔子与《易》无关的论者,都只是说"鲁读'易'为'亦'"。因此,《论语·述而》中的那句话应读为"加我数年,五十以学,亦可以无大过矣",论证显得语焉不详。冯友兰、张岱年二先生及有关论者,则说陆德明只是说《鲁论》读"易"为"亦",而未说作"亦",因此不能将"易"解作"亦"。彼此相持不下。实际上,如果我们严格地从训诂学的角度来分析问题,探讨字义,问题就可以得到解决。

在训诂学中,"读若、读如、读为、读曰"四个术语,一般是将其分为两对的:读若与读如;读为与读曰。对这两对术语的用法,学术界有不同的理解。一种意见认为,读若和读如是用来注音的,它不改变字的意义。读为和读曰是用本字来说明假借字,它要改变假借字的意义。持这种意见的,以清代的段玉裁和当今著名古汉语专家王力先生为代表。段玉裁在《说文解字注》中说:"凡言'读若'者,皆拟其音也。凡言'读为'者,皆易其字也。注经必兼兹二者,故有'读若',无'读为'也。"王力先生在其所主编的《古代汉语》中说:"读若、读如,这两个术语一般是用来注音。""读为、读曰,这两个术语是用本字来说明假借字。"王力先生特别强调:"'读为''读曰'和'读若''读如'的区别在于:前者是用本字破假借字;后者则一般是用于注音。"不过,王力先生加了个说明:"但(读若、读如——引者)有时也是用本字来破假借字。"

与此相反的意见认为,无论是"读若"与"读如",还是"读为"与"读曰",都是既假其音,又易其义的。持这种意见的,以清代的俞樾、钱大昕和现代的闻一多、当代的周大璞为代表。俞樾说:"凡读若字，义本得通，故彼此可以假借也。"① 钱大昕在《古同音假借说》中云："汉人'读若'者，皆文字假借之例，不特寓其音，并可通其字。许氏云'读若'，云'读与同'，皆古书假借之例。假其音，并假其义，音同而义亦随之。"(《潜研堂文集》卷三) 俞樾在《古书疑义举例》中说："钱氏此论，前人所未发，颇足备治经之一说。"周大璞先生在其所著《训诂学要略》中说："段、钱二说不同，我认为钱说比较正确。"他列举了一些例子来说明读若、读如、读为、读曰都是既假其音又假其义，音同则义亦随之的。

　　《考工记·轮人》："桯围倍之"。注："郑司农云：'桯读如丹桓宫楹之楹'。"
　　《考工记·弓人》："丰肉而短，宽缓以茶。"注："郑司农云：'茶读为舒'。"

　　闻一多在解释《周易》师卦六五爻的"田有禽，利执言"时，认为"言"当读为"讯"。从音义上他说："言从辛，辛辛古同字，而辛孔音同。……是古音言讯亦近。音近则义通，故讯问之讯谓之言，俘讯之讯亦谓之言。……'执言'犹执讯也。"(《周易义证类纂》)
　　可见，以上两种观点，分歧之点主要在于对"读若""读如"用法的理解上。孰是孰非，姑且不论。我们可以明确的是，无论是清代的段玉裁和当今的王力，还是清代的钱大昕和当今的周大璞，都认为"读为"是既假其音又假其义的，"必然是用本字来破假借字"。而且，当今学者殷孟伦在《古汉语简论》中也说："读为、读曰，是改易其本字，即以音相近之字来改易其本字。"这就进一步证实了"读为"是既假其音，又假其义，音同则义亦随之的。

　　作为训诂术语之一的"读为"，在使用中有两种格式：
　　（1）甲读为乙；
　　（2）读甲为乙。
　　陆德明《经典释文》在"学易"下的注文"鲁读易为亦"，正是后一格式的应用。据此，"五十以学易"的"易"，自当训为"亦"了。而

---

① 俞樾：《古书疑义举例五种》，中华书局1983年版，第59页。

此句全文就如郭沫若等人所说，应读作："加我数年，五十以学，亦可以无大过矣。"

综上所述，我认为，以"五十以学易"一句作为孔子与《易》有关，孔子以前有《周易》的论据，不能成立。

还要指出的是，"五十以学易"的"五十"，不能作为"五十岁"来理解。俞樾在《续论语骈枝》里说："'五'、'十'二字承'加我数年'而言，盖不取必所加者几何年，故著二字，言五或十也。"联系孔子学而不厌的一生来考察，我觉得俞樾的说法是有道理的。根据这一说法，我们把"五十以学易"理解为"五十以学，亦可以无大过矣"，理由就更充足了。

至于冯友兰先生说，陆德明不是认为"易"字是"亦"字，如是，陆德明就应说《鲁论》"易"作"亦"，不应加一"读"字。我认为冯友兰先生的意见还可商讨。首先，"甲读为乙"本是训诂术语"读为"的一种格式。其次，冯友兰先生讲的"作"，是用来改正误字误读的训诂术语。其格式为"某当作某"，"某作某"，或"某当为某"，"某为某"。例如《礼记·昏义》："为后服资衰。"注："资当为齐，声之误也。"《诗·邶风·绿衣》郑笺："绿当作禄……字之误也。"

陆德明的注文并不是要改正误字误声，故他用极简明的"甲读为乙"的格式来训释词义。他不可能说《鲁论》"易"作"亦"，他加一"读"字是合乎训诂原则的。我不敢苟同冯友兰先生的意见。

至于"不恒其德，或承之羞"和"君子思不出其位"两条材料，郭沫若在《青铜时代》中已论证了是《周易》用了孔子的话，而不是孔子引用《周易》，我认为他的论证是有理有力的，就不赘言。

总括上述理由，我认为：孔子与《易》无关。

二、《汉书》有脱文，"农祥"非"农星"
——李镜池《周易通义》质疑一则

《周易》乾卦九二爻的爻辞是："见龙在田，利见大人。"李镜池先生认为，"田"即"天田"，是"龙星左角的一个星"，这当然是正确的。但他紧接着说："《汉书·郊祀志》张晏注：'龙星左角曰天田，则农祥也。'农祥就是农星，和农业有关。"他还进而分析说，龙星在天田星那里出现，对贵族有利；这是星占，"是一种天人感应思想的表现"。李镜池先生这些说法值得商讨。

首先，"农祥"并不是"农星"。查王力先生主编的《古代汉语》所附录的依据清代《仪象考成》和《仪象考成续编》等有关星表绘制的天文图，没有"农祥"这颗星。经函询中国科学院紫金山天文台，答复是："中国古代星名中并无'农祥'之名。"实际上，"农祥"只是代指房宿的四颗星。房星亦称"天驷"，即天蝎座 π、ρ、δ、β 四星。它是二十八宿之一，青龙七宿的第四宿。《国语·周语·宣王》："古者，太史顺时觋土，阳瘅愤盈，土气震发，农祥晨正，日月底于天庙，土乃脉发。"韦昭注曰："农祥，房星也。晨正，谓立春之日，晨中于午也。农事之候，故曰农祥也。"①"农祥晨正"，意即立春之日早晨，房宿在东南出现。此时天已快亮，但房星还可看到，正好出现在南方天空位置。可见，"农祥"并非指某颗具体的星，只因房星反映了"农事之候"，所以称作"农祥"，这不过是一种修辞学上的借代手法。此外，《国语·周语·景王二十二年》载有："昔武王伐殷，岁在鹑火，月在天驷……月之所在，辰马农祥也。我太祖后稷之所经纬也。"韦昭注曰："天驷，房星也。"又注曰："辰马，谓房、心星也。心星，所在大辰之次为天驷。驷，马也，故曰晨马。言月在房，合于农祥。祥，犹象也。房星晨正，而农事起焉，故谓之农祥。"又注曰："稷播百谷，故农祥，后稷之所经纬也。"② 这些，都证明了所谓"农祥"是指房星在一定时候出现，宜于农事而已，此其一。其二，《说文》释"祥"曰："祥，福也。"段玉裁注道："凡统言则灾亦谓之祥，析言则善者谓之祥。"③ 这就进一步证实了"农祥"是"农事之候"。《国语》和韦昭注无论是"统言"还是"析言"，都是指"征候"。其三，《汉书·郊祀志》张晏注既未说"天田"是农星，也未说"农祥"是农星。中国古代自然科学史告诉我们，先秦时期，人们把房星看作"农事之候"。到了汉代，则把龙星左角即天田星看作"农事之候"了。《汉书·郊祀志》张晏注"龙星左角曰天田，则农祥也，辰见而祭"，就是证明。张晏在这里并未说"天田"或"农祥"是农星。李镜池先生说

---

① 《国语·周语·宣王》，上海古籍出版社1982年版，第15—16页。
② 《国语·周语·宣王》，上海古籍出版社1982年版，第238—240页。
③ 许慎撰、段玉裁注：《说文解字注》，上海古籍出版社1981年版，第3页。

"农祥就是农星",可能是将"则农祥也"的"则"字理解为作副词用的"乃、就是"了,从而误解了张晏的意思。按照李镜池先生的解释,张晏的注文译成现代汉语就成了:"龙星左角那颗星叫作天田星,就是农祥星。""曰天田"已是明确的判断,再用作"乃、就是"解的"则"来表判断,就重复了。而且,照此推理,天田=农祥=农星,这显然在语法上不顺,在逻辑上不通。实际上,张晏注的"则"字是假设连词,作"就、那么"解。"则"上表条件,"则"下表结果。我们可以找出这种用法的内证:"圣人以顺动,则刑罚清而民服。"(《易·豫》)我们还可举出外证:"宗邑无主,则民不威;疆场无主,则启戎心。"(《左传·庄公二十八年》)"其为物不贰,则其生物不测。"(《礼记·中庸》)"人能无以饥渴之害为心害,则不及人不为忧矣。"(《孟子·尽心上》)等等。因此,李镜池先生将"则农祥也"的"则"理解为作副词的"乃、就是",从而说"农祥就是农星",恐怕值得斟酌。

其次,张晏注有脱文。如上所述,"则"在张晏注中是假设连词。张晏的注文译成现代汉语是:"(如果)龙星左角那颗星叫作天田,那么,农业生产就吉祥。"这显然不通。根据上面的论述,我认为,张晏注有脱文。全句应是:"龙星左角曰天田,〔见龙在田〕,则农祥也。"译成现代汉语是:"龙星左角那颗星叫天田,(如果)龙星在天田星那里出现,那么,农业生产就吉祥(如意)。"或依韦昭"农事之后,故曰农祥"的注文,意译为:"龙星左角那颗星叫作天田,(如果)龙星在天田星那里出现,那么,农事时节已经到来。"这样,从语法上看,才通;从文意上看,才顺。

最后,天田星是"灵星"。《汉书·郊祀志》张晏所注的那段原文是:"其后二岁,或言曰周兴而邑立后稷之祠,至今血食天下。于是高祖制诏御史:'其令天下立灵星祠,常以岁时祠以牛。'"张晏在"灵星祠"下注曰:"龙星左角曰天田,则农祥也。(晨)〔辰〕见而祭之。"① 可见,张晏认为"天田"是"灵星"。我们联系《汉书》材料来源之一的《史记》来考察,就会看得更清楚。《封禅书》曰:"周公既相成王,郊祀后稷以配天……后稷稼穑,故有稷祠,郊社所从来尚矣。"(《汉书·郊祀志》)又曰:"二年,东击项籍而还入关……悉召故秦祝官,复置太祝、太宰,

---

① 班固:《汉书·郊祀志》,中华书局1983年版,第1211–1212页。

如其故仪礼。因令县为公社。下诏曰：'吾甚重祠而敬祭。今上帝之祭及山川诸神当祠者，各以其时礼祠之如故。'"（《汉书·郊祀志》）又曰："其后二岁，或曰周兴而邑邰，立后稷之祠，至今血食天下。于是高祖制诏御史：'其令郡国县立灵星祠，常以岁时祠以牛。'"唐张守节《史记正义》载有："《汉旧仪》云：'五年，修复周家旧祠，祀后稷于东南，为民祈农报阙功。夏则龙星见而始雩。龙星左角为天田，右角为天庭。天田为司马，教人种百谷为稷。灵者，神也。辰之神为灵星，故以壬辰日祠灵星于东南。'"① 从这些记载中我们可以看出，"天星"是"灵星"，它能"教人种百谷"，所以称之为"农祥"。而"民之大事在农"（《国语·周语》），故要祭祀它。依我上文对"农祥"非"农星"的论述，可以看出，张晏认为如果天田星出现，那么，农业生产就吉祥（或：农事季节就已到来），所以，要"辰见而祭之"。我们从《史记》和《汉书》原文中可以看出，高祖是在听人讲："周兴而邑立后稷之祠，至今血食天下"后，下诏立"灵星祠"的。这里是从祠后稷引到祠"灵星"的。按照颜师古的说法，后稷是"有播种之功"的，故周朝"令天下诸邑皆祠之"。同理，我认为，因为"天田"星出现，"则农祥"，故高祖称之为"灵星"而令祠之的。

据我看来，高亨先生将"见龙在田，利见大人"解释为"龙出现于田中，比喻大人活动于民间，人见之则有利"，② 固然不妥。李镜池先生从天文学角度进行探讨，比较合理。但他曲解了张晏注，由此得出的"见龙在田，利见大人"，"是一种天人感应思想的表现"的结论，似乎还可推敲。而且，假设李镜池先生"农祥就是农星"的说法能够成立，那么，按逻辑推论，"见龙在田，利见大人"也绝不会是"天人感应思想的表现"。李镜池先生的前提与结论是自相矛盾的。

综上所述，我认为，如说"农祥"二字在古代与星有关，那有一定道理，而下"农祥就是农星"的断语，就还值得斟酌。

（原载《中山大学学报》1985 年第 4 期）

---

① 班固：《汉书·郊祀志》，中华书局 1983 年版，第 1380 页。
② 高亨：《周易大传今注》，齐鲁书社 1980 年版，第 57 页。

孔子从道思想与传统人文精神的当代价值

中国传统哲学有着深厚的人文精神。这种人文精神的形成及其价值取向，与孔子一以贯之的"从道"思想密不可分，并对当代文化建设有着重要的认识价值和借鉴作用。

一、孔子的从道思想

孔子的从道思想是其价值观的精髓，其基本精神是以道为尚，唯道是从。对此，孔子有一系列论说。这些论说，就其价值内涵而言，大致可以分为四类，即：对现实政治的态度，对历史和时代的态度，对价值原则的态度，对名利的态度。以下做一简要的阐析。

（一）对现实政治的态度

孔子是传统的维护者，是典型的守成主义者。但他所要维护、所要保守的传统和既成制度、秩序，并不是为传统而传统，为守成而守成，而是与现实政治密切相关，企图规范现实政治，引导现实政治，提升现实政治的品格。其间，贯通传统与现实的精神力量，衡量现实政治的高下优劣的标准，是他极力推崇的"道"。符合"道"的政治，他就坚持，就合作，就积极参与其中；反之，不符合"道"的政治，就保持距离，就不予合作，甚至给予必要的批判、匡正。他说："天下有道则现，无道则隐"（《论语·泰伯》）；"天下有道，丘不与易也"（《论语·微子》）；"笃信好学，守死善道"（《论语·泰伯》）；"以道事君，不可则止"（《论语·先进》）；"邦有道则仕，邦无道则卷而怀之"（《论语·卫灵公》）。这类论说，表明孔子既是传统的守护者，更是现实政治的关怀者。对于现实政治，合作也罢，保持距离也罢，甚至痛加挞伐也罢，都是为了弘"道"，以"道"的旗帜统率现实政治，而不是以现实政治扭曲"道"的灵魂。"道"高于政，政必服从"道"，这是孔子对于现实政治的基本态度。

（二）对历史和时代的态度

对于历史传统和时代，孔子的基本价值取向也是以"道"为基准。孔子重视历史传统，崇尚往古，推尊三代，膜拜周公，具有浓厚的尊古情结。他的"克己复礼"的政治目标，仁民爱物的血缘情怀，仁礼一体的思想体系，无不与既往的历史传统相勾连。而贯穿他的深厚绵长的历史意识，激活他的历史精神的，则是对于"道"的坚定信念，以及以弘扬"道"为己任的强烈的历史责任感。对于自己所处的时代，孔子痛心疾首于"礼乐征伐自诸侯出"（《论语·季氏》）的无序，向往"礼乐征伐自天子出"（《论语·季氏》）的神圣天道。因此，拨乱反正，"行义以达其道"（《论语·季氏》），便成为他的自我期许。他的弟子曾参说过一段名言："士不可以不弘毅，任重而道远。仁以为己任，不亦重乎？死而后已，不亦远乎？"（《论语·泰伯》）这应该可以看作是孔子对于历史和时代态度的精神写照。显而易见的是，以弘大之态、刚毅之志承担历史传统和时代责任，以死而后已的坚强决心迈向未来，体现了孔子对"道"的执着，以及"道"的理念对孔子的历史意识和时代精神的渗透。

（三）对价值原则的态度

孔子从道思想的一个显著特征，是对价值原则的坚持。他说："笃信好学，守死善道"（《论语·泰伯》）；"道不行，乘桴浮于海"（《论语·公冶长》）；"君子务本，本立而道生"（《论语·学而》）；"朝闻道，夕死可矣"（《论语·里仁》）；"士志于道"（《论语·里仁》）；"道不同，不相为谋"（《论语·里仁》）；"就有道而正焉"（《论语·学而》）。正当的、高尚的价值原则一旦不能实行，则绝不苟同流俗，而要遗世独立。君子致力于实践孝悌这个为仁的根本，是为了仁道的实现。道是"事物当然之理"（《四书章句集注》），能够了解、把握，则死而无憾。从价值评判和对价值原则的贯彻的角度讲，道有善恶之别，君子坚持善道，不与恶俗、恶人为伍，而以弘扬正道、伸张善道为己任。这些，从另一个侧面表现出孔子对道的遵奉，对高尚价值原则的始终不渝的坚持。从孔子一生的政治实践和道德实践来看，他确实是坚持了以道为尚的价值原则。

（四）对名利的态度

孔子对名利的态度，有一个基本的思想原则，即是否符合他所崇尚、遵从的道。关于这方面的论述，人们熟知的不少："君子谋道不谋食，……忧道不忧贫"（《论语·卫灵公》）；"富与贵，是人之所欲也，不以其道得之，不处也；贫与贱，是人之所恶也，不以其道得之，不去也"（《论语·里仁》）；"君子固穷"（《论语·卫灵公》）；"志士仁人，无求生以害仁，有杀身以成仁"（《论语·卫灵公》）；"仁者安仁，智者利仁"（《论语·里仁》）；"人不知而不愠，不亦君子乎"（《论语·学而》）；"君子喻于义，小人喻于利"（《论语·里仁》）；"邦有道，贫且贱焉，耻也；邦无道，富且贵焉，耻也"（《论语·泰伯》）。面对贫富、贵贱、荣辱、穷通，这些关涉人切身利益的东西，孔子的态度十分豁达、超然。在他心目中，士追求道，君子谋道、忧道，而不能够也不应该停留于谋食、忧贫的层次上。对于或富贵或贫贱的人生的选择，不是以物质的享受、虚名的获得为目的，而是以道为衡量的标准。为了坚持道，君子宁可固守穷困。在生死存亡的关键时刻，志士仁人宁可牺牲自己的生命而保全、发扬仁道，而决不为了苟且偷生而妨碍仁道的流行，贬损仁道的价值。当义利不能两全的时候，君子毅然取义而弃利。君子不汲汲于名利，为学在己，而不以获得知名度为功利目的。即使自己道德文章十分高妙，却又并不为人所知，也不会因而怨天尤人甚至恼羞成怒。显而易见，孔子对于名利的态度是十分超越的，道德形上学的色彩相当强烈。这种以道为精神追求、为人生价值准则的态度，对于调控物欲、摆正思想，无疑具有积极的现实意义。

上述孔子四个方面的思想，就其思想涵盖面和逻辑关系而言，其间有相互交叉的地方，例如对名利的态度可以纳入对价值原则的态度这个范围来考察，而对价值原则的态度，可以包括、容纳对名利的态度这个问题；同理，对现实政治的态度，以及对历史和时代的态度，从广阔的思维背景和理论空间着眼，也可纳入对价值原则的态度的范畴来论说。但是，为了理论划界的清晰，为了本文对有关问题阐释的层次更加清楚、严谨，也为了凸显孔子从道思想的不同构成的特质，故本文将其做了相对的划分。

无疑，孔子的一生，都在坚韧地实践其从道思想。这种从道思想，实际上就是道德理想的高扬，是价值理性的体现，是传统人文精神的初始表现。

二、传统人文精神的历史表现

孔子的从道思想，作为中华民族精神文化的重要资源，对后世思想家的思想产生了极为重要的影响，特别是对后来的传统人文精神的思想内涵和表现形式产生了深远的影响。

关于传统人文精神，学术界有着极为不同的理解和看法。其中，认为中国传统文化、中国传统哲学具有人文精神和认为中国传统文化根本没有人文精神的观点，是最为基本的两种。在我看来，中国传统文化、中国传统哲学有着丰厚的人文精神。这个问题，说复杂它很复杂，需要从历史材料、理论观点的统一，传统与现代的相互观照，中国与西方的客观比较等方面进行细致深入的论证，才能得出令人信服的结论，但限于篇幅，这当另文专论，此处不赘，而只是对传统人文精神的历史表现做一概略的阐释。①

本文认为，传统人文精神主要表现为六个方面，即：政治合作的精神、政治批判的精神、历史担当的精神、立足现实的精神、重视传统的精神、追求崇高的精神。

孔子作为"圣之时者"，是合理的现实政治的维护者。在他看来，一个政权，一个君主，如果符合"道"的要求，弘扬"道"，实践"道"，则士大夫就可以而且应该给予支持。所谓"天下有道则现"（《论语·泰伯》），所谓"天下有道，则庶人不议"（《论语·季氏》），这类论说的要旨，就是要求与有道之君合作，与合道之政配合。这种支持"有道政治"的思想，便是政治合作精神。实际上，孔子从来就不是盲目地、简单地批判现实政治，不与统治者合作，而是有所选择，选择的标准便是是否符合他所钟情的道。对于周礼，对于以周礼为基本价值原则的统治者，及其相应的社会秩序，孔子从不怀疑、批评，而是充分肯定，高度信仰，自觉地、由衷地合作。孔子所倡导、实践的政治合作精神，对后世的思想家有深刻影响。孟子的仁政学说，荀子的隆礼重法思想，董仲舒对策朝廷的政

---

① 参见李宗桂：《民族文化素质与人文精神重建》，载《哲学研究》1994年第10期。

治实践、德主刑辅的统治方略和罢黜百家、独尊儒术的意识形态控制方式，宋明理学家热衷的理欲之辨，王夫之对明王朝的忠诚，等等，无不昭示着以儒家传统为主导的政治合作精神的广泛存在。这种政治合作精神，对于合理的现实政治的维护，对于君主政治品位的提升，有其相对的历史合理性。同时，由于思想家的参与和合作，特定时代的现实政治对于思想家的理论体系的形成和发展，对于知识分子群体利益以及黎民百姓利益的正面表达和适当维护，都有不可忽视的积极意义。

孔子并不是如同某些论者所说，仅仅是一个现实政治的维护者。实际上，孔子有着相当强烈的政治批判精神。而他的政治批判精神的价值标准，与他的政治合作精神的价值标准一样，是"道"。在他看来，凡是违背"道"的政治，都是不合理的，都是应当批判的。他对于违背礼、仁的政治行为，不仅不予合作，而且一贯持严厉的批判态度。"礼乐征伐自诸侯出"、季氏"八佾舞于庭"，这类违背礼的、政治上的僭越现象，孔子就曾痛心疾首，指斥道："是可忍也，孰不可忍也。"（《论语·八佾》）对于违背仁的现象和行为，孔子照样给予严厉批判："人而不仁，如礼何？人而不仁，如乐何？"（《论语·八佾》）违背仁的准则，便是人心已亡，便是失掉天下之正理，即使有礼乐，也不能收到礼乐本身应有的效果，社会人生皆无序而不和。对于无道之君，悖道之政，孔子无情鞭笞，不惜隐遁。孔子这种政治批判精神，给予后来的思想家以积极的思想引导和激励，成为传统政治批判精神的直接源泉之一。孟子倡仁政批暴政，反对以力服人而主以德服人；荀子力主法后王而反对法先王的保守传统，明辨天人相分而批判天人合一，重视后天实践对人的能力的决定性作用而反对先天决定论；董仲舒以仁德匡正骄王，用王道政治理论劝导汉武帝实行阳德阴刑、德主刑辅的统治方略，看重封建国家长治久安的长远利益而反对与民争利、竭泽而渔；戴震直指宋明理学家"以理杀人"，黄宗羲揭露帝王是独夫民贼，龚自珍一针见血地指出当时的现实政治导致全社会"万马齐喑"的可悲局面。这些鞭辟入里的对当时的社会政治问题的批判，就其思想渊源而言，都与孔子的政治批判精神有关，换言之，这些思想家的批判精神，是对孔子政治批判精神的继承和发展。这种政治批判精神，与上述政治合作精神并行不悖，对于推动传统社会的进步来说，可谓一体两面。正是政治批判精神与政治合作精神之间的适度张力，形成了传统中国知识分子与现实政治既适当合作又保持一定距离的独特风貌，形成了独特的中国士大夫精神,从而也造就了与近代西方人文主义颇为不同的传统人文精神。

孔子以克己复礼、弘扬仁学精神为己任,具有强烈的历史担当精神。所谓历史担当精神,简捷地说,就是历史责任感,就是敢于承担历史使命的勇气和毅力。这种历史担当精神,绝不是为历史而历史,恰恰相反,它是立足传统,面向未来,既有深厚的历史感情,更有鲜明的时代意识。孔子一生的立身行事,无不集中于对仁学精神的践履和对礼治社会的重建,充分反映出他的历史责任感和时代使命感,并对中国传统文化中源远流长、深厚坚韧的历史担当精神的塑造,起了引领思想方向的楷模作用。"为天地立心,为生民立命,为往圣继绝学,为万世开太平"①,是对中国传统文化中的历史担当精神的凝练概括,被知识分子传颂不绝,奉为人生终极价值目标。"匈奴未灭,何以家为?""人生自古谁无死,留取丹心照汗青""苟利国家生死以,岂因祸福避趋之",这些令人荡气回肠、热血喷涌的话语,便是传统人文精神中历史担当精神的生动体现。正是历史担当精神的感召,鞭策着近代以来无数志士仁人为民族独立、国家富强而甘抛热血写春秋!

与强烈的历史担当精神相辉映,孔子还具有鲜明而清醒的立足现实的精神。改造人性,改造社会,是孔子社会政治思想的主题之一。仁学精神的阐扬,礼乐情怀的熏陶,仁智勇合一的人格培养,不外是要提升人性的层次,进而改造社会,促进社会的良性发展。过去不少论者认为孔子完全是一个复古主义者,是死守旧道的思想僵化分子,现在看来,这种观点恐怕值得斟酌。不错,孔子是一个文化保守主义者,但他同时又是一个相当清醒的现实主义者。如果不承认这点,那就很难解释孔子为什么面对动荡社会要求重建社会秩序和价值原则,要求实现"君君、臣臣、父父、子子"的有序协调的局面。"诸子皆起于救世之弊"(《淮南子·要略训》),汉代学者对先秦诸子起源的总结,对于儒学创始人孔子的理论和实践,应当是符合历史实际的。孔子曾经自道:"如有用我者,吾其为东周乎!"(《论语·阳货》)这也从一个侧面说明孔子的现实精神——尽管这种现实精神含有不合时宜的理想主义色彩!孔子要复兴周道,要针砭时弊,要兴灭继绝,全是要建立一个他理想的现实社会。在文艺思想方面,孔子也是

---

① 张载:《张载集》,中华书局1978年版,第396页。

以现实为基点的。他著名的关于诗歌功用的兴、观、群、怨说①，其实用目的很明确："迩之事父，远之事君"(《论语·阳货》)。他还说过"不学《诗》，无以言"(《论语·季氏》)，质言之，学《诗》是为了能够言、可以言。他明确宣称，学《诗》是为了致用："诵《诗》三百，授之以政，不达；使于四方，不能专对；虽多，亦奚以为！"(《论语·子路》)显而易见，孔子这些见解，都是立足现实，以运用为基础的。应该说，摒弃玄想，不尚空谈，依托传统，立足现实，是孔子思想和行为的重要特征。这一特征，对于他以后的历代思想家、政治家都有重大影响。荀子秉承儒学传统，却又吸纳法家思想，创立了隆礼重法的政治思维框架，为儒学日后成为真正意义的显学开辟了道路，以至出现"二千年之学，荀学也"的局面。(《谭嗣同全集·仁学》)这得力于荀子立足现实思考问题的路子。如果荀子没有立足战国时代的现实状况的思路，不援法入儒以对孔孟儒学进行创造性的发展，则荀子在中国文化史、中国政治思想史上的地位绝不可能有如此之高，儒学的政治影响也不可能如此之大。汉代的董仲舒如果不能正确面对当时的社会现实，不实事求是地总结秦亡的教训，不援阴阳五行入儒以建立汉代新儒学的理论骨架，不折中儒、法、道、墨诸家学说以充实儒家的思想资源，则难以建构起封建社会的基本道德原则，从而为封建社会的长治久安做出巨大贡献。至于程朱理学吸纳佛学的思辨结构和道家的思想营养，以儒家思想统合佛道而开辟出传统儒学的新的精神方向，则断难在中国哲学史上取得如此重要的地位。诸如此类的例子，可谓不胜枚举。至于历代政治家和军事家的事功，文学家的文以载道，等等，无不是以立足现实的精神为其出发点和归宿。百姓日用即道，可谓对立足现实精神的精辟概括。这种立足现实的思想传统，丰富了中国传统文化黜玄想而尚实际的精神，促进了经世致用文化传统的形成、发展和完善，凸显了中国传统文化重视人伦日用的色彩，"当下即是"成为道德理想追求和现实生活的基本取向。

孔子思想的一个重要特征，是崇尚传统。对于往圣先贤，对于历史传统和风尚习俗，孔子都给予高度的重视，并努力从文化积淀的角度去审视、爱护。三代之治的递相继承，周公之礼的永恒价值，是孔子思考的重

---

① 《论语·阳货》："子曰：'小子何莫学夫《诗》？《诗》可以兴，可以观，可以群，可以怨，迩之事父，远之事君，多识于鸟兽草木之名。'"

心之一。对于既往的历史文化及其相应传统，孔子主张在充分尊重、继承发扬的基础上，结合时代条件进行变通性的取舍，即他所谓损益。所谓损益，是指在不改变基本原则的前提下，对某些思想观念或者器物制作进行一定程度的调整。孔子损益观的思想基础，是经权说。经是常道，权是变通。在孔子那里，经权问题的思考，本质上是能否坚持中道的问题。中是常道，是经，用中必须行权，行权是用中的表现。在孟子那里，"男女授受不亲"是经，"嫂溺则援之以手"为权。汉儒董仲舒认为"权虽反经，亦在可以然之域。不在可以然之域，故虽死亡终弗为也。"（《春秋繁露·玉英》）赵岐在《孟子·离娄上》的注中说："权者，反经而善者也。"后儒对于经权问题有着颇为不同的理解，但以经为尚，以权辅经，则基本上是一致的思维方式和价值原则。正是在这样一种情况下，保守固有文化，坚持守成中的发展，常道中的开新，就成为必然的思维态势和价值取向。因而，崇尚传统，钟情传统，便成为中国传统文化发展历程中的常态。此外，农业社会追求稳定，道统观念讲求持久，祖先崇拜催生先王崇拜，追怀往古导致因循传统，等等，都是传统崇拜的必然表现和结果。这种崇尚传统的观念，对于民族文化的稳定、持续的发展，对于培养尊重历史传统的思想观念，有着积极的意义。

孔子思想的又一显著特点，是追求崇高。这种追求的集中表现，首先在于对道德理想和价值理性的执着，这已经为不少论者所肯定，并有详细的论证，此处无须赘论。值得指出的是，追求崇高的精神，有两个重要的表现，这就是力主尚贤使能和贵和尚中。选贤举能，是儒家传统，属于"大道之行"。孔子一贯倡导举贤用能。《论语·子路》记载，孔子明确说过"举贤才"。《论语·为政》则记载了孔子的一段名言："举直错诸枉，则民服；举枉错诸直，则民不服。"此处的"直"指贤才，"枉"指奸佞小人。举荐贤人，贬退小人，则人民拥护；反之，则人民反对。孔子不仅力主举荐、任用贤德之人，而且坚决反对嫉贤妒能，这在《论语·卫灵公》中有所反映。据该篇记载，孔子认为鲁国贤人柳下惠没有得到重用，是因为鲁国大夫臧文仲知贤不举，嫉妒贤才。孟子继承发展了孔子的尚贤思想，认为"辅世长民莫如德"（《孟子·公孙丑下》）。有德者即是贤人。孟子还说："贵德而尊士，贤者在位，能者在职，国家闲暇，及是时，明其政刑，虽大国必畏之矣。"（《孟子·公孙丑下》）这类论述，在《孟子》中还有不少。荀子在孔孟举荐任用贤才思想的基础上，进一步提出破格任用贤才。他明确提出，如果不能按照礼义办事，即使是王公士大夫的子孙，也必须归入庶人；反之，即使是庶人的子孙，如果能够按照礼义办事，则归之卿相士大夫。"贤能不待次而举，罢不能不待须而废"（《荀子·王制》），便是荀子人才观的宣言。秦汉以后，尚贤使能的思想得到进一步发展，成为人才使用方面的主导思想。北宋二程说"盖有天下者，以知人为难，以亲贤为急"（《河南程氏遗书》卷四《游定夫所录》），便是这种主导思想的表现。显然，尚贤使能的思想属于一种崇高的、正义的思想。与这种思想相应的，是贵和尚中的思想。孔子主张"和而不同"的文化观，一生追求中道，力倡和谐。他认为，"礼之用，和为贵"（《论语·学而》），"君子和而不同，小人同而不和"（《论语·子路》）。与孔子和而不同思想相一致，《易传》提出"天下百虑而一致，殊途而同归"的精辟思想，并提出了"太和"亦即最高、最好的和谐状态的思想。值得注意的是，中国古代贵和的思想，往往与尚中相联系。孔子以中为尚，以中为度，固不用说。后来几乎所有的思想家所阐释、所追求的和谐精神和状态，莫不以中为价值尺度。《中庸》说："中也者，天下之大本也；和也者，天下之达道也。致中和，天地位焉，万物育焉。"达到中和状态，宇宙万物和人类社会便各安其位、各得其所。应该说，中庸这个表述，是相当典型、深刻的。在传统文化的价值指向中，贵和尚中本身就是一种高尚的精神追求，是一种合理的、有序的状态。概而言之，传统文化中尚贤使能和贵和尚中的思想，反映出追求崇高的思想旨趣，为传统社会的持续稳定发展和传统文化的积极成分的增长，提供了条件。

三、现代审视下的历史启迪

上述孔子的从道思想和传统文化人文精神的诸多方面，对市场经济条件下的当代中国的社会发展，对中国特色的文化建设，有着重要的启迪和借鉴意义。

孔子的从道思想对传统人文精神的形成和发展起了积极的促进作用。孔子对现实政治的态度对传统人文精神中的政治合作精神和政治批判精神具有引领精神方向的作用。这主要导因于孔子对有道之君和有道之政的自觉合作，以及对无道之君、悖道之政的严厉批判和保持距离。孔子的言教身教并行，为传统的政治合作精神和政治批判精神的理论阐扬及其政治实践提供了精神力量，成为后世的楷模。孔子的历史责任感和时代担当感，表现为始终不渝的参与精神，为后世作为一种理论形态和精神力量的历史担当精神的成熟，以及立足现实的实践精神的发展提供了思想资源。孔子对价值原则的坚定信守，对于后世追求崇高的精神价值观的发展和成熟，有着开启方向、规范行为的功能。总之，传统人文精神，作为一种重视实践、重视日常人生的价值观念和精神力量，其思想渊源之一，便是孔子的从道思想。

今天，我们正在进行现代市场经济体制的建设。传统文化的消极成分的制约，西方文化腐朽因素的侵蚀，现实的社会政治经济体制的诸多缺陷，特别是市场经济负面作用的影响，使社会上各种矛盾复杂纷繁，并且有时表现得十分尖锐。极端个人主义、享乐主义、拜金主义，这些不良思潮严重腐蚀着人们的心灵，毒化着社会空气，使得文化建设的任务特别艰巨、沉重。应当实事求是地承认，当代中国大陆的社会文化建设，还有十分漫长的道路要走，还有极为艰巨的任务等待有志之士去完成。要解决现实生活中的诸多问题，要提高全社会的文化素质，实现现代化建设的目标，当然有很多途径，而总结、借鉴传统文化人文精神的积极成分，无疑是一个重要的途径。

反思孔子的从道思想和传统人文精神，笔者认为，我们可以从中汲取若干有益的思想养料，并将其经过改造，运用于现代化建设事业的实践过程之中。

首先，政治合作精神和政治批判精神的统一，是我们保持清醒头脑、积极参与社会生活和现代化建设事业的思想保证之一，也是促进中国文化健康地走向现代化途程的重要保证之一。随着这些年来教育事业的发展，属于知识分子范畴的人越来越多。就其自身的资质和秉性而言，知识分子往往具有强烈的参与现实生活的精神，同时也有强烈的批判精神。半个世纪的实践表明，如果知识分子对于现实的政治生活仅凭感性参与，不加思考，盲目顺从，有时就会导致意想不到的悲剧。因此，应当提倡并弘扬政治批判精神。当然，我们这里讲的政治批判精神，并不是盲目地与某些决策部门和领导唱对台戏，不是一味地以逆反心理处理一切，而是提倡一种符合现代意识的价值理性。不言而喻，在建设市场经济体制的今天，更为需要的是政治合作精神。如果没有对当代中国现代化建设事业的认同，没有振兴中华民族、复兴伟大的中华文明的高远志向,就不可能有自觉的政治合作精神。如果一味地以局外人的身份和眼光旁观当代中国的建设,以一种挑剔的态度对待社会现实,就难免失之偏颇。科学的态度是政治合作精神与政治批判精神的统一,使二者之间形成合理的张力,造成一种良性的互动,以为市场经济体制的建设提供应有的帮助。

其次,立足现实的精神与重视传统的精神的统一,是促进新的中国文化精神生长的重要方式。身处生气勃勃的现代化建设事业迅猛发展的时代,我们的立身行事当然要以当代中国的现实为出发点,要一切从实际出发,反对脱离实际,反对空谈。同时,又要弘扬传统人文精神中重视传统的精神,充分利用优秀的文化传统,用新的时代精神进行改造,使其焕发新的生命力,为中华民族迈向新的纪元提供精神动力。总之,将传统仅仅看成包袱,割裂传统,抛弃传统,只顾眼前是不对的,是目光短浅的表现;但是,如果过分看重传统,以传统遮蔽现实、取代现实,以致脱离现实去空谈传统,也是不对的。将现实与传统融合、贯通,立足现实,背靠传统,面向未来,面向世界,使本根意识与全球意识相结合,在新的基点上催生新的中华民族精神,才是正确的做法。

最后,历史担当精神与追求崇高的精神的统一,是消除种种社会弊端特别是清除思想毒瘤的重要方式。没有历史担当精神,就没有责任感和使命感;没有追求崇高的精神,历史担当精神就有可能流为个人自我中心,成为争名夺利的口实和遮羞布。社会尚贤使能的对应面,应当是个人的见贤思齐,而不是嫉贤妒能;尚贤使能客观上会激发出更为激烈的竞争,因而需要贵和尚中的崇高精神境界和良好的文化生态环境,否则只会产生更多的社会弊端和思想毒瘤。只有将历史担当精神与追求崇高的精神有机统一起来,才能达到净化社会空气、优化文化生态环境的目的。

要强调的是,我们重视历史文化传统在现代化建设中的作用,重视传统精神资源在市场经济条件下的开掘,并不是认为孔子的从道思想和传统人文精神是完满自足、尽善尽美的。事实上,我们认为孔子的从道思想和传统人文精神有着严重的时代局限性,就其作为价值观的一面来讲,它们作为一个整体,在今天已经不能适应时代的要求,而需进行根本性的改造,才能为我所用,为今天所用。但是,问题的严重性现在并不在于指出、批评并抛弃传统人文精神的弊病(这个问题比较容易引起人们的重视，也比较好解决），而在于如何客观地看待、理性地评价、科学地转化它的价值，从而使传统精神的资源汇入当代文化发展的长河之中，使民族文化的生命得以更为健康地成长。

(原载《中国哲学史》2000年第2期)

汉代礼治的形成及其思想特征

自西汉到清末，两千年的中国传统社会是以礼为标榜、以礼治为旗帜的社会。

从汉到清的中国传统社会的礼治，其观念、制度、规范等层面的建构，主要是在汉代形成的。宏观地看，整个两汉社会历史和思想文化的发展，就是一个礼治思想体系和价值观念逐渐形成的过程。这个过程大致可以分为这样几个阶段：孕育阶段——从高祖立国到文景时期（西汉前期）；确立阶段——从武帝罢黜百家独尊儒术到宣帝时期石渠阁会议和《礼记》的定稿及其流行（西汉中期）；成熟阶段——东汉章帝时期白虎观会议及《白虎通义》的出现。本文主要从礼治思想和礼治秩序的层面论说问题。

一、礼治孕育阶段：从高祖立国到文景时期

西汉高祖立国以后，叔孙通、陆贾、贾谊等人所做的工作，属于礼治初创阶段。

草莽出身的刘邦，最初并没有认识到儒学对于巩固统治者利益的作用，并不懂得儒学的守成价值。经过儒生们的开导，才真正明白了其间的道理。根据史书记载，陆贾针对高祖不喜儒学的毛病，"时时前说称《诗》《书》"。被高祖痛骂："乃公居马上而得之，安事《诗》《书》？"陆贾居然大胆对曰："居马上得之，宁可以居马上治之乎？且汤、武逆取而顺守之，文武并用，长久之术也。……乡使秦已并天下，行仁义，法先圣，陛下安得而有之？"（《史记·郦生陆贾列传》）高祖和陆贾的这场争论，实质上是如何看待儒学的守成功能的问题，大而言之，是如何看待礼治的功能。好在高祖有点文化自觉的意识，尽管面对陆贾的诘难颇为不快，但仍然要其著书阐明秦亡汉兴的道理，以及历史上的经验教训。于是，"陆生乃粗述存亡之征，凡著十二篇。每奏一篇，高帝未尝不称善，左右呼万岁。号其书曰《新语》"（《史记·郦生陆贾列传》）。陆贾《新

语》新在什么地方？从总体上看，就是新在针对秦朝灭亡的历史教训，明确提出了尚德行仁的治国方略，认为"天道不改而人道易"。国家社会治乱的关键，在于"行仁义，法先圣"。"危而不倾，佚而不乱者，仁义之所治也"（《史记·郦生陆贾列传》）。仁义之治，当然是礼治。陆贾所倡导的礼治，主要是指治国方略，同时也涵摄着以儒家仁义为核心的价值取向。值得注意的是，陆贾强调"文武并用，长久之术也"。过去不少论者认为这是陆贾思想中儒道兼综或者儒法并用的表现，其实，这是儒家思想自先秦荀子以来形态更新的必然结果，是儒家思想的本质表现。在荀子那里，既隆礼，又重法，但法从属于礼，礼统率着法。荀子所谓"礼者，法之大分，类之纲纪也"（《荀子·劝学》）便是明证。荀子既认为"法者，治之端也"（《荀子·君道》），更强调"礼"是"强国之本"（《荀子·议兵》）、"人道之极"（《荀子·礼论》）、"国之命在礼"（《荀子·天论》）。这些，说明作为战国末期儒家思想集大成者的荀子，实际上主张治国之道在于文武并用。明白了这个道理，我们就不难看出陆贾文武并用、董仲舒德主刑辅、汉宣帝"霸王道杂之"思想的发展逻辑，从而也就不难理解儒家礼治的某种特质。

贾谊进一步推进了礼治的思想。他认为，国家的安危不是一朝一夕形成的，而是长期积累的结果。"以礼义治之者积礼义，以刑罚治之者积刑罚。刑罚积而民怨背，礼义积而民和亲。故世主欲民之善同，而所以使民善者或异。或道之以德教，或驱之以法令。道之以德教者，德教洽而民气乐；驱之以法令者，法令极而民风哀。哀乐之感，祸福之应也。"（《汉书·贾谊传》）这是在治国方略上十分清楚地提倡礼治。在制度建设层面，贾谊主张"改正朔、服色、制度，定官名，兴礼乐"。贾谊还运用五行学说，倡导汉朝"色尚黄，数用六"，论证汉朝是按照五行生胜原则，承"运"而出。为了统治秩序的安稳，他在其著名的《治安策》中，利用秦朝暴亡的惨痛教训，极力倡导礼治。他说："秦灭四维而不张，故君臣乖乱，六亲殃戮，奸人并起，万人离叛，凡十三岁而社稷为虚。"在贾谊看来，秦朝灭亡的根本原因，就是没有弘扬礼、义、廉、耻，不施仁义，不行礼治。因此，他在《治安策》中明确指出："如今定经制，令君君臣臣上下有差，父子六亲各得其宜，奸人亡所几幸，而群臣众信上不疑惑。此业一定，世世常安，而后有所持循矣。"贾谊的这些思想，是汉代礼治发展的重要环节。从思想发展的脉络上看，贾谊的礼治思想，主要还是承袭了孔孟，但同时也引进了阴阳理论。而由于阴阳理论的掺入，就在客观上开辟了最终走向谶纬神学、形成宗教信仰的可能，这在后来的董仲舒思想特别是谶纬思想中表现得特别明显。

如果说，陆贾和贾谊是在思想理论的层面做礼治建设工作的话，那么，叔孙通则是在制度的层面做了更多的贡献。在刘邦登基后，他对刘邦说："夫儒者难与进取，可与守成。"（《汉书·叔孙通传》）明确指出儒学对于国家社会的功能在于"守成"。他对刘邦表白："臣愿征鲁诸生，与臣弟子共起朝仪。"（《汉书·叔孙通传》）经过一番努力，叔孙通和其所征的儒生及其他热衷制礼者所制定的朝仪得到刘邦的首肯。在长乐宫建成的那年，诸侯群臣举行朝拜大礼。在庄严的气氛中，"诸侯王以下莫不震恐肃敬。……诸侍坐殿上皆伏抑首，以尊卑次起上寿。……无敢喧哗失礼者。于是高帝曰：'吾乃今日知为皇帝之贵也！'"（《汉书·叔孙通传》）。刘邦去世，惠帝继位后，让叔孙通"定宗庙仪法"。"汉诸仪法，皆通所论著也。"（《汉书·叔孙通传》）可见，叔孙通对于刘汉王朝礼治的开启起了重要的作用。在很大程度上，叔孙通在汉初所制定的各种仪法，就是汉代礼治制度化的奠基。

与思想家们的基调一致，西汉前期的最高统治者们也认识到了礼治的价值，从而使礼治思想得到了进一步的贯彻。班固在《汉书·叔孙通传》末尾评论说："高祖以征伐定天下，而缙绅之徒骋其知辩，并成大业。"班固这个结论，过去人们并不在意，今天看来，颇有深意，也颇有见地。通过刘邦之类的政治家运用行政力量，思想家和政治家合作，形成了初步的礼治的局面，所谓"并成大业"，即此之谓也。

《汉书》记载汉文帝即位23年，"专务以德化民，是以海内殷富，兴于礼义"（《汉书·文帝纪》）。班固在《汉书·景帝纪》末尾称赞文景之治说："五六十载之间，至于移风易俗，黎民醇厚。周云成、康，汉言文、景，美矣！"从思想文化的层面看，文景之治是西汉礼治的初创成果。

二、礼治确立阶段：从武帝到昭帝宣帝时期

西汉中期，是汉代礼治思想的确立阶段。这个时期，是以汉武帝和董仲舒为代表的政治家和思想家们协力创建礼治价值系统的时期。正是通过

他们的建树，使得礼治作为一种价值体系和治国方略，由先秦孔孟荀的理想变成了现实。

武帝即位以后，对于礼治的建设是逐渐推进的。即位当年（建元元年，公元前 140 年），即下诏令各级官吏"举贤良方正直言极谏之士"，但同时采纳了丞相王绾的建议，罢黜"申、商、韩非、苏秦、张仪之言"，以免"乱国政"（《汉书·武帝纪》）。这是汉代立国以来，最高统治者从治国方略的高度，第一次明确取缔法家和纵横家思想。这是为儒家学说作为国家意识形态的登台开辟道路。建元六年（前 135 年），"置'五经'博士"。元光元年（前 134 年），下诏贤良，要求他们提供如何才能真正实现"章先帝之洪业休德，上参尧舜，下配三王"的方略。在这种情势下，"于是董仲舒、公孙弘等出焉"（《汉书·武帝纪》）。这就是说，武帝即位不久，很快就在为全面实行礼治寻找方略。后来的事实证明，正是董仲舒和公孙弘等人的出现，把儒家礼治思想提供给武帝，而武帝又通过行政的力量，使得儒家礼治理想成为汉代社会的现实，并开辟了此后封建礼治的道路，奠定了基本的模式。

考诸史实，正如班固在《汉书·武帝纪》末尾的赞语中所说："汉承百王之弊，高祖拨乱反正，文、景务在养民，至于稽古礼文之事，犹多阙焉。孝武初立，卓然罢黜百家，表彰'六经'。…兴太学，修郊祀，改正朔，定历数，协音律，作诗乐，建封禅，礼百神，绍周后，号令文章，焕焉可述。"（《汉书·武帝纪》）应当说，班固这个评说是准确的。正是由于武帝的这种文治之功，最终使汉代礼治得以确立。

武帝以后，昭、宣二帝继承了武帝以礼治国的思路。昭帝在位仅 13 年，建树不大。值得重视的是继昭帝而出的宣帝。他大力推行礼治，甚至亲自参与学术讨论并裁决学术争论。从《汉书·宣帝纪》的记载来看，宣帝在诏书中关于儒学、礼治的议论甚多。地节四年（前 66 年），宣帝在诏书中说："导民以孝，则天下顺。"武帝要"导民以礼"，宣帝则要"导民以孝"。礼当然包括孝，孝自然是礼的表现。可见武帝、宣帝之间，其思想真正是一脉相承！甘露二年（前 52 年），宣帝召集臣下讨论匈奴朝贺的事宜。臣下对曰："圣王之制，施德行礼。"宣帝诏曰："盖闻五帝三王，礼所不施，不及以政。"（《汉书·宣帝纪》）这些情况表明，宣帝即位后坚持用儒家思想治国，为礼治的实现做了努力。

从思想文化史的角度看，宣帝在位期间值得重视并且影响深远的有两件事。一是出席石渠阁会议，参与经学问题的讨论，并亲自裁决是非。二是关于治国之道的那段"汉家自有制度，本以霸王道杂之"的宣言。

宣帝甘露三年（前51年），"诏诸儒讲'五经'同异。太子太傅萧望之等平奏其议，上亲称制临决焉"（《汉书·宣帝纪》）。这就是经学史上著名的石渠阁会议。史料表明，武帝即位不久，即大力表彰儒学，设立"五经"博士，令其讲授儒学经典。武帝罢黜百家、独尊儒术后，儒学大盛。但经学有不同派别，今文经学古文经学并存，齐学鲁学同在；有的立为学官，有的未列学官；经学内部意见分歧，各自是其所是而非其所非。宣帝为了评判经学内部的是非，统一认识，在石渠阁召开了经学会议。参加这次会议的大都是今文经学家，因此，有人认为这是今文经学家内部辩论"五经"异同的会议。这次会议的讨论焦点，是《公羊春秋》和《穀梁春秋》的异同。宣帝喜好《穀梁》，在这个名为"平公羊、穀梁同异"（《汉书·儒林传》）的会议上，以公羊博士严彭祖等人为一方，以穀梁派学者尹更始、刘向等为一方，相互论辩。最终穀梁派取得胜利，"乃立梁丘《易》、大小夏侯《尚书》、穀梁《春秋》博士"（《汉书·宣帝纪》）。"由是穀梁之学大盛"，《穀梁春秋》从此列为官学。公羊学是齐学，穀梁学是鲁学，这次会议，以鲁学的胜利而告终，从此齐、鲁并立。我们知道，武帝用董仲舒，立《公羊春秋》为学官，从此公羊学大盛；而宣帝自己喜好《穀梁春秋》，利用石渠阁会议，在"稽古礼文"的背景下，立《穀梁春秋》为学官，此后穀梁学大盛。这当然可以看作是皇帝个人爱好使然。值得注意的是，从武帝尊公羊，到宣帝尊穀梁，反映出统治者在实行礼治的时候，在思想文化方面走的是一条逐渐宽广的道路，奉行的是一统政治下的多元文化取向。更为值得注意的是，武帝和宣帝都是以"九五之尊"参与经学讨论，并运用政治权力进行裁决，反映了汉代礼治的形成和发展始终是在政治家和思想家的合作中进行这一时代特点。

毫无疑问，武帝也好，宣帝也罢，其治国方略都是以礼治国。但是，为什么宣帝要宣称汉家制度是"霸王道杂之"？其实，霸王道杂之也是儒家思想，也是儒家治国方略。《汉书·元帝纪》记载，宣帝驳斥太子（后来的元帝）"宜用儒生"的建议时道："汉家自有制度，本以霸王道杂之，奈何纯任德教，用周政乎！且俗儒不达时宜，好是古非今，使人眩于名实，不知所守，何足委任？"学界对于这段话的含义历来有所误读，以致误导社会。在很多解读中都认为宣帝并不赞成仅仅使用儒家思想，而要同时使用法家思想；把王道理解为儒家之道，把霸道理解为法家之道。其实，这种理解是有问题的。根据儒家思想的价值系统，以及有汉一代思想文化和政治社会发展的历程，我们可以看到，宣帝的意思是，儒家思想、德教、周政，并非不用，也不是不能用，而是不能"纯"用，也就是在治国方略和实践中，不能只用德教。同时，儒生、儒家不是不用，也不是不能用，而是"俗儒"不能用——不达时宜、是古非今、眩于名实、不知所守的儒生，就是"俗儒"。宣帝这里不过是道出了统治者的真话而已！当然，宣帝的论说，也表明了统治者对儒生、儒学的态度——择利而行，为我所用。其实，从孔孟到荀子再到董仲舒，都强调与时偕行，重视现实社会政治的引导，其最终目标是建构层级有序、长治久安的社会。如果说孔孟思想的价值主题是仁礼，其解决问题的方式更多的是关注德教的话，那么，从荀子的隆礼重法到董仲舒的德主刑辅，则已经非常明确地表明了儒家礼治的基本模式或者说治国之道的两手策略——王霸杂用！因此，宣帝的治国方略和儒家的礼治思想，并不是矛盾的，而是一致的。在很大程度上讲，宣帝对汉家制度是"霸王道杂之"的宣导，就是对董仲舒德主刑辅（阳德阴刑）治国方略的进一步肯定。可见，西汉武帝、宣帝之类的政治家们和董仲舒之类的思想家们，在礼治模式的选择和实现途径上，并无二致。霸道当然可以是法家思想，但并不仅仅是法家思想。儒家也有霸道，只不过儒家的霸道是纳入德治的框架中，是在以礼治国的旗帜下进行而已。

值得注意的是，在这个时期《礼记》定本的完成以及《礼记》的流行。关于《礼记》的年代，学术界有不同看法。冯友兰先生在其《中国哲学史史料学初稿》中认为，《礼记》是一部儒家著作总集，各篇的著作人不能十分确定。各篇的时代也不一致，大概都是战国到西汉初年的作品。① 冯先生在后来出版的《中国哲学史新编》第三册中，虽然没有明确阐述《礼记》的年代，但却是将《礼记》放在董仲舒（该书第二十七章）之后、刘安（第二十九章）之前论述，独立成为一章（第二十八章《礼记》与中国封建社会的上层建筑）。② 可见，冯先生认为《礼记》反映了西汉中期的思想。张岱年先生认为，"《礼记》是由战国时期至汉初

---

① 冯友兰：《中国哲学史史料学初稿》，上海人民出版社1962年版，第73页。
② 冯友兰：《中国哲学史新编》第三册，人民出版社1985年版，第90－133页。

的儒家著作选录而成的"，是宣帝时期的儒家学者编定的。① 任继愈先生主编的《中国哲学发展史（秦汉卷）》认为："《礼记》的作者非一人，著作时代从战国延续到汉初，而以汉初儒家的作品比例最大。"包括大、小戴在内的《礼记》全书，是"表现了汉初封建宗法主义思潮的一部论文汇集"。② 研究西汉礼学的专家也认为《礼记》定本形成于西汉中期的宣帝时期。③ 我认为，包括大、小戴《礼记》都基本定型于西汉中期，而《小戴礼记》最终由东汉的马融、郑玄编定。当然，《礼记》的思想源远流长，其某些篇章可能形成较早，但就其基本思想而言，就其全书整体结构和篇章而言，其完成是在西汉中期。戴德、戴圣因其礼学学养和成绩而被选为礼学博士。由于官方的重视，以及礼学学者的努力，特别是社会的需求所致，宣帝时期以及其后，礼学进一步流行。到东汉经马融、郑玄注释整理《礼记》，影响更大，最终成为《十三经注疏》的内容之一。皮锡瑞在其《经学通史·经学昌明时代》中说："武、宣之间，经学大昌，家数未分，纯正不杂，故其学极精而有用。"皮氏这段话，应当很能说明问题。武帝宣帝时期，经学昌盛，这已是史实并为学界公认。问题在于，"其学极精而有用"这句话，是指什么？在儒家价值系统中，有用，当然是现实的功用，所谓资治而已。经学昌盛，对于社会秩序的稳定，对于人心的宣导，说到底，对于礼治的实现，当然是极其"有用"。昭帝曾明示："公卿当用经术，明于大义。"公卿处理政务，要用经术为指导原则和具体方法，否则就是违背"大义"。自武帝以后，朝廷处理政务，往往援引经义为据。宣帝以下，儒者日益得势，元、成、哀三朝，位极丞相高位者，都是当时大儒。甚至普通官吏中，也有不少名儒。为什么会是这样？道理很简单，儒术有助吏治。

正是由于政治家们和思想家们的合作，最终使得封建社会的礼治模式得以确立。从此后直到清末，封建国家的治理模式都是以儒家思想为旗帜，以纲常名教为基本价值理念，以德主刑辅为基本方略，这就是封建礼治。因此，我们说汉代礼治的确立，是在西汉中期的武、昭、宣时期，当不为过。

---

① 张岱年：《中国哲学史史料学》，生活·读书·新知三联书店1982年版，第81-82页。
② 任继愈主编：《中国哲学发展史（秦汉卷）》，人民出版社1985年，第164-165页。
③ 华友根：《西汉礼学新论》，上海社会科学院出版社1998年版，第135-173页。

三、礼治成熟阶段：东汉章帝时期

汉代礼治的成熟阶段，是东汉时期，尤以东汉章帝时期白虎观会议的举行，及其《白虎通义》的出现为标志。章帝少年时期就"好儒术"，登基以后，继承并光大了宣帝时期的礼治思想，以儒家思想治国，重视礼治建设。建初四年（79年），章帝在诏书中说："盖三代导人，教学为本。汉承暴秦，褒显儒术，建立'五经'，为置博士。其后学者精进，虽曰承师，亦别名家。孝宣皇帝以为去圣久远，学不厌博，故遂立大、小侯《尚书》，后又立京氏《易》。至建武中，复置颜氏、严氏《春秋》，大、小戴《礼记》博士。此皆所以扶进微学，尊广道艺也。中元元年诏书，'五经'章句繁多，议欲减省。至永平元年，长水校尉倏奏言：先帝大业，当以时施行。欲使诸儒共正经义，颇令学者得以自助。孔子曰：'学之不讲，是吾忧也。'又曰：'博学而笃志，切问而近思，仁在其中矣。'于戏，其勉之哉！"（《后汉书·章帝纪》）这段话，反映了章帝自觉地继承了武帝以来罢黜百家、独尊儒术的思想路线，及其以礼治国的方略，并且巧妙地引出了进一步解决思想统一的问题。既要扶进微学、尊广道艺，又要反对和防止"五经"章句繁多、歧义纷出的弊端，故要求诸儒"正经义"，使得学者有所遵守。在这种思路下，章帝顺理成章地召开了中国思想文化史上有名的白虎观会议。史载：（章帝）"于是下太常，将、大夫、博士、议郎、郎官及诸生、诸儒会白虎观，讲议'五经'同异，使五官中郎将魏应承制问，侍中淳于恭奏，帝亲称制临决，如孝宣甘露石渠故事，作《白虎议奏》。"（《后汉书·章帝纪》）白虎观会议讨论的问题，表面上是讲论"五经"同异，实际上是为了进一步统一思想，所谓"正经义"，即是端正关于儒学经典的意义的认识，统一观点。"正经义"是为制定《汉礼》做准备，同时其本身也是制礼的一个重要步骤。

值得注意的是，汉章帝在正经义、制汉礼的过程中，采用的是召开御前会议的方式，由各方面人物讨论"五经"经义的异同，最终由"帝亲称制临决"。这种仿照其先辈汉宣帝主持石渠阁会议并由宣帝"亲称制临决"的做法，无论其方式和思想实质，都如出一辙。它显示了汉代最高统治者对于建构新型意识形态的高度重视，对于礼治模式建构的高度重视。同时，也反映出汉代最高统治者运用行政力量干预学术思想文化，利用儒家思想为现实政治服务的特征。

白虎观会议的最终成果是《白虎议奏》和《白虎通义》。《白虎议奏》已经失传，《白虎通义》由班固整理编辑，流传至今。《白虎通义》以阴阳五行理论为基础，对董仲舒以后的今文经学，以及哀平以降的谶纬神学所宣扬的君权神授、天人感应等理论做了总结和发挥，并重点论述了封建社会的政治秩序和自然秩序的合理性和神圣性。该书虽仅以43条名词的汇集解释来说明问题，但其内容却十分繁杂，本质上是对封建等级制度的具体阐释和明确规定。它援谶入经，使谶纬和今古文经学融为一体，确立了以"君为臣纲，父为子纲，夫为妻纲"为重心的"三纲六纪"的封建道德观，封建伦理纲常从此实现了系统化、绝对化和神圣化。其实，阴阳五行理论、"三纲五常"的封建道德观等，早在董仲舒的《春秋繁露》和《天人三策》那里就已提出，只不过《白虎通义》进一步把它系统化、礼仪化了。特别重要的是，《白虎通义》更为明确地从礼治建设的层面，从纲常名教入手，拓展并深化了董仲舒的相关思想。这种拓展和深化的一个重要表现，就是借助政治力量使纬书法典化、礼典化，① 经纬合一，经学神学化、神学经学化，儒学的宗教特点和功能明确彰显出来。

正经义、制汉礼，统一思想，是否就是铁板一块？当然不是！即使在章帝那里，也要表现出形式上的对于不同学术见解的某种程度的尊重。白虎观会议4年之后，建初八年（83年），章帝下诏曰："'五经'剖判，去圣弥远；章句遗辞，乖疑难正；恐先师微言将遂废绝，非所以重稽古，求道真也。其令群儒选高才生，受学《左氏》《穀梁春秋》《古文尚书》《毛诗》，以扶微学，广异义焉。"（《后汉书·章帝纪》）用《后汉书·儒林传》的说法，就是"网罗遗逸，博存众家"。

白虎观会议数年之后，章帝命礼臣曹褒制订《汉礼》。章帝一直以"述尧理世，平制礼乐，放唐之文"（《尚书·璇玑铃》）为追求，曹褒深刻领会到了章帝的用意，于是本着"人臣依义显君，竭忠彰主"的立场，"当仁不让"地上疏章帝："具陈礼乐之本，制改之意。"（《后汉书·曹褒传》）名儒班固提出，改定礼制应当广泛召集京师诸儒"共议得失"，

---

① 关于《白虎通义》的性质，学界有说是经学，也有说是法典，还有说是礼典。参见王四达：《〈白虎通义〉与汉代社会思潮》第八章"述尧理世：从理论指导到制度落实——从《白虎通义》是'法典'还是'礼典'谈起，南方出版社2002年版，第200－218页。

遭到章帝拒绝。章帝认为，那样一来，会出现"会礼之家，名为聚讼，互生疑异，笔不得下"的局面。因此，他于章和元年（87年）召曹褒一人制定《汉礼》："令小黄门持班固所上叔孙通《汉仪》十二篇，敕褒曰：'此制散略，多不合经。今宜依礼条正，使可施行。'"曹褒接受诏令后，"乃次序礼事，依准旧典，杂以'五经'谶记之文，撰次天子至于庶人冠婚吉凶终始制度，以为百五十篇。"（《后汉书·曹褒传》）当年十二月，曹褒将其制作的《汉礼》奏上，"帝以众论难一，故但纳之，不复令有司平奏"。章帝去世、和帝即位后，太尉张酺、尚书张敏等"奏褒擅制《汉礼》，破乱圣术，宜加刑诛"（《后汉书·曹褒传》）。和帝虽然没有采纳他们的意见，但终究没有推行《汉礼》。《后汉书·曹褒传》说曹褒"博物识古，为儒者宗"。这个评价可谓极高。须知，西汉董仲舒才被史家推尊"为儒者宗"（《汉书·五行志》）。当然，即使曹褒还够不上董仲舒那样的"为儒者宗"的贡献和地位，但毫无疑问，曹褒之所以被史家给予如此高的评价，根本原因在于他为汉王朝定礼制。道理很简单，汉初叔孙通制礼，固然是采用经礼，但同时也"参酌秦法"，虽然有助于解决当时社会的某些弊端，"然先王之容典盖多阙"，以致贾谊、董仲舒、王吉、刘向之辈"愤愤叹息所不能已也"！汉章帝"专命礼臣，撰定国宪，洋洋乎盛德之事焉"。曹褒撰定的《汉礼》，就是章帝所需要的"国宪"！就是贾谊、董仲舒们想做而当时没能做成的"大业"！遗憾的是，章帝晏驾，和帝即位后在重臣的反对下，《汉礼》没能施行，"斯道竟复坠矣"（《后汉书·曹褒传》）。虽然曹褒制定的《汉礼》没能在当时实行，但制定《汉礼》的思想趣味及其所倡导的以礼仪化为特征的礼治模式在后来的社会政治实践中被统治者逐步实现。

总的说来，章帝一心一意制作《汉礼》，为了统一思想而"正经义"，而召开白虎观会议，甚至"称制临决"，最终形成了《白虎通义》，并进一步制定了《汉礼》，从而基本完成了以儒家思想为核心的封建价值体系的建构，表明汉代礼治已经达到了成熟的阶段。《后汉书·章帝纪》末尾的"赞语"说章帝"左右艺文，斟酌礼律"，其治道是"体之以忠恕，文之以礼乐"，正是对其礼治成就和特征的中肯评价。

四、汉代礼治的思想特征

东汉章帝之后,由于礼治理论和礼治制度的成熟,汉代礼治在比较平稳的轨道上发展。尽管由于种种因素的影响,东汉的国力呈现逐渐衰退的趋势,但作为治国方略和政治价值取向的礼治并没有出现衰退,相反,它还进一步得到巩固。这主要表现为东汉经学的发展,特别是何休、郑玄注解儒家经典,巩固了礼治的思想文化成果。其实,魏晋时期统治者标榜的"以孝治天下",从思想发展和治国方略的发展脉络来看,就是汉代礼治的延续。在这个意义上讲,汉代礼治的建设是成功的。

其实,我们说东汉章帝以后汉代礼治进入巩固期,还可以经学大家皮锡瑞关于经学历史的相关论述作为补证。皮氏认为:"经学自汉元、成至后汉,为极盛时代。"[1] 经学的核心是礼学,经学极盛,自然礼学也极盛。东汉名教的出现,自与东汉经学特别是作为其核心的礼学的兴盛密切相关。至于把以礼学为核心的经学作为选官标准,与选官制度相结合,而各级官吏也以礼学为行政准则,更是巩固了礼治的成果。皮锡瑞对当时情况的描述,可以作为一个参考:"宰相须用读书人,由汉武开其端,元、成及光武、明、章继其轨。……四海之内,学校如林。汉末太学诸生至三万人,为古来未有之盛事。"[2] "后汉取士,必经明行修;盖非专重其文,而必深考其行。"[3]

综合上文所述,我们从汉代礼治的发展历程可以看到其若干思想文化特征:

其一,思想家与政治家合作。汉代礼治形成的一个重要因素,是以汉高祖、汉武帝以及其后的昭、宣、元、成、平、章等皇帝为代表的政治家,和叔孙通、陆贾、贾谊、公孙弘、董仲舒、司马迁、戴德、戴圣、刘向、刘歆、班固、扬雄、马融、何休、郑玄等思想家(礼学家)的合作。礼治要从理论变成实践,要从思想的层面落实到制度的层面,进而影响到行为的层面,需要中介。这个中介,就是政治特别是行政的环节。而以最

---

[1] 皮锡瑞:《经学历史》,中华书局1959年版,第101页。
[2] 皮锡瑞:《经学历史》,中华书局1959年版,第101页。
[3] 皮锡瑞:《经学历史》,中华书局1959年版,第124页。

高统治者皇帝为代表的官方，正是这个中介环节的体现者和实施者。这种情况，逻辑地决定了汉代礼学、礼治的现实性和实践性品格，以及不可避免地依附政治、为政治所用的可能性。东汉名教的出现及其崩解，便是典型反映。当然，由于政治家的参与和认可，汉代礼学发展迅猛，奠定了后世礼学的基本规模和价值取向，这也是思想家们寻求、构建长治久安之道的精神慰藉。

其二，皇帝参与学术讨论并裁决是非。从武帝举贤良对策，到宣帝石渠阁会议，再到东汉章帝白虎观会议，横贯两汉时期，历时二百余年，皇帝关注并参与学术讨论，并亲自裁决学术问题，形成了最高统治者直接干预学术的传统。这样，皇帝既是最高政治权威，也是最高学术权威。学术的独立性被统治者的现实政治需求所挤压，成为政治的附庸。这既说明汉代礼治的形成和成熟本身就是现实政治需要的结果，也说明汉代礼治的出现本身并不是学术独立发展的成果。正因为如此，学术、学者对于现实政治和社会应当保持的距离便被消弭于无形之中。这对于后世的影响极为深远。

其三，儒学独尊而又有文化包容。武帝罢黜百家独尊儒术，本身是一种治国方略的自觉选择，而不是对于学术争鸣的参与。换言之，武帝对于儒学、儒生，并不是从所谓学理的层面看待的，而是从为我所用的政治立场出发。因此，武帝采用儒学治国，实行礼治，未必就全然否定甚至要消灭其他学说。历史表明，在罢黜百家、独尊儒术的思维框架下，其他学派的学说照样存在，并没有被消灭、被禁止，只不过是不被当作国家意识形态，不被作为治国安民的基本方略而已。同样，在礼治的旗帜下，即使在儒学阵营内部，也一直存在着经学内部的今文古文之争，在礼治方面的古礼今礼之辩、经礼变礼之论，兼容并包、遐迩一体，"万物并育而不相害，道并行而不相悖"（《礼记·中庸》）的思想，在汉武帝以后儒学独尊的态势下，实际上已经做到。问题只是在于，统治者在治国理念、意识形态、指导思想方面，坚持一元论而反对多元论；但在文化、思想发展方面，还是赞成并实行多样化。《礼记》里面的《大学》《中庸》的思想能够逐步传播开来，本身就证明汉代意识形态一元化态势下的文化多样化是可以做到的。

其四，礼治的形成和儒学独尊的实现相一致。汉代礼治的形成过程，就思想发展和文化价值体系建构的进程而言，本身就是儒学独尊的实现过程。汉代礼治要解决的根本问题，是新型价值体系建构的问题，是长治久安的问题。政治家和思想家们经过长期的探寻，以及二者之间的磨合，最终在选择儒家思想作为官方意识形态方面取得了一致，其标志性事件便是罢黜百家、独尊儒术方略的制定和实行。从汉代思想文化发展的事实来看，礼治的形成并不是一蹴而就的，儒学独尊的实现，也同样不是一蹴而就的。武帝之前姑且不说，就是武帝采纳董仲舒罢黜百家、独尊儒术的建议后，礼治的发展和儒学的独尊也经历了漫长的历程。如果从武帝时期算起，到东汉章帝时期，也已二百余年。章帝时期举行的白虎观会议，及其成果《白虎议奏》和《白虎通义》的出现，标志着汉代礼治的成熟，同时也标志着罢黜百家、独尊儒术的真正实现。质言之，汉代礼治的形成和儒学的独尊，就思想文化发展的轨迹而言，是同步的。此后的整个中国封建社会，始终是以礼治国、以礼治为标榜，而其社会政治的指导思想始终是儒学。

其五，专制政治日益巩固和完善。汉代礼学的形成和完善，就其思想实质和社会功能来看，是巩固和完善了汉代封建专制政治制度及其秩序。无论两汉社会发展的坎坷曲折还是坦荡顺畅，汉代礼学的形成及其完善，在客观上都起到了"资治""弼教"的作用。两汉包括皇帝制度、仕进制度在内的整个官僚制度，以学校制度为核心的教育制度，以"三纲五常"为核心的道德价值体系，以仁义道德为标榜的治国方略，等等，无不对专制政治的巩固和完善起了重大作用。质言之，汉代礼学越是发展，越是完善，作为一种体制的专制政治就越是巩固，作为一种思想观念的专制政治就越是深入人心，越能钳制人们的思想。我们不能把礼治说成是民本政治，更不能歪曲成民主政治。我们只能采用历史主义的态度承认，汉代专制政治的出现，有其历史的必然性和合理性。在礼治包裹下的或者采用礼治形式的专制政治，相对于秦朝的暴虐政治，是一个历史的进步。而况，礼治更加符合当时的时代需求，更符合宗法社会的社会心理和民间情怀。

其六，天人合一思想贯穿始终。汉代礼治形成的过程，是以天为宗、以德为本的天人合一思想发展的过程。天是万物之祖、百神之君，"王者宜求端于天"，"人副天数"，"天人之际，合而为一"，天道神圣，人道效法天道、服从天道，是汉代礼治建构的基本出发点。《礼记·礼运》就明确宣示:"夫礼必本于天,淆于地,列于鬼神,达于丧、祭、射、御、〔乡〕①、冠、昏、朝、聘。故圣人以礼示之,故天下国家可得而正也。"可见,礼的原则和价值出于天,通于人,君主以礼治国,天下国家就和谐有序了。这种思维方式和价值理念是天人合一的典型表现。至于董仲舒以天人感应为核心的天人合一思想,则是另外一种典型。这种典型的目的,在于将"三纲五常"的礼治愿望纳入天人合一的框架,以增强其神圣性和号召力。董仲舒径直说:"王道之三纲,可求于天。"(《春秋繁露·基义》)在他心目中,"仁义制度之数"都来源于天。② 至于两汉流行特别是东汉泛滥的谶纬神学,则更是不言而喻的天人合一思想的另外一种极端表现。总之,汉代礼治的形成,其背后的有力的思想理论支撑,便是天人合一思想。在很大程度上,中国传统社会的天人合一思想,是成熟于汉代的,是在汉代礼治的形成过程中逐渐定型的。

其七,崇古、征圣、宗经。汉代礼治的形成和成熟过程,蕴含着并体现了崇古、征圣、宗经的特征。以古为尚,唯古是从,以五帝三王、往圣先贤为价值准则,以先王之道为行事依据。圣人即是君主,所有君主特别是既往的君主,都是效法的榜样,都是论证问题的依据。儒家经典成为君主治国安邦、人民安身立命的价值原则。朝廷议政论事,官吏行政,都援引儒家经典为自己张目。至于士大夫和庶民,则更是不能离开经典,离经就是叛道。这样,古人、圣人、经典三者相互融贯,成为汉代礼治建构中的明显思想轨迹。这种崇古、征圣、宗经的思维方式和价值取向贯穿四百余年的两汉时期,并成为影响后世的一个重要思想基因。

(原载《哲学研究》2007 年第 10 期)

---

① 据邵懿辰《礼经通论》补。
② 限于篇幅和主题,此处不详论,有兴趣的读者,可以参见李宗桂:《相似理论、协同学与董仲舒的哲学方法》,载《哲学研究》1986 年第 9 期;李宗桂等:《秦汉医学与董仲舒的天人感应论》,载《哲学研究》1987 年第 9 期。

《淮南子》与《春秋繁露》的思想同异

《淮南子》和《春秋繁露》都是在西汉思想界有着重大影响、"皆务于治"的著作。多年来,学术界着眼于两书的相异之处的研究,而忽视了对两书相同之点的探讨。有感于此,本文重在剖析两书的相同之处并兼论其差异,进而探研西汉社会的时代特征,并兼及西汉中期统治思想的转变。

一、天人理念和思维方式的相似相通

《淮南子》约成书于文、景之时,于武帝即位之初献上。《春秋繁露》的思想和"天人三策"一样,在武帝时即已产生了重大影响。两书所宣扬的政治思想,所阐发的天人关系,所显露的思维方式,都有相同之处。

"究天人,通古今","务为治",是两书的首要共同点。

《淮南子·氾论训》说:"百家殊业,而皆务于治。"表白了自己著述的目的。在《修务训》中,它表露心声说,圣人不以身贱为耻,而以道之不行为愧;不以人生短促为忧,而以百姓穷困为虑。可见"为治"心切!它还强调,圣人既要知天,也要知人,否则,既不能"与俗交",更无法"与道游"。只有"知天之所为,知人之所行",才能"任于世"(《淮南子·人间训》)。同时,它还论述了自己的主张,是"既言道",又"言事",以便"与世浮沉","与化游息"(《淮南子·要略训》)。本着这种因任的原则,它自许其可以"统天下,理万物,应变化,通殊类",可以"纲纪道德,经纬人事",具备天地人事之理,帝王统治之道。这充分表明,它是要为封建王朝提供一套治国治民的理论,为现实政治服务。

《春秋繁露》是董仲舒思想的集中体现,它与《举贤良对策》一样,探讨的中心问题是天人关系,古今道理,为统治者提供"大道之要,至论之极"(《汉书·董仲舒传》)。在对汉武帝的策问时,董仲舒认为,《春秋》大一统,是"天地之常经,古今之通谊"。以此为目标,他认为百家杂陈，各主其是，是对大一统局面的妨碍，因此，他建议"罢黜百家，独尊儒术"，以便一统纪，明法度，使民知所从。这是董仲舒"务为治"思想的典型表现。事实上，围绕着便于武帝"持一统"的中心，《春秋繁露》全书所着力论证的，无论是天人感应和阴阳五行，还是仁义道德和三纲五常，都是为了使皇位和整个封建统治"传之无穷，而施之无极"，"永惟万世之统"，实现"天不变道亦不变"（《汉书·董仲舒传》）的梦想。这当然是彻头彻尾的"为治"了。亦正如此，汉代刘向称赞董仲舒"有王佐之材，虽伊吕无以加，管晏之属，伯者之佐，殆不及也"（《汉书·董仲舒传》）。

承认天人相通，宣扬天人感应，是两书的又一共同点。《淮南子》以事物的相类来推论天人相类进而论证天人相通相感。它认为，天将刮风，草木未动，而鸟已飞翔，天将下雨，乌云未聚，而鱼已张口吸气，这是因为"阴阳之气相动"，因此，"寒暑燥湿，以类相从"（《淮南子·泰族训》）。人的精神肢体，都"取象于天"，以"比类其喜怒"（《淮南子·要略训》）。它还说，"天之与人，有以相通也……万物有以相连"，其表现是国家危亡则天象变化，其内在原因是"精祲有以相荡也"（《淮南子·泰族训》）。高诱把"精祲"解作"气之侵入者"，可见《淮南子》是以性气相薄来说明天人相类的。

既然天人相类，以类相从，有以相通，那么，顺理成章，《淮南子》引申出天人相副的论断。它宣称《时则训》的旨意是"上因天时，下尽地力，据度行当，合诸人则。形十二节以为法式"。高诱注解"形十二节"说，"一月为人一节"，可见《淮南子》把人体与月令相耦合。在《精神训》中，则干脆以人体比附自然："故头之圆也象天，足之方也象地。天有四时五行九解，三百六十六日，人亦有四肢五藏九窍，三百六十六节。天有风雨寒暑，人亦有取与喜怒。……耳目者，日月也；血气者，风雨也。"在《天文训》中，它认为人的"空窍肢体，皆通于天。天有九重，人亦有九窍。天有四时，以制十二月；人亦有四肢，以使十二节，天有十二月，以制三百六十日；人亦有十二肢，以使三百六十节"。这些议论，着重于人体与自然现象在数目上的相同，说明天人一体，天人相副。所以，它的结论是："天地宇宙，一人之身也；六合之内，一人之制也。"（《淮南子·本经训》）

说明事物相类、相符，可以"阴阳之气相动"，自然就可以"明物类之感，同气之应"（《淮南子·要略训》），天人可以相互感应了。

在《览冥训》中，作者说："夫物类之相应，玄妙深微，知不能认，辩不能解。故东风至而酒湛溢，蚕咡丝而商弦绝，或感之也。画随灰而月运阙，鲸鱼死而彗星出，或动之也。……故山云草莽，水云鱼鳞，旱云烟火，涔云波水，各象其形类，所以感之。"因为"物类相动，本标相应"，所以，阳燧见日则燃而为火，方诸见月而津而为水（《淮南子·天文训》）。根据这种类感类动的理论，弹琴也就必然出现"叩宫而宫应，弹角而角动"的同音相应现象（《淮南子·齐俗训》）。这些大都是自然界的同类感应现象。

在揭示事物的相类—相副—相感，并论证了自然界的同类感应之后，《淮南子》紧扣其"务为治"的宗旨，把社会政治现象与自然现象联系起来，进一步论证天人之间的感应，并借此阐明政治的清明和昏暗，以及人主从政之道。

《淮南子》认为，君主的政令与时令相联系。如果"孟夏行秋令，则苦雨数来，五谷不滋……"，"季秋行夏令，则其国大水，冬藏殃败，民多鼽窒；行冬令，则国多盗贼，边境不宁，土地分裂……"（《淮南子·时则训》）。它还说，如果太白星"当出而不出，未当入而入，天下偃兵；当入而不入，当出而不出，天下兴兵"，紫宫、轩辕、咸池、天河四星可以司赏罚（《淮南子·天文训》）。这就把君主政令与自然时令、社会治乱与天文现象联系起来，为劝导君主适时行政制造了根据。

此外，《淮南子》的作者还相信"土龙致雨"的迷信。如说："圣人用物，若用朱丝刍狗，若为土龙以求雨。刍狗待之而求福，土龙待之而得食。"（《淮南子·说山训》）这是天人感应思想的另一种表现。

《春秋繁露》与《淮南子》最大、最明显的共同之处，就是在于天人感应的思想以及相应的论证手法，特别是语言方面的惊人相似。

董仲舒在《春秋繁露》中，利用当时充塞于社会各个领域的阴阳五行学说，论证其天人感应思想，构建其天人合一的思想体系。他将阴阳贯注于天、人和社会。他认为，"天有阴阳，人亦有阴阳"（《淮南子·同类相动》），人被浸染在阴阳二气之中，"而以治乱之气与之流通，相殽 也"（《春秋繁露·如天之为》）。这就不仅把阴阳注入了天、人，而且注入了社会治乱之中。进一步，他还宣称："君臣父子夫妇之义，皆取诸阴阳之道。君为阳，臣为阴；父为阳，子为阴；夫为阳，妻为阴。"（《春秋繁露·基义》）阴阳有主次之分，阳主阴次，这就把社会上的人际关系固定下来，模式化了。

为了说明阴阳消长的动力何在以及事物发展的次序怎样，董仲舒将五行、四时、四方与阴阳相配。在他看来，阴阳消长的原因，在于五行的"相生"和"相胜"。由于五行生胜，才使自然界四时代谢，社会上王者四政（庆赏刑罚）迭用，个人四气（喜怒哀乐）转换。而这些变化和发展则是按五行的次序进行的。木是五行之始，水是五行之终，土居五行之中，"此其天次之序也"（《春秋繁露·五行之义》）。在把阴阳与五行熔铸为一的同时，为了增强宇宙系统的秩序性和稳定性，董仲舒又把四时四方与阴阳五行相结合。他说，五行中"水为冬，金为秋，土为季夏，火为夏，木为春"（《春秋繁露·五行对》），"木居东方而主春气，火居南方而主夏气，金居西方而主秋气，水居北方而主冬气"（《春秋繁露·五行之义》）。同时，他还认为春夏秋冬分别代表爱乐严哀"四志"，符合"四时之则"（《春秋繁露·天辨在人》）。春夏秋冬分别有生养收藏的功用，而"圣人副天之所行以为政"，故以庆赏刑罚四政副春夏秋冬四时的暖暑凉寒，这是"以类相应也，如合符"（《春秋繁露·四时之副》）。由此，他下结论说："天有四时，王有四政。四政若四时，通类也，天人所同有也。"（《春秋繁露·四时之副》）

可见，董仲舒将阴阳五行贯注于天、人、社会，是为了从类别上联结事物，沟通天人，使其以类相感，"人类相动"。据此，他提出了"物以类动"的论点。他说："阴阳之气，固可以类相益损也。……天地之阴气起，人之阴气应之而起。人之阴气起，而天之阴气亦宜应之而起。其道一也。……故琴瑟择弹其宫，他宫自鸣而应之，此物之以类动者也。"（《春秋繁露·同类相动》）可见，事物类别的相同，现象的相似，是感应的基础。

在以类相合、沟通天人的同时，董仲舒还用以数偶之的办法来增强天人互感的效应。他说："求天数之微，莫若于人。人之身有四肢，每肢有三节，三四十二，十二节相持而形体立矣。天有四时，每时有三月，三四十二，十二月相受而岁数终矣。"（《春秋繁露·官制象天》）他还说："唯人独能偶天地。人有三百六十节，偶天之数也。形体骨肉，偶地之厚也。……天地之符，阴阳之副，常设于身。身犹天也，数与之相参，故命与之相连也。天以终岁之数成人之身，故小节三百六十六，副日数也；大节十二分，副月数也；内有五脏，副五行数也；外有四肢，副四时数也。……副数不可数者，副类皆当，同而副天，一也。"（《春秋繁露·人副天数》）

从以上不惜笔墨的叙述和分析中，我们可以看到，《淮南子》与《春秋繁露》在论证其天人感应思想时，都是以事物类的相似和数的相同为感应基础，通过天人相类—天人相副—天人相感的逻辑演进，通过由此及彼的类推而论证其思想观点的，这是时代思潮和社会风尚的反映。

就思维方式而言，以天地人相互参照，从宏观着眼，突出整体观念，并以直观类推为其构建理论体系的方法，是两书的第三个共同点。《淮南子》认为："欲知天道，察其数；欲知地道，物其树；欲知人道，从其欲。"（《淮南子·缪称训》）人君治国，只有"上因天时，下尽地财，中用人力"，才能"群生遂长，五谷蕃殖……"（《淮南子·主术训》）。在谈到著书是为了纪纲道德、经纬人事时，它表白自己的方法是"上考之天，下揆之地，中通诸理"（《淮南子·要略训》）。它还宣称，五帝三王莅政施教，也是"仰取象于天，俯取度于地，中取法于人"（《淮南子·泰族训》）。凡此等等，都表明《淮南子》的作者们在考察问题时，是以天地人相参，从整体考察问题的。

在思维方式方面，《淮南子》长于类比和类推，往往是"举类而实（明）之"（《淮南子·精神训》）。它在分析当时广泛流行的鬼神传说时，认为在位者是借鬼神以"总形推类而为之变象"（《淮南子·氾论训》）。从上述《淮南子》关于天人感应的思想中也可以看出，它是利用事物现象上的类同或数目上的相似，由此推彼，以小推大，以微求著的。例如它说："尝一脔肉而知一镬之味，悬羽于炭而知燥湿之气，以小明大；见一叶落而知岁之将暮，睹瓶中之冰而知天下之寒，以近论远。"又如，"见空木浮而知为舟，见飞蓬转而知为车。……以类取之。"（《淮南子·说山训》）

《春秋繁露》为了替大一统的封建王朝制造理论根据，以更加宏大的气派，贯通天地人，着眼整个世界。《王道通三》说："古之造文者，三画而连其中，谓之王。三画者，天地与人也，而连其中者，通其道也。取天地与人之中以为贯而参通之……"又说："天地与人，三而成德。"（《春秋繁露·官制象天》）"天地、阴阳、木火土金水九，与人而十者，天之数毕也。"（《春秋繁露·天地阴阳》）诸如此类，都可看出《春秋繁露》是以整个世界为思考对象的，把天地人看作一个有机联系的系统，天和人则是相互对应的两大参照系统。

在构造自己的理论体系时，《春秋繁露》是以类比和类推为基本方法的。它沿用《春秋》"伍其比，偶其类，览其绪，屠其赘"的方法，"贯比而论是非……繙援比类"，以使"人道浃而王法立"（《春秋繁露·玉杯》）。在具体论证天人感应观点时，它更是广泛采用了这种方法，由类同而类感，由类感而类推。在此过程中，它往往利用日常经验，凭着直观感觉办事，虽然有很大或然性，但使人在心理和习惯上易于接受。

二、学派归宿和最高范畴的相异相悖

然而，《淮南子》和《春秋繁露》在一系列问题上，又存在着重大区别。

首先，贯穿各自体系的最高范畴以及由此反映出的思想主流不同。《淮南子》的最高范畴是"道"，《春秋繁露》的最高范畴是"天"。前者承黄老道家思想之余绪，与时迁移，应物变化，以因应为主。全书讲论道德，总统仁义，"其大较归之于道"（《淮南子·高诱叙目》）。它把失道与得道看作胜败存亡的根本，认为失道则弱，得道则强，"国得道而存，失道而亡"（《淮南子·兵略训》）。它还分析了道的特征和功用，认为道能"覆天载地，廓四方柝八极，高不可际，深不可测，包裹天地，……施之无穷而无所朝夕，舒之幎（高诱注：幎，覆也）于六合，卷之不盈于一握"（《淮南子·原道训》）。而且，天地之内，凡阴阳雨露所濡染者，都是"道德所扶"（《淮南子·俶真训》）。但道产生万物却又是自然而然，没有目的和意识，"其生物也，莫见其所养而物长；其杀物也，莫见其所丧而物亡。此之谓神明"（《淮南子·泰族训》）。"道"贯通一切，是《淮南子》全书的总纲，它包容一切，却不拥有一切，没有意志和情感。

《春秋繁露》贯穿全书的最高范畴是"天"。这是董仲舒对儒家天道思想的改造和发展。在董仲舒看来，天是"百神之君"，"万物之本"，人人必须体认天意，依天行事。四时代谢，社会治乱，以至人的喜怒哀乐，都是天意的体现。人君施政，必须仁民爱物，"省天谴畏天威"，才会政通人和，反之，则政衰民乱。天产生万物并规定其消长盛衰的次序，有喜怒哀乐，任德而不任刑，尊阳而贱阴，有绝对权威。凡此等等，表明《春秋繁露》的天是倾注了作者社会政治思想的人格神，它统驭一切，人们必须按"以人随君，以君随天"的原则办事，做到"屈民而伸君，屈君而伸天"（《春秋繁露·玉杯》）。

　　两书分别围绕"道""天"范畴而展开的思想体系，其主导倾向是不同的：《淮南子》以道家思想为主体，《春秋繁露》以儒家思想为依归。前者虽然讲论道德，兼容仁义，但终归于"道"。全书多处歌颂道的美妙，反复申论无为而治。它说："君道者，非所以为也，所以无为也。何谓无为？智者不以位为事，勇者不以位为暴，仁者不以位为患，可谓无为之矣。"（《淮南子·诠言训》）"人主之术，处无为之事，而行不言之教。"（《淮南子·主术训》）它认为无为是"道之宗"，能把握此宗，就可"应物无穷"（《淮南子·主术训》）。此外，它还倡导全性保真、清心寡欲等道家修养理论。只要能全性保真，不亏其身，就能与道同体。如果耳目淫于声色之乐，则五脏摇动而不定，最终会"精神驰骋于外而不守"，沦于深重的灾祸之中。它还认为，"五色乱目，使目不明；五声哗耳，使耳不聪；五味乱口，使口爽伤"（《淮南子·精神训》）。这已不只是以物欲为耻，简直是以物欲为罪了。沿着这种思路，《淮南子》要求人们"以死生为一代"，"形若槁木，心若死灰"，"轻天下""细万物""齐死生"（《淮南子·精神训》），以超脱于尘世的名利场。显而易见，《淮南子》在万物形成、帝王统治方法以及个人心性修养方面，都是以道家思想为指导的，甚至很多用语都与先秦老庄一样！当然，它也包容儒家等学派的思想，但毕竟只是当作实现无为而治的"治之具"，将其置于道家思想的统属之下，"仁义之不能大于道德"，"仁义在道德之包"等规定，鲜明地表现了它的思想倾向。

　　《春秋繁露》讲论天人关系，探求治乱之本，力倡仁政德治，其旨归于儒家。作者以王道政治为标榜，反复强调仁政、德治，认为君主如能以"文德为贵而威武为下"，就可长治久安。他力主阳德阴刑、德主刑辅，要求"圣人"多爱少严、厚德简刑。他认为只有"循三纲之纪，通八端之理，忠信而博爱，敦厚而好礼，乃可谓善"（《春秋繁露·深察名号》），这是典型的儒家思想。至于君为臣纲、父为子纲、夫为妻纲和仁、义、礼、智、信等"三纲五常"的伦理观念，以及"正其义而不谋其利，明其道而不计其功"的义利观，更是对先秦儒家思想的系统化和深化。它通过对人们的内在控制，增强社会秩序的稳定，并使家庭制度与政治制度交融，形成了中国古代思想文化的一大特点，这正是儒家文化的功能表现。诚然，《春秋繁露》中也吸收了法家、阴阳家、道家等的思想，但在该书中始终受制于儒家，因此，《汉书·五行志》称其"为儒者宗"，确非虚词。

其次，在体系的疏严、理论的精粗方面，《淮南子》与《春秋繁露》有明显的高下之别。《淮南子》诸家杂陈，内容庞杂，体系不够严密。由于它以因应为处事的基本态度和方法，企图兼容并包不同学说，故而在书中出现了截然不同的思想观点，自相矛盾。例如，一方面攻击儒家的礼义，说什么"仁义立而道德迁矣，礼乐饰则纯朴散矣"（《淮南子·齐俗训》），"圣人内修道术，而不外饰仁义"（《淮南子·俶真训》），一方面又赞美汉武帝是"持以道德，辅以仁义"而使"四海宾服""天下混而为一"（《淮南子·览冥训》）。又如，一方面要以道德为根本，追求"与化游""与道同"的天人合一的精神境界，一方面又要人们"能明于天人之分"（《淮南子·泰族训》）。虽然把"道"范畴看得很高，但对于道与其他范畴的具体关系却未加以论述和揭示。此外，对于老庄道家语言的袭用，胜于对其思想的继承；对汉初黄老道家的因应思想取之甚丰，而对其功用观点却又弃之不当。剽剥儒法，务以为治，却又将其嫁接于清静无为之树，使其成为无果之花。这些，反映出《淮南子》理论上的庞杂和体系上的粗疏。《春秋繁露》以人、君、天步步相随，层层相屈，构建起一个天、地、人的有序状态。用阴阳五行作天人感应思想体系的骨架，贯通一切，用天意约束万有。以儒为主，兼综各家，一切围绕大一统局面的维护，"相反之物不得两起"，持论始终如一。天、人、阴阳、五行、四时，各有所司，各安其位，相互贯通……这一切，表现出该书理论上的精致、统一和体系上的严密，确非《淮南子》所能比拟。

最后，在社会制度和伦理规范的建设以及中央和地方的权利关系方面，两书也有根本区别。《淮南子》对于政治、文化等制度的建设很少论及，对伦理规范的建设也无啥建树，只是用道家清心寡欲、全性保真、无为弃智的一套理论消极地去影响社会。这种情况的出现，与它集黄老之学之大成有关。而黄老之学，从本质上讲，只是一种重功用的政治理论，而非精于思辨的哲学体系，因此，它忽视社会制度和伦理规范的建设。《春秋繁露》与其不同。它首先着意建立封建官僚制度，这一制度的建立，不仅改变了先秦儒家私门传学和法家"学在官府""以吏为师"的传统，集两家教育思想和方法的精华为一体，为大规模培养人才开辟了道路，而且，更为重要的是，它把政治教化的施行、家庭制度的建立和完善与读书致仕的制度结合起来，构成了不同于先秦更不同于亡秦的文官制度。教育制度与官吏选举制度相结合，形成了中国文化的一大特点。至于对中国思想文化影响深远的"三纲五常"等伦理规范的确立，则更集中地反映出董仲舒在社会控制方面的战略眼光。

在中央和地方的权利关系方面，众所周知，《淮南子》主张分权，反对集权（顺带指出，它并不反对统一）；《春秋繁露》则主张高度的中央集权，以利君主"持一统"。

以上几方面的不同之处，反映出《淮南子》和《春秋繁露》在社会政治、人伦物理、理论构建等方面大异其趣，表明西汉中期思想领域的分合异同。

（原载《中国哲学史研究》1989 年第 4 期）

相似理论、协同学与董仲舒的哲学方法

关于董仲舒思想的论著，数量颇丰，但至今似尚无专文研讨其哲学方法。海内外论著在涉及此点时，多轻描淡写一笔带过，并斥之为牵强附会，荒谬不实。本文试图以相似理论和协同学方法与董仲舒的哲学方法进行对比，对此问题做新的探讨。

一

较之秦汉时期其他的思想家，董仲舒有一套独特的、行之有效的、系统的方法，即以"天人感应"为核心，以现象相似为基点，以事物量的一致和质的类同为依据，通过事物间非线性的相互作用，使事物的自组织效应发挥到最大限度，从而使系统（自然和社会）由无序走向有序的类比方法。

为了建构自己的理论体系，董仲舒首先将自然界和社会上的一切事物分为阴阳，做了类别上的初步划分，用阴阳概括、统摄一切事物和现象。

董仲舒扬弃了阴阳概念的自然意义，着重从功能、性状上进行演绎，不仅利用自伯阳父始阴阳就具有的自然哲学意义，更赋予其历史哲学的意义。他将阴阳赋予社会和自然，使二者具有同样的因素和功能。他的大前提是："天道之常，一阴一阳。"（《春秋繁露·阴阳义》）可以说，这是对《易传》"一阴一阳之谓道"命题的袭用。当然，董仲舒把这个"道"的外延大大扩展了。他认为："天地之间有阴阳之气常渐人者，若水常渐鱼也。所以异于水者，可见与不可见耳。……是天地之间，若虚而实。"（《春秋繁露·天地阴阳》）他还说："天地之气，合二为一，分为阴阳，判为四时，裂为五行。"（《春秋繁露·五行相生》）这即是说，阴阳之气充塞天地，浸润人类，且四时五行都是气，而气分属于阴阳，阴阳消长，则四时转换。这是把阴阳赋予自然。同时，他还把阴阳赋予人类，认为"天有阴阳，人亦有阴阳"（《春秋繁露·同类相动》），"天地之阴阳当男女，人之男女当阴阳。阴阳可以谓男女，男女亦可以谓阴阳"（《春秋繁露·循天之道》)。他甚至认为，人"身之有性情也，若天之有阴阳也"（《春秋繁露·深察名号》)，连人的本性和情感也被注入了阴阳。不仅如此，董仲舒还把阴阳赋予社会人事："君臣父子夫妇之义，皆取诸阴阳之道。君为阳，臣为阴；父为阳，子为阴；夫为阳，妻为阴。"（《春秋繁露·基义》)

这样，自然界和社会上的万事万物，以及人们的情感欲望，都被划分为阴阳两类。万有不齐，纷繁复杂的事物和现象，因阴阳的划分而区分成为不同的类别，二者不同的类别却又因这种划分本身而潜在地蕴含着打破种属界限而被连接起来的可能。天—人—社会皆因阴阳的存在而存在，因阴阳的消长而发展。阴阳，作为两种不同的因素，无所不在；作为两种对立的力量，互为消长和补充；作为两种性状，有主次之分；作为两种属性，有善恶尊卑之别。董仲舒这种"遍覆包含"的阴阳，当其作为前两种情况（因素和力量）出现时，它贯穿于自然（四时、寒暑冷暖）和社会（君臣父子夫妇之道）以及人体（情感心理)，属于内在的构成。当其作为后两种（性状和属性）出现时，在自然界，是暖、暑、昼、夏、男为阳，冷、寒、夜、冬、女为阴；在社会领域，是德、经、君为阳，邢、权、臣为阴；在人体机能，是喜、仁、性为阳，怒、贪、情为阴。董仲舒通过这种广泛分布、贯通天—人—社会的阴阳，为把天人连接起来做了构成成分上的铺垫。进而，由于阴阳的主次尊卑之分，阳为主、为尊，阴为次、为卑，就在做出这一规定的同时，逻辑地规定了自然界和人类社会中不同性状的事物和不同结果的行为的地位，确定了各自的角色、权利和义务，并且永远不可改变。这就把整个宇宙系统中的每一因素都制约于一定的位置，从而为社会稳定，为帝业永垂奠定了理论基础。

将阴阳赋予自然界和社会以及人体，实际上是从类别上将其贯通、联结，从而使其能相互感应，按一定序列组织并运转起来，以实现其以"天人感应"为特征的"天人合一"哲学的功能。董仲舒在《同类相动》篇中讲："阴阳之气，固可以类相益损也。天有阴阳，人亦有阴阳。天地之阴气起，人之阴气应之而起。人之阴气起，而天之阴气亦宜应之而起，其道一也。……此物之以类动者"，便是极简明透彻的说明。可见，事物类别的相同，现象的相似，是感应的基础。

那么，阴阳双方为什么以及怎么样消长，亦即类感实现的动力是什么，状态怎么样呢？董仲舒认为取决于五行的运转。他把五行作为事物运行的动力和发展的秩序，认为五行的"相生"和"相胜"促成阴阳的消长。他认为，从前后顺序来讲，木为始，水为终，土居中，是"天次之序"；从生成关系来讲，木、火、土、金、水依次相生犹如父子；从方位来讲，木左、金右、火前、水后、土居中，是"父子之序"。因此，要根据主导者（父）的情况来支配从属者（子），这是"天之道也"（《春秋繁露·五行之义》）。正是五行"比相生而间相胜"，才维持了正常的秩序，才能使天下得到治理，所以五行生胜的次序"逆之则乱，顺之则法"（《春秋繁露·五行相生》）。可见，在董仲舒那里，五行与其说是五种物质，不如说是五种既独立又相依的力量，是五种在时间上继起，在内容上替换的次序和状态。它是时间和范围的统一，内容和形式的统一。通过它，使万物"各如其序"（《春秋繁露·五行之义》），协同一致，求得最大的稳定效应。

值得注意的是，在董仲舒这里，五行在被作为事物发展的动力和次序的同时，与阴阳一样，它也是划分事物类别的依据和不同行为的表征。比如，"水为冬，金为秋，土为季夏，火为夏，木为春。春主生，夏主长，季夏主养，秋主收，冬主藏"（《春秋繁露·五行对》）。又如，"土者，火之子也，五行莫贵于土。……忠臣之义，孝子之行，取之土"（《春秋繁露·五行对》）。"土之事天竭其忠。故五行者，乃孝子忠臣之行也。……是故圣人之行，莫贵于忠，土德之谓也"（《春秋繁露·五行之义》）。这实际上也是从类别上联结天人万物。

由于从内在因素和属性来看，天人皆有阴阳五行，可以"以类相益损"，所以，人体的机能和情感欲望与自然界的四时节候联系了起来，既可从阴阳之类也可以从五行之次找到彼此的对应点和相似处，从而由纵横两个方面和时空状态上为天人合一、人禀天意行事初步奠定了基础。从类别上沟通天人，比较容易，包容性也较大，但不够准确。为了弥补这一不足之处，董仲舒又采用以数偶的方法。

董仲舒自知天是缥缈的（尽管他口头将其说得很具体、很实在、很亲切），故他从人自身说起，从人之身寻求天之数。他说："求天数之微，莫若于人。人之身有四肢，每肢有三节，三四十二，十二节相持而形体立矣。天有四时，每时有三月，三四十二，十二月相受二岁数终矣。"（《春秋繁露·官制天象》）又说："天地之符，阴阳之副，常设于身，身犹天也。数与之相参，故命与之相连也。"（《春秋繁露·人副天数》）但董仲舒并不满足于从人之身求天之数，他始终要把人道系于天道之下，使人心服从天意。所以，在用人身比拟天数，唤起人们的亲切感后，他转而用人身去副"天数"。他认为："唯人独能偶天地。人有三百六十节，偶天之数也。形体骨肉，偶地之厚也。上有耳目聪明，日月之象也。……天以终岁之数成人之身，故小节三百六十六，副日数也；大节十二分，副月数也；内有五脏，副五行数也；外有四肢，副四时数也。"（《春秋繁露·人副天数》）凡是自然现象与人身或社会政治现象数目相同，董仲舒都要将其扯在一起，为其"天人感应"神学目的论张目，进而为王权神授制造理论根据。遇到无法用数目去偶合的现象时，董仲舒则主张以类合之。他直接宣称："副数不可数者，副类皆当。"而无论副数还是副类，都是为了副天，目的和功用是一样的——"同而副天一也"（《春秋繁露·人副天数》）。

正是由于抓住并利用了事物量的相当和质的类同，董仲舒采用以类合、以数偶的方法，把天—人—社会连接了起来，使以"天人感应"为核心的"天人合一"的哲学体系得以建立，并把"美事召美类，恶事召恶类"的劝喻用于王者的政法决策上，为其王道政治理论做论证。

二

由上可见，董仲舒以类合、以数偶的方法，是以事物现象相似为基点，以量的一致和质的类同为依据，由此及彼，由彼返此的类比法。这种类比法有其历史渊源和现实的根据。

在董仲舒所处的时代，类比法"古已有之"。《诗》"六义"中的比、兴手法，实质上就是类比法。比，必须以类同为根据，固不必说。兴，则是触景生情，因事寄兴。孔颖达在疏《诗·周南·关雎序》的"四曰兴"时，引郑司农云"兴者，托事于事。则兴者，起也，去譬引类，起发己心"，足见兴的立足点仍是类同。《墨经》认为，无论是归纳法、演绎法，还是类比，都应遵守"以类行之"的原则。它提出的"异类不比"的方法论原则，强调了事物的类同是进行比较的必要前提。荀子主张用类概念作为衡量对象的准则，从类范畴来辨别事物的同异，思维要做到"推类而不悖"（《荀子·正名》），按种属关系进行推理。《易传》提出"一阴一阳之谓道"（《易·系辞上》），实是把事物分为阴、阳两类。它认为，从阴阳的类范畴考察事物，则"万物睽而其事类也"（《易·象传》）。"以类族辨物"是《易传》考察事物、构建体系的一个基本方法。《吕氏春秋》认为事物类同就可互相感应，"类同则召，气同则合，声比则应"。《内经》主张"别异比类"，认为"五藏之象，可以类推"（《素问·五藏生成论》）。这实际上是运用阴阳五行的范畴来进行比较和推论。《内经》把人体和自然现象归纳为金、木、水、火、土五类，并认为这五类中存在阴阳两种属性和功能。它运用阴阳五行范畴来规范现象，分析问题，可以不受《墨经》那种按种属关系进行推理的方法和限制，也不受荀子讲究类、故、理内在逻辑的拘束，可以较为自由地揭示事物间非线性关系作用的结果。应该说，这在方法上是一种进步。董仲舒利用阴阳五行范畴来划分事物的类别，规范复杂的现象，强调事物类合和数偶的重要性及其作用，并借此沟通天—人—社会，虽然有主观臆断、牵强附会之处，但我们仍可看出，他的"伍其比，偶其类"的类比法并非无源之水、无本之木。

我们不仅可以从以上追溯，看到董仲舒类比法的历史依据和自然科学因素，而且，更值得我们思考的是，现代相似理论和当代协同学所借以建立理论体系的方法主要是类比法。

相似理论是说明自然界和工程中各种现象相似原理的学说。根据相似理论而形成的"相似方法"，实际上"是一种可以把个别现象的研究结果推广到所有相似的现象上去的科学方法"①。各种相似基本上是三大类：一般几何相似、动力学相似、运动学相似。此外还有材料和介质特性等类物理学的相似。相似理论的形成和相似方法的创立及其在科学研究中的应用，给人们利用相似现象去认识事物间的联系及其规律，提供了简便有效的工具。

最近十几年发展起来的当代协同学，主要是从事物的相似出发，通过分析类比，来描述各种系统和运动现象中从无序到有序转变的共同规律。协同学创始人哈肯认为："当许多系统从无序到有序时，它们呈现出非常相似的行为。"② 不同的运动形式，不同的系统之间存在着相似性是物质世界统一性的一种表现。哈肯正是在发现了"完全不同的系统之间的深

---

① 徐挺：《相似理论与模型试验》，中国农业机械出版社1982年版，第2页。
② ［德］H. 哈肯著，张纪岳、郭治安译：《协同学导论》"序"，西北大学科研处1981年版，第1页。

刻的相似"的基础上采用类比方法的。相似和类比是协同学的主要概念之一，类比法是协同学采用的主要研究方法，而相似是类比的前提和基础。哈肯认为："类比的好处是显而易见的。一旦在一个领域里解决了一个问题，它的结果就可以推广到另一个领域。一个系统可以作为另一个不同系统的模拟计算机。"① 协同学正是采用类比的方法，从横的方面研究了各种学科中临界现象的共同特征，使原来各个学科中久未解决的问题变得容易和简单。协同学着重研究的是结构。结构的稳定性取决于系统的有序度，而系统的有序度又取决于要素的协同性。而作为协同学最基本概念的所谓协同，指的是构成系统的要素或子系统之间的协调和同步作用。一个由许多子系统构成的系统，如果在子系统间互相配合产生协同作用和合作效应，系统便处于自组织状态，在宏观上和整体上就表现为具有一定的结构和功能。协同导致有序。一般说来，系统内部的各个系统既存在着无规则的独立运动，又存在着有规则的关联运动。当独立运动占主导地位时，系统处于无序状态；当关联运动占主导地位时，系统进入有序状态。系统的协同作用是通过内部的矛盾斗争来实现的。

可见，无论相似理论还是协同学，都是以事物间现象的相似为其理论建立客观基础，以类比为主要方法的，这与董仲舒类比法并无二致。

三

人体解剖是猴体解剖的钥匙。当我们从建立在科学基础上的相似理论和协同学的方法角度出发，考察董仲舒那科学与迷信羼杂、真理和谬误并存的方法时，我们对它的分析就更深刻和周详，评价也更符合实际。

笔者认为，董仲舒的类比法首先是一种按类别组织事物，使其从无序走向有序的方法。他在总结《吕氏春秋》等对阴阳五行学说运用的基础上，把过去用以说明物质元素的五行和表示事物属性、功能的阴阳作为规范事物的框架，作为构建体系的方法和类比的工具。在此基础上，他以类比为基本手法，推演阴阳，建立了新的宇宙图式。天—人—社会皆因各有阴阳而类同，因各按五行之次运行而同序，从而使各个子系统（天、人、社会以及社会内的文教、政治体制等）处于有序状态，使整个系统从无

---

① ［德］H. 哈肯、任尚芬：《协合学》，载《自然杂志》1978年第4期。

序走向有序，最后归一于"天人合一"的理想模式，从而实现天人哲学的功用。

董仲舒注意到了系统间的相似现象，用天有四时、人有四肢、王有四政等现象上的简单相似来进行类比。通过类比，他沟通了子系统（天、人、社会）。凭借阴阳五行的功能，按照阳主阴次的原则和五行相生的次序，他使各个子系统在无外部指令的情况下，按照类别，相互默契，各尽其责而协调地同步运转，使整个宇宙系统处于自组织状态，实现着"天人同一"的结构和功能，收到协同效应。当然，董仲舒把阴阳五行注入宇宙万物，使整个系统及其各个子系统遵从相同的基本原理运转，是将主观意愿强加于客观现象，缺乏科学根据的。但是，他这种方法在客观上可发挥事物自组织的功能，收到协同效应，这是可以从理论上加以论证、在逻辑上可以推导的，而董仲舒思想的思辨性之高于同时代的思想家，由此亦可见一斑。

董仲舒的类比法，还是一种由此及彼、由微知著的揭示事物类型及其相互关系的方法。哈肯在建立协同学的过程中，通过实验证实，用类比方式，只用少数几个参量就能描写宏观的有序态。而且，他认为，使用类比法的显而易见的好处是能将一个领域的研究成果迅速推广到另一领域。董仲舒在用阴阳五行从内在要素上沟通天、人和社会后，抓住事物现象相似（各有主次、表里）、数量相似（四时、四气、四政；人体大节十二，自然月分为十二……）、材料相似（金、木、水、火、土）、特性相似（阴阳，按五行生胜运行）等等，运用类比法进行推演，由人而天，由天而社会，以"陈其有形以著其无形"，"拘其可数以著其不可数"（《春秋繁露·人副天数》）。这就由此及彼地揭示了事物的类型及其相互关系，把隐而不彰的现象和道理明白地揭示出来，从方法上来讲，剔除其荒诞内容和主观性外，还是有其可取之处的。

董仲舒的类比法，还是一种说明事物类感，拟人化的移情方法。阴阳五行家认为，万物按其阴阳五行的不同组合，可以分成不同的类型，同类事物之间存在着"类同则召，气同则合，声同则应"（《吕氏春秋·应同》）的感应关系。《易传》认为"天地感而万物化生"（《易·咸》）。董仲舒以鼓瑟时"鼓其宫则他宫应之，鼓其商而他商应之"为例，得出"物故以类相召"（《春秋繁露·同类相动》）的结论。他利用自然感应现象，运用类比法，把这种类感关系扩充、膨胀到整个宇宙系统之内。天有阴阳，人亦有阴阳，这就同类；同类可以相感，故天地之阴气起，人之阴气应之而起，反之亦然。诸如此类，都是运用类比法来揭示的。特别值得注意的是，类比法还是董仲舒将自然拟人化的一种移情方法。在他那里，"天亦有喜怒之气，哀乐之心，与人相副"（《春秋繁露·阴阳义》），阴阳之气"在人者，为好恶喜怒；在天者，为暖清寒暑"（《春秋繁露·如天之为》），自然界的春夏秋冬成了天的喜怒哀乐的表现，天成了具有情感意志的"人"。我们知道当本来没有感觉和感情的自然物反映在主观意识中时，好像有了人的感觉、感情、意志和活动，这就是美感中的移情现象。移情现象实际上是在反映自然物时，在人的意识中所产生的拟人化的现象，它是情感和联想相互作用的结果，是联想的一种特殊的表现形式。而与移情现象密切相关的是相似联想。董仲舒的类比法，在主客关系上，起到了沟通类感，移情于物而又使物通于人的作用。而在这中间，他对事物相似现象的强调和利用，尤其是他由此对"天人合一"的联想，起了中介作用。

这种通过类比来说明类感，进而拟人化的移情方法，是董仲舒建立体系的一个极其重要的方法和特点，也是他与同时代其他思想家的不同之处。

董仲舒的类比法，又是建立在经验基础之上的直观外推方法。以个人经验合理外推，是儒家认识世界的主要方法。把家庭关系外推到国家，把父子关系外推到君臣，是儒家直观外推方法在家国一体的伦理政治方面的应用。董仲舒继承了这些方法和内容，并将其方法的运用扩展于自然与社会的关系以及二者各自的全部领域。建立在对日常生活观察基础上的以类合、以数偶的类比方法，就是典型的直观外推方法。从相互关系来看，以类合是以数偶的前提；以数偶是以类合的补充，二者相得益彰。这种直观的外推方法，当它与具体事物和直观的行政手段结合时，可以处在经验的范围，具有强烈的感情色彩；当它与虚无缥缈的天相联系时，经验已不能把握，便走向神秘主义。董仲舒这种以类合、以数偶，直观外推而移情于物的类比法，在客观上较为体系化地确定了儒家这种认知方式。

由上可见，董仲舒"伍其比，偶其类"（《春秋繁露·玉杯》）的方法，并非像人们过去所论定的那样荒谬、一无是处，而是有其可取之处。但是，由于他思想体系中神学唯心主义的一面过分茂密，而闷死了其方法中的合理之苗。由于他把类比法作为万能的法宝，不讲条件地运用，就使其带上了主观主义的印记，存在不少荒诞无稽之处。特别要指出的是，董仲舒的类比法及其所依据的相似现象，并不等于现代相似理论和当代协同学中的相似理论和类比原则。前者是粗糙的神学体系的构造工具，后者是建立在实验基础上的科学方法；前者只是粗糙地进行性质上的测定，带有很大程度的主观随意性，后者则是精确计算后，可以建立数学模型以推导事物性质和数量以及建立相关方案的科学成果。凡此等等，不可同日而语。本文想说明的是，作为中国传统哲学发展重要一环的董仲舒思想，其哲学方法不可简单否定，而是值得我们深入探讨的。

（原载《哲学研究》1986年第9期）

论董仲舒的政治哲学

董仲舒以天人感应思想为核心的天人一体论，贯穿其整个思想体系，并首先集中地表现在政治哲学方面。这个政治哲学，主要着眼于统治手法、历史演变和社会秩序的探究。其终极目的，是为了改铸先秦儒家思想，为维护既成的大一统的政治局面服务。

一、德主刑辅的王道政治论

王道政治是儒家的一贯理想。在先秦孔孟儒家的心目中，王道是先王所推行的正道。《尚书·洪范》曰："无偏无党，王道荡荡；无党无偏，王道平平；无反无侧，王道正直。"具体说来，这个王道便是以仁义治天下，以君子长者之心待天下。它与法家所主张的用暴力取天下、治天下的"霸道"相对应。

董仲舒继承了孔孟儒家的王道理想，并通过切实的政治努力，使它由空想变成了现实，从而在理论构建的高度上，使儒家王道理论成为中国古代政治文化的主要成分。大致说来，董仲舒的王道政治论，主要是法天而治的"更化"说与尊王贱霸的仁政观。

董仲舒所力主的这个"更化"论，说到底，是要求用王道取代霸道。"更化"，即改制。就思想体制而言，是改变法家的强权政治和黄老道家的无为方针。法家所主张的严刑峻法，以强权治国，已为秦王朝的灭亡而显示出其守成作用的不足。黄老道家主张的因任自然，无为而治，虽曾为汉初经济的恢复发展起了巨大的促进作用，但文景时期以来的地方侯王的分庭抗礼，地方官吏与富商大贾的相互勾结，与民争利，与中央政府争利，特别是景帝时的吴楚七国之乱，显示出黄老道家思想在社会功用方面的放任有余而集中调控不足。因此，现实的社会状况急需改变旧制，急需一整套既能够兼综法家与黄老道家思想之长，而又能避其之短的新的统治思想。这个思路的必然结果，便是董仲舒在第三次对策中提出并为汉武帝采纳的"罢黜百家，独尊儒术"，即把儒家思想作为官方的正宗统治思想。

根据亡秦的教训和汉兴以来的治国经验,董仲舒主张首先"更化"经济政策,提出了几条措施:①"限民名田。以赡不足,塞兼并之路";②"盐铁皆归于民";③"去奴婢,除专杀之威";④"薄赋敛,省徭役,以宽民力"(《汉书·食货志》)。这些措施的提出,对于限制豪强对土地的兼并,适当还利于民,发展社会生产力,有着积极的意义。

与此同时,董仲舒特别注重新的社会制度和道德规范的构建。他提出并积极参与了古代文官制度的创建,使儒家"学而优则仕"的理想成为现实;他以"三纲五常"为枢纽,从理论高度阐释并奠定了封建道德的基本原则。

此外,他极力主张"改正朔,易服色",实行教化政策,要求重德轻刑、兴学养士、重义轻利、统一思想。他将这一切都纳入天人感应的思想框架之内,归入圣人"法天而治"的"更化"政治的范畴。

可见,董仲舒这个"法天而治"的更化说,继承并发展了先秦儒家的"损益"观,以"新王必改制"为思想前提,以创制建国、万世一统为终极目的,为在同一王朝之内实行改革扫除了思想障碍,较好地实现了在新的历史条件下的理论和政治实践的转换。可以说,董仲舒的这个更化理论,是在封建专制统治的条件下,不经过外部冲突的方式,而实现社会变革的一种可行方式。亦正因为如此,新王改制、顺天应人之类的呼喊,在历史上不绝于耳。这种区别于西方中世纪的独特的历史现象,是与董仲舒的法天而治的更化理论的影响分不开的。当然,他的这种理论具有明显的欺骗性和荒诞性(比如天人感应、改正朔、易服色),但在他所处的那个专制王权高于一切的时代,这也不失为一种明智之举。

在力主更化亡秦暴政的同时,董仲舒继承了孟子尊王贱霸的统治思想,大力倡导王道,主张推行仁政。不过,他并没有给"仁"以明确的理论界定,而主要是从不同的侧面做了阐述。

从总体上看,董仲舒的德政思想有强烈的针对性。他反复劝导统治者,要求"王者爱及四夷"(《春秋繁露·仁义法》),认为能够做到"泛爱群生,不以喜怒赏罚"(《春秋繁露·离合根》),便是仁。这是对先秦儒家爱民思想的继承。在这个思想基调下,董仲舒集中论述了他的德治主张。可以说,他的仁政思想主要表现为德治主张。

此外,在《天道无二》《阳尊阴卑》《阴阳位》《阴阳义》等篇中,他多次阐发了这些观点，十分明确地表述了他提倡德治、反对专任暴力的政治主张。

要指出的是，董仲舒以王道政治为标榜的仁德思想，并非孟子仁政思想的简单沿袭。他在极力鼓吹王道的同时，并不反对更不放弃霸道。相反，与孟子将王道霸道截然相分的思维路向不同，他将二者统一于"仁"的旗帜下。他说："霸、王之道，皆本于仁。"（《春秋繁露·俞序》）实际上，他所主张的德主刑辅的统治策略，本身便是王霸并举的具体表现。在这方面，他更多的是继承了荀子"隆礼重法"的思想。可以说，董仲舒尊王贱霸的仁政观，不仅是对孟荀社会政治思想的继承，更是一种创造性的发展，它糅合了二者，使分途发展的孟荀思想在新的历史条件下结为一体。

董仲舒这个尊王贱霸的仁政观，在他所处的那个时代，对于匡正统治策略方面的失误，拨乱反正，稳定社会，曾经起了积极的作用。但是，正如鲁迅先生所说："在中国，其实是彻底的未曾有过王道。""在中国的王道，看去虽然好像是和霸道对立的东西，其实却是兄弟，这之前和之后，一定要有霸道跑来的。人民之所以讴歌，就为了希望霸道的减轻，或者不更加重的缘故。"① 鲁迅先生所揭示的这种情况，在中国封建专制社会步入中期以后，表现得更为淋漓尽致。这点是我们在评价董仲舒思想的历史作用的时候需要特别注意的。

二、三统循环的历史观

董仲舒的历史发展观，从其思维路向来看，是要维护既成的社会秩序，以"奉天法古"为旗帜，在"守成"的前提下，因时应变，实行必要的改良。用他自己的话说，便是既要"改制"，又不"易道"。这种改制不易道的历史观，集中表现为三统循环论，其中，又以新王改制、文质互救、五德终始和三统三正为主要内容。

所谓"新王必改制"（《春秋繁露·楚庄王》），即新兴的王朝不能全盘继承前朝的制度，而要有所变革。这种变革，儒家有既定的原则，即《礼记·大传》所要求："圣人南面而治天下，必自人道始矣。立权度量，

---

① 《鲁迅全集》第六卷，人民文学出版社1958年版，第9—10页。

考文章，改正朔，易服色，殊徽号，易器械，别衣服，此其所得与民变革者也。其不可得变革者则有矣：亲亲也，尊尊也，长长也，男女有别，此其不可得与民变革者也。"从中国古代文化发展史来看，可以说，《礼记》所设计的这些变革原则，规定了秦汉以后封建社会文化变迁的基本方向。它既能表明新兴的王朝与前朝的区别，以及以新代旧的合理性，同时又能保持基本的思想文化制度的一脉相承。

董仲舒对儒家这个"变器不变道"的思想原则心领神会，通过对"新王改制"的阐释，表达了他的政治期望，并将其发展成为"改制不易道"的思想规范。

首先，他打出"奉天法古"的旗帜，要求新王改制。他强调："《春秋》之道，奉天而法古。"（《春秋繁露·楚庄王》）要鉴往察今，顺天应人，改革制度，以符天命。通过改革制度，以表明君主"受命于天"；如果"一因前制，修故业，而无有所改，是以继前王而王者无以别"（《春秋繁露·楚庄王》）。因此，新王必须"徙居处，更称号，改正朔，易服色"。这就是改制的主要内容。

其次，董仲舒又强调"改制"不"易道"。他声明："大纲、人伦、道理、政治、教化、习俗、文义尽如故，又何改哉！故王者有改制之名，无易道之实。"（《春秋繁露·楚庄王》）这便是他常说的"变中有常"。

董仲舒这个改制不易道的思想，可以说是中国古代第一个具有较强理论色彩的文化保守论。它在国家统一、政权稳定的时代条件下，较好地解决了思想文化、制度文化的继承与变革的关系。在这种理论的思想框架之中，同一社会形态、同一社会制度、同一统治王朝内部，既可以保存基本的思想文化、制度文化，又可以根据时代条件的变化，改革旧制，注入新的生命力，以增强固有体制的活力。同时，它还可以起到约束、激励统治者的作用，缓解以至消融社会矛盾，安定社会秩序。

在董仲舒的思想中，与新王改制紧密联系的，是文质互救的问题。按照一般的讲法，文指文采，质指质性、本质，二者间的关系是形式与内容的关系。董仲舒将文质范畴应用来解释政治变革和王朝兴废。他说："王者以（之）治，一商一夏，一质一文。商质者主天，夏文者主地，《春秋》者主人，故三等也。……主天法质而王，其道佚阳，亲亲而多质爱。……主地法文而王，其道进阴，尊尊而多礼文。"（《春秋繁露·三代改制质文》）

董仲舒赋商以质，赋夏以文，并非真认为三代中的夏商两朝分别实行文、质的制度，而是通过商质夏文的比喻，抽绎出质文互变并且互救的原理，进而为其新王改制、三统循环的历史发展观张目。《白虎通·三教篇》说："质法天，文法地而已。故天为贵，地受而化之，养而成之，故为文。《尚书大传》曰：'王者一质一文，据天地之道。'"《说苑·修文篇》说："商者，常也。常者，质。质主天。夏者，大也。大者，文也。文主地。"《宋书·礼乐志》说："以前检后，文质相因。"可见，质文互变，不仅被董仲舒所演绎，而且也为古代文化传统所认可。

正是根据这种质文互变的原理，董仲舒宣传"《春秋》作新王之事"（《春秋繁露·三代改制质文》），《春秋》"救文以质"（《春秋繁露·王道》）。这样，王朝的新旧交替，制度的前后嬗变，自然是合乎情理的了。

在董仲舒看来，新王改制、文质互救，都是在历史发展的总体框架不变的原则下进行的。这个原则，便是三统三正的理论。

三统三正的理论，源于公羊为论证"大一统"的合理性而创立的"三世"说。"三世"，即"所见"世，"所闻"世，"所传闻"世。三世自有其治乱兴衰的内在秩序和必然性，分别是太平、升平、衰乱社会。而由衰乱到升平再到太平，是历史演进的必然规律。

董仲舒发挥《公羊春秋》的"三世"说，在《春秋繁露·楚庄王》里，他认为："《春秋》分十二世以为三等：有见、有闻、有传闻；有见三世，有闻四世，有传闻五世。故哀、定、昭，君子之所见也；襄、成、文、宣，君子之所闻也；僖、闵、庄、桓、隐，君子之所传闻也。"据此，他提出了"三统""三正"的学说。三统，是夏、商、周三代的正朔的合称。夏正建寅，以正月为岁首，称为人统；商正建丑，以十二月为岁首，称为地统；周正建子，以十一月为岁首，称为天统。《汉书·成帝纪》："盖闻王者必存二王之后，所以通三统也。"每一统崇尚的颜色不同，夏、商、周三代分别崇尚黑、白、赤，因而三统也是黑统白统赤统的代称。三正，是我国古代历法周正、殷正、夏正的合称。三正分别以建子、建丑、建寅三个月的朔日为岁首。建，指"斗建"，即北斗所指的时辰，由子至亥，每月迁移一辰。董仲舒的三统说认为，"天之道终而复始"，黑白赤三统循环往复，朝代迭相转换，因而每一王朝初兴，"新王必改制"。改制的首要任务和显著标志，便是改"正""朔"。所谓"正"，指农历每年头一月，即正月；所谓"朔"指每月头一日，即农历初一日。正朔即一年第一天开始的时候。改正朔的目的，在于表明新王是"受命而王"，以新统取代旧统，具有"天意"方面的合法性。同时，也为了说明一元复始，万象更新，诚如《春秋繁露·楚庄王》所说的"非继前王而王"。

董仲舒的三统说，引进了五行理论，或者说，三统说吸收了五德终始说的思想成分。五德终始，是战国末期阴阳家邹衍创建的关于历史演化的学说。《史记·孟子荀卿列传》记载，邹衍"称引天地剖判以来，五德转移，治各有宜，而符应若兹"，认为金、木、水、火、土分别代表相应的"德"，相生相克，循环变化，决定着王朝的兴替和制度的嬗变。董仲舒相信这种五德终始的理论，并将五行与阴阳扭结为一，作为其思想体系的理论骨架。他盛赞"五行莫贵于土"，"五色莫贵于黄"（《春秋繁露·五行对》），主张汉代以"土德"受命，这一观点后来为统治者和思想界所认同。

从政治目的来看，董仲舒制造的三统循环学说，当然是为了"为汉制法"。台湾有的学者指出，在五德说已普遍流行之际，董仲舒费尽心机提出三统说，"其主要原因即在于历法的需求"，"想借天意将汉代政教纳入儒家思想的正轨"。① 这个见解颇有道理。但我认为，恐怕更为重要的是，董仲舒要建立一套新的政教制度，为汉王朝的长治久安做战略性的建设。而这就必须超越历史观方面的传统的五德终始理论。实际上，后来在历法上"三统历"的实行，正反映出董仲舒"为汉制法"的匠心所运。

三、"天不变道亦不变"的社会秩序论

"天不变道亦不变"（《汉书·董仲舒传》），是董仲舒提出并在中国历史上产生了深远影响的命题。数十年来，学术界是从发展观角度对其进行考察的，因而将其作为形而上学的典型命题。这当然有其道理。在这种哲学视野之内，论者公认董仲舒这个命题是为维护汉王朝以至整个封建王朝的统治做论证的。既然如此，当我们转换视角，从文化类型、文化特质的层面进行考察时，就有必要将其置于政治论的范畴加以审视，从而把它

---

① 林丽雪：《董仲舒》，载《中国历代思想家》第二册，台湾商务印书馆1979年版，第66－67页。

看作一种社会秩序论。这样，我们便可以分别从察名定分、崇天护人、道统不变等方面对其进行解析。

董仲舒根据当时天下已治的情况，提出了"深察名号"的主张，力图由此确定每个人的社会角色，解决位份人格的问题。在《深察名号》等篇中，他做了认真的探讨。

首先，正名分是治理天下的必要前提。他说："治天下之端，在审辨大；辨大之端，在深察名号。"（《春秋繁露·深察名号》）又说："治国之端在正名。"（《春秋繁露·玉英》）这就把名分的制定强调到了建立社会秩序的首要地位。值得注意的是，孔子主张正名，是为了反对"天下无道"，化乱为治，但流于空想。董仲舒的正名思想，是为了稳定已经天下一统、"礼乐征伐自天子出"的政治局面，具有重大的时代意义。

其次，制定名号是为了确定上下尊卑贵贱，建立稳定的社会秩序。在他看来，不同的名号有不同的行为价值导向作用："号为天子者，宜事天如父、事天孝道也。号为诸侯者，宜谨视所侯奉天子也。号为大夫者，宜厚其忠信、敦其礼义，使善大于匹夫之义，足以化也。士者，事也。民者，瞑也。"（《春秋繁露·深察名号》）这就给不同等级的人规定了不同的政治义务和行为规范。他企图通过这种规定，做到"尊者取尊号，卑者取卑号"（《春秋繁露·顺命》），使"上下不逾等，贵贱如其伦"（《春秋繁露·精华》），整个社会按照封建国家的整体利益而有序运转。

再次，名是审定是非的理论标准。董仲舒认为，名产生于事物的真实情况。"名生于真，非其真，弗以为名。……名之为言真也"（《春秋繁露·深察名号》）。既然名来自事物的真，那么，人们当然应该以名为检定是非的理论标准。他说："欲审曲直，莫如引绳；欲审是非，莫如引名。名之审于是非也，犹绳之审于曲直也。诘其名实，观其离合，则是非之情，不可以相谰已。"（《春秋繁露·深察名号》）从哲学理论名实观考察，董仲舒这种以名审实的观点，当然违背了"实践是检验真理的唯一标准"的原则，是唯心主义的名实观。但是，我们应当看到，如果以理论构建的角度审视，董仲舒这种以名审实的观点，也不无道理。因为，社会生活本身需要理论指导，理论对实践有着巨大的指导作用。而董仲舒希望有一套社会认同的名号，实际上便是要求制定理论范畴，使人们的言行符合既定的思想原则，这刚好表明他对于理论建设的重视和远见。问题只是在于，他认为名号所表达的内容只是神秘莫测的"天意"，从而在认识论上走向了神秘主义和不可知论。

最后,名是圣人代天而发的,名要服从天。董仲舒宣称,"名则圣人发天意",只有圣人才能体察天意,制定万事万物的名。"是非之正,取之逆顺;逆顺之正,取之名号;名号之正,取之天地。"因此,必须做到"事各顺于名,名各顺于天"(《春秋繁露·深察名号》)。这样,董仲舒就把他关于察名定分的思想纳入了他的天人合一的思想体系,从而将其导向了具有宗教意味的神秘之路。

总的来看,董仲舒察名定分的思想,并不是要探讨名实关系的逻辑问题,而是为其安定社会、确立新的政治秩序的目的服务。这从政治论的角度看,自有其意义。须知,任何社会都客观存在着不同的等级,问题只是在于如何看待并正确处理不同等级之间的关系。在封建社会中,任何地主阶级的思想家都不可能提出人人平等的观点,而只能提出尊卑有序、贵贱有等的伦常思想。董仲舒当然不可能超越时代条件去设计社会秩序的蓝图。因此,我们不能简单否定他提出的审名定分的观点。我始终觉得,那种将探讨名分等级的思想一概斥为"反动""保守"的观点,并不是历史主义的态度。

为了建立稳定的社会秩序,董仲舒还继承了先秦墨子崇天道以护人事的"天志"思想。大致说来,董仲舒继承了墨子天志思想中的以下方面:

第一,天是宇宙间最高主宰,仁民爱物,赏善罚恶。墨子认为:天"为政于天子"。三代圣王兼爱天下,故天立其为天子;桀纣幽厉兼恶天下,故天令其国破家亡。天统驭万物,操纵着人间的生杀大权。《墨子·天志》就说:"天子为善,天能赏之;天子为暴,天能罚之。"无论何人,"得罪于天,将无所以逃避之"。董仲舒更进一步,硬说天是"百神之大君"(《春秋繁露·郊祭》),认为"天者,万物之祖,万物非天不生"(《春秋繁露·顺命》),"天生五谷以养人"(《春秋繁露·求雨》)。进而,他宣称天子的权力来自天的授予:"受命之君,天意之所予也,故号为天子"(《春秋繁露·深察名号》)。天心仁爱人君,以祥瑞奖励其善行,以灾异惩罚其恶行。天人皆有喜怒哀乐,都以仁义为本。这样,墨子和董仲舒都把外在的天意作为万物及其价值准则的来源,使其成为人人必须服从的外在力量。

第二,天意是人类是非善恶的标准。墨子"置天志以为仪法",即以天意为检验是非善恶的标准。他自称,这样便"若轮人之有规,匠人之有矩",可以"知方圆之别"(《墨子·天志》)。他着重申明,他之所以强调天意,是为了"上将以度天下之王公大人为刑政也,下将以量天下之万民为文学出言谈也"。总之,统治者的行政措施,以及庶民百姓的言谈行为,如果符合天意,就是善行;如果违背天意,则是恶行。"天之意,不可不顺也","故置此以为法,立此以为仪"(《墨子·天志》)。董仲舒同样把天意作为是非善恶的标准。他要求"君子察物之异以求天意"(《春秋繁露·循天之道》)。"事各顺于名,名各顺于天","名则圣人所发天意,不可不深观也"(《春秋繁露·深察名号》)。由此,董仲舒便在社会实践之外,另立了一个神圣不可动摇也不可怀疑的检验是非善恶的准则。在这个准则面前,似乎人人平等,连君主也不例外。而在实际上,却起到了为专制君主张目的作用。因为根据董仲舒的天人关系理论,天子是替天行道的,人们必须绝对服从天子的旨意。即使天子有过错,也不可能并且不应该由臣民来指出,更不能纠正,而只能由天意所显示出来的种种怪异或灾异来警诫、惩罚。

第三,天下服从天子,天子服从天意。墨子著名的天下"尚同"的思想,是一种抽象的人人平等、天下一家的天真愿望。墨子反对政出多门,反对思想混乱,要求统一思想,"一同天下之义","一同其国之义"(《墨子·尚同》)。举国上下,都以天子的意见为意见,"上之所是,必皆是之;上之所非,必皆非之","天下之百姓皆上同于天子"。但这还不是终极的价值准则,终极价值准则是"天下又总天下之义,以上同于天"(《墨子·尚同》)。在这方面,董仲舒与墨子思想一脉相承。他在其天人关系的理论中,处处强调天意的神圣不可违背,极力阐释天子是体天心、行天意的圣人,全社会应当自觉追随天子,以形成并巩固宇内为一、思想一统的局面。但天子也可能有"失道之败",只有天自身才是绝对正确的,"道之大原出于天"(《汉书·董仲舒传》),而根据《春秋》的原则,应当"以人随君,以君随天。……屈民而伸君,屈君而伸天"(《春秋繁露·玉杯》)。这仍然是将终极的价值准则归于天。

以上这些,便是董仲舒继承发挥墨子天志思想的主要之点。但他并没有停留于简单继承,而是做了创造性的发展。这主要表现为:

第一,他构造了一个以天人感应为核心的严密的理论体系,从而把墨子天志与明鬼思想之间的矛盾,消弭于无形。特别重要的是,他消去了墨子强力非命思想锋芒,使小生产者自我表现的欲望,在天意难违的外在律令下，自我抑制，以至最终消失。

第二，他用阴阳五行学说来演绎天意，丰富了天的内涵、扩大了外延，并增强了天的功能。由此，董仲舒的天志说，既吸纳、包含了传统的天命思想和墨子的天志思想，又超越了它们的粗糙，变得更为精致。

第三，他以仁义取代兼爱，又将仁义归于天意，从而化解了墨子在天志旗号下形成的兼爱与尚同的内在矛盾。

总的来看，就思想实质而言，董仲舒大力发挥并创造性地发展墨子的天志思想，是为了进一步抬高天的地位和作用，推崇天之道的目的，是要借以维护他所倡导的一系列政治主张，可以说是"借天行道"，亦即崇天道以护人事。这在科学昌明的今天看来，当然是荒诞至极的。但在专制王权已经形成的历史条件下，在鬼神迷信、天命神权气氛仍然浓厚的中世纪，却自有其文化构建功能和稳定社会秩序的价值。

为了使封建专制制度和统治秩序万世长存，董仲舒在进行上述理论构建工作的同时，明确提出了"天不变道亦不变"（《汉书·董仲舒传》）的政治命题。这个命题是董仲舒在对汉武帝的策问时提出的。从当时的语言环境来看，这个命题中的"道"是指统治者治理国家的方法、思想理论以及相应的制度。他自己解释说："道者，所由适于治之路也，仁、义、礼、乐皆其具也。"（《汉书·董仲舒传》）能选择最好的适合统治需要的道，国家就能长治久安。否则，就会导致"政乱国危"（《汉书·董仲舒传》）。而依儒家思想传统，有"道"则必有其"统"。儒家思想这个"道"，是承继三代而来的。三代之道一脉相承，传授至气象升平的炎汉时代，已经可以而且必须总结出一套"万事无弊"的道。如果有弊，则不是道，而是"道之失"（《汉书·董仲舒传》）。

董仲舒的所作所为，正是要适应时代要求，总结出一整套能适应封建统治需要的"道"，并使其规范化、制度化，定位不易。他指出：人君都希望自己的统治安定长久，害怕一朝覆亡。但历史上却有不少亡国之君、昏乱之政，原因在于人君"所任者非其人，而所由者非其道"（《汉书·董仲舒传》）。因此，他要探究、创建一个新的"道"，以回应汉武帝"欲闻大道之要，至论之极"的策问，满足其使皇位和封建统治"传之无穷，而施之罔极"的欲望。因此，"天不变道亦不变"这个命题，不但体现了董仲舒营造新的思想体系的苦心孤诣，而且表现了他对自己学说、对当时正处于上升时期的地主阶级统治的合理性和永恒性的坚定信念。

为了建立能因应时势而千秋永存的"道",董仲舒做了大量而艰巨的思想文化建设工作。极力提倡道统,亦为主要内容之一。

按照董仲舒的观点,汉代是继秦之乱世之后而治天下,"继治世者其道同,继乱世者其道变"(《汉书·董仲舒传》)。因此,要直接承接尧舜禹之道,以质救文,用王道治理天下。这个没有任何偏弊的王"道",是出于天意、符合天意的,因而尧舜禹"三圣相受而守一道"。这个"道",既然"三圣相守",当然就形成了不可割断的"统"。于是,"道"既源出于天,又流传于古,奉天法古的原理自然成立。君主按照这个原理治理天下,臣民按照这个原理生活,种种可能出现的祸乱便会被消弭于无形之中,君主专制的制度文化、思想文化便会传之万世而不竭。这就是董仲舒提倡道统的奥妙所在。当然,他对道统源流的论证,前不如孟子,后不及韩愈,可说是无理论建树之功。但在实际上,他所倡导并努力实践的经学方法和思想原则,对《春秋》的依傍和膜拜,在治国原则上对古圣先贤的标榜和推重,都是道统思想的具体表现。因此,我们可以说,董仲舒在道统观念方面,是知行并重,行高于知的。

毋庸讳言,董仲舒也承认并大力宣扬"变"的问题,但那是在"大道"大变的前提下的变。这主要反映在他关于经权、常变的议论方面。

董仲舒在概括《春秋》的思想原则时说:"《春秋》之道,固有常有变。变用于变,常用于常。各止其科,非相妨也。"(《春秋繁露·竹林》)"《春秋》固有常义,又有应变。"(《春秋繁露·精华》)他之所以做如此概括,并非发思古之幽情,而是要在奉天法古的思想原则下,借古以护今,为其天不变道亦不变的政治理想做论证。他曾说:"天之常道,相反之物也,不得两起,故谓之一。一而不二者,天之行也。"(《春秋繁露·天道无二》)"天道之常,一阴一阳。阳者天之德也,阴者天之刑也。"(《春秋繁露·阴阳义》)而阳为尊,阴为卑,这就是"常"。在"常道"不变的前提下,可以有适当的变更措施,比如前面所讲到的"更化"之类,这叫作"变而有常"。

总的看来,董仲舒的"天不变道亦不变"的思想,是为社会的稳定与和谐发展做理论论证的。他所谓"天之道,有序而时,有度而节,变而有常",正说明其既要维护既存秩序,使其永恒不变,又要顺应时势,论证更化改制的必要和合理,使社会秩序有"序"、有"度"、有"常"的良苦用心。从历史演进的前进性和变革的必然性审视,"天不变道亦不变"的社会秩序论当然是妨碍社会发展的。但如果从董仲舒所处的时代条件衡量,那他希望整个社会有序、有度、有常,是合乎时代要求的。甚而可以说,正是这种思维方式和社会秩序理论,使董仲舒成为一代儒学宗师,使先秦儒家的和谐理论落到了实处,为中国古代趋善求治的文化形态的确立提供了必要的思想基础和社会条件。

(原载《社会科学研究》1992年第3期)

董仲舒的思想方法

董仲舒作为一代儒学宗师,有一整套独具特色的、相对完整系统的思想方法,其主要内容是:类比协同的逻辑整合方法、整体直观的经验思维方式、奉天法古的改制维新原则。通过这些方法,董仲舒构建了超越前人的、空前严密的天人感应理论体系,为其中华一体、万物一统的政治理想张目,并在思想方法上深刻地影响了中国传统文化价值系统的建设。

一、类比协同的逻辑整合方法

类比法是董仲舒大量使用的方法。通过类比,他论证了自己的天人感应、万物一体的思想,并借此整合天、人和社会之间的关系,为其协同社会秩序的政治目的服务。

较之先秦和秦汉时期的其他思想家,董仲舒有一套独特、系统并行之有效的方法,即以天人感应为核心,以现象相似为基点,以事物量的一致和质的类同为依据,通过事物间线形或非线形的互相作用,使事物的自组织效应发挥到最大限度,从而使系统(自然和社会)由无序走向有序的类比方法。

董仲舒类比法的逻辑起点,是利用阴阳五行类分事物,把宇宙间的一切,按照相应的类别配合起来;同时,又运用天人感应的原则,根据数量的相同,把事物联系起来。

为了构建自己的理论体系,董仲舒首先用阴阳将自然界和社会上的一切事物做了类别上的划分,用阴阳概括、统摄一切事物和现象。

董仲舒扬弃了阴阳概念的自然含意,着重从功能、性状上进行演绎,以构建新的思想体系。他不仅利用自西周末期伯阳父开始阴阳就具有的自然哲学的意义,更赋予其历史哲学的意义。他将阴阳赋予自然和社会,使二者具有同样的因素和功能。他反复申论的所谓"天道之常,一阴一阳"(《春秋繁露·阴阳义》),便是其固守的哲学理念。可以说,这是对《易传》"一阴一阳之谓道"命题的袭用。不过,董仲舒既把这个"道"做了内涵上的充实和改造，又做了外延上的调整和扩展。《易传》所讲的阴阳，主要是指两种不同事物之间或者同一事物内部的两个不同方面，彼此消长，是"道"的精神体现。这里的阴阳，只是一种抽象的观念，是彼此之间既有区别又有联系的两种事物。这里的"道"，主要指某种客观必然性。而在董仲舒的理论体系中，阴阳已不仅仅是抽象的观念，而更是可以确证、感悟的实体，是划分事物类别、组织并协同自然和社会秩序的工具。他认为："天地之间有阴阳之气常渐人者，若水常渐鱼也。所以异于水者，可见与不可见耳。……是天地之间，若虚而实。"（《春秋繁露·天地阴阳》）他还认为："天地之气，合而为一，分为阴阳，判为四时，裂为五行。"（《春秋繁露·五行相生》）这就是说，阴阳之气充塞天地，贯通四时五行，阴阳消长，则四时转换。这是把阴阳赋予自然。同时，他还把阴阳赋予人类。他说："天有阴阳，人亦有阴阳"（《春秋繁露·同类相动》）；"天地之阴阳当男女，人之男女当阴阳；阴阳可以谓男女，男女亦可以谓阴阳"（《春秋繁露·循天之道》）。他甚至认为，人"身之有性情也，若天之有阴阳也"（《春秋繁露·深察名号》），连人的本性和情感也成了阴阳的代化物。至于君臣父子夫妇等人伦关系之间的"大义"，庆赏刑罚等治国之"道"，都取自阴阳的流布和位次的尊卑。

这样，自然界和社会上的万事万物，以及人们的情感欲望，都被划分为阴阳两类。万有不齐，纷繁复杂的事物和现象，因阴阳的流布而区分成为不同的类别。而这不同的类别，又因这种阴阳的划分本身而潜在地蕴含着打破种属界限而被连接起来的可能。天—人—社会皆因阴阳的存在而存在，因阴阳的消长而发展。阴阳，作为两种不同的元素，无所不在；作为两种对立的力量，互为消长和补充；作为两种性状，有主次之分；作为两种属性，有善恶尊卑之别。董仲舒这种"遍覆包含"的阴阳，当其作为前两者情况（因素和力量）出现时，它贯穿于自然（四时、寒暑冷暖）和社会（君臣父子夫妇之道）以及人体（情感心理），属于内在的构成。当其后两者情况（形状和属性）出现时，在自然界，是暖、暑、昼、夏、男为阳，冷、寒、夜、冬、女为阴；在社会领域，是德、经、君为阳，刑、权、臣为阴；在人体机能，是喜、仁、性为阳，怒、贪、情为阴。董仲舒通过这种广泛分布，贯通天—人—社会的阴阳，为把天人连接起来做了构成成分上的铺垫。进而，由于阴阳的主次尊卑之分，阳为主、为尊，阴为次、为卑，就在做出这一规定的同时，从逻辑上规定了自然界和人类社会中不同性状的事物和不同结果的行为的地位，确定了各自的角色、权利和义务，并且永远不可改变。这就把整个宇宙系统中的每一因素都制约于一定的位置，从而为社会稳定，为帝业长存奠定了理论基础。

在用阴阳类分万物的同时，董仲舒还把五行作为类分事物的工具。木、火、土、金、水五行，成了自然界和人类社会诸种事物和现象的构成质素；自然界和人类社会的诸种事物和现象，不过是五行在宇宙间的外在表现而已（甚至有时仅仅是表现五行义蕴的符号）。例如，在自然界中，就自然节候而言，春、夏、季夏①、秋、冬五季，分别是木、火、土、金、水五行的表征；就方位而言，东、南、中、西、北，也同样分别是木、火、土、金、水五行精神的体现。在人类社会中，就官吏制度而言，司农、司马、君官、司徒、司寇五种官职，不过是木、火、土、金、水五行的体现；就个体行为规范而言，忠臣、孝子的所言所行，都取之于五行之中最尊贵的"土"的品格；君主施政，必须按照五行的次序运作，否则就会产生种种弊端，甚至导致天下大乱。这些，从理论实质上看，都是把五行作为类分事物、整齐秩序的工具。

从类别上沟通天人，比较容易，包容性也较大，但不够精确。为了弥补这一不足之处，更好地实现天人合一哲学的功能，董仲舒在阴阳五行类分事物、规整天人关系的同时，又用以数相遇的方法，使一切在数量上相同的事物，机械地扭结为一。

董仲舒自知天是缥缈的（尽管他口头将其说得很具体、很实在、很亲切），故他从人自身说起，从人之身寻求天之数。他说："求天数之微，莫若于人。人之身有四肢，每肢有三节，三四十二，十二节相持而形体立矣。天有四时，每时有三月，三四十二，十二月相受而岁数终矣。"（《春秋繁露·官制象天》）又说："天地之符，阴阳之副，常设于身。身犹天也，数与之相参，故命与之相连也。"（《春秋繁露·人副天数》）但董仲舒并不满足于从人之身求天之数，他始终要把人道系于天道之下，使人心服从天意。所以，在用人身推断天数、唤起人们的亲切感后，他转而用人身去副"天数"。他认为："唯人独能偶天地。人有三百六十节，偶天之

---

① 所谓季夏，是董仲舒为了使自然界的节候与五行整齐对应，并进而证明天人感应、万物一体是"天理"所在，而牵强炮制出来的，它本身并没有实际的自然意义。

数也;形体骨肉,偶地之厚也。上有耳目聪明,日月之象也。……天以终岁之数成人之身,故小节三百六十六,副日数也;大节十二分,副月数也。"(《春秋繁露·人副天数》)凡是自然现象与人身或社会政治现象数目相同者,董仲舒都要将其扯在一起,以为其天人感应神学目的论张目,进而为王权神授提供依据。他提出:"副数不可数者,副类皆当。"而无论副数还是副类,都是为了副天,目的和功用是一样的——"同而副天一也"(《春秋繁露·人副天数》)。

正是由于抓住并利用了事物量的相当和质的类同,董仲舒采用以类合、以数偶的方法,把天—人—社会连接起来,使以天人感应为核心的天人合一的哲学体系得以建立,并把"美事召美类,恶事召恶类"的劝喻用于君主的政法决策上,为其王道政治理论做论证。可见,类合数偶的方法,是董仲舒思想体系的逻辑起点,同时,也是其政治目标的必然前提。

由上可见,董仲舒以类合、以数偶的方法,是以事物现象相似为基点,以量的一致和质的类同为依据,由此及彼,由彼返此的类比法。这种类比法有其历史的渊源和现实的根据。

在董仲舒时代,类比法"古已有之"。作为《诗》"六艺"之中的比、兴手法,实质上就是类比法。比,必须以类同为根据,固不必说。兴,则是触景生情,因事寄兴。孔颖达在疏《诗·周南·关雎序》的"四曰兴"时,引郑司农云:"兴者,托事于物。则兴者,起也,取譬引类,起发己心",足见兴的立足点仍是类同。《墨经》认为,无论是归纳法、演绎法,还是类比法,都应遵守"以类行之"的原则。它提出的"异类不比"的方法论原则,强调了事物的类同是进行比较的必要前提。荀子主张用类概念作为衡量对象的准则,从类范畴来辨别事物的异同,思维要做到"推类而不悖"(《荀子·正名》),按种属关系进行推理。《易传》提出"一阴一阳之谓道"(《易·系辞上》),实际上是把事物分为阴、阳两类。它认为,从阴阳的类范畴考察事物,则"万物睽而其事类也"(《易·象传》)。"以类族辨物"是《易传》考察事物、构建体系的一个基本方法。《吕氏春秋》认为事物类同就可相互感应,"类同则召,气同则合,可以类推"(《素问·五脏生成论》)。这实际上是运用五行的范畴来进行比较和推论。《内经》把人体和自然现象归纳为金、木、水、火、土五类,并认为这五类中分别存在阴阳两种属性和功能。它运用阴阳五行范畴来规范现象,分析问题,可以不受《墨经》那种按照种属关系进行推理的方法的限制,也不受荀子讲究类、故、理内在的逻辑的拘束,可以较自由地揭示事物间非线性关系作用的结果。应该说,这在方法上是一种进步。由此可见,董仲舒利用阴阳五行范畴划分事物的类别,规范复杂的现象,强调事物的类合和数偶的重要性及其作用,并借此沟通天—人—社会,虽然有主观臆断、牵强附会之处,但我们仍可看出,他的"伍其比,偶其类"的类比法并非无源之水、无本之木。

我们不仅可以从以上追溯,看到董仲舒类比法的历史渊源、理论依据和自然科学因素,而且,更值得我们思考的是,现代相似理论和当代协同学所借以建立理论体系的方法,主要是类比法。

相似理论是说明自然界和工程中各种现象相似原理的学说。根据相似理论形成的"相似方法",实际上"是一种可以把个别现象的研究结果推广到所有相似的现象上去的科学方法"①。各种相似基本上是三大类:一般几何相似、动力学相似、运动学相似。此外还有材料和介质特性等物理学的相似。相似理论的形成和相似方法的创立,及其在科学中的应用,给人们利用相似现象去认识事物间的联系及其规律提供了简便有效的工具。

最近十几年发展起来的当代协同学,主要是从事物的相似出发,通过分析类比,来描述各种系统和运动现象中从无序到有序转变的共同规律。协同学创始人哈肯指出,当许多系统"在从无序状态过渡到有序状态时,它们表现出惊人的类似的行为"②。不同的运动形式、不同的系统之间存在着相似性,是物质世界统一性的一种表现。哈肯正是在发现了"完全不同系统之间的深刻的相似"的基础上采用类比方法的。相似和类比是协同学的主要概念之一,类比法是协同学采用的主要研究方法,而相似是类比的前提和基础。哈肯认为:"类比的好处是显而易见的。一旦在一个领域里解决了一个问题,它的结果就可以推广到另一个领域。一个系统可以作为另一个不同系统的模拟计算机。"③ 协同学正是采用类比的方法,从横的方面研究了各种学科中临界现象的共同特征,使原来各种学科中久未解决的问题变得容易和简单。协同学着重研究的是结构。结构的稳定性取决于系统的有序度,而系统的有序度又取决于要素的协同性。作为协同

---

① 徐挺:《相似理论与模型实验》,中国农业机械出版社1982年版,第2页。
② 郭治安:《协同学入门》,四川人民出版社1986年版,第2页。
③ [德] H. 哈肯、任尚芬:《协合学》,载《自然杂志》1978年第4期。

学最基本的所谓协同，指的是构成系统的要素或子系统之间的协调和同步作用。一个由许多子系统所构成的系统，如果在子系统间互相配合产生协同作用和合作效应，系统便处于自组织状态，在宏观上和整体上就表现为具有一定的结构和功能。协同导致有序。一般说来，系统内部各个子系统既存在着无规则的独立运动，又存在着有规则的关联运动。当独立运动占主导地位时，系统处于无序状态；当关联运动占主导地位时，系统进入有序状态。系统的协同作用是通过内部的矛盾斗争来实现的。

可见，无论相似理论还是协同学，都是以事物间现象相似为其理论建立的客观基础，以类比为主要方法的，这与董仲舒的类比方法并无二致。

由上可见，董仲舒正是通过对阴阳五行理论的利用，以类比的基本方法，沟通了天与人、人与人之间的联系。这种类比协同的手法，使人类社会和自然界都按照阴阳五行的原理（阳主阴次，五行生胜）运行，最后收到整合世界，万物各如其序，人人各安其位，自觉协同，从而使社会秩序和人们的思想从混沌走向有序的效果。

那么，是否董仲舒的类比法便与现代协同学在本质上是一致的呢？我只是觉得，学术界长期以来将董仲舒的类比法一概斥为荒诞迷信，用政治定式的方式取代理论思维的具体分析，未免失之简单，无助于我们正确认识中国古代哲学家的思想，因而也就不能客观地评介其正面和负面的价值。有见于此，我才不惜笔墨从思想方法的角度，从现代科学理论构架的层面，缕析董仲舒的类比法。

当我们建立在科学基础上的相似理论和协同学的方法角度，考察董仲舒那科学与迷信羼杂、真理与谬误并存的方法时，我们对它的分析就会更加深刻和周详，评价也更符合实际。

依我看来，董仲舒的类比法首先是一种按照类别组织事物，使其从无序走向有序的方法。他在总结《吕氏春秋》等阴阳五行学说的基础上，把过去用以说明物质元素的五行和表示事物的属性、功能的阴阳范畴作为规范事物的理论框架，作为建构体系的方法和类比的工具。进而，他以类比为基本手法，推演阴阳五行，建立新的宇宙图式。天—人—社会皆因各有阴阳而类同，皆因各按阴阳五行之次运行而同序，从而使各个子系统（天、人、社会以及社会内部的文教、经济、政治体制等）处于有序状态，使整个系统从无序走向有序，最后归依于"天人合一"的理想模式，实现天人哲学的功用。

董仲舒注意到了系统间的相似现象，用天有四时、人有四肢、王有四政等现象上的简单相似来进行类比，通过类比，他沟通了子系统（天、人、社会）。凭借阴阳五行的功能，按照阳主阴次的原则和五行生胜的次序，他使各个子系统在无外部指令的情况下，按照类别组织起来，相互默契，各尽其责，同步运转。从而，整个宇宙系统处于自组织状态，实现着"天人同一"的结构和功能，收到协同效应。当然，董仲舒把阴阳五行注入宇宙万物，使整个系统及其各个子系统遵从相同的基本原理运转，是将主观意愿强加于客观对象，缺乏科学依据。但是，他这种方法在客观上可发挥事物自组织的功能，收到协同效应，则是可以从理论上加以论证、从逻辑上进行推导的，而董仲舒思想的思辨性之高于同时代的思想家，由此可见一斑。

董仲舒的类比法，还是一种由此及彼、由微知著的揭示事物类型及其相互关系的方法。哈肯在建立协同学的过程中，通过实验证实，用类比方式，只用少数几个参量就能描写宏观的有序态。而且，他认为，使用类比法有显而易见的好处：能将一个领域的研究成果迅速推广到另一个领域。董仲舒在用阴阳五行从内在要素上沟通天、人和社会以后，抓住事物现象相似（各有主次、表里）、数量相似（四时、四气、四政；人体大节十二，自然月份十二……）、材料相似（金、木、水、火、土）、特性相似（阴阳，按五行生胜运行）等等，运用类比法进行推演，由人而天，由天而社会，以"陈其有形以着其无形"，"拘其可数以着其不可数"（《春秋繁露·人副天数》）。这就由此及彼地揭示了事物的类型及其相互关系，把隐而不彰的现象和道理明白地揭示出来，从方法上讲，剔除其荒诞内容和主观性外，还是有可取之处的。

董仲舒的类比法，还是一种说明事物类感，拟人化的移情方法。阴阳五行家认为，万物按其阴阳五行的不同组合，可以分成不同的类型，同类事物之间存在着"类同则召，气同则合，声比则应"（《吕氏春秋·应同》）的感应关系。《易传》则认为，"天地感而万物化生"（《易·咸卦·象传》）。董仲舒以鼓瑟时"鼓其宫则他宫应之，鼓其商则他商应之"为例，得出"物故以类相召"（《春秋繁露·同类相动》）的结论。他利用自然感应现象，运用类比法，把这种类感关系扩充、膨胀到整个宇宙系统之内。天有阴阳，人亦有阴阳，这就类同；同类可以相感，故天地之阴气起，人之阴气因之而起，反之亦然。诸如此类，都是运用类比法来揭示的。特别值得注意的是，类比法还是董仲舒将自然拟人化的一种移情方法。在他那里，"天亦有喜怒之气，哀乐之心，与人相副"（《春秋繁露·阴阳义》）。阴阳之气"在人者，为好恶喜怒；在天者，为暖清寒暑"（《春秋繁露·如天之为》），自然界的春夏秋冬成了天的喜怒哀乐的表现，天成了具有情感意志的"人"。我们知道，当本来没有感觉和感情的自然物反映在主观意识中时，好像有了人的感觉、情感、意志和活动，这就是美感中的移情现象。移情现象实际上是人在反映自然物时，意识中所产生的拟人化的现象。它是情感和联想相互作用的结果，是联想的一种特殊的表现形式。而与移情现象密切相关的是相似联想。董仲舒的类比法，正是以相似联想为基础和特征的认知方式。这种认知方式，在主客体关系上，起到了沟通类感，移情于物而又使物通于人的作用。其间，董仲舒对事物相似现象的强调和利用，尤其是他由此对"天人合一"意境的联想及其思想体系的构筑，起了中介作用。

这种通过类比来说明类比，进而拟人化的移情方法，是董仲舒建立体系的一个极其重要的方法，也是他思想的一个重要特点。而这，也是他与同时代的思想家的不同之处。

董仲舒的类比法，又是建立在经验基础之上的直观外推方法。以个人经验合理外推，是儒家认识世界的主要方法。把家庭关系外推到国家，把父子关系外推到君臣，是儒家直观外推法在国家一体的伦理政治方面的应用。董仲舒继承并光大了这种方法，将其扩展于自然与社会以及二者各自全部领域。他建立在对日常生活观察基础之上的以类合、以数偶的类比方法，就是典型的直观外推方法。从此相互关系来看，以类合是以数偶的前提，以数偶是以类合的补充，二者相得益彰。这种直观的外推方法，当它与具体事物和直觉型的行政手段相结合时，可似处在经验的范围，具有强烈的感情色彩和可接受性；当它与虚无缥缈的"天"相联系时，经验已不能把握，便流于神秘主义。从中国传统思想文化和儒学发展史的角度看，董仲舒这种以类合、以数偶，直观外推而移情于物的类比法，在客观上较为体系化地确立了儒家直观外推的认知方式。

由上可见，董仲舒"伍其比，偶其类"（《春秋繁露·玉杯》）的方法，并非像人们过去所论定的那样荒谬，那样一无是处，而是有其可取之处。但是，由于他思想体系中神学唯心主义的一面过于茂密，而闷死了其方法中的合理之苗。由于他把类比法作为万能的法宝，不讲条件地运用，就使其带上了主观主义。功利主义和实用主义的印记，导致了不少荒诞无稽的结论。类比法本身所具有的推理的或然性，不仅没有被董仲舒认真避免，相反，他刚好是挖空心思地利用这种或然性，将其推倒极端，以为其政治目的服务。特别要指出的是，董仲舒的类比法及其所依据的相似现象，并不等于现代相似理论和协同学中的相似理论和类比原则。前者是粗糙的神学体系的构造工具，后者是建立在实验基础上的科学方法；前者只是粗略地进行性质上的测定，带有很大的主观随意性，后者则是精确计算后，可以建立数学模型以推导事物性质和数量，以及建立相关方案的科学成果。凡此等等，不可同日而语。本文想说明的是，作为中国传统哲学发展重要的一环的董仲舒思想，其哲学方法不可简单否定，而是值得我们进一步深入探讨的。

二、整体直观的经验思维方式

从作为文化深层结构的思维方式的角度考察，董仲舒的思想方法属于以整体直观为特色、以经验为基础的直觉型思维方式。

自战国末期以来，国家统一、民族融合、文化趋同的历史趋势不断增强。秦汉的统一，使这种趋势转化并凝结为现实的政治、文化实体。与此相应，思想界万物齐一、上下参同的认识得以统一，并逐步转化为一种心理—行为方式。董仲舒以类比推理为基本方法和特征的逻辑整合手段，以阴阳五行类分事物并借此使其类别化、统一化的经验型思维方法，正是这一历史时期思维方法的典型代表。

大致说来，董仲舒这种万物参同的整体思维，主要由三方面内容构成：

第一，天、地、人相参的宇宙统一观。秦汉时期，以承认客观自然法则的必然性为前提，以重视人的主观能动性为特征的"人与天地参"的思想，是社会思潮的主流，是思想家们关注的重心。《易传》说："参①伍

---

① 此处的"参"读"can"，即对照比较的意思。高亨先生《周易大传今注》认为："参读为三"（齐鲁书社1979年版，第532页）。《古汉语常用字字典》也认为读"can"（商务印书馆1979年版，第20页）。二者都因此而将"参"释为"数字"。我认为是不妥的。庞朴先生指出："参伍即是错综，即是从诸种不同情况的对照、比较中，求得一个存乎其中、出乎其上的新结论"（《说"参"》，载《中国社会科学》1981年第5期）。甚妥。

以变，错综其数。"荀子曾申论："天有其时，地有其财，人有其治，夫是之谓能参。"（《荀子·天论》）韩非认为，辨别言论的是非，必须"揆之以地，谋之以天，验之以物，参之以人"（《韩非子·八经》）。《中庸》强调：人可以"赞天地之化育"，"与天地参"。《吕氏春秋》认为："上揆之天，下验之地，中审之人，若此则是非可不可无所遁矣。"（《吕氏春秋·序意》）《淮南子》表白自己建构思想体系的方法是："上考之天，下揆之地，中通诸理。"（《淮南子·要略训》）它还宣称五帝三王的政教方针的参照系是"仰取象于天，俯取度于地，中取法于人"（《淮南子·泰族训》）。诸如此类的议论，在秦汉时期是不绝于耳，不绝于书！这类议论，充分反映出这个时代在思维方式上的恢宏气势和整体意绪。

董仲舒顺应这种思想潮流，大力宣传其天、地、人相参的宇宙统一观。他说："人下长万物，上参天地"，"人主之大，天地之参也"（《汉书·董仲舒传》）。"天生之，地养之，人成之。……三者相为手足，合以成体，不可一无也"（《春秋繁露·立元神》）。"天地与人，三而成德"（《春秋繁露·官制象天》）。"天地、阴阳、木火土金水九，与人而十者，天之数毕也"（《春秋繁露·天地阴阳》）。甚至古代贯通的："三画，天地与人也；而连其中者，通其道也。取天地与人之中以为贯而参通之……"（《春秋繁露·官制象天》）。显而易见，董仲舒的这些议论，是以整个宇宙为思考对象的。根据这种思路，天地人是一个有机的整体，互相交融贯通，不可分割。而在董仲舒的泛情感论的宇宙中，以人为中心，万物皆有生命意志。天地离开人，无所谓情感意志；而没有情感意志的天地，就没有仁心善意；没有仁心善意，则天地就不成其为天地。同样，人生活于天地之间，必须按照天地的自然法则生活。否则，就是逆天意而行，必然遭到种种祸患。因此，人们立身行事，必须将天地人诸种因素综合进行考虑，而不能只取其一端，以致陷入片面性之中。这些，都反映出董仲舒思考问题的整体特点。

第二，天下一统的政治统一观。在董仲舒心目中，中华一体、天下一统是人间正道，是天理之所当然。从他的整个思想体系来看，无论道德论方面的"三纲五常"，天人论方面的感应合一，还是制度论方面的整齐和谐，方法论方面的类比协同，都是为了一个共同的目的：论证天下一统的必要性、合理性和绝对至上性。用他自己的"经典语言"来表述，便是："春秋大一统者，天地之常经，古今之通谊也。"正是基于这种认识，他才挖空心思地创建了一个庞大严整的思想体系，向统治者奉献出以儒为主、统合诸家的全新的思想统制和政治宰制手法，以消除"师异道，人异论，百家殊方，指意不同……法制数变"（《汉书·董仲舒传》）的无序状况，取缔种种不同的政见，划一统纪，彰明法度，令老百姓按照规定的思想轨道行进，从而使君主可以统驭臣民，稳定一统局面，保持有序状态万古不变，这是一种"君天下"的统一观，亦即以尊君抑民为显著特征的中央集权（说到底是集权力于皇帝一人之手）式的统一。这种统一，逻辑地包含着君主权力高于一切的政治认同和权力认同。它在当时的条件下，客观上有助于国家的统一和民族精神的凝集，对于中华民族共同体的形成有一定的积极作用。但是，与此同时，它必然导致个人独裁政治的泛滥，也必然导致权威主义人格的产生。用历史主义的观点审视，可以说，汉唐以后民族文化生机的萎缩，专制政治的严酷，董仲舒这种向君主权力片面认同的政治统一观是难辞其咎的。

要说明的是，董仲舒天下一统政治统一观，就其思想内涵的层次结构而言，有着三方面的内容。首先，天下一统是思想一统。这是他政治统一观的出发点和归宿点。从他的《天人三策》和《春秋繁露》等论著来看，从秦汉思想发展的历程来看，董仲舒所做的一切，都在于通过思想统一达到政治上的统一，进而巩固军事上的统一。其次，天下一统是版图上的一统。董仲舒以《公羊传》为立论的依据，要人君"正心"以慑服天下："故为人君者，正心以正朝廷，正朝廷以正百官，正百官以正万民，正万民以正四方。四方正，远近莫敢不壹于正。……天地之间被润泽而大丰美，四海之内闻盛德皆徕臣，诸福之物，可致之祥，莫不毕至，而王道终矣。"（《汉书·董仲舒传》）他还说："《春秋》之道，以元之深正天之端；以天之端，正王之政；以正之政，正诸侯之即位。以诸侯之即位，正竟（境）内之治。五者俱正而化大行。"（《春秋繁露·二端》）可见，董仲舒天下一统的思想的确包含着版图一统的义蕴。最后，天下一统是"中华一体"的一统。如前所述，董仲舒的统一观中，思想一统是其关注的焦点。而要收到思想一统的效益，就必须做到文化一统。这种文化一统，在当时的一个重要内容，是区分夷夏之别，进而以夏变夷。而重夷夏之辨，在当时首先是纯洁"中国"文化的需要，也是将"中国"文化推广到"四方"（夷狄居住之地）的需要。根据董仲舒所认同的《春秋》观念，只要夷狄能够按照"中国"文化行事，就以"中国"之礼对待之，纳入"中国"文化的系统。反之,如果"中国"地区的人不能实行礼仪,就以夷狄对待之,他说:"《春秋》无辞通,从变而移,今晋变而为夷狄,楚变而为君子,故移其辞以从其事。"(《春秋繁露·竹林》)此处"中国"的今晋国,现在的行为不合礼义,便将其归于夷狄之类(尽管它原来实行礼义);原属夷狄之邦的楚国,现在的行为符合礼义,便将其归入"君子"之列(虽然它以前不懂礼义)。显然,这种中外、华夷之分,正是为了从文化上实现天下一统的目标的需要,因而它是"中华一体"的一统。质言之,它是较前两种统一更为深层、更为文明的一统。

第三,道一风同的文化统一观。董仲舒万物参同的整体思维,反映在文化价值方面,便是追求构建一种四海认同的价值准则。这种价值准则的核心,是以政治化的伦理道德为基本取向,以天人合一的内在反省和外在规整相结合为显著特征,具有明显的泛政治化、泛道德化、泛情感化色彩的"三纲五常"学说。在这个基本的文化价值观的指导下,衍生出了一系列相应的文化统一论。在思想文化方面,他力倡"罢黜百家,独尊儒术",建立以儒为主、以法为辅、以阴阳五行为理论骨架的意识形态,作为国家政治生活的主导思想,并作为规范个体人格修养和政治价值取向的精神力量。其中,他独创的以道德论形式出现的著名的"三纲五常"的价值观,对于形成全民族的共同价值观念起了极为重大的历史作用。在制度文化方面,他竭诚谋划并积极参与建立文官制度的同时,还努力建构新的文教制度、礼仪制度的设想,对于文化统一的理念的实现起到了继往开来的作用。在《春秋繁露·三代改制质文》中,他借助对《春秋》"王正月"思想的诠释,阐发了自己统一礼仪制度的愿望,他说:"《春秋》曰王正月。……何以谓之王正月?曰:王者必受命而后正。王者必改正朔,易服色,制礼乐,一统于天下。"统治者正是通过调整历法、制定礼乐等措施,使人心有所依傍,精神有所凝聚,从而巩固了大一统的政治局面。当然,诸如易服色之类的措施,尽管可能收到统一思想、鄙弃前朝而认同新朝的效果,但从思想实质上和长远的影响来看,它是荒诞的、消极的。董仲舒这种建立统一的礼仪制度的观念,既是对儒家所向往的"周礼"的自觉归依,也是对汉初叔孙通以来儒生们所积极营建的礼仪制度的继承和发展,更是为后世的统治者树立了通过"更化"而建立新制的榜样。因此,我们说它起到了继往开来的作用。

以上情况表明,董仲舒所做的一切,都是为了统一思想,整齐制度,以收到万民同道、四海同风的社会效果。这种作为其政治理想核心和终极价值目标的大一统，其思想内涵的包容性极大。台湾有的学者指出，董仲舒大一统的含义，具体表现为四个方面：元始（即慎始，王者正身审己，作天下之表率）、合自然常理、居正位、统一思想。① 我认为，这种归纳还可斟酌。这四项中，只有统一思想这项是切中肯綮的。其余三项，元始和居正位，说到底只是实现大一统的方法或者途径；合自然常理，只是说明大一统的合理性和至上性。如果我们从董仲舒的整个思想体系来考察，便不难发现，他这个大一统的思想主张，除了具有前述思想一统、版图一统、民族一统（中华一体）的内涵外，还有制度一统、文化一统、天人一统等内容。正是因为董仲舒的大一统思想具有相当广博的内容，加之客观世界的纷繁复杂、万有不齐，所以他才利用了宇宙万物的现象相似，通过类比手法，类分并简化复杂的现象，最后收到万物参同、和谐一致的效果。这种情况，从思维方法的类别上划分，属于整体思维。

这种整体思维的思想前提和物质基础，便是宇宙间的万事万物，分别由阴阳五行等要素构成，并逻辑地按照阴阳五行的法则运行。正因如此，所以万物参同，运转有序。这种万物参同的整体思维，考察问题往往用联系的观点看问题，它着重于事物的整体系统（通过各个子系统的相互联系和相互作用）功能的发挥，因而具有不可分解的整体性和有序度。由于强调宇宙万物之间的相似和协同，以及在此基础上的相互转换，所以不仅相同领域、相同类别的事物之间可以彼此感染、感应，从而由无序走向有序，而且，即使在不同领域、不同类别的事物之间，由于它们的构成要素和运转法则相同（阴阳五行），因而也可以按照共同遵守的"天人合一"的原则，逐渐地由混沌走向有序。当然，无须讳言，董仲舒这种万物参同的整体思维，在理论阐释上具有相当大的主观性、随意性和神秘性，而且，它以服从现实政治的需要为宗旨，不惜扭曲学术理论的灵魂，以迎合统治者的口味，带有强烈的政治色彩。这些都是值得我们注意并加以严肃批判的。尽管如此，我们仍然不得不承认，董仲舒这种万物参同的整体思维，无论在理论上，还是在实践中，都适应了宗法性农业社会的生活条件，适应了封建专制政治的需要，因而在那种时代具有相当强的生命力。可以说，董仲舒这种万物参同的整体思维，是对此前以及当时理论思

---

① 李威熊：《董仲舒与西汉学术》，文史哲出版社1978年版，第109-112页。

维的提炼和升华，它从理论形态的高度奠定了中国思维模式的理论框架。

董仲舒的思维方式，从其社会实践的客观条件和主观理论提炼方式的角度看，又是一种立足经验的直觉观照的思维方式。

这种思维方式，首先以日常生活中的种种现象为观照，由此推导出认知的路径，得出理论思维的结论。

从农业生产的季节性、周期性与自然节令的关系，认识自然界规律，并进而确定人类社会的行为方式，是董仲舒思维方式的认知来源和重要特征。我们知道，农业生产方面的播种、收获、贮藏，与自然界的春夏秋冬节令紧密相连。人们从祖祖辈辈的实践中认识到，要想获得好的收成，就必须顺应自然节令。如果违背农时，就会招致歉收。而自然节令的春夏秋冬前后相继，白昼黑夜的交替循环，是不以人的意志为转移的客观现象。因此，人们认识事物，处理问题，须以长期的经验观察所得为依据，而不能超越经验所得，从玄思冥想中去另外设定农业生产的程序。董仲舒正是利用了人们在生活实践和生产实践中的经验性认识，来构建其经验直观认知模式的。在《天人三策》和《春秋繁露》中，他多运用四时不可违逆、农时不可耽误的"基本原理"，劝导君主施政要顺天应时，不能春行夏政、秋发冬令，便是以经验直观指导行政原则的明证。

利用感观体察所得的种种天文地理现象，借助传统的天人感应思想，为自己的政治主张论证，是董仲舒的经验思维方式的另一重要来源和显著特征。陨星、地震、冰雹、洪水、干旱等现象，本来是自然界运行的客观表现，与人类社会政治管理的好坏毫无关系，但董仲舒却利用这些自然现象大肆演绎，将其附会成为"天意"的显现，说成是"天"对人间行为正义或者邪恶的奖励或者惩罚。风调雨顺、四时如序，是政治清明的表征；天旱水涝、地震山崩，则是政治昏暗的征兆。正是通过日常生活中对各种自然现象的经验性观察，通过主观的类推，董仲舒将其天人感应的思想灌注于天地之间，并由此开通了以经验直观为基础、以主观外推为方法的天人合一的整体性思维方式的道路。

利用中医的理论和实践论证天人一致、天人合一、宇宙一统，是董仲舒经验性思维方式的又一材料来源和重要特征。以《黄帝内经》为代表的中医理论，将阴阳五行作为自己的理论基础，把整个世界看作大宇宙，把人体看作小宇宙，认为二者之间有着内在的一致性。秦汉医家以"取象比类"为基本方法，在五行的理论思维框架内，把日常生活中的事物与现象，诸如五味、五色、五气、五方、五季等，与人的五官、五志、五体、五脏、五腑等，各按其属性归入五行系统中。比如《黄帝内经》把人的肝、心、脾、肺、肾五脏分别配以木、火、土、金、水五行，并将其与五季（春、夏、长夏、秋、冬）相对应，而五季与绿、赤、黄、白、黑五色相契合，以此作为辩证施治的依据。在《素问·玉机真藏论》中，作者假托黄帝名义说："凡治病，察其形气色泽，脉之盛衰，病之新故，乃治之无后其时。形气相得，谓之可治；色泽以浮，谓之易已；脉从四时，谓之可治；……脉逆四时，谓不可治。"显然，这些理论都是来源于直接观察所得的经验。董仲舒正是利用了秦汉医学的经验直观的认知方式，利用人们对自己身历其境的病况体会，利用了中医理论和实践方面的显著的直觉观照方式，鼓吹天人感应、天人相副、天人一体的整体性观点的。

运用阴阳五行理论，贯通宇宙万物，将宇宙万物扭结为一个整体，是董仲舒自觉观照的经验思维方式的又一重要构成和显著特征。从表面看，阴阳五行较之以上诸方面的内容要抽象得多。但从阴阳五行理论本身的形成和董仲舒对它的运用来看，仍然是非常直观、非常经验化的。阴阳的本义来自农业生产中人们对农作物向阳（故丰收）还是向阴（故歉收）的观察，自不必说。就是后期的作为两种不同属性的事物（或者力量）的阴阳，仍然是十分直观的。作为抽象符号的阴阳，往往被用来指代形象的事物，比如日月、男女等。五行的初始意义是木、火、土、金、水五种具体事物，后来才超越了原始的形象化意义，成为不同属性、不同类别的事物（或者现象）的指代符号。但这种指代符号，仍然具有相当强烈的直观性和形象性。事实上，它往往被用来指代现实生活中的具体的人文现象或者自然现象。董仲舒思想体系中的阴阳，是男女、君臣、日月的表征；五行，则是可感知的五季（春、夏、长夏、秋、冬）、五官、五行等事物，是"忠臣孝子之行"的表现，是生、长、养、收、藏五种农事行为的规律。这些都典型地表明，董仲舒的阴阳五行理论，不仅仅是抽象的原理，更是带有明显的直观经验色彩的认识法则。

无须赘言，我们从以上所论已经可以清楚地看到，董仲舒的思维方式，是以整体直观为显著特征的经验思维方式。这种思维方式的社会基础，既有以小农经济为基础的农民心理，又有农业社会特有的直觉观照的认知色彩。这种思维方式，着重事物的整体性、可观察性，具有生动形象、亲切感人的特点。同时，它强调了不同事物之间的联系，以及整个宇宙各部分之间的不可分割性。它对于中国传统思维方式中重整体、重经验、重联系的致思趋向的形成，有着建设之功；对于传统的整体至上的价值取向的成熟，有着完善作用。但是，这种思维方式具有很大的缺陷。强调直观，偏重感觉，重视经验，便不可避免地会忽视理性和逻辑的作用；看重整体，着眼万物参同，固然滋润了大一统的政治格局，维护了井然有序的现实秩序，但同时就必然地轻视"部分"，忽视个体，从而压抑了"部分"和个体的积极性。此外，这种思维方式与生俱来的模糊性，致使人们难以精确地解析事物、构建理论体系。它所得出的种种认识结论，往往是不具操作性的，既难以证实，又难以证伪。这些缺陷的存在，使中国传统思维长于综合而疏于分析，科学技术缺乏博大严密可以证伪的理论体系，使中国迟迟不能迈入近代科学的门槛。

三、奉天法古的维新原则

董仲舒思想方法的一个重要而又显著的特征，是继承先秦儒家"信而好古"的思想传统，依傍敬天、畏天的价值准则，进而结合现实政治需要，熔铸出奉天法古的维新原则。

先秦时期，儒家对天有一种敬畏心情。孔子自称君子有三畏："畏天命，畏大人，畏圣人之言。"（《论语·季氏》）这是把天意看作制约人们行为的要素之一。但孔子并不单纯地依赖天命行事，所谓"四时行焉。百物生焉，天何言哉？"（《论语·阳货》）便是典型的证明。因此，孔子对"天"的态度是敬而远之。孟子在继承发扬孔门仁学的主体精神的同时，把思维的触觉引向至善至美的"天"。他创造提出并躬行实践的"尽心、知性、知天"的认知路线，把仁义礼智"四端"归结于"天"赋予的价值准则，都是敬天、奉天的行为导向的结果。荀子虽然力主"天人相分"，提出了"人定胜天"的光辉思想，但在他的整个思想体系中，却也不乏对天的敬畏之情。他把一切美好的事物和意愿都冠以"天"的美称，如天官、天君、天政等，把人力不可征服的客观必然性称为"天数"。他还称道"相阴阳，占祲兆，钻龟陈卦"（《荀子·王制》）的巫术迷信。这些，都反映出荀子并没有真正与传统的儒家天命观"彻底决裂"。

董仲舒继承了他的思想先驱的文化基因，并结合时代条件，将儒家天人思想做了划时代的发展。在上下前后（天人今古）的思维空间中，董仲舒的取向是"上"和"后"。即在天人之间，他看重的是天；在古今之间，他欣赏的是古。因此，他在构建天人合一的理论体系时，把天推尊到了前所未有的地步。

董仲舒思想体系是以阴阳五行为理论骨架，以天人感应为核心的神学思想体系。在这个思想体系中，天的地位至尊至高。天主宰一切，号令一切，人间的一切都应以天意为宗旨。人君感应天意而行政，庆赏刑罚都只是天的喜怒哀乐的体现。王朝递嬗，君位更迭，都是五行运转的必然法则。总之，天道昭示人道，人道顺应天道。从实际情况来看，董仲舒提倡的"以人随君，以君随天"的思维原则（自然也是价值原则），便是天道高于人道、天意宰制人意的典型表现。董仲舒之所以这么做，其主要目的有两个：第一，确立一个外在于人世间的心理—价值—行为律令，以整体秩序，划一风俗，维护大一统的政治局面。当然，同时也是为了适度限制君权（至少在主观上是如此，至于它在客观上能否真正限制君权，那是另一回事）。第二，论证君权神授，证明既存的统治秩序的合理性，强调现实政治结构及其功能表现是"顺天应时"的结果。天子君临天下，既继承了往圣先王的伟业，又合乎五行运转的法则，于是，奉天承运便成为统治者行为的合理性、神圣性的理论根据，成为笼罩在"当朝天子"头上的令人眩晕的光环。

董仲舒这种奉天承运的理论，沿袭了儒家思想传统中由来已久的天命思想，利用阴阳家的五行生胜以致王朝更迭的理论，可以说是儒家思想与阴阳家思想结合的产物。在这个意义上讲，董仲舒奉天承运的理论，既继承了儒家，又超越了儒家。从功能上看，这种理论首先是一种政治宣传，论证"存在的都是合理的"。其次，它强调的是现存政权的正统性，从行政系统思维角度论证了"政统"的前后相继，体现了统治者的"统绪"意识。最后，它标榜的是既存统治局面的神圣性和至上性，起到了凝聚民心、威慑"异端"的作用。

要指出的是，"奉天承运"作为一个明晰的理论观点，并不是董仲舒直接提出的。他直接提出的只是"奉天法古"。但正如我们在上面看到的，董仲舒的思想体系中，已经存在着十分明确的奉天承运的理念。关于他的"奉天"理论，已经无须赘言。关于他的"承运"理论，我们只要联系到他的阴阳尤其是五行理论,联系到他的"三统""三正"观点,便洞若观火。

董仲舒这种奉天承运的思想,由于适应了封建宗法专制制度下信天认命的普遍社会心理,所以受到历代统治者的广泛欣赏和大力推崇。汉代以后,无论以何种方式上台的统治者,都要打出奉天承运的旗号(有的虽然没有明确使用奉天承运这个概念,但却相当自觉地具有这种思想),以维护其统治利益。明太祖朱元璋在与臣下的诰敕命中,自称"奉天承运"皇帝。继后,相沿成为帝王敕命的套语。饶有兴味并发人深省的是,汉以后的农民起义,有不少也打出了奉天承运的旗帜,论证自己是"替天行道"的英雄。可见,董仲舒奉天承运思想的影响是多么深远!

奉天承运的理论,作为一种价值取向和思想方法,它具有明显的"向上(天)看"的特征,显示出十分强烈的依傍心理。在这种理论看来,如果没有"天"作为依托,人们精神的安顿和幸福的希望就会落空,一切理论就缺乏权威性,现存的一切就得不到合法性的证明。毫无疑问,这是董仲舒天人感应神学思想体系必然挤兑出的畸形(依傍)心理,它在客观上压抑了人的主动性和创造精神。

与"向上看"的奉天承运思想相联系,董仲舒还十分钟情于"向后看"的奉天法古的思维路向。

我们知道,儒学祖师孔子以"述而不作,信而好古"(《论语·述而》)著称于世。他以古圣先贤的是非为是非,向往上古"黄金时代",以恢复古代礼仪为职志。孟子不仅效法孔子崇古、泥古,并且在中国历史上第一次明确提出了"法先王"的口号。他"言必称尧舜"(《孟子·滕文公上》),"非尧舜之道,不敢以陈"(《孟子·公孙丑上》),认为政治的昏乱、社稷的丧失,归根结底的原因是"不行先王之道"。说到底,孔孟儒家都是以往古为时间价值的第一取向。

董仲舒在时间价值取向上与孔孟儒家一脉相承。在《春秋繁露·楚庄王》中,他提出了一条儒家思想定理:"春秋之道,奉天而法古。"他以不修规矩不能成方圆,不吹六律不能定五音作比喻,引申出"不览先王,不能平天下"的道理。因此,他强调,圣人必须要"常欲法其先王"。在这种思想的指导下,董仲舒搬出了一系列圣主贤君,一切皆有源可溯,有例可循。他大肆演绎《春秋》之义,使文官制度的体例、大一统的政治格局及其思想观念、治狱听讼的依据、施政的准则、以仁政德治为特色的王道政治等等，都有了古圣先贤的楷模。这实际上是以先王旗帜为号召，使上下人心归之于一。可以说，董仲舒高举奉天法古的旗帜，推尊先王之道，实际上是为了古为今用，即借天以弘道，借古以护今。

相关文献表明，在生产力水平低下的古代，神灵崇拜和先王崇拜分别有其自然科学的条件和宗法血缘心理的基础。神灵崇拜，作为观念形态的东西，它有着十分强大的生命力，并不因生产力水平的一定程度的提高而消失。汉代的科学技术水平虽然比以前有了很大的发展，我国古代各学科体系的形成和许多生产技术趋于成熟，是这一时期科学技术发展的总特征。① 尽管如此，这个时期的科技总水平仍然处于经验直观的范围内。超然于人类社会之上的天仍是不可捉摸的。而意识形态领域传统的天神崇拜观念，还像梦魇一样纠缠于人们的头脑之中。董仲舒正是利用了这点，打出尊天旗号，将天神秘化的。同样，在以宗法血缘关系为基础，讲究孝悌的国度里，祖宗崇拜有着广阔的市场。古圣先贤的言行往往是衡量人们道德水准和办事能力的标尺。为了表示对先辈的忠孝，每一代君主都以恪守祖训、谨遵祖制相标榜，先王之道成了施政修身的最好模式。而这又有着深刻的社会根源。历史表明，在宗法封建制的社会里，在分散的个体小农生产的自然经济的国度中，神灵崇拜、祖宗崇拜、先王崇拜、道统观念都相当普遍，其影响深入到了社会机体的每一个毛孔，形成了一种合情合理合法的文化心理态势。特别是在儒家宣扬忠孝节义的一套道德规范并被全社会自觉认同以后，祖宗崇拜之类的法古观念更成了人们精神情感的一种寄托和依归。因而，奉天法古思想不仅具有客观的自然经济条件，而且更为重要的是，在经过秦王朝对先王之教的践踏和汉初思想家对先王之道的恢复以后，就更具备了社会心理基础。《淮南子·修务训》指出："世俗人，多尊古而贱今，故为道者，必托之于神农、黄帝而后能入说。"董仲舒看中并利用了这种社会心理，以奉天法古为旗帜，以先王之道为楷模，使人们趋于同一目标。如果我们用历史主义的眼光透视，那么应当承认，这正是董仲舒的思想洞察力所在，也是他参与创造封建文化传统的功绩所在。

与奉天法古、先王崇拜理论相适应，董仲舒继孟子对儒家道统的塑造之后，强调自尧舜至孔孟的道统的继承性和重要性。于是，奉天法古、先

---

① 参见杜石然等：《中国科学技术史稿》上册，科学出版社1982年版，第230页。

王崇拜、道统观念三位一体，三点一线，方向是复古，以复古来维新，为现实政治服务（同时也为统治阶级的长远利益服务）。可以说，作为观念形态的复古观念，是经过董仲舒理论加工并大力提倡以后，才在政治上确立了地位的。这种看往古、重传统的思想，从当时的作用来看，对于思想统一的完成起了积极作用。就后来的历史作用来看，它则具有两重性。一方面，由于它本身具有的凝聚力和号召力，对于中华民族的形成、巩固和发展，对于共同文化心理和行为模式的形成起了促进作用。另一方面，它又成为我们民族的沉重包袱。中华民族的包袱不仅在于传统沉重，更在于历来过分看重传统。上至国家政治决策，下至个人安身立命，总是要从过去的历史中寻找立论的依据，否则便觉得缺少说服力。这种挣不脱传统羁绊的思想惰性，正是不少贤哲曾一再抨击的压在中华民族肩头的"因袭的重担"。

从方法论的角度考察，从现实的政治功用来看，奉天法古的理论是一种温和的、渐进的改良主义思想。在封建专制制度确立以后，在海内一统、道一风同的时代，专制帝王的权力高于一切，维护既存的政治秩序，强化专制制度的结构，最大限度地发挥它的功能，是思想家必然关注的焦点。董仲舒为了确保"天不变道亦不变"，提出了"新王改制"、损益互济、经权互补等渐进的改良主义的观点。为了给这种渐进的改良原则提供理论根据，董仲舒祭起了传统的奉天法古的法宝。有了这种法宝，既可以秉承天意而自居，又可以继承道统而自傲，更可以上说君主，下导百姓，从而使社会在思想家们设定的轨道上循序渐进。因为，既然是奉天承运，便不必也不能改变现有的政治格局；既然要托古维新，就不能死守旧道，而要适当地给社会机体灌注新的精神活力，以保持社会的和谐稳定发展。于是，渐进的、改良的思想原则的确立，便成为理所当然的事情（更何况它与传统的中庸思想高度契合）！近代康、梁等人的维新变法，奉行的正是这样一种改良主义的思想原则。康有为在《孔子改制考》一书中编造的"孔子改制"的"历史"，以及他在《春秋董氏学》一书中所套用的董仲舒公羊三世理论，主张的社会政治应该"变化日新"而又"勿强骤之"的思想，都是董仲舒奉天法古的渐进改良思想的近代翻版。

（原载台湾《孔孟学报》1994年第68期）

论董仲舒的天人思想及其文化史意义

天人关系的探究，是中国古代哲学思维发展的主线。"究天人之际，通古今之变"（《史记·太史公自序》），是历代思想家赋予自己的神圣使命。在天人思想的演进历程中，董仲舒的天人思想独树一帜，创造性地将中国古代天人理论发展到一个新的高峰。他利用传统的神权观念，吸纳阴阳家的理论，第一次使儒学与阴阳学说融合，将阴阳、五行、四时、四方与儒家王道政治理论相联系，使天、人、社会构成一个动态的平衡系统，为其天人感应论张目。他通过事物类同现象的归纳和演绎，以类同为类感的基础，由类感进而类推，将类感原理贯注于天地人之间，进而通过以类相合、以数相偶的方法，使天人互相感应，使自然人化，使人自然化，从而按照他设计的天人关系的序列运转，为其"以人随君，以君随天"的政治构想服务。由此，他建立起了不同于先秦孔孟荀儒学的天人思想的外在构架，并在客观上为后世天人论提供了范型。

一、互感互动的天人感应论

先秦儒家以孟子为代表的天人合一思想，强调发挥人的主体性，思诚致仁，"尽心、知性、知天"，以人心昭显天心，体证天心，在精神领域完成天人合一的追求。他既没有一个外在的理论构架，也没有天人互相感应的思想。董仲舒在继承孟子天心人心一致，人应思诚体仁的思想的同时，吸纳阴阳家的思想于儒学之中，在中国思想文化史上第一次使儒家思想与阴阳家思想合而为一，进而创造性地提出了著名的天人感应思想，使儒家天人合一思想有了外在的理论构架，丰富了儒家思想的内涵。

董仲舒以大一统主义为指导的王道政治思想，其哲学基础是天人合一理论，而天人合一理论的核心则是天人感应说。为了适应并维护地上的统一王权，论证君权神授的必然性和合理性，董仲舒利用传统的神权思想，塑造了一个能产生并统驭万物的天。在他看来，天是"百神之大君"，是君主最应尊奉的。天心便是人心，人心不应违逆天心。"为人君者，其法取象于天"(《春秋繁露·天地之行》)。"天执其道,为万物主,君执其常,为一国主"(《春秋繁露·天地之行》)。但"人生于天"(《春秋繁露·官制象天》),而且"受命之君,天意之所予也,故号为天子者,宜视天如父,事天以孝道也"(《春秋繁露·深察名号》)。因此,在人(臣民)、君、天的序列中,应该"以人随君,以君随天……屈民而伸君,屈君而伸天"(《春秋繁露·玉怀》)。这种屈伸关系是天人互感互动的一个理论前提和思想原则。

从本质上看,董仲舒的"天"主要是一种号令、威慑、扶持社会的力量,具有奖善罚恶的职能和作用。他的阳德阴刑、重德轻刑的王道政治理论,其重要思想前提之一,是"天"有仁民爱物之心,天生君主是为了替百姓办事。因此,君主行政必须适时,喜怒哀乐四志必须符合春夏秋冬四时,"为人主者,予夺生杀,各当其义,若四时"(《春秋繁露·如天之为》)。否则,"天"就会出灾异来表达对人君的谴告之意。而之所以如此,是因为天人之间存在着互感互动的关系,互感互动的内在原因在于阴阳五行的普遍存在。

学界公认,汉代是阴阳五行思想空前盛行的时代。而董仲舒充分利用了阴阳五行学说,论证天人感应,构筑理论体系。首先,董仲舒将阴阳赋予社会、人和"天",使三者具备同样的因素和功能,借此沟通彼此间的联系。他的大前提是:"天道之常,一阴一阳。"(《春秋繁露·阴阳义》)他认为:"天有阴阳,人亦有阴阳。"(《春秋繁露·同类相动》)男女机体可比作阴阳:"天地之阴阳当男女,人之男女当阴阳。阴阳亦可以谓男女,男女亦可以谓阴阳。"(《春秋繁露·循天之道》)人被笼罩在阴阳之气中,"而以治乱之气与之流通,相淆馈也"(《春秋繁露·如天之为》)。这就不仅把阴阳置于天、人之中,而且置于社会治乱之中了。董仲舒进而演绎道:人"身之有性情也,若天之有阴阳也","仁贪之气,两在于身。身之名,取诸天。天两有阴阳之施,身亦两有贪仁之性。天有阴阳禁,身有情欲桎,与天道一也"(《春秋繁露·深察名号》)。他还说:"阴阳之气,在上天亦在人。在人者,为好恶喜怒,在天者,为暖清寒暑。"(《春秋繁露·如天之为》)这就通过阴阳的流布,将人的情感心理与自然现象联系起来。不仅如此,董仲舒进一步规定道:"恶之属,尽为阴,善之属,尽为阳。"(《春秋繁露·王道通三》)把伦理观念系于阴阳纽结之上,并且不可移易。在此基础上,他把阴阳推广于家国关系,认为"君臣父子夫妇之义,皆取诸阴阳之道。君为阳,臣为阴,父为阳,子为阴,夫为阳,妻为阴"(《春秋繁露·基义》)。而阴阳有主次之分,阳主阴次,这就把家国间的人际关系固定下来,模式化了。

由于天、人、社会都分具阴阳,从而使彼此在内在构成上逻辑地联系起来,成为"物以类动"(《春秋繁露·同类相动》)相互感应的基础。为了说明阴阳消长的动力何在以及事物发展的次序怎样,董仲舒将五行与阴阳相配。在他看来,阴阳消长的原因,在于五行的"相生"和"相胜":"五行者,五官也,比相生而间相胜也,故谓之治。"(《春秋繁露·五行相生》)由于五行生胜,才使自然界四时代谢,社会上王者四政(庆赏刑罚)迭用,个人四气(喜怒哀乐)转换。董仲舒认为,五行运行有其确定的次序,木是五行之始,水是五行之终,土居五行之中,"此其天次之序也"(《春秋繁露·五行之义》)。在《五行相胜》篇中,董仲舒详细论述了五行相胜的次序、内容和必然性。在他看来,通过五行"相生""相胜"的依次循环,自然特别是社会得到净化和完善。五行"比相生"的结果,是人们崇尚仁、义、礼、智、信,防灭邪恶,以忠信事君,伐有罪,讨不义,尊卑有等,长幼有序……五行"间相胜"的结果,是反对奢侈和朋比为奸,实行等级制,反对谄媚于主上,反对赋敛无度……这实际上是通过五行运转和阴阳消长来阐释政治观点,整顿吏治,使上下同心,社会谐调。

在把阴阳与五行扭结为一体的同时,为了增强宇宙系统的秩序性和稳定性,董仲舒又把四时四方与阴阳五行相结合。他说:"天有五行,木火土金水是也。木生火,火生土,土生金,金生水。水为冬,金为秋,土为季夏,火为夏,木为春。春主生,夏主长,季夏主养,秋主收,冬主藏。"(《春秋繁露·五行对》)又说:"木居东方而主春气,火居南方而主夏气,金居西方而主秋气,水居北方而主冬气……"(《春秋繁露·五行之义》)同时,他还认为春夏秋冬分别代表爱乐严哀"四志",符合"四时之则"(《春秋繁露·天辨在人》)。他在宣传春夏秋冬分别有生养收藏的功用的同时,强调"圣人副天之所行以为政",故以庆赏刑罚四政副春夏秋冬四时的暖暑凉寒,这是"以类相应也,如合符"(《春秋繁露·四时之副》)。由此,他下结论说:"天有四时,王有四政。四政若四时,通类也,天人所同有也。"(《春秋繁露·四时之副》)由此可以看出,阴阳、五行、四时、四方在董仲舒那里已结为一个整体,构成一个动态的平衡系统。而这个系统中的各个子系统（天、人、社会）分别具有阴阳五行，故可以类相感，"同类相动"。这样，董仲舒在做了大量的铺张排比工作后，终于把问题引向了实质性的地步，即天人感应的原因和作用是什么，以及在方法上怎样沟通天人。

二、同类相副的天人合一观

董仲舒继承并发展了《吕氏春秋》关于"类同则召，气同则合，声比则应"的自然感应思想，明确提出了"物以类动"的论点。他说："阴阳之气，固可以类相益损也。……天地之阴气起，而人之阴气应之而起。人之阴气起，而天之阴气亦宜应之而起，其道一也。……故琴瑟报弹其宫，他宫自鸣而应之，此物之以类动者也。"（《春秋繁露·同类相动》）他还认为："百物其去所与异而从其所与同。故气同则会，声比则应，其验皦然也。……五音比而自鸣，非有神，其数然也。美事召美类，恶事召恶类，类之相应而起也。"（《春秋繁露·同类相动》）这表明，董仲舒是把事物的类同作为类感的基础的。由类感进而类推，说明凡同类皆相感，由类推而将类感原理贯彻于天、地、人之间，这是董仲舒天人感应论的一个重要方法。

将阴阳赋予自然界和社会以及人体，实际上是从类别上将其贯通、联结，从而使其能相互感应，按一定序列组织并运转起来，以实现其以天人感应为特征的天人合一哲学的功能。那么，阴阳双方为什么消长以及怎样消长，亦即类感实现的动力是什么，状态是怎样的呢？董仲舒认为取决于五行的运转。他把五行作为事物运行的动力和发展的秩序，五行的"相生"和"相胜"促成阴阳的消长。他认为，从前后顺序来讲，木为始，水为终，土居中，是"天次之序"；从生成关系来讲，木、火、土、金、水依次相生，犹如父子；从方位来讲，木左、金右、火前、水后、土居中，是"父子之序"。因此，要根据主导者（父）的情况来支配从属者（子），这是"天之道也"（《春秋繁露·五行之义》）。正是五行"比相生而间相胜"才维持了正常的秩序，才能使天下得到治理，所以五行生胜的次序"逆之则乱，顺之则法"（《春秋繁露·五行相生》）。可见，在董仲舒那里，五行与其说是五种物质，不如说是五种既独立又相依的力量，是五种在时间上继起、在内容上替换的次序和状态。它是时间和范围的统一，内容和形式的统一。通过它，使万物"各如其序"(《春秋繁露·五行之义》)协同一致，求得最大的稳定效应。

值得注意的是，在董仲舒那里，五行在被作为事物发展的动力和次序的同时，与阴阳一样，它也是划分事物类别的依据和不同行为的表征。比如："土者，火之子也，五行莫贵于土。……忠臣之义，孝子之行，取之土。"(《春秋繁露·五行对》)"土之事天竭其忠。故五行者，乃孝子忠臣之行也……是故圣人之行，莫贵于忠，土德之所谓也。"(《春秋繁露·五行之义》)这实际上也是从类别上联结天人万物。

由于从内在因素和属性来看，天人皆有阴阳五行，可以"以类相益损"，所以，人体的机能和情感欲望与自然界的四时节候联系了起来，既可以从阴阳之类，也可以从五行之次，找到彼此的对应点和相似处，从而从纵横两个方面和时空状态上为天人合一、人禀天意从事初步奠定了理论框架。

从类别上沟通天人，比较容易，包容性也较大，但不够精确。为了弥补这一不足之处，董仲舒又采用以数偶之的方法。董仲舒自知天是缥缈的（尽管他口头将其说得很具体、很实在、很亲切），故他从人自身说起，从人之身寻求天之数。他说："求天数之微，莫若于人。人之身有四肢，每肢有三节，三四十二，十二节相持而形体立矣。天有四时，每时有三月，三四十二，十二月相受而岁数终矣。"(《春秋繁露·官制象天》)又说："天地之符，阴阳之副，常设于身，身犹天也，数与之相参，故命与之相连也。"(《春秋繁露·人副天数》)但董仲舒并不满足于从人之身求天之数，他始终将人道系于天道之下，使人心服从天意。所以，在用人身推断天数，唤起人们的亲切感后，他转而用人身去副"天数"。他认为："唯人独能偶天地。人有三百六十节，偶天之数也。形体骨肉，偶地之厚也。上有耳口聪明，日月之象也。……天以终岁之数成人之身，故小节三百六十六，副日数也，大节十二分，副月数也。"(《春秋繁露·人副天数》)凡是自然现象与人身或社会政治现象数目相同，董仲舒都要将其扯在一起，以为其天人感应神学目的论张目，进而为王权神授制造理论根据。遇到无法用数目去偶合的现象时，董仲舒则主张以类合之。他直接宣称："副数不可数者，副类皆当"，而无论副数还是副类，都是为了副天，目的和功用是一样的——"同而副天一也"(《春秋繁露·人副天数》)。正是由于抓住并利用了事物量的相当和质的类同，董仲舒采用以类合、以数偶的方法,把天—人—社会连接了起来,使以天人感应为核心的天人合一的哲学体系得以建立,并把"美事召美类,恶事召恶类"的劝谕用于王者的政法决策上,为其王道政治理论做论证。

综上可知,董仲舒以天人感应论为核心的天人合一思想,是通过阴阳五行四时的扭合而构成体系的,是以事物类的相似和数的相同为感应基础的。阴阳五行学说是其建构理论体系的框架和类分事物,并通过联想和推测,进行类比推理的根据,是其天人感应理论借以建立的工具。由于天人感应论的确立,使天人彼此相通,相互影响、相互作用、相互转换,从而使社会的运动离不开天的运行和意志的约束。由此,董仲舒的大一统主张、德主刑辅的王道政治以及与此相应的一系列社会制度和伦理规范,不仅有社会内部的需要和根据,而且有了借助传统和历史力量以及自然科学材料而建立起来的自然界(天)的需要,人们的愿望和精神有了新的寄托处,天人合一哲学的功能因而得以实现。

三、君主持中的天地人相参说

董仲舒天人论的一个重要方面,是继承了先秦以来儒家天地人相参的思想,并将君主专制集权的观念楔入其中,将以前一般意义上的"人与天地参"的"人",巧妙地置换成了"君主",从而拓展了儒家天人思想的范围,为其以人随君、以君随天的理想政治秩序服务。

先秦时期,荀子第一个明确地将人与天地并列:"天有其时,地有其财,人有其治,夫是谓之能参。"(《荀子·天论》)"天地者,生之始也;礼义者,治之始也;君子者,礼义之始也。……故天地生君子,君子理天地。君子者,天地之参也。"(《荀子·王制》)荀子这些议论,是在其天人相分的思想前提下,用人定胜天的信念,弘扬主体理性精神,凸显的是天人关系中人的能动方面。而且,我们应当看到,正如有的论者所指出,君子(人)能"参天地",这种论调"仍然有着'天人合一'的思想"①。这种人与天地参的天人一致论,是与战国末年地主阶级的军事统一即将完成,思想统一潮流已经澎湃的历史大趋势相顺应的。

秦汉之际,《易传》在建构新的宇宙生成论和世界观时,进一步强化

---

① 李泽厚:《荀易庸记要》,载《文史哲》1985年第1期。

了儒家天地人相参的理论。它认为，古代圣王一统领天下，必然通过"仰则观象于天，俯则观法于地，……近取诸身，远取诸物"的方法，"作八卦以通神明之德，以类万物之情"（《易·系辞下》）。由此，人以天地为观照，贯通自然与历史，"穷理尽性以至于命"。天地人成为并列的"三才"，各循其道："立天之道曰阴与阳，立地之道曰刚与柔，立人之道曰仁与义。"（《易·说卦》）万物生于天地，人生于万物，而社会人伦政治纲常，则生于人，即："有天地然后有万物，有万物然后有男女，有男女然后有夫妇，有天妇然后有父子，有父子然后有君臣，有君臣然后有土下，有上下然后礼义有所错。"（《易·序卦》）显而易见，这里讲的是宇宙自然生成论，既无丝毫目的论色彩，也无任何君主意志。正因为如此，所以人可以"与天地参"，"与天地合其德，与日月合其明，与四时合其序，与鬼神合其占凶，先天而天弗违，后天而奉天时"（《易·乾卦·文言》）。这些论述，是与先秦孔孟荀思想中肯定人的能动性的思想基凋一致的，是理性精神的进一步发展。

与董仲舒生活的时代大体一致而又稍前一点形成的《淮南子》，在思维方式方面，是以天地人相互参照，从宏观着眼，突出整体观念，以直观类推为建构理论体系的方法。它认为，"欲知天道，察其数；欲知地道，物其树；欲知人道，从其欲"（《淮南子·缪称训》）。人君治国，只有"上因天时，下尽地财，中用人力"，才能"群生遂长，五谷蕃殖……"（《淮南子·主术训》）。在谈到著书是为了纪纲道德、经纬人事时，它表白自己的方法是"上考之天，下揆之地，中通诸理"（《淮南子·要略训》）。它还宣称，五帝三王莅政施教，也是"仰取象于天，俯取度于地，中取法于人"（《淮南子·泰族训》）。凡此等等，都表明《淮南子》的作者们在考察问题时，是以天地人相参，从整体考察问题的。透过以上论述，结合秦汉之际的《吕氏春秋》反复论述的正确认识必须"上揆之天，下验之地，中审之人"（《吕氏春秋·序意》）的观点，以及《中庸》力倡的人应"赞天地之化育""与天地参"的主调，我们可以认定："人与天地参"是秦汉时期的主要思潮之一。

董仲舒顺应并利用了人与天地参的时代思潮，为其"天不变，道亦不变"的政治理想张目。董仲舒继承了《易传》的"三才"思想，将天、地、人看作相互联系缺一不可的。他说："何谓本？曰天、地、人，万物之本也。天生之，地养之，人成之，天生之以孝悌，地养之以衣食，人成之以礼乐。三者相为手足，合以成体，不可一无也。"（《春秋繁露·立元神》）又说："天地与人，合而成德。"（《春秋繁露·官制象天》）"天地、阴阳、木火土金水九，与人而十者，天之数毕也。"（《春秋繁露·天地阴阳》）诸如此类，都可看出董仲舒是以整个世界为思考对象的，把天地人看作一个有机联系的系统，天和人则是相互对应的两大参照系统。

在此基础上，董仲舒仍然沿着先秦以来儒家"人能弘道"（《论语·卫灵公》）的理性精神前进，从宇宙系统论的高度，论证了人与天地参的可能性与价值。他一再强调，"人主之大，天地参也"，"人下长万物，上参天地"，"人之超然万物之上，而最为天下贵也"。由于人为天下之贵者，人又从天而生，因此，"人之受命于天也，取仁于天而仁也。是故人之受命天之尊，父兄子弟之亲，有忠信慈惠之心，有礼义廉让之行，有是非逆顺之治，文理灿然而厚，知广大有而博，惟人道可以参天"（《春秋繁露·王道通三》）。董仲舒这种既将人看作宇宙系统"大数"的一要素，又强调人与天地参的思想，较之以前的天人论，是理论思维的一种进步。但问题在于，董仲舒的天地人相参的思想，是为其专制政治主张做论证的，因而最终必然要将君主专制的政治精神强行灌注进去，以为君权神授服务。董仲舒在这方面的重要手法，是偷偷将"人"置换为"君"。

董仲舒说："国以君为主"（《春秋繁露·通国身》），"君人者，国之本也。夫为国，其化莫大于崇本。""明主贤君，必于其信，是故肃慎三本：郊祀致敬，共事祖祢，举显孝悌，表彰孝行，所以奉天本也；秉耒躬耕，采桑亲蚕，垦草殖谷，开辟以足衣食，所以奉地本也，立辟雍庠序，修孝悌敬让，明以教化，感以礼乐，所以奉人本也。"（《春秋繁露·立元神》）这样，天地人"三本"，都成了维护封建国家统治秩序的工具。而君主是国之本，祀天辟地设教非君主莫属，君主成了天地人的总代表，这实际上成了君主（具体的人）与天地相参，而非人（一般的人）与天地相参。董仲舒宣称："天令之谓命，命非圣人不行；质朴之谓性，性非教化不成；人欲之谓情，情非度制不节"（《汉书·董仲舒传》）。这是明确地将"与天地参"的责任和能力归于君主。因为，在董仲舒思想体系中，君主是依天意体天心而统治天下的，教化人民的责任是由君主承担的，各项制度是由君王制定的。对此，董仲舒自己有十分明确的阐释："古之造文者，三画而连其中，谓之王。三画者，天地与人也，而连其中者，通其道也。取天地与人之中以为贯而参通之，非王者孰能当是？故王者唯天之

施,施其时而成之,法其命而循之诸人,法其数而以起事,治其道而以出法,治其志而归之于仁。"(《春秋繁露·王道通三》)

董仲舒以上的论述,说到底,是为集权力于君主一人,为大一统的政治局面做论证的。但正如在天人感应论方面,董仲舒企图用灾异谴告限制君权一样,在天地人相参方面,他也一方面极力突出君主的地位和作用,一方面又巧妙地要求君主要"持中"。董仲舒宣称,君主是替天行道,受命统治人间的。天意是喜仁恶恶、伐有罪讨不义的。因此,君主必须实行仁政,行政必须适时。庆赏刑罚四政必须符合春夏秋冬四时之序,喜怒好恶四志必须与暖清寒暑四气一致。否则,便是逆天之行,是不义,"不义则世乱"(《春秋繁露·王道通三》)。诸如此类的议论,在《春秋繁露》中充斥卷帙。董仲舒的根本目的,是要君主凡事有一个"度",保持中和状态,以求地主阶级统治"永惟万世之统"(《汉书·董仲舒传》)。

董仲舒的天地人相参论,既是一种天下一统的政治理论,也是一种以人为中心、以天地为观照的整体直观的思维方式,又是一种以整体和谐为重的价值取向,它对汉代及其后的封建社会产生了深刻影响。

从政治上看,封建社会政治结构是以专制君主为中心,为专制王权服务的。人人必须服从封建政治结构绝对维护王权的内在要求,向地主阶级的国家机器低头,以"大一统"为政治观念的核心。统治者力倡大一统,是通过强调全国上下群体利益的一致性,来维护已成的天下一统的局面,或收复沦于他人之手的江山。因此,大一统是历史发展的常规,是"天地之常经,古今之通谊也"(《汉书·董仲舒传》)。无论知识分子还是庶民百姓,都以天下一统为乐,以江山分裂为忧。维护统一成了民族大义,分裂割据成了国耻民忧。于是,为了维护天下一统这个最大的群体利益,人们不惜牺牲一己之生命。

从理想上看,以儒家为主流的传统思想,以维护社会安定、群体谐调为宗旨。他们以群体利益为参照系,要求每个社会成员通过道德修养提升思想境界,融个体于群体之中,个体的欲望和价值以群体的欲望和价值为转移。以天下国家为己任也好,以道事君也好,都是以其所认定的整个族类这一群体为价值取向。这又与儒家天人合一的整体思维密切关联。由于儒家强调人与自然、社会的统一,因而人的价值变成以维护社会整体利益为特征的自我道德价值,提倡人的道德和人格的自我完善,以"吾日三省吾身"为典型方式的自我反思的思维方式,便归结为道德境界的自我升华。这种自我反省、自我认识，是以服从社会整体利益为价值取向的，而不是相反。即便是重视个人物欲、承认利害争斗的合理性的法家，最终仍主张个体向群体的屈从；个体必须适应君主专制这一代表整个地主阶级利益的群体结构，否则便是"贰臣"。

用历史主义的眼光来审视，应该看到，在宗法制小农经济的条件下，不可能产生群体必须满足"人的自由的全面发展"的观念，个体的主体创造性、独立性和自尊感不可能受到高度重视。传统价值取向孕育出的社会心理，使维护群体利益，调节人与人、个人与社会的关系，成为人们的思考重心。对个人来说，只有克制身心，服从群体，才能与世俗融洽相处。群体拥有巨大的道德政治权利，个体则只承担道德政治义务，而且这种权利与义务关系的不协调，最终是以个体欲望的自我收缩而得到解决。这种状况对于个人自由的发展，对于自信、热情、进取等精神品质的形成，特别是对于独特的个性的形成起了消极作用。

四、董仲舒天人论的文化史意义

综上所述，董仲舒的天人论是以天人感应为核心的天人合一论。从中国文化发展史的层面考察，董仲舒的这个天人论有着重要的思维导向价值和理论建构意义。

我们知道，天人感应思想在董仲舒生活的时代是"古已有之"。一般认为，天人感应思想发端于西周时期。西周统治者鉴于前朝灭亡的教训，为了论证自己"受命"而王，故以德释天命，用德的有无，说明天命的转移。这是天人感应思想的最早的也是最粗陋的形态。西周末年，伯阳父用阴阳失序解释地震，并将地震与王朝的衰亡相联系，这是天人感应思想的另一种表现形式。后来的《诗经》《左传》《礼记》《洪范》《吕氏春秋》等，大都用自然现象说明社会现象，将二者看作有内在生命情感联系的对应物。风调雨顺，表明政治清明；灾害迭起，表明政治昏暗。凤凰游、麒麟现，是祥瑞，国泰民安；天雨石、地裂缝，是怪异，君昏政黯。这种天人感应思想影响十分深远。总的看来，它是以自然现象和社会现象的对应，通过比附阐发其政治见解，还没有一个先验设定的仁民爱物的"天心"，也没有一个人格化的能对人君奖善罚恶的至上神式的"天"。墨子的"天志"说，第一次明确地将天设定为有"爱民"之心、能奖善罚恶的有意志有人格的至上神。他认为，人们既应尚同于天子，又应尚同于天，否则，"天灾将犹未止也"。如果寒热不节，雨露不时，五谷不熟，灾疫并起，则是"天之罚也"（《墨子·尚同中》）。另一方面，天又是厚爱人的，天磨日月星辰，制春夏秋冬，降雨露霜雪，是为了让百姓生活，天派王公侯伯统治社会，是为了"赏贤罚暴"（《墨子·天志中》）。

较之以上几种天人感应观，董仲舒的天人感应论更为成熟，更为严密，更为精巧。这首先表现为广泛吸收前人的天人感应思想。他既沿袭了西周的以德释天命、天命随人德转移的思想，又继承了《左传》《国语》《诗经》《吕览》等用阴阳论自然、用自然论人事的天人感应思想，更发展了墨子关于天志爱民、赏贤罚暴的思想。这种杂取诸家的思想态度和方法，反映了董仲舒儒学的兼容性，从而也丰富了中国文化的内涵。其次，董仲舒天人感应思想，利用了流行于汉代的阴阳五行思想，并以此为建构体系的理论原则，在哲学思维的层次上，超越了前人。最后，董仲舒天人感应的方法论，主要是以类合、以数偶，将天地人强制纳入一个动态的宇宙图式，使天人感应在彼此相通相济的框架中进行，增强了思想的严整性。

在天人合一理论方面，董仲舒也是继承并超越了前人的思想的。先秦时期，孟子之前没有明确的天人合一思想。首次明确论证天人合一思想的是孟子。但孟子只是强调弘扬人的主体性，尽心知性知天，通过道德境界的自我提升，达到致诚体仁的目的。其天人合一论缺少外在的理论构架，以及内在的细密论证。庄子的天人合一论，虽然其价值取向和政治归宿与孟子大异其趣，但在修养心性以达内圣之境方面，是毫无二致的。董仲舒的天人合一论，既在主体内在修养方面继承了孟庄又超越了孟庄。这种超越主要表现为将内圣之学置于服从君主和天的意志的前提下，将个人的内在道德自觉与外在的以人随君、以君随天和天不变道亦不变的外在律则相联系。这就在承认个人作用和历史责任的同时，将封建大一统统治秩序强加于个人，使内圣之学转变为外王之道。此外，董仲舒天人合一论以天人感应为核心，无论其理论构架的严整，还是思想内容的丰富（也可以说是驳杂），或是方法上的创新，都是前无古人、无须赘论的。这些都是对儒家文化以至整个中国文化的创造性贡献。

董仲舒的君主持中的天地人相参说，在历史上第一次从理论上确定了君主在宇宙间的至尊地位，将君主看作天人系统中理性、正义、仁德的代表和体现，从而为古代文明的发展找到了一条权威而现实的道路。总之，从理性思维和文化演进的角度审视，董仲舒天人思想确有特定的文化史意义。这主要表现为：

首先，它对中国文化基本形态的形成起了巨大的促进作用。秦汉时期是中国文化的定型期，它所形成的经济制度、官僚政治制度、家庭制度、文教制度以及伦理规范，奠定了中国文化的基础。秦汉之制，秦汉思想文化风貌，成为后世为楷模。从文化形态考察，中国文化是趋善求治的伦理政治型文化。董仲舒的天人思想，将"三纲五常"的伦理规范纳入天人系统中，直接为专制王权服务，从而融政治与伦理为一。它将家庭关系与政治关系合而为一，使家族政治化，国家家族化；它将个体的内在道德修养，外化为尊君事天的社会实践，使人人扬善抑恶，精心求治，由此，形成了强大的趋善求治的社会心理态势，充实了中国文化的内容，完善并拓展了中国文化的基本形态。

其次，它对后来的天人思想起了思维导向的作用。此前，天人合一思想在思想文化领域和知识分子的思维视野中并不占主导地位。自董仲舒以后，天人合一的思想成为人们特别是知识分子的思维重心。天人感应思想的发展，则形成了两种不同趋势。一是在知识阶层，它的影响和作用日渐淡薄，即使讲天人合一，也不用天人感应作论证。甚至后来还出现了唐代刘禹锡的"天人交相胜"的论题。二是在一般群众中，天人感应思想日益强化，成为一种不可移易的深层文化心理，而君主持中的天地人相参的思想，也日渐渗透全社会，并大体是沿着《易传》所开辟的刚健有为的思想方向发展。它作为整体直观的思维方式，对民族思维中擅综合、重体悟的方面，也产生了深刻的影响。

再次，它丰富了儒学以至整个中国文化的兼容精神。先秦诸子，就主观意愿而言，其学说都具有排他性，都想独尊，只是时运不济，未能如愿。董仲舒的天人思想，由于有了阴阳五行的架构，可以将任何事物分类，进而纳入其理论体系。这就在客观上为吸纳、改铸不同思想文化创造了条件。董仲舒思想体系中，儒、道、墨、法、名、农、阴阳等思想，统贬一身，本身便是其兼容性的体现。后来佛教传入中国，本土文化能与之共存，后来竟融为一体，实是与以董仲舒天人思想为主导的汉代儒学的兼容性分不开的。

最后，董仲舒的天人思想，使大一统观念真正确立，在民族心理的深层建构了中国文化。大一统观念是中华民族凝聚力、向心力的生动体现。先秦时期，并无理论意义的大一统观念，孔子所谓"君君、臣臣、父父、子子"，以及《春秋》所谓"春王正月"之类思想，不过是为了论证天子地位的至尊和统治秩序的不可逾越而已，并非后来的国家统一、民族团结意义上的大一统。传统意义上的大一统观念，产生于秦统一中国之后。秦的统一使维护既成的一统天下成为迫切的政治需要。秦的灭亡以及汉初至武帝即位的半个多世纪的正反两方面经验，迫使思想家从文化心理的层面建设大一统的思维态势和社会心理。董仲舒的天人思想就其文化视野而言，是将天地人看作一个统一的整体，将个人、家庭和国家看作不可分离的有机体，这本身已属于大一统的范畴，是用大一统的眼光和方式看待问题、处理问题。董仲舒特别推崇"《春秋》大一统"，要以人随君。而他所做的一切，正是为大一统社会的长治久安做理论建设。经过他的理论建构和汉武帝的实践，大一统观念成为政治文化的重要组成部分，并逐渐转化为民族文化深层心理认识，从而为中国封建社会的长期稳定和延续，为中国文化的成长做出了重大的贡献。

（原载《天津社会科学》1990年第5期）

新儒学的形上追求及其现代意义

现代新儒学是 20 世纪 20 年代以来中国思想界的重要思想流派之一。① 认真解析并客观地评价其文化心态和思想意趣，对于我们正确把握现代中国的思想发展脉络，如实勾勒现代中国文化的发展图景，迎对冲击中国文化的域外劲风，重构中国文化的价值系统，建设现代精神文明，有着积极的理论价值和现实意义。

一、新儒学的文化价值观

新儒学的文化价值观，以传统儒家的心性之学为标的，以排拒欧风美雨的侵袭为急务，以中西文化的交融会通为前瞻，以弘护民族文化精神、重构中国文化体系为现实目的。

现代新儒学的首领唐君毅、牟宗三等人，面对近代以来中国文化的困境，自认秉承了中国传统文化的人文精神，欲图使中国文化在当今世界有所发展，对世界文化有所贡献，而怀抱着"灵根自植"的理想，发出"悲情的呼声"，著高文，发宏论，以对治"五四"以来的"战国时代"的种种文化弊端，超越"事法界"的时代精神，恢复"理法界"的精神认识。

面对近代西学东渐以后所出现的传统价值系统的崩解，唐、牟分析比较了中西文化的差异优劣，并由此演绎出了自己的文化精神价值论。

唐君毅指出，中西文化有不同的精神方向。中国文化的基本精神是道德和艺术，西方文化的基本精神是宗教和科学。而之所以如此，根本原因是中西文化关注的对象不同。中国文化关注的对象是人、社会和被人伦常化和情感化的自然界，因而它是政治的、道德的和艺术的。质言之，是人

---

① 本文指称的"现代新儒学"，与港台和海外学者所指称的"当代新儒学"是大致相同的概念。参见李宗桂：《"现代新儒家"辨义》，载《学习与探索》1988 年第 5 期；李宗桂：《现代新儒学思潮：由来、发展及思想特征》，载《人民日报》1989 年 3 月 6 日。

文主义的。西方文化关注的对象是自然界和人类存在的自然形式，以及对绝对的、普遍的精神的信仰和追求，是纯粹客观的探究，而不会将政治意愿和道德情感灌注其中，因而它是科学的、客观的，颇具宗教情怀的，同时也是冷峻的、无情的。质言之，是自然主义的、科学主义的。

牟宗三认为，中西文化有着重大的差异和各自的优劣。其差异主要有三。其一，二者对世界对象的把握不同。西方文化中的希腊传统，首先把握"自然"，表现"理智"，因而开出逻辑、数学和科学，这是以"智"为笼罩者，故曰智的系统。中国文化首先把握"生命"，讲正德利用厚生以安顿生命，由此点出仁义之心性。这就一方面客观地开而为礼乐型的教化系统，另一方面主观地开而为心性之学。这两方面结合起来，称作内圣外王，成为道德政治的文化系统，这个系统以"仁"为统摄和实践的最高原则，故亦曰仁的系统。综合而言，中国文化又可概括为践仁的礼乐型的文化系统。

其二，二者文化生命的基本精神不同。中国文化是"以理生气"，西方文化是"以气尽理"。中国的成圣成贤的心性之学，"是文化生命之灵魂"，可以"引生无尽的未来"。① "心性之学最大之作用就是'以理生气'，此是文化不断之超越原则，亦是实践之超越原则"。② 能奉行"以理生气"的大道，就能以德行化才、情、气，润生护生，不致才穷、情尽、气竭。而作为道德主体的个人，便会以仁的实现为己任，开出生命之源、价值之源、理想之源。西方文化"以气尽理"的基本精神，顺着人的生命需求办事，尽量利用其才、情、气，以创造文化。它不以德性为主，不是内在于心性之中的德性之理，而是外在的事物之理。它虽能生天生地，但终有才穷、情尽、气竭之时，因而西方文化总是"周期断灭"，不能像中国文化之悠久无疆。

其三，二者的主体内容不同。中国文化以人文主义为主体，西方文化以神本和物本为主体。在中国，人文主义彻底透显，成为领导文化生命前进之骨干。作为西方文化的主体内容之一的基督教，其精神是神本而非人本。作为西方文化的另一主体内容的希腊传统，其基本精神是物本。在

---

① 牟宗三：《道德的理想主义》，台湾学生书局1985年版，第208页。
② 牟宗三：《道德的理想主义》，台湾学生书局1985年版，第222页。

"这两个本的夹逼下,把人本闷住了,所以人文主义在西方一直抬不起头来"。①

根据以上理解,牟宗三认为中西文化各有千秋。以儒家心性之学为基础的践仁的礼乐型的中国文化,有助于价值领域的开拓和文化生命的承续,但却缺少西方文化中的科学和民主政治。西方文化在神本和物本中摇摆前进,以气尽理,凭才、情、气的运用,而建构了一整套科学系统和民主政治。但它却因此而缺乏向内安顿自我、调适护卫文化发展机制的功能。因此,中西文化应当互相学习,"谐和统一,相资相补"。

唐、牟二人关于中西文化差异长短的论说,植根于他们的中国文化精神价值观。从总体上看,他们充分肯定中国文化具有内在的生命活力,在本原上没有任何不足,具有发展的无限性。唐君毅反复申论,中国文化"其价值原自有光芒万丈,举世非之而不减,举世誉之而不增"。② 中国文化的统绪意识、内在超越精神、实践理性、融摄精神、天人合德观念等,③ 都是值得人们珍惜并发扬光大的。这些文化精神价值观,逻辑地使中国文化成为以德性为基础的"礼乐文化"。牟宗三认为,中国文化的旨趣、重心以及对人类、社会的贡献,在于其道德理想的超越和人文意识的充实。以儒家心性之学为基础的"道德的理想主义",是人们的价值意识的来源和根据。只有认同并躬行"道德的理想主义",才能提升价值意识,才能讲文化意识和历史意识。因此,"在传统的一切思想学术中,只有儒家的文化系统可以作为我们社会实践的指导原则"。④ 道德的理想主义的实现,必然包含人文主义的完成。人文主义的基本特征,是价值观念的开发。因此,他提出要重视三个方面的"学问":①重视道德宗教的学问,以弘扬"道统";②重视民主政治并促其实现,以继承"政统";③重视科学知识,以延续"学统"。

显然,新儒学所宣扬的中国文化精神价值观,是以对物欲的超越为基准的。正如牟宗三所说,以儒家"怵惕恻隐"之心为心理依据的"道德的理想主义",一贯反对人心陷于物欲之中,反对"顺躯壳起念"(王阳

---

① 牟宗三:《道德的理想主义》,台湾学生书局1985年版,第159页。
② 唐君毅:《花果飘零与灵根自植》,载唐君毅著《中华人文与当今世界》上册,台湾学生书局1975年版,第33页。
③ 李宗桂:《评唐君毅的文化精神价值论和文化重构观》,载《哲学研究》1989年第3期。
④ 牟宗三:《道德的理想主义》,台湾学生书局1985年版,第22页。

明语),反对只凭生理本能生活。这种重视道德理性的指导作用、重视个体修养的价值观,有其合理之处。更为重要的是,新儒学的文化价值观,以中国文化的内在精神为本根,充分肯定中国文化在世界文化中的地位和作用,对于维护民族文化自尊心、自信心和自豪感,有着重要的精神激励作用。在西方思潮滚滚而来的今天,在传统价值系统解体、新型价值系统尚未建立起来的时候,新儒学的文化价值观,对于全盘西化的民族文化虚无主义思想,无疑可以起到匡救时弊的作用。当然,新儒学把中国文化的复兴,寄托于对儒家心性之学的阐发、弘扬和"创造性转化",寄托于用中国文化对西方文化的规整,则未免失之空想。

二、新儒学的文化重构观

根据以上的文化价值论,现代新儒学的大师们提出了别具一格的文化重构观。

从总体上看,新儒学大师们的文化重构观有两个特点:第一,中西文化各有千秋,应当互相学习,取长补短,但要以中国文化为主体,方能创造现代中国的新文化。第二,中国文化有着内在的不足之处,应当结合当代世界的现实,吸收西方文化的长处,予以创造性的转化。但是,其思想前提是要承认中国文化的一切价值,确认中国文化在本原上没有任何不足。

唐君毅反复申论,要重构中国文化,创造能适应时代条件的新文化,应当首先确立一个根基:以中国文化精神为本原。他认为,我们必须"先肯定中国文化之一切价值",才能谈接受西方文化的问题。"在评判中西文化之长短时,吾人之标准,亦不能离开中国思想之根本信念"。① 唐君毅之所以有这种思路,是因为他对中国文化的精神价值有着高度的信心,有着常人难以企及的深情。他坚信,中国文化的精神价值永不磨灭,"如人类存在,吾决不信此价值可被磨灭,而为人所抹煞"。"吾不信中国历史文化精神,在本原上,有何不足"。

在充分肯定中国文化的精神价值的同时,唐君毅也"不讳言中国文化之短,以至强调吾人之短,以便改过"。他承认,中国文化历史中,缺

---

① 唐君毅:《中国文化之精神价值》,广西师范大学出版社2005年版,第491页。

乏西方近代民主制度和科学技术，因而中国未能实现现代化。他还认为，较之西方文化的长处，中国文化的根本缺点是缺少金字塔和十字架。中国文化精神覆天盖地，但缺少一座由地达天的金字塔。同时，也缺少能经纬人的精神的十字架。而人无十字架可负，精神就难免收敛而入睡，如蛰立之伞不能撑开。因此，有必要吸收西方文化的长处，以撑开此伞。他还指出，中国文化的"圆而神"的精神中，缺少西方文化的"方以智"的精神。"圆而神"的精神，不偏执于任何文化理想，灵活变通，有其好的一面。但这种变通、不偏执的精神，往往容易受自然生存欲望的牵累，而流于圆滑虚伪。中国社会的伪君子多，苟活者众，皆与此有关。因此，中国文化必须接受西方文化的"方以智"（执着于理想，注重理智）的精神。"吾人今日必纳方于圆，以撑开此伞。或由中国文化精神之圆中，化出方来"。①

牟宗三也认为，以儒家为主体的中国文化，内圣可以，但外王不行。这种外王不行的表现，便是缺乏现代民主政治和科学理论。儒家提倡的五伦思想，"对于近代化的国家政治法律之成立是不够的"。现代民主主张政权在民，人民可以依据制度（宪法）来限制、更替他们的元首。依据宪法产生的元首，有时他可以专权，但他不可专位。中国君主专制政体绵延二千年之久，表明君是一个超越的无限体。"须知光以道德教化的形态来限制皇帝是不够的，光是'自天子以至于庶人，一是皆以修身为本'这一层，光是内圣的正心诚意这一层，对于君民之间真正的客观的政治关系之建立是不够的。这即表示以前儒者所讲的外王是不够的，有推进一步的必要"。② 牟宗三指出，现时人文主义的含义之一，是民主政治。民主政治可以充实儒家的内圣外王之道。道德宗教、民主政治、科学知识三者，是现代人文主义不可或缺的基本内容。三者的协调统一，便可开出现代新儒学所期待的"新外王"，推动儒学的"第三期发展"。

显而易见，现代新儒学的文化重构观，是以中国文化为本位的。新儒学的首领们的诸多论说，充分反映了他们对中国文化精神价值的高度肯定。这种肯定，本身便是一种价值认同。由此，我们便不难理解，为什么新儒学的旗手和传人们，要以"返本开新"作为解决中国文化出路的根

---

① 唐君毅：《中国文化之精神价值》，广西师范大学出版社2005年版，第494页。
② 牟宗三：《道德的理想主义》，台湾学生书局1985年版，第155页。

本途径。返回传统儒家心性之学的根本,开出现代科学和民主政治的新局面,这便是新儒学重构中国文化的价值期望之所在。

三、新儒学文化追求的形上特征和现代意义

《易传·系辞上》曰:"形而上者谓之道,形而下者谓之器。"从整部中国文化发展史来看,显而易见,追求形而上的精神价值,鄙弃形而下的器物制造和物欲享受,是正统儒家的一贯的精神方向。现代新儒学,作为传统儒学的现代嫡传,秉承了这一精神方向。可以说,现代新儒学所淋漓尽致地表现出的文化追求,处处显露出形而上的思想特征。

概括而言,现代新儒学的价值系统具有如下特征:

(一)民族本位的文化立场

强调中国文化的"一本性"和优越性,肯定中国文化具有历久不衰的精神价值和永恒生命,主张以中国文化的价值为基本取向,塑造人格,调整关系,建立中正和谐的社会秩序。

(二)花果飘零的文化心态

认为中国文化经过五四运动的激烈批判、欧风美雨的猛烈冲击,已经花果飘零。希望全民能从弘护民族文化的理性高度,自觉认同传统文化的价值,取得"共识",以使我民族文化挺立于世界文化之林。

(三)我族中心的文化观念

认为中道高于西器:中国文化具有很强的适用性和同化力,与现代化并不矛盾,本身蕴含着发展科技的思想,包含着民主政治的根源,西方科学技术固然好,但也带来了思想文化上的一系列弊端,而没有思想根基和道德自我调适机制的科技和民主,是无本之木,只有中国文化才能解决现代化和后工业社会的问题,西方应当向中国文化学习;中国固然应当吸纳西方文化中的科学和民主,但必须以中国文化为土壤,以此培育出现代意义的文化。

（四）多维开阔的文化视野

它立足传统，面对现实，放眼世界，欲图把中国文化纳入世界文化体系之中，而又保持中国文化的价值和特色。它的思想领袖们，既有深厚的国学功底，又有良好的西学造诣，因而能对世界文化进行多维透视，做出自己的价值判断。

（五）强烈的主体意识和鲜明的独立人格

它主张并躬行自信自强、自尊自守的民族文化价值观，有深沉的历史责任感和时代使命感，以弘扬中国文化为己任，相信通过自己的努力，可以使中国文化振衰起颓，焕发出新的光彩。[1]

由上可见，现代新儒学是以中国传统文化为固摄人心、存亡继绝的"本根"的。正因如此，它的思维路向才会是"返本开新"：返回传统儒家心性之学的根本，开出现代科学民主的新局。

新儒学这种返本开新的文化追求，是在中国社会由传统向现代转型的过程中形成的，是对欧风美雨袭击中国文化园地的积极回应，因而有其产生的必然性和合理性。它因应时势，不是简单袭用中体西用的主张，而是力主吸纳西方的科学技术和民主政治，力图将现代文明的新枝嫁接在中国文化的古树之上，使中国文化焕发出新的生命力。它用返本开新的理论概括，来统括中西古今，寻找新的结合点，作为中国文化的思想导向。它反映了强烈的本根意识和文化观念上的"恋母情结"。这些，都不乏引人思考、催人深省的意义。然而，更为重要的是，返本开新的命题存在着严重偏颇。对固有文化的一往情深，同时也就显露了对西方文化的本能反抗。开新也罢，认同也罢，无不是"从悲愤的绝望之情处起步"，表现出明显的情绪偏执。同时，力图从思想文化中寻找解决问题的办法，纳现代科学民主于儒学文化的规范之中，也反映出了在前瞻式的吸纳中所深藏的浓厚的恋旧心理和保守态度。在至今仍未实现现代化的中国，却要用现代化以至后现代化社会的种种弊端为设定前提，反衬中国传统文化的优越性，未免给人一种无的放矢的感觉。

现代新儒学的返本开新的文化追求，奠基于它所推崇的传统儒学的

---

[1] 李宗桂：《现代新儒学思潮：由来、发展及思想特征》，载《人民日报》1989年3月6日。

"道德的理想主义"。这种道德的理想主义，具有明显的形上特征。

首先，它包蕴着典型的重道轻器的倾向。无可否认，看重人禽之辨，倡扬道德理性，反对恣情纵欲，要求以道制欲，以理节情，有着积极的思想导向意义。但是，新儒学过分推崇传统儒学的心性之学，企图用它来包容并消解现代社会的一切矛盾，这就未免失之偏狭。尤其使人不敢苟同的是，它为了高扬儒家的旗帜，而不惜将现代科学技术和民主政治贬抑为"小事情"，而把坚持并发扬道德的心看成是天下之达道。从新儒学代表人物的诸多论述来看，他们对"文化意识宇宙"的价值原则和精神作用开掘甚深，但对"科学宇宙"的价值原则和精神作用则语焉未详，对思想文化的范导作用推崇备至，但对科学技术对人类社会进步的决定性作用则不敢正视。这些很难令人相信不是传统儒家"轻自然，斥技艺"的思想传统在现代社会的流风余韵！

其次，它坚持并膜拜儒家的"道统"论，把儒家思想传统的继承和发展看得高于一切。它认为，统绪意识是中国文化的重要传统和精神方向，悠久无疆的历史文化，既是对儒家道统论的合理性的佐证，也是道统发展的内在动力，更是当今社会文化凝聚力的思想要素。在现代社会中，只要人们在"道德的心"的统率下，依据儒家思想的理论构架，发扬人文意识，便可继往开来，形成新的道统，从而延续中华文化的"慧命"。这种道统论，强调文化的继承性和民族性，有助于人们历史地、联系地看问题，有助于形成人们的文化归属感。但是，毋庸讳言，这种道统论的继承性强于变革性，保守性多于创造性，往往容易形成人们心理上的"因袭的重担"。

最后，新儒学把主体精神境界的升华，提到了保持并发展人类理性的高度。它强调，主体价值的追求，精神理念的把握，是人类得以存在发展的前提。个体道德的修养，是调整人际关系的前提，是建立协同的社会秩序的必然要求。只有不断地反躬自省，才能在精神发展史上推陈出新，继往开来，形成新的人类理性精神。应该承认，新儒学的这种"深情的呼唤"，在人欲横流的现代社会，有着针砭时弊、扬善去恶的文化积累价值和思想警诫作用。

新儒学的形上追求，并不是为了发思古之幽情，而是有着强烈的现实关注。就文化价值论和文化建构观的层面而言，在现代发展商品经济的社会中，这种形上追求有一定的文化积累意义。首先，它强调道德理性的激励作用，反对陷于片面的物质追求而不自觉、自拔，突出了中国文化重视理性的一面。其次，它肯定中国文化自身有着不可忽视的精神价值，对于反对民族文化虚无主义，反对全盘西化，反对欧洲文化中心论，有着匡救时弊的作用。最后，它承认并突出了中国文化有着前后相继的一以贯之的思想传统，反对割断文化传统，在客观上肯定了中国文化的历史意义和现实价值，弘扬了民族文化传统的悠久方面。这些，在建设现代精神文明的今天，都是值得我们认真总结，批判扬弃，以为新文化建设的思想资料的。

（原载《学术研究》1992 年第 3 期）

冯友兰"抽象继承"理论的省思

冯友兰先生的"抽象继承"理论，源于他对哲学遗产评估的价值尺度。在《中国哲学遗产底继承问题》① 一文中，他提出：在中国哲学史中，有些哲学命题具有两方面的意义，即抽象的意义和具体的意义。他举例说，《论语》中的"学而时习之，不亦说乎"，从其"具体意义"来看，其要求人们学习的诗、书、礼、乐等内容，对于现在没有多大用处，"不需要继承它"；但从其"抽象意义"来看，它主张无论学习什么，都要及时温习和实习，这个观点现在还是正确的、有用的。在《再论中国哲学遗产底继承问题》② 一文中，冯友兰先生进一步提出："在研究古代哲学的工作中，要把哲学体系中的主要命题加以分析，找出它的具体意义与抽象意义。如果有可以继承底价值，它底抽象意义是可以继承的，具体意义是不可以继承的。"冯先生的这个观点，被称为"抽象继承法"，受到猛烈的批判。他在《三松堂自序》中对这个观点进行了辩解和补充。他说："这篇文章（指《中国哲学遗产底继承问题》——引者）的有些提法，是不很妥当，但是其基本的主张，我现在认为还是可以成立的。"③ 他认为，文章导致批判或者误解，首要原因在于没有把"抽象"这个概念的严格的哲学意义说清楚，人们对于抽象和具体这两个词有混乱的理解。于是，他进一步解释说："抽象的就是一般，具体的就是特殊"，"只有抽象的才最有确定的意义，因为它本身就是那个意义"④。"把哲学的继承归结为对于某些命题的继承，这就不妥当。哲学上的继承应当是对于体系的继承。……说一个哲学命题有抽象意义和具体意义，这也是不妥当的。因为一个哲学命题所说的，总是一般性的原理，是一个抽象的东西，所以一个哲学命题，应该只有抽象的意义"⑤。

---

① 该文载《光明日报》1957 年 1 月 8 日。
② 该文载《哲学研究》1957 年第 5 期。
③ 冯友兰：《三松堂自序》，生活·读书·新知三联书店 1984 年版，第 287 页。
④ 冯友兰：《三松堂自序》，生活·读书·新知三联书店 1984 年版，第 288 页。
⑤ 冯友兰：《三松堂自序》，生活·读书·新知三联书店 1984 年版，第 290 – 291 页。

根据冯友兰先生的上述论说，所谓"抽象继承法"就包含以下含义：哲学遗产的继承只有也只能继承其抽象意义；继承只能是对"体系"的继承，而不是对命题的继承；哲学命题只有抽象意义而无具体意义；抽象就是一般，继承抽象意义就是继承一般意义。

我觉得，要客观地评价冯先生的"抽象继承法"，要历史地、综合地、辩证地看。

众所周知，冯先生提出"抽象继承法"是在风雨如晦的1957年。他之所以提出"哲学命题的抽象意义与具体意义"，强调继承哲学命题的"抽象意义"的必要性，是因为他感到"我们近几年来，在中国哲学史的教学研究中，对中国古代哲学似乎是否定的太多了一些。否定的多了，可继承的遗产也就少了"①。他认为，哲学史中可以继承的思想是不少的，应当对古代哲学思想有全面的了解。1957年，正是以知识分子为斗争对象的"反右运动"席卷全国的一年，是知识分子运交华盖的一年。此前对中国传统哲学和文化的批判否定已经十分激烈。在这种情况下，冯友兰先生出于对民族传统哲学的挚爱，提出通过认识哲学命题的抽象意义和具体意义，把握传统哲学的合理方面，解决民族哲学遗产的继承问题，其用心十分良苦，动机无可厚非。特别值得我们反省的是，最近20年来，中国哲学史的研究和教学实践表明，哲学遗产的继承问题并没有很好解决。包括始自80年代中期，至今仍在深入的中国传统文化研究，至今也没有真正科学地解决如何对待传统文化的思想资源的问题。这就使得我们自然地要把关注的目光投向"抽象继承法"，去总结、分析它的合理成分，克服它的偏向。如果我们承认自50年代后期开始，60年代愈演愈烈，最终以大革文化的命为宗旨的"文革"的出现，其间有一个由极左政治驱动的、日渐激进的、必然的逻辑进程，那么，我们便可以看到，冯友兰先生的"抽象继承法"的提出，就其对传统文化合理资源的捍卫而言，似乎有点"前卫"，或者说是"不合时宜"。然而，正是这种"前卫"，正是这种不合时宜，折射出冯先生的思想智慧和价值理性。

冯友兰先生的"抽象继承法"，并不是一个孤立的命题，而是他的整个思想理论体系中不可或缺的、有机的组成部分。"抽象继承"的理论前提，是冯先生的"接着讲"而不"照着讲"的基本思路，以及"别共

---

① 冯友兰：《中国哲学遗产底继承问题》，载《光明日报》1957年1月8日。

(相)殊(相)"的理论分析方法。他在"贞元六书"之一的《新理学》中,开宗明义道:"我们现在所讲之系统,大体上是承接宋明道学中之理学一派。……我们说'承接',因为我们是'接著'宋明以来底理学讲底,而不是'照著'宋明以来底理学讲底。"① 在《新原道》中,他自我标榜说:"新理学又是'接著'宋明道学中底理学讲底。"② 在《三松堂自序》中,他强调:哲学史的重点是要说明以前的人对于某一哲学问题是怎样说的,哲学创作则是要说明自己对于某一哲学问题是怎么想的。自己怎么想,总要以前人怎么说为思想资料,但也总要有所不同。这个不同,就是我在《新理学》中所说的"照着讲"和"接着讲"的不同。这种"接着讲"的思想和理路,与"抽象继承"之间,实际上是一而二、二而一的关系。要"接着讲",就必然要讲"抽象继承";要"抽象继承",就必然要"接着讲",而且也只能"接着讲"。如果说,"接着讲"是一种原则,那么,"抽象继承"则是一种化原则为实践的具体方法。

与"接着讲"而不"照着讲"的思路相映衬,冯先生十分重视"共相"与"殊相"之辨。在《贞元六书》中,冯先生区分了共相与殊相,认为共相是客观存在的,是通过抽象思维和逻辑分析得来的。在他看来,哲学的重要任务,就是要得到对于共相的认识。因此,冯先生十分重视共相。如前所述,冯先生在《三松堂自序》中把抽象和具体解释为一般和特殊,他强调:"无论继承什么,总得分别那个东西的一般性和特殊性,你只能把它的一般性继承下来,至于其特殊性是不必继承也不可能继承的。"③ 正是在这个强调一般性、重视共相的思想基础上,冯先生的"抽象继承"理论逻辑地产生了出来。

从理论思维的层面考察,冯友兰先生的"抽象继承法"固然有诸多缺失,但仍然有它的特殊的理论价值,我们不能只看到事情的一方面,而忽视其另一方面。如前所述,冯友兰先生的"抽象继承法"关注的是哲学遗产的"抽象意义",而按照他的解释,"抽象"就是"一般",因而继承就是继承的"一般"意义,而非"个别"的意义。如果我们承认哲学是对于世界的一般性、普遍性的抽象,是理论思维的集中表现,是对认

---

① 《贞元六书》上卷,华东师范大学出版社1996年版,第5页。
② 《贞元六书》下卷,华东师范大学出版社1996年版,第844页。
③ 冯友兰:《三松堂全集》,生活·读书·新知三联书店1989年版,第292页。

知对象的本质的概括，那么，我们就应当承认，哲学史研究中要注意继承历史遗产的"抽象意义"的思路是有合理性的。显然，"道生一，一生二，二生三，三生万物"这个哲学命题，值得我们继承的并不是混沌之中如何产生阴阳之气进而产生天地人以至万物的过程及其论证手法，而是这个命题所反映出的由抽象到具体、由简单到复杂的理论思维方式及其认知路径。孔子以仁为核心的哲学体系，我们不能继承其体现宗法思想的内容，而只能继承其仁礼一体的价值追求的道德理性。董仲舒以天人感应为核心的哲学体系，我们无法认同其无类比附的荒诞手法，更无法承认其为封建专制统治效力的哲学功能的合理性，但我们却可以从其类比协同、天人相通、万物一体的哲学论证中，思索其如何整合不同思想、构建新型价值体系的理论思维的经验。朱熹的理本论的哲学体系，我们绝对不可能肯定其"存天理，灭人欲"的社会功能，但却可以从他对佛教、道教思想的吸收，总结其如何使得世俗的儒学变成哲理性极强的理论的经验。总之，我们继承的民族传统哲学的资源，不可能也不应该是具有时代性和阶级性的内容，而是具有普遍意义的、反映中华民族一定发展阶段的理论思维水准的哲学思想。在这个意义上讲，冯先生的"抽象继承法"具有明显的合理价值。

当然，无可讳言，"抽象继承法"有它的明显的偏向。正如冯先生自己所承认的，"抽象意义"的提法，容易引起误解，不如使用"一般意义"来得平实，容易理解。我觉得，根据冯先生的本意，改用"普遍意义"这个概念，也未尝不可。冯先生讲"抽象继承"，不仅当年没有从文化的民族性的角度立论，就是在80年代写成并出版的《三松堂自序》一书中，也仍然没有将文化的民族性纳入自己的视野。我想，这与冯先生否认哲学有民族性的一面有关。冯先生在30年代后期撰写的《论民族哲学》一文中认为，"哲学的目的仍是在于求普遍底公共底义理"，因而，哲学的目的就是要超越"民族的""民族性"。他宣称："如果事实上哲学家受所谓民族性的拘囿，哲学的目的，正是要打破这些拘囿，而求普遍底公共底义理。如果有所谓民族性，哲学家于讲哲学的时候，正要超过之。……我们以为，未必有所谓民族性，民族哲学之所以为民族底，未必是由于有民族性的缘故。即令其是如此，如此的民族哲学亦是哲学的进步的阻碍，亦正是哲学所要超过底。"① 其实，"抽象继承"在提出的当时，连冯先生自己也感到难以自圆其说，很大程度上就是他过分强调哲学的普遍性，而忽视了这种普遍性正是通过对特殊性的概括、抽象而提炼出来的。他在80年代反省"抽象继承"时，干脆彻底否定哲学命题有具体意义，认为哲学命题应该排斥具体意义②，也是这种思路的扩展。此外，大概由于解放后冯先生已经做了哲学思想的自我批判，加上50年代后期的政治风云变幻莫测，冯先生不便或不愿将"接着讲"的哲学研究和哲学创造的路子，与"抽象继承"的路子相配合，以致"抽象继承"缺乏坚实的理论基础，而冯先生在辩驳中也显得十分乏力。冯先生在《三松堂自序》中修正抽象继承的理论时，自我批评说："把哲学的继承归结为对于某些命题的继承，这就不妥当。哲学上的继承应该说是对于体系的继承。"③这就走向了另外一个片面。诚然，把哲学继承归结为对某些命题的继承有失偏颇，但把哲学继承归结为对哲学体系的继承，也失之片面。在我看来，哲学继承不能是体系的继承，至少不能都是体系的继承。从历史上看，某一哲学家、某一学术派别、某一历史时期，其哲学体系作为一个整体，是难以甚至可以说是根本无法全盘继承的。相反，它是需要进行分解，有选择地进行继承的。

（原载《哲学研究》1998年增刊）

---

① 冯友兰：《三松堂学术文集》，北京大学出版社1984年版，第430－432页。
② 参见冯友兰：《三松堂自序》，生活·读书·新知三联书店1989年版，第290－291页。
③ 参见冯友兰：《三松堂自序》，生活·读书·新知三联书店1989年版，第290页。

评唐君毅的文化精神价值论和文化重构观

近年,随着文化讨论的深入和拓展,随着传统与现实、中国文化与西方文化关系问题的凸现,人们将目光投向了现代新儒家"返本开新"的主张,并展开了激烈的争辩。

"返本开新"既是现代新儒家的中国文化价值观,又是其解决古今、中西之间的文化交接融汇问题的理念和方法,因而为其信守不渝并努力实践。而要解开现代新儒家何以要"返本开新"的文化情结,便须把握其文化精神价值论,进而透视其文化重构观。而这样,又须从其"文化宣言"① 的起草人、现代新儒家首领之一的唐君毅思想入手。

一、立足现实的文化精神价值论

现代新儒家们充分肯定中国文化的精神价值,认为中国文化有着人类内在生命的活水源头,"其价值原自有光芒万丈,举世非之而不减,举世誉之而不增"。② 而中国文化近百年来之所以"花果飘零",唐君毅认为是因为帝国主义的入侵、五四运动对传统的批判以及马列主义的激荡,导致中国社会政治、文化与人心失去了凝摄自固的力量。因此,现代新儒家们深怀"忧患"意识,周详地阐发了中国文化的精神价值,以图激发人们对民族文化前途的情感和责任感。

(一) 统绪意识

现代新儒家认为,中国文化具有"一本性"。这种"一本性"用唐君毅的话说,即指中国文化在本原上是一个体系,"有一脉相承之统绪",

---

① "文化宣言"即《中国文化与世界》,副题为"我们对中国文化研究及中国文化与世界文化前途之共同认识"。唐君毅、牟宗三、徐复观、张君劢共同署名,1958 年元旦同时刊于《民主评论》(香港)和《再生》(台湾)杂志。

② 唐君毅:《花果飘零及灵根自植》,载唐君毅著《中华人文与当今世界》上册,台湾学生书局1975年版,第33页。

"殷革夏命而承夏之文化,周革殷命而承殷之文化,即成三代文化之一统相承"。此后各代递相承继,政治上虽有分有合,但总以大一统为常道,并且从未影响到文化学术思想的大归趋,"此即所谓道统之相传","以中国文化有其一本性,在政治上有政统,故哲学中即有道统"。①

显而易见,唐君毅强调中国文化的"一本性",实际上是为了阐扬其一体性,由"一本"而引出"统绪",再由"统绪"而弘扬"道统",以此来统摄凝聚人心,对中国文化产生敬意,肩起继承发扬的责任。同时,唐君毅将政治上的"政统"与哲学中的"道统"对举,一方面固然反映了他关于中国文化的"一本性"的思想,另一方面(而且是更重要的方面),则表现了他将学术与政治相对区分,从而坚持独立自守的学术人格的思想。这个思想,是对中国文化中坚持气节为上的优良传统的继承和发扬。他认为政治上的分合,不会影响文化学术思想的承传,这是将文化价值看得高于政治利害,是对其所倡扬的"天下一家之情怀"的价值推崇和具体运用。

对于中国文化中"统绪"意识的形成和作用,唐君毅也做了分析。在他看来,中国文化精神之推进,从未经过明显剧烈的冲突与矛盾,因而养成了中国人对历史文化的亲和感与文化统绪之意识。中国文化与西方文化的一大差异,是西方重文化的类别,中国重文化的统。中国文化重各类文化精神之融和,并以民族文化的延续为目标。中国文化有四五千年的历史,并有一贯之统绪,这个事实本身就表明,中国文化及其统绪意识有其特定的价值,因为"存在本身即一价值"。

唐君毅的这些分析,其前提是对中国文化精神价值的充分认定,强调的是文化的民族性和继承性,它本身便是传统的"以大一统为常道"的文化心态的表现。它对于民族文化精神的凝聚,对于民族自尊心和自信心的树立,都有一定积极意义。但这个分析忽略了文化的时代性,将中国古代文化看作无所不包、在总体上能永恒适应不同时代的东西,这未免偏颇。

(二) 内在超越

现代新儒家对中国文化的"内在超越"精神推崇备至。他们认为,

---

① 唐君毅:《中华人文与当今世界》,台湾学生书局1975年版,第878页。

内在超越的精神是中国文化的伟大精神价值之一。人的理想具有超越性。当一个人有着一种超越的理想时，这个人同时即超越了个人的欲望自我和经验自我，并且，这一理想可以为其他人所把握、所承认，成为他人的意志或公共意念的表现，进而客观地实现于现实世界。因此，这一超越的理想即具有公共性或客观性，可使人、我之间在精神上互相贯通。

唐君毅从主体心性的涵养及其外化，阐明"内在超越"精神。在他看来，"中国文化根本精神，为自觉地求实现的，而非自觉地求表现的"①。自觉地求实现的精神，必须先具备一个圆满的文化理想的整体在心性之中，并将人文世界的一切，都看成这一心性的实现或流露，并为这一心性所包覆涵盖。因此，每一个吾道自足的个体，都应认识到自己的仁心仁性，即是天心天性；仁心仁性内在于我，非我所私有，而是人人可具有。我自身的仁心仁性生生不已，相继显现于我，亦即天命流行于我，天心天性之日生而日成于我。由此视角考察，唐君毅揭示道："儒家精神，乃似现实而极超越，既超越而又归于现实"，"儒家之精神，在开始点，乃纯为一理想主义超越精神"②。

要而言之，所谓"内在超越"，是唐君毅对儒家文化价值系统的表述和肯定。他认为："中国文化的最高精神是内倾的道德精神。"中国的伦理道德，有着人的内心精神生活的根据，并包含着宗教性的超越感情，然而它又不是宗教，它超越了宗教，避免了西方因上帝观念而衍生出来的一整套精神负担。仁、义、礼、乐等道德精神，内在于人性，内在于吾道自足的个体。内在超越的精神，即可使人、我情感交融，超越个体物欲的羁绊，承担人文理想，又可避免现代化社会以及后现代化社会使人"物化"的危险，从而确保中国文化的特殊价值，使中国人成其为有内在生命活力的人。

唐君毅的这种"内在超越"论，反映出他对传统儒家心性之学的钟情，以及对传统理性主义的膜拜。它将主体设定为独立品格和精神理念的表现者，力图用中国文化中的精神价值排拒现代社会物质生活对人的诱惑，消解西方文化给人造成的精神负担，以"温润怛恻的情怀"兼容西方文化的长处，用心甚为良苦。如果我们不带偏见，那么，应该承认，唐

---

① 唐君毅：《中国文化之精神价值》，正中书局1987年版，第496页。
② 唐君毅：《中国文化之精神价值》，正中书局1987年版，第416—417页。

君毅关于"内在超越"的论说,强调了理性的作用,肯定了主体对道德境界的提升作用。这无论对于因西方文化冲击而对民族文化丧失信心的西化论,还是妄自称大的国粹论,都是一种进步。但"内在超越"论过分夸大了思想意识的作用,忽视了现代商品经济对人类精神文化的影响,因而不能正确解释中国文化近百年来日见衰颓的内在原因,也不能真正地使自己的理想实现于当今之世。

(三) 实践理性

唐君毅认为,"中国文化开始即重实践"。中国人生思想中最值得注意的,是不离现实,不追求天国或遥远的未来世界,"而始终肯定现实世界之精神"。他认为,这种实践不是盲目的、下意识的,而是用理性指导的。如孔子是先求行道,及道不行,乃退而与弟子删诗书、订礼乐、修春秋以待来世。"孔子之精神为全面文化之精神,而又求直接实现之于全面社会之精神。其言其教,皆系属于其行事。"因而,唐君毅将中国古代这种依实践而贯彻理性,由理性而指导实践的文化精神称为"实践理性"①。

"实践理性"的功用,主要在于"见中和之情之致于万物。"从致思趋向来看,这是强调人以载道,人以播道,通过实践而将中和之情的"理性"广被于世。据此,唐君毅又分析了实践理性活动的特征和本质。他指出,实践的理性活动,要与时迁移、应物变化。实践理性活动必然显示出一定的"理",这个"理"是以差别应差别之理,亦即于每一事显一事之理,而这则又是实践理性活动的最高表现。之所以如此,是因为理性活动的本质,"能处处超越特定观念之执着"。说到底,人的实践理性活动的归宿,"亦唯在顺差别而差别之,于一一之事,应之以一一之理。故事无穷,理亦无穷。事理相孚而不相冒,此之谓理事无碍,事事无碍。而由事理或事事之无碍,即已见人之理性活动本身之超越与涵盖性、普遍性。"②

就思维路数和论证手法来看,唐君毅对实践理性的阐发,与理学家"理一分殊""人人有一太极,物物有一太极",以及佛教华严宗的"四法界"说是一脉相承的。在这个意义上看,唐君毅的确有着强烈的思想文

---

① 唐君毅:《中国文化之精神价值》,正中书局1987年版,第218-221页。
② 唐君毅:《中国文化之精神价值》,正中书局1987年版,第220页。

化的道统意识，并有着兼容诸家学说的襟怀。如果从文化价值和理论建构的角度审视，我们可以看到，"实践理性"的命题是对中国文化中一以贯之的学用一致的传统的理论升华，也是对中国文化理性精神的褒扬。它强调了理性超越的意义，同时又将理性契入现实生活，使二者相即相入、互为表里。这反映了唐君毅对中国文化精神的理性把握，以及执着之情。不过，他将实践理性的功用主要归结为"见中和之情之致于万物"，则未免夸大了儒家心性之学的价值，实践理性成了"致中和"的手段，成了整肃社会秩序的工具，使人觉得狭隘。

（四）融摄精神

现代新儒家认为，中国文化的重要价值之一，是其融摄精神。

这种融摄精神，表现于儒家，便是融宗教于人文。唐君毅指出，依孔子之教，人们可以根据于天于神无所求的精神，摄天心于人心；依天神推恩于我之精神，转而推恩于世界。由此人德可与天齐，人格同与天尊。进而可知人之善性亦齐于天，然后才能领悟天命即性之性善论，高扬主体意识，尽心、知性、知天，从而圆熟地把握存心养性即事天之孟子之学。能达到这步境界，便既可排拒西方宗教中因上帝观念而带来的诸多精神烦恼，又可在现实的人文生活中蕴含、玩味宗教情调。因此，唐君毅指出，"儒家之教包涵宗教精神于其内"，既承天道以行事，又立人道以致广大、道中庸，人文精神自然生于其间。

中国文化的融摄精神，表现于对外来文化的态度，便是兼容并包的精神。唐君毅在其著述中多次强调，中土文化对外来的佛教是以博大襟怀兼容之，从而丰富了自身。对于近代以来的西方文化，中土文化仍可包容之。比如，可以在儒家心性之学的基础上，吸收西方文化中的科学与民主，将"方以智"的西方文化纳入"圆而神"的中国文化的规范之中。实际上，如前所述，在唐君毅思想中所表现出的佛家思想乃至借用的佛家语言，以及他对西方科学民主的肯定，也体现了他对融摄精神的把握和认同。现代新儒家的另一重要首领牟宗三，也有着与唐君毅同样的思想。他指出："佛教对人的精神生命开辟甚大"，但佛教是尔为尔，我为我，互不侵犯，"只有儒家才能容纳（各家）"。他认为，秦汉以后，中国文化峰回路转，"有一个大酝酿，吸收了佛学，最后开出宋明理学，了不起"。"现在中国文化应该是消化西方文化"（据牟宗三在"唐君毅思想国际会议"开幕式上的主题演讲)。

现代新儒家认为,中国文化的融摄精神还表现为能"融摄家庭、社会、政治以为一"。唐君毅认为,周代封建制度的巧妙之处,在于可以使诸侯不敢相争,而维持天下一统之势。宗法制度教为臣下者,由敬祖先以敬宗子、敬国君、敬天子;教为君上者,由敬天敬祖宗,以爱同宗之族人,爱百姓而安庶民。由此而合家庭之情谊、社会组织、政治统系、宗教之情揉以为一。再文之以礼乐,则人不易生叛上作乱之心,而天下易趋于安定。

不难看出,唐君毅对宗法制度是颇为推崇的。他强调亲情关系以及由此关系生发出的社会文化心理对于"安天下"的作用。他利用宗法亲情观念,通过移孝作忠的伦理政治推演而将家庭和国家连为一体,使人产生天下一家的情怀,从而将不肖之徒的叛上作乱之心消弭于无形,使天下安定和谐。这实际上既是他对中国文化的实践理性的具体阐发,也是他自身对实践理性的践履,是"致中和之情于万物"。他的这种文化心态,有其阔大广博的襟怀和承担社会责任的一面,因而值得肯定。但这种心态没有超出儒家亲亲尊尊的思想藩篱,是用宗法亲情将天下融贯为一,将古代文化看作一成不变,用文化发展的共时性来否定、取代历时性,用文化的民族性取代、否定时代性,这是不可取的。

从理论思维的角度考察,现代新儒家所概括的中国文化的融摄精神,是与其倡扬的实践理性相关的,亦即融摄即可致中和,致中和则须融摄,而且也必然表现为融摄。有了融摄精神,则可视家国为一体,待天下人如一家。有了融摄精神,社会便井然有序,个体便精神自足,其乐融融。有了融摄精神,便可沟通天、人,"天人合一"的理想境界便得以实现,个体的人格精神便得以提升。这体现了唐君毅、牟宗三等人对中国文化包容性的肯定和弘扬,以及对儒家致中和、成己成物思想的心领神会。然而,不难看出,他们所讲的融摄精神,是以儒家伦理为本位的,说到底,是以我族中心的心态来迎拒异质文化,这不能不说是天朝上国的心理在作祟。

(五) 天人合德

循着上述论证融摄精神的思路,唐君毅逻辑地推出了"天人合德"是中国文化精神价值的重要内容的结论。

他明确指出:"中国思想,真为本质上之一天人合一之思想。"他具体分析道:"孔孟之精神,为一继天而体仁,并实现此天人合一之仁于人伦、人文之精神。由孔孟之精神为枢纽,所形成之中国文化精神,吾人即可说为:依天道以立人道,而使天德流行(即上帝之德直接现身)于人性、人伦、人文之精神仁道。"①

他用中国宗教精神的特质,来论证中国文化的"天人合德"精神的客观性及其价值。他指出,中国宗教精神的特质有三:

(1) 人神之距离小。在西方宗教中,神高高在上,人与神之间距离很大,神人冲突,神播弄人。基督教的原罪说,印度教、佛教的无明与自性说,都表现人的罪孽感。中国则不然。大禹治水、后羿射日等神话,都是人力战胜自然,补天之不足。黄帝、伏羲等之所以被视为神,"皆直接由于其对人类之文化,有一实际之贡献"。"中国之神,多由其发明文物而成神。故神与人之距离小。"由于神与人的距离小,故人性不必与天命相反。孔孟一出,性善论确定,人性之善与天命之善即相互贯通了。

(2) 神意与人意不相违。由于中国古代,神与人之距离小,故中国古代宗教思想中,以祖考配享上帝或天。之所以如此,是由于人们将人事系于天道,并由此成为天人合德之根源。

(3) 天帝富仁爱体恤之德。由于神与人距离小,人可在帝左右,神意顺天意而转移。故中国古代的天帝,较希腊的宙斯、犹太的耶和华更富仁爱体恤之德。宙斯和耶和华的德性,都偏于正义。神欲主持正义就不体恤人情,因而即使修德,也不能感动天神。中国的天帝则是"民之所欲,天必从之",是与人亲近的,故天帝富于对人之仁爱体恤之情,人之修德,皆可感动天。

总之,在唐君毅的中国宗教观中,天是富于仁德和情感的,人则可以上承天意以行事,天人情感交贯,德性融通。天地万物、社会人伦是统一的整体。这实际上是与他推重的中国文化的"一本性"的理念分不开的。

对于天人何以能"合德",唐君毅做了如下分析。他认为中国以农为主,使人养成安于现实的"向内的求自尽其力之精神",并易有一天人相应之意识,而对具体事物有情。农业生活,使人有真正的世界实在感,并能由此看出世界是由物质而上升为生命精神的。因而农业生活能直接使人认识到,自然世界与其心之向上要求相应,而值得寄托。"由此而人真可

---

① 唐君毅:《中国文化之精神价值》,正中书局1987年版,第478页。

对天地万物有情"。中国的年节,并非任意择定的,而是与自然相应,对自然物表示亲情。如清明扫墓,寄寓着不忘亲情之意;端午划龙舟,是忠君爱国之意;重阳登高,意在避人间之灾害,使人有高临超越而阔大之胸襟……这些,都是人对重要自然物表示亲情,并从中培养自己爱祖宗爱国家与悠久之儿女之情,及成始成终之意识。因此,中国民间的过节,实际上是表示人的精神文化活动。

对于唐君毅的这些观点,我们若从认识的起点和文化心理以及情感结构等视角审察,便不难看到,他是以对人的善性、对人的情感学的心理普遍性和涵盖性的肯定为基点,以人为本、天人相照、天命内在于人(善性)、人性及情感可上达于天的先验设定为前提,论证其万物一体、天人合德的命题的。这反映了他对主体精神的坚信,以及对主客体之间、天心与人心之间可以交贯融通的信念。

总之,依唐君毅的中国文化"一本性"的观念,天人之德确是可以耦合的。正因为天人可以合德,所以人能充实自己的内在精神,可以体认并躬行天命。也正因为天人可以合德,所以天命不与人意相悖,天德不是与人对立的纯客观的、外在的绝对精神,而是内在于人德的善性。因此,天德与人德互为昭示,相得益彰。怀着仁者之心的仁人志士,便可致中和于天下了。

平心而论,唐君毅对中国文化精神价值中"天人合德"层面的阐扬,有其深刻而合理的一面。他强调了人与自然必须而且可能相应的问题,用情感心理的沟通来缩小以至消除人与神、人与自然的距离,用儒家人文精神涵盖天人、超越天人的对立,从而肯定了道德理性的作用。但他的"天人合德"论,缺少一个合乎逻辑推理的、可以证实或证伪的自然科学的理论构架,以及相应的材料。同时,这种天人合德论,从思维方式来看,仍然没有超越儒家由人到物、由自然到社会的直观外推的类比式思维。

二、以德性为基础的文化类型说

由于对中国文化的精神价值做如上的理解,唐君毅逻辑地将中国文化的类型概括为以德性为基础的"礼乐文化"。

所谓礼乐文化,是指人们日常的衣、食、住、行的生活,"应该处处有艺术、文学、知识、智慧、宗教道德行乎其中，此即是礼乐的文化生活"①。在礼乐文化生活中，衣不只是能御寒，食不只是充饥，住不只是蔽风雨，行不只是要到一目的地。以食为言，则不应当碗碟都充满食物，应使人从碗碟的空虚处，看到一些生命的灵气流行，亦兼能欣赏碗碟之形相之美。总之，礼乐文化的基本要求，是要使人的自然生命与日常生活本身成为文化的，而文化则又是日常生活中的，属于自然生命的。

唐君毅认为，以德性为基础的礼乐文化，首先表现于日常生活。中国家庭日常生活较西方为高，孝、悌、敬有很高价值。中国先哲推重孝悌，不仅是人生责任感的显露，而且增加了人生的意味和享受。孝父母而及于祖宗，可使自己觉其生命是无限生命之流的汇流，使自己的精神有一依托感。兄弟间的友爱，则是使人的生命横向开展而扩大。孝悌的生活，一方面是一种责任，一方面可增加人生的意味与享受。

唐君毅认为，中国家庭中所表现的子女对父母的孝，弟弟对兄长的顺，以及夫妇之间的敬，都是依于礼、成于乐的。这种依于礼乐的家庭生活，其精神足以涵摄天地万物。对此，他有一简洁明快的说明。他说："天地万物之关系，亦不外父子夫妇关系之扩大。"孝慈之道，与社会、政治上的人与人之间的关系相通。君王之爱其民，当如父母之爱子，臣子之事君，当如子之事其父。天下人之相友，皆当如兄弟。"社会政治上人与人之关系，不外家庭关系之扩大。"夫妇与子女的关系，即涵摄了天地与万物之间、社会中人与人之间的关系。说到底，唐君毅所说的礼乐的家庭生活是以"天人合德"的信念为前提，以"天人合一"、万物一体为追求境界的。

在唐君毅看来，中国文学艺术更是集中体现了礼乐文化的特质。他认为，依中国艺术精神观察自然，则会视自然万物皆含德性，人与自然直接感通，人在日常生活中重在顺自然而生活。因而中国人能直接于自然中认识其美善，而知物德与人德相配合。据此，"君子观乎天，则于其运转不穷，见自强不息之德焉；观乎地，而于其广大无疆，见博厚载物之德焉；见泽而思水之润泽万物之德；见火而思其光明普照之德"②。由于对自然

---

① 唐君毅：《东方人之礼乐的文化生活对世界人类之意义》，载《中华人文与当今世界》，台湾学生书局1978年版。

② 唐君毅：《中国文化之精神价值》，正中书局1987年版，第292页。

如此钟情,故中土小说往往化狐狸为多情之美人,而西方人则只见狐狸之狡猾。中国书画,又以寥寥数种点线,表达出无穷之意境。中国之音乐,多以微弱之振动,表达深厚之情。中国诗文,尤以文约义丰见长。要之,中国艺术善于纳大于小,以小见大。之所以能如此,是因为诗人有丰富的"心力",善于移情于物,使"小者亦大"。由于心力富而善移情,所以中国诗人、哲人"能视盆景如长林丰草,观流泉即瀑布长江,于一丘一壑,见泰山沧海。太虚之中,烟霞之里,皆为精神之所运,乃见山川灵气之往来,天地化机之流行。"① 总之,礼乐文化的精神浸透于中国人生活的各个方面。

综上可见,唐君毅的礼乐文化观,是以德性为基础的,与他的立足现实的文化精神价值论是一致的。礼乐文化是他对中国文化诸方面精神价值的质的归纳和论的提升,而中国文化诸方面精神价值则是礼乐文化特质的具体表现,二者互相涵摄,共同烛照着中国人的精神生活,并昭示了中国文化的未来。质而言之,唐君毅的礼乐文化说,表现了他对中国文化的精神价值的推崇备至,同时也反映了他要挽近百年来中国文化狂澜于既倒的沉重的忧患意识和巨大的责任感。如果我们承认近代以来欧风美雨袭击中国文化园地,使之花果飘零的事实,那么,我们便会承认,唐君毅的中国文化价值观和类型说,他的时代使命感和历史责任感,是难能可贵的,有值得肯定的一面。同时,我们亦不难看到,他对中国文化价值的阐发精微,不仅具有文化积累的史的意义,而且具有文化重构的论的价值。

三、以中国文化为本原的文化重构观

基于对中国文化精神价值的膜拜,50年代以来,唐君毅怀着中华文化"花果飘零"的忧国忧民的深切情思,殚精竭虑、不辞辛劳,做演讲、发文章、出专著,全面探讨了中西文化的长短同异,以及中国文化近百年来衰颓不振的诸种原因,提出了一系列独具卓见的主张,为中国文化的未来发展,做了创造性的建构工作。

唐君毅以悲怆的心情揭示道,中国近百年的文化,可谓之西方文化次

---

① 唐君毅:《中国文化之精神价值》,正中书局1987年版,第297页。

第征服中国传统文化的历史。因此,他一直苦苦思虑着中国文化的价值、缺点,近代以来中国何以沦至如此悲惨地位,中国人对西方文化究竟应取何种态度,中国人有无能力创造新文化、怎样创造中国的新文化以及创造什么样的新文化等现实问题。①

综观唐君毅关于文化的论著,可以看到,他对上述问题的思考,落脚总在于中国民族新文化的创造。

那么,怎样创造呢?

唐君毅回答道:必先有一根基。这个根基便是"中国文化精神的本原"。用他自己的话说:"吾人所谓反自中国文化精神之本原上立根基,以接受西方文化,即吾人必须先肯定中国文化之一切价值。""在评判中西文化之长短时,吾人之标准,亦不能离中国思想之根本信念。"② 他要以中国文化为躯干,吸收西方文化,创造中国新文化。

唐君毅之所以要以中国文化为未来新文化的根基,是因为他对中国文化的精神价值的充分认定。他坚信中国文化的精神价值永不磨灭。他说:"如人类存在,吾决不信此价值可被磨灭,而为人所抹煞。""吾不信中国历史文化精神,在本原上,有何不足。"③ 因此,他提出了"保守"民族文化的口号。他认为,"保守"并非贬义词,一个人,一个民族,必须有所守。这个"守",不在于所守者为何,亦不在所守者本身之必当守,"而在人之能有所守"。"人生一切事业,一切文化,得绵续不断、达于无疆。唯守而后有操,有操而后有德,以成其人格"④。唐君毅这个"保守"民族文化的口号,不仅是他对中国文化的一往情深的流露,更是他重视人的道德境界的修持观念的体现。

然而,唐君毅并非国粹主义者。他在首先肯定中国文化精神的价值并以此为未来文化的本根的同时,并"不讳言中国文化之短,以至强调吾人之短,以便改过"。

唐君毅指出,中国文化的根本缺点,在于缺金字塔和十字架。他认为,中国文化精神,宛如覆天盖地,但在覆天盖地的景象下,使人觉得缺

---

① 参见唐君毅:《中国文化之精神价值》,正中书局1987年版,第473-474页。
② 参见唐君毅:《中国文化之精神价值》,正中书局1987年版,第491页。
③ 唐君毅:《中国文化之精神价值》,正中书局1987年版,第482页。
④ 唐君毅:《中华人文与当今世界》上册,台湾学生书局1975年版,第21页。

少一座由地达天的金字塔。同时，也缺少能经纬人之精神的十字架。"更不见个人之能负此十字架，以攀彼金字塔而上升，使每个人之精神，皆通过此十字架之四端，以四面放射其光辉，与他人之光辉，连成无数并行交光之组织，而聚于金字塔之顶。"① 因此，唐君毅认为，中国文化精神虽如天之高明、地之笃厚，但人无十字架可负，精神就不免收敛而入睡，如一伞之盘立，而未撑开。中国文化这种缺金字塔与十字架的缺点，愈到近代愈明显。因此，中国文化应当有一发展，以撑开此伞。而要撑开此伞，则有赖于接受西方文化之长。

唐君毅还认为，中国文化具有"圆而神"的精神，但缺乏西方文化中的"方以智"精神。所谓"圆而神"的精神，指不偏执任何文化理想，凡偏执某一理想，以至妨碍心性中其他真情或理想，心中有所不安不忍时，即须折回，而变通其理想。这是好的一面。但这种变通、不偏执的精神，往往容易受自然生存欲望的牵累，而流于圆滑虚伪。他认为，中国社会伪君子与言伪而辩的小人特多，苟活者众，皆与此有关。因此，中国文化必须接受西方文化的"方以智"（执着于理想，注重理智）的精神。"故吾人今日必纳方于圆，以撑开此伞。或由中国文化精神之圆中，化出方来，如河图之转为洛书。"②

按照唐君毅的观点，要建立纳方于圆的人格精神和文化精神，便要使人的精神依分殊理想，向上向外四面照射，而使科学技术和社会文化领域分途发展，以真正建立一个多方面表现客观精神的人文世界。而自由民主精神，则成为个人精神与客观精神相交通的渠道的一种客观精神。这一切，皆当覆载于中国传统人格精神之高明敦厚的德量、度量中，并成为人格精神的内容和表现，以充实陶冶人们的人格精神生命。这些，便是唐君毅"所向往之中国文化之前途"。

从总体上看，唐君毅是在充分肯定中国文化的精神价值的前提下，主张吸纳西方文化的长处，以补偏救弊。这个思维路数，与近代以来以洋务派为代表的中体西用论有着本质区别。这种区别的表现是：洋务派是以中国传统文化为道，并依此道来吸取西方船坚炮利之器，而将西方的民主自由法制之道排拒于门外。唐君毅则道、器同举，兼收并蓄。区别之二是，

---

① 唐君毅：《中国文化之精神价值》，正中书局1987年版，第493页。
② 唐君毅：《中国文化之精神价值》，正中书局1987年版，第494页。

洋务派对西方文化是取其枝节，偏于一端，而唐君毅则主张"引伸吾固有文化中相同之绪，以全套而取之"。如果加以分割，只取其一，则不免无效果，甚或流弊百出。只有在覆天盖地的中国精神中，建立一条使一切庸众与小人的精神都得以上升的道路，才能完成中国文化应有的发展。

综上可见，唐君毅的文化精神价值论与文化重构观，有着鲜明的时代色彩和个性特征。它反映了中国知识分子传统的忧患意识和文化参与意识，反映了唐君毅对民族文化的执着之情和爱国之心。他对民族文化精神价值的弘扬，对中国未来文化的建构，无论是对于现代文化思潮的导引，还是新时代精神文明的建设，都有着积极的意义。它启迪我们立足现实，培养自信自尊之心，以开放的心灵去迎接西方文化的挑战，吸纳西方文化的长处，建构新的文化体系。当然，唐君毅将中国未来文化的趋势和特质，看作是宋明儒精神之一推开，孔孟精神之一倒转，表现了现代新儒家的思维局限，这是我们所不能苟同的。

唐君毅的文化精神价值论和文化重构观有一定的代表性。由他而联系现代新儒家的思维路数，我们便可以看出：现代新儒家肯定中国文化的精神价值，是为了以此为基础重建中国文化的大厦；而他们所申论的文化重构观，正是对中国文化精神价值的重新肯定。正因如此，我们便不难理解，现代新儒家何以会用"返本开新"的途径和方法，去解决传统与现实、中国文化与西方文化的关系。这样一种途径和方法，可以将其概括为"新旧杂糅、中西兼容、据旧图新"的文化观。因此，尽管它可以"返本"，但未必能开出现代科学技术和民主政治之新。

（原载《哲学研究》1989年第3期）

儒家文化促进经济发展的若干进路

"儒家文化"是个宏富的概念,从学理和实践的层面看,都不能在整体上得出儒家文化能够促进或者妨碍经济发展的结论,而应做具体的分析。

毋庸讳言,儒家文化作为中华民族传统文化的重要构成之一,在一定程度上,它的某些成分可以成为促进当代中国社会经济发展的动力。经过最近二十多年的研讨,特别是经过20世纪90年代以来的市场经济体制建设实践的探索,儒家文化的某些内容可以成为社会文化发展的助力,已经成为事实。现在的问题是,儒家文化要在当代中国成为促进经济发展的助力,就要有切实的契合点,也就是要有恰当的进路,否则,无论儒家文化有多少优良之处,无论人们对于儒家文化在当今社会的作用有多么强烈的共识,都无济于事。而要合理地解决这个进路问题,就应当从儒家文化社会功能的两面性入手,对其做切实的分析,才能令人信服。

儒家文化作为表述传统儒学价值及其现象的专门概念,是指以礼治为旗帜,以维护封建体制为基本政治追求,以农本商末为经济发展的基本思路,以"三纲五常"的道德观为思想文化规范,以天下一统、万邦协和的社会秩序为基本目标,四者融贯为一的社会文化系统,它既是一种价值目标,也是一种社会文化现象。

从文化的时代性层面考察,在现代社会,儒家文化作为一个整体,不可能直接促进经济发展。儒家文化所承载、所反映的价值体系,作为中国古典文明、农耕文明的成果,它不可能与正在现代化进程中的当代中国市场经济体制及其相应的价值体系相适应,因而不可能成为经济发展的助力,更不是动力。道理很简单,现代化就是工业化,就是市场化,就是商业化,而儒家文化就其基本取向而言,是与这些现代追求悖反的。封建专制政治与社会主义民主政治,在人民权利方面的主张截然相反;皇权至上框架下的以德治国与当代社会追求的依法治国,其治理旨趣迥然不同。特别重要的是,当今的社会主义核心价值体系,与儒家文化所标示的传统价值体系是整体冲突的。因此,作为一个整体、作为价值系统的儒家文化,不可能融入当代社会的价值体系之中,从而也不可能对已经建成初步体制框架的社会主义市场经济起促进作用。儒家文化中的经济理念,在道义至上的价值原则指导下,轻视甚至蔑视经济效益、经济利益。它固然承认"天下熙熙,皆为利来;天下攘攘,皆为利往"(《史记·货殖列传》),但其解决之道却是"正其谊不谋其利,明其道不计其功"(《汉书·董仲舒传》),"饿死事极小,失节事极大"(《河南程氏遗书》卷二十二下)。儒家文化所倡导的"三纲五常"的基本道德观,其仁、义、礼、智、信"五常"固然有值得创造转化的合理性,但作为其纲领的"三纲"(君为臣纲、父为子纲、夫为妻纲),无论如何高明的诠释者,恐怕也没法证明其"现代性"。诸如此类,都表明儒家文化反映的古典农业文明的局限,表明其与现代化社会的诸多抵牾。

但是,应当看到,从文化的民族性的层面考察,儒家文化作为中华民族文化的重要构成,其某些方面对于经济发展具有积极的促进意义。儒家文化中的哲学思想,其中庸说、变化日新说、正德利用厚生说,对于经济发展的策略,以及阶段目标的实现,具有明显的合理价值。儒家文化中的伦理思想,其中和说、荣辱观、气节论、君子论、义利观,对于提升个人境界、提高民族文化素质,具有积极的意义。儒家文化中的政治思想,其仁政说、德政说、贵民说、富民教民养民说等,对于当今良政建设,对于公务员队伍素养的提高,以及对于民族文化优秀传统的认同和弘扬,都有无可置疑的意义。

值得注意的是,儒家文化中与当代经济发展不合时宜的思想固然需要抛弃,但即使是对于经济发展具有积极意义的思想内容,也要经过新的诠释,赋予时代精神,才能为今所用。更为重要的是,要使儒家文化中能够促进经济发展的内容真正发挥作用,还必须开拓新的切入点,找到切实的进路。在我看来,以下方面是值得注意或者应当努力的方向:第一,在思想文化的层面,使其成为当代文化价值体系的内容之一;第二,成为社会主要阶层特别是公务员阶层、知识分子阶层和企业家阶层的文化自觉意识;第三,通过传媒等的力量,使儒家文化的经济价值成为社会大众的基本认识;第四,成为现代企业制度建设的一种精神力量,成为当代中国企业文化的重要构成。

儒家文化在历史上的影响,主要是在思想文化的层面。儒家文化的合理成分,要在今天成为社会经济发展的助力,就应当通过合理的诠释,赋予其新的时代精神，并使其成为当代文化价值体系的内容之一。按照已经"成文"的说法，当今的思想文化价值体系的基本内容是：马克思主义指导思想，中国特色社会主义共同理想，以爱国主义为核心的中华民族精神和以改革创新为核心的时代精神，社会主义荣辱观。① 在这样一个价值体系中，儒家文化合理成分能够契合的部分，主要在中华民族精神方面。同样按照已经"成文"的说法，中华民族精神的特质和基本内容是：以爱国主义为核心，团结统一、爱好和平、勤劳勇敢、自强不息。② 从学理的层面考察，中华民族精神是指：中华民族在长期的历史发展过程中逐渐形成的心理、意识、观念、习俗、制度等方面的精神风貌、精神特征，是中华儿女对中华民族和中华文化的自我认同、自我归属感的高度反映，它体现了中华民族的整体性格。中华民族精神的基本内容，可以表述为：爱国主义的民族情怀、团结统一的价值取向、贵和尚中的思维模式、勤劳勇敢的淳朴品质、自强不息的进取精神、厚德载物的宽厚胸怀、崇德重义的传统情操、科学民主的现代精神。③ 显然，根据这个表述，儒家文化中国家至上、重视民族大义的思想，强调团结、崇尚大一统的思想，贵和尚中的思想，自强不息、厚德载物的思想，崇德重义的思想等，都和中华民族精神有机相连。而儒家文化的这些积极方面，通过中华民族精神的整合与传递，自然能够和当代中国的价值体系相融。尊重差异，包容多样，是今天文化建设的重要特质，也是当今文化建设多样化的重要表征。儒家文化中其他方面的积极因素，也要在弘扬和培育中华民族精神的思维框架下发挥作用。通过中华民族精神的弘扬和培育，激励中华儿女奋发向上，推动经济的健康发展。需要特别指出的是，我们说儒家文化要想成为经济发展的助力，就应当找到在思想文化层面成为当代文化价值体系的内容的进路，就是说儒家文化的积极成分也要自觉融入社会主义核心价值体系，接受社会主义核心价值体系的引导，而不是相反。近年那种鼓吹以儒家文化等同甚至取代社会主义文化，主张立儒教为国教，以儒学为官方意识形态的做法，根本上是错误的。

---

① 2006年10月11日中国共产党第十六届中央委员会第六次全体会议决议：《中共中央关于构建社会主义和谐社会若干重大问题的决定》。

② 江泽民：《全面建设小康社会 开创中国特色社会主义事业新局面——在中国共产党第十六次全国代表大会上的报告》，人民出版社2002年版，第39页。

③ 参见李宗桂等：《中华民族精神概论》，广东人民出版社2007年版，第76—150页。

儒家文化要想成为促进经济发展的助力，其另一进路，是应当成为社会主要阶层特别是公务员阶层、知识分子阶层和企业家阶层的文化自觉意识。任何思想观念，任何有价值的文化认知，都有一个承载或者说是传播的主体。晚清以来，由于内忧外患的挤压，特别是"五四"以后对于中国传统文化的激进批判，加上"文革"十年的劫难，包括儒家文化在内的整个传统文化的价值遭到彻底否定。改革开放后，先是急于实现现代化的急躁心态导致对传统文化特别是儒家文化的否定，继而是市场经济兴起后，市场经济中唯利是图、"一切向钱看"之类的负面因素的影响，导致了对儒家文化的否定。在GDP（国内生产总值）崇拜盛行、物质主义泛滥的时代，儒家文化当然不受欢迎。但是，经过这些年的经济社会发展，种种社会问题的凸现，特别是在全球化时代不知如何面对本土文化资源，促使人们在经济之外寻找缘由，从而回首传统，重新审视儒家文化的利弊。近年来的实践表明，在公务员队伍和知识分子群体中，甚至在企业家群体中，对于儒家文化在当代社会中的地位和作用有了新的认识。近年兴起的国学热潮，不仅激荡着知识分子阶层，也深刻影响着公务员阶层和企业家阶层。尽管国学热中泥沙俱下、鱼龙混杂，但振兴中华、实现现代化是贯穿其中的主调。① 由道德失范、精神沉沦而导致的重建中国人文精神的呼唤，逻辑地引申出对传统人文精神的开掘；由公务员素质提升、现代政府管理需要而昭显的对"国学"的热衷，由企业管理的人性化追求和企业家素养的提升而出现的对儒商风范的仰慕，以及对传统经商之道（晋商、徽商）的探讨，都反映了儒家文化的相当价值，更反映了知识分子、公务员、企业家对于儒家文化价值的认识的提高。但是，从文化建设的战略高度来看，从经济持续发展的需求来看，仅有感性的直觉和零星的宣讲是远远不够的。作为现代社会重要阶层，作为主流价值的承载者、传播者和实践者，知识分子、公务员和企业家这三个阶层，是儒家文化积极成分的最好的鉴别者，也是最好的承载者、传播者和实践者。因此，儒家文化如果要真正成为促进经济发展的助力，就应当通过合适的途径和方式，唤起他们的文化自觉意识，进而转化为促进经济发展的力量。

儒家文化要成为当代中国经济发展的助力，另一恰当的进路是通过传媒的力量，使儒家文化的经济价值成为社会大众的基本认识。儒家文化的

---

① 参见李宗桂：《国学与时代精神》，载《学术研究》2008年第3期。

一个重要特征，是大传统与小传统相互交融。"百姓日用而不知"，担水劈柴即是妙道，是儒家文化传播的神髓。在20世纪后半叶以来的数十年间，儒家文化似乎成了精英文化、典籍文化的代名词，高深玄虚，以道为上、义以为上，崇尚形上追求，把本来相当生活化、实践化、平民化的儒家文化，变成了博物馆文化。因此，导致社会大众对儒家文化的隔膜。儒家文化和经济发展之间，似乎只是逆向的阻力关系，而不是甚至也根本没有顺向的助力因素。正是因为上述原因，使得儒家文化的经济价值被遮蔽了。其实，如果不急功近利，如果不简单化地讲求单线发展的效果，儒家文化在提升人的精神境界、营造和谐文化氛围方面，仍然不失为具有中国特点的精神力量。这种精神力量，可以成为经济发展的精神支撑和智力支持。今天要解决这个认知问题，我们可以而且应当充分利用现代传媒的力量，通过报纸、电台、电视台，以及作为"第四传媒"的网络，宣传、阐发儒家文化的经济价值，让人们认识儒家文化的智慧和力量，从而在新的条件下，促进人们富而好文、富而好礼、富而重义，创造和谐文化氛围，使文化和经济相互交融，相得益彰。

儒家文化要成为当代中国经济发展的助力，另一重要进路是使其成为现代企业制度建设的一种精神力量，成为当代企业文化的重要构成。现代企业制度是工业文明的产物，是现代化进程的重要标志。现代企业制度固然源于西方，但中国的现代企业制度，应当具有适合中国的国情民性的特质。现代企业制度的重要追求之一，是社会责任的承担。儒家文化对于个体与社会之间的关系，历来主张个体责任，强调服务社会、回报社会。见利思义，以义取利，靠诚实劳动获得应有的报酬，这些传统文化的伦理底线，在今天仍然有积极意义。以仁安人，以义正我，在今天的企业核心价值中，仍然可以有一席之地。当代中国的企业文化，不仅要广泛吸纳外国先进文化，更要立足本土、立足现实，还要面对传统，继承并转化传统。例如，中国移动广东公司的企业文化中，明确规定了"正德厚生、臻于至善"的核心价值观，并将"以天下之至诚而尽己之性、尽人之性、尽物之性"作为企业的责任观，并在经济责任、社会责任和环境责任的"三重底线"框架内明确了其社会责任方面的战略。[①] 熟悉儒家文化典籍

---

① 马勇：《中国移动广东公司发布2007年度企业社会责任报告》，载《羊城晚报》2008年3月13日。

的人都知道，这里的企业文化及其核心价值观，源于儒家文化经典《尚书》《左传》《大学》和《中庸》，是对儒家文化相关思想的整合。① 可见，只要利用恰当，儒家文化的合理成分在今天仍然可以成为现代企业文化的材料和思想资源。如果能够合乎理性地将儒家文化的积极因素整合到企业文化之中，使其成为推动企业发展的精神力量，那么，儒家文化对于经济发展的作用，就会自然彰显出来。

总的说来，在现代社会，儒家文化不可能直接推动经济发展，而只能起间接帮助的作用。这种间接作用的发挥，并不在于其哪些具体内容的认定，而在于找到在现代社会中的恰当的切入点，亦即找到恰当的进路。只有这样，儒家文化才能真正发挥促进经济发展的作用，才能焕发出新的生命力。

（原载《哲学动态》2008 年第 6 期）

---

① 《尚书·大禹谟》："正德利用厚生惟和。"《左传·文公七年》："正德利用厚生。"《大学》："大学之道，在明明德，在新民，在止于至善。"《中庸》第二十二章："唯天下至诚，为能尽其性。能尽其性，则能尽人之性。能尽人之性，则能尽物之性。能尽物之性，则可以赞天地之化育。可以赞天地之化育，则可以与天地参矣。"

关于中国思想文化史研究方法论的思考

中国思想史（以下略称思想史）方法论问题十分复杂，涉及诸多理论与实践、历史与现实、中国学术传统与西方学术规范，甚至涉及史学思维和哲学思维乃至学术门派等方面的问题，不可一概而论。笔者的学术领域是中国哲学史，受业于既从事过思想史研究也从事哲学史研究，既出版过思想史著作也出版过哲学史著作，被认为是哲学史面貌而思想史实质的李锦全教授。笔者也曾给硕士生博士生讲授专业必修课"中国哲学史方法论"多年，指导过数十篇博士学位论文。故此，在这里概略地谈谈对相关问题的认识。这些认识仅是从方法论角度而随感式的交流，而非高深的理论思辨或系统的高头讲章，目的在于就教于方家，并期盼引起同行研讨。

本文的题目是"关于中国思想文化史研究方法论的思考"。笔者既是中国哲学专业的教授，中国哲学史研究者，又倾心思想史的研究，还出版过《中国文化概论》《传统与现代之间——中国文化现代化的哲学省思》《中国传统文化探讨》之类的文化著作，故而以"思想文化史"为论题来讨论。那么，可能有人会问（其实我自己也经常问自己）：究竟是思想史？哲学史？还是文化史？抑或思想文化史？这本身就值得深思。

业界同行熟知，在学术界长期的研究实践中，思想史就是思想史，很清楚。经典性的思想史著作，首推侯外庐、赵纪彬、杜国庠等老一辈学者的《中国思想通史》①。该书内容宏富，卷帙浩繁，共5卷6册，内容包罗哲学思想、逻辑思想、社会思想，从殷周到清中叶的思想发展，作者都做了材料翔实而又观点鲜明的阐释，"思想"的主线贯穿始终，是公认的阐释中国思想史的名著。侯外庐等人的《中国思想通史》出版50年后，有张岂之先生主编的《中国思想学说史》②，全套书共6卷9册，内容涵

---

① 《中国思想通史》全书共5卷6册，人民出版社出版，第一、二、三卷1957年出版，第四卷上册和下册分别于1959年和1960年出版，第五卷1956年出版。

② 张岂之主编：《中国思想学说史》，广西师范大学出版社2007年版。

盖先秦到明清。有评介说：这套书涵盖了对中国思想文化史上各个重要时期的重大思想及各家学说的阐述和研究。该套书对侯外庐等的《中国思想通史》出版以来近50年的中国思想史研究的主要成就进行总结，比较充分地反映了中国思想史研究的新进展；以思想学说为契入点，努力揭示思想意识产生的学术土壤，尝试对中国思想史的演变历程及其主要内容提出更加符合中国文化原貌的解析，把中国思想史写成为真正在中国学术土壤中生长发育的历史；注意思想与文化发展的关系，力求揭示各个历史时期思想观念在文化形式中的渗透与表现。在这里，思想与文化已经连接起来，而且提升到了交融互动的地步。

与侯外庐和张岂之先生的思想史著作形成补充和进一步发明的，是葛兆光先生1998年由复旦大学出版社出版的《七世纪前中国的知识、思想与信仰世界——中国思想史第一卷》。该书出版后曾引起轰动，主要在于作者的思想史观和方法论与此前思想史著作不同。葛兆光先生强调思想史研究不能停留于思想家的思想或传统经典的思想，而要注意到人们的生活世界中作为底色或基石而存在的"一种近乎平均值的知识、思想与信仰"。这种一般的知识、思想与信仰，是在人们判断、解释、处理面前世界中真正起作用的东西，"而这个知识、思想与信仰的世界的延续，也构成一个思想的历史过程，因此它也应当在思想史的视野中"。① 有学者肯定说：正是这样一种新的研究方法，使葛兆光超越传统的思想史研究，"为学界提供了无论从内容到方法都可以使人耳目一新的思想史著作"。② 笔者觉得这个评价符合实际。不过，坦率地说，就汉代思想特别是董仲舒思想的研究而言，葛著与人们熟知的那些思想史哲学史著作并没有什么大的区别。笔者不是要贬低葛著的价值，而是想说，思想史研究的观念和方法论的创新，处理得当，固然能够带来突破性的创新成果，但并不是一定能够甚至必然彻底推翻此前的研究成果和方法论的价值。诚然，在思想史研究中，一般的知识、思想和信仰需要重视，但精英人物（无论是政治精英还是知识精英）和传统经典的思想，并不因此而被遮蔽，照样值得

---

① 葛兆光：《七世纪前中国的知识、思想与信仰世界——中国思想史第一卷》，复旦大学出版社1998年版，第13页。

② 李振宏：《关于创新思想史研究方法论的思考》，载李振宏著《当代史学平议》，社会科学文献出版社2017年版，第458页。

研究，只不过我们应当是在开放创新的思想史观念和方法论境域中研究而已。在这个意义上讲，我们应当继承中国文化的优秀传统之一，这就是：在传承中创新。实际上，葛兆光先生并不否认思想史研究中对于精英和经典研究的必要性和价值，只不过他认为如果思想史只是写那些思想的精英和经典，是远远不够的，那样将会导致思想史变成悬浮在思想表层的历史，如果一次一次重复，思想史就会成为"层层积累"的历史。葛兆光先生这个见解是深刻的。从思想方法和文化结构论文化价值论的层面看，葛兆光先生从一般知识、思想与信仰的层面探讨思想史，实际上已经是一种"思想文化"的研究了。

值得注意的是，随着思想史研究的拓展和深化，以"思想文化"为标识并以其为研究对象的思想史论著开始出现。张岂之先生的个人著作《中国思想文化史》① 是代表性作品。该书按照历史发展阶段，分别论述了中华文明起源、周代礼乐思想、春秋战国百家争鸣、两汉经学、魏晋玄学与南北朝宗教思想、唐代儒释道的渗透和中外文化交汇、宋代王安石的新学和理学、明清之际三大思想家以及明代文献学和清代考据学、近代中西思想撞击和中体西用以及维新变法和革命浪潮对思想文化变迁的影响。值得注意的是，张岂之先生这书的书名已经不是袭用传统的"思想史"概念，而是加上了"文化"理念，即"思想文化史"。显然，从主编的《中国思想学说史》到个人专著《中国思想文化史》，张岂之先生和他的思想史研究界的同道们越来越重视文化，重视思想与文化的关系，重视思想观念在文化形式中的渗透及其表现。

与张岂之先生的《中国思想文化史》相映成趣，一批思想史研究学者越来越聚焦于"思想文化"的史的研究。由桓占伟、李恒主编的《中国思想文化史论集》②，主要篇目有《汉代儒学的经学化进程》《观念社会化的神秘力量——义观念在战国时代的下移及其社会组织作用》《"问题"与"主义"：两种思想谱系的历史演绎——从知识社会学的视角看〈新青年〉和〈每周评论〉的衔接》《孔学情本体之蠡测》。显然，这些论文阐释的是"思想"，而这些思想是与中华文化的内在特质和发展进程相结合的，是从观念形态的文化角度切入的，已经不是传统意义上的一般

---

① 张岂之：《中国思想文化史》，高等教育出版社2016年版。
② 桓占伟、李恒主编：《中国思想文化史论集》，河南大学出版社2017年版。

的思想史，而是具有新观念、新方法、新视角的"思想文化"史。

另外一个有意思的例子，是史学界和哲学界的两篇博士学位论文。河南大学历史文化学院桓占伟博士的学位论文题目是《在观念与思想之间——论先秦义范畴之生成》①，2014年答辩。中山大学哲学系魏勇的博士学位论文题目是《先秦义思想研究》，2009年答辩。桓占伟的博士论文主要章节是：从祭祀程序到政治准则（殷周时期义观念生成的历史考察），义以出礼、义以生利、允义明德（春秋时期义观念统领地位之确立），夫子之道"义"以贯之（"义"在孔子思想体系中的核心地位），观念社会化的神秘力量（义观念在战国时期的下移及其社会组织作用），百家争鸣中的共鸣（战国时期义思想的丰富与发展），从未思之物到致思之花（先秦义范畴生成的理论考察）。桓占伟论文的旨趣是：研究义观念和义思想发生、发展和演变的整体线索，分析二者之间相互转化和相互影响的关系，弄清义的观念化和思想化发展进程，从而探讨先秦义范畴生成的内在历史规律。②而魏勇的博士论文主要章节是：义的渊源（五帝表义、礼文义质、义生礼作），义的嬗变（礼崩义失、义乃国利、义为广德、义以建利、诗书义府），义本心性（君子之质、人道之表、善性之端），义源天理（义自天出、义者循理），义的失落（义战不义、绝仁攘义、抑义就公），义的重建（天下之利、义为道义、忠职守信、万事之纪）。魏勇论文的摘要说："义是纵穿先秦哲学史，横贯先秦诸子思想的一个重要范畴。义作为公共价值，是人类族类本质的理想体现。"论文以先秦义思想的形成发展流变为主线，以诸子思想为考察点，分三大部分对义思想进行了研究。上篇主要论述义从五帝到春秋的源流嬗变；中篇主要论述诸子对义进行的形上求索和形下的落实；下篇主要从社会历史的角度分析义思想的应然性与社会现实的实然性的反差及其原因所在。结语部分对先秦义思想本质评价和分析，并略论其当代启示，认为先秦时期义思想的发展变化体现了中国传统文化重公轻私、重义轻利的特质，这对处于社会转型期的当代中国社会树立正当的价值观、培养公民的社会规则意识、增强义务自觉、培育公共理念有积极意义。不难看出，一南一北、一史一

---

① 桓占伟：《在观念与思想之间——论先秦义范畴之生成》，社会科学文献出版社2017年版。
② 桓占伟：《在观念与思想之间——论先秦义范畴之生成》，社会科学文献出版社2017年版，第43页。

哲的两篇研究先秦义思想的博士论文,都从历时性的一面考察义思想(观念)的形成和演变,都从共时性的一面探讨义思想(观念)的内涵、特质和作用。差别在于一个是史学思维,一个是哲学思维,这在章节标题的概括提炼方面比较明显。但二者的共同性或者本质性相似,都重视思想发展与文化发展演变之间的关系,从文化的框架和视野中探讨思想,从思想演进中阐释文化。因此,可以从本质上讲,两篇论文都是"思想文化"范畴的成果,属于"思想文化史"研究。

饶有意味的是,早在1983年11月,在由中国社会科学院历史研究所中国思想史研究室和西北大学历史系联合主办的首届"全国中国思想史学术研讨会"上,会议讨论的主题之一,就是思想史和哲学史的关系。会上形成一种观点:就研究的内容和范围而言,哲学史、思想史、文化史三者是一个同心圆。哲学史最小,在同心圆的内圈;文化史最大,在同心圆的外圈;思想史居中,在同心圆的中间。此时,中国传统文化的研究方兴未艾,复旦大学正在筹划编辑出版后来影响甚大的《中国文化研究集刊》。会议闭幕式上,中山大学李锦全教授做了《试论思想史与哲学史的联系和区别》的主题发言。他认为,思想史主要是研究各个历史时期反映或提出解决当时社会矛盾特别是社会矛盾焦点的各种思想,因而可以说"思想史是各个历史时期社会矛盾的认识发展史",着重阐述各个学派分合和思潮起伏的历史进程。而哲学史则主要是研究各个历史时期人们用理性思维形式表达的关于自然、社会和思维运动的一般规律的认识,是根源于社会矛盾却主要表现为思维和存在关系问题而展开的认识辩证运动,因而可以说"哲学史是各个历史时期哲学认识的矛盾发展史",哲学史着重阐释哲学发展的本质矛盾和内在规律。思想史和哲学史的区别是:"前者研究的对象和着重点,是思想流变发展规律的历史进程,后者则是理论思维历史发展的内在逻辑"。①

与思想史和哲学史研究相关的,是文化史研究。出版于1949年以前,至今仍有深刻影响的柳诒徵的《中国文化史》,是典型的史学写法,姑且不论。20世纪80年代文化研究热潮起来后,冯天瑜、周积明、陈晓明合著的《中华文化史》②,本质上是以思想史为基础为轴心的文化史,在笔

---

① 李锦全:《试论思想史与哲学史的联系和区别》,载《哲学研究》1984年第4期。
② 冯天瑜、周积明、陈晓明:《中华文化史》,上海人民出版社1990年版。

者看来,是典型的"思想文化史"。笔者在中山大学哲学系给研究生开设"中国文化史"课程,20多年来都是使用该书作为主要读物、讲课依据。① 之所以如此,主要是因为我认为该书有很强的方法论自觉,重视文化学理论,重视"文化生态"(地理背景、经济土壤、社会结构等)问题,重视思想文化演进的历史进程和逻辑发展,线索清晰,史论结合,观点鲜明,理性客观,适合研究生阅读。该书的文化,蕴含着深刻的思想,而其彰显的思想,具有丰厚的文化内涵。因此,笔者一贯将其看作"思想文化史"范畴的成果。

按照上面的讲法,现在问题就来了。人们会问,"思想文化"属于什么学科、什么专业?究竟是思想史、文化史,还是思想文化史?回答是明确的:思想文化史。既不是一般意义的思想史和文化史,也不是"思想和文化"的历史,而是思想性质的、蕴含着思想的文化史,是体现着文化内涵的、昭示着民族文化特质的思想史,合而称之为"思想文化史"。它既是历史的,又是思想的,更是文化的。它不属于或者说不局限于现有学科分类中的任何一个学科,而是范围包罗甚广,内容极为丰富的综合性学科。

我们说"思想文化史"属于综合性学科,并不是随意强辩,而是由它的内在特质和研究实践决定的,同时也是有学术研究的管理规范依据的。在笔者看来,上述列举的诸多论著,都属于思想文化范畴。学术界近年来关注思想文化研究,从多学科结合、跨学科整合的角度,做了不少有价值的探讨。前述以"思想文化"命名的著作,就是明证。跨学科研究的实践,典型的有南开大学组织文史哲学科共同探讨"思想文化史"的大型国际学术会议。报载:2006年8月16日,由南开大学主办的"中唐以来思想文化与社会演进"国际学术研讨会开幕。海内外文、史、哲等学科专业的110多名知名学者汇聚南开,围绕大会主题展开探讨。本次会议由南开大学"中国思想与社会研究哲学社会科学创新基地"发起,旨在通过共同探讨中唐以来思想文化与社会演进的互动轨迹,实现通过多学科、多领域参与,发掘学术潜力,开展开创性的学术研究。通过跨学科、跨文化的学术对话,共同研讨中唐以来中国思想与社会的互动演进问题,

---

① 笔者一直反对人文学科的研究生像本科生一样有所谓规范性教材,故没有将任何著作列为教材。

求索中国思想史、社会史和文化史贯通研究的新途径。笔者当年有幸参加了这次盛会，提交的论文题目是《从文化儒学到政治儒学——评现代新儒学的价值转向》，并作为哲学学科的学者在大会发言。当时，笔者深感"中唐以来思想文化与社会演进"是个好题目，好就好在调动国内外文史哲研究力量来研讨"思想文化与社会演进"。这是11年前的事情，至今值得总结。

就国内学术界思想文化史研究的阵容来看，侯外庐学派中的领军人物张岂之先生论著的宏阔精深，姜广辉的《中国经学思想史》展现的深厚的历史感和深邃的思想性，以王权主义学派名世的刘泽华学派的文化自信和历史担当，特别是以刘泽华先生的《中国传统政治思想反思》《中国的王权主义》《中国传统政治思维》《中国政治思想史》《专制权力与中国社会》等为代表的著作，关注思想文化与社会发展以及政治体制社会机制的关系，深刻剖析其历史影响，属于典型的思想文化范畴的研究。

从现有的学科学术管理体制来看，教育部目前是把文化研究（自然包括思想文化研究）看作综合性研究，教育部批准成立的多个人文社科重点研究基地，在学科归属上，就是明确放在"综合研究"类别。几年前，由时任教育部部长袁贵仁教授主导并担任第一首席专家的中央马克思主义理论研究和建设工程重大课题"中国文化概论"，就是作为综合性研究课题进行的。参与该课题组的学者来自哲学、史学、文学等不同学科，同一学科的学者，来自不同的专业，既有中国哲学也有马克思主义哲学，既有史学理论也有经济思想史，既有中国古代文学也有现代文学，还有法学、美学。真正是综合不同学科专业，进行综合创新式的研究。

正如有的学者所说，中国历史上的政治思想、经济思想、哲学思想、科学思想、法律思想、军事思想等等，都是中国思想史的研究对象。张荣明先生据此进而指出："思想史学科具有包容性，是一门综合性学科。"①笔者认为这种说法理性客观，符合实际。

在笔者看来，说到底，思想史本质上是民族文化的集中反映，是民族文化的思想形态，故而宜称为思想文化史，至少，应当从思想文化的层面展开对思想史的研究。我们清醒地知道，今天的时代是改革创新的时代，我们应当对学科划分过细、拘于一隅而不见全局的苏联学科模式进行再突

---

① 张荣明：《思想史研究指要》，载《天津师范大学学报》2017年第3期。

破，对西化模式和思维要突围，冲出学科划界的牢笼，冲破历史学的思想史、哲学的哲学史的藩篱，走多学科结合、整合的道路，实现跨学科的研究，把思想史、社会史、认识史、文化史结合起来研究，这是中国思想文化史应走的道路，应有的方法论立场。

（原载《史学月刊》2018年第1期）

附录

李宗桂主要论著目录

一、著作

[1]《中国文化概论》,中山大学出版社1988年版。
[2]《中国文化概论》(韩文版),韩国东文选出版社1991年版。
[3]《中国文化概论》(繁体字版),(台湾)新学识文教出版中心1991年版。
[4]《文化批判与文化重构——中国文化出路探讨》,陕西人民出版社1992年版。
[5]《传统文化与人文精神》,广东人民出版社1997年版。
[6]《中国文化导论》,广东人民出版社2002年版。
[7]《传统与现代之间——中国文化现代化的哲学省思》,北京师范大学出版社2011年版。
[8] Between Tradition and Modernity: Philosophical Reflections on the Modernization of Chinese Culture, Chartridge Books Oxford, 2015。(国家"中华学术外译项目")
[9]《中国传统文化探讨》,花城出版社2011年版。
[10]《当代中国文化探讨》,花城出版社2011年版。
[11]《广东文化的多维思考》,花城出版社2012年版。
[12]《时代精神与文化强省——广东文化建设探讨》,花城出版社2012年版。
[13]《守成创新看传统》,孔学堂书局2020年版。
[14]《中国文化导论》(修订本),中山大学出版社2021年版。
[15]《公民道德格言》(合著),广东人民出版社2002年版。
[16]《中华民族精神概论》(合著,第一作者),广东人民出版社2007年版。
[17]《文化精神烛照下的广东——广东文化发展30年》(合著,第一作

者），广东人民出版社 2008 年版。

[18]《广东文化改革发展 40 年》（合著，第一作者），中山大学出版社 2018 年版。

[19]《文化建设公务员学习读本》（合著，第一作者），中国人事出版社 2012 年版。

[20]《中国优秀传统文化的现代价值》（合著，第一作者），人民出版社 2019 年版。

[21]《中国文化与现代化丛书》（主编），陕西人民出版社 1992 年版。

[22]《大思想家与中国文化丛书》（主编），贵州人民出版社 1996—2000 年版。

[23]《中华民族精神建设丛书》（主编），广东人民出版社 2007 年版。

[24]《儒家文化与中华民族凝聚力》（主编），广东人民出版社 1998 年版。

[25]《岭南文化的价值》（与张造群共同主编），花城出版社 2012 年版。

[26]《传统儒学的历史省察》（与张造群共同主编），花城出版社 2012 年版。

[27]《中国文化的历史反思与当代建构》（与叶金宝共同主编），广东人民出版社 2019 年版。

二、文章

[1]《试论王安石的哲学思想》，载《四川师院学报》1981 年第 4 期。

[2]《"死生有命，富贵在天"辨》，载《文汇报》1984 年 1 月 16 日第 3 版。

[3]《释"获罪于天，无所祷也"》，载《学术月刊》1984 年第 4 期。

[4]《"即"字释义一误》，载《辞书研究》1984 年第 4 期；收入《疑难字词辨析集》，上海辞书出版社 1986 年版。

[5]《朱熹对张载民胞物与思想的利用和改造》，载《福建论坛》1984 年第 5 期。

[6]《对关于〈周易〉的两个传统观点的质疑》，载《中山大学学报》1985 年第 4 期。

[7]《相似理论、协同学与董仲舒的哲学方法》，载《哲学研究》1986 年

第 9 期。

[8] 《从理想人格和价值取向看中国传统心理》，载《社会科学研究》1986 年第 3 期。

[9] 《简论道家思想在前期封建社会的作用》，载《齐齐哈尔师范学院学报》1986 年第 2 期。

[10] 《从秦汉社会历史发展看董仲舒思想的积极意义》，载《河北学刊》1986 年第 5 期。

[11] 《评〈中国哲学史史料学概要〉》，载《社会科学评论》1986 年第 6 期。

[12] 《董仲舒哲学思想研究三十年》，载《国内哲学动态》1986 年第 8 期。

[13] 《董仲舒哲学方法评价》，载《河北学刊》1987 年第 1 期。

[14] 《秦汉医学与董仲舒的天人感应论》（第一作者），载《哲学研究》1987 年第 9 期。

[15] 《秦汉之际社会思潮简论》，载《浙江学刊》1987 年第 6 期。

[16] 《汉代思想的理性审视》，载《哲学研究》1988 年第 4 期。

[17] 《驳"中国无哲学"论》，载《四川师范大学学报》1988 年第 3 期。

[18] 《孔子研究方法之我见》，载《哲学动态》1988 年第 5 期。

[19] 《论中国古代哲学与传统文化的关系》，载《天府新论》1988 年第 4 期。

[20] 《简论中国传统哲学的特点》，载《学术论坛》1988 年第 5 期。

[21] 《学海初渡，矢志不渝——我的治学体会》，载《河北学刊》1988 年第 6 期。

[22] 《简析中国封建社会政治结构的基本特征》，载《贵州社会科学》1988 年第 6 期。

[23] 《儒道对立互补之比较》，载《学术月刊》1988 年第 9 期。

[24] 《"现代新儒家"辨义》，载《学习与探索》1988 年第 5 期。

[25] 《现代新儒家唐君毅文化思想简论》，载《社会科学辑刊》1988 年第 5 期。

[26] 《秦汉之际社会思潮简论》，载《浙江学刊》1987 年第 6 期。

[27] 《论中国文化的流变和分期》，载《内蒙古社会科学》1989 年第

1 期。

[28]《中国传统思维方式略议》，载《四川师范大学学报》1989 年第 1 期。

[29]《求善与求真：中西哲学的分野》，载《贵州社会科学》1989 年第 2 期。

[30]《论汉代文官制度的形成》，载《思想战线》1989 年第 2 期。

[31]《现代新儒学思潮：由来、发展及思想特征》，载《人民日报》1989 年 3 月 6 日第 6 版。

[32]《评唐君毅的文化精神价值论和文化重构观》，载《哲学研究》1989 年第 2 期。

[33]《传统崇拜剖析》，载《重庆社会科学》1989 年第 3 期。

[34]《论传统理想人格、价值取向和社会心理》，载《中国文化月刊》（台湾），1989 年第 4 期。

[35]《论中国文化的基本精神》，载《中国文化月刊》（台湾）1989 年第 3 期。

[36]《论中国传统文化的核心及其特点》，载《中山大学学报》1989 年第 4 期。

[37]《〈春秋繁露〉与〈淮南子〉的思想异同》，载《中国哲学史研究》1989 年第 4 期。

[38]《〈实践与文化〉献疑》，载《哲学研究》1989 年第 11 期。

[39]《评海峡两岸的董仲舒思想研究》，载《哲学研究》1990 年第 2 期。

[40]《中国古代哲学的理性反思》，载《哲学研究》1990 年第 5 期。

[41]《寻求思想统一——秦汉之际的社会思潮》，《中国文化月刊》（台湾）1990 年第 2 期。

[42]《论西汉中期统治思想的转变》，载《鹅湖月刊》（台湾）1990 年第 4 期。

[43]《评现代新儒家的"返本开新"说》，载《学习与探索》1990 年第 4 期。

[44]《董仲舒的天人思想及其文化史意义》，载《天津社会科学》1990 年第 5 期；收入《儒家思想与未来社会论文集》，上海人民出版社 1991 年版。

[45]《理想的道德与道德的理想》，载《天府新论》1990 年第 5 期。

[46]《论君主专制国家的成熟》，载《贵州社会科学》1991 年第 2 期。

[47]《文化成熟的基本要求和标志》，载《学术月刊》1991 年第 3 期。

[48]《论民族凝聚力的现代意义》，载《光明日报》1991 年 4 月 15 日第 3 版。

[49]《论大一统的秦汉文化》，载《中州学刊》1991 年第 2 期。

[50]《从〈道德的理想主义〉谈儒学发展前景》，收入《新儒学论文集·总论篇》，（台湾）文津出版社 1991 年版。

[51]《论董仲舒的文化贡献》，载《河北学刊》1991 年第 4 期。

[52]《董仲舒义利观揭旨》，载《齐齐哈尔师范学院学报》1991 年第 4 期。

[53]《论董仲舒的政治哲学》，载《中国文化月刊》（台湾）1991 年第 6 期；又载《社会科学研究》1992 年第 3 期。

[54]《董仲舒道德论的文化剖析》，载《孔子研究》1991 年第 3 期。

[55]《中国传统思维的比喻、象征及对形而上的向往》，收入《中国思维偏向》，中国社会科学出版社 1991 年版。

[56]《〈中国文化与现代化丛书〉总序》，载《博览群书》1992 年第 1 期。

[57]《优秀文化传统与民族凝聚力》，载《哲学研究》1992 年第 3 期；又载《中国文化月刊》（台湾）1994 年 11 期。

[58]《新儒学的形上追求及其现代意义》，载《学术研究》1992 年第 3 期；又载《哲学与文化（月刊）》（台湾）1992 年第 2 期。

[59]《论董仲舒的政治哲学》，载《中国文化月刊》（台湾）1991 年第 6 期；又载《社会科学研究》1992 年第 3 期。

[60]《明清之际的文化批判思潮》，载《内蒙古社会科学》1992 年第 3 期。

[61]《新儒学的形上追求及其现代意义》，载《学术研究》1992 年第 3 期。

[62]《试论当代中国的活文化》，载《开放时代》1992 年第 3 期。

[63]《简论文化的民族性、时代性与世界性》，载《哲学动态》1992 年第 8 期。

[64]《文化批判与价值重构——中国文化出路展望》,载《天津社会科学》1992年第4期。

[65]《董仲舒人性论析要》,载《齐鲁学刊》1992年第5期。

[66]《评现代中国的文化重构论》,载《学习与探索》1992年第5期。

[67]《试析五四时期的文化批判思潮》,载《四川师范大学学报》1992年第6期。

[68]《论董仲舒整体直观的经验思维方式》,载《人文杂志》1992年第5期。

[69]《唯政治化思维的危害及产生原因》,载《文汇报》1992年9月23日第6版。

[70]《试论建构新型文化体系的思想原则》,载《天府新论》1992年第6期。

[71]《当代中国文化发展道路简论》,载《吉林大学学报》1992年第6期。

[72]《试析海外的全盘西化论》,载《高校理论战线》1992年第6期。

[73]《评"彻底重建"的文化观》,载《孔子研究》1992年第4期。

[74]《改革开放与价值嬗变》,载《现代哲学》1992年第4期。

[75]《现代新型文化体系的模式和特征》,载《中州学刊》1993年第1期。

[76]《论董仲舒奉天法古的维新原则》,载《甘肃社会科学》1993年第2期。

[77]《儒学与现代中国思潮》,载《求索》1993年第2期。

[78]《评"中魂西体"的文化重构论》,载《湖湘论坛》1993年第2期。

[79]《思想家与文化传统》,载《哲学研究》1993年第8期。

[80]《中国民族凝聚力的历史内涵及现代走向》,载《光明日报》1993年8月2日第3版。

[81]《时代精神与民族凝聚力的深层结构》,载《东方文化·创刊号》1993年10月。

[82]《简析中国传统文化的当代表现》,载《中山大学学报》1993年第4期。

[83]《由董仲舒谈思想家群体建设》,载《社会科学报》1993年11月

4 日。

[84]《论当代中国的主流文化》，载《社会科学战线》1993 年第 4 期。

[85]《论董仲舒对封建制度文化的整合》，载《学术研究》1994 年第 1 期。

[86]《立足建设：邓小平思想的理论贡献》，载《学术研究》1994 年第 4 期。

[87]《论董仲舒的思想方法》，载《孔孟学报》（台湾）1994 年第 68 期；收入《中国哲学》第十八辑，岳麓书社 1998 年版。

[88]《社会转型期的文化建设》，载《中华文化论坛》1994 年第 3 期。

[89]《民族文化素质与人文精神重建》，载《哲学研究》1994 年第 10 期。

[90]《思想文化在历史上的民族凝聚作用》，载《社会科学研究》1994 年第 6 期。

[91]《儒家文化与当代人文精神建设》，载《东方文化》1995 年第 2 期；收入《当代新儒家发展之契机》，（台湾）文津出版社 1997 年版。

[92]《广东文化建设的现实思考》，载《中山大学学报》1995 年第 4 期。

[93]《论道德体系与文化价值体系》，载《学习与探索》1996 年第 6 期。

[94]《中国哲学研究的回顾、反思和展望——以中国大陆为例》，《中国学报》（韩国汉城）1997 年 7 月版第 37 辑；又载《哲学杂志》（台湾）1997 年第 22 期。

[95]《世纪之交中国大陆文化研究的新气象》，载《明报月刊》（香港）1997 年第 12 期。

[96]《董仲舒理想论的文化阐释》，载《学术月刊》1998 年第 8 期；收入《儒学与世界文明——儒学与世界文明国际学术会议论文选集》（下册），新加坡国立大学中文系八方文化企业公司 2003 年版。

[97]《中国哲学研究的回顾和展望》，载《中国哲学史》1998 年第 1 期。

[98]《冯友兰"抽象继承法"理论的省思》，载《哲学研究》1998 年增刊。

[99]《董仲舒：秦汉思想的统一者》，收入《中国人文社会科学博士硕士文库（哲学卷）》（下册），浙江教育出版社 1998 年版。

[100]《经济全球化与文化的民族性》，载《人民论坛》2000 年第 3 期

（总第 96 期）。

[101]《论董仲舒的价值观》，收入《中国哲学的诠释与发展——张岱年先生九十寿庆纪念论文集》，北京大学出版社 1999 年版。

[102]《孔子从道思想与传统人文精神的当代价值》，载《中国哲学史》2000 年第 2 期。

[102]《通识教育与大学生综合素质的提高——以大陆为例》，收入《一九九九海峡两岸通识教育与公民养成学术研讨会论文集》，台湾"清华大学"2000 年版。

[103]《中国传统人文思想刍议》，收入《哲学与现代化》，中山大学出版社 2000 年版。

[104]《中国传统哲学的人文精神》，收入《思想家》第一辑（《杰出人物与中国思想史》），江苏教育出版社 2000 年版。

[105]《初级阶段文化与中华民族精神建设》，《学术研究》2000 年第 6 期。

[106]《经济全球化与民族文化建设》，载《哲学研究》2001 年第 1 期；收入《经济全球化与中华文化走向》，（香港）东方红书社 2001 年版。

[107]《战国秦汉思想文化的若干问题》，收入《韩非与董仲舒政治哲学研究》，广东人民出版社 2000 年版。

[108]《〈吕氏春秋〉的政治哲学》（第一作者），载《福建论坛》2001 年第 3 期。

[109]《再谈文化名人与文化发展——以魏源、康有为、梁启超在澳门的活动为例》，载《中山大学学报》2002 年第 1 期。

[110]《20 世纪中国哲学研究的审视和新世纪的展望》（上），载《学术界》2002 年第 1 期。

[111]《20 世纪中国哲学研究的审视和新世纪的展望》（下），载《学术界》2002 年第 2 期。

[112]《儒学的现代化与边缘化》，收入《传统儒学·现代儒学与中国现代化》，香港新亚研究所、香港联教中心 2002 年版。

[113]《张申府与现代中国文化》，收入《现代中国新文化的探索——张申府思想研究》，广东人民出版社 2002 年版。

［114］《文化全球化与当代中国文化建设》，载《南开学报》2002 年第 5 期。

［115］《〈白虎通义〉与汉代思想文化》，收入《〈白虎通义〉与汉代社会思潮》，南方出版社 2002 年版。

［116］《人文精神建设的若干难题》，载《学术研究》2003 年第 2 期。

［117］《当代新儒学发展的若干难题》，载《文史哲》2003 年第 2 期。

［118］《20 世纪中国哲学研究的详察和新世纪的展望》（日文），《伦理学》第 19 号，（日本）筑波大学出版社 2002 年版。

［119］《中华民族精神的历史发展和时代意义》，载《中国高等教育》2003 年第 10 期。

［120］《广东建设文化大省的若干思考》，载《学术研究》2003 年第 6 期。

［121］《文化自觉与文化发展》，载《中山大学学报》2004 年第 6 期。

［122］《荀子对中国文化的贡献》，收入《荀子礼学研究》，安徽大学出版社 2004 年版；又载《中华文化论坛》2005 年第 1 期。

［123］《重视传统文化的民族性》，载《人民日报》2005 年 2 月 4 日第 15 版。

［124］《文化体制改革的理论价值和实践意义》，载《人民论坛》2005 年第 5 期。

［125］《中国文化名人与澳门》（一），载《鹅湖月刊》（台湾）2005 年第 4 期。

［126］《中国文化名人与澳门》（二），载《鹅湖月刊》（台湾）2005 年第 5 期。

［127］《〈从"凤凰来仪"到"浴火重生"〉序》，收入《从"凤凰来仪"到"浴火重生"——中华民族文化精神的历史反思与近代变革》，中国文联出版社 2005 年版。

［128］《康有为〈春秋董氏学〉杂议》，载《中山大学学报》2005 年第 4 期。

［129］《董仲舒人性论及其教化倾向》，收入《中西文化视野中的人性》，四川大学出版社 2005 年版。

［130］《文化研究的反思与前瞻——答〈社会科学论坛〉记者问》，载

《社会科学论坛》2005 年第 8 期。

[131]《文化学建设与文化现代化》，载《中山大学学报》2005 年第 6 期。

[132]《周公对中国文化的贡献》，载《孔子研究》2005 年第 6 期。

[133]《中国文化精神与中华民族精神的若干问题》，载《社会科学战线》2006 年第 1 期；收入《国学新论》，人民出版社 2009 年版。

[134]《儒家哪儿错了？与郭齐勇教授的对话》（上），载《光明日报》2007 年 7 月 4 日第 5 版。

[135]《儒家哪儿错了？与郭齐勇教授的对话》（下），载《光明日报》2007 年 7 月 18 日第 5 版。

[136]《和谐文化的时代精神和历史传统》，载《学术研究》2006 年第 12 期。

[137]《国际惯例与民族文化尊严》，载《人民论坛》2007 年第 3 期。

[138]《提升软实力重在文化民生》，载《人民论坛》2007 年第 21 期。

[139]《汉代礼治的形成及其思想特征》，载《哲学研究》2007 年第 10 期。

[140]《国学与时代精神》，载《学术研究》2008 年第 3 期；收入《〈学术研究〉60 年论文选》，广东人民出版社 2022 年版。

[141]《儒学特质看中国哲学的拓展》，收入《光明日报》2008 年 4 月 7 日第 12 版。

[142]《儒家文化促进经济发展的若干进路》，载《哲学动态》2008 年第 6 期。

[143]《仁义礼智何处寻？——孟子思想的当代意义》，收入《羊城学堂》第 1 辑，广州出版社 2008 年版。

[144]《中国文化的发展路向和民族精神的自我挺立——从三个"文化宣言"看中国现代化的文化努力》，载《社会科学战线》2008 年第 10 期；收入《中国文化与世界——中国文化宣言五十周年纪念论文集》，（台湾）"中央大学"儒学研究中心 2009 年版。

[145]《〈儒家文化哲学研究〉序言》，收入《儒家文化哲学》，安徽人民出版社 2008 年版。

[146]《〈先秦诸子礼学研究〉序言》，收入《先秦诸子礼学研究》，人民

出版社 2008 年版。

[147]《诸子礼学的取向和指归》，载《光明日报》2009 年 3 月 16 日第 12 版。

[148]《国学与中华民族精神家园》，载《中山大学学报》2009 年第 3 期。

[149]《国学文化视野中的中国现代化和民族精神》，收入《城市国学讲坛》第二辑，中山大学出版社 2009 年版。

[150]《文化创新应重视主体的培育》，载《人民论坛》2009 年第 10 期（总第 254 期）。

[151]《家族文化的当代价值》，载《人民论坛》2009 年第 12 期（总第 256 期）。

[152]《政坛生态重构：超越单一价值观》，载《人民论坛》2009 年 12 月（上）总第 274 期。

[153]《儒学中庸之道与两岸社会和谐》，收入《儒学与海峡两岸文化根基》，台海出版社 2009 年版。

[154]《文化精神烛照之下的广东——广东文化发展 30 年的省思》，收入《先行一步到先行先试——广东纪念改革开放 30 周年理论研讨会论文集》，广东人民出版社 2009 年版。

[155]《〈春秋公羊传〉的内涵和历史文化价值》，收入《经典解释与文化创新——〈公羊传〉"以义解经"探微》，人民出版社 2009 年版。

[156]《网络时代谣言传播的特点及其危害》，载《人民论坛》2010 年 1 月（中）总第 278 期。

[157]《多元趋势下的世界文化变局》，载《人民论坛》2010 年 3 月（上）总第 283 期。

[158]《不同群体地位变迁的动力逻辑》，载《人民论坛》2010 年 12 月（上）第 34 期。

[159]《举国沉稳：中国成熟了》（原题：《世界第二的光环与举国沉稳的理性》），载《人民论坛》2011 年 4 月（上）总第 323 期。

[160]《病态成功观催生当代迷思》，载《人民论坛》2011 年 5 月（上）总第 326 期。

[161]《时代精神与广东文化的变迁》，收入《中国文化产业评论》第 13

卷，上海人民出版社 2011 年版。

[162]《"三纲五常"的文化阐释》，收入《礼治之道——汉代名教研究》，人民出版社 2011 年版。

[163]《社会人心是如何变坏的》，载《人民论坛》2011 年 9 月（下）总第 341 期。

[164]《警惕文化血统论的泛滥》，载《人民论坛》2011 年 10 月（上）总第 342 期。

[165]《关于建构新道家的思考》，收入《建立新道家的尝试——从老子出发》，安徽大学出版社 2011 年版。

[166]《问题意识与学科建设：近 30 年文化研究的省思》，收入《马克思主义与中国文化发展》，北京大学出版社 2011 年版。

[167]《中华文化走向世界的价值要求》，载《南方日报》2011 年 10 月 31 日封二。

[168]《健全今日文化机体 仁义礼智可供营养》，载《天津日报》2011 年 11 月 14 日第 10 版。

[169]《关于汉代经学的若干思考》，载《学术研究》2011 年第 11 期。

[170]《十年来的文化发展与精神困扰》，载《北京大学学报》2011 年第 6 期。

[171]《董仲舒政治哲学与趋善求治的传统文化》，载《治道新诠》中山大学出版社 2011 年版。

[172]《生态文明与中国文化的天人合一思想》，载《哲学动态》2012 年第 6 期。

[173]《增强理论自觉自信 警惕殖民文化现象》，载《红旗文稿》2012 年第 11 期。

[174]《官本位"逆流"侵蚀社会生态》，载《人民论坛》2012 年第 30 期。

[175]《"广东精神"的时代内涵和价值追求》，收入《"广东精神"名家谈》，广东人民出版社 2012 年版。

[176]《关于汉代经学的若干思考》，收入《第四届世界儒学大会学术论文集》，文化艺术出版社 2012 年版。

[177]《试论中国优秀传统文化的内涵》，载《学术研究》2013 年第

11 期。

[178] 《关于"中国优秀传统文化的当代价值"的对话》（与林安梧教授对谈），载《贵州社会科学》2014 年第 4 期。

[179] 《"阐旧邦以辅新命"——充分吸收中华优秀传统文化的价值观滋养》，载《人民日报》2014 年 5 月 19 日第 11 版。

[180] 《优秀传统文化是文化自信的底气所在》，载《人民日报》2015 年 11 月 29 日第 5 版。

[181] 《中国道路与中国文化：李宗桂、丰子义、傅有德先生中西马高端对话》，收入《北大中国文化研究 2015 中国道路与中国文化专辑》（总第四辑），社会科学文献出版社 2015 年版。

[182] 《从"调均"看中国文化的优秀传统》，载《哲学研究》2016 年第 8 期。

[183] 《文化自信是强大的精神力量》，载《人民日报》2016 年 9 月 14 日第 7 版。

[184] 《试论中国优秀传统文化的评价标准》，载《社会科学战线》2017 年第 8 期。

[185] 《今天的中国人有"大国心态"了吗？》，载《北京日报·理论周刊》2017 年 7 月 31 日第 21 版。

[185] 《文化自信在于对民族文化的认同和开新》，载《孔学堂》2017 年第 4 期。

[186] 《关于中国思想文化史研究方法论的思考》，载《史学月刊》2018 年第 1 期。

[187] 《"两创"：中华优秀传统文化现代转型的必由之路》，载《人民日报》2018 年 6 月 10 日第 7 版。

[188] 《儒学发展态势和前景展望——以 2004 年以来为范围》，载《孔子研究》2018 年第 4 期。

[189] 《40 年文化研究的反思和前景展望》，载《社会科学战线》2018 年第 10 期。

[190] 《道法自然 止于至善——李锦全教授的学思和情怀（代序）》，载 10 卷本《李锦全文集》各卷卷首，中山大学出版社 2018 年版。

[191] 《道法自然 止于至善》，载《光明日报》2019 年 2 月 2 日第 11 版。

［192］《中华优秀传统文化创新转化的价值取向》，载《中国社会科学报》2019年1月7日第8版。

［193］《从文化自信看国学的传承与创新》（原题为：《新时代国学的传承与创新——第十届海峡两岸国学论坛名家会讲纪要》，署名是朱高正、李宗桂、孙震、陈鼓应、王维生），载《吉林师范大学学报》2019年第1期。

［194］《董仲舒思想历史作用之我见》，载《衡水学院学报》2019年第2期。

［195］《关于中华优秀传统文化当代价值的两点思考》，载《文化软实力》2019年第2期。

［196］《董仲舒儒学的精神方向》，载《衡水学院学报》2019年第5期。

［197］《"文化综合创新论"的价值与中国文化前景》，载《黑龙江社会科学》2019年第5期。

［198］《从"更化"看中国文化的革新精神——以"调均"思想为例》，收入《儒学评论》第十三辑，社会科学文献出版社2019年版。

［199］《〈春秋公羊传〉的思想特质及其价值》，载《燕山大学学报》2020年第3期。

［200］《内圣外王之道的创造性构建——董仲舒思想的特质及其影响》，载《衡水学院学报》2021年第2期。

［201］《善待中华优秀传统文化》，收入《家国情怀与文明传承》，湖南大学出版社2021年版。

［202］Dong Zhongshu's Concept of State Governance Based on Integrative View, Modern Values of Confucianism—Selected Papers of "International Confucianism Forum" 2014—2018, Volume III, China Renmin University Press, 2021. 儒家哲学的现代价值——"国际儒学论坛"优秀论文选编（英文）（III）。

［203］《岭南文化的现代性阐扬——以广东为例》，载《学术研究》2022年第6期。

［204］《方克立先生与现代新儒学研究》，收入《方克立学术思想研讨选辑》，人民出版社2022年版。

［205］《董仲舒伦理观的现代省思》，载《中华孔学》（香港）2023年第

2 期。

[206]《〈文以载道：孟子文化精神研究〉序言》，收入《文以载道：孟子文化精神研究》，中国社会科学出版社 2022 年版。

[207]《西汉礼学思想的价值主题与汉政的特质——〈德化与德运：西汉礼学思想研究〉序言》，收入《德化与德运：西汉礼学思想研究》，广东人民出版社 2023 年版。

[208]《中国文化精神价值的哲学追寻——〈唐君毅文化哲学研究〉序言》，载《鹅湖月刊》（台湾）2024 年第 3 期（总第 585 期）。

[209]《从方法论视角看董仲舒儒学研究》，载《中国思想史研究》2024 年第 2 辑（总第 13 辑）。

后　记

这部以"从传统走向现代"为主题的学术文集，分为三编：传统文化编、当代文化编、中国哲学编。各编所收文章的篇数大致相当，内容互为观照，观点相互发明。总体上是阐发如何在现代文明的基点上审视民族传统文化，抉发其优长之处，扬弃其不适应现代社会现代文明的方面，为中国式现代化的发展提供一得之见，为中华民族现代文化形态的建设奉献绵薄之力。

广东省委宣传部和广东省社会科学界联合会策划出版"广东省优秀社会科学家文库"，我这部自选集忝列其中，不胜荣幸之至。谨此表达衷心的感谢！

华南农业大学马克思主义学院副教授林晓希博士承担了这部文集的资料查找、文稿整理和编辑工作，花费了大量的时间和心血，我向她表达真诚的谢意。文集的"学术自传"部分，采用了中山大学哲学系教授杨海文博士和华南理工大学马克思主义学院副教授张倩博士合撰的《传统与现代双向反思中的思想文化研究》一文的材料，还采用了杨海文撰写的《从传统观照现代　从现代反思传统》一文的材料，我在此向他们致谢。林晓希、杨海文、张倩三人，都是中山大学哲学博士，他们攻读博士学位期间，都由我指导。师生间教学相长，科研上相互发明，事业上互帮互助，携手并肩，从传统走向现代，从现代走向未来，岂止孔颜之乐也。

中国的现代化正在奋进。作为人文学科的专业工作者，自当以坚忍不拔的毅力为国家民族奉献力量，"阐旧邦以辅新命"，守成创新，攻坚克难，守死善道。我愿在这个进程中做出应有的努力。

李宗桂

2024 年 6 月 8 日